*Treinta años de estudios
literarios/culturales latinoamericanistas
en Estados Unidos.*
Memorias, testimonios,
reflexiones críticas

Hernán Vidal
Editor, Coordinador

ISBN: 1-930744-32-3

© Biblioteca de América, 2008
Instituto Internacional de Literatura Iberoamericana
Universidad de Pittsburgh
1312 Cathedral of Learning
Pittsburgh, PA 15260
(412) 624-5246 • (412) 624-0829 fax
iili@pitt.edu • http://www.pitt.edu/~hispan/iili/index.html

Colaboraron en la preparación de este libro:

Composición y diseño gráfico y tapa: Erika Braga
Correctores: Antonio Gómez y Fernando Lanas

TREINTA AÑOS DE ESTUDIOS LITERARIOS/CULTURALES LATINOAMERICANISTAS EN ESTADOS UNIDOS.
MEMORIAS, TESTIMONIOS, REFLEXIONES CRÍTICAS

Hernán Vidal
Editor, Coordinador

TREINTA AÑOS DE ESTUDIOS LITERARIOS/ CULTURALES LATINOAMERICANISTAS EN ESTADOS UNIDOS.

MEMORIAS, TESTIMONIOS, REFLEXIONES CRÍTICAS

Prólogo 7
  Hernán Vidal

Introducción 9
  Hernán Vidal

PRIMERA PARTE:
Afianzamiento de los estudios literarios socio-históricos

  Crítica literaria hispanística en Estados Unidos en la década de 1970 63
    Carlos Blanco Aguinaga
  La adopción de la teoría de la dependencia en la crítica literaria
  latinoamericanista 81
    Hernán Vidal
  La política de la teoría: un itinerario personal 111
    John Beverley

SEGUNDA PARTE:
Problemática de los estudios culturales

  Promesas y simulacros en el baratillo posmodernista: saber y ser en las
  encrucijadas de una "historia mostrenca" 129
    Emil Volek
  La promesa de los estudios subalternos 165
    José Rabasa
  El debate (pos)colonial en hispanoamérica 195
    José Antonio Mazzotti
  La deconstrucción y los estudios subalternos, o una llave de tuerca
  en la línea de montaje latinoamericanista 221
    Gareth Williams
  Saber, feminismo y América Latina: traducciones, diálogos,
  rupturas y desencuentros 257
    Ana Forcinito

TERCERA PARTE:
Proyecciones hacia el futuro

Literatura, estética, cultura: encuentros y desencuentros 295
  Emil Volek
Los avatares de la sexualidad en los estudios literarios latinoamericanos
en Estados Unidos 311
  Gustavo Geirola
¿Metáfora o catacresis?: mestizaje y retórica de la descolonización 351
  Javier Sanjinés C.
Un paradigma para los estudios culturales sobre derechos
humanos económicos, sociales y culturales 381
  Hernán Vidal

Prólogo

Esta edición contiene una serie de reflexiones sobre el desarrollo de los estudios literarios/culturales latinoamericanistas en Estados Unidos durante los últimos treinta años, aproximadamente. Por una parte, la idea de reunirlas surgió de la percepción de un vacío —se sabe que los cursos avanzados de teoría literaria/cultural no siempre dedican algún espacio o espacio suficiente a entender la historia reciente del latinoamericanismo estadounidense en los departamentos de lengua y literatura. Se percibe un énfasis en hacer teoría (generalmente europea) sin que se medite sobre cómo y por qué se la arraiga en el estudio de las culturas latinoamericanas. Esta edición quiere contribuir a paliar este vacío presentando una serie de reflexiones al respecto.

Por otra parte, entre los académicos consultados hay la opinión de que el latinoamericanismo a que nos referimos ha llegado a un punto en que se hace urgente renovar las temáticas de investigación y enseñanza y el bagaje teórico para situarlo a mayor cercanía de la historia latinoamericana reciente.

El título, *Treinta años de estudios literarios/culturales latinoamericanistas en Estados Unidos. Memorias, testimonios, reflexiones críticas*, requiere algunas calificaciones. La principal es lo cuestionable que resulta el término *latinoamericanistas* cuando, en realidad, estas reflexiones sólo se refieren a la producción académica preocupada de los países cuya lengua "oficial" es el español, excluyendo el área portuguesa. Se trata de una falla inevitable. La administración universitaria estadounidense ha organizado la enseñanza de las lenguas y las literaturas en Latinoamérica en términos contradictorios —predominan los "departamentos de español y portugués" como unidades administrativas de acuerdo con la antigua tradición imperial europea; no obstante, la orientación institucional de estos departamentos está marcada por los "estudios de área" geográfica que interesan al Estado federal. De acuerdo con este interés el área latinoamericana y el Caribe deberían considerarse como una unidad geopolítica estudiada según parámetros socio-históricos comunes. Sin embargo, la tradición imperial hace incómoda la convivencia del profesorado dedicado a los países de lengua oficial española y al Brasil por cuanto responden a tradiciones historiográficas diferentes y la demanda de parte de los estudiantes favorece abrumadoramente al español. Por otra parte, según la concepción geopolítica no tendría sentido marginar a la cultura de las sociedades caribeñas y antillanas de habla inglesa, francesa y papiamento si predominara el criterio de "estudios de área" geográfica. Por supuesto, los intentos de una edición como esta no pueden objetarse por estas contradicciones burocráticas. De allí que se ha asumido el término *latinoamericanista* sin empachos. Correspondería a los colegas brasileristas emprender un proyecto similar de acuerdo con su tradición crítica.

Toda antología como esta asume la dificilísima tarea de discernir sobre las tendencias críticas que se congregarán. El latinoamericanismo literario/cultural estadounidense es un conjunto abigarrado en que conviven concepciones de la cultura e instrumentalidades analíticas e interpretativas muy variadas. No obstante, el dato más certero y sobresaliente es que, desde la década de 1970, se afianzó y ha predominado una aproximación a los textos literarios entendiéndolos como concomitantes ideológicos de las luchas sociales que han marcado la historia latinoamericana. Esta tendencia fue dinamizada por la urgencia de hacer relevantes los estudios literarios en el contexto de los grandes sucesos de la época –el Movimiento por los Derechos Civiles y la resistencia en Estados Unidos a la guerra en Vietnam; la iniciación de la revolución cubana; las dictaduras de la doctrina de la seguridad nacional; la violencia permanente en Colombia; la revolución nicaragüense y la guerra civil en El Salvador. En este contexto, el afianzamiento de los estudios sociohistóricos de la literatura también capacitó al investigador para "leer" las sociedades involucradas en esos sucesos desde diversas aproximaciones teóricas de las ciencias sociales, como para dar cuenta de la producción simbólicometafórica, en general, en medio de situaciones profundamente traumáticas. Así surgió en la década de 1970 la práctica concreta de lo que, una década más tarde, se llamaría "estudios culturales". Se trataba de temáticas cercanas a las ciencias sociales que, sin embargo, no preocupaban mayormente a la sociología y a la antropología estadounidenses, tampoco a las latinoamericanas.

Las reflexiones antologadas trazan el afianzamiento de esa preocupación sociohistórica en la década de 1970 y sus consecuencias en las décadas siguientes. Para ello estas reflexiones han sido agrupadas en tres segmentos. La primera parte, *Afianzamiento de los estudios literarios socio-históricos*, reúne testimonios sobre este proceso. La segunda parte, *Problemática de los estudios culturales* tiene como eje principal evaluaciones de la introducción del posestructuralismo francés en los estudios latinoamericanistas. La tercera parte, *Proyecciones hacia el futuro* plantea muy tentativamente áreas de estudio que debieran considerarse para la renovación del latinoamericanismo literario/cultural.

Esta antología fue preparada con la expectativa de que se la use como texto de estudio en los cursos de postgrado de teoría literaria/cultural latinoamericanista. Se invitó a investigadores a que dieran testimonio de sus experiencias en las diferentes tendencias críticas que han predominado en el latinoamericanismo de los departamentos de lenguas y literatura estadounidenses en los últimos treinta años. No se postuló una "línea editorial". La idea básica era simplemente congregar opiniones que promovieran una discusión sobre lo que ha sido el campo en Estados Unidos sin que el instructor de un curso teórico se sienta constreñido por un sesgo editorial específico. La diversidad de perspectivas contiene polémicas implícitas o explícitas. Las invitaciones a contribuir a la antología fueron hechas precisamente para que promovieran un debate. En estas polémicas se advierten claramente los condicionamientos de la guerra fría y las consecuencias de su término. En buena medida se trata, también, de una reflexión ética sobre la manera en que los profesores e investigadores con base en Estados Unidos producen conocimiento bajo los imperativos de instituciones universitarias estrechamente relacionadas con los intereses geopolíticos estadounidenses.

HERNÁN VIDAL
Editor, Coordinador
University of Minnesota

Introducción

HERNÁN VIDAL
University of Minnesota

A diferencia de otras antologías sobre la situación de los estudios literarios/culturales latinoamericanistas en Estados Unidos, esta introducción hace énfasis en los condicionamientos institucionales prácticos de la profesión. En su versión contemporánea, el latinoamericanismo practicado en las universidades estadounidenses fue instaurado de acuerdo con la geopolítica estadounidense para enfrentar la guerra fría (Berger; McCaughey). Por tanto, sobre este campo pende una razón de Estado.

Por esta razón aquí exploro la manera en que los profesores e investigadores han estrategizado su trabajo para cumplir a la vez con su contrato en los departamentos de lenguas y literatura en el contexto de la geopolítica estadounidense y su conciencia y entendimiento de la historia latinoamericana, siempre caracterizada por atroces violaciones de los derechos humanos.

La validez y éxito que pueda tener la carrera de un latinoamericanista se mide desde varias dimensiones. Primero, debe asegurarse la permanencia en la profesión pasando con éxito el proceso para obtener la propiedad de su cargo *(tenure)* y la promoción a profesor asociado a los cinco años de haber sido contratado como profesor asistente. Más tarde deberá pasar otro proceso para el rango de profesor, pináculo de la carrera. Especialmente en las ciento ochenta universidades estadounidenses de investigación avanzada, este avance se logra manteniendo un programa permanente de investigación, publicaciones e intercambios en foros profesionales, publicando en las revistas profesionales y en las editoriales más prestigiosas y participando frecuentemente en los congresos regionales y nacionales de las dos organizaciones gremiales más importantes, la Modern Language Association (MLA) y la Latin American Studies Association (LASA). A través de su carrera el profesor/investigador cuenta con importante apoyo financiero para viajar e investigar, junto con excelentes servicios bibliográficos. Esto asegura que los estudios literarios/culturales latinoamericanistas en Estados Unidos sean extraordinariamente productivos.

Fuera de la importancia que puedan alcanzar sus publicaciones, la influencia de un profesor también puede medirse con los cargos directivos que obtenga en las organizaciones gremiales y en los consejos editoriales de revistas y prensas universitarias. Esta influencia convierte al profesor en frecuente consultor para los procesos de promoción de colegas más jóvenes y en evaluador de programas de lenguas y literatura de otras universidades. Para un grupo selecto se abre la posibilidad de ocupar cátedras en las universidades de mayor prestigio, con excelentes salarios y condiciones de trabajo.

Para lograr visibilidad en un campo extraordinariamente competitivo, el profesorado joven tiende a adoptar las últimas novedades teóricas entregadas por el mercado editorial. De esto puede resultar que temáticas de larga presencia en el campo latinoamericanista sean tratadas con otra jerga, adquiriendo aspecto de gran novedad. Se podría decir que esta estrategia introduce una especie de "pulsaciones" periódicas que provocan una obsolescencia planificada, lo que a veces puede hacer cuestionable la productividad del latinoamericanismo estadounidense. Años después de introducida una nueva teoría analítica se la abandona sin explorarla en profundidad y sin que se evalúe su pertinencia en relación con la historia latinoamericana.

Puede colegirse que son intensísimas y de variada naturaleza las tensiones y presiones profesionales a las que está sometido el latinoamericanista. En esta introducción me concentraré en tres de las que considero de mayor importancia.

La primera es la relación ética que el profesor/investigador pueda establecer con la historia latinoamericana para la producción del conocimiento que le compete. La dimensión ética surge de las aproximaciones teóricas que pueda aplicar para la elaboración del dato histórico y la información existente sobre las sociedades latinoamericanas. ¿Son las más aptas para explicar el modo en que las políticas económicas, la acción política, los regímenes de gobierno y los conflictos ideológicos contribuyen a mantener, avanzar o impedir la dignificación de los seres humanos en cuanto a que se satisfagan sus necesidades materiales y espirituales? La producción metafórica y simbólica que encontramos en la literatura, en las artes y en todo tipo de discursividad sobre el sentido de la cultura son parte sustancial de la historia de dignificación o pérdida de la dignidad humana en Latinoamérica. El término "dignificación" deja de ser vago si lo relacionamos con los derechos civiles, políticos, económicos, sociales y culturales proclamados por las Naciones Unidas y la Organización de Estados Americanos. En el estudio de la producción simbólico-metafórica gravita directamente el origen geopolítico del latinoamericanismo estadounidense contemporáneo. A este primer criterio de evaluación lo llamaré *criterio de necesidad histórica latinoamericana*.

Es preciso contrastarlo con el que llamaré *criterio de necesidad profesional estadounidense*. Este criterio tiene que ver con dos aspectos íntimamente relacionados: la manera en que el profesor/investigador diseña su dispositivo teórico y conceptual para fomentar su productividad y la manera en que el diseño de este dispositivo toma en cuenta los protocolos de evaluación de carreras generalizados en las universidades estadounidenses. Dicho de manera esquemática, estos criterios son los que se aplican al profesorado de las humanidades (literatura, filosofía) dedicadas a la cultura nacional y a las europeas sin considerar los aspectos idiosincráticos de los estudios culturales de las sociedades latinoamericanas. Abundaré al respecto en el resto de esta introducción.

Los criterios estadounidenses se rigen, obviamente, por las incidencias de la política nacional y por las modas intelectuales introducidas por la industria editorial de acuerdo con esas incidencias. En busca de su éxito profesional el latinoamericanista está obligado a considerar estas modas y meditar la manera en que se sitúa en esas incidencias. En algún momento debe preguntarse si seguir este *criterio de necesidad profesional* cuadra con lo que su conciencia le dicta en cuanto a ese otro *criterio de necesidad histórica*. Se trata de una elección que puede convertirse en dilema agonista.

La historia del latinoamericanismo de los departamentos de lenguas y literatura en las últimas décadas ha estado marcada por esta agonía y quizás sea su característica más notoria. Se trata de una dimensión que los comentarios profesionales nunca tocan. Debería prestársele atención porque tácita e implícitamente está en juego la cohesión de los latinoamericanistas estadounidenses como comunidad discursiva preocupada de la dignificación de las personas. De aquí surge el tercer criterio de evaluación que uso en esta introducción: la capacidad de congregación/disgregación de la comunidad académica que puedan generar las diversas tendencias temáticas y teóricas que surjan en los estudios latinoamericanistas.

El sentido agonista de las opciones que enfrentan los profesores/investigadores se comprende si tenemos en cuenta que el latinoamericanismo contemporáneo fue fundado en 1958 por la Ley de Educación para la Defensa Nacional (National Defense Education Act, NDEA). La NDEA promovía y financiaba el estudio de áreas geográficas mundiales a través de todo el sistema educacional estadounidense con el objeto de preparar a la ciudadanía para la confrontación con el bloque soviético de naciones en la guerra fría. Los estudios internacionales fueron un instrumento geopolítico para intervenir en todo el mundo. Esta instrumentalización marcó de tal manera a los departamentos universitarios de lenguas y literatura –tanto inglesas como extranjeras– que a ella pueden atribuirse los conflictos pedagógicos, administrativos y las luchas ideológicas que los han afectado hasta este momento.

Dada la universalidad del efecto geopolítico en las universidades, estimo imperativo contrastar el modo en que han reaccionado el latinoamericanismo y las humanidades dedicadas al estudio de la cultura nacional estadounidense. Es en este contraste donde se exhibe con mayor claridad el conflicto entre el *criterio de necesidad histórica latinoamericana* y el *criterio de necesidad profesional estadounidense*. He preparado este contraste confiando en entrevistas a profesores latinoamericanistas y de las humanidades estadounidenses.[1] Se trata de una problemática extraordinariamente vasta y compleja que demanda un estudio sociológico de largo aliento. Una introducción como esta no puede ir más allá de esbozarlo en sus aspectos más básicos. De allí que en mi discusión sólo toco los momentos más álgidos de ese agonismo en lo que concierne a las tendencias críticas de las últimas décadas mejor nucleadas en cuanto a sus temáticas y aproximaciones teóricas.

EL EFECTO GEOPOLÍTICO EN LAS HUMANIDADES ESTADOUNIDENSES

Desde 1945 en adelante, a medida que se intensificaba la guerra fría, en el liderato político estadounidense predominó un pensamiento geopolítico para la conducción de la estrategia internacional (Sloan). Según preceptos geopolíticos, el bloque de naciones comunistas era conceptualizado como una enorme masa territorial euroasiática cuya extensión le permitía una extraordinaria capacidad de irradiación mundial de su influencia económica, política y militar. La dominación de esa masa territorial eurasiática con la ocupación de las naciones europeas orientales en la segunda guerra mundial y el triunfo comunista en China en 1949 permitían a la Unión Soviética una intervención real o potencial en Europa occidental, el medio oriente y las cuencas del Mediterráneo y del Pacífico. Además, el aumento de la capacidad de transporte y el alcance geográfico de los sistemas de armamentos existentes en la época permitían a la Unión Soviética una intervención efectiva en Latinoamérica y África. Esto quedó demostrado con la integración de Cuba al bloque soviético de naciones y, más tarde, la intervención de tropas cubanas en Angola y Mozambique con el apoyo logístico de la Unión Soviética y sus naciones aliadas.

Para contrarrestar la proyección soviética, a partir de la administración del presidente Harry Truman, Estados Unidos se comprometió a intervenir en todo lugar del mundo en que se diera la posibilidad de una proliferación del poder comunista y diseñó una política de contención. Fraguó alianzas político-militares de cooperación y defensa mutua que entrelazaron a las naciones situadas en el contorno de la masa territorial comunista: las naciones de Europa occidental, Turquía, las naciones árabes en el medio oriente, Pakistán, India, las Filipinas, Indonesia, Australia, Nueva Zelandia, Tailandia, Corea del Sur, Japón.

Estas alianzas y entrelazamientos requerían fuertes inversiones financieras y tecnológicas por parte de Estados Unidos para modernizar, fortificar y solidificar el aparato económico y militar de esas naciones. En junio de 1947 Estados Unidos proclamó el Plan Marshall para la reconstrucción económica de Europa; en abril de 1949 se inauguró la Organización del Tratado del Atlántico Norte (OTAN). La invasión de Corea del Sur por Corea del Norte en junio de 1950, el apoyo de Estados Unidos a Francia para conservar a Indochina dentro de su imperio y la proliferación de movimientos comunistas en las Filipinas e Indonesia llevó a la inauguración de la Organización del Tratado del Pacífico Oriental en septiembre de 1954. El intervencionismo global estadounidense quedó reforzado con la "teoría del dominó" usada por la administración del presidente John F. Kennedy y más tarde con la política de "equilibrio global" proclamada por la administración del presidente Richard Nixon. Ambas doctrinas requerían una temprana intervención militar para evitar que una insurgencia comunista se consolidara en una región, escalara su actividad y tomara el poder de una nación. Estados Unidos había aprendido esta lección con el triunfo de la revolución cubana en 1959. La lección cubana llevó a la intervención estadounidense para provocar el golpe de Estado de las fuerzas armadas en Brasil en 1964, la invasión de la República Dominicana en 1965, la intervención de la CIA en el derrocamiento del gobierno de Salvador Allende en 1973 y la toma del poder por las fuerzas armadas en Uruguay (1973) y Argentina (1976) para poner coto a la acción de grupos guerrilleros que proyectaban en el ámbito público un poder militar mayor del que realmente tenían.

El intervencionismo global estadounidense requería un extenso soporte intelectual y científico que sólo podía darse con el apoyo sistemático de los centros universitarios de investigación, proceso para el cual con frecuencia se ha usado el rótulo de "ingeniería social" (Aronowitz). Sociólogos y antropólogos sirvieron como asesores para el entendimiento del sistema de valores y la psicología de pueblos contra los que se montaban ataques secretos y operaciones encubiertas de guerra psicológica o cuyas fuerzas armadas eran entrenadas para combatir a los insurgentes comunistas. Lingüistas cumplieron con la tarea de entrenar a las fuerzas especiales estadounidenses encargadas de intervenciones directas y al personal de inteligencia encargado de estimar las fortalezas y vulnerabilidades de los enemigos y su capacidad defensiva y ofensiva en diferentes lugares del mundo. Economistas evaluaron el estado de las economías de aliados y enemigos, bien para llevarlas a su colapso o transformarlas para erradicar las ineficiencias e iniquidades explotadas por los agitadores comunistas. Expertos en ciencias humanas crearon los contenidos para las campañas globales de propaganda política. Los centros de ingeniería, ciencias básicas y matemáticas contribuyeron al desarrollo de los sistemas más sofisticados de transporte, comunicaciones y armamentos. En septiembre y octubre de 1958 la relación entre las universidades y el aparato bélico estadounidense quedó formalizada con la proclamación de la NDEA por el presidente Eisenhower y la creación de la Administración Nacional Espacial y Aeronáutica (National Aeronautics and Space Administration, NASA). Ambas leyes fueron consecuencia de la alarma nacional causada por el lanzamiento del satélite *Sputnik* por la Unión Soviética en octubre de 1957. Este hecho llevó a la opinión pública y al liderato político nacional a la conclusión de que Estados Unidos estaba perdiendo la guerra fría por el insuficiente desarrollo del sistema educacional. La NDEA permitía la intervención financiera directa del Estado federal para modernizar los sistemas estatales de educación y ponerlos en consonancia con los requerimientos de la seguridad nacional, haciendo especial énfasis en la promoción de universidades de investigación avanzada (Wright). En poco tiempo se duplicó el gasto federal para préstamos a los estudiantes, becas para promover el estudio de las ciencias y las ingenierías, la preparación masiva de profesores y el diseño de currículos apropiados para la enseñanza de las ciencias, las matemáticas y las lenguas extranjeras. Este último aspecto generó el crecimiento e importancia de los departamentos universitarios de español y portugués en una época en que Latinoamérica se convirtió en espacio de enfrentamiento bélico con la integración de Cuba al bloque soviético de naciones y su intervención política continental para promover la lucha armada revolucionaria.

Desde fines de la década de 1950 hasta 1966 la Fundación Ford complementó los propósitos geopolíticos de la NDEA convirtiéndose en el principal promotor de la educación universitaria en relaciones internacionales con respecto a Europa oriental, Asia, el medio oriente, Latinoamérica y África. Financió a las principales universidades para establecer centros de enseñanza especializada, dar apoyo a investigaciones del profesorado y aumentar sustancialmente la producción de grados académicos avanzados en la materia. La intervención de la Fundación Ford tuvo el doble propósito de dotar a las instituciones gubernamentales de una burocracia competente y de irradiar en la sociedad estadounidense el conocimiento y la sensibilidad indispensables para que asumiera su función de gran potencia en lucha por establecer su hegemonía global en contra de la Unión Soviética (McCaughey).

Al final de su mandato en 1959, el presidente Dwight D. Eisenhower alertó sobre la existencia de un "complejo militar-industrial" cuya influencia soterrada en las decisiones de los círculos dirigentes del gobierno federal minaba la soberanía ciudadana como generadora tanto del poder político nacional como de las decisiones de intervención militar en el extranjero. Teniendo en cuenta la participación académica en la geopolítica, Eisenhower pudo haber hablado del "complejo militar-industrial-universitario".

Pero el gran desarrollo del sistema universitario estadounidense tomó impulso con la firma en diciembre de 1963 de la Ley de Dotación de la Educación Universitaria (Higher Education Facilities Acts) que autorizaba "la asistencia [federal] a las instituciones universitarias públicas y sin fines de lucro para financiar la construcción, rehabilitación, o mejora de instalaciones académicas necesarias en instituciones de estudios no graduados y graduados" (Wright 96). Esta ley no fue motivada tanto por los intereses geopolíticos estadounidenses como por la política de creación de la "gran sociedad" proclamada por el presidente Lyndon B. Johnson en 1964. Crear la "gran sociedad" implicaba implementar políticas para erradicar la discriminación racial, la pobreza extrema que aquejaba a por lo menos un tercio de la población, capacitarla y movilizarla políticamente para que se activara en las transformaciones institucionales e ideológicas necesarias para esa erradicación.

El presidente Johnson ha sido considerado como continuador tardío de la política de "nuevo trato" con que el presidente Franklin D. Roosevelt buscó paliar los disturbios sociales causados por la gran depresión iniciada en 1929. Del "nuevo trato" surgió la noción de "Estado benefactor" que hizo del Estado federal el principal agente transformador de los espacios sociales, las relaciones humanas y la calidad de vida para pacificar a la sociedad civil en un período de grandes dislocaciones comunitarias y sociales. El Estado debía ser el gran creador de consensos pluriclasistas para promover políticas de desarrollo económico, generar empleo, remuneraciones adecuadas para mejorar la calidad de vida de los trabajadores y dotarlos de seguros médicos, de desempleo y de jubilación. El "nuevo trato" fue una política socio-económica iniciada en medio de una grave crisis de recursos fiscales; por el contrario, inicialmente la "gran sociedad" se sustentó en la enorme prosperidad de Estados Unidos después de la segunda guerra mundial.

La estrategia transformadora seguida por la administración Johnson fue la de movilizar a la sociedad civil y hacerla responsable de la reforma socioeconómica haciendo que el Estado federal sólo creara el contexto de leyes e instituciones para el financiamiento y administración de iniciativas y experimentos de transformación comunitaria. No hizo énfasis en garantizar los resultados (Andrew). Pieza fundamental de esta estrategia fue la Ley de Derechos Civiles (Civil Rights Act) de 1964. Esta ley expandía el derecho a voto asegurándoselo a las personas en las elecciones federales. Para ello se reconocía *prima facie* a todo individuo un alfabetismo correspondiente al sexto grado de escuela primaria y se prohibían los exámenes de comprobación de alfabetismo como medio para impedir el registro electoral; garantizaba el acceso igualitario a todo lugar y establecimiento público (hoteles, restaurantes, estadios, por ejemplo) sin distinción de raza, color, religión u origen nacional; desegregaba la educación pública; prohibía la discriminación racial en cualquier programa que recibiera fondos federales bajo pena de suspender el financiamiento; obligaba a dar igualdad de oportunidades de empleo a todo ciudadano.

No obstante la intención de la ley, los Estados y municipalidades sureños de Mississipi, Alabama, Louisiana, Carolina del Norte y del Sur, Virginia, West Virginia, Georgia y Texas usaron artimañas para obstaculizar el registro electoral de negros e impedir su votación. Esto llevó a constantes e innumerables litigios ante el Departamento de Justicia y a campañas permanentes de registro de ciudadanos negros por las principales organizaciones de derechos civiles –el Congreso por la Igualdad Racial (Congress for Racial Equality, CORE), la Conferencia del Liderato Cristiano del Sur (Southern Christian Leadership Conference, SCLC) liderada por Martin Luther King, Jr., la Asociación Nacional para el Avance de la Gente de Color (National Association for the Advancement of Colored People, NAACP), el Comité de Coordinación Estudiantil No-violenta (*S*tudent Non-Violent Coordinating Committee, SNCC), los Estudiantes por una Sociedad Democrática (Students for a Democratic Society, SDS). Blancos segregacionistas enfrentaron estas campañas con instancias de extrema violencia por las policías locales y miembros del Ku Klux Klan que resultaron en el asesinato de activistas. Martin Luther King, Jr. fue asesinado en abril de 1967. Esas obstaculizaciones terminaron legalmente con la Ley de Votación de 1965 por la que el Estado federal podía intervenir directamente en casos comprobados de evasión de la ley de 1964. A pesar de todo, para que la nueva ley se cumpliera, los enfrentamientos tuvieron que continuar.

Los conflictos comunitarios gatillados por el movimiento de derechos civiles se hicieron aún más complejos con el activismo generado por la política de "guerra contra la pobreza" para erradicar las pésimas condiciones habitacionales, el desempleo y los altos índices de criminalidad en los *ghettos* raciales de las grandes ciudades. La administración Johnson inició la "guerra contra la pobreza" con la suposición de que la pobreza extrema no resultaba de los procesos estructurantes del capitalismo estadounidense sino de la incapacidad de los pobres de integrarse a la prosperidad económica. Esta marginación se debía a la existencia de una "cultura de la pobreza" propuesta por el antropólogo Oscar Lewis. Los disvalores de esta cultura encerraban a los afectados en una pasividad que les quitaba la motivación necesaria para superarse personalmente, educarse y ascender en la escala social. Por tanto, el Estado federal debía crear las oportunidades de educación y empleo para que así ocurriera.

La "guerra contra la pobreza" se inició con la Ley de Oportunidad Económica (Economic Opportunity Bill) de 1964, que creó un Cuerpo del Trabajo (Job Corps) para entrenar y educar a jóvenes desocupados, programas rurales y urbanos de educación comunitaria básica y de capacitación laboral para madres y jefes de hogar, asistencia económica a trabajadores rurales y migrantes y la creación de VISTA (Volunteers in Service to America), organización de voluntarios para trabajar en zonas y regiones de pobreza extrema. Estos programas eran administrados y coordinados por la Oficina de Oportunidades Económicas (Office of Economic Opportunities) a la que se confirió un rango ministerial pues dependía directamente de la Casa Blanca. Se aseguraba la organización y la movilización comunitaria con el Programa de Acción Comunitaria (Community Action Program, CAP) y el Programa de Servicios Legales (Legal Services Program, LSP). Este capacitaba a los activistas comunitarios entregando conocimiento de los recursos legales a su alcance.

Aunque un porcentaje importante de los indigentes era blanco, la mayoría de los beneficiarios de ayuda federal y los activistas comunitarios mejor organizados eran negros. Las altas expectativas comunitarias, las obstaculizaciones burocráticas, la hostilidad de los políticos opuestos a las reformas y la lentitud de los cambios provocaron tales frustraciones entre los activistas negros como para que surgiera un influyente nacionalismo negro. Esto llevó a violentas confrontaciones con los políticos y los dirigentes comunitarios blancos. Las organizaciones CORE y SNCC prohibieron la membresía de blancos y los expulsaron. Se hizo del todo visible la violencia confrontacional de organizaciones como Poder Negro (Black Power) y Panteras Negras (Black Panthers) que plantearon la necesidad de la lucha armada contra las supuestas intenciones genocidas de la estructura de poder blanca. Poco tiempo después de promulgada la Ley de Votación de 1965, en agosto estalló una sublevación masiva en el *ghetto* de Watts. Durante el resto del año se dieron decenas de sublevaciones en grandes ciudades. Fueron sofocadas por tropas de combate que mataron a cuarenta y tres personas, hirieron a mil doscientas y arrestaron a más de diez mil. Entre 1966 y 1967 se dieron cientos de sublevaciones por año. Hubo sublevaciones aun en los campamentos del Job Corps.

La violencia generalizada cambió radicalmente el significado de la "gran sociedad". Lo que originalmente se había entendido como expansión del goce efectivo de los derechos civiles y políticos a sectores sociales marginados para movilizarlos en la obtención de sus derechos económicos, sociales y culturales comenzó a entenderse como una virtual guerra racial que, en medio de la guerra fría, podía destruir la cohesión de Estados Unidos como nación. Hacia 1968 el tema central de la política nacional fue la urgencia de restablecer "la ley y el orden". Proyectos de ley complementarios de las leyes ya existentes para la política de "gran sociedad" fueron derrotados en el Congreso o tuvieron grandes dificultades para su aprobación. Esta ingeniería social, iniciada con un consenso mayoritario de la opinión pública, adquirió aspecto amenazador y se hizo sospechosa. Sectores políticos liberales retiraron su apoyo al gobierno del presidente Johnson y cuestionaron seriamente sus iniciativas. ¿Qué estaba realmente en juego con las reformas sociales?; ¿se trataba de maniobras del partido demócrata para mantenerse largo tiempo en el poder con apoyo de los negros?; ¿los demócratas las habían iniciado con el propósito de asegurarse el voto negro, a costas de la seguridad nacional?; los proyectos de leyes restantes para la "gran sociedad" en 1967-1968, ¿eran nada más que un esfuerzo por aplacar a extremistas extorsionadores fuera de control? Estas dudas provocaron una derechización de la política estadounidense. Más tarde esta derechización permitiría los aplastantes triunfos de Richard Nixon y Ronald Reagan en las elecciones presidenciales y el desmantelamiento gradual de las instituciones que habían administrado la política de "gran sociedad".

A la disidencia provocada por el Movimiento de Derechos Civiles se sumó la resistencia a la guerra en Vietnam. El modo doloso en que el presidente Johnson condujo la intervención de Estados Unidos en Indochina inició la desconfianza de las motivaciones reales de la conducción de la política internacional estadounidense, desconfianza que ha continuado hasta el presente.

El presidente Johnson se vio ante una difícil disyuntiva: construir la "gran sociedad" o intervenir en Vietnam para impedir la proliferación mundial del comunismo. De acuerdo con el criterio geopolítico de la época –la "teoría del dominó"– no intervenir acentuaría el peligro de expansión del bloque soviético de naciones en el Pacífico. Tempranamente el aparato militar tuvo evidencia de que la intervención exigiría un escalamiento gradual en la participación de las fuerzas armadas estadounidenses y del apoyo logístico para mantenerlo. Esto implicaría la imposición de impuestos especiales y quizás la movilización nacional para la guerra, lo que habría terminado con el proyecto "gran sociedad". Johnson prefirió avanzar ambos proyectos simultáneamente. Tenía la certeza de que un crecimiento económico sostenido a largo plazo, hacia un futuro indefinido, permitiría el financiamiento de ambos sin sacrificar la calidad de vida de las clases medias.

Para facilitar esta doble política censuró celosamente la información sobre el costo de la guerra y la planificación para conducirla (Helsing). Prohibió que el personal militar y civil discutiera la guerra aun en el Consejo de Seguridad Nacional, en el Consejo de Desarrollo Económico y en el gabinete de ministros; prohibió la entrega de datos sobre el impacto de la guerra en la economía (que, por otro lado, los ministros tampoco pidieron); prohibió que el Congreso recibiera información fidedigna y puso obstáculos para que se abriera un debate amplio sobre la guerra. Ante la opinión pública y los medios de comunicación la guerra en Vietnam fue descrita nada más que como una intervención limitada, una "acción policial" menor, y se impidió una discusión y debate abierto sobre los objetivos nacionales en juego. Las protestas contra la guerra en Vietnam se hicieron inevitables a partir de 1965 ante el escalamiento de los ataques aéreos contra Vietnam del Norte, el creciente envío de tropas a Vietnam del Sur y el aumento de las bajas de guerra. Los bombardeos fueron un esfuerzo por abaratar el costo humano de la guerra a cambio de serias violaciones de las Convenciones de Ginebra con la suposición de que, quizás, el aparato militar comunista podría ser quebrantado y neutralizado sin la masiva intervención y las bajas de tropas terrestres. Sin embargo, en 1968, a fines de la administración Johnson, Estados Unidos tenía más de medio millón de tropas en Vietnam.

El nexo directo entre los disturbios generados por el Movimiento de Derechos Civiles y las protestas contra la guerra de Vietnam estuvo en el activismo de las mismas organizaciones estudiantiles y religiosas –NAACP, CORE, SNCC, SCLC. Ellas reaccionaron ante el hecho de que el gran peso de las bajas de guerra correspondía en número desproporcionado a los pobres y a las minorías raciales. Por otra parte, estas minorías no usufructuaban del negocio de la guerra. Los programas laborales de la "guerra contra la pobreza" las entrenaban para el trabajo en el área de servicios, área mal pagada, que no permitía superar la indigencia. Los trabajos bien remunerados generados por el *boom* de la industria bélica requerían una alta calificación y continuaban en manos de sindicatos controlados por blancos. Tales desproporciones y frustraciones llevaron a organizaciones como Black Power y Black Panthers a contemplar la lucha armada. Elementos del SDS decidieron adoptar la lucha armada contra el "complejo militar-industrial-universitario". Tomaron el nombre de "los Meteorólogos" ("the Weathermen"), refiriéndose el nombre a que el clima político represivo de la época no dejaba a los opositores otra opción que la lucha armada.

Dentro de los marcos conceptuales de la geopolítica, los disturbios iniciados en el período 1964-1968 con la política de la "gran sociedad" implicaban una disolución del poder nacional estadounidense en un período crucial de la guerra fría.

Según la lógica geopolítica, los Estados deben implementar una gran estrategia nacional que les asegure la supervivencia y la expansión de sus intereses compitiendo en un campo de relaciones internacionales caracterizado por la escasez de recursos naturales, de mercados, de espacios estratégicos para instalar factorías con fácil acceso a los mercados mundiales más dinámicos y de bases militares para protegerlas, de trabajadores abundantes, dóciles y baratos. Este tipo de proyección global obliga al ejercicio de un poder nacional basado en los principios de cohesión y dominación. Cohesión implica que, además de crear una capacidad productiva, científica y técnica para el dominio del territorio nacional y la explotación de sus recursos, el Estado debe crear una homogeneidad étnica en la población ideologizándola para que se identifique a sí misma como comunidad integrada espiritualmente. La integración la capacitaría para desarrollar el carácter y la voluntad que permitan al Estado la consecución de los objetivos nacionales definidos en la gran estrategia nacional.

A través de su historia, en Estados Unidos la preocupación por la cohesión nacional se ha manifestado en el cuidado por discutir las políticas de inmigración más apropiadas, por mantener un aparato educacional que homogeneice lingüística y valóricamente a inmigrantes de la más variada procedencia para que adquieran el inglés (y quizás descarten los idiomas originales de sus familias), un aspecto y una gestualidad personal y modos de vida definidos según estándares de las clases medias. El poder nacional y, por tanto, la seguridad nacional, se concretan con la coordinación de objetivos entre organizaciones gremiales y grupos *ad hoc* de diferente orden –económicos, profesionales, filantrópicos, de los medios de comunicación, deportivos, de administradores de la educación pública y privada. Estas organizaciones articulan el uso de los recursos materiales y psicológicos de la nación (por ejemplo, religión, arte, deportes, caza, pesca, tiempo libre y entretenimientos) dentro de las directivas geopolíticas señaladas por el Estado federal.

De acuerdo con la lógica geopolítica, las confrontaciones raciales generadas por la "gran sociedad" fueron una catástrofe para la cohesión ideológica de la nación y el dominio de la población necesarios para una óptima conducción de la guerra en Vietnam.

El Movimiento de Derechos Civiles y la oposición a la guerra de Vietnam habían generado una nueva izquierda distanciada de los partidos tradicionales de izquierda y una "contracultura" que transgredieron el orden y los valores establecidos. A diferencia de la "izquierda tradicional" preocupada por perfilar una cultura de trabajadores industriales organizados sindicalmente, la nueva izquierda se preocupó por una crítica al sentimiento de alienación generado por las rutinas cotidianas, el consumismo extremo, los estilos de vida de las clases medias, el modo en que se articulan, diseminan y afianzan las ideologías sustentadoras de un capitalismo imperialista extremadamente agresivo. En buena medida esta crítica se dio desde la perspectiva individualista del anarquismo estadounidense, movimiento de larga tradición en el país. Experimentaron con discursos ideológicos siempre marginados por la cultura oficial estadounidense –variedades de marxismo, por ejemplo–, formas de vida comunitaria y de producción (las "communes" organizadas para un modo de vida no jerarquizado, las cooperativas para la producción y el comercio comunitarios no explotadores), concepciones y experiencias más amplias de la sexualidad, espiritualismo asiático y ampliando los límites de la "conciencia posible" con el uso de "drogas psicodélicas", música de rock. De estas experimentaciones epistemológicas surgirían los estudios culturales como se los ha entendido en las humanidades dedicadas a la cultura nacional estadounidense.

Desde esta perspectiva contestataria, el "complejo militar-industrial-universitario" aparecía como una enorme empresa de "ingeniería social" que disciplinaba y homogenizaba la gran diversidad humana de Estados Unidos para ponerla a disposición de una maquinaria estatal dispuesta a series inevitables e interminables de guerras para la conservación de un poder imperialista. Después de la segunda guerra mundial, las más visibles de estas intervenciones habían ocurrido en Grecia, las Filipinas, Guatemala, Corea, Cuba, la República Dominicana y Vietnam; podía sospecharse un número indeterminable de operaciones secretas en otras partes del mundo. Por ello el concepto de modernidad entendido como el ideal de racionalizar científicamente la administración de las relaciones sociales y la productividad para alcanzar la "plenitud y felicidad humana" –mito fundamental de la nacionalidad estadounidense e ideal implícito en la política de la "gran sociedad" – resultaba ser grotesco, una máquina para la producción sistémica de la muerte.

Para los conservadores, la modernidad ejemplificada por la política de la "gran sociedad" había hecho vulnerable a Estados Unidos en medio de la guerra fría. La voluntad nacional para cumplir con la gran estrategia nacional se había fragmentado. A medida que se implementaban las reformas de la "gran sociedad" se descubrían nuevas regiones de pobreza y los gastos en bienestar social seguirían creciendo y sería imposible calcular su dimensión real. Por otra parte, desde comienzos de la década de 1970 comenzó a experimentarse la crisis general de acumulación capitalista. Tratando de abaratar los costos de producción, los conglomerados transnacionales estadounidenses y europeos comenzaron a desconectarse de las economías nacionales en busca de costos de producción más bajos. Comenzó la reducción de la fuerza de trabajo en los países capitalistas avanzados (*downsizing*) y la transferencia de la producción material y el diseño de procesos productivos a países de fuerza laboral barata –México, Brasil, Tailandia, Corea del Sur, India, China. La recaudación de impuestos estatales decreció. No obstante, Estados Unidos, como garantizador de la integridad del sistema capitalista mundial, debía mantener un alto grado de gastos militares y aun aumentarlos, como ocurrió durante la presidencia de Ronald Reagan.

A estos imperativos se debió el desmantelamiento del Estado benefactor, la reducción drástica de los gastos estatales en beneficios sociales y la imposición de políticas económicas neoliberales a partir de la administración Reagan.

En estas condiciones surgieron las "guerras culturales" desencadenadas en Estados Unidos durante la década 1980, continuadas hasta el presente, y que se plasmaron en torno al concepto de modernidad. Estas "guerras" se circunscribieron a los ámbitos universitarios, especialmente en la crítica literaria, la filosofía (las humanidades) y las ciencias sociales. Por la naturaleza de sus materias y sus criterios y protocolos más inflexibles de profesionalismo, objetividad de corte positivista o conservadurismo, las "guerras culturales" no se han filtrado hacia las ciencias naturales, las ingenierías, las ciencias económicas o la administración de empresas.

Si nos atenemos a las disquisiciones de Stanley Aronowitz, durante la década de 1970 muchos de los estudiantes neoizquierdistas activos en el Movimiento de Derechos Civiles y en las protestas contra la guerra en Vietnam se habían graduado y hallado empleo en facultades universitarias, en el área de las humanidades. No sin que se dieran casos bullados de discriminación ideológica, ascendieron en la carrera y algunos alcanzaron un "estrellato" académico. Los estudios de crítica social de diversa base marxista que produjeron se hicieron aceptables y hasta predominantes por un período. Sin duda esto implicaba una antinomia. Por la inercia del escalafón burocrático de la carrera académica, intelectuales antisistema en muchos casos se estaban convirtiendo en administradores y "estrellas" del sistema. El "estrellato" era sostenido y confirmado por las altas ventas de su material por las editoriales universitarias, como ocurrió con Fredric Jameson y Herbert Marcuse.

Aronowitz también describe el modo en que a mediados de la década de 1970 comenzaron a instalarse en las cátedras universitarias los llamados "estudios culturales" originados en la "contracultura" asociada con la resistencia a la guerra en Vietnam. Desde fines de la década de 1960, en revistas "subterráneas" como *Rolling Stone*, *Village Voice*, *Crawdaddy* y *Creem* habían comenzado a aparecer artículos dedicados a la interpretación de lo que en Estados Unidos se llama "cultura popular" –estilos de consumo, modas y estilos personales de sectores marginales, consumo de "drogas psicodélicas" y de rock 'n roll entre estudiantes altamente politizados y clases medias bajas. Eran firmados por intelectuales que alcanzarían gran autoridad en los "estudios culturales" académicos –los más famosos: Greil Marcus, Robert Christgau, Dave Marsh, Ellen Willis, Simon Frith y Tom Wolfe. Fuertemente influida por el marxismo psicoanalítico de Herbert Marcuse, esta "cultura popular" era interpretada como la rebelión instintiva del "principio de placer" freudiano contra el "principio de realidad" de la institucionalidad capitalista. Este "principio de realidad" disciplinaba la energía erótica del cuerpo humano para canalizarla hacia el sostenimiento de estilos de vida conservadores basados en un consumismo extremo e innecesario. Indefectiblemente estos estilos de vida llevaban a rígidas jerarquizaciones de clase, a la violencia sistemática, policial y militar, para mantenerla, a la destrucción del medio ambiente y a la insania colectiva manifestada como histerismo. La revolución anticapitalista comenzaría con la adopción de estilos de vida y la expansión epistemológica de la mente humana que permitieran superar el "principio de realidad" capitalista y promovieran la manifestación de la instintividad que naturalmente lleva a la sanidad. La enseñanza universitaria humanística orientada de este modo crearía y difundiría estas nuevas sensibilidades cuestionando los principios y cánones estéticos que sustentan el orden establecido.

Paralelamente, el activismo reivindicacionista de las minorías étnicas, de las feministas y, más tarde, de los homosexuales hizo impacto en el interior de las universidades. Por presión comunitaria se formaron programas y departamentos de estudios de la mujer, estudios afro-americanos, estudios de americanos nativos (indígenas), estudios chicanos. Los usos y estrategias de ese activismo social comenzaron a gravitar en las rutinas cotidianas del quehacer académico. Este activismo no sólo exigía equidad en la contratación y en el avance en el escalafón burocrático, profesorial y estudiantil universitario. También sometía a minucioso escrutinio las actitudes, posturas, gestos, dichos y protocolos de trato personal de todo individuo representativo de alguna forma de poder administrativo y académico, con la sospecha de que todo hombre es inconscientemente sexista, racista y homófobo, especialmente si es blanco o "latino". Esto afectó aun a aquellos profesores reconocidos como "progresistas", "radicales", "subversivos". Estas intervenciones micropolíticas han recibido el rótulo de "políticamente correctas". Según Aronowitz, se trata de "un nuevo McCarthysmo de la izquierda" (55). Aronowitz amplifica este juicio:

> Claramente, estos casos ilustran que hay una fibra de antilibertarismo civil entre algunos grupos e individuos antirracistas y antisexistas. Sin duda, esto causa preocupación, especialmente si se considera la larga lucha que desde el nacimiento de la república han dado libertarios y radicales por hacer realidad la libertad académica y otras facetas de las libertades civiles. (55)

Según Aronowitz, este tipo de conflicto diferencia a las actuales generaciones de "radicales" surgidos en la década de 1980 de las inmediatamente anteriores. Los filomarxistas de las décadas de 1960-1970 dieron la lucha por validar un tipo de conocimiento transgresor del orden establecido, valoración directamente asociada con un macroactivismo político cuyo objetivo era impactar sobre las estructuras del sistema capitalista contemporáneo y modificar sus efectos en la conformación psíquica y existencial de los individuos y las masas humanas. Los "radicales" de fines de los años ochenta y de la década de 1990 más bien se dedicaron a cuestionar y desbaratar las bases y suposiciones fundamentales de las todas las ideologías resultantes de la modernidad iniciada en el siglo

XVIII y de sus genealogías filosóficas originadas en la antigüedad griega, incluyendo al marxismo. Esto fue posible con la llamada "voltereta francesa", la importación desde Francia de los conceptos asociados con la posmodernidad y el decontruccionismo. Esta modalidad de trabajo intelectual es preferentemente intracadémica y situada en el gabinete de los profesores. Aronowitz habla de que el cometido de esta generación de "radicales" es minar la "autoridad y la legitimidad del conocimiento" que lo sustenta y, en general, de todo sistema político Estado-céntrico. El profesor/activista político de las generaciones anteriores ha desaparecido.

Conviene repasar esquemáticamente los elementos básicos de la "voltereta francesa" para mostrar su funcionalidad para esta nueva ola de "radicales" en la tarea de desmontar los fundamentos de la modernidad del "complejo militar-industrial-universitario".

Siguiendo a Michel Foucault, la organización social debía entenderse como el disciplinamiento de las rutinas cotidianas, del cuerpo humano, de su sensualidad y de los sentidos comunes de la población de acuerdo con la discursividad producida por los centros institucionales del poder social, económico y político establecido, condicionándose así los espacios públicos y privados, las rutinas, calendarios, horarios y prácticas sociales para mantener su continuidad. Esta discursividad "naturaliza" lógicas, saberes y sapiencias prestigiadas e incuestionadas que confinan el entendimiento de lo posible, lo probable, lo legítimo, lo deseable. Por tanto, pueden desprenderse dos conclusiones: primera, las "verdades" que legitiman un orden social quedan restringidas a sus condicionamientos sociohistóricos, no pueden transferirse a otros condicionamientos; segunda, si el orden social es un constructo ideológico de un poder represivo, es posible desmantelarlo desestabilizando la lógica y sentido del universo simbólico y metafórico que lo sostiene mediante análisis que los expongan.

De allí la importancia complementaria del decontruccionismo. Jacques Derrida planteó que la tradición filosófica del "mundo occidental" está expresada en discursividades que se caracterizan por profundas contradicciones. Ellas quedan expuestas al detectarse núcleos metafóricos subliminales que contradicen la intención de máxima logicidad del entramado conceptual de todo discurso sustentador del poder social. La identificación de estas contradicciones revela series de constelaciones binarias dicotómicas en que el poder establecido se impone privilegiando uno de los términos y quitando méritos e imponiendo jerarquías de dominio sobre el otro (por ejemplo, escritura/oralidad; presencia/ausencia; identidad/diferencia; plenitud/vacío; sentido/sinsentido; dominio/sumisión; vida/muerte). El analista puede lograr alguna intuición libertaria invirtiendo los términos e instalando sus disquisiciones desde la perspectiva del término menospreciado.

Los escepticismos radicales del "neohistoricismo" a la Foucault y del decontruccionismo derridiano se agrupan bajo el término "posmodernismo" propuesto por Jean-François Lyotard. Lyotard ha llamado la atención sobre el hecho de que la ultraespecialización del conocimiento científico contemporáneo ha incapacitado todo foco de conciencia centralizadora del conocimiento. Este ha quedado disperso en múltiples microcentros de difícil compatibilidad y conexión entre sí, quedando imposibilitada la producción de narrativas totalizadoras del significado histórico de la experiencia humana. Llevadas estas suposiciones a la arena política, quedó invalidada y desacreditada la acción transformadora de la sociedad, de los seres humanos y de la naturaleza de acuerdo con macrodoctrinas totalizadoras de redención científica de la especie humana. En conjunción con los ejercicios deconstruccionistas, el desahucio de la validez de las macroteorías científicas autorizaba la exploración y recuperación del valor de epistemologías, saberes y sapiencias marginadas por el "europeísmo" y el "occidentalismo".

Este "antieuropeísmo" y "antioccidentalismo quedó reforzado con el "nihilismo posmodernista, tolerante" de Gianni Vattimo. El filósofo italiano descarta la proyección universalista de los valores europeos como fundamentación de temporalidades rectilíneas, evolucionistas, progresivas y unitaristas de la historia. Estas temporalidades son subterfugios que imponen homogeneidades y jerarquizaciones culturales exhibidas como culminación óptima del desarrollo de la civilización y son usadas como herramientas para mantener el poder geopolítico predominante en el sistema mundial. Vattimo rechaza esta absolutización ideológica por ser un "fundamentalismo metafísico" que, al hablar de atributos ilusorios como la verdad absoluta, la unidad de la especie y la totalidad del sentido de la historia como sistema cerrado, sólo puede resultar en violencia sojuzgadora de la multiplicidad cultural de la humanidad. Este "nihilismo" propone el abandono de ese "fundamentalismo metafísico" para hacer de la política la aventura de una serie de actos de aproximación a la diversidad humana estrictamente según los términos del horizonte en que ocurre la aproximación. Este relativismo radical resultaría necesariamente en el abandono de los mitos de un mundo pensado como certidumbre de racionalidades en marcha hacia su inevitable consecución teleológica. Sin estas certidumbres, el ser humano quedaría entregado al sentimiento de piedad por la condición débil del ser, de la vulnerabilidad de la existencia y podría abrirse a la percepción de la diversidad humana como gozo de la riqueza de la especie y no como amenaza.

En las humanidades, estas teorías y procedimientos para desestabilizar la noción de modernidad han sustentado los intentos de los "radicales deconstruccionistas" por integrar a los cánones de enseñanza la "voz de los oprimidos y los excluidos". En medio de polémicas de gran resonancia en las principales universidades privadas, los decontruccionistas han buscado "contaminar" las listas de "obras monumentales" de los cursos en que se enseña la "tradición occidental" con la inclusión de obras de mujeres nunca reconocidas en el canon literario o filosófico, testimonios e informes antropológicos, sociológicos e históricos sobre las clases subalternas, las minorías étnicas estadounidenses y las luchas antimperialistas en el tercer mundo.

Puede achacarse a Aronowitz el prurito de querer mostrar a toda costa la reproducción y renovación de generaciones de "radicales" académicos en un ámbito político como el estadounidense –de tendencias abrumadoramente conservadoras– mediante alianzas políticas entre académicos feministas, minorías étnicas, tercermundistas, homosexuales y, en última instancia, "latinos" residentes en Estados Unidos. Menciona las fricciones institucionales producidas por el "McCarthysmo de izquierda" de estos sectores; registra las antinomias de que representantes del "radicalismo decontruccionista" estadounidense se hayan formado o prevalecido en universidades privadas de enorme prestigio como Yale, que la influencia de "Barthes, Derrida y Foucault se irradió desde [las universidades] Johns Hopkins y Yale" (229), pero no explora las consecuencias de estas antinomias para la práctica concreta de la política académica.

Tendremos ocasión de volver a estas antinomias al esbozar el perfil del latinoamericanismo que nos concierne.

Desde la perspectiva de la preocupación geopolítica conservadora por la fragmentación de la voluntad nacional estadounidense, en medio de las "guerras culturales" conviene revisar los argumentos de Edward Shils y Robert H. Bork porque son sintomáticos y ampliamente representativos.

Junto con Talcott Parsons, Shils es uno de los sociólogos funcionalistas de mayor notoriedad e influencia. Desde su perspectiva doctrinaria hace énfasis en que el mantenimiento del orden social depende del buen flujo y aceptación en la sociedad de la simbología y de los discursos que sustentan y exaltan el valor, legitimidad y continuidad de las autoridades y las jerarquizaciones sociales para promover la confianza en ellas. Esto es lo que constituye la "tradición patriótica y religiosa" que asegura el respeto de la identidad cultural de una nación y de la normatividad que la constituye. Shils es un crítico moderado de la modernidad. Para él, a partir de la segunda guerra mundial el valor de la "tradición" en Estados Unidos ha decaído. La causa está en la creciente función asignada a las universidades como soporte de las políticas de administración social e industrial y, por tanto, a las exigencias de que muestren una alta productividad y eficiencia. Estas exigencias han acentuado cada vez más los preceptos de la modernidad que sustentan la investigación científica y la "ingeniería social" en las universidades. Estos preceptos barren con cualquier cortapisa que los valores de la "tradición" puedan interponer a la productividad y la eficiencia, tendencia negativa que podría ser contrarrestada por la enseñanza literaria y filosófica de un canon de obras privilegiadas por representar los valores más respetables de la nacionalidad, según se los asocia con los gustos y el pensamiento europeo.

Para Shils el advenimiento del deconstruccionismo en las humanidades y la demanda de introducción de textos representativos de las "minorías" y del tercermundismo acentuaron radicalmente los peligros de la modernidad al politizar en extremo a las universidades, introduciéndose así un caos que identifica como "anarquista". Shils releva el hecho de que, para los deconstruccionistas, todas las grandes obras de la "civilización occidental" son uniformemente "sexistas, racistas e imperialistas":

> Los estudios humanistas se han desviado de la tarea de encontrar y vivir de acuerdo con un patrón de vida acertado mediante el estudio de las grandes obras intelectuales de la antigüedad [reemplazándolo con el] estudio pedante, en gran detalle, de sucesos y autores sin importancia y, más recientemente, [se han desviado] a una extraordinaria frivolidad y descuido [con los "estudios culturales"]. (164)

Ya que la empresa académica es colectiva, el bien común es servido en la medida en que el profesorado desarrolle los protocolos de convivencia apropiados para que asesore al Estado y a la industria. Por el contrario, Shils advierte que el "anarquismo" deconstruccionista daña profundamente los protocolos de "civilidad", de urbanidad, que deben regir el comportamiento intracadémico y sus relaciones con el resto de la sociedad. El orden y la buena administración burocrática se disuelven en agudas rencillas personales. Esto lleva a la ineficiencia de las universidades y al desperdicio de bienes públicos financiados por la comunidad nacional. En atención a este compromiso comunitario, los académicos debieran superar las vanidades personales y las divergencias teóricas e ideológicas, asunto extremadamente difícil con los hábitos mentales "deconstruccionistas" de desmantelamiento de toda lógica de autoridad. Por el contrario, las relaciones académicas debieran reflejar la equidad de la transacción política características de una democracia liberal. Los "anarquistas" están dotados de poder en la medida en que la comunidad los ha instalado y financiado dentro de las universidades. Sin embargo, usan el poder para "deconstruir" el consenso público y la unidad colectiva para alcanzar objetivos colectivos. Por ello se los puede llamar elementos "antinómicos": "No creo que las universidades, sean éstas mayores o menores, estén representando esta civilidad ante sus respectivas sociedades. No son sociables entre sí [...] por su antinomismo autocomplaciente. Las tendencias que los hacen inciviles internamente los hacen inciviles en sus actividades y creencias respecto a la esfera pública" (177).

Shils se identifica como defensor de la democracia liberal y hace énfasis en la responsabilidad moral de los individuos en la consecución del bien comunitario. Por el contrario Robert H. Bork es un ultraderechista cuya candidatura a juez de la corte suprema de Estados Unidos fue rechazada por el senado por sospecharse que pondría en peligro las libertades civiles y políticas garantizadas por la constitución. No obstante, a Bork y Shils los une su preocupación geopolítica por la fragmentación de la voluntad nacional. Lo que Shils llama "anarquismo" y "antinomismo", Bork lo llama "nihilismo" y "relativismo moral".

Bork acusa a la democracia liberal de ser caldo de cultivo de las "opiniones patológicas" (213) diseminadas por los deconstruccionistas. Estos suman decenas de millones, calificados por él como "intelectuales semicalificados" ("semi-skilled") –profesores universitarios, periodistas, clérigos, burócratas de organizaciones de interés público– que forman una "clase [social] de la cáchara". Los califica a todos como exponentes de un marxismo que después del colapso del bloque soviético se han quedado sin programa político y, por tanto, ya no tiene razón de ser. Sólo les queda el resentimiento que los impulsa a atacar al sistema establecido sin proponer alternativas claras: "Lo importante en ellos no es su intelecto sino su número, que crece rápidamente, las opiniones y los valores que detentan, y su control de las instituciones culturales que crean y manipulan los símbolos que definen nuestras vidas" (213).

Según Bork, estos derrotados mantienen, sin embargo, la "nefasta" inercia colectivista del socialismo, aunque sin su programática totalizadora. Estratégicamente se han desplegado como innumerables grupúsculos que argumentan nada más que un tema reivindicativo específico, muy limitado. Pero en su conjunto se puede percibir una agenda igualitarista que avanza incrementalmente. El hecho de que esta política esté planteada en segmentos tan minúsculos exacerba la frustración en sus activistas, de manera tal que la totalidad del campo político se carga de extraordinaria agresividad, animadversión y amargura. Para Bork se trata de un "nihilismo" por el que esta "gente ha llenado el vacío y el aburrimiento que constituye la esencia del liberalismo con una apasionada política de izquierda y por tanto cuya característica central es el igualitarismo y la convicción de que todo individuo es fundamentalmente político" (214).

Según Bork, este igualitarismo "nihilista" aplana las jerarquías morales que sustentan el orden social, de manera que a cualquier postura valórica debe reconocérsele igual legitimidad, induciéndose un extremo "relativismo moral". Este relativismo se hace totalitario en la medida en que la democracia liberal capacita a los nihilistas para exigir la intervención del Estado en la sociedad civil para forzar ese igualitarismo. Con esto se produce la anómala situación de que predomina la voluntad política de una intelectualidad nihilista minoritaria, del todo desconectada del pensamiento y opinión de las mayorías patrióticas y de recta moral religiosa. Esto se hace patente con el infiltramiento de elementos nihilistas en la corte suprema de Estados Unidos. De otra manera no se explica que la corte suprema, en nombre de principios liberales, proteja vejámenes públicos contra la bandera de Estados Unidos y expresiones artísticas notoriamente pornográficas, homosexuales y sodomitas.

Edward Shils propone una solución que él supone simple y efectiva para neutralizar a los intelectuales de izquierda —establecer en las universidades privadas de mayor alcurnia el foco de prestigiamiento de un tipo de humanidades que promueva en la colectividad nacional el respeto, apoyo y legitimidad de la autoridad y de las jerarquías sociales y la cohesión en torno a ellas. Las universidades públicas son ineficientes al respecto en la medida en que deben asegurarse un financiamiento estatal abierto a todo tipo de presiones públicas, en que los activistas "antinómicos", "anarquistas", "moralmente relativistas" y "nihilistas" son más eficaces. Los profesores conservadores de las humanidades son siempre débiles y timoratos en la defensa de sus principios. Por tanto, hay mejores posibilidades de restaurar las humanidades en universidades privadas con enormes portafolios de bienes y valores tales como Harvard, Stanford, Johns Hopkins, Chicago, Columbia, Boston. Ellas no dependen de fondos federales y si sus presidentes tienen agallas y carácter firme, pueden eximirse de presiones políticas:

> En los años recientes en Estados Unidos, el programa de acción afirmativa, es decir, la política de contratar [como profesores] a miembros de las "minorías", especialmente negros, puertorriqueños, mujeres si es posible, indígenas, ha debilitado la resolución de los presidentes. Los "funcionarios de acción afirmativa" dentro de las universidades, con su lenguaje usualmente agresivo y acusatorio, exponen a los presidentes a los cargos de "racismo" si no promueven "agresivamente" la contratación de negros, y al cargo de sexismo, si es que se muestran poco entusiastas en la contratación de mujeres. (180)

Las opiniones de Shils y Bork fueron presentadas en Londres, en 1989, en un congreso internacional de intelectuales conservadores. Años más tarde, dos egregios profesores de literatura, Harold Bloom, de la Universidad de Yale, y Jeffrey Hart, de la Universidad de Columbia, publicaron apologías del canon de obras monumentales de la "civilización occidental". Ambas complementan las opiniones de Shils y Bork y, en muchos pasajes, hasta reproducen su lenguaje.

En *El canon occidental* (*The Western Canon*, 1994), Bloom coincide con Bork en la condena de las ideologías colectivistas. Para Bloom la civilización occidental se trasmite existencialmente valorando situaciones límites (muerte, plagas, catástrofes) como fuentes de profundas enseñanzas. A partir de Shakespeare, la "gran literatura moderna" es una representación "estética", en todas sus dimensiones psíquicas, de los sufrimientos, contradicciones y ambigüedades de la fragilidad humana. Bloom no define la grandeza estética; al leer un texto el lector la detecta ineludiblemente, si es que el texto la contiene. Por tanto, no es difícil definir un canon de grandes obras de la cultura occidental. La lectura de este canon enfrenta a un lector solitario, inerme, sin escapatoria ante la terrible estética de la fragilidad humana. Bloom no desconoce que hay un elemento religioso en todo esto –la palabra canon tiene origen religioso. Aunque no lo verbaliza así claramente, dados sus argumentos y su religiosidad implícita, podemos colegir que la lectura infiltra esa magnanimidad estética en el lector:

> Creo que el ser, en la búsqueda de su libertad y soledad, en última instancia lee con un propósito único: enfrentarse a la grandeza. Esa confrontación escasamente enmascara el deseo de unirse a la grandeza, la cual es la base de una experiencia que una vez se llamó lo Sublime: la búsqueda de trascender límites. Nuestro destino común es envejecer, enfermarnos, morirnos, ser olvidados. Nuestra esperanza común, tenue pero persistente, es encontrar alguna forma de supervivencia. (524)

Situar los argumentos de Bloom en el marco de los de Shils y Bork trae a primer plano una inspiración geopolítica que a primera vista queda oculta. La carrera académica de Bloom transcurrió durante los años álgidos de la guerra fría y sus innumerables posibilidades de un holocausto nuclear. De allí el uso continuo del término "supervivencia" a través de su trabajo, aunque nunca lo conecta conceptualmente con su versión del existencialismo: "En nuestro contexto y desde nuestra perspectiva, el canon occidental es una especie de lista para sobrevivientes" (38). Los sobrevivientes que Bloom tiene en mente son las élites del orden capitalista. No trepida en conectar toda actividad intelectual suscitada por el canon occidental con el poder económico que permite el tiempo para que estas élites se entreguen a ella: "Si se rompe la alianza entre riqueza y cultura –ruptura que marca la diferencia entre Milton y Blake, entre Dante y Whitman– entonces se paga el alto precio irónico de los que tratan de destruir las continuidades canónicas" (33).

La "destrucción de las continuidades canónicas" es una forma comedida de decir que lo que está en juego es la supervivencia del capitalismo occidental. Como Bork, Bloom piensa que su supervivencia está amenazada por una masa de colectivistas, intelectuales bárbaros que describe como la "escuela del resentimiento", compuesta por "feministas, afrocentristas, marxistas, neohistoricistas inspirados por Foucault y deconstructores" (20), "baja ralea académica que busca conectar el estudio de la literatura con el cambio social" (28). Con su demanda de "abrir" el canon occidental a la expresión de los grupos sociales marginados, esta "baja ralea" rebaja los criterios de calidad impuestos por las élites espirituales:

> Estamos destruyendo todo estandard intelectual y estético en las humanidades y en las ciencias sociales, en nombre de la justicia social. En esto nuestras instituciones muestran mala fe: no se imponen cuotas [para la contratación] de neurocirujanos y matemáticos. Lo que se ha devaluado es el aprendizaje en sí mismo, como si la erudición fuera irrelevante en el plano del juicio correcto e incorrecto. (35)

Bloom tiene en mente la metáfora de un perímetro militar al describir este asedio de los bárbaros: "El gran problema es el contenimiento, y la gran literatura siempre insistirá en su autosuficiencia frente a las causas aparentemente más meritorias: el feminismo, el culturalismo afro-estadounidense y todas las otras empresas políticamente correctas del momento" (28). Bloom no es optimista; piensa que la batalla se ha perdido:

> No creo que los estudios literarios tengan futuro, pero esto no significa que la crítica literaria vaya a morir. Como rama de la literatura, la crítica sobrevivirá, pero

probablemente no en nuestras instituciones de enseñanza. El estudio de la literatura occidental también continuará, pero en la escala mucho más modesta de los actuales departamentos de lenguas clásicas. Se cambiará el nombre de los que ahora se llaman "Departamentos de Inglés" para llamarlos "Estudios Culturales" donde las tiras cómicas de *Batman*, los parques temáticos mormones, la televisión, el cine y el rock reemplazarán a Chaucer, Shakespeare, Milton, Wordsworth y a Wallace Stevens. (519)

Por el contrario, Jeffrey Hart es totalmente optimista en *Sonriendo a través de la catástrofe cultural. Hacia la revitalización de la educación superior (Smiling Through the Cultural Catastrophe. Toward the Revival of Higher Education,* 2001). Percibe que en el presente se gesta una fuerte contrarreacción ante la denigración de la "civilización occidental" a que se refiere en su "catástrofe cultural" del título: "Es mi percepción que todo esto está llegando a su fin, aunque con dolorosa lentitud. Se lo ha sometido a una crítica intelectual devastadora. Y los mejores estudiantes, cuando pueden elegir, están votando en su selección de cursos en favor de los cursos fundamentales en vez de los de moda" (247). De hecho, entonces, en su escrito Hart celebra la supervivencia de la "civilización occidental". Los disturbios sociales causados por la guerra de Vietnam en Estados Unidos habían generalizado en las universidades el "disgusto antinómico por las normas, una rebelión contra el aprendizaje y la autoridad legítimas, y un abandono igualitario de las distinciones entre lo importante y lo no importante ..." (246). Pero una vez más la lectura del canon de grandes obras volvería a cumplir su cometido estratégico –preservar los valores fundamentales de la "cultura occidental" siempre en peligro de extinción en un mundo caótico:

> [...] un ciudadano es una persona que, si fuera necesario, puede recrear su civilización [...] producto de una genuina educación de artes liberales, [este ciudadano] debiera entender su civilización en términos generales, su forma y textura, su narrativa y sus temas principales, sus áreas importantes de pensamiento, sus obras mayores de la imaginación. (x)

Las obras de Bloom y Hart resultan ser analogías del pensamiento espacial de la geopolítica: toda nación capaz de proyectarse imperialmente sobre el resto del mundo tiene un núcleo territorial, el "heartland", desde el que organiza e irradia su poder económico, su influencia ideológica y su capacidad de intervenir globalmente. La noción y función de canon propuesta por Bloom y Hart trasponen al plano ideológico esta noción material de "heartland".

Si consideramos que en la dialéctica del movimiento histórico los términos opuestos comparten características similares, las disquisiciones de Shils, Bork, Bloom y Hart captan características reales de la acción de sus oponentes. Su percepción de elementos "antinómicos", "anarquistas", "moralmente relativistas", "nihilistas" y "McCarthystas de izquierda" quizás explique el notorio aumento de instancias de ingobernabilidad en los departamentos de lenguas y literatura en la última década, con el consecuente desperdicio de fondos públicos y desorientación de los estudios humanísticos. Tras esto yace un problema pedagógico de máxima envergadura. "Deconstruir" la lógica de la discursividad prosistema es un ejercicio relativamente fácil; por el contrario, es difícil avizorar una nueva normatividad social que la reemplace.

Los estudios literarios/culturales latinoamericanistas en Estados Unidos

El uso de la geopolítica como punto de entrada a la situación de los estudios internacionales en Estados Unidos permite entender a grandes rasgos tres asuntos centrales: la función de estos estudios para la seguridad nacional; la intervención del Estado federal para promoverlos de acuerdo con las incidencias de la política internacional; el sentido de las "guerras culturales" desatadas desde la década de 1980. Pero la perspectiva geopolítica también puede introducir distorsiones al exagerar la importancia real que el idioma español y los estudios literarios/culturales hispánicos puedan tener en el panorama de los intereses globales de los Estados Unidos. Veremos que el interés federal por la lengua española es más bien modesto; y es mínimo o insignificante en lo que respecta a los estudios literarios/ culturales hispánicos.

Los expertos en la materia señalan con unanimidad que el interés federal por los estudios de idiomas y de áreas geográficas no es constante sino esporádico. Está estrechamente relacionado con emergencias geopolíticas específicas (*President's Commission on Foreign Languages and International Studies, PCFLIS*). En el momento de proclamarse la NDEA en 1958, la preocupación federal era doble: promover el estudio del ruso y otras lenguas europeas de las naciones del bloque soviético; promover el estudio de las "lenguas difíciles": el chino (y sus dialectos), el árabe (y sus dialectos), el coreano, el japonés y el farsi (persa). Para el Estado federal la preparación lingüística debe estar acompañada por un conocimiento altamente técnico y especializado en lo económico, étnico, político, geográfico, topográfico y metereológico, por ejemplo, apto para la intervención política y militar.

Al poner ese conocimiento especializado de las burocracias a la par con una alta competencia lingüística, las agencias federales cuentan con instituciones como el Foreign Service Institute (FSI) del Departamento de Estado, el Defense Language Institute (DLI) y las escuelas de idiomas de la Agencia de Seguridad Nacional (National Security Agency, NSA) y de la Central Intelligence Agency (CIA). Estas organizaciones han comprobado que la competencia lingüística de los contratados con un grado universitario en idiomas extranjeros es comparativamente baja y debe ser suplementada (Ruchti). Las agencias federales también resuelven la escasez de personas que hablan las "lenguas difíciles" reclutando estadounidenses originados en los grupos étnicos asociados con ellas.

En cuanto a los conglomerados transnacionales (CT) estadounidenses, es mínima la preocupación por preparar lingüística y culturalmente a su personal destinado al extranjero (Inman). Este personal es contratado casi exclusivamente por su capacidad técnica y su misión en el extranjero es una continuidad de este criterio. El conocimiento de idiomas no es factor crucial ni en la contratación ni en las promociones. Puesto que "se sabe" que el inglés es el idioma universal de los negocios, los CT confían en que sus clientes extranjeros lo usarán en sus comunicaciones. En países en que las negociaciones al más alto nivel deben considerar diferencias culturales, los CT cuentan con personal local educado profesionalmente en Estados Unidos y con una alta competencia en inglés. Generalmente el personal enviado al extranjero recibe un promedio de cien horas de entrenamiento lingüístico dadas por una empresa privada, lo indispensable para desplazarse en la cotidianeidad.

Las altas concentraciones de hispanos en las costas este y oeste y en estados sureños como Arizona, Texas, Nuevo México, Louisiana y Florida y los constantes flujos de inmigrantes legales e ilegales desde Latinoamérica obligan a que el Estado federal y los Estados locales contraten o subsidien personal competente en español. La gran mayoría son hispánicos de ciudadanía estadounidense, asentados en el país por generaciones antiguas o recientes. Así como ocurre con el personal estatal destinado al servicio exterior, este personal interno es contratado con un criterio profesional, no lingüístico. Es irrelevante que tengan credenciales académicas en español y literaturas hispánicas.

Es obvio que hacer estudios universitarios de español y literaturas hispánicas no responde necesariamente a incitaciones utilitarias de empleo en instituciones gubernamentales. Un experto comenta que, en buena medida, el interés por las lenguas y las literaturas extranjeras parece responder a la curiosidad intelectual de ciudadanos que, a través de sus vidas, toman conciencia de la enorme diversidad étnica en que viven la cotidianeidad en Estados Unidos (Ward). A esto se agrega el interés por las culturas extranjeras suscitado por la popularidad de los viajes organizados a través del sistema educacional. En todo caso, cualquier expectativa para hacer este tipo de estudios humanistas tuvo cabida en la expansión de la universidad con la política de "gran sociedad".

Pero debe reconocerse que, para la perspectiva geopolítica del Estado federal, siempre ha sido irrelevante el nexo entre los estudios lingüísticos y los literarios. Por el contrario, ésta es característica fundamental de la organización departamental universitaria. Desde la segunda guerra mundial las diferentes metodologías creadas por las fuerzas armadas para la enseñanza de idiomas habían alcanzado un alto grado de eficiencia y permitían excelentes resultados a corto plazo. Estos éxitos podrían repetirse en el contexto universitario centralizando la enseñanza de idiomas en institutos administrados exclusivamente con los criterios técnicos de las ciencias lingüísticas –el llamado "plan Cornell" (Brod). De hecho, este tipo de organización administrativa ha sido favorecida por las áreas científicas y las ciencias sociales y comerciales universitarias puesto que permitiría un entrenamiento específico de sus estudiantes, evitando las rémoras de los cursos literarios exigidos por los departamentos de lenguas y literatura. Pero separar la enseñanza lingüística de estos departamentos debilitaría en extremo los programas de literatura, cuyos estudiantes de posgrado han sido tradicionalmente financiados ocupándolos como instructores en el programa de idiomas. A través de las décadas, los departamentos de lenguas y literatura han resistido férreamente esta separación.

En resumen, puede decirse que, a partir de la proclamación de la NDEA en 1958, se produjo una antinomia entre los programas lingüísticos y los literarios dentro de la organización departamental. Estas fricciones han sido permanentes y han quedado irresueltas. Tradicionalmente el poder de decisiones departamentales ha estado en manos del profesorado de estudios literarios. A medida que decrece la influencia de los estudios literarios aumenta la conciencia de la antinomia suscitada por la NDEA.

En este contexto los estudios literarios mostraron otra disfunción. Para cumplir su cometido, los estudios internacionales exigían una interdisciplinariedad imposible de cumplir según la capacitación teórica existente en los estudios literarios de las décadas de 1950-1960. Un programa de estudios latinoamericanos en el bachillerato funciona como una convergencia orgánica de cursos que entregan al estudiante un entendimiento del área desde la perspectiva de diversas ciencias sociales –economía, geografía, historia, antropología, sociología, politología. Esta organicidad se facilita en cuanto estas ciencias comparten principios generales para explicar la organización de las sociedades y de los países latinoamericanos. Las ciencias literarias de la época no participaban en esta comunidad de principios. Las metodologías predominantes –la estilística románica, la Nueva Crítica (*New Criticism*) estadounidense y la estrategia de hacer recuentos temáticos de un *corpus* literario–, por su búsqueda exclusiva de la "esencia distintiva de la sensibilidad literaria", impedían un diálogo eficaz con los cientistas sociales.

La antinomia entre la orientación geopolítica de la instrucción lingüística en lenguas extranjeras, el creciente cuestionamiento de la importancia social de los estudios literarios y su limitada capacidad interdisciplinaria ha causado debates a través de las décadas. Podemos encontrar esta temática tanto en las polémicas de la Asociación de Profesores de Español y Portugués (American Association of Teachers of Spanish and Portuguese, AATSP) de fines de la década de 1960 (Jackson; Menton; Curland; Sacks) como en las polémicas registradas en el *ADFL Bulletin* de otoño de 2005 (Pfeiffer, Newman, Byrnes, Castro-Klarén). En estas últimas ya se habla de la bancarrota de los estudios literarios.

Desde otro ángulo, la tenuidad de los estudios literarios hispánicos también puede explicarse según el modo de intervención del Estado federal cada vez que incentiva algún sector geográfico de los estudios internacionales.

En conjunto con las fundaciones Ford y Rockefeller, el Estado federal interviene en las estructuras universitarias financiando la instalación de centros de estudios internacionales sólo en sus inicios. Las universidades se hacen cargo del mantenimiento de estos centros a largo plazo y atienden a estudiantes cuyo interés por los estudios internacionales no está necesariamente motivado por razones geopolíticas. Con esto se afianza un aparato de enseñanza avanzada que estabiliza un cuerpo de profesores, investigadores y estudiantes. Pocos años después se produce un superávit de especialistas que tendrán dificultad en encontrar ocupación, bien sea en la burocracia federal, en las universidades o en los centros independientes de investigación (Hawkins; Ruchti).

Con diferencias idiosincráticas, un proceso similar se produjo a partir de la expansión de los departamentos universitarios de lenguas y literaturas extranjeras en la década de 1960. Proliferaron los colegios comunitarios de dos años (colegios menores) y los colegios de bachillerato de cuatro años (colegios mayores) que establecieron programas de idiomas. Los colegios ya existentes expandieron los suyos. Esta proliferación se debió en gran medida a la política de la "gran sociedad" que aumentó el acceso universitario de las minorías étnicas marginadas, aun si las escuelas secundarias les habían dado una preparación pésima. Se dio una enorme demanda de profesores universitarios que la expansión de la economía de la década de 1960 prometía financiar a larguísimo plazo.

No obstante, desde la década de 1970, la economía estadounidense sufrió profundos reajustes. Los grandes conglomerados transnacionales comenzaron a instalar importantes segmentos de su producción manufacturera en países que les aseguran una fuerza laboral barata. Un importante desempleo parcial o total se convirtió en característica permanente de la economía estadounidense. La recaudación fiscal decayó simultáneamente que los gastos militares aumentaron, para llegar a un máximo durante la administración del presidente Ronald Reagan en la década de 1980. A la vez, esta administración endureció las medidas punitivas contra el enorme tráfico de drogas. Así surgió el imperativo de expandir el sistema carcelario. Este desequilibrio fiscal se compensó con una drástica reducción del gasto en bienestar social, lo que afectó duramente al sistema educacional.

En estas circunstancias, a partir de la década de 1980 los departamentos de lenguas y literaturas extranjeras entraron en una contradicción extrema. Por una parte creció la demanda estudiantil de cursos de español (Huber; Brod & Welles); ésta llega a los índices más altos en la década de 1990 con la inauguración del Tratado de Libre Comercio (TLC/NAFTA) y la programada expansión del TLC para incluir a otros países latinoamericanos. Para los estudiantes de comercio y administración de empresas tener créditos académicos en español y cultura latinoamericana (con resistencia a los estudios literarios) parece una inversión profesional ventajosa. Esto implicó el imperativo de ampliar la contratación de un profesorado de alta calificación. En el sistema universitario estadounidense generalmente esto significa profesores doctorados. Pero paralelamente la inversión pública en educación se redujo sustancialmente. Una gran necesidad de profesores se dio simultáneamente con un gran desfinanciamiento que aumentaría con el término de la guerra fría. Con el colapso del bloque soviético de naciones ya no tendría mayor importancia la inversión en las humanidades para promover el tema de "la libertad de la cultura" como arma ideológica anticomunista. Se calcula que hacia el 2015 el desfinanciamiento de la educación será de treinta y ocho mil millones de dólares anuales en dólares con valor del año 1995 (Franklin).

Por razón de este desfinanciamiento, desde fines de la década de 1980 en las universidades se ha impuesto el modelo comercial corporativo. Se espera que los departamentos se autofinancien bien por la captación de dinero de matrículas, por su capacidad de contratar proyectos con las empresas comerciales e industriales o de producir productos o procesos que generen industrias nuevas. En general, la popularidad del idioma favorece a los departamentos de español pero, obviamente, los dos últimos acápites indicados son imposibles para los departamentos de humanidades. Por tanto sufren serias reducciones de presupuesto o corren peligro de desaparición, como es frecuente con los departamentos o programas de literatura comparada.

Un informe de la organización gremial Modern Language Association (MLA) del 2000 llama la atención sobre la paradójica situación en que quedaron los departamentos de lenguas y literatura productores de doctorados en medio de esas contradicciones. Reducir la matrícula de los programas avanzados (maestría, doctorado) habría sido una medida racional si se considera la reducción del mercado de empleo académico. De los 2.871 doctorados en lenguas y literaturas extranjeras producidos entre 1990 y 1995, sólo 1.235 lograron contratos para posiciones regulares. La reducción de doctorados, por una parte, pondría en peligro la continuidad de los programas de literatura. Por otra, el alto costo de una posición regular con la opción de propiedad del cargo (*tenure*) no cuadra con la reducción del presupuesto ni de las grandes universidades ni de los colegios menores.

El dilema se ha resuelto por inercia. Los programas de posgrado de las ciento ochenta grandes universidades continuaron produciendo doctorados e incluso los aumentaron (Huber, "Recent"). Los graduados de estos programas se convirtieron en instructores a muy bajo costo de los cursos de bachillerato (Klee, "Who"). Esto permitió que los profesores regulares continuaran con el prestigio de sus seminarios e investigaciones literarias. El excedente de doctorados que no encuentran posiciones regulares se ha convertido en una subclase de profesores que enseñan en los colegios menores con contratos cortos, bajos salarios y limitados seguros de salud y retiro. Ese informe de la MLA hace énfasis en que todo esto ha significado un deterioro general de la educación universitaria. También llama la atención sobre la ineficacia de los departamentos de lenguas y literatura en reorientar sus programas para satisfacer las características especiales de los cursos de lenguas en los colegios menores. Se afirma que la insistencia exclusiva en la investigación literaria avanzada está desfasada de las necesidades del "mundo real".

No obstante sus dificultades de arraigo, el latinoamericanismo de los departamentos de lenguas y literatura aparece como un vasto circuito académico. Según estadísticas de la MLA, en Estados Unidos hay 2.335 colegios mayores (de cuatro años) y universidades de investigación avanzada que ofrecen programas de lengua, literaturas y culturas hispánicas. Las secciones de la MLA dedicadas exclusivamente a las literaturas latinoamericanas en español cuentan con 2.650 miembros. La Latin American Studies Association (LASA) –organización gremial que agrupa a humanistas y cientistas sociales– tiene 891 miembros dedicados a la literatura (que, por supuesto, pueden tener membresías duales con la MLA). En la búsqueda de su avance profesional este profesorado –especialmente el que ocupa cátedras en las ciento ochenta universidades de investigación avanzada– presenta informes de sus investigaciones en los paneles programados en las conferencias nacionales y regionales, publica artículos en revistas especializadas de prestigio, además de las monografías que deben establecerlos como investigadores que prestigian a sus universidades. Estos requisitos generan múltiples tendencias temáticas y teóricas que se afianzan mediante grupos afines dentro de las organizaciones gremiales y los circuitos de publicación existentes.

Pero a pesar de una alta productividad es difícil la conexión de los programas de literatura con el "mundo real". Dada la simultaneidad de sus dimensiones, desde la perspectiva de los latinoamericanistas en los departamentos de lenguas y literatura, esa conexión es particularmente compleja: 1) deben proveer de una educación internacional a una población notoria por sus tendencias aislacionistas y por una institucionalidad homogenizadora que tiende a desconocer la diversidad étnica de que proviene su población; 2) deben investigar y enseñar asuntos literarios y culturales aplicando teorías que permitan informes verídicos y respetuosos en cuanto al modo como se manifiestan esos asuntos en los países latinoamericanos (*este es el* locus *de lo que he llamado "criterio de necesidad histórica latinoamericana"*); 3) deben cumplir con los protocolos y criterios académicos predominantes para evaluar la investigación y las publicaciones del profesorado, especialmente en las universidades de investigación avanzada (*este es el locus del "criterio de necesidad profesional estadounidense"*).

La tercera dimensión es la más importante para entender la situación académica de los latinoamericanistas.

Sin considerar las características especiales de la situación del profesorado de lenguas y literaturas extranjeras, para evaluar la investigación y publicaciones de los latinoamericanistas se tiende a generalizar los criterios aplicados a las áreas humanísticas dedicadas a la cultura nacional estadounidense. Como criterio óptimo puede exigirse que el profesorado publique en inglés y en una editorial universitaria estadounidense o inglesa. Se considera que las evaluaciones de estas editoriales establecen las normas más objetivas y confiables en cuanto a calidad intelectual. Las editoriales universitarias también aplican un criterio comercial. Si consideran la publicación de temas latinoamericanistas, insisten en que el material atraiga el interés y el uso de un mínimo de cuatro o cinco diferentes campos académicos para asegurarse ventas ventajosas. A las editoriales universitarias latinoamericanas no se les concede un grado similar de solvencia intelectual. Tampoco se les concede a las editoriales latinoamericanas comerciales de prestigio; se sospecha que sus publicaciones son financiadas por los autores, práctica académica indebida. El resultado ha sido una catastrófica reducción de los canales de publicación académicamente aceptables, según lo expone un informe de la MLA del 2002. Otro informe de la MLA comisionado en 2004 indica que la situación ha empeorado de tal manera que menos de un cuarenta por ciento de los profesores obtienen la propiedad de cargo en los departamentos de lenguas y literatura en que inician la carrera y más de un cuarenta porciento de los que han recibido un doctorado nunca logran empleo en un cargo regular. En general, los que han obtenido un doctorado sólo tienen un treinta y cinco por ciento de probabilidades de ocupar un cargo regular.

Esta situación crea fuertes tensiones en la segunda dimensión indicada más arriba puesto que hay notorias discrepancias entre las problemáticas y conceptos teóricos que interesan a los latinoamericanistas, a diferencia de los otros campos de las humanidades. El investigador latinoamericanista que intente satisfacer las demandas de las editoriales universitarias estadounidenses se ve obligado a tratar temáticas quizás de poca relevancia para las necesidades y situación histórica de las culturas latinoamericanas. En congresos recientes de la Latin American Studies Association se han escuchado voces de protesta porque en las humanidades estadounidenses hay una tendencia a producir la imagen de una Latinoamérica que no existe en ninguna parte.

Todo investigador busca proyectar su material en el radio intelectual más amplio posible. Pero aun si logra un éxito académico según los protocolos estadounidenses, es casi imposible que al latinoamericanista se le reconozca una paridad de relevancia intelectual entre colegas de las áreas humanistas estadounidenses y europeas. Predomina un fuerte eurocentrismo, pero debe agregarse que éste tiene un sesgo especial. Las culturas y las lenguas europeas a las que se reconoce valor máximo son la inglesa, la francesa y la alemana; la italiana tiene el prestigio que le concede un pasado lejano, la edad media y el renacimiento. Hay serias dudas de que el español y las culturas hispánicas hayan contribuido al núcleo de valores fundamentales de la cultura occidental. Por tanto, puede que pertenecer al campo de los estudios hispánicos impida el avance profesional (Klee, "The Teaching"). A excepción de un corto período en las décadas de 1960-1970 con la teoría de la dependencia en las ciencias sociales, nunca se ha reconocido a las teorizaciones culturales originadas en Latinoamérica un espacio ni pálidamente similar al creado por la "voltereta francesa". También por un corto período en los años setenta tuvo resonancia la llamada "narrativa del *boom*", para luego desvanecerse dejando como residuos algunos textos de Jorge Luis Borges, un texto de Gabriel García Márquez y unas pocas novelas más (Bloom).

No obstante su tamaño, para sus miembros el circuito académico latinoamericanista y su enorme productividad crean la imagen de un campo académico del todo estable, del todo prestigioso entre otras áreas humanistas, en que las polémicas y debates que dinamizan sus constelaciones temáticas y teóricas parecen tener un valor incuestionable.

Con estas consideraciones en mente, conviene recordar el juicio de Stanley Aronowitz en cuanto al afianzamiento de una alianza política "radical" en las humanidades durante las décadas de 1980-1990. Según Aronowitz, esta alianza fue compuesta por feministas, homosexuales y grupos étnicos, incluidos los latinoamericanos. La realidad es que, en esta alianza, "lo latinoamericano" ha quedado integrado como "lo latino". Es decir, como un grupo étnico más, de relevancia más reciente por las enormes olas de inmigrantes ilegales y por el narcotráfico, grupo étnico que hace demandas de reivindicación de sus derechos humanos y pone en jaque los presupuestos estatales de bienestar social cuando se enferman y demandan educación primaria y secundaria para sus hijos. Es decir, "lo latino" queda configurado como un campo más de los estudios étnicos, desconectándoselo del devenir histórico latinoamericano.

ANTINOMIAS LATINOAMERICANISTAS

No obstante la salvedad recién hecha, es preciso contrastar el panorama esbozado hasta aquí con la narración de Aronowitz en cuanto a la instalación de un "radicalismo" en las humanidades universitarias. El contraste resaltará otros aspectos importantes del desarrollo en las últimas décadas del latinoamericanismo estadounidense en los departamentos de lenguas y literatura.

A diferencia de la nueva izquierda estadounidense que comenzó a instalar sus versiones del marxismo en la academia a fines de la década de 1970, las incursiones latinoamericanistas en el marxismo se venían dando desde fines de la década de 1960. Además de las incitaciones del Movimiento de Derechos Civiles y de las protestas contra la guerra en Vietnam, esas exploraciones fueron potenciadas por el imperativo de entender la lógica social de la revolución cubana, por el surgimiento del gobierno de la Unidad Popular en Chile, por las dictaduras militares de la doctrina de la seguridad nacional; más tarde, por la revolución nicaragüense y la guerra civil en El Salvador. En las costas del este y el oeste de Estados Unidos, desde fines de la década de 1960 proliferaron grupos de hispanistas dedicados al estudio del materialismo histórico que congregaban a profesores y estudiantes. A mediados de la década de 1970, en la MLA, organización gremial conservadora, se inició formalmente un grupo de estudios marxistas organizado por Fredric Jameson, índice de la generalización del interés por el tema.

El recurso al marxismo fue un esfuerzo por superar la incapacidad explicativa de la historia de la época por parte del profesorado dedicado a la literatura que implementó la NDEA de 1958. Según lo demuestran opiniones de la época en la revista *Hispania* de la American Association of Teachers of Spanish and Portuguese, este profesorado se asoció con el desarrollismo modernizador proclamado por la Alianza para el Progreso de la administración del presidente John F. Kennedy. Concebían su enseñanza e investigación como una especie de puente diplomático en el que el profesor aparecía ante el estudiantado estadounidense como el intérprete de las aspiraciones de desarrollo económico capitalista en democracia de los países latinoamericanos, de acuerdo con la óptica del departamento de Estado. Esta utopía era contrastada con los peligros para el progreso en democracia que significaban las retrógradas dictaduras militares oligárquicas y el totalitarismo comunista.

La naturaleza de las dictaduras militares de la doctrina de la seguridad nacional revelada por las ciencias sociales estadounidenses y las investigaciones del congreso quitaron credibilidad a esa postura. Preparado para neutralizar el menor indicio de amenaza comunista en Latinoamérica, Estados Unidos utilizaba cualquier medio subrepticio para desestabilizar gobiernos democráticamente constituidos, reemplazándolos con dictaduras militares responsables de graves violaciones de derechos humanos. Además de su intento de neutralizar la influencia política de la revolución cubana, finalmente llegó a entenderse que estas dictaduras de la doctrina de la seguridad nacional crearon las condiciones para imponer a muy largo plazo los reajustes socio-económicos del neoliberalismo. Ya no se trataba de las antiguas dictaduras capitaneadas por un caudillo corrupto instalado en el poder por las oligarquías. Eran dictaduras dirigidas por la totalidad de las instituciones militares que tomaban el poder para administrarlo según directivas programadas y concertadas con Estados Unidos y las principales potencias capitalistas a través del Fondo Monetario Internacional, el Banco Mundial y los grandes conglomerados transnacionales.

Entender la producción literaria en medio de estos condicionamientos rebasaba las teorías literarias formalistas predominantes y exigía que el crítico estableciera nexos sociológico-antropológicos entre la armazón metafórica del texto y la historia de la sociedad que la originaba. Esto fue facilitado por las diferentes variedades de marxismo circulantes en la época. Además ellas establecían algún nexo de solidaridad entre el mundo académico y las luchas sociales latinoamericanas en la medida en que muchos profesores participaban en organizaciones de solidaridad con algún movimiento político en la región. Surgió el profesor-activista como fenómeno característico de la época.

El uso de la teoría marxista exigía que se la complementara con extensas lecturas de las ciencias sociales y de semiología de la cultura inusales en el entrenamiento académico de la época. Por otra parte, los grandes modelos de explicación de la teleología social que se esgrimían durante la guerra fría permitieron a los críticos literarios la aplicación de esquemas totalizadores para procesar materiales en el estudio histórico de la literatura, de manera que se plantearon hipótesis generales para toda Latinoamérica. Con este soporte, gradualmente esas lecturas desplazaron el énfasis exclusivo que se daba al estudio del canon de obras privilegiadas en el estudio de la literatura latinoamericana. Se inició la práctica de instalar los textos canónicos en el contexto de problemáticas diseñadas para iluminar la manera contradictoria con que los seres humanos experimentan su vivencia en órdenes sociales en que se prescribe legalmente y se justifica ideológicamente una plenitud de bienes para ciertas minorías y diversos grados de escasez para las mayorías.

Los estudios literarios latinoamericanistas quedaron asociados con demandas de justicia social y con la crítica de las modernizaciones capitalistas que han dinamizado la historia latinoamericana luego de las independencias nacionales del siglo XIX. Con esto se restauró la orientación fuertemente política inaugurada por los liberales del siglo XIX al institucionalizar la literatura como instrumento de construcción de las identidades nacionales y la lealtad al Estado encargado de promover el "progreso" material y espiritual de las naciones latinoamericanas. Durante las décadas de 1950-1960 esta línea genealógica había quedado interrumpida por tendencias analíticas estrictamente formalistas, inmanentistas, que intentaron definir la esencia lingüística de los textos de ficción, eximiéndolos de factores sociopolíticos condicionantes. Al restaurar los nexos sociológico-antropológicos entre la armazón metafórica del texto y la historia social los marxismos de la época enfrentaron el desafío de reintroducir el factor político sin descuidar el avance del conocimiento literario.

El tipo de lecturas y problematizaciones generadas por el recurso al marxismo capacitó al crítico literario para un diálogo en condiciones de igualdad con los cientistas sociales, cumpliéndose así el potencial de interdisciplinariedad implícito en los estudios internacionales latinoamericanistas impulsados por el Estado federal. Paradójicamente, este potencial se concretaba mediante una ideología antisistema. Por otra parte, el marxismo demostró la posibilidad y capacidad real de instalar los estudios literarios en problemáticas de mayor rango intelectual en comparación con las aproximaciones formalistas a la literatura –problemáticas tales como la función de la literatura en la conformación de los bloques de poder hegemónico que fundaron los Estados-nación latinoamericanos y definir las idiosincracias particulares de las diferentes identidades nacionales según teleologías históricas. Esta demostración hizo que el marxismo se convirtiera en un instrumento académico deseable, con lo que se produjo otra paradoja: críticos literarios aun adversos a la programática social del marxismo comenzaron a utilizarlo metodológicamente, pero eviscerándolo de su utopía política.

Párrafo aparte merece el hecho de que la amplitud del régimen de lecturas exigido por el marxismo sentó las bases para lo que hacia fines de la década de 1980, comenzó a llamarse "estudios culturales". Este desplazamiento surgió del presupuesto marxista de que el significado de los sistemas metafóricos de todo discurso responden a las incidencias de la lucha de clases en los espacios institucionales que rigen una sociedad –sociedad civil, esfera pública, sociedad política, Estado. Por tanto, puede colegirse que era limitante el uso del marxismo sólo para el estudio de lo literario ya que los procesos de metaforización y simbolización abarcan todo espacio y actividad social. De allí que el crítico literario marxista se sintiera capacitado para incursionar en áreas de producción discursiva antes vedadas por la estricta compartimentación oficial impuesta en las ciencias humanas. De hecho, entonces, las incursiones transversales del crítico literario a través de las ciencias sociales debilitaron los límites de las especializaciones académicas y crearon las condiciones para un extraordinario aumento y mayor relevancia social de la productividad intelectual.

Hasta ahora en el latinoamericanismo estadounidense hay una extraordinaria vaguedad en definir lo que se entiende por "estudios culturales". No obstante, explicados de manera muy abstracta, *en lo operatorio* los "estudios culturales" latinoamericanistas pueden describirse como el estudio de la convergencia de discursos de diverso origen y naturaleza –económicos, sociológicos, históricos, antropológicos, testimoniales, de ficción–, según los congrega el investigador de acuerdo con la problemática social que le interesa explorar. El estudio de esta convergencia puede estar acompañada de observaciones hechas en terreno (entrevistas, observaciones de espacios y sucesos, participación testimonial en sucesos de trascendencia, por ejemplo) que permitan determinar la jerarquía de las temáticas que se deben considerar, su relación entre sí, los sistemas metafóricos que se decantan y la manera en que los seres humanos los encarnan. Esto permitió que críticos literarios antes dedicados exclusivamente al análisis e interpretación de las implicaciones sociales de textos literarios también investigaran, por ejemplo, rutinas de la cotidianeidad en sociedades altamente traumatizadas, reprimidas y politizadas por dictaduras militares o procesos revolucionarios (las Madres y Abuelas de la Plaza de Mayo; la Agrupación Chilena de Familiares de Detenidos Desaparecidos; la teatralidad colectiva de protestas antimilitares; el espectáculo teatral y los circuitos de producción teatral como formas de resistencia política, por ejemplo); el consumo y resignificación de bienes simbólicos en diversos sectores de la sociedad civil de acuerdo con sus necesidades, según los irradian los medios de comunicación masiva; la producción simbólica de organizaciones de apoyo solidario creadas por la iglesia católica en sectores marginados por las políticas económicas neoliberales en una época en que la teología de la liberación tenía gran difusión e influencia.

Se trataba de temáticas que los investigadores de los países latinoamericanos no podían explorar por los riesgos a su seguridad personal o que no interesaban a las organizaciones sociológicas dedicadas al apoyo de políticas gubernamentales o partidistas. Dados los desarrollos de la década de 1990, conviene tener en cuenta y meditar sobre esta función solidaria y suplementaria asumida por el latinoamericanismo estadounidense.

Se hace patente, entonces, que los estudios culturales latinoamericanistas tuvieron un amplio origen temático, en lo que difieren de los estadounidenses en cuanto éstos más bien se concentraron en la significación ideológica, las consecuencias de los mensajes de la comunicación masiva para la conformación de las sensibilidades sociales y sus repercusiones políticas (Aronowitz).

Hay, además, otra causa del surgimiento de los estudios culturales latinoamericanistas que nunca se menciona. Se trata de la demanda de "cursos de contenido cultural" por parte de los estudiantes de grado en español después del inicio del TLC/NAFTA en 1994. Con firmeza, este estudiantado expresaba serias dudas del valor de los estudios literarios para su futuro profesional. Los departamentos de lenguas y literatura se vieron obligados a diversificar su oferta, introduciendo temáticas culturales no cubiertas por los departamentos de ciencias sociales.

Hacia finales de la década de 1980 la productividad generada por el marxismo ya había establecido niveles de relevancia académica generalmente reconocidos y aceptados en el latinoamericanismo de los departamentos de lenguas y literaturas. Debía considerarse, sin embargo, que los resabios del macarthysmo de la década de 1950 y el clima de fuerte animosidad ideológica mantenido por la guerra fría podía traer serios contratiempos a la carrera de profesores asociados con el marxismo. Por esto es importante considerar la importancia que tuvo la adopción del historicismo de Michel Foucault hacia mediados de la década de 1980 como sucedáneo del marxismo.

Para el profesorado progresista que se resistía al marxismo por su conexión con el movimiento comunista, Foucault tenía la ventaja de permitir el planteamiento de "cuestiones de corte marxista" (o sea, la relación entre producción cultural y poder económico-político) sin tener que citar a Marx y a sus comentadores. Lo mismo puede decirse del recurso al deconstruccionismo de Derrida. La estrategia derridiana de contraponer el sustrato metafórico de todo discurso con la "superficie" de sus conceptos racionales ya había sido planteada por el marxismo estructuralista de Louis Althusser con su concepto de "ideología". Tanto Foucault como Derrida habían sido discípulos de Althusser.

Aunque debe considerarse la simultánea atracción y suspicacias generadas por la teoría marxista, sería absurdo reducir el recurso al posestructuralismo francés asumido hacia fines de la década de 1980 sólo a un intento de "blanquearla" para evitar resultados profesionales indeseables. También hay razones del todo prácticas.

Por ejemplo, entrenarse en la lógica marxista requiere años de lectura y discusiones de grupo con intelectuales de experiencia. Estos eran difíciles de encontrar en el Estados Unidos de las décadas de 1960 y 1970; además era difícil ganarse la confianza de los grupos de estudio para ser aceptado. A la vez, en estos grupos podían darse desagradables polémicas en cuanto a lo que debía entenderse como la "línea marxista correcta". Por el contrario, entender y aplicar los argumentos de Foucault sólo requiere la lectura solitaria de un número razonable de textos y comentarios. Lo mismo puede decirse de los textos de Derrida, Lyotard y Vattimo. En otras palabras, al crítico literario interesado en orientar su trabajo a "problemáticas de corte marxista" y entrar en una rápida productividad ya no le era imperativo estudiar a Marx y sus comentadores. Por lo demás, la industria editorial estadounidense ya había puesto de moda las problemáticas del posestructuralismo y de la posmodernidad. La academia las había validado y legitimado, haciéndolas doblemente atractivas para la nueva generación de estudiantes de posgrado y profesores jóvenes que iniciaban la carrera hacia fines de la década de 1980. Sin duda ellos respondían al *criterio de necesidad profesional.*

Hacia fines de la década de 1980 declinaba el marxismo en la academia aunque su influencia ya había legitimado y establecido sólidamente la discusión de temáticas sociohistóricas antes vedadas. La nueva "pulsación" de la moda editorial provocaba la obsolescencia de lo hecho anteriormente. Pero es que, además, también había ocurrido el colapso del bloque soviético de naciones, los llamados "socialismos reales". Se constató que las extremas violaciones de derechos humanos y el daño ecológico cometidos en esos países no eran infundio propagandístico de las potencias capitalistas. Se comprobó que realmente las grandes mayorías de las poblaciones habían quitado su apoyo al gobierno de burocracias partidistas notoriamente corruptas. La validez del marxismo como ciencia de la historia quedó en entredicho. Ciertamente quedó desprestigiada la noción leninista del "partido de vanguardia" como conductor y estabilizador de la revolución socialista sobre la base de sus definiciones de lo "popular-democrático", de lo "nacional-popular", es decir, aquellos sectores de clases sociales cuyos intereses los impelía a luchar contra el dominio del capitalismo transnacional en la organización, la economía y los asuntos nacionales.

Más allá de lo que hubieran significado los "socialismos reales" como organizaciones sociales fallidas, en términos comparativos la existencia del bloque soviético permitía la discusión de los méritos y deméritos de formas posibles de la utopía socialista en vertientes diferentes –cristiana, socialcristiana, socialdemócrata, comunista, rusa, china, cubana– y la organización posible de los sectores sociales que potencialmente pudieran implementarlo en el futuro o democratizar la situación presente de las sociedades. Aun reconociendo que la realización del socialismo quizás estuviera postergada hacia un futuro remoto, discutir la utopía de cara a la situación de cada una de las sociedades latinoamericanas permitía visualizar las estrategias partidistas, sindicales y gremiales con que pudieran defenderse los intereses de los trabajadores y de la intelectualidad progresista y estudiar su producción cultural en el contexto de las democracias burguesas y de las dictaduras militares que surgen cuando esas democracias entran en crisis.

Esta estrategia de estudiar la producción intelectual latinoamericana desde la perspectiva de la acción transformadora de agentes sociales reales y sistemáticamente organizados según macroideologías para el conflicto en el contexto de las culturas nacionales quizás haya sido la característica más importante de los marxistas en su versión de los estudios literarios y culturales. Si se acepta que el concepto de la historia como ciencia corresponde al entendimiento de las lógicas de producción cultural que promueven los conflictos sociales, el marxismo otorgaba a los investigadores la certidumbre de que su trabajo estaba regido por una objetividad y un realismo científicos. Esta objetividad a la vez imponía un límite a las disquisiciones teóricas por cuanto éstas no tendrían validez por sí mismas sino para explicar la acción de agencias sociales reales. Es imprescindible recordar esta configuración para compararla con tendencias posteriores del latinoamericanismo estadounidense en los departamentos de lenguas y literaturas. Más adelante veremos que abandonar este anclaje de los estudios literarios/culturales introduciría polémicos cambios en el entendimiento de la producción crítica.

Después del colapso del bloque soviético de naciones y el descrédito del marxismo-leninismo fue difícil visualizar el basamento de los estudios literarios/culturales latinoamericanistas desde la perspectiva de agentes políticos organizados para la reivindicación social en un período atribulado por serias conmociones sociales: las consecuencias del término de las guerras civiles en Centroamérica, los procesos de redemocratización de los países asolados por las dictaduras militares de la doctrina de la seguridad nacional, la "guerra sucia" en Perú, la imposición de las reestructuraciones económicas neoliberales por el Fondo Monetario Internacional y el Banco Mundial, el dominio sin contrapeso de la economía mundial por los conglomerados transnacionales. La difícil visualización de agentes políticos efectivos para la reivindicación social no puede entenderse como cuestión exclusiva de intelectuales marxistas. La proliferación mundial de las organizaciones no gubernamentales (ONGs) del movimiento mundial de derechos humanos, con sus diferentes preocupaciones, así lo demuestra.

Esta fue la problemática enfrentada por los investigadores que durante la década de 1990 se agruparon bajo los rótulos de "subalternistas" y "poscolonialistas". A diferencia de otros latinoamericanistas que producen según agendas individualistas, estos investigadores intentaron continuar la estrategia de los anteriores grupos de estudios marxistas sistematizando una agenda definida en "declaraciones de principios" y en reuniones periódicas para discutir su quehacer. Convergieron en momentos en que las administraciones universitarias intentaban abrir los currículos de artes liberales a las problemáticas de la "globalización". Por esto tuvieron un acceso inusitado para publicar en editoriales universitarias, con el compromiso de publicar en inglés, y a financiamientos de proyectos de investigación por las fundaciones Ford y Rockefeller. Con esto sus disquisiciones podían alcanzar una diseminación más amplia en las humanidades. Parecían óptimas las posibilidades de prestigiar el latinoamericanismo de los departamentos de lenguas y literatura.

Estas dos tendencias atrajeron una atención académica inusitada, hasta tal punto que se podría decir que se distorsionó la percepción del cuadro general de los estudios culturales latinoamericanistas en sus variadas manifestaciones. Se llegó a entender que los "estudios culturales" eran representados casi exclusivamente por "subalternistas" y "poscolonialistas". Con la identidad antinómica de estos dos grupos llegan a su intensidad máxima las tensiones agonistas por la disyuntiva entre fidelidad a la *necesidad histórica latinoamericana* y la *necesidad profesional estadounidense*. Por esta razón requieren una atención detenida. Con ellos también se dio un desbalance entre el factor político y la producción de conocimiento cultural relacionada con el devenir histórico, privilegiándose el factor político desproporcionadamente. Comprender y evaluar su experiencia quizás permita avizorar nuevas opciones para el futuro de los estudios literarios/culturales latinoamericanistas en Estados Unidos.

El observador que intenta entender la propuesta de "subalternistas" y "poscolonialistas" para exponerlas ordenadamente se encuentra con obstáculos difíciles de despejar. Estas dificultades pueden poner en tela de juicio cualquiera evaluación. Por ejemplo, los miembros provenían de diferentes disciplinas y de perspectivas ideológicas a veces contradictorias entre sí. Sus divergencias, sin embargo, quedaron diluidas en "declaraciones de principios" que sugieren coincidencias de pensamiento que realmente no existían. (Por otra parte, en mis entrevistas de miembros prominentes del "subalternismo" he detectado cambios en su versión de los principios iniciales del grupo). En el intento de desarrollar prácticamente sus agendas las variaciones conflictivas se hicieron evidentes. En primera instancia, esto llevó a la separación de un grupo primero en que indiferenciadamente participaron los que más tarde se llamarían "subalternistas" y "poscolonialistas". Por tanto, es difícil entender aquellos aspectos que inicialmente compartieron y las discrepancias que los separaron. Más tarde, intensas disputas personales llevaron al término del grupo "subalternista" inicial. Por el contrario, núcleos de "poscolonialistas" han mantenido su articulación y aun la han irradiado al extranjero.[2] Por último deben mencionarse las dificultades que presenta la jerga teórica "subalternista": en sus exposiciones de mayor relevancia abundan términos no clarificados, pasando de uno a otro con extraordinaria rapidez, muchas veces sin señalar las fuentes de origen.

Para calibrar la validez de la discusión que presento a continuación deben tenerse en cuenta estas consideraciones preliminares.

Captar la situación de los "subalternistas" y "poscolonialistas" se hace más fácil si la comparamos con el criterio marxista de que el sentido de la producción cultural debe entenderse como producto ideológico constituyente del conflicto de agencias sociales organizadas para disputar un poder político-económico estructurado estatalmente. Si se aplica este arbitrio, la mayor dificultad para entender las disquisiciones de estos dos grupos es precisar las agencias sociales que privilegian: "lo subalterno", por una parte, y los portadores del "pensamiento y la epistemología fronteriza" en el caso de los "poscolonialistas". El intento de identificar estas agencias a veces generó intrincadas disquisiciones teóricas que, en el primer caso, poco contribuyen a una clarificación. De hecho, Gyan Prakash, uno de los teóricos hindúes adoptados por los "subalternistas", advierte que la presencia de "las identidades subalternas" sólo puede detectarse como residuo arqueológico en los discursos hegemónicos que las han cooptado:

> Una sensación de imposibilidad siempre ha marcado la escritura de la historia subalterna. Siempre ha habido una conciencia tácita de que el proyecto de "recuperar" lo subalterno como sujeto-agente concreto debe fracasar [...] Por tanto, se comprendía que escribir la historia de lo subalterno nunca podrá cumplirse [...] Si la "subalternidad" es descrita como cierta "carencia", también debe colegirse que trazarla es imposible, resistente a toda apropiación total por el sistema dominante.

En consecuencia, es dudoso que pueda captarla la perspectiva académica que intenta resaltarla como agencia de transformación social. Se trata de un pensamiento altamente paradójico. Otras paradojas se harán evidentes más adelante.

No obstante, referencias circunstanciales sugieren que su objeto de estudio es lo que la sociología ha descrito como "nuevos movimientos sociales". Esta noción también fue proyectada a siglos anteriores para incluir movimientos disidentes o insurreccionales de esclavos cimarrones, pequeños comerciantes, pequeños, medianos y grandes propietarios de predios rurales, profesionales, campesinos, indígenas, religiosos, bandidaje.

Los nuevos movimientos sociales son descritos como agrupaciones de gran flexibilidad y espontaneidad en cuanto a principios y formas de congregación. Expresan preocupaciones micropolíticas difíciles de situar dentro de los sistemas políticos estatales: fricciones en las relaciones étnicas, preferencias sexuales, reivindicaciones genéricas, violencia doméstica, degradación ecológica, asuntos religiosos, cesantía, calidad de vida en las barriadas, drogadicción, narcotráfico, por ejemplo. Con su micropolítica los nuevos movimientos sociales no intentan o no tienen la conciencia política o la capacidad organizativa para transformar las estructuras sociales. Generalmente se trata de agrupaciones de corta duración, de gran expresividad simbólica para interpelar positiva o negativamente al resto de la población y a las ciudadanías nacionales y extranjeras. La mayor parte de las problemáticas que las movilizan no han interesado a los partidos políticos o éstos no han sido capaces de entenderlos o acomodarlos dentro de las macroideologías que los articulan. Con frecuencia estas agrupaciones han rehusado que sus argumentos sean homogenizados y procesados por esas macroideologías y por las burocracias estatales o partidistas.

La evidencia empírica muestra que estas agrupaciones pueden ser fácilmente cooptables por parte de intereses conservadores, sean nacionales e internacionales. Sin embargo, en ellos los "subalternistas" y los "poscolonialistas" detectan o exploran un potencial de rebelión siempre latente en contra de Estados nacionales entendidos unidimensionalmente como dóciles implementadores de políticas neocoloniales que traicionan una posible soberanía nacional . Valoraron que las percepciones ideológicas no bien racionalizadas de estas agrupaciones impulsaran visiones de mundo capaces de provocar cortocircuitos epistemológicos en las lógicas burocráticas que sostienen los sistemas políticos. Quizás a largo plazo podrían articularse en grandes movimientos emancipadores.

Las disquisiciones "subalternistas" y "poscolonialistas" resaltan que las ideologías del todo informales e "irracionales", según las élites "ilustradas", asumen aspecto de fuerza sediciosa primordial, de resistencia irreductible e inamovible ante las iniquidades de todo sistema social, quizás con una ciega decisión suicida para destruirlos:

> Un modo de entender la historia subalterna es pensar la ingobernabilidad como insurrección, desobediencia o indisciplina. La insurrección implica que el subalterno niega su propia negación dentro del orden establecido, atrayendo el castigo con su contranegación. El insurgente puede perder todo, desde la pérdida de sentido de su ser hasta su propio cuerpo; por tanto, las rebeliones primero deben pasar por el filtro de la conciencia. (Rodríguez, *The Latin* 14; para una discusión teórica del concepto "negación" en el "subalternismo" véase Legrás)

Sobre la base de estos movimientos sociales, las dos tendencias montaron un programa deconstruccionista que, en buena medida, reprodujo el nihilismo de Gianni Vattimo con la intención de reorientar el sentido de la producción universitaria de conocimiento de la cultura. Desahuciando la universalidad de los principios de la modernidad, Alberto Moreiras y Walter Mignolo propusieron resituar la imaginación filosófica instalándola en un espacio intermedio entre los valores europeos introducidos en las nacionalidades latinoamericanas por el mestizaje y el "localismo" de resistencia de los movimientos sociales en la periferia del sistema mundial. Este espacio intermedio que

Moreiras (*The Exhaustion*) llama *interregnum* no tendría más asidero conceptual que las visiones de lo social condenadas a la abyección por el orden mundial imperante. Situado allí, el crítico de la cultura podría hacer incansables intervenciones deconstruccionistas para desmontar las jerarquías epistemológicas de la dominación europeizante que dolosamente son presentadas como categorías universales de explicación de toda experiencia humana.

Walter Mignolo llamó "pensamientos y epistemologías fronterizas" a ese espacio intermedio y habló de él como "lugar de enunciación" privilegiado para captar y articular nuevos elementos de conocimiento emancipador. El ejercicio desconstruccionista del "poscolonialismo" captaría la voz de "los *damnés*", ícono sugerido por los "condenados de la tierra" de Frantz Fanon. El impulso emancipador de "los *damnés*" surge de "la herida colonial", la memoria conservada por las etnias y razas sojuzgadas de los grandes genocidios y de la extinción y marginación de lenguas, epistemologías, conocimientos, religiones y filosofías expulsadas de la comunidad humana "verdadera", la europea o europeizada.

En cercanía con el "nihilismo" de Gianni Vattimo, Mignolo desahució el "eurocentrismo"/"occidentalismo" que, según la conveniencia de su "fundamentalismo metafísico", impuso el mito de la historia como un proceso universal, unitario, centralizado, homogéneo y homogenizador de diversidades étnicas y raciales. Como contrapropuesta, Mignolo ha concebido a Latinoamérica como producto de "historias estructuralmente heterogéneas", resultantes en "sociedades abigarradas", cuya diversidad cultural no puede ser homogenizada dentro de los parámetros epistémicos eurocentristas. En los testimonios recogidos en ese "abigarramiento" podrían detectarse ideologemas para articular discursos más pertinentes a la realidad del tercer mundo puesto que la creación, distribución y circulación de conocimiento está directamente relacionada con la ubicación geopolítica de los pueblos en el sistema mundial.

Junto con situar su crítica desde la perspectiva de estas masas "subalternas", estos intelectuales asumieron el clisé de que los procesos de la globalización habían hecho obsoleto al Estado-nación como órgano de soberanías políticas y territoriales estructuradas constitucionalmente, sobre las que se han construido nociones de cultura nacional y narrativas de identidad nacional. Este pie forzado precipitó la necesidad de compensar este vacío con la creación de un nuevo tipo de ensayo de gran abstracción para imaginar el modo en que esas masas "subalternas" en algún futuro incierto podrían convertirse en hegemonías políticas generadoras de un nuevo tipo de Estado-nación democrático (Beverley). En este tipo de ensayo es a veces difícil discernir si se discuten objetividades captadas en el dato empírico de la historia o se expresan deseos y esperanzas sustentadas solamente por un acopio de teoría social.

Hipótesis como estas crearon la impresión de que el ensayista académico radicado en Estados Unidos poseía una capacidad evaluadora de la situación político-cultural latinoamericana superior a la de las agencias políticas reales, representativas de esas sociedades, directamente inmersas en ese medio, actitud que produjo fuertes reticencias desde Latinoamérica.

Ensayos dedicados a la obsolescencia del Estado-nación proponen que el impacto del capital financiero transnacional habría terminado con la capacidad estatal de generar macroidentidades nacionales –el "nosotros nacional-popular"– cohesionadas para la consecución de los ciclos de modernización capitalista (Moreiras, "Theoretical"; Williams). Esto habría desmantelado la estrecha relación anterior entre poder estatal, poder político-económico y producción cultural. Con esto habría terminado la ficción de que las identidades centralizadas por los aparatos ideológicos del Estado subsumen efectivamente la diversidad étnica de las regiones en una imagen nacionalista totalizadora. Según esto, el neoliberalismo habría fragmentado el poder nacional en múltiples microidentidades "subalternas" de escasa capacidad epistemológica para plantearse la captura del poder político.

Este argumento provoca un vuelco paradójico dentro del "subalternismo". De hecho queda desahuciado el potencial emancipador de los espacios epistémicos intermedios, el *interregnum* y el "pensamiento y las epistemologías fronterizas". Con ello se da una autoderrota consciente de su propia contradicción –si es el neoliberalismo el que ha fragmentado las ciudadanías nacionales en múltiples microidentidades subalternas sin relevancia política, no puede pensarse que estas masas subalternas sean las que fundamenten movimientos ampliamente integradores, capaces de desmontar el neoliberalismo que los origina.

En la medida en que se planteara que los estudios culturales latinoamericanistas estadounidenses son equivalentes al "subalternismo" y el "poscolonialismo", esta contradicción podía ser usada para anunciar la crisis de la razón de ser y de la epistemología de todo el campo. La lógica es la siguiente: si en el pasado los estudios literarios/culturales se constituían enfocando la territorialidad de los Estados-nación para el estudio de la relación entre poder estatal, poder político-económico y producción cultural en el forjamiento de las identidades nacionales, con el debilitamiento del poder centralizador del Estado por el neoliberalismo esa premisa constitutiva del campo quedó invalidada. A la vez, la alternativa de estudiar los efectos homogenizadores de la "globalización" sobre un mundo microrregionalizado por el debilitamiento de los Estados nacionales es incapaz de producir conocimiento emancipatorio. Esta opción no pasa de ser una mímica del poder desterritorializado del capitalismo financiero transnacional. Persistir en el estudio de la cultura territorializada por el Estado es reiterar inútilmente lo que ya ha caducado:

> La reflexión latinoamericana debe encarar el dilema de bien servir intereses políticos que, la mayoría de las veces, son tan desterritorializados como el capital financiero que los impulsa; o debe ir en busca de nostálgicas reterritorializaciones mediante adopciones epifenómicas de [movimientos "subalternos" de las zonas periféricas] cuya credibilidad epistémica a menudo es dudosa y cuyo alcance político está limitado a protestar de las injusticias de la utopía neoliberal. (Moreiras, "Theoretical" 57)

Según estos argumentos, en medio de esta crisis el latinoamericanismo estadounidense debe encarar el momento de la verdad: debe reconocerse como elemento de la máquina geopolítica imperial. Se llega a sugerir que hay una semejanza entre los latinoamericanistas y los mercenarios antirevolucionarios (Moreiras, "Retirar").

Con esto, el paralelo con el nihilismo de la tolerancia a la Vattimo que detectáramos anteriormente toma visos de autoflagelación destructiva del campo profesional libremente asumido. En su libro del 2001 Moreiras revive la noción imperante en las Humanidades estadounidenses de fines de los sesenta y comienzos de los setenta: la "ingeniería social" de la modernidad practicada por la geopolítica de Estados Unidos es una "máquina de muerte". Allí Moreiras plantea que los latinoamericanistas con base en Estados Unidos son productores de un conocimiento para la muerte. Instalados en una máquina destructora de civilizaciones, participan tácitamente en la administración de las ruinas acumuladas. Para estos investigadores no hay excusa en solidarizarse con "subalternos" cuyas identidades culturales singulares, únicas, desaparecerán homogenizadas por la globalización del consumismo. Captar sus voces por solidaridad no va más allá de preservarlas en una especie de museo de "la memoria persistente, una inmemorialidad que cobija los efectos emocionales [ocasionados por] la singularidad" (38) de arcaísmos etnográficos ya desaparecidos o en vías de extinción. El latinoamericanismo estadounidense no es más que "un pensamiento de la singularidad llorada en duelo, de singularidad-en-duelo, un pensamiento de lo que se revela en la destrucción y un pensamiento de lo que la revelación destruye" (38).

Se trata de una visión histérica del latinoamericanismo. Señalarlo no es un improperio. Moreiras plantea que, para tener alguna validez, el campo tendrá que convertirse en un "discurso histérico", siguiendo la nomenclatura de Jacques Lacan:

> Lo decisivo aquí es que el histérico interroga constantemente al maestro, "empuja al maestro hasta el punto en que puede encontrar las carencias del conocimiento del maestro". Es el discurso de lo real –el histérico se aferra a lo real, que es precisamente el fracaso de la racionalización [geopolítica], el otro lado del significante [maestro], el punto en que los sistemas revelan su verdad precisamente por llegar a su límite, por abandonarlo. ¿Puede el latinoamericanismo ser interpelado por el discurso de un histérico? ¿Podemos empujar al latinoamericanismo como para que su verdad emerja? (Moreiras, "Theoretical" 48)

Conviene detenerse sobre este asunto porque, al recurrir al "discurso histérico" de Lacan, este "subalternismo" entra en una sorprendente conexión con la geopolítica conservadora de Edward Shils y Robert Bork. Consideremos, además, que aquí encontramos otra paradoja: para recuperar su sanidad, el latinoamericanismo debe neurotizarse.

Lacan describe cuatro dimensiones de la discursividad institucional (McMahon): el discurso maestro, el discurso universitario, el discurso histérico y el discurso del analista psicológico. No se trata de tipificaciones puras. De acuerdo con las circunstancias, en algún momento todos los académicos transitamos por las tres primeras dimensiones.

El discurso maestro representa la autoridad social, el orden establecido y, en última instancia, el poder del Estado. Se manifiesta con la seguridad tiránica de quien tiene un conocimiento supuestamente irrebatible y es capaz de demostrarlo apoyándose en un fuerte histrionismo aseverativo. Este discurso tiene una función domesticadora y civilizadora en cuanto disciplina a los receptores para que se conformen a los conocimientos, normas y jerarquías prevalecientes y demuestren aceptación y eficiencia en su uso. Se trata de un discurso basado en la ilusión de verdad y autoridad que concede el poder social imperante. Por tanto, enfatiza el respeto de los valores consagrados, las jerarquías, protocolos, procedimientos y reglas establecidas para la producción de conocimiento. En el contexto de nuestra discusión, el discurso maestro equivale al de la autoridad geopolítica estadounidense que ha venido rigiendo los estudios de áreas geográficas, identidad señalada por Moreiras.

El discurso universitario es una extensión del discurso maestro y, por tanto, de sus prescripciones geopolíticas. Con él se establecen en la academia los intereses estatales otorgando credenciales, capacitaciones y prestigio a quienes se someten a las jerarquías y definiciones del conocimiento válido, a la competencia, eficacia y productividad siempre en proceso de mejora y superación, siguiendo las premisas, protocolos y procedimientos oficializados. En esto el discurso universitario se enmascara como objetividad incuestionable, marcada por las estrictas separaciones de las especialidades. Según Moreiras, el latinoamericanismo estadounidense sería un discurso universitario complementador del poder imperial.

La rigidez opresiva de estos disciplinamientos es lo que motiva el discurso histérico. Como reacción somática paranoide, hipocondríaca, inestable, altamente histriónica, el discurso histérico se caracteriza por resistirse a las jerarquías, códigos, reglas, convenciones, modos de producción, tecnologías de conocimiento y la imposición de limitaciones discursivas. Esta resistencia muchas veces se hace con descuido y riesgo suicidas, sin importar las consecuencias para las carreras personales. El histérico cuestiona incansable e interminablemente las premisas de su disciplina hasta el extremo en que la autoridad irritada quizás no pueda distinguir entre imputarle desorientación majadera en cuanto a los usos y protocolos de su campo o profesión, incompetencia técnica, desquiciamiento mental o malintención destructiva.

Con propósitos conservadores, estos principios lacanianos han sido aplicados a la administración de empresas. Se indica que, si se pudiera llegar a un balance, el orden simbólico de una organización y el imaginario histérico pueden complementarse para renovar las normas de productividad vigentes. La imaginación histérica es capaz de crear sorprendentes y novedosas conexiones, derivaciones y flujos de conocimiento. No obstante, hay un riesgo en abrir un espacio a la imaginación histérica porque el estilo de sus cuestionamientos y su conducta pueden desquiciar la autoridad, los conductos y las jerarquizaciones administrativas.

Para las burocracias conservadoras encargadas de la administración de las instituciones estadounidenses, el problema está en que la política de "acción afirmativa" con que el Estado federal promueve la igualdad de oportunidades para las feministas, las minorías étnicas y los homosexuales ha causado una alta concentración de histéricos en las universidades (Schwartz). La creatividad antisistema de los histéricos está estrechamente relacionada con las dolencias psicosomáticas que les induce la disciplina burocrática. En su imaginario, dolencia psicosomática y disconformidad se funden para tomar visos de lucha por la supervivencia. Por sobre el realismo de mantener un empleo, el intelectual histérico más bien intenta dominar la organización según su sensibilidad paranoica. En la medida en que puedan predominar numéricamente, los histéricos transan asociaciones y alianzas generadas sobre la base de sus afecciones psicosomáticas, no por el objetivo de buscar un mejor orden burocrático. Así pueden llegar a paralizar a una organización con un histrionismo y una retórica de principios éticos "políticamente correctos" que, rígidamente, en el contexto específico y los objetivos limitados de la organización, sobrecargan los conductos administrativos demandando compensación por injusticias inmemoriales.

Las dos tendencias discutidas dan testimonio de una época de incertidumbres catastróficas. Pero, más allá de su valor testimonial, estimo de importancia considerar que con ellas ingresa el anarquismo al quehacer latinoamericanista de los departamentos de lenguas y literatura estadounidenses. Desde el pasado de la "nueva izquierda" de los años sesenta, el anarquismo reemerge como una especie de "inconsciente político" en cuanto ni "subalternistas" ni "poscolonialistas" han tomado conciencia de la configuración anarquista de su pensamiento. Considerada esta conexión, ambas tendencias podrían ser instaladas en una genealogía de larga tradición en Estados Unidos. Esto permitiría situarlos, además, en el contexto del auge contemporáneo del movimiento anarquista en las naciones europeas o europeizadas. El latinoamericanismo estadounidense no ha prestado atención a las consecuencias culturales de la resistencia anarquista contra la "economía global".

Al trazar el elemento anarquista intento establecer un parámetro flexible que, por sobre todo, permita identificar la existencia de ese "inconsciente político". Aquí conviene recordar las prevenciones hechas anteriormente en cuanto al perfil colectivo del "subalternismo" y del "poscolonialismo": aunque se exhibieron como tendencias bien articuladas, en su interior hay fuertes divergencias y discrepancias.

Una matriz de pensamiento anarquista no necesita organizarse sobre la base de los "clásicos" del siglo XIX: Proudhon, Bakunin, Kropotkin, Malatesta, Tolstoy, Emma Goldman. Más bien, la argumentación anarquista se caracteriza por el núcleo de problemas que se plantea –el desahucio de todo sistema social y político jerárquico, verticalista, estatalmente institucionalizado y centralizado para ejercer una dominación que explote el trabajo a favor de intereses minoritarios, promueva relaciones antagónicas entre las clases sociales y limite las libertades individuales. Con el desahucio de todo sistema estatal, el anarquismo favorece una noción especial de socialismo. Reflexionar al respecto no obliga a someter el entendimiento individual al dogma de las "discursividades maestras" de los "clásicos fundadores" y encontrar sólo en ellas la guía del pensamiento y de la acción, como ocurrió con el marxismo-leninismo. La tarea de discurrir y argumentar es de todo individuo, según se desprende de su experiencia personal y del avance de su conciencia libertaria. Esta actitud es del todo evidente en el trabajo de los "subalternistas" y "poscolonialistas" dedicados a teorizar sobre lo social desde una perspectiva absolutamente individual, en un campo político como el latinoamericano, tradicionalmente regido más bien por las orientaciones teóricas y las directivas de acción fijadas por las jerarquías de los partidos políticos y de sus organizaciones internacionales.

La utopía anarquista concibe las relaciones sociales como la cooperación solidaria entre seres de igualdad absoluta, con el propósito de maximizar la libertad y el bienestar material de los individuos mediante una institucionalidad pactada voluntariamente, de autoridad limitada y estrictamente sujeta a una representatividad directa (*An Anarchist FAQ*). A nivel de experiencia microcósmica, esto lleva a teorizar sobre la propiedad y la administración de los medios de producción por los trabajadores, la distribución igualitaria de sus réditos, la formación de redes de ayuda mutua. A nivel macrocósmico de grandes conglomerados humanos, se discurre sobre formas no coercitivas de gobierno que, a partir de las microorganizaciones de la base social, se vertebren en confederaciones territoriales asociadas voluntariamente, respondiendo a la participación electoral directa de los individuos, dispuestas a discutir sus diferencias, discrepancias y conflictos cuanto tiempo sea necesario, que reconozcan y respeten la diversidad cultural, étnica, genérica e individual en términos estrictamente igualitarios. Se trata de disquisiciones del todo imaginativas, hipotéticas, por cuanto hasta ahora estas macroorganizaciones no han existido.

Hay equivalencias entre este tipo de disquisición y las de John Beverley, por ejemplo, en cuanto a territorialidad, multiculturalismo, hegemonía y nación en que explora la hipótesis de un nuevo tipo de Estado generado por la conjunción de fuerzas "subalternas". En cuanto a la agencia llamada a concretar la utopía anarquista, la noción de "lo subalterno" equivale a lo que los anarquistas llaman "los subordinados". Los "subordinados" experimentan somáticamente los autoritarismos estatales de manera tan aguda como para que se quiebren los esquemas de sojuzgamiento introyectados psíquicamente. En este sentido "lo personal es político". Este quiebre se traduce en incesantes ejercicios intelectuales de cuestionamiento y desafío de la institucionalidad y de sus jerarquías. En sí mismos estos ejercicios son concebidos como microacciones de liberación revolucionaria que pueden irradiarse políticamente en la medida en que el anarquista consciente involucre a muchas otras personas, incentivando su insatisfacción y frustración con el sistema social, especialmente entre las clases más desposeídas. La acumulación de estas experiencias alguna vez forjará mayorías irrefrenables. Por tanto, el proceso de cambio revolucionario es constante y permanente, aunque quizás sea imperceptible a primera vista. Su acumulación se decanta en la experimentación con grupos y organizaciones de solidaridad, cooperación y acción política que anuncien la futura sociedad anarquista –sindicatos, cooperativas, grupos para la cohesión solidaria de vecindarios y barrios, comunas, grupos *ad-hoc* para enfrentar coyunturas sociales específicas. Esta es la noción anarquista de "pueblo" que finalmente llevará al colapso del sistema capitalista. Como en el "subalternismo", en esta noción de "pueblo" se funden indiferenciadamente identidades raciales, étnicas, sexuales, genéricas, de clase social. Se trata de una fuerza de oposición irreductible a los sistemas establecidos, dispersa, presente en todos los intersticios de la cotidianeidad, potencialmente capaz de convertirse en poder social colectivo que rebase los límites de la institucionalidad estatal. Es evidente la cercanía de esta concepción con "lo subalterno".

Los factores psicosomáticos en el nacimiento de la conciencia anarquista son cercanos al "histerismo" propuesto por Alberto Moreiras. También son cercanos los permanentes ejercicios anarquistas de cuestionamiento de las jerarquías sociales con las intervenciones deconstruccionistas que Moreiras programa como tarea fundamental de los estudios culturales latinoamericanistas en el futuro. De hecho, los anarquistas hablan de un "anarquismo cultural" similar a la noción transdisciplinaria de "estudios culturales" concebida por los "subalternistas". Según esto, los "discursos maestros" de sojuzgamiento se mantienen incólumes en la medida en que se implementen, mantengan y respeten las estrictas especializaciones de conocimiento que imponen las jerarquizaciones del poder estatal. Así se valida una visión fragmentaria y fragmentarista del ser que domina a los individuos y que requiere de una autoridad burocrática para mantener su articulación. Este tipo de articulación implica la pérdida de iniciativa de los individuos para afirmar y recuperar sus libertades y derechos. No obstante, puesto que el libertarismo de los seres humanos es un impulso que moviliza integralmente todas sus potencialidades, para el anarquista el poder de conocimiento de los individuos debe alertarse y capacitarse para percibir, desmontar y evitar las trampas que las especializaciones del conocimiento le interponen en todo orden de actividad. Desde esta perspectiva, el modo con que fue acogida la conceptualización posmodernista/deconstruccionista y el impulso que dio a los "estudios culturales" en el latinoamericanismo estadounidense puede entenderse como un "anarquismo cultural".

El anarquismo se presenta como un colectivo disperso, de articulaciones organizativas e institucionales inestables, de temáticas vagas en lo práctico puesto que no existen precedentes históricos de sociedades modernas organizadas según preceptos anarquistas. Estas características pueden servir como criterios para evaluar la efectividad con que los investigadores académicos montan proyectos cooperativos. Las investigaciones de grupo requieren disciplina y alguna organización estable. A estos requisitos se agregan compromisos formales cuando los investigadores reciben algún financiamiento institucional. Habrá mayor productividad en la medida en que se cumplan ciertas condiciones: la selección de conjuntos temáticos orgánicamente conectados entre sí; que estos conjuntos temáticos respondan a necesidades históricas reales, demostradas por la evidencia empírica; que las temáticas sean de magnitud y rango; que el grupo sea capaz de mantener protocolos apropiados de convivencia y civilidad académica.

Estas condiciones generan proyectos académicos óptimos porque aseguran un fuerte factor de concentración centrípeta, en oposición a proyectos que, por su naturaleza misma, tienden a la fragmentación centrífuga.

Perseguir la noción de "lo subalterno" significó un factor centrífugo, una dispersión de esfuerzos en cuanto obligó a planteamientos liminares que no dejarían de provocar polémicas dentro del grupo y fuertes cuestionamientos y rechazos en los observadores. En primer lugar indicaré asuntos conceptuales.

Los conceptos de "los subalternos" y de "los *damnés*" como foco de entendimiento de formas alternativas de concebir la acción política y la producción cultural parecen ser sustentados por el dato empírico de los movimientos indígenas de algunos países latinoamericanos –México, Guatemala, Ecuador, Bolivia– y movimientos como los "piqueteros", los "clubes de trueque", la "recuperación de empresas" en Argentina. Al respecto, las dos tendencias apuntan a un hecho incuestionable: las idiosincracias de las culturas indígenas no habían tenido cabida en las propuestas utópicas de las modernidades capitalistas y socialistas. A través de la historia latinoamericana, luego de las independencias del siglo XIX, las transformaciones sociales "progresistas" habían sido concebidas sobre la base de la europeización y mestizaje de la población y de un proletariado urbano o concentrado en los centros mineros, más tarde en las industrias, sin que se entendieran, consideraran, valoraran o se abrieran espacios políticos a las dinámicas y aspiraciones culturales del campesinado indígena. Sin embargo, no es fácil generalizar a todos los países latinoamericanos la importancia política de los movimientos indicados. Podría decirse que su impacto queda más bien restringido a Estados fallidos, con serias dificultades en su capacidad de integración nacional o en que grandes mayorías de la población les han quitado su confianza.

No obstante, aun valorando el llamado de atención sobre estos movimientos, si se considera el criterio de *necesidad histórica latinoamericana* parece innecesario e imprudente el desahucio del Estado-nación, agencia de las soberanías y del orden público nacionales. Ya desde hace más de dos décadas han surgido problemáticas en Latinoamérica que hacen del Estado-nación foco central de todo estudio y discusión: las consecuencias del término de las guerras civiles en Centroamérica; la redemocratización luego de las dictaduras militares de la doctrina de la seguridad nacional; la "guerra sucia" en Perú y sus consecuencias. Y, en el trasfondo, las consecuencias desintegradoras de las economías nacionales y regionales por su incorporación a la "economía global".

En esta problemática la pacificación de las sociedades implica medidas que sólo el Estado y su sistema político pueden implementar –por ejemplo, la restauración del estado de derecho; el balance entre los poderes ejecutivo, legislativo y judicial y su depuración de elementos corruptos; la reconstrucción de la política entendida como la negociación más representativa posible entre la sociedad civil, la sociedad política y el Estado; la reconstrucción de una identidad/cultura nacional para unir ideológica y espiritualmente la convivencia de poblaciones fragmentadas por el terrorismo de Estado y el conflicto armado peleado con salvajismo; reconstruir la negociación política obliga a estructurar una esfera pública para el diálogo. Las negociaciones para insertar las economías nacionales y regionales en la "economía global" demandan un liderato político claro en la concepción de los intereses nacionales y burocracias diplomáticas de la mayor competencia técnica. Aun si estas características están del todo ausentes, ellas sirven de criterio evaluativo contemporáneo de toda civilización y de su capacidad de respetar y promover los derechos humanos.

La arbitrariedad de desahuciar al Estado-nación y la noción de cultura nacional como focos de análisis e interpretación de la cultura quizás sea el origen de la sensación de agotamiento del latinoamericanismo estadounidense proclamada por los "subalternistas". Ya ha habido suficiente crítica en cuanto al serio error de reemplazar el entendimiento de la realidad histórica concreta con los ejercicios de desmontaje deconstruccionistas y las disquisiciones teóricas abstractas (Mallon; Beverley & Sanders).

Sin embargo, la mayor fuerza disociadora de la investigación cooperativa se encuentra en factores éticos no perceptibles a primera vista.

Si se afirma la esperanza de que "los subalternos" definidos como fuerza de resistencia ciega, indisciplinada, irreductible para los sistemas políticos estatales alguna vez lleguen a constituirse en fuerza política decisiva, implícitamente se está abogando por la iniciación de un caos social. La emergencia avasalladora de estas fuerzas sólo se da en períodos en que el Estado ha perdido totalmente la confianza de la población y la capacidad de mantener el orden público, con terribles consecuencias para la seguridad de las personas. Puede que las iniquidades de un régimen de gobierno produzcan insurrecciones que lleven a ese caos. Pero para el investigador hay una cuestión ética ineludible: puede que la voluntad de grandes sectores de una población nacional provoque el colapso catastrófico de los sistemas políticos, generándose así un caos social; y no es lo mismo investigar el caos social como hecho histórico objetivo que desearlo desde la seguridad de un gabinete instalado en una universidad lejana.

Este problema ético se hace evidente en la fascinación de "subalternistas" y "poscolonialistas" por la situación actual de Bolivia y Guatemala. Se trata de Estados fallidos, incapaces de asegurar la integridad territorial, el uso de bienes nacionales en beneficio de la población, con disturbios diarios y una altísima criminalidad que dificultan las rutinas cotidianas más básicas, Estados incapaces de asegurar la paz y la seguridad ciudadana. No obstante, ante el fracaso estatal de garantizar el derecho a la vida y a la condición de persona se celebra "la novedad" del surgimiento de fuerzas que parecen coincidir con la teorización "subalternista". Cabe preguntarse si los estudios humanistas pueden sostenerse si se descarta el concepto de "estado de derecho".

Considerada la escasa importancia de los estudios/culturales hispánicos en la planificación de los estudios de áreas geográficas por el Estado federal y los términos en que se ha venido dando la "guerra cultural" en Estados Unidos, ¿puede concederse algún mérito al cargo "subalternista" de que el latinoamericanismo de los departamentos de lenguas y literatura es inevitablemente una rodela más de los designios geopolíticos estadounidenses? ¿Puede concedérsele algún mérito considerando, además, los trabajos prácticos de solidaridad de sectores del profesorado con la oposición a las dictaduras militares de la doctrina de seguridad nacional y los movimientos democráticos en El Salvador y Nicaragua durante más de dos décadas, a partir de los años sesenta?

De mayor envergadura es el impacto de ese cargo sobre las relaciones profesionales entre los latinoamericanistas. El cargo atenta contra los valores con que se han construido vocaciones intelectuales y con que los individuos se han dado significación como educadores. Implícitamente ese cargo describe la profesión como un campo sometido a determinismos absolutos de las teleologías institucionales, en que no existe la opción de elecciones éticas alternativas. Así el compromiso profesional es instalado en una especie de teología calvinista en que hay condenados desde siempre y para siempre jamás. Para quienes hacen este cargo una opción realista sería abandonar el trabajo académico y la "afasia" voluntaria. No obstante, se prefiere permanecer en la academia para hacer de conciencia inculpadora que constantemente señala las claudicaciones de la profesión (Beverley & Sanders).

Ahora bien, si se examina el horizonte del latinoamericanismo reciente, en términos comparativos, por su capacidad congregadora en torno a problemáticas de investigación de gran rango, sin duda resalta la propuesta de George Yúdice en cuanto al significado material de la cultura en los procesos de "globalización".

Para exponer y aclarar brevemente los aspectos más básicos y relevantes de esta propuesta conviene describirla como la intersección de dos circuitos conceptuales. En uno de ellos Yúdice plantea la manera en que la "globalización" ha convertido la cultura en recurso explotable y mercantilizable de manera equivalente a las materias primas obtenidas de la naturaleza. En el otro señala la manera en que esto condiciona la noción de ciudadanía en sus diversas variantes étnicas, raciales, sexuales, genéricas, políticas, regionales y nacionales.

En cuanto al primer circuito, Yúdice explica que, según directivas de la UNESCO, el Banco Mundial, el Banco Interamericano de Desarrollo y los Bancos Multilaterales de Desarrollo la acumulación de todo tipo de constructo cultural resultante de la experiencia histórica de las nacionalidades se ha convertido en recurso para el desarrollo económico y el control social. Una nueva burocracia de gestores y gerentes ubicados en oficinas estatales, municipales y en la empresa privada hace de intermediario y administrador de las conexiones entre el gobierno, las comunidades y los inversores nacionales y extranjeros para la creación de zonas turísticas de espectáculos y consumo diverso que crean empleo en áreas de gran cesantía. Directa o indirectamente la población queda comprometida con el sistema capitalista y con las políticas gubernamentales de desarrollo socioeconómico. De este modo se incentivan actitudes de confianza, cooperación y la sensación de participar efectivamente en las políticas gubernamentales. Este tipo de gestión también puede habilitar espacios atractivos para la instalación de cuarteles generales de las grandes empresas nacionales y transnacionales, generándose otros réditos.

Puede que la movilización de recursos culturales a nivel regional y nacional también se conecte con el aparato de producción y mercadeo de conglomerados transnacionales siempre en busca de nuevas modas y estilos. Así puede generarse otro circuito productivo en cuanto productores nacionales y regionales se convierten en subcontratistas en una nueva división internacional del trabajo. La disponibilidad de modas y estilos de diverso origen permite que los conglomerados transnacionales segmenten, diversifiquen y publiciten sus ventas para servir un "mercado de nichos" constituido por los gustos predominantes en diferentes países, minorías étnicas, religiosas y homosexuales, por ejemplo. De este modo, estilos de vida que tradicionalmente han sufrido fuertes discriminaciones llegan a hacerse "aceptables". Con esto se produce una ambigüedad en cuanto al sentido político del "multiculturalismo" entendido como la reivindicación de los derechos de esas minorías. Aunque quizás las reivindicaciones se hayan logrado por su propia movilización política, puede que aparezcan como "concedidas" o cooptadas por el sistema capitalista. Sin embargo, ¿puede asegurarse de manera rotunda que es antidemocrático el multiculturalismo de mercado de los conglomerados transnacionales?

Estas ambigüedades se intensifican si se considera que muchos conglomerados transnacionales adoptan y contribuyen financieramente a causas indudablemente "progresistas" –protección del medioambiente, erradicación de enfermedades pandémicas a través de todo el mundo, oposición al empleo de niños pequeños por subcontratistas de los grandes conglomerados en la periferia, por ejemplo.

Con este trasfondo Yúdice introduce la problemática de la definición de la ciudadanía en el sistema "global".

En el pasado esa definición era tarea preferente del Estado-nación a través de sus aparatos educativos y de promoción de la cultura nacional según planes de desarrollo socioeconómico apoyados por grandes mayorías. Esto terminó con la "economía global" y el neoliberalismo. El Estado abandonó su función de nucleamiento de la nación y se convirtió en gestor de la inserción de la economía nacional en la global. Por tanto, se hizo responsable de las grandes dislocaciones sociales causadas por el neoliberalismo. El Estado desahució las antiguas tareas de garantizador del bienestar social, disolviéndose el nexo Estado-nación. Con ello se perdió el entendimiento de la nación como comunidad de identidades unificadas por proyectos de "bien común". La nación se convirtió simplemente en un aparataje llamado "sociedad", sociedad ahora separada del Estado. Se fragmentó la articulación de las múltiples identidades constituyentes del "nosotros" localizado en un territorio nacional.

Por el contrario, paralela a la declinación del poder ideológico del Estado, la penetración del flujo transnacional de imágenes, bienes simbólicos y productos de moda controlado por los conglomerados aumenta su influencia en la modelación de la "performatividad" ciudadana, término que Yúdice toma de Judith Butler. "Performatividad" es el modo aproximativo con que los individuos actúan, teatralizan y representan en los espacios íntimos, privados y públicos las diferentes identidades estereotípicas sancionadas en una sociedad de acuerdo con un horizonte simbólico de normas, definiciones y estimaciones de las necesidades humanas "verdaderas", el deseo "legítimo", el modo de satisfacerlos y los esquemas vigentes de relación y organización comunitaria. En este sentido, el mercado "globalizado" provee imágenes que permean la psiquis, la intimidad, la cotidianeidad y la convivencia, de manera que el *ethos* nacional fragmentado es recompuesto por la unidad de las utopías transnacionales del neoliberalismo que con su propaganda comercial modelan lo deseable y lo necesario. ¿Se trata de un neoimperialismo subliminal o del derecho individual de consumir aquello que plazca, esté disponible y permita la expresión personal abriendo la mente a la diversidad mundial? Un programa de investigación como el de Yúdice obliga a un intenso trabajo de campo. Prepararlo requiere contactos internacionales que faciliten acceso a los grupos que se estudiarán, provean datos de trasfondo y garanticen alguna seguridad personal. Son contactos que, a su vez, abren circuitos de reciprocidades que enriquecen la experiencia de los investigadores. En un campo tan vasto como el estudio de la difusión global de la cultura es indispensable intercambiar experiencias, información, bibliografías, discutir, hacerse visitas académicas, organizar simposios internacionales. Este intercambio es de especial conveniencia para los latinoamericanos ya que los estadounidenses pueden dar a conocer ítems de importancia de la abundante bibliografía sobre las estrategias secretas de los grandes conglomerados transnacionales, bibliografía escasísima en Latinoamérica. Así se forman comunidades de intereses académicos que han requerido una institucionalización transnacional.

De estos requerimientos surge la figura particular del investigador/intermediario (*broker*), cuyo perfil puede colegirse de la experiencia personal de George Yúdice, organizador junto con Néstor García Canclini del primer congreso interamericano de estudios culturales de la globalización en México, en 1993, además de una activa participación en la sección "Cultura, política y poder" de la Latin American Studies Association y en la organización de la Asociación Internacional de Estudios Culturales a partir del 2000.

Las observaciones de Yúdice como intermediario agregan otra dimensión a las tensiones entre *necesidad histórica latinoamericana* y *necesidad profesional estadounidense* que he venido discutiendo. El contacto con los investigadores latinoamericanos reitera los efectos geopolíticos que han condicionado a las humanidades estadounidenses contemporáneas. Cerraré esta introducción esbozando los términos de esta reiteración.

Yúdice comenta que a nivel de racionalidad instrumental, expresado individualmente, hay consenso entre los investigadores estadounidenses y los latinoamericanos en cuanto a la conveniencia mutua de reuniones de intercambio ("De los estudios"). Intermediarios como Yúdice y el venezolano Daniel Mato han buscado allegar a los investigadores de la cultura "global" más conocidos con los desconocidos, en diálogos de "pares" en que a todos conviene dar a conocer su trabajo y colaborar. En particular, hay interés por conocer las investigaciones de latinoamericanos en un campo saturado por la enorme productividad de los estadounidenses:

> Yo me imaginaba como un intermediario que haría posible la entrada de nuevas voces latinoamericanas en los debates intelectuales estadounidenses. También quise contribuir al conocimiento de los debates minoritarios estadounidenses (chicanos, nuyorriqueños) entre intelectuales latinoamericanos. Podría decirse que el papel de intermediario aumentaba mi legitimidad en ambos escenarios, entregando "estrellas" prestigiosas por una parte y "subalternos" por otra. No hay que pensar que entre aquellos predominaran los estadounidenses y entre estos los latinoamericanos. Más bien se me imponía un equilibrio, pues para los socios latinoamericanos interesaban más las figuras que ya habían logrado reconocimiento y para algunos estadounidenses y para las fundaciones que financiaron el encuentro se concebía que el cambio social provendría de la interacción de "subalternos" de norte y sur.

Dada la desmerecida situación de las humanidades estadounidenses con el fin de la guerra fría, Yúdice considera que tanto los "pares" del "norte" como los del "sur" son "subalternos" en la escala de poder académico. Sin embargo, percibe que el contacto está regido por estereotipos de "performatividad" que indefectiblemente se teatralizarán pública y compulsivamente, aun a costa de las ventajas de esa racionalidad instrumental: "Los estudios culturales no se escapan a esta dinámica del valor de la diferencia en relación al entorno hegemónico. Es decir, el proceso mediante el cual se valoriza la diferencia cultural e inclusive oposicional es *necesario* para el proceso hegemónico".

Por parte de los investigadores del "sur" se trata de una "incómoda interrogante" – la sospecha no siempre expresada de que toda reunión de "pares" especialmente seleccionados es parte de un designio geopolítico imperialista: "Por qué son *ellos* (y desde luego no *nosotros)* los que dirigen este proceso de selección? Y ¿de dónde surge el *deseo* de que participen los latinoamericanos, junto a asiáticos, africanos, árabes y 'otros'?"

Por parte de los investigadores progresistas del "norte" se trata de la compulsión "políticamente correcta" de autoflagelarse por la culpa de pertenecer a una nación imperial:

[...] la polémica se centró en la limitación de los órganos de difusión [propuestos para la Asociación Internacional de Estudios Culturales] a un idioma: el inglés. [El] editor de *Cultural Studies* criticó la "soberbia de tantas instituciones académicas occidentales" y el menosprecio que esta restricción implicaba respecto a otros idiomas [...] Esta polémica en torno al idioma oficial de la revista propuesta para la Asociación fue embarazosa para los que adoptaron la postura anglicista y es por eso, en parte, que se aceptó invitar a representantes de las dos regiones geopolíticas más importantes (en términos de receptividad y expansión de la membresía): [Asia y Latinoamérica].

Aunque Yúdice no lo dice, queda implícito que la discusión fue una pérdida de tiempo puesto que, en términos pragmáticos, diseminar conocimiento publicando en un idioma oriental, en español, portugués o francés habría sido tanto o más limitado.

Al responder la pregunta "¿Qué se gana con la participación en estos foros?", finalmente Yúdice muestra una actitud estoica. Aunque el intermediario debe reconocer que los foros internacionales indudablemente son una manifestación más de la hegemonía imperial, de todas maneras es imperativo hacer el esfuerzo por que sean representativos de los conflictos suscitados por esa hegemonía:

Mi interpretación de los conflictos [...] demuestra que hay una necesidad de intermediarios para negociar la inclusión de periferias y marginalidades. Se trata de instituciones que aspiran a ser representativas en tanto está en juego su legitimidad, pero que de hecho no son representativas. De ahí la necesidad de los *brokers* que, en el mejor de los casos, ayuden a suplir esa falta, o que en el pero, se pongan a sí mismos en el lugar de los ausentes.

El *broker* resulta ser una especie de escenógrafo que habilita los espacios para que, como rituales compulsivos, se manifiesten las animosidades características de la totalidad conflictiva y complementaria de las relaciones de hegemonía/subalternidad/centro/periferia para escuchar la voz de los sojuzgados:

Hay que arriesgarse a intervenir en los escenarios de interlocución *a pesar de* las estrategias de absorción que establecen los agentes hegemónicos. Es esta la labor del *broker* hábil y que no todo actor posee [pues] es necesario saber cómo proceder teniendo en cuenta los conocimientos que los subalternos poseen. Me parece que siempre hay alguien que "tiene en cuenta" ... Los estudios latinoamericanos de cultura y poder necesitan de investigadores que estudien *con* los subalternos, pero también a los que sepan manejarse en esta diversidad de situaciones harto complejas.

De hecho, entonces, Yúdice no sólo está proponiendo el estudio de la transformación de la cultura en recurso económico y los condicionamientos de la ciudadanía por la economía global. También sugiere el estudio etnográfico de las ceremonias de contacto intelectual mutuamente constituyentes de la hegemonía y de la subalternidad dentro de la lógica geopolítica estadounidense.

En lo que respecta a esa etnografía de los contactos académicos internacionales, en el contexto general discutido hasta ahora el trabajo de Yúdice puede entenderse como un llamado a modular el factor político en un campo en que, desde la proclamación de la NDEA de 1958, este factor ha sido fundamental para darle relevancia. Si esta introducción ha reflejado con algún acierto la evolución contemporánea del latinoamericanismo estadounidense de los departamentos de lenguas y literatura, puede afirmarse que en los esfuerzos por orientar los estudios literarios a lo socio-histórico, más tarde resultantes en los "estudios culturales", se dio un balance razonable entre el factor político y la producción de conocimiento. Esto se logró con un buen alineamiento de la teoría social de la que se echó mano desde fines de los años sesenta, durante los setenta y comienzos de los ochenta con los sucesos más relevantes de la historia latinoamericana de la época.

La manera en que se asumió la "voltereta francesa" interrumpió ese alineamiento y clausuró sobre sí mismos los estudios literarios/culturales latinoamericanistas. Una retórica estridentemente "radical" reemplazó el conocimiento de la realidad histórica. Según palabras de Abril Trigo, esta retórica hizo de los estudios literarios/culturales una "curiosa pirueta narcisista", con la repetición mecánica de "una variada gama de metáforas en torno a sujetos y espacios excluidos –márgenes, nomadismo, desterritorialización, tercer espacio, espacio del medio, subalternidad y frontera". Se trató de una

> sobreteorización (la sustitución del trabajo sobre fuentes primarias por la relectura de textos teóricos) y del achatamiento de la materialidad social (lo real) a su textura discursiva (cuando en puridad la textualización de lo social es en parte un efecto *a posteriori*). Desentendiéndose así de sus referentes últimos [...] este tipo de discurso representa, en sus extremos, el punto ciego de una crítica que termina devorándose a sí misma en el nirvana narcisista de la crítica pura, esfera incontaminada del intelectual definitivamente flotante ... (236-7)

La moda "posestructuralista" francesa ofreció a un sector de los latinoamericanistas estadounidenses una manera de hacer carrera instalados en sus gabinetes académicos, aislados de la lógica de la historia "real" o del trabajo de terreno. Por el contrario, el proyecto de George Yúdice resulta ser un desafío para un reequipamiento teórico que recobre el entendimiento de una empiria histórica de tal complejidad que "pensar que la experiencia de la *jouissance*, el desvelamiento de la verdad o la crítica desconstructiva podrían constituir criterios admisibles para [entender el efecto de] la inversión monetaria [transnacional] en la cultura parece una humorada acaso digna de una sátira kafkiana" (Yúdice, "De los estudios").

Se ha generalizado la urgencia de reconectar la enseñanza de los departamentos de lenguas y literatura con el "mundo real" y hacerla socialmente relevante después de un largo período de fuertes tensiones –las "guerras culturales" y la desinversión estatal en bienestar social de la década de 1980; en la década de 1990, la desinversión en las humanidades por la pérdida de relevancia del gran tema de "la libertad de la cultura" como arma ideológica para enfrentar al bloque soviético de naciones, junto con el imperativo de invertir en ciencia y tecnología para competir en la "economía global"; luego del ataque terrorista en Nueva York el 11 de septiembre del 2001, la enorme inversión en la "guerra contra el terrorismo".

En la urgencia por replantear la relevancia de la enseñanza latinoamericanista en una nueva fase histórica es preciso prestar atención a una nota de la revista *Inside Higher Education* (IHE) de enero 2, 2007, aparecida al cerrar esta introducción. La nota daba cuenta de las recomendaciones de un panel especial de la Modern Language Association (MLA) para poner la educación en los departamentos de lenguas y literaturas y su organización pedagógica a la altura de los tiempos. La tardanza de la directiva de la MLA en hacer público el informe causaba gran inquietud. Esta era exacerbada por aspectos de la nota de *IHE* que, a juicio de algunos de los panelistas, distorsionaba el sentido del informe. Se indicaba que el panel recomendaba

> deshacerse del modelo tradicional en que la instrucción en idiomas es seguida principalmente por los estudios literarios. En reemplazo, al panel le gustaría ver que los departamentos fusionaran los estudios de lenguas y literatura, añadiendo más estudio de la historia, la cultura, la economía y la sociedad –en cierto sentido convirtiendo los programas de idiomas en programas de áreas geográficas. Los cambios serían más dramáticos en los programas de posgrado, en parte porque los miembros del panel creen que los profesores que enseñan cursos de grado necesitan una concepción más amplia del campo. (1)

En esencia se reiteraban las antiguas contradicciones generadas por el efecto de la geopolítica estadounidense, como si las décadas no hubieran transcurrido.

El informe respondía al renovado interés del Estado federal por la capacitación lingüística y la preparación especializada de la burocracia encargada de intervenir en los países árabes e Irán. Pero el panel parecía olvidar el escaso interés federal por los estudios literarios y culturales. No obstante, el informe intentó dar giro positivo a los hechos presentando a los departamentos como posibles socios que, previo un reequipamiento del material de enseñanza, podrían contribuir a las preocupaciones federales y, más ampliamente, a las empresas demostrando

> una competencia [no sólo] en las lenguas, la literatura y las artes, sino también en los medios de comunicación masiva, la sociedad, la historia, la economía, el bienestar social, la religión, el gobierno y otros aspectos sociales. Se necesita un verdadero "entendimiento transcultural" de [una región] que no puede lograrse con un programa dominado por la literatura. (2)

De hecho se afirmaba, entonces, que para sobrevivir los departamentos de lenguas y literatura no tienen otra opción que la de reorganizarse en torno a los "estudios culturales" que habían causado largos años de "guerras culturales".

El informe fue presentado como "revolucionario" y "controversial" no sólo por la preeminencia última de los "estudios culturales". También lo es porque recomienda involucrar a todo el profesorado en la reformulación y enseñanza del currículo de grado desde los primeros años, sin distinguir entre la "subclase" de profesores contratados sólo para los cursos más básicos, sin derecho a la propiedad de cargo, y los profesores regulares de mayor rango académico.

La nota muestra los esfuerzos del informe por apaciguar las antiguas animosidades. No obstante, se transparenta la beligerancia con que se expresaron algunos miembros del panel. Se informa de los lingüistas que "por largos años, aunque su trabajo tiene el potencial de contribuir al gobierno, los negocios y a la sociedad, no se los ha consultado" (3); de los profesores de literatura, cuyo monopolio ha convertido a las especializaciones en idiomas en "artefactos pretenciosos", "agradables y comoditos" (2); y de los profesores dedicados a los "estudios culturales", que "poseen un entendimiento profundo de la cultura y de las sociedades contemporáneas que va mucho más allá de la tradición literaria" (2). De manera difusa, además, la nota hace referencia al agonismo que siempre pende sobre las humanidades estadounidenses, mostrando que el "cambio [es] bien recibido por los profesores de lenguas pero también causa preocupación a quienes cuestionan si los militares y los oficiales de inteligencia realmente entienden el sentido de la educación en idiomas o tienen los motivos apropiados" (1). Uno de los miembros del panel hizo notar que "la revista del Consejo Estadounidense de Profesores de Lenguas Extranjeras (American Council of Teachers of Foreign Languages) –muchos de cuyos miembros están en las escuelas secundarias– publican, anuncios de la Central Intelligence Agency (CIA) en busca de instructores", imaginando este panelista "las protestas que surgirían si la *PMLA*, la publicación más importante de la MLA, publicara un anuncio similar". El panelista advierte que si los departamentos siguen las recomendaciones propuestas no sólo estarían haciendo que sus programas fueran más relevantes. Al trabajar con el gobierno federal quizás los profesores también sentirían haber entrado en un "pacto de Fausto" (3).

NOTAS

[1] Quiero hacer énfasis en la importancia que tienen las entrevistas en los estudios del latinoamericanismo de los departamentos de lengua y literatura estadounidenses. Echar mano nada más que del análisis de los escritos de este profesorado y de las introducciones a las antologías que se han publicado sólo revela los debates conceptuales y su evolución desde una postura estudiadamente profesional, que evita emitir juicios que pudieran ser conflictivos. Esta estrategia no permite atisbos de los dilemas personales que surgen del *criterio de necesidad profesional estadounidense*. Los profesores entrevistados son Richard Leppert (University of Minnesota); Jean Franco (Columbia University); Mary Louise Pratt (New York University); Sara Castro-Klarén (Johns Hopkins University); John Mowitt (University of Minnesota); Román de la Campa (University of Pennsylvania); John Beverley (University of Pittsburgh); Mabel Moraña (Washington University, St. Louis); Beatriz González Stephan (Rice University); Juan Villegas (University of California, Irvine); Seymour Menton (University of California, Irvine); Carol Klee (University of Minnesota); Neil Larsen (University of California, Davis); Jochen Schulte-Sasse (University of Minnesota); Ileana Rodríguez (Ohio State University); Florencia Mallon

(University of Wisconsin, Madison); Gustavo Verdesio (University of Michigan, Ann Arbor); Walter Mignolo (Duke University); George Yúdice (New York University); Abril Trigo (Ohio State University); Horacio Legrás (University of California, Irvine); Javier Sanjinés (University of Michigan); Dante Liano (Universitá Católica del Sacro Cuore, Milano, Italia). Con unanimidad, los profesores dedicados a las humanidades estadounidenses me señalaron la importancia del estudio de Stanley Aronowitz *Roll Over Beethoven* para entender el impacto académico que tuvieron el movimiento de derechos civiles de la década de 1960, las protestas contra la guerra en Vietnam en los años sesenta y setenta y la prolongación de sus consecuencias en las décadas siguientes. Por esta razón he usado este trabajo como una de las piezas centrales para la armazón de mis argumentos.

[2] En años recientes el grupo que trabaja en torno a las disquisiciones de Walter Mignolo, Enrique Dussel y Aníbal Quijano ha descartado el rótulo "poscolonialista", reemplazándolo por el de "Proyecto Modernidad/Colonialidad/Descolonización". Véase Escobar.

Bibliografía

An Anarchist FAQ, www.anarchistfaq.org

Andrew, John A. *Lyndon Johnson and the Great Society.* Chicago: Ivan R. Dee, 1998.

Aronowitz, Stanley. *Roll Over Beethoven. The Return of Cultural Strife.* Hanover: Wesleyan UP, 1993.

Berger, Mark T. *Under Northern Eyes: Latin American Studies and U.S. Hegemony in the Americas.* Bloomington: Indiana UP, 1995.

Beverley, John, *Subalternity and Representation. Arguments in Cultural Theory.* Durham: Duke UP, 1999.

Beverley, John & James Sanders. "Negotiating with the Disciplines. A Conversation on Latin American Subaltern Studies". *Journal of Latin American Cultural Studies* VI/2 (1997).

Bloom, Harold. *The Western Canon: the Books and School of the Ages.* Nueva York: Harcourt Brace, 1994.

Bolinger, Dwight L. "Algo más que entrenamiento". *Hispania* XLIV/1 (March 1961).

Bork, Robert H. "Culture and Politics". *The Balance of Freedom. Political Economy, Law and Learning.* Roger Michener, ed. St. Paul: Professors World Peace Academy, 1995.

Brod, Richard I. *Language Study for the 1980s. Reports of the MLA-ACLS Language Task Forces.* Nueva York: MLA of America, 1980.

Brod, Richard I. & Elizabeth B. Welles. "Foreign Language Enrollments in United States Institutions of Higher Education, Fall 1998". *ADFL Bulletin* XXXI/31 (Winter 2000).

Byrnes, Heidi. "Literacy, a Framework for Advanced Language Acquisition". *ADFL Bulletin* XXXVII/1 (Fall 2005).

Castro-Klarén, Sara. "Nation, Latinos, and Public Literacy: What is in the 'Pre-' of Pre-Columbian and the 'Post-' of Postcolonial". *ADFL Bulletin* XXXVII/1 (Fall 2005).

Curland, David & Edward Miller. "Language or Literature: a Response". *Hispania* XVIX/4 (December 1966).

Escobar, Arturo. *"'Worlds and Knowledge Otherwise': The Latin American Modernity/Coloniality Research Program"*. Revised from a version presented at the Tercer Congreso Internacional de Latinoamericanistas en Europa, Ámsterdam, July 3-6, 2002.

Franklin, Phyllis. "The Debate over College Costs". *MLA Newsletter* 29/3 (1997).

Hart, Jeffrey Peter. *Smiling Through the Cultural Catastrophe: Toward the Revival of Higher Education*. New Haven: Yale UP, 2001.
Hawkins, John N. "Ethnic Studies and International Studies: Interrelationships". U.S. Department of Health, Education, and Welfare/Office of Education, *President's Commission on Foreign Language and International Studies*, 1979.
Helsing, Jeffrey W. *Johnson's War/Johnson's Great Society. The Guns and Butter Trap*. Westport: Praeger, 2000.
Huber, Bettina J. "Recent and Anticipated Growth in Foreign Language Doctoral Programs: Findings from the MLA's 1990 Survey". *ADFL Bulletin* XXV/1 (Fall 1993).
_____ "Variation in Foreign Language Enrollments Through Time (1970-1990)". *ADFL Bulletin* XXXI/2 (Winter 2000).
Inman, Marianne. "Foreign Languages and the U.S. Multinational Corporation". U.S. Department of Health, Education, and Welfare/Office of Education, *President's Commission on Foreign Language and International Studies*, 1979.
Inside Higher Education <www.insidehighered.com/layout/set/print/news/2007/01/02>
Jackson, Richard L. "The Survey Course in Spanish American Literature Today: Problems and Procedures". *Hispania* XVIX/4 (December 1966).
Klee, Carol A. "The Teaching of Spanish: Issues of Status within U.S. Research Institutions", comunicación presentada en el simposio "Lengua, pedagogía y poder: La enseñanza del español y el español en la enseñanza" del 8 de octubre del 2005 en el City University of New York Graduate Center.
_____ "Who is Teaching the Majors? An Unforeseen Consequence of the Boom in Spanish Enrollments". *ADFL Bulletin* XXXVII/2-3 (December, 2006).
Legras, Horacio. "Subalternity and Negativity". *Dispositio/n* XXII. 49 (1997 [2000]).
Mallon, Florencia E. "The Promise and Dilemma of Subaltern Studies: Perspectives from Latin American History". *American Historical Review* (December, 1994).
McCaughey, Robert A. *International Studies and Academic Enterprise. A Chapter in the Enclosure of American Learning*. Nueva York: Columbia UP, 1984.
McMahon, Christopher Robert. "Hysterical Academies: Lacan's Theory of the Four Discourses". *Language, Society & Culture* 2 (University of Tasmania). <www.educ.utas.edu.au/users/tle/journal/articles/mcmahon/macmahon.html>
Menton, Seymour. "Lengua, lectura y literatura". *Hispania* XVIX/4 (December 1966).
Mignolo, Walter D. *Capitalismo y geopolítica del conocimiento. El eurocentrismo y la filosofía de la liberación en el debate intelectual contemporáneo*. Buenos Aires: Ediciones del Signo, 2001.
_____ *The Idea of Latin America*. Oxford: Blackwell, 2005.
_____ "On Subalterns and Other Agencies". *Postcolonial Studies* VIII/4 (2005).
Modern Language Association. "Report from the MLA Committee on Professional Employment. Final Report", 2000.
_____ Ad Hoc Committee on the Future of Scholarly Publishing, "The Future of Scholarly Publishing", *Profession*, 2002.
_____ "Task Force on Evaluating Scholarship for Tenure and Promotion" [2004], 2007.
Moreiras, Alberto. "Theoretical Fictions and Fatal Conceits: The Neolibidinal in Culture and the State". *Dispositio/n* XXX/49 (1997 [2000]).
_____ "Retirar la cultura". *Nuevo Texto Crítico* XIII-XIV/25-28 (2000-2001).

_____ *The Exhaustion of Difference. The Politics of Latin American Studies.* Durham: Duke UP, 2001.

Newman, Karen. "Literature in the Age of Anglocentrism". *ADFL Bulletin* XXXVII/1 (Fall 2005).

Pfeiffer, Peter C. "Advanced Literacies in Multilingual Society: Introduction". *ADFL Bulletin* XXXVII/1 (Fall 2005).

Prakash, Gyan. "The Impossibility of Subaltern History". *Convergencia de Tiempos: Estudios Subalternos/Contextos Latinoamericanos –Estado, Cultura, Subalternidad.* Ileana Rodríguez, ed. Amsterdam: Rodopi, 2001.

Rodríguez, Ileana. "Rethinking the Subaltern: Patterns and Places of Subalternity in the New Millenium". *Dispositio/n* XIX/46 (1994): 13-25.

_____ "'Estudios culturales': quiebres disciplinarios cambios del oficio crítico y crisis de sentido en la época post-socialista". *Nuevo Texto Crítico* XIII-XIV/25-28 (2000-2001).

_____ ed. *The Latin American Subaltern Studies Reader.* Durham: Duke UP, 2001.

Ruchti, James R. "The U.S. Government Employment of Foreign Area and International Specialists"; "The U.S. Government Requirements for Foreign Languages". U.S. Department of Health, Education, and Welfare/Office of Education, *President's Commission on Foreign Language and International Studies,* 1979.

Sacks, Norman P. "Our Image and Our Responsibility". *Hispania* XLVI/2 (May 1963).

_____ "The Making of the Hispanist 1966". *Hispania* L/1 (March 1967).

Schwartz, Howard S. *Revolt of the Primitive: An Inquiry into the Roots of Political Correctness.* Piscataway: Transaction, 2003.

_____ "Organization in the Age of Hysteria". *Journal of European Psychoanalysis* 20/1 (2005).

Shils, Edward. "The Idea and Practice of Liberal Democracy and the Modern University, with some Comments on the Modern Private University". *The Balance of Freedom. Political Economy, Law and Learning.* Roger Michener, ed. St. Paul: Professors World Peace Academy, 1995.

Sloan, G.R. *Geopolitics in United States Strategic Policy, 1890-1987.* New York: St. Martin's Press, 1988.

U.S. Department of Health, Education, & Welfare/Office of Education, *President's Commission on Foreign Language and International Studies,* 1979.

Trigo, Abril. "Un paso adelante, dos pasos atrás". *Nuevo Texto Crítico* XIII-XIV/25-28 (2000-2001).

Vattimo, Gianni. *The End of Modernity: Nihilism and Hermeneutics in Postmodern Culture.* Baltimore: Johns Hopkins UP, 1991.

_____ *The Adventure of Difference: Philosophy after Nietzsche and Heidegger.* Baltimore: Johns Hopkins UP, 1993.

Ward, Robert E. "Statement on Advanced Training and Research in International Studies". U.S. Department of Health, Education, and Welfare/Office of Education, *President's Commission on Foreign Language and International Studies,* 1979.

Williams, Gareth. "From Populism to Neoliberalism: Formalities of Identity, Citizenship, and Consumption in Contemporary Latin America". *Dispositio/n* XXII/49 (1997 [2000]).

Wright, Russell O. *Chronology of Education in the United States*. Jefferson: MacFarland, 2006.
Yúdice, George. *The Expediency of Culture: Uses of Culture in the Global Era*. Durham: Duke UP, 2003.
_____ "De los estudios culturales a las políticas culturales". Conferencia dada en el Centro Juan Marinello, La Habana, junio 23, 2003.

PRIMERA PARTE

Afianzamiento de los estudios literarios socio-históricos

Crítica literaria hispanística en Estados Unidos en la década de 1970

CARLOS BLANCO AGUINAGA
University of California, San Diego

A finales de la década de 1960 y a lo largo de la de 1970 es notable en el mundo occidental, que en este caso incluye a las Américas, el auge contestatario –y por un tiempo dominante– de una crítica literaria de clara estirpe marxista. Si acaso pudiera decirse –un tanto elusivamente– que esa crítica y, con ella, la crítica literaria hispanística en los Estados Unidos se caracterizó, al igual que en Europa y en Latinoamérica, por su voluntad historicista y sociologista, así como por su atención a la ideología, ha de entenderse que fue claramente influida por el pensamiento marxista y por los hechos históricos que de él se derivan, tanto en su aspecto teórico general como en su producción de estudios culturales y literarios particulares. La historia de las ideas y los hechos históricos en que se originó aquella crítica literaria eran, por tanto, muy amplios, y sus fuentes principales venían de muy lejos. No puedo sino suponer que el trasfondo histórico del marxismo es bien conocido de muchos, tanto en su teoría como en una praxis que se inicia –digamos– a mediados del siglo XIX; pero como importa no olvidar lo sabido, trataré de recordar aquí algunas de las cosas más básicas. Para llegar ahí, sin embargo, creo conveniente recordar antes cuál era la situación del "hispanismo" dominante en Estados Unidos desde la década de 1940 hasta, aproximadamente, principios de la década de 1960.[1]

EL PRIMER "HISPANISMO" LITERARIO DE IMPORTANCIA EN ESTADOS UNIDOS

En la universidad de Middlebury, en el estado de Vermont, existe desde tiempo casi inmemorial una muy especial escuela de verano dedicada a la enseñanza de diversas lenguas y literaturas: español, francés, alemán, ruso, italiano... No sé ahora, pero en otros tiempos el profesorado era muy selecto e iba a Middlebury no por el sueldo, que no era mucho, sino porque aquel bucólico lugar parecía ideal para pasar dos meses de verano sin excesivo calor, con un horario reducido de trabajo, y en compañía de buenos colegas y amigos. En los veranos de los años cuarenta y cincuenta era normal que en la sección española de esa escuela de verano se encontraran impartiendo clases de literatura y lengua, entre otros, los catedráticos Ángel del Río, Joaquín Casalduero, Pedro Salinas, Jorge Guillén y Francisco García Lorca, así como el poeta cubano nacido en España Eugenio Florit, a quienes se añadirían luego Amado Alonso y Vicente Llorens, y a quienes visitaban colegas como Américo Castro y José F. Montesinos. Si se hubiera podido juntar aquel personal en un curso académico normal de una universidad cualquiera del mundo habrían formado, sin duda, el mejor departamento de literatura española de todos los tiempos.

Ahora bien, aquellos profesores y poetas de gran prestigio coincidían allí por razones históricas muy específicas. Salvo Del Río, que residía en Nueva York desde finales de los años veinte, y con la notable excepción de Amado Alonso, quien, habiendo vivido en la Argentina desde finales de los años veinte llegó a los Estados Unidos a finales de 1946 exiliado de la dictadura de Perón, los demás eran exiliados políticos del franquismo. Puede, por tanto, decirse que no sólo unía a aquellas gentes la pasión por la literatura y la cultura españolas, sino el antifranquismo y, en general, el rechazo de las dictaduras; es decir, una visión liberal, progresista del mundo.

Los más de aquellos estudiosos de la literatura y la cultura españolas eran simplemente republicanos; algunos han de haber sido socialistas del ala moderada del PSOE (Partido Socialista Obrero Español), como, por ejemplo, Francisco García Lorca, casado con una hija de don Fernando de los Ríos, heredero de las virtudes de la Institución Libre de Enseñanza, diputado e importante miembro del PSOE (fue varias veces ministro con la segunda república española) y, ya cerca del final de su vida, embajador en Washington durante la guerra civil (1936-1939). Además, también había entre algunos de ellos relaciones de familia (los Montesinos y los García Lorca, por ejemplo, son parientes), o casi de familia, como en el caso de los Guillén y Salinas, o en el de los García Lorca y Del Río, quien había acogido a Federico García Lorca en Nueva York en su memorable visita de 1929, cuando escribió *Poeta en Nueva York*. Por lo demás, casi todos llevaban a Middlebury historias de buena amistad iniciadas en España antes de la guerra civil y, en varios casos, en compartidos centros de estudios: la Residencia de Estudiantes, por ejemplo; o el Centro de Estudios Históricos, donde habían coincidido –entre otros– Américo Castro, Pedro Salinas y Amado Alonso (así como, procedente de otra cultura, Alfonso Reyes).

Aquel grupo extraordinario de escritores y críticos de la literatura y la cultura españolas era, pues, casi un clan; parte importante del producto de los mejores esfuerzos de la burguesía liberal española que tanto tuvo que luchar a lo largo del siglo XIX contra los enemigos de la modernización en España; aquella burguesía que pareció que iba, por fin, a dirigir la evolución de la cultura española a partir de los inicios del siglo XX: cuando florece la Institución Libre de Enseñanza; cuando Ramón y Cajal obtiene el premio Nobel de fisiología; cuando se fundan la Junta de Ampliación de Estudios, la Residencia de Estudiantes y el Centro de Estudios Históricos; cuando todavía escribe Galdós y los del 98 están en su apogeo, según van ya empezando a despuntar los poetas de la llamada "generación del 27", estableciéndose con todo ello, y con el auge de las organizaciones obreras, la importantísima continuidad del difícil proceso de modernización que desembocó en la segunda república (14 de abril de 1931). Contra esta continuidad, precisamente, se levantaron en 1936 los militares de Franco, instrumentos de la burguesía reaccionaria y de la iglesia.

Dicho todo lo cual, me imagino que no sorprenderá a nadie si añado que en aquellos años cuarenta y cincuenta del siglo XX, cuando el hispanismo estadounidense no ofrecía una "masa crítica" comparable a la que se fue imponiendo a partir de los años sesenta, aquellos hombres (porque los más famosos eran todos hombres) eran, no sólo un obligado punto de referencia para todos los "hispanistas", sino un importante grupo de poder. Piénsese: a más de la categoría intelectual de cada uno de ellos, Ángel del Río hablaba por el departamento de español de Columbia University y por la *Revista Hispánica Moderna*; Joaquín Casalduero por el departamento de español del City College de Nueva York;

Pedro Salinas por el de la Johns Hopkins University; Jorge Guillén por el de Wellesley College; Américo Castro y Vicente Llorens por el de Princeton; Amado Alonso por el de Harvard; Montesinos por el de la Universidad de California en Berkeley. Además, llevaban la *Revista Hispánica Moderna* (RHM) en Nueva York y, en México, la *Nueva Revista de Filología Hispánica* (NRFH), heredera directa de la *Revista de Filología Hispánica* de Buenos Aires que, con el apoyo de Alfonso Reyes, Amado Alonso había trasladado a El Colegio de México (donde la dirigía su discípulo Raimundo Lida). Además, influían en la *Hispanic Review*, en el *Bulletin Hispanique* y otras revistas de importancia fuera de España, donde, por otra parte, ya en los años cincuenta, llegaron a pesar mucho en la revista *Ínsula* y en las editoriales Gredos y Castalia.

Y no debemos olvidar tampoco que aquellos grandes estudiosos de la literatura española contaban con la amistad y el apoyo de profesoras españolas, también antifranquistas y de su mismo origen sociocultural (entre ellas, por ejemplo, María Unamuno), que enseñaban en ciertos *colleges* para mujeres muy importantes entonces: Bryn Mawr, Swarthmore, Wellesley, Smith College, Barnard College. Sin voluntad negativa alguna, pero en privado, yo solía llamar a todo aquel entramado "la familia hispánica del este".

Quienes no hayan vivido la vida universitaria estadounidense de los años cincuenta del pasado siglo tal vez se pregunten cuánta influencia podía tener una poderosa "familia" intelectual del este de los Estados Unidos cuando el país es tan grande y tiene tantas universidades excelentes al oeste de Pennsylvania. Porque hoy, desde luego, siguen pesando Harvard, o Princeton, o Columbia, o Berkeley, pero hay tanta bioquímica, tanta física, tanta sociología, tanto "hispanismo" a lo largo y ancho del país que, aunque en algunas áreas de investigación y de enseñanza las universidades del este sigan teniendo gran prestigio, la biología, las matemáticas, la economía o, incluso, el "hispanismo" de calidad se encuentran por todas partes. Pero en aquel entonces, salvo −en términos generales− la Universidad de Chicago, la Universidad de California en Berkeley, tal vez Stanford y, con respecto al hispanismo en particular, la Universidad de Wisconsin, el prestigio intelectual se concentraba altísimamente en el este del país.[2] A su prestigio personal, resultante de los importantes trabajos que varios de ellos ya habían escrito en España (en el caso de Amado Alonso, en Argentina), se añadía así no sólo el valor de lo mucho que produjeron en Estados Unidos, sino el prestigio de las universidades en las que enseñaban. Y tal era la importancia de aquella "familia hispánica del este" que un juicio que de ella viniera sobre tal o cual libro, o sobre tal o cual colega, era siempre decisivo para poder publicar o para ser ascendido. Créaseme porque lo dice uno de los que mucho se beneficiaron de los apoyos de aquellos grandes hispanistas liberales.

Ahora bien, ¿qué relación había entre aquel poder académico de la cultura española en el exilio estadounidense y la obra que produjeron sus diversos miembros?

Supongo que hay que empezar recordando a Américo Castro. Muchos y muy importantes estudios había publicado Castro en España, y quizá baste recordar aquí su *Pensamiento de Cervantes*. Pero lo más polémico y más interesante de su obra, *La realidad histórica de España* (1954), lo escribió en Princeton. Claro que aquí no se puede entrar en detalles, pero subrayaré brevemente los tres aspectos que me parecen más representativos de su visión liberal del mundo en este ambicioso libro.

En primer lugar, contra encastillados casticismos patrioteros, tanto los tradicionales como los insistentemente difundidos por los ideólogos del franquismo, *La realidad histórica de España* proponía la idea clave de que lo que llamamos "España" no empieza a perfilarse hasta después del año 711, cuando los reinos visigodos son rápidamente conquistados por los musulmanes y luego empiezan su larga y, en verdad, nada sistemática "reconquista". Lo que llamamos "España", que no llega a ser tal hasta tiempos de los reyes católicos, es el resultado de esa larga historia de casi siete siglos. Dicho en la forma polémica que Américo Castro desarrolló en Estados Unidos: aunque nacido en Córdoba, *Séneca no era español.*

En segundo lugar, algo fundamental que se deduce casi directamente de lo anterior: la vida y la cultura españolas no pueden entenderse "en su historia" si no revaloramos el hecho de que, durante esos largos siglos, esa historia es una fusión y cruce conflictivos de tres culturas: la cristiana, la musulmana y la judía.

En tercer lugar, yo destacaría el hecho notable de que Castro no sólo insiste en cómo la "vividura" española se caracteriza por su rechazo de la que, a partir de los siglos XVI y XVII, ha sido la "vividura" europea, también se abstiene de cualquier interpretación materialista de la historia (de modo que, por ejemplo, pasa por alto la cuestión de los orígenes del capitalismo en Europa, fundamentalmente ligados a la explotación española de América), y rechaza explícitamente toda posible interpretación marxista de los orígenes y desarrollo de esas diversas "vividuras". Para cuando apareció *La realidad histórica de España* empezaba ya a escribir Vicens Vives sus fundamentales estudios de historia económica española (y Pierre Vilar aparecía ya en el horizonte), pero Castro se desentiende de toda esa fundamental historiografía. Creo que es evidente aquí el peso del antimarxismo liberal de una fracción importante de la burguesía progresista española, exacerbado, sin duda, por los conflictos de la guerra civil. Y es lo que hace que la importante obra de Américo Castro producida en Estados Unidos tenga que someterse a una crítica muy cuidadosa.

Pocos de los hispanistas mencionados, si es que alguno, pueden compararse en ambición totalizadora con el Américo Castro de aquellos tiempos. Pero siguen siendo imprescindibles todavía los extraordinarios estudios de Montesinos sobre Galdós y sobre los orígenes de la novela moderna en España, los no menos excelentes libros de Casalduero sobre Cervantes, sobre Galdós y sobre el teatro del siglo de oro, así como –por ejemplo– el gran libro de Vicente Llorens titulado *Liberales y románticos* (1954). Yo destacaría también tres libros de crítica de un poeta del 27, Pedro Salinas: *Jorge Manrique o tradición y originalidad* (1947), *Literatura española, siglo XX* (1948) y, sobre todo, el dedicado a *La poesía de Rubén Darío* (1948).

Este último me parece un libro de especial importancia para nuestro asunto porque es de lo poco que la hispanística exiliada en Estados Unidos, a diferencia de lo que ocurría en México o Argentina, dedicó a la literatura hispanoamericana. Cosa notable ésta si se recuerda –por ejemplo– que Federico de Onís, catedrático español residente en Nueva York desde mucho antes de la guerra civil, y un poco el guía y facilitador de los intelectuales exiliados en el este de Estados Unidos, era, precisamente, especialista en modernismo, y fue uno de los primeros en relacionar lo que ocurría en los mundos culturales de América y España a finales del siglo XIX y principios del XX; o que desde 1940 vivía en Nueva York y colaboraba con aquellas grandes figuras el poeta cubano (nacido en Madrid) Eugenio Florit, que participó en Cuba en *Revista de Avance* con Emilio Ballagas y Nicolás Guillén, que fue compañero de Cintio Vitier y Eliseo Diego, y que enseñaba en el Barnard College de la Universidad de Columbia y en Middlebury College, a la vez que dirigía la *Revista Hispánica Moderna* (primero con Federico de Onís, después con Ángel del Río, y luego solo), en la que se publicaban muy importantes trabajos monográficos sobre autores tanto españoles como hispanoamericanos (recuerdo, por ejemplo, un magnífico estudio del joven refugiado español Gabriel Pradal sobre Machado y uno no menos excelente sobre Vallejo de Luis Monguió, también refugiado español de la guerra civil y apenas un algo más joven que sus colegas del este del país); o que, casi coincidiendo con Amado Alonso, llegó exiliado en 1947 de la Argentina de Perón Enrique Anderson Imbert, quien primero enseñó en la Universidad de Michigan y luego en la de Harvard; o que, juntos, Florit y Anderson Imbert publicaron en Nueva York, en 1960, la hasta entonces más ambiciosa antología de literatura hispanoamericana: *Literatura hispanoamericana. Antología e introducción histórica*, libro éste que en ciertos momentos debe no poco, por ejemplo, a la obra del importantísimo crítico chileno Torres Rioseco, profesor entonces en Berkeley y, por tanto, colega de Montesinos. A lo que no puedo sino añadir que ya en 1941 la editorial Séneca de México, dirigida por Bergamín, había publicado *Laurel. Antología de la poesía moderna en lengua española*, en la que se va desde Unamuno y Darío hasta Alberti, pasando por Enrique González Martínez, Lugones, Machado, Juan Ramón Jiménez, Barba Jacob, López Velarde, Mariano Brull, Pedro Salinas, César Vallejo, Jorge Guillén, Huidobro, Pellicer, Gorostiza, Lorca, Prados, Borges y algunos otros.

    Es decir que, a pesar de la presencia más o menos cercana de hispanoamericanistas en el ámbito de la "familia hispánica del este" y de publicaciones tan importantes y tan tempranas después del exilio español republicano en las Américas como *Laurel* (que fue en nuestra juventud mexicana algo así como una Biblia poética), de cuya selección de textos se ocuparon dos poetas españoles (Emilio Prados y Juan Gil Albert) y dos poetas mexicanos (Javier Villaurrutia y Octavio Paz), y a pesar del libro de Salinas sobre Darío, así como muy a diferencia del hispanismo "sociologista" de la década de 1970, aquellos grandes hispanistas españoles se desentendieron de la producción cultural hispanoamericana, y ello a pesar de que se les publicaba en México, Chile, Argentina, Cuba y Puerto Rico, donde residían y trabajaban innumerables españoles refugiados de la guerra civil.

    A la contra, la excepción fue, muy especialmente, Amado Alonso, quien llegó tarde a incorporarse a "la familia hispánica del este" porque había pasado lo más de su vida productiva en Argentina.[3] En Argentina, entre muchos otros trabajos, publicó *El problema de la lengua en América* (1935), *Poesía y estilo de Pablo Neruda* (1940), la primera traducción completa al español del *Curso de lingüística general* de Ferdinand de Saussure (1945) y, en colaboración con el gran crítico cultural dominicano Pedro Henríquez Ureña, una *Gramática castellana* (1938). Además fue no sólo el fundador de la *Revista de Filología Hispánica*[4] en Buenos Aires (que, ya en México, según he indicado, se llamó, y sigue llamándose, *Nueva Revista de Filología Hispánica*), sino de la escuela crítica de Buenos Aires, de la que salieron, entre otros, Raimundo Lida, María Rosa Lida y Ana María Barrenechea. Por lo demás, y a diferencia de lo que ocurría con la crítica más bien ecléctica de Salinas, Del Río, Montesinos o Casalduero, la crítica de Amado Alonso, que no discriminaba entre autores españoles e hispanoamericanos,[5] hizo escuela porque es, en rigor, la que fundó la estilística. Y la estilística, basada en estudios lingüísticos derivados del conocimiento de la obra de Saussure, Bally y Vossler, a más –probablemente– de los formalistas rusos, fue, sin lugar a dudas, el método crítico dominante en la crítica literaria de lengua española entre finales de los años cuarenta y los sesenta, primero en Hispanoamérica, y luego, al llegar Amado Alonso a Harvard, en los Estados Unidos.

La estilística fue nuestro "formalismo ruso", equivalente en su influencia al "New Criticism" estadounidense y al posterior estructuralismo. Con una diferencia fundamental frente a aquellas otras tendencias: entendiendo y proponiendo que todo texto literario es una estructura que se sostiene en su lenguaje, jamás Amado Alonso, o Raimundo Lida (y no digamos Leo Spitzer o María Rosa Lida) excluyeron de sus interpretaciones los contextos culturales e históricos. El que, según la tradición del pensamiento liberal en que estaban insertos, quienes practicaban la estilística no atendieran por lo general a los fundamentos económicos e ideológico-políticos representados más o menos indirectamente en los textos, no excluye que los múltiples trabajos nacidos en la escuela de Buenos Aires o derivados de ella, ofreciesen una apertura inconcebible en los otros "formalismos" mencionados. El que después, bajo la influencia de los trabajos más puramente formalistas de Dámaso Alonso y de Bousoño, escritos en la represora España franquista, la estilística derivara hacia el formalismo inmanentista no debe, por tanto, achacarse a la obra de Amado Alonso, educado en la mejor tradición de la cultura liberal burguesa de la España de la generación del 27, como Américo Castro, como Montesinos, como Casalduero, como Del Río, como Llorens, como Guillén y Salinas; pero, a diferencia de ellos, con un interés inmediato por la literatura hispanoamericana y con decidida voluntad teórica.[6]

Aquellos hombres, he insistido en ello al principio de estas páginas, tuvieron en su día un enorme prestigio y gran influencia institucional dentro del hispanismo estadounidense. Pero, aparte de que, a mi saber, no abusaron jamás de su poder, significaron también, tal vez por encima de todo, uno de los momentos mejores y más brillantes de la crítica literaria y cultural española de todos los tiempos. Sospecho que no vendría hoy mal que el joven hispanismo de los Estados Unidos repensara críticamente algunas de las muchas cosas notables que pensaron y escribieron en su día aquellos españoles de dos y tres mundos que, a pesar de sus andanzas por España y Europa, en algunos casos por Hispanoamérica, donde todos publicaron, demostraron tener muy poco interés por la cultura y la literatura hispanoamericanas (siempre con excepción de Federico de Onís, Amado Alonso y Luis Monguió).

La generación de hispanistas que sigue en los Estados Unidos a la de los exiliados españoles (Steven Gilman; Bruce Wardropper; Elias Rivers) fue igualmente "españolista", ajena al mundo hispanoamericano y, a la manera de los más de sus mayores, relativamente ecléctica desde el punto de vista de la teoría literaria. Aunque en la obra de Gilman, por ejemplo, hay una seria aproximación al entonces llamado "historicism" en Estados Unidos (no necesariamente derivado de Dilthey), no cuajó en ellos ni la estilística de Amado Alonso, ni el anterior "New Criticism" norteamericano, tendencias críticas que, por lo demás, conocían perfectamente. Tampoco, desde luego, se encuentran en ellos intentos de aproximación marxista a los textos literarios, tendencia ésta que por entonces, durante lo peor de la guerra fría y en pleno macartismo, no sólo estaba lejos de su alcance sino de sus intereses personales y profesionales. Distinto es el caso de Claudio Guillén, importante comparatista muy centrado siempre en la teoría literaria, cuyas preocupaciones teóricas –nunca exclusivistas– son también evidentes en sus trabajos sobre literatura española, aunque, al igual que los críticos arriba mencionados, no haya trabajado sostenidamente en cuestiones de literatura hispanoamericana.

Entre varios de quienes siguen inmediatamente a estos importantes críticos –por ejemplo, un Jaime Alazraki, latinoamericanista–, empezó a avanzar la influencia de la estilística, que no mucho después (por ejemplo en un John W. Kronik) pasaría a hacer estructuralismo, incluso en su sentido más abstracto, derivado de relecturas del "New Criticism" y de los trabajos de Lévi-Strauss así como de lecturas sumamente parciales de Jakobson,[7] quien, a su vez, había llevado hacia la abstracción las mejores propuestas del extraordinario formalismo ruso (que con la revolución bolchevique derivó pronto hacia preocupaciones marxistas no sólo en, por ejemplo, Medvenev y Volosinov/Bajtin, sino en los trabajos del brillante Tinianov). Pero no fue ésta por entonces la única tendencia crítica.

Nuestra crítica sociologista

Después de la crítica hispanística tradicional que me ha ocupado en las páginas anteriores, y casi coincidiendo con la aparición del estructuralismo, o muy poco después, empieza a aparecer en el "hispanismo" de los Estados Unidos a finales de la década de 1960, a lo largo de la década de 1970, e incluso hasta bien entrados los ochenta, la crítica literaria marxista que, aunque minoritariamente pero con gran despliegue, se opuso a todo formalismo, y –lo que mucho importa– sin distinción ni conflicto alguno entre lo español y lo hispanoamericano. Su aparición y difusión tienen todo que ver no sólo con ideas personales de éste o aquel crítico literario (que, sin embargo, habrá que mencionar), sino con la historia entonces en marcha y con la facilidad con que empezaron a encontrarse tantos textos marxistas clásicos como nuevos estudios marxistas de crítica literaria.

En la base de ese trasfondo, y por supuesto que en primer lugar, se encuentran textos básicos de Marx y Engels como *Capital, La ideología alemana* y, sin duda, el indispensable *Manifiesto comunista*. Ya en este temprano texto (1848), y entre varias otras cosas de fundamental importancia, no sólo se plantea radicalmente el concepto de la lucha de clases como fundamento de la historia,[8] sino que se introduce el concepto de "historia mundial", con el cual, al proponerse que, debido al imperialismo, las relaciones socioeconómicas no son ya sólo nacionales, sino universales (unos ciento veinte años después se hablaría de la "aldea global", así como hoy se habla de "globalización") se indica en unos importantes párrafos que también la literatura empezaba a ser ya producción globalizada e inter-relacionada (o interdependiente). Fundamental propuesta que, andando el tiempo, nos permitiría preguntarnos por el lugar que en esa literatura (o cultura, en general) ocupan las relaciones de dependencia entre la producción cultural metropolitana y la "periférica". Porque si bien estaba claro que en aquella primera mundialización de la economía la metrópoli dominaba totalmente a las colonias o neo-colonias, podía dudarse que la relación entre cultura dominante y cultura periférica fuese siempre igualmente simétrica. Cuestión ésta en la que se basó la crítica hispanística centrada en la teoría de la dependencia.

Pero no sólo es cuestión de la teoría de los fundadores, Marx y Engels. Junto a ella, y a resultas de su obra, en el trasfondo de nuestro asunto la *práctica* sociopolítica del marxismo ha sido central en nuestras vidas desde, por lo menos, finales del siglo XIX. Difícilmente pueda hablarse de nada en la historia contemporánea del mundo occidental y sus aledaños sin tomar en cuenta realidades tan fundamentales como la práctica de los partidos de la Internacional (en particular la leninista Tercera Internacional), la revolución bolchevique y las luchas antifascistas de las décadas de 1920 y 1930, en Europa (particularmente en Alemania y en España durante la guerra civil), en partes de Asia y en diversas partes de América. Por lo que a América se refiere, no podemos olvidar, por ejemplo, tanto los textos de Mariátegui (1894-1930) como su participación directa en la Tercera Internacional; las actividades de Farabundo Martí (1893-1932), militante de la Tercera Internacional y fundador de los partidos comunistas guatemalteco, salvadoreño y centroamericano; o, de forma un tanto ambigüamente relacionada con el marxismo, las luchas revolucionarias de Sandino (1895-1934) y los suyos en Nicaragua, así como las luchas de los partidos comunistas chileno y cubano y las del partido comunista de Estados Unidos. Sin olvidar a los anarquistas estadounidenses, emigrantes europeos los más, y a los militantes de aquel extraordinario movimiento que fue el IWW (International Workers of the World).

En cuanto a la crítica literaria y/o cultural, las fuentes –o contexto– de nuestro asunto se encuentran entre las mismas fechas, empezando, por ejemplo, con los breves comentarios de Marx y de Engels sobre Balzac. A lo que siguen –entre multiples estudios de importancia diversa– trabajos críticos como *El arte y la vida social* de Plejánov (1856-1918), los varios artículos de Lenin sobre Tolstoy, las críticas de Bujarin (1888-1938) al formalismo ruso, los brillantes trabajos de los formalistas rusos que se acercaron al marxismo (Medvenev, Tinianov, Volosinov/Bajtín), los libros y artículos de Lukács (1885-1971) en Alemania y la URSS, los de Brecht (1898-1956) en Alemania, y los artículos de Gramsci sobre cultura nacional, así como, en Inglaterra, *Illusion and Reality* (1937),[9] el gran libro de Christopher Caudwell (1907-1937), muerto en la guerra civil española, y en los Estados Unidos la revista *New Masses* (1926-1948), libros como *To the Finland Station* (1940) y otros ensayos de Edmund Wilson (1895-1972). Pero entre –digamos– 1930 y 1950 esta teoría literaria y cultural tuvo pocos exponentes de altura en España y en Latinoamérica, con la excepción, tal vez, de Mariátegui. Lo que no excluye que en el mundo hispánico abundara una producción cultural y literaria sociopolítica de corte marxista: la obra de Alberti y otros poetas y narradores en la España de los años 30;[10] por las mismas fechas, en Sudamérica y en el Caribe, la poesía de Vallejo, Neruda y Nicolás Guillén, entre otros; en México, los murales de Rivera y Siqueiros y la narrativa de Mauricio Magdaleno, sin despreciar, entre otros, al extraño anarquista alemán Bruno Traven residente en México, autor nada menos que de *La rosa blanca* (1929) y *La rebelión de los colgados* (1936), novelas que fueron apasionadamente leídas en México (y pronto traducidas a varias lenguas).

Ahora bien, según sabemos de sobra, tras el final de la guerra civil española, momento central de la lucha antifascista en el siglo XX o, más concretamente, entre el final de la segunda guerra mundial (1945) y la década de 1970 no sólo pasa mucho tiempo, sino que, con él, pasan muchas cosas. Las que más aquí nos conciernen, a partir del plan Marshall para Europa, iniciado en 1947,[11] son consecuencia de la llamada guerra fría, a partir de la cual, en los Estados Unidos, el Comité de Actividades Antiamericanas (House Unamerican Activities Committee, HUAC) inicia su anticomunista caza de brujas entre personalidades de Hollywood (1947), seguido muy pronto por el comité del senador Joe McCarthy, que extiende sus redes a todos los ciudadanos estadounidenses. Todo esto mientras se declara anticonstitucional al partido comunista de Estados Unidos y se rapta en México a algunos de sus dirigentes fugados para llevárselos de vuelta a Estados Unidos, y a la cárcel. Mientras tanto –año más, año menos– vuelve en Cuba la dictadura de Batista (1952-1959); la dictadura de los Somoza está –con ayuda de los *marines*– instalada en Nicaragua desde 1936; una más de las dictaduras de El Salvador empieza en 1950; se inicia en Paraguay la dictadura de Stroessner (1947/1954-1962); manda Perón en Argentina desde 1946; reina en México la "dictablanda" del PRI; y, en España, Franco sigue tranquilo en el poder tras los pactos militares y económicos de 1950 y 1953 con Estados Unidos.

Pero no todo en la guerra fría fue "política", nacional o internacional. A lo largo de estos años clave, según muchos sospechábamos y según ha confirmado ampliamente Frances Stonor Saunders en su fundamental libro *The Cultural Cold War* la CIA llevó a cabo una intensa guerra cultural dirigida contra las propuestas del "realismo social" (o "realismo socialista", según la ocasión) y sus teóricos. Para Europa, y siempre a sueldo de la CIA (lo supieran directamente o no), ello implicó a gentes como al poeta Stephen Spender (1909-1995), que actuó en Inglaterra como director de la revista *Encounter*, al filósofo francés Raymond Aaron, o al narrador italiano Silone. La vertiente "hispánica" correspondía a la revista *Cuadernos del Congreso por la Libertad de la Cultura (1953-1963)*, dirigida en París por Emir Rodríguez Monegal (1921-1985), quien luego, desde la misma perspectiva, dirigiría en París y Uruguay la revista *Mundo Nuevo*, a la que se opusieron no sólo Fernández Retamar desde Cuba, sino Cortázar y Ángel Rama. Por lo que a España se refiere es de notar que Mary McCarthy, ex esposa de Edmund Wilson, y entonces ya representante oficial del gobierno estadounidense desde la embajada de París, dirigió la operación en que, con la participación de Natalie Sarraute y algún otro, se dictó en Madrid y en Palma de Mallorca el final del "realismo" en la literatura española de posguerra (véase Castellet 189-97).

Es decir, tanto por razones de los intereses específicos de los Estados Unidos en Latinoamérica como por voluntad de "contener" el comunismo en el mundo, política central de Estados Unidos después de la segunda guerra mundial, se trataba de borrar social, política y culturalmente las actividades y los logros de la izquierda de los años veinte y treinta del pasado siglo. En ese contexto, y por lo que a nuestro asunto respecta, podemos decir que la década de 1950 y gran parte de la de 1960 se caracterizó por un intento dirigido y masivo de borrar de nuestra memoria lo que podía haber sido la fuente básica de una crítica literaria de corte sociológico o, si se prefiere, realista. Y es el momento del apogeo de la estilística más formalista y, casi enseguida, del formalismo estructuralista.

Pero luego viene el triunfo de la revolución cubana, de especial importancia, claro está, para Cuba y Latinoamérica, pero de impacto mundial, y que, sin violentar demasiado la realidad histórica, puede asociarse con los movimientos nacionalistas africanos tras el inicio de la descolonización (recuérdese, por ejemplo, la participación cubana en la lucha de los angoleños). Por aquel entonces, eran todavía fuertes los partidos y sindicatos comunistas en Francia e Italia, así como, trabajando en la clandestinidad, lo eran en España (Comisiones Obreras, CCOO), mientras en Latinoamérica empezaba una dispersa guerra de guerrillas. En los Estados Unidos, la ola revolucionaria de la década de 1930 parecía haber ido a morir suavemente en las playas, pero para finales de la década de 1950 había surgido ya el Movimiento de Derechos Civiles (Civil Rights Movement). Muy poco después, concretamente en 1964, nace en la Universidad de California el "Free Speech Movement", rebelión estudiantil contra la mordaza impuesta en la década de 1950. Por entonces, la guerra de Vietnam empezaba ya a penetrar en la conciencia del mundo, aunque, por razones obvias, ello ocurría particularmente en los Estados Unidos, donde nace la organización SDS (Students for a Democratic Society) justamente famosa en su día por la impresionante capacidad que tuvo para organizar la oposición a la guerra de Vietnam según —en su documento de Port Huron— explicaba el mundo desde una perspectiva claramente influida por el marxismo, aunque explícitamente no de corte estalinista.

Poco después, estamos ya en 1968, no sólo con un movimiento mundial contra la guerra de Vietnam, sino en plena rebelión, caótica las más de las veces, contra el poder establecido en las sociedades burguesas (en Checoeslovaquia, contra el poder burocrático soviético). Muy particular importancia le daría yo aquí al 68 en México, aunque el mundo se ocupara entonces mayormente de lo ocurrido en París (y aledaños) en mayo de aquel año. El movimiento del 68 en México, que se inicia el 26 de julio de ese año, el único popularmente masivo de todo el 68, fue triturado y muchos de sus participantes masacrados en el mes de octubre, pero quedó (y sigue estando) en la conciencia mexicana y, en su día, influyó no poco en la vida y en el trabajo cultural de gentes como Carlos Monsiváis, Elena Poniatowska, o el mexicanista y colega nuestro Joseph Sommers, así como en quien esto escribe, que participó, aunque marginalmente, en aquellos hechos.

En 1971, según se intensificaba la lucha contra la guerra de Vietnam, llega Salvador Allende a la presidencia de Chile cuando en Bolivia era todavía dominante la influencia de la COB (Confederación Obrera Boliviana), arrollada en ese año por el golpe de Estado del general Banzer. Vienen luego el golpe de Augusto Pinochet, la muerte de Allende y de miles de otros chilenos. La destrucción de la Unidad Popular de Chile ocurre cuando en los Estados Unidos se ve ya cercano el desastre final de Vietnam y en España, se aproxima la muerte de Franco.

Durante estos años críticos es notable el auge de la teoría sociopolítica marxista —presentada como tal, o indirectamente— con especial énfasis, tal vez, en la teoría del imperialismo, según el famoso texto de Lenin, pero también en base a textos de Mao, de Fidel y del Che Guevara, de Frantz Fanon, de Nkruma, de Lumumba, de Amilcar Cabral y, ya entrada la década de los setenta, de Ho Chi Min. Libros y artículos o discursos (como el del Che en Punta del Este) que llevaban como de la mano a la aparición y difusión de la teoría de la dependencia en obras de Theotonio dos Santos, Gunder Frank, Cardoso, Marini —componente fundamental del pensar radical de aquellos años. Y todos estos textos se encontraban en las librerías de tantos países, México, Chile, Uruguay, así como, por supuesto, de Cuba (desde donde, además, se difundían). En España, todos esos libros o artículos se podían comprar más o menos clandestinamente en librerías que bien conocían los activistas anti-franquistas. Y en los Estados Unidos, *locus* de la crítica literaria de la que aquí se trata, las ediciones de obras de estos autores se difundieron ampliamente y se encontraban con facilidad.

Simultáneamente reaparece con fuerza la teoría literaria marxista más acá de la cortina de hierro. No sólo vuelven a ser accesibles los breves comentarios de Marx y Engels sobre Balzac, el libro de Plejánov sobre *El arte y la vida social* (traducido, por supuesto, a varias lenguas), sino que se difunde ampliamente la obra toda de Lukács, acompañada ahora por los trabajos de su discípulo francés Lucien Goldmann, por excelentes ediciones de Walter Benjamin, de un recuperado Gramsci, de la crítica teórica de Brecht (incluso en su fundamental polémica con Lukács), de Raymond Williams, de Della Volpe, de Macheray y de no pocos otros. Todo ello publicado en múltiples lenguas, en ediciones latinoamericanas o europeas, incluso en la España de Franco, donde –por dar sólo dos ejemplos– a más de una amplia y extraordinaria antología de artículos de Lukács (*Sociología de la literatura*, Barcelona, 1966), entre 1966 y 1969 la editorial Ciencia Nueva de Madrid (en la que quien esto escribe participó) publicó libros y antologías de importancia.[12] Súmese el hecho de que, con gran insistencia, muchas de las obras marxistas básicas nos llegaban de Moscú y Pekín en ediciones en español. A lo que, por supuesto, hay que añadir las ediciones cubanas. Todo lo cual recibíamos acompañado de excelentes antologías de teoría literaria marxista, entre las cuales sin duda la mejor y más difundida entre hispano-parlantes fue la de Adolfo Sánchez Vázquez, *Estética y marxismo* (1970).

Pero la obra de Lukács y de su "discípulo" Goldmann no nos llegaron solas. Con ellas vinieron los debates acerca de lo que los franceses llamaban "sociocritique" (que en los Estados Unidos se llamó "sociocriticism"); debates en los que participaron –entre muchos otros– Macheray, Lienhardt, Kristeva e, incluso, Baudrieu. De lo que, básicamente, se trataba en aquella "sociocritique" era de corregir el supuesto determinismo mecanicista de la teoría del "reflejo", que bien podría haber sido el gran fallo de Goldmann pero que, a mi entender –y a pesar de lo que considero otros errores suyos–, no existe en Lukács. Ni en Bujarin, quien ya en 1934, en su crítica al formalismo, había apuntado igualmente a los fallos de una crítica literaria "revolucionaria" que insistía en atender a los "contenidos" sin prestar atención a las formas específicas de un texto literario cualquiera (véase "Los Formalistas y los Elementos Formales" 215-222). Tampoco encuentro tal problema en los "formalistas" que derivaron hacia el marxismo. Ni siquiera en Plejánov, si leemos bien, se encuentra tal disparate, aunque, sin duda, es quien más se acerca a ello, que no en vano fue el primer marxista que intentó explicar la relación entre "el arte" y la sociedad desde una posición revolucionaria radical. Que críticos literarios marxistas mediocres cayeran luego en versiones simplistas de la teoría del "reflejo" no justifica, ni nunca creí que justificara, tantas complejas e inútiles sutilezas como proponía, por ejemplo, Julia Kristeva (¡y qué lata, madre mía, nos daban unos y otros, amigos y enemigos, con la tal Kristeva!). Pero no se trata aquí de volver a viejos debates, sino de consignar algunas de las cosas que entonces nos llegaban de todas partes.

Quien se tome la trabajosa molestia de fechar la aparición (y distribución) de tantos y tantos textos de teoría literaria marxista o, en general, "sociologista", se encontrará, pues, con que los más, aparte de cualesquiera que fueran sus versiones originales, aparecieron en español, en inglés, en francés y en otras lenguas accesibles para la mayoría de los críticos a partir de 1964 y a lo largo de la década de 1970.

Bien: estas son, más o menos, y por supuesto que con lagunas, algunas de las cosas que habían pasado y pasaban en el mundo cuando se inició la crítica literaria sociologista en el "hispanismo" de los Estados Unidos. Pero claro está que no todos los críticos literarios de entonces vivieron esas realidades de la misma manera, ni se adentraron por las mismas vías críticas. No es sólo cuestión de bandos contrarios, que los hubo, sino de que —como bien explicaba Marx en *El dieciocho brumario de Luis Bonaparte*– aunque todos y cada uno de nosotros hacemos nuestra propia historia, la hacemos siempre en el contexto de la Historia recibida que nos hace. Desde luego que según la clase social de cada uno, como proponía Marx, pero también, añadiría yo, según la identificación nacional (o racial, o étnica) de cada uno, o según su género sexual, así como según lo que Galdós llamaba la "índole", siempre recóndita, de cada uno o de cada una. Así, al principio de ese su fundamental estudio, Marx escribía que en él iba a tratar de las *condiciones que hicieron posible* la llegada al poder de Napoleón III, pero que, dadas tales condiciones, de ellas podría haber resultado otra cosa, aunque con características similares a las del reinado de aquel fatuo Napoleón de tercera clase. Es decir que, en lo que aquí nos ocupa, las condiciones estaban dadas para que, más acá de la cortina de hierro, surgiera en occidente una crítica literaria sociologista influida por la teoría y la práctica marxista, pero que no estaba en absoluto determinado que la tendencia que dominaba en aquellos trabajos fuera la que fue ni, desde luego, que quienes participaron en aquellos quehaceres fueran quienes fueron. Lo que, para recordar bien aquel momento, obliga a decir algo acerca de quienes participaron en aquella tendencia. Y aquí esta "narrativa" tendría que hacerse un tanto personal, o autobiográfica. Me resisto a hacerlo, pero puesto que también otros contarán sus historias, daré los datos mínimos para que se entienda en algo mi participación en aquel momento del "hispanismo" antiformalista de los Estados Unidos.

Nota personal

Algo más joven que los mencionados Gilman, Rivers y Wardropper, prácticamente coetáneo de Claudio Guillén, así como algo mayor que Alazraki y Kronik, quien esto escribe empezó entre —más o menos— 1962 y 1966 a acercarse al marxismo y, consecuentemente, a la crítica literaria marxista. Y ello sin menoscabo de mi afinidad en cosas fundamentales (exilio tras la guerra civil española, antifranquismo, predilección por ciertos autores españoles...) con "la familia hispánica del este" (algunos de cuyos miembros, además, me ayudaron no poco en mi carerra universitaria), así como sin entrar en contradicción alguna con la estilística nada "formalista" aprendida de Raimundo Lida en el Colegio de México y de lecturas de trabajos de Amado Alonso.[13] Si a alguien le interesara, este cambio, o evolución, podría percibirla comparando mi segundo libro, *El Unamuno contemplativo* (1959), detallado y complejo estudio estilístico de los aspectos no "agonistas" de Unamuno —pero todo, como es inevitable tratándose de Unamuno, pleno de historicidad— con mi artículo sobre "El socialismo de Unamuno" y, tal vez sobre todo, con el libro *Juventud del 98*, escrito en 1967 y 1968 y publicado en 1970. En esta evolución, que sucedía a mi interés por el existencialismo, inevitable en el México de los años cincuenta, y a más de lecturas ya serias de Marx, creo que fui al principio muy influído por la dialéctica de Sartre en *L'être et le néant* (nunca por Heidegger), y más tal vez por el gran libro de Alexandre Kojève sobre Hegel, *Introduction a la lecture de Hegel* (1947).

Pero, insisto, sin abandonar la estilística. De modo —por ejemplo— que, desde el punto de vista de la atención prestada a los detalles de una estructura literaria poética (relaciones entre palabras y/o fonemas y/o acentos, metáforas) no encuentro gran diferencia entre –digamos– mi artículo sobre "tradición y originalidad en un soneto de Quevedo" y mi artículo sobre/contra la lectura que hicieron Jakobson y Lévi-Strauss del soneto "Les chats" de Baudelaire; como creo que, en el mismo sentido, es comparable mi primerizo artículo sobre "Cervantes y la picaresca", muy centrado en cuestiones ideológicas, con cualquiera de mis trabajos sobre novelas de Galdós, o con mi "De Balzac y Lukács: ideología y veracidad en *Les Paysans*". La diferencia está en mi menor o mayor atención a la historicidad del texto y, sobre todo, a la ideología que el texto propone, explícita o soterradamente. A lo que debo añadir aquí que las lecturas de los formalistas rusos –tal vez de Tinianov en particular– contribuyeron muy decisivamente a guiarme en esta dirección.[14]

Me refiero específicamente a lo que tan bien explica Tinianov sobre las dos funciones básicas que tiene el lenguaje en un texto literario: la que llama función "sinónima" y la que llama función "autónoma". Es decir, ateniéndonos aquí –como ejemplo– exclusivamente a las relaciones semánticas, está claro que en un texto literario todas y cada una de las palabras "funcionan" en relación con las demás palabras del texto con total autonomía respecto a su valor fuera del texto (i.e.: son las palabras de *este* texto, y no de otro), pero a la vez, inevitablemente, son palabras "sinónimas" de sus igualmente dichas o escritas fuera del texto. Este simple hecho, según detalladamente explica Tinianov, nos permite entender que por muy "cerrado" que sea o pretenda ser un texto literario cualquiera, está siempre relacionado con lo que Tinianov llamaba las otras "series" o "sistemas": tanto con la serie llamada "literatura", como con la "serie social". Lo que, resumiendo a mi manera y para que bien se entienda, viene a querer decir que "autonomía" no es "independencia".

Cierto que cuando el formalismo inmanentista ya agonizaba alguien se inventó aquello de que "la literatura habla con la literatura", con lo cual uno, al igual que Tinianov, no podía sino estar de acuerdo. Sólo que no bastaba con relacionar el "sistema" texto con el "sistema" literatura, sino que era y es inevitable relacionarlo con las otras "series" o "sistemas", centralmente con la "serie social", que es lo que insistíamos en hacer nosotros.

En suma, que si bien es imprescindible, básico, atender a la forma de todo texto que estudiemos, ocurre que desde el "New Criticism" y, luego, en el estructuralismo más extremo, este reconocimiento de la realidad de la forma, sin la cual no habría literatura, ha tendido a ocuparse, particularme tratándose de poesía, de cuestiones como, por ejemplo, la relación existente en un texto entre fonemas y su situación complementaria o contraria en el texto; presencia o ausencia de paralelismos formales; acentuación; rimas internas; etc., desatendiendo a las relaciones semánticas, que son las que más radicalmente nos obligan a relacionar un texto literario con las otras "series".

Alguna importancia tuvieron también para mis quehaceres literarios ciertos "seminarios" que se organizaron en nuestro campus de San Diego de la Universidad de California. En aquel momento nuestro campus –y el departamento de literatura en particular– era un foco de actividad cultural marxista, tal vez el más importante del país en este sentido. En aquel campus estaba, desde luego, la figura señera de Herbert Marcuse, cuya difusa y elitista teoría estética no había por qué compartir, pero que en la vida de la amistad cotidiana, en su comportamiento ejemplarmente disciplinado para –por ejemplo– todo lo que se tratara de organizar esta o aquella protesta contra la guerra de Vietnam, era, si cabe, lo contrario del "gurú" que ha pasado a la historia. Y estaba también allí

Fredric Jameson, cuya reputación empezaba a extenderse. Desde aquella incipiente fama suya, Jameson había iniciado amistades con críticos marxistas europeos, en particular franceses. Y así, gracias a sus relaciones profesionales y al apoyo de un número importante de estudiantes de doctorado de los departamentos de literatura y de filosofía, Jameson, Joe Sommers, Jean Franco (que por entonces estaba de profesora "visitante") y Herbert Schiller, el gran experto en "comunicaciones", nos explicamos y debatimos con gentes como Jacques Lienhart, Umberto Eco (abucheado por los estudiantes), Françoise Gaillard, y con el siempre brillante y muy justo en todo Terry Eagleton, entre otros.

Tuve también la buena fortuna de poder compartir mis ocupaciones y preocupaciones teóricas en varias sesiones de trabajo organizadas en la Universidad de Minnesota con críticos tan diversos (pero todos interesados en la "sociocrítica") como Hernán Vidal, John Beverley (quien se doctoró en San Diego), Wlad Godzich, Ruth Snodgrass, Edward Baker, Mark Zimmerman, Antonio Ramos-Gascón, Anthony Zahareas, Joseph Sommers, Jean Franco y algunos más.

Pero claro está que no todo en mi evolución se debió a una voluntad de ahondamiento progresivo en cuestiones teóricas marxistas o, en particular, en cuestiones de teoría literaria. Debo ya mencionar, aunque muy brevemente, otras actividades como, por ejemplo, mi participación activa contra la guerra de Vietnam con estudiantes de SDS (Students for a Democratic Society) y con mi buena amiga Angela Davis (quien preparaba su doctorado con Marcuse en nuestro campus); mi participación intensa en el movimiento universitario chicano, con los estudiantes de nuestro campus y como miembro del Chicano Coordinating Council on Higher Education, en el que trabajábamos juntos profesores y alumnos de toda la Universidad de California y de los *State Colleges* del estado; la fundación, polémica y a veces violenta (marchas por el campus, ocupación de edificios, lucha soterrada contra agentes infiltrados del FBI), de un *college* para minorías al que nombramos Lumumba-Zapata College y, ahí la fundación de un Programa de Estudios del Tercer Mundo, del que fui director durante varios años (lo que, entre otras y muy conflictivas cuestiones, me llevó a dar clases sobre imperialismo y colonialismo, sobre teoría de la dependencia). A la vez, y gracias a no pocos malabarismos viajeros, mantenía una relación intensa con las cosas de España. Simplificando, diré sencillamente que en España milité hasta bien entrada la década de 1980 en el que era el principal partido de la oposición, manteniendo siempre contactos con muchas y muy diversas gentes de la clandestinidad antifranquista. Es decir, que toda mi evolución hacia el marxismo y la crítica literaria sociologista está decisivamente marcada por un cierto nivel de praxis extraliteraria.

A todo lo cual añadiré –aunque no se trata de una cuestión secundaria, sino que es algo que enlaza con lo que intentábamos hacer a lo largo de la década de 1970– que durante muchos años tanto me ha importado la literatura española como la hispanoamericana. Y es que refugiado de la guerra civil española en México desde los doce años, y ciudadano mexicano, no podía no estar interesado en cuestiones culturales mexicanas y, por ende, hispanoamericanas. Lector desde la adolescencia de literatura mexicana y en algunos casos de otros países de América, conocedor desde mis estudios en Harvard de gran parte de la literatura estadounidense, inglesa y francesa, mi horizonte literario no podía limitarse a lo español, por mucho que fuera lo que más me ocupaba en estudios de textos concretos. Luego, educado como crítico literario en el Colegio de México bajo la dirección de Raimundo Lida (quien lo mismo estudiaba a Quevedo que a

Borges), y en compañía de Antonio Alatorre y Margit Frenk, quienes también se movían entre dos mundos con soltura y gran sabiduría, de Ernesto Mejía Sánchez (nicaragüense especialista en Darío), de José Durand (peruano especialista en el Inca Garcilaso) y de Emma Susana Speratti Piñeiro (argentina que, a más de la precisión asombrosa con que leía a Valle Inclán, se carteaba con Cortázar, quien le enviaba manuscritos de cuentos todavía inéditos) mi inclinación primera tenía por fuerza que ser tanto hacia la estilística de Amado Alonso y Raimundo Lida como hacia una idea relativamente amplia de lo que era la literatura en lengua española.

Súmese en ese contexto, y no es poco sumar, que tras la primera amplia difusión de la obra de Borges aparece arrollador el *boom* a partir –digamos– de *Los pasos perdidos* de Carpentier (1953)[22] y tal vez pueda entenderse que, así como escribí libros y/o artículos sobre diversos escritores españoles (Galdós, los del 98, los del 27, Blas de Otero, la narrativa posfranquista...), y junto con Iris Zavala y Julio Rodríguez Puértolas una *Historia social de la literatura española*, escribiera también artículos sobre Darío, Rulfo, García Márquez, Octavio Paz, Carlos Fuentes, Alejo Carpentier y Julián del Casal.[15] Por los mismos tiempos participé con Joseph Sommers, Fernando Alegría, Ricardo Gullón y otros en un par de seminarios en los que tratábamos de aclarar cómo habían de relacionarse los estudios de literatura hispanoamericana y española. Y con el mismo Sommers, Jean Franco, Carlos Monsiváis, José Joaquín Blanco y Hector Aguilar participé en una serie de reuniones que culminaron en un encuentro en Guadalajara, cuyas conferencias se recogieron en un volumen (lleno de erratas, por cierto) titulado *Cultura y dependencia* (Guadalajara, 1976).[16] Mi última incursión por ahora en lo que, desde mi perspectiva marxista, podría considerarse como teoría de la dependencia se encuentra en el breve libro *Sobre el modernismo desde la periferia* (1998).

En suma, que tal vez sobredeterminado por una Historia que, quisiéralo o no, compartía con millones de gentes, pero también seguramente guiado por eso que Galdós llamaba "la índole" de cada uno, participé activamente en aquel momento del "hispanismo" radical de la década de 1970. Que aquella voluntad crítica nuestra llegara a su fin no quiere decir que fracasara (y ahí quedan, como prueba, múltiples estudios de calidad), aunque por intereses obvios de las más de las universidades el "sociologismo" fuera marginado por el estructuralismo más formalista y posteriores posestructuralismos, posmarxismos, poscolonialismos. Aquello que hicimos o quisimos hacer, a menudo a trompicones, sigue siendo, en mi opinión, un ejemplo de lo que tendríamos que seguir haciendo todavía. Yo, desde luego, y no soy el único, sigo en mis trece en todo lo que escribo, que aunque ya no es tanto como antes, algo es todavía.

NOTAS

[1] Escribo aquí "hispanismo" entre comillas porque antes de los estudiosos de la literatura en lengua española de que se trata en estos trabajos, los "hispanistas" en Estados Unidos, ya en el siglo XIX, eran unos cuantos norteamericanos aficionados a las letras y la cultura española: Ticknor, Lowell, Washington Irving... Pero los términos "hispanismo" e "hispanista" se fueron extendiendo (*Revista Hispánica Moderna*, *Bulletin Hispanique*, *Bulletin of Hispanic Studies*...) para todos aquellos estudios o estudiosos de la literatura en lengua española no residentes en España o Hispanoamérica. Quienes en España o Hispanoamérica estudian la literatura escrita en nuestra lengua no se conocen como "hispanistas", sino, sencillamente, como críticos literarios o historiadores de la literatura.

² Como ejemplo comparativo, recuérdese que así como los directores de cine, algunos actores y ciertos escritores alemanes huidos del nazismo fueron a dar a Hollywood, los intelectuales alemanes más selectos –Hanna Arendt, Marcuse, Adorno– se asentaron en el este del país. Es también el caso de los "hispanistas" que llegaron a Estados Unidos a partir de 1938 y 1939.

³ Vasco-Navarro nacido en Lerín, Navarra, y brillante discípulo de Menéndez Pidal en el Centro de Estudios Históricos de Madrid, Amado Alonso adquirió relativamente pronto la nacionalidad argentina.

⁴ Título de la revista con que se separa, por así decirlo, de la madrileña *Revista de Filología Española* de Menéndez Pidal.

⁵ La bibliografía de Amado Alonso es, por supuesto, amplísima y en ella se ejemplifica su interés tanto por la literatura española como por la hispanoamericana. Este interés fue también compartido por su gran discípulo Raimundo Lida, mi maestro.

⁶ Voluntad teórica que, en verdad, no se podía pedir a los otros estudiosos mencionados, quienes apenas iban saliendo de la crítica literaria positivista, todavía dominante en su maestro Menéndez Pidal, y que, aunque conocedores del "poeticismo" de Bergson o del "historicismo" de Dilthey, no estaban al corriente de los trabajos de los "formalistas rusos", ni de la entonces incipiente crítica literaria marxista, ni –a pesar de que lo tenían a mano– del feroz formalismo del "New Criticism" estadounidense, propagado por entonces por críticos como John Crowe Ransom, Allen Tate, Cleanth Brooks o Robert Penn Warren. Cómo y por qué Amado Alonso –habiendo partido de la filología tradicional en cuanto discípulo de Menéndez Pidal– desarrolló su pasión teórica es algo que seguramente merecería estudiarse.

⁷ Me refiero, en particular, a tergiversaciones de su famoso esquema de la comunicación (aquello de "emisor", "receptor", "contexto" y "código") que no cabría detallar aquí.

⁸ Lo de "motor" es, por supuesto, una reducción mecanicista, y por tanto teóricamente peligrosa, del pensamiento de Marx; pero uso aquí el término porque gracias a él se ha entendido la gente y para no entrar en honduras que aquí no vendrían al caso. Lo que Marx y Engels escriben al inicio del *Manifiesto* es que "La historia de toda sociedad hasta el presente, es la historia de la lucha de clases". A lo que Engels añade una nota explicando que se refieren a "la historia *escrita*", y no a la prehistoria de la sociedad.

⁹ El libro tuvo sucesivas ediciones en 1946, 1947 y 1950.

¹⁰ Alberti, además de poeta y dramaturgo, fue director de la famosa revista *Octubre*, claramente marxista y comunista, en la que publicaron diversos escritores soviéticos, españoles comunistas o afines al comunismo e, incluso, Antonio Machado.

¹¹ Motivo por el cual, entre otras cosas, se excluye a los comunistas, legalmente electos, de los gobiernos de Francia e Italia.

¹² En Ciencia Nueva se publicaron textos tan importantes como, por ejemplo: *Literatura y conciencia política en América Latina* de Alejo Carpentier, *Ajuste de cuentas con el estructuralismo* de H. Lefebvre y G. della Volpe, *Textos sobre la producción artística* de Marx y Engels, *Los fundamentos de la crítica de la economía política* de Marx, la *Historia del gusto* de G. della Volpe, *Formalismo y vanguardia*, selección de textos de Shklovski, Eikhenbaum y Tinianov, y hasta un centenar más de títulos, algunos seleccionados un tanto ecléticamente.

¹³ De quien, además, recibí clases en Harvard, donde fui estudiante becario de 1944 a 1948, y donde completaba la beca trabajando de camarero durante el año escolar y trabajando de tornero en una fábrica de Indiana durante los veranos.

¹⁴ Desde 1970, año de su publicación, he tenido siempre conmigo la edición que hizo la ya mencionada Ciencia Nueva de *Formalismo y vanguardia*, en la que se recogen artículos fundamentales de Eikhenbaum, y Tinianov.

¹⁵ 1955: *Pedro Páramo*; 1959: *La región más transparente* y *Los ríos profundos*; 1960: *Hijo de hombre*; 1962: *La muerte de Artemio Cruz*, *El siglo de las luces* y *La ciudad y los perros*; 1963: *Rayuela*; 1965: *La casa verde*; *Paradiso*.... Y en 1967 *Cien años de soledad*.

[16] Conferencia leída primero en abril de 1975 en un congreso en York College (Nueva York). Con algunos cambios, leí luego la conferencia en la universidad de La Habana en 1980, y fue publicada en *Casa de las Américas* en el mismo año.

[17] Mi artículo se titula "Del Modernismo al Mercado Interno". El volúmen lo patrocinó y publicó el Departamento de Bellas Artes del Gobierno de Jalisco, lo que no impidió que al poco tiempo fuera secuestrado y, con ello, impedida su circulación.

BIBLIOGRAFÍA

Alonso, Amado. *El problema de la lengua en América*. Madrid: Espasa-Calpe, 1935.

_____ *Poesía y estilo de Pablo Neruda: interpretación de una poesía hermética*. Buenos Aires: Losada, 1940.

_____ *Curso de lingüística general* [1945] de Ferdinand de Saussure. Buenos Aires: Losada, 1955.

_____ & Pedro Henríquez Ureña. *Gramática castellana*. Buenos Aires: El Ateneo, 1938.

Anderson Imbert, Enrique & Eugenio Florit. *Literatura hispanoamericana. Antología e introducción histórica*. Nueva York: Holt, Rinehart & Winston, 1960.

Blanco Aguinaga, Carlos. *El Unamuno contemplativo*. México: El Colegio de México, 1959.

_____ *Juventud del 98*. Madrid: Siglo XXI, 1970.

_____ *De mitólogos y novelistas*. Madrid: Turner, 1975.

_____ *Sobre el modernismo desde la periferia*. Granada: Comares, 1998.

_____ "Realidad y estilo de Juan Rulfo". *Revista Mexicana de Literatura* 1 (set.-oct. 1955): 59-86.

_____ "Cervantes y la picaresca. Notas sobre dos tipos de realismo". *Nueva Revista de Filología Hispánica* 11 (México, 1957): 313-42.

_____ "'Cerrar podrá mis ojos...': tradición y originalidad en un soneto de Quevedo". *Filología* VIII (Buenos Aires, 1962): 57-78.

_____ "El socialismo de Unamuno". *Revista de Occidente* IV/41, 2a. época (agosto 1966): 166-84.

_____ "Crítica marxista y poesía: lectura de un poema de Julián del Casal". *The Analysis of Hispanic Texts: Current Trends in Methodology*. Jamaica: Bilingual P, York Coll; 1976. 191-205.

_____ "De Balzac y Lukács: ideología y veracidad en *Les Paysans*". *Point of Contact/Punto de Contacto* 2 (marzo-abril, 1976): 27-44.

_____ "La ideología de las clases dominantes en la obra de Rubén Darío". *Nueva Revista de Filología Hispánica* XXIX/2 (1980): 520-55.

_____ "Lectura de 'Neurosis' de Julián del Casal". *Casa de las Américas* 21-122 (set.-oct., 1980): 48-56.

_____ "Sobre 'Les Chats', Jakobson/Lévi-Strauss y la historicidad del poema". *Posibilidades y límites del análisis estructural*. José Vidal-Beneyto, ed. Madrid: Editora Nacional, 1981. 339-68.

Castellet, José María. *Los escenarios de la memoria*. Barcelona: Anagrama, 1988.

Castro, Américo. *La realidad histórica de España*. México: Porrúa, 1954.

Kojève, Alexandre. *Introduction à la lecture de Hegel*. París: Gallimard, 1947.

Llorens, Vincent. *Liberales y románticos*. México: El Colegio de México, 1954.

Salinas, Pedro. *Jorge Manrique o tradición y originalidad*. Buenos Aires: Sudamericana, 1947.
_____ *Literatura española, siglo XX*. México: Porrúa, 1948.
_____ *La poesía de Rubén Darío*. Buenos Aires: Losada, 1948.
Sánchez Vázquez, Adolfo. *Estética y marxismo*. 2 v. México: Era, 1970.
_____ "Los formalistas y los elementos formales". *Estética y marxismo*. I: 215-22.
Saunders, Frances Stonor. *The Cultural Cold War*. Nueva York: New York Press, 1999.
_____ *La CIA y la guerra fría cultural*. Madrid: Debate, 2001.
Torres Rioseco, Arturo. *Laurel. Antología de la poesía moderna en lengua española*. México: Séneca, 1941.
Traven, Bruno. *La rosa blanca* [1929]. México: Cima, 1940.
_____ *La rebelión de los colgados* [1936]. Santiago: Quimantú, 1972.

La adopción de la teoría de la dependencia en la crítica literaria latinoamericanista

HERNÁN VIDAL
University of Minnesota

En lo que sigue reflexiono sobre la introducción de la teoría de la dependencia en los estudios literarios latinoamericanistas en español con base en Estados Unidos durante la década de 1970. Puede decirse que el esfuerzo por entender la lógica de la teoría de la dependencia y aplicarla a los estudios literarios fue uno de los impulsos más importantes para darles un vuelco interdisciplinario. Para la generación de críticos que adoptó alguno de sus aspectos, estas lecturas de política económica internacional permitieron trazar vastos panoramas de la producción cultural latinoamericana de manera orgánica: cualquier artefacto simbólico podía ser estudiado conectándolo con su origen en la producción material, las luchas políticas y el universo ideológico de una sociedad y de un período histórico.

Fueron desarrollos y necesidades internas de la crítica literaria en Estados Unidos los que llevaron a la adopción de la teoría de la dependencia. Esto es lo que muestro en las secciones primeras de esta presentación. El principal incentivo fue el desafío interpretativo que significó la llamada "narrativa del *boom*". La complejidad técnica de estos textos puso en jaque la capacidad analítica de una crítica que todavía se sustentaba en aspectos de la filosofía positivista del siglo XIX. Superar esta situación en primer lugar obligó a un acopio de teoría literaria capaz de explicar la estructura inmanente de estos textos y de dar cuenta de la tradición surrealista de los que surgían. Los resultados apuntaron a que la "narrativa del *boom*" señalaba una profunda crisis de la historiografía latinoamericana entendida como constructo ideológico. Esta pista fue la que finalmente llevó a la adopción de la teoría de la dependencia ya que ésta mostraba obvias analogías estructurales con la "narrativa del *boom*". Como consecuencia del prestigio internacional logrado por esta narrativa y por la tecnificación de la crítica literaria para dar cuenta de ella, el estudio de la literatura latinoamericana adquirió un nuevo estatus que llevó a profundos cambios en los programas de estudios de posgrado.

Pero el incentivo para esa adopción no fue solamente profesional. También lo fue el recrudecimiento de la guerra fría en Latinoamérica durante la década de 1970. Las dictaduras militares de la doctrina de la seguridad nacional iniciadas en Brasil en 1964 y en Argentina en 1966 se expandieron a Uruguay y Chile en 1973, con una reincidencia en Argentina en 1976. Grandes sectores del profesorado universitario latinoamericanista en Estados Unidos reaccionaron en contra de las horrendas violaciones de derechos humanos cometidas por los regímenes militares, de las que se tuvo noticias tempranamente. Esto se hizo patente con los temas tratados en los congresos anuales de una organización profesional como la Latin American Studies Association (LASA). Entre las necesidades intelectuales creadas por este contexto, la teoría de la dependencia entregaba claves precisas para entender la función de la violencia militar en la historia de las Américas. Fueron innumerables los críticos literarios que se beneficiaron bien por la adopción de algún aspecto de la teoría de la dependencia o por afinar sus propias aproximaciones analíticas e interpretativas al participar en los debates surgidos en torno a ella. La razón por la que soy yo quien escriba sobre este componente de la historia de la crítica literaria latinoamericanista en Estados Unidos es doble. Por una parte, fui uno de los fundadores del Institute for the Study of Ideologies and Literature y de la revista *Ideologies and Literature* (*I&L*) en la Universidad de Minnesota. Durante las décadas de 1970 y 1980 ambos promovieron el conocimiento y la práctica de aproximaciones sociohistóricas a las literaturas hispánicas, entre ellas la teoría de la dependencia. Por otra, creo haber sido el crítico literario que más hizo por desarrollar esquemas sistemáticos del desarrollo histórico de la literatura latinoamericana desde la perspectiva de la teoría de la dependencia.

Como ocurre con toda reflexión sobre el pasado, la memoria puede jugarnos una mala pasada y distorsionar los hechos. Soy consciente de que esto puede haber ocurrido al armar la secuencia de mis recuerdos. Para evitar en lo posible esas distorsiones, en breve espacio he tratado de ilustrar el desarrollo de la *lógica* que finalmente llevó a la adopción de la teoría de la dependencia. Quizás en mi modo de mostrarla quede la impresión de que ese desarrollo fue un avance impertérrito, sin dudas ni tropiezos. Obviamente esto no fue así. Ese avance quedó marcado tanto por los debates ocurridos en reuniones profesionales como por los cuestionamientos surgidos en comunicaciones personales. No obstante, por sobre la confusión que pueda haber creado la contingencia de esa época, puede reconocerse que había una voluntad de cumplir etapas hacia un objetivo. Esto es lo que he tratado de recuperar en este trabajo. A pesar de todo, debe reconocerse que es muy breve el espacio asignado a estos treinta años de historia intelectual. Por tanto, en la reconstrucción de esa lógica no puede esperarse más que un bosquejo aproximado que la persona interesada debería complementar con la bibliografía adjunta.

Además debe considerarse el clima ideológico de la década de 1970, durísima etapa de la guerra fría en Estados Unidos, marcada especialmente por las protestas contra la guerra de Vietnam. En este clima las exploraciones para crear aproximaciones sociohistóricas de mejor calibre técnico a la literatura latinoamericana sufrieron por la sospecha de que se hacía un uso indebido de la literatura con fines políticos "subversivos". En el campo de la libertad de cátedra esa hostilidad se desvió hacia una fuerte pugna entre quienes queríamos practicar una sociohistoria de la literatura y conservadores que se atrincheraron en la defensa de una crítica literaria exclusivamente intratextual. En la época era imperativo considerar el modo en que esa pugna podría influir en el avance o fracaso de nuestra carrera académica.

El desafío de la "narrativa del *boom*"

Aunque el horizonte político y cultural de la década de 1960 estuvo marcado por la influencia y efectos continentales de la revolución cubana, en su práctica concreta la crítica literaria latinoamericanista en Estados Unidos más bien se orientó al estudio de textos literarios entendidos como mundos de ficción constituidos por un lenguaje y leyes especiales de organización de las voces narrativas, de la perspectiva con que éstas configuran las relaciones entre los personajes, las acciones que éstos desarrollan, su uso de implementos materiales y espirituales para la consecución de sus objetivos y el despliegue de todos estos elementos a través del espacio y el tiempo. Este énfasis formalista se debió al desafío que representó para los estudios literarios la aparición desde fines de la década de 1950 de una narrativa de gran complejidad técnica que más tarde fue conocida como "narrativa del *boom*". El modo narrativo de estas obras con frecuencia presentó un multiperspectivismo de voces narrativas de difícil identificación que ocultaban y ofuscaban las claves de entendimiento e interpretación, fracturando y dispersando –al parecer de manera desordenada y arbitraria– las secuencias lógicas de desarrollo espacial y temporal. A su vez, el origen de estas claves hacía difícil su discernimiento. Provenían de niveles fusionados de realidad en que la racionalidad en la descripción del devenir social quedaba permeada y se confundía con elementos de tradiciones míticas y contenidos de estratos inconscientes de la psiquis, según los describen las diferentes formas de psicoanálisis.

Las circunstancias en que apareció esta narrativa permitió el nucleamiento de sus autores y obras con un perfil distintivo que la convirtió en un gran "suceso" comercial, cultural y político. Durante la década de 1960 se sentaban las bases de un comercio transnacional más integrado que permitió a las principales editoriales hispánicas de Barcelona, México y Buenos Aires una mejor comercialización y distribución del libro. La Casa de las Américas, órgano del Estado revolucionario cubano, inició una intensa y sostenida campaña para proyectar la influencia político-cultural de la revolución imputando a esta nueva narrativa la categoría de vanguardia literaria análoga a la función de la guerrilla fomentada por toda Latinoamérica como vanguardia revolucionaria (Dalton). A los frecuentes congresos de intelectuales y los premios anuales de literatura convocados por Casa de las Américas se agregaron los premios literarios anuales organizados por las editoriales principales para acrecentar su portafolio de autores publicados. Estas promociones comerciales y la exposición mediática generada por ellas sirvieron de escenario para convertir a Carlos Fuentes, Julio Cortázar, Mario Vargas Llosa y Gabriel García Márquez en intérpretes privilegiados de la cultura latinoamericana en todos sus aspectos. Las tensiones de la guerra fría se manifestaron, además, en los foros intelectuales abiertos por las potencias capitalistas para reciclar estas mismas temáticas desde una perspectiva ideológica favorable a sus intereses. Esto se tradujo en la manera oculta con que la CIA financió organizaciones como el Congreso por la Libertad de la Cultura y revistas como *Encounter* (Saunders). La nueva literatura latinoamericana de la época quedó situada en este contexto con la creación en 1967 de la revista *Mundo Nuevo* (París) dirigida por Emir Rodríguez Monegal. En los círculos académicos de Estados Unidos, la atención concentrada sobre la personalidad de los autores asociados con la "narrativa del *boom*" abrió para varios de ellos un gran circuito de conferencias y seminarios en universidades y congresos de profesores de literaturas hispánicas.

Lo anterior permite reconocer tres órdenes de tareas que los académicos debían enfrentar por la relevancia alcanzada por la "narrativa del *boom*": *lo comercial*, que demandaba una aproximación sociológica para determinar múltiples aspectos –la manera en que la mercantilización del libro influía en la concepción de la literatura en ese momento; la redefinición del escritor como agente productor de un bien cultural; la creación de un público lector influido por este nuevo bien cultural. *El aspecto político* de la "narrativa del *boom"* implicaba que el crítico literario tendría que hacer un acopio de teoría política y social para comprender el significado de la producción literaria en un espacio cultural altamente ideologizado por la guerra fría.

Pero la tarea de urgencia inmediata era la estrictamente literaria: organizar un aparato teórico que permitiera explicar en la sala de clases textos de gran complejidad técnica. La tarea política vendría más tarde y está directamente vinculada con el tema de este informe: la adopción de la teoría de la dependencia para el análisis e interpretación sociohistórica de la literatura latinoamericana. La tarea comercial-sociológica nunca llegó a plantearse de manera sostenida o a completarse (Castro-Klarén).

Entremos a la discusión de lo literario.

La publicidad creada en torno a la "narrativa del *boom*" provocó un interés inusitado entre los estudiantes. Ante esta demanda el profesorado de la época respondió tratando ese material en seminarios exploratorios y experimentales puesto que no contaba con el instrumental teórico para explicarlo. Hasta entonces predominaban acercamientos asociados con el proyecto cultural del liberalismo decimonónico para la construcción de los nuevos Estados luego de las independencias nacionales.

El proyecto liberal implicaba la construcción de universos simbólicos que cohesionaran una identidad nacional y una lealtad a los Estados para coordinar el progreso a niveles más altos de civilización, según los definían las culturas europeas. Para financiar el progreso era imperativo explotar de manera científica el territorio latinoamericano. La domesticación de la naturaleza se convirtió en el tema central de esta propuesta. Esto requería la europeización cultural y racial a través del aparato educativo y el fomento de la inmigración para lograr mejor conciencia sobre las tareas por realizar. El ideal era lograr un balance entre lo autóctono americano y lo europeo que conservara los mejores elementos de los dos en un mestizaje, sincretismo o hibridismo. Lograr este mestizaje requería un proceso de observación de tipo etnográfico de los modos en que el entorno natural y social condicionan la psicología y la conducta de las masas humanas, configurando modos de vida típicos en las diferentes regiones geográficas. El resultado de estas observaciones permitiría alguna forma de intervención de la intelectualidad asociada con el Estado para neutralizar las rémoras que impiden la marcha progresiva a la "civilización". Así se configuró el gran tema de la literatura latinoamericana –civilización *versus* barbarie.

Esta concepción de la cultura fraguada por los intelectuales de las oligarquías liberales hacia mediados del siglo XIX fue prolongada hasta mediados del siglo XX. La valoración de lo autóctono americano que a la vez debía ser modernizado científicamente sirvió también como universo simbólico para los gobiernos de las clases medias que impulsaron la industrialización sustitutiva de la importación una vez que la economía mundial librecambista colapsó con la gran depresión iniciada en la década de 1930. En este caso el mestizaje fue modulado como mensaje nacionalista para mantener la cohesión y minimizar los conflictos potenciales entre las diferentes clases sociales –trabajadores, profesionales, empresarios– que debían implementar la industrialización.

En ese período de aproximadamente cien años se plasmaron las categorías de análisis e interpretación de la producción cultural que entraron en crisis con el surgimiento de la "narrativa del *boom*". Expuestas esquemáticamente, se atribuía la generación de todo producto cultural a tres causas complementarias heredadas de la filosofía positivista del siglo XIX: predisposición racial/étnica + condicionamiento ambiental/espacial = capacidad predictiva del comportamiento humano. En lo que respecta a la narrativa, este positivismo se afianzó con clasificaciones geográficas tales como "narrativa de la ciudad", "narrativa rural", "narrativa de la selva", "narrativa andina", "narrativa indigenista". Aunque gradualmente el condicionamiento racial/étnico perdió credibilidad y énfasis, de todas maneras se continuó atribuyendo al medio ambiental/espacial una gran capacidad interpretativa. Esto se tradujo en una aproximación de "vida y obra" con que se trataba de determinar las experiencias personales que los escritores habían literaturizado. En segundo lugar se evaluaba y juzgaba el progreso cultural como un tránsito entre dos términos polares: la especificidad de lo autóctono americano y lo "universal". Esto se expresó como un imperativo de que lo americano debía tener una "proyección universal", término que nunca quedó claramente definido.

Recién publicadas las primeras obras de lo que fue la "narrativa del *boom*" se comprobó la disfuncionalidad de una aproximación biográfica como clave del significado del texto literario. Carlos Fuentes, Mario Vargas Llosa, Julio Cortázar y Gabriel García Márquez eran individuos desconocidos como también lo eran otros escritores que más tarde fueron asociados con la "narrativa del *boom*", como José Donoso. Los mejores resultados de las explicaciones biografistas las obtuvieron críticos que lograron hacer largas entrevistas a los autores como para establecer algún nexo entre vida y obra. El trabajo de José Miguel Oviedo (1970) sobre Mario Vargas Llosa podría entenderse como paradigmático en este sentido.

Esto indica la importancia que tomaron las entrevistas para la recolección de pistas interpretativas. Era necesario discernir entre la gran cantidad de entrevistas sin mayores pretensiones intelectuales que publicaban diarios y revistas a medida que crecía la fama de los escritores. De mayor consideración fue la publicación de colecciones de entrevistas hechas por críticos de antecedentes académicos como Luis Harss (1966) y Emir Rodríguez Monegal (1968). Muchos de estos textos tenían aspecto de *happenings* o sesiones de psicoanálisis en que los interlocutores improvisaban preguntas y respuestas que frecuentemente tenían aspecto hermético e incoherente. Sin embargo, la conversación con escritores como Carlos Fuentes –persona siempre preocupada de mantener una red de comunicación con otros escritores del *boom* y de servir de portavoz de la teoría estética del grupo– en algún momento revelaba claves cruciales sobre concepciones de la literatura. A continuación transcribo pasajes de las respuestas de Carlos Fuentes a Emir Rodríguez Monegal que fueron de trascendencia:

> Me importa mucho la zona mítica y cuando hablo de zona sagrada, claro, estoy estableciendo un territorio, un recinto. Es la idea antiquísima del templo, del templo como defensa contra la epidemia, contra el sitio, y sitio a su vez; es el *dónde*: es el lugar que es todos los lugares y en el que tiene sede el mito. Se me ocurre que nuestra cultura y nuestra literatura, las de América Latina, han pasado por tres etapas más o menos convulsivas o más o menos fluidas, y que esa experiencia latinoamericana tiene una proyección universal [...] Yo creo que estas tres cadenas, estos tres círculos a veces tangenciales son la utopía, la epopeya y el mito [...] Hemos vivido bajo el signo de la epopeya casi toda nuestra vida; nuestras novelas han sido épicas y nuestro arte ha sido épico, pero en el momento en que se agota esta capacidad épica, parece que no nos queda sino una posibilidad mítica, una posibilidad de recoger ese pasado, de salir de ese pasado, que es pura historia, historia mostrenca, para entrar a la dialéctica, que es hacer la historia y hacerla con los mitos que nos dan los hilos de Ariadna de todo ese

pasado utópico y épico para convertirlo en *otra cosa*. A través del mito re-actuamos el pasado, lo reducimos a proporción humana. Este es el sentido de las deslumbrantes novelas de nuestro gran clásico moderno Alejo Carpentier (132-3).

Hay una historia paralizada. Hay una historia convertida en Estatua de la Historia, remitida a sí misma, regresada a sí misma. No hay progreso histórico, eso es lo que está diciendo un poco la novela: no hay escatología, hay un puro presente perpetuo. Hay la repetición de una serie de actos ceremoniales (126).

Para resumir, a la tarea de armar un aparato teórico para la explicación de los textos de la "narrativa del *boom*", como lo indicaba Carlos Fuentes, se agregaba el imperativo de comprender el trasfondo surrealista evidente en esta noción del estancamiento de la historia latinoamericana y su transfiguración en mito.

LA TECNIFICACIÓN DE LA CRÍTICA LITERARIA LATINOAMERICANISTA

La explicación de esos textos requería aproximaciones que partieran de la premisa de que la obra literaria es un artefacto lingüístico que internamente establece sus propias reglas de significación. Entre las opciones a la mano en la década de 1960 estaba la estilística romance que Amado Alonso y Raimundo Lida proyectaban a toda Latinoamérica desde Buenos Aires y el New Criticism estadounidense. Su método analítico se caracterizaba por hacer catastros de las imágenes de un texto para agruparlas en tropos ordenados por recursos retóricos que potenciaban un efecto estético. Este procedimiento permitía diferenciar ejes temáticos conectados entre sí en términos de centralidad y subsidiariedad. A este mapa se le imputaba la capacidad de revelar la sensibilidad especial del autor en su visión de mundo. Los mejores resultados de esta metodología se daban en la poesía lírica, como lo demuestra el trabajo de Amado Alonso sobre la poesía de Pablo Neruda (1968). En lo referente a la novela, esta operativa permitía hacer un "trabajo arqueológico" para mostrar la sensibilidad especial con que el autor había elaborado una materia social; luego se situaba esta elaboración en el contexto de la historia de un género literario (Alonso, *Ensayo*).

El reparo que debía hacerse a la estilística romance era que su objetivo –captar el contorno de la sensibilidad de un autor– realmente desviaba de la tarea de entender la complejidad técnica de textos como los de la "narrativa del *boom*".

Por esta razón era más atractivo explorar la relación entre el formalismo ruso y las aproximaciones fenomenológicas a la definición del modo de ser específico de la obra literaria. Esto atrajo la atención sobre los esfuerzos de Félix Martínez Bonati (1960) por perfeccionar conceptos de la obra del polaco Roman Ingarden.

Según términos de la filosofía fenomenológica, la obra literaria se presenta a la conciencia lectora y es constituida por la conciencia lectora con la percepción simultánea de una serie de estratos superpuestos sobre la base de dos estratos lingüísticos: sonidos del lenguaje y frases que entregan significaciones. Aunque cada uno de estos estratos en sí porta un efecto estético, se hacen transparentes a la conciencia para mostrar un mundo de objetividades –personajes, acciones, implementos de todo tipo que ayudan a la consecución de las acciones, espacios situados temporalmente– que portan todos los atributos de entes reales pero que existen sólo como lenguaje ficticio. Este mundo se despliega como una situación comunicativa ficticia en que una voz narradora emite lenguaje para un receptor también ficticio, lenguaje con el que se constituyen las objetividades según se las muestra desde perspectivas sesgadas. Este perspectivismo implica un distanciamiento irónico que resulta en valoraciones éticas y evaluaciones de verdad/ falsedad/error/corrección de las objetividades representadas. De estas actitudes surgen los géneros retóricos con que el receptor las conoce –comedia, melodrama, romance, tragedia, farsa, por ejemplo.

El análisis del estrato de las objetividades debe prestar atención a la manera con que se manifiesta el perspectivismo de la voz narrativa y a las reacciones que se esperan del receptor ficticio. Wolfgang Kayser llamó "modo narrativo" a este perspectivismo. El estudio del modo narrativo entrega las claves sobre el sentido con que se despliegan las objetividades del mundo ficticio. El término "despliegue" toma sentido si se consideran los conceptos y técnicas analíticas del formalismo ruso en cuanto al género narrativo (Erlich; Bakhtin y Medvedev).

En términos generales, los formalistas rusos concibieron la obra literaria como una máquina autosuficiente compuesta como un mecano por un agregado de elementos básicos llamados "motivos". Este término fue entendido en dos sentidos. Por una parte, se refería a las unidades menores en que se puede descomponer una narración –por ejemplo, la frase "el vampiro atacó a la joven durante la noche, mientras dormía" consta de cinco motivos. Estos motivos pueden agruparse en tropos que conforman temas (motivos) recurrentes durante una narración. Estos tropos pueden determinarse cuando el crítico agrupa los motivos entendidos como unidades menores del relato en dos tipos de secuencias llamadas *fábula* y *sujet*. La *fábula* es una reconstrucción artificial que dispone los motivos en secuencia lógica –comienzo, medio y final. El *sujet* es la manera como aparecen desplegados en el relato mismo. Las diferencias demostradas en esta comparación y la relación de los tropos entre sí entregan las claves del sentido de la narración como estructura.

A la capacitación explicativa proporcionada por la fenomenología y por el formalismo ruso se agregaron las claves entregadas por los mismos escritores del *boom* en sus declaraciones. Ellas hacían constantes referencias que apuntaban a una clara filiación surrealista, como se mostró en esa cita de Carlos Fuentes. Estas claves fueron elaboradas echando mano especialmente del psicoanálisis de Carl Jung y de los estudios de religiosidad de Mircea Eliade. Durante esa época la aplicación del psicoanálisis jungiano al estudio literario fue llamada "crítica literaria arquetípica".

El psicoanálisis jungiano sugería que los narradores del *boom* se situaban ante las temáticas creadas a partir de la literatura del liberalismo decimonónico asumiendo la perspectiva del inconsciente colectivo. Esto permitía a estos escritores la introducción de técnicas distorsionadoras de la realidad empírica sobre la base de una de las características principales de la mentalidad mítica –la existencia de una energía vital (mana) que anima y dinamiza todo ente en el universo, de manera que el principio racional de identidad diferenciadora e intransferible del individuo sufre una inestabilidad radical. De allí que el universo se exhibe a la conciencia como una energía experimentada como religiosidad primigenia que se irradia y se proyecta a partir de todo y hacia todo, cósmicamente. Para los individuos y los colectivos humanos esto podía traducirse en estados de ánimo cíclicos y/o simultáneos de temor visceral y sorpresa maravillada ante el mundo. En la crítica literaria latinoamericanista esto recibió el nombre de "lo real maravilloso". Este se plasmaba con íconos característicos del inconsciente colectivo, el estrato más profundo de la psiquis humana, estrato que acumula esquemas de la experiencia histórica milenaria de la especie (Neumann): masas de agua (mares, lagos, ríos) que recuerdan el origen de la vida en el planeta; paisajes cargados de significaciones cósmicas, telúricas, lunares o solares como manifestación del maná; oquedades, cavernas, agujeros y subterráneos que simbolizan órganos y orificios del cuerpo humano recargados de analogías benéficas o maléficas; plantas, animales y reptiles antiquísimos, muchos de ellos ya desaparecidos; espacios y tiempos conformados y dispuestos narrativamente según figuras geométricas que toman significado mágico: arribas y abajos divinos o demoníacos, círculos sugerentes de mandalas, triángulos y rombos cargados de impulsos mágicos; figuras paternas y maternas animadas por los instintos y capacidad hipnótica experimentada en la horda primigenia de la que surgió la familia moderna. Es fácil reconocer este universo simbólico en las novelas más señeras del *boom*, entre muchas, *Los pasos perdidos, Pedro Páramo, Sobre héroes y tumbas, Cambio de piel, Rayuela, Cien años de soledad.*

Insufladas con estos contenidos, las objetividades de la tradición literaria creada desde el liberalismo decimonónico para la construcción de los Estados-nación no podían sino quedar sumidas en atmósferas de neurosis, psicosis y esquizofrenia. Estos estados permitían intrincados juegos de máscaras en que los personajes aparecían como identidades equivalentes entre sí y *Doppelgänger* que vivían obsesivamente esquemas vitales intercambiables entre individuos y de estrechas opciones existenciales. Esto ocurre con las novelas que tratan de la ciudad liberal, de los grandes puertos de importación-exportación, del latifundio, de las mansiones oligárquicas, de las instituciones educativas del Estado, del ferrocarril como símbolo de la épica de conquista de los territorios del interior nacional, como observamos en *El túnel, Sobre héroes y tumbas, El astillero, La ciudad y los perros, Pedro Páramo, El lugar sin límites, Las buenas conciencias, La muerte de Artemio Cruz, Este domingo, El obsceno pájaro de la noche*. Sin duda se cuestionaba con un propósito correctivo, terapéutico, la racionalidad modernizadora de la conciencia histórica que había fundado los Estados-nación. En el psicoanálisis jungiano las interferencias del inconsciente colectivo en las máscaras del ser consciente tienen un fin compensatorio –reinsuflar vida en conciencias históricas desvitalizadas, desorientadas en cuanto a su misión y encausarlas a una visión revitalizada del entorno y a una acción sobre él más de acuerdo con los procesos sociales reales.

Los análisis textuales posibilitados por el formalismo ruso indicaban que las estructuras narrativas más características de la "narrativa del *boom*" reforzaban las claves entregadas por el psicoanálisis jungiano. Muchas de ellas están organizadas según esquemas de rituales míticos de iniciación en la masculinidad, rituales de retorno a los orígenes, rituales de transición a nuevas etapas de vida y rituales de sacrificios expiatorios por pecados colectivos. Para el entendimiento de este aspecto la obra de Mircea Eliade fue de crucial importancia.

Eliade describió la manifestación ritual de lo mítico en las sociedades primitivas como un deslinde espacial que diferencia lo sagrado de lo profano. La cotidianeidad es el mundo profano que permanentemente sufre procesos de pérdida de la energía vital originaria porque los humanos transgreden las normas establecidas por los dioses y seres sobrenaturales que lo crearon. El mundo debilitado sufre toda clase de catástrofes que ponen en peligro su supervivencia. Es el momento en que es imperativo restablecer el orden originario acudiendo a los espacios especiales, los templos en que se manifiesta la fuerza vital de manera prístina ("jerofanía de lo sagrado"). Luego de limpiarse de las contaminaciones del exterior, los congregados en el templo acompañan a una figura sacerdotal que oficia una ceremonia de retorno a los orígenes. Provocando estados de conciencia alterada, el sacerdote induce a los creyentes a participar en un viaje imaginario al momento de creación del cosmos, momento de su máxima vitalidad. Ese viaje imaginario implica tomar nuevamente plena conciencia del mito de origen del cosmos, de la manera con que los seres sobrenaturales lo crearon. Este mito es una estructura narrativa fija, rígida, eterna. Los actos creadores de los dioses son los mismos que los seres humanos repetirán para siempre en el mantenimiento y reparación del cosmos. Conocidos estos secretos, los seres humanos retornan a la dimensión profana de sus existencias. Se trata, por tanto, de un ritual de tiempo circular, de renovación cíclica. Luego del retorno egresan del templo para reparar la cotidianeidad antes debilitada y amenazada de extinción.

Obviamente, aplicar este esquema de religiosidad primitiva a relatos sobre sociedades modernas tenía un profundo sentido satírico, fácilmente reconocible en novelas como *Los pasos perdidos, Zona sagrada, Pedro Páramo, Este domingo, La ciudad y los perros*. Si la historia implica una capacidad racional para elegir opciones de acción en medio de condicionamientos que nunca son insuperables, la sátira está en que aquí los seres quedan forzados a reproducir rígida e inflexiblemente los principios con que los liberales decimonónicos actuaron la épica de construcción de los Estados-nación y mantuvieron el control social desde ellos en procesos de renovación cíclica de su poder. En otras palabras, según los términos de este poder, en Latinoamérica los seres humanos no son históricos sino míticos, afirmación que se percibe especialmente en *Cien años de soledad*. Esto es lo que Carlos Fuentes verbalizaba en esa cita anterior:

> nuestras novelas han sido épicas y nuestro arte ha sido épico, pero en el momento en que se agota esta capacidad épica, parece que no nos queda sino una posibilidad mítica, una posibilidad de recoger ese pasado, de salir de ese pasado, que es pura historia, historia mostrenca, para entrar a la dialéctica, que es hacer la historia y hacerla con los mitos que nos dan los hilos de Ariadna de todo ese pasado utópico y épico para convertirlo en *otra cosa*.

Con la condena global de la lógica histórica del liberalismo, los escritores del *boom* asumieron la identidad de renovadores del canon cultural. Esta es la categoría que el psicoanálisis jungiano reconoce a los creadores que introducen nuevas formas estéticas para revitalizar normas de civilización que se han esclerotizado (Neumann, *Art*). Este tipo de creador canaliza y plasma nuevos sistemas simbólicos y metafóricos con un sentido terapéutico que compensa y trasciende los dogmatismos en que ha incurrido el poder establecido al conformar y guiar la conciencia colectiva. Las nuevas formas estéticas socavan a las predominantes. Por ello es que, al manifestarse por primera vez, ellas toman aspecto ambiguo —anuncian las grandes catástrofes desintegradoras que preceden el término de un orden de realidad, pero a la vez sugieren y apuntan al nacimiento de nuevas formas de concebir el orden cósmico con sanidad, crecimiento espiritual, transformación, regeneración y trascendencia. En 1968 dos sucesos parecieron comprobar estos extremos polares: la matanza de estudiantes en la plaza de Tlatelolco en la ciudad de México y la insurrección juvenil de mayo en Francia.

El avance hacia la concepción de la literatura como ideología

En los términos narrados, los grandes avances teóricos de la crítica literaria latinoamericanista en Estados Unidos se relacionaron con el entendimiento y enseñanza de la "narrativa del *boom*". Estos avances rebasaron este género y reforzaron los estudios de los grandes autores de la poesía lírica y se expandieron a la enseñanza del género dramático, al cual se había estado prestando escasa atención. Pero también creó una excesiva concentración en la narrativa contemporánea, creándose una imagen altamente distorsionada del desarrollo literario latinoamericano. Con su autopromoción en los medios de comunicación los mismos escritores del *boom* fueron parte en esta distorsión. Al hacer tanto énfasis en su ruptura con la narrativa anterior, crearon la impresión de que su literatura era una especie de florescencia que, monstruosamente, surgía de la nada, sin antecedentes históricos.

Esto puso en la agenda profesional la reforma de los programas de enseñanza de la literatura latinoamericana para reconstruir su desarrollo histórico. Las literaturas de la colonia y del siglo XIX eran poco estudiadas. Los cursos se organizaban de acuerdo con temáticas aisladas, de contenido y claves autorreferentes, sin la intención de establecer entre ellos una conexión histórica −por ejemplo, el modernismo, la novela de la revolución mexicana, la poesía de Pablo Neruda, la poesía de Vicente Huidobro. No obstante, aunque el entendimiento de la tradición surrealista de la "narrativa del *boom*" apuntaba a una crisis de percepción de la historicidad latinoamericana, la crítica literaria no tenía los instrumentos teóricos para construir panoramas históricos coherentes.

Aunque en su literatura los escritores del *boom* esbozaban esa crisis de la historicidad latinoamericana, su simbolización estaba marcada por un irrealismo extremo. La historia humana aparecía impulsada por fuerzas cósmicas en que principios femeninos y masculinos primordiales, enmascarados en personajes cotidianos, abrían la posibilidad de intuir epopeyas instintivas difíciles o imposibles de ser dimensionadas en términos históricos realistas. Esto contrastó con el impacto brutal en Estados Unidos de las dictaduras militares de la doctrina de la seguridad nacional surgidas en Chile, Uruguay, Argentina y Bolivia. Por supuesto, estaban los antecedentes de las dictaduras militares iniciadas en Brasil y Argentina en 1964 y 1966; pero, comparadas con las de la década de 1970, éstas no parecían tener las mismas implicaciones para los derechos humanos.

El golpe militar de 1973 en Chile fue el que tuvo mayor repercusión en Estados Unidos, quizás por dos razones: significó el término de la democracia supuestamente de historia más larga en Latinoamérica; el experimento del gobierno de Salvador Allende por conducir a Chile al socialismo respetando las libertades políticas liberales había provocado gran interés y mucha simpatía −y lo mismo sucedía en Europa.

Se hizo evidente que perdían sentido los estudios literarios enclaustrados en preocupaciones meramente académicas. Era imperativo "dar un salto hacia fuera del texto".

Aquí debo introducir una nota biográfica.

En 1973 fui invitado a ser miembro del Joint Committee on Latin America and the Caribbean del Social Science Research Council (SSRC) como representante del área de literatura y humanidades. A través del Joint Committee el SSRC promueve investigación en las ciencias sociales tanto entre estadounidenses como latinoamericanos. El Comité está compuesto por intelectuales de ambas regiones. Al incorporarse, se les pide a los miembros que definan y ayuden a desarrollar un área de importancia en su campo. Se me hizo la observación de lo extraño que resultaba para el Joint Committee que la tendencia general de los estudios literarios latinoamericanistas excluyera los aspectos sociales de la producción literaria. Consultando con colegas de diferentes universidades estadounidenses y latinoamericanas llegamos a la conclusión que ésta sería la oportunidad para reorientar los estudios literarios hacia aproximaciones asociadas con las ciencias sociales. Concluimos que el mejor punto de entrada para este propósito sería el de analizar e interpretar textos literarios como formas de ideología relacionadas directa o indirectamente con movimientos sociales. A la vez se propuso programar una serie de talleres anuales para estudiar, y promover el uso y aplicación del concepto "ideología". Como soporte de este proyecto se identificó y aseguró la cooperación de profesores que ya tenían experiencia y reconocido prestigio en la materia –Joseph Sommers, Carlos Blanco Aguinaga, Jean Franco. Sumado el apoyo del Departamento de Español y Portugués y el Colegio de Artes Liberales de la Universidad de Minnesota, esos talleres se desarrollaron hasta 1979. Hacia 1975, ante la evidencia de que las revistas especializadas rechazaban estudios literarios focalizados en algún aspecto social, fundamos la revista *Ideologies and Literature* (*I&L*) que se publicó bajo los auspicios del Institute for the Study of Ideologies and Literature, organización sin fines de lucro registrada en el estado de Minnesota.

Participar en los talleres llevó a un núcleo numeroso de participantes a familiarizarse con la lógica de las ciencias sociales y con la lectura de estudios sociales latinoamericanos. A comienzos de la década de 1970 sobresalía la discusión del concepto de ideología propuesto por Louis Althusser en la década de 1960 y la teoría de la dependencia creada por intelectuales latinoamericanos. Esta ya tenía extraordinaria difusión en Estados Unidos y provocaba fuertes debates (Chilcote & Edelstein; Chilcote). En el Joint Committee on Latin America and the Caribbean tuve al apoyo de Osvaldo Sunkel y Fernando Henrique Cardoso. Osvaldo Sunkel tuvo la gran amabilidad de asistir a una de nuestras primeras reuniones con colegas de varias universidades para orientarnos en cuestiones de teoría social.

Simplificando para una explicación rápida y clara, la compleja definición de ideología propuesta por Althusser puede verbalizarse como "la representación simbólico/metafórica de relaciones sociales reales". Es decir, las conexiones y los roles sociales prescritos por las estructuras de poder económico-político para el mantenimiento y evolución de la sociedad que una ciencia social puede describir en términos objetivos, se bifurcan en dos planos y quedan transfigurados en sistemas analógico-metafóricos que ocultan la problemática que los origina.

De allí que Althusser, refiriéndose a la producción de conocimiento, diferencie entre una práctica ideológica y una práctica científica. Una práctica científica debe considerar que esos sistemas analógico-metafóricos "condensan" en imágenes aparentemente simples toda clase de conflictos sociales procedentes de la actividad económica, la política y el acopio ideológico que pueda existir en una sociedad (filosofía, teología, arte, literatura, etc.), su experiencia histórica, además de que esos sistemas analógico-metafóricos tienen su propia lógica y dinámica de representación poética. Por esto es que Althusser hablaba de la "sobredeterminación" (origen múltiple y simultáneo) y "desplazamiento" de la ideología como poética puesto que ella tiende a mostrar fantasmagorías que alejan de lo real y lo ocultan. En los marcos de lo expuesto hasta ahora, el mejor ejemplo de esta fantasmagorización resulta ser la crítica surrealista de la conciencia histórica latinoamericana planteada por la "narrativa del *boom*". Al insuflar todo tipo de imágenes del inconsciente colectivo en los motivos literarios generados a partir del liberalismo decimonónico, esa narrativa servía de índice de una crisis histórica gigantesca, pero no apuntaba a su origen real.

Una operativa científica para despejar esta bruma debe deconstruir la condensación del discurso ideológico estableciendo los nexos económicos y políticos que puedan tener las imágenes de un discurso para la consecución de un proyecto hegemónico de desarrollo nacional. En otras palabras, las imágenes que supuestamente intentan representar una realidad social sin un trasfondo histórico tienen la categoría de símbolos autosuficientes y autorreferentes que se presentan a la conciencia como misterios neuróticos –sólo apuntan a un vacío, a una ignorancia del origen verdadero de una colectividad humana y de su futuro. Superar esa neurosis implica transformar los símbolos en metáforas –una metáfora revela sus términos comparativos con el campo de acción humana del que surge y permite una conciencia histórica realista. En otras palabras, Althusser también introducía el factor inconsciente. Por tanto, era obvia la continuidad que se podía establecer entre el concepto de ideología de Althusser y el arsenal psicoanalítico anterior que había acumulado la crítica literaria latinoamericanista. De hecho, Althusser había tomado conceptos como "sobredeterminación", "condensación" y "desplazamiento" del psicoanálisis freudiano vía Jacques Lacan.

Un proyecto de desarrollo nacional es hegemónico cuando objetivamente puede comprobarse que es el único viable según el ordenamiento social interno de un país y sus relaciones con el sistema mundial. La implementación del proyecto requiere que un bloque de poder económico-político tenga la capacidad de acceso a recursos financieros nacionales e internacionales, posea los medios de producción y la facultad de movilizar, estabilizar geográficamente y calificar a una masa humana como fuerza de trabajo. En la medida en que el proyecto hegemónico tenga la capacidad de desarrollarse a largo plazo, la intelectualidad asociada con el bloque de poder se encarga de reorientar la simbología que hasta entonces ha definido la identidad nacional, agregándole elementos ideológicos que la conecten con el proyecto de desarrollo nacional que se dirime y sujeten a la población para que se comprometa con su consecución o, por lo menos, la acepte. Para este efecto se busca definir la "buena sociedad", el "bien común", la "calidad de vida" y el "ser humano ideal".

Para que estas cuatro definiciones realmente sean funcionales deben delimitarse categorías tales como lo deseable/lo indeseable, lo bueno/lo maligno, lo justo/lo injusto, lo posible/lo inconcebible, lo válido/lo inválido, lo probable/lo impensable como experiencias subliminales/conscientes, emocionales/intelectuales, religiosas/seculares, cotidianas/formales, específicas/abstractas. Permear las conciencias individuales y colectivas de esta manera requiere un dispositivo diseminador que convierta a la sociedad en un gigantesco espacio de circulación de discursos, conocimientos, "sentidos comunes" e imágenes compuesto por los aparatos ideológicos del Estado –especialmente el sistema educativo–, los medios de comunicación masiva y máquinas especializadas en la promoción de deseos tales como las revistas de moda, deportivas, los escaparates de las tiendas (Berger & Lukmann).

De este modo, a partir de las independencias nacionales de las primeras décadas del siglo XIX, se afianzó la concepción liberal de la historia latinoamericana que predominó hasta la década de 1960, tanto en las ciencias sociales como en la literatura: las nociones de progreso y, más tarde, de desarrollo.

En esta argumentación ideológica se concebía la historia como un continuo progresivo de productividad material y espiritual capitalista en que se podía diferenciar entre naciones avanzadas y retrasadas. Las naciones avanzadas habían alcanzado su sitial por haber construido economías industrializadas altamente diversificadas, con poblaciones urbanizadas, étnicamente homogéneas, ilustradas, letradas, secularistas, científicamente innovadoras. El predominio político-cultural de clases medias profesionales surgidas de economías tecnificadas y estables, con un alto índice de calidad de vida, educación, salud, acceso a la propiedad y capacidad de ahorro, supuestamente les daba una tendencia política conservadora, dispuesta a la negociación en su demanda de reivindicaciones sociales, no a la confrontación rupturista. Esto daba estabilidad al sistema democrático. La totalidad de estas características daba a estas naciones la calidad de grandes depósitos de capital, tecnología, personal técnico, sistemas administrativos prontos a ser exportados para el progreso de todo el mundo.

Las naciones retrasadas eran caracterizadas como economías rurales monoproductoras (sólo un producto comercializable en el mercado mundial), escasamente diversificadas en diferentes clases sociales, con poblaciones dispersas en áreas rurales, étnicamente muy diversas, de cultura oral y tradicionalista, fundamentalistas en lo religioso, bajo nivel de educación, con dificultades de comunicación en el territorio nacional. De aquí sólo podían originarse polarizaciones sociales, con pequeñas élites oligárquicas en la cúspide social cuyas redes familiares acaparan la riqueza, prestigio e influencia disponibles y en la base social grandes masas de campesinos desposeídos, sin mediar entre ellos una clase media moderadora. Se imputaba a estas sociedades una tendencia crónica a violentos conflictos sociales que sólo pueden neutralizarse mediante dictaduras.

Las naciones capitalistas avanzadas quedaban caracterizadas como sociedades dinámicas por su alta historicidad, es decir, su gran capacidad de autotransformación. Por el contrario, las naciones capitalistas retrasadas quedaban identificadas como sociedades estáticas, de baja historicidad por su escasa capacidad de autotransformación. Esta caracterización planteaba el desafío de transferir el dinamismo de las naciones avanzadas a las retrasadas. De aquí surgía la noción de progreso, que implicaba un aceleramiento de la historicidad estancada.

El librecambismo sería el vehículo para esa transferencia. En el mercado libre las naciones avanzadas y retrasadas se reúnen para intercambiar de manera racional, sin compulsiones, los bienes que producen de manera más eficiente, en mayor cantidad y a menor costo. Con este intercambio las naciones retrasadas financiarían la importación de bienes de capital, tecnología y sistemas administrativos necesarios para el aceleramiento de su historia, su progreso.

El progreso, es decir, el aceleramiento de la historicidad nacional, recibe el rótulo de "modernización". Esta implica acuerdos entre oligarquías nacionales y extranjeras para habilitar los intercambios comerciales, asegurándose en el territorio nacional el respeto de la propiedad de los inversionistas extranjeros que introduzcan actividades productivas para dinamizar la economía. Afianzar esa nueva productividad genera toda una cadena de cambios culturales. Debe reformarse el sistema educativo para preparar el personal de trabajadores, técnicos y profesionales necesarios. Esto requiere la circulación de implementos culturales extranjeros que faciliten esta preparación –textos de estudio, publicaciones especializadas, todo tipo de material pedagógico, por ejemplo. La reforma educacional tiene el propósito de transformar la escala de valores predominantes para que la modernización sea apetecible como proyecto de toda la nacionalidad y para que el ascenso de los individuos a estratos sociales más altos se convierta en una aspiración generalizada. En última instancia, esto redundaría en el surgimiento de una clase media democrática, en una redistribución más ecuánime de los ingresos y en una estabilidad del sistema político.

Inicialmente la modernización se aposentaría en las ciudades principales de los países retrasados para luego irradiarse al interior. De aquí surgía la concepción espacial característica del desarrollismo liberal, la supuesta existencia de sociedades duales en las naciones retrasadas: una moderna, aposentada en la ciudad principal y, en el interior, otra, tradicional, arcaica, irracional, étnicamente heterogénea, bárbara. La modernidad urbana se debía a la proximidad y comunicación con las naciones avanzadas y el intenso intercambio con ellas. Este desbalance espacial debía compensarse con la difusión hacia el interior de los mismos elementos concentrados en la ciudad –capital, tecnología, sistemas productivos, administrativos y comunicativos modernos, importados. De allí que este plan de desarrollo nacional se haya llamado "difusionismo liberal". Debe constatarse que los términos de este difusionismo liberal corresponden con la concepción de la literatura narrativa iniciada en el siglo XIX luego de las independencias nacionales, según la explicaba en una sección anterior.

Esos universos simbólicos quedaron estructurados y se prolongaron en el tiempo a través de dos géneros retóricos: la épica y el romance.

La ciudad modernizada, europeizada, se proyectaría hacia el interior militarmente para conquistar territorios indígenas y establecer sistemas de fuertes de los que, más tarde, surgirían ciudades menores, satélites, que servirían de base de la autoridad administrativa, el comercio y los bancos. En torno a ellas se crearían haciendas, ranchos, minas, se sujetaría a los indígenas para servir de mano de obra barata, se asentaría a los inmigrantes europeos.

Este propósito generó un esquema épico. Sus personajes son caracterizados como grupos que emprenden un viaje al interior, al "desierto", para establecer allí un nuevo orden social basado en la razón, la luz del espíritu, el logos que da forma humana a lo infinito de la naturaleza y establece la propiedad privada y el latifundio. Allí se concentrarían las energías civilizadoras europeizantes creando una monumentalidad sagrada. En el curso del viaje el grupo experimenta un creciente número de aventuras que pone a prueba y obliga al empleo de todos los recursos físicos, materiales y espirituales disponibles. De estas pruebas surge un individuo que demuestra tener una inteligencia, habilidad y astucia superior para solucionar los obstáculos enfrentados. Esto lo convierte en héroe cuyas proezas rebasan el mérito individual y lo transfiguran en un ícono nacional en que se encarnan o se auguran los mejores valores de la raza, del pueblo, del Estado, bien sea que el héroe triunfe o sucumba. El héroe épico representa la masculinidad racionalista asociada con la gran ciudad. La tierra conquistada o por conquistar tiene signo femenino. El triunfo de lo masculino sobre lo femenino inaugura el nacimiento de la gran familia nacional. Entre una larga lista de obras canónicas estructuradas por este esquema mencionemos sólo las más evidentes –*La cautiva* (1837) de Esteban Echeverría, *Martín Fierro* (1872-1879) de José Hernández, *Doña Bárbara* (1929) de Rómulo Gallegos, *La vorágine* (1924) de José Eustacio Rivera, *Frontera* (1949) de Luis Durand, *La desembocadura* (1958) de Enrique Amorím. Recordemos parte de esa cita de Carlos Fuentes: "Hemos vivido bajo el signo de la epopeya casi toda nuestra vida; nuestras novelas han sido épicas y nuestro arte ha sido épico, pero en el momento en que se agota esta capacidad épica, parece que no nos queda sino una posibilidad mítica ...".

El romance mostró las peripecias y sufrimientos de las oligarquías en el proceso de arraigar el liberalismo en sus países. En su esquema el romance divide el mundo ficticio en dos estratos: una superficie que corresponde a la realidad social en que se juega el destino de la utopía liberal y una subterraneidad en que acecha lo demoníaco para destruir la esperanza de la utopía (Frye, *The Secular*). Los espacios de la superficie en que se aposenta la utopía liberal se muestran en la vigilia y responden a una racionalidad que augura situaciones idílicas en el futuro. Para resguardar sus límites hay siempre un potencial de serenidad, paz, amor, libertad. Predomina en estos espacios la juventud, la belleza, la elegancia, la primavera, el verano, el sol, la luz. Como señal de esperanza, la naturaleza se muestra con esplendor. Pero más allá de la seguridad de estos espacios acechan fuerzas demoníacas que surgen de espacios inferiores, del averno, y buscan sumir en la perturbación mental a los seres que portan la utopía, demostrando que la esperanza es nada más que una ilusión. La realidad "real" es más bien presidida por la crueldad, la tiranía, la soledad, la humillación. Los amantes deben ser separados y habitar en el dolor, la oscuridad, lo invernal. A lo largo de la narración, los destinos de los héroes y heroínas del romance zigzaguean entre esta subterraneidad y esa superficie. Sufren peripecias en que sus existencias se debaten entre la angustia y la calma, la vigilia venturosa y la pesadilla, la sanidad y la locura, hasta que se da la resolución como ritual definitorio –matrimonios, funerales, sacrificios, promesas de retorno, por ejemplo– que auguran el triunfo de la utopía. Pensemos en *Amalia* (1851) de José Mármol, *Martín Rivas* (1866) de Alberto Blest Gana o *María* (1867) de Jorge Isaacs.

Pero, por sobre todo, consideremos la manera en que se da ese zigzagueo del romance a fines del siglo XIX y comienzos del XX, cuando simultáneamente se da el triunfo del librecambismo y, por ello mismo, la crisis de los nuevos Estados y de las identidades nacionales. Como índices de estos quiebres tenemos la convivencia y el zigzagueo entre el idealismo de José Enrique Rodó, el angustiado sibaritismo consumista de Rubén Darío y el brutal naturalismo de *Sin rumbo* (1885) y *En la sangre* (1887) de Eugenio Cambaceres, *La bolsa* (1891) de Julián Martel, *Sangre patricia* (1902) de Manuel Díaz Rodríguez, *Casa grande* (1908) de Luis Orrego Luco o *Los de abajo* (1916) de Mariano Azuela.

Conviene mantener en mente la paradoja indicada: precisamente el triunfo del liberalismo en la construcción de los Estados-nación y de las identidades nacionales trajo consigo la crisis de los Estados-nación y de las identidades nacionales. Las décadas finales del siglo XIX y las primeras del siglo XX se caracterizaron no sólo por la enorme riqueza acumulada por las oligarquías y el lujo ampuloso de sus estilos de vida sino también por las múltiples masacres de trabajadores nacionales e inmigrantes cometidas por Estados oligárquicos acostumbrados a solucionar la lucha de clases aplicando violencia extrema. Las décadas de fines del siglo XIX y comienzos del XX se caracterizaron por la gran cantidad de ensayos que cuestionaban de manera pesimista los resultados de varias décadas de vida independiente.

EL RECURSO A LA TEORÍA DE LA DEPENDENCIA

Esbozar con tal claridad el simbolismo del proyecto liberal en Latinoamérica, como lo he hecho en la sección anterior, fue posible por la introducción de la teoría de la dependencia en los estudios literarios. Ella desnudó el factor ideológico del difusionismo liberal demostrando, como lo señalaba Louis Althusser, que las ideologías son sistemas analógico-metafóricos que "condensan" y "desplazan" en imágenes aparentemente simples toda clase de conflictos sociales procedentes de la actividad económica, la política y el acopio ideológico que pueda existir en una sociedad (filosofía, teología, arte, literatura, etc.), su experiencia histórica, además de que esos sistemas analógico-metafóricos tienen su propia lógica y dinámica de representación poética. La teoría de la dependencia reveló la problemática real oculta en el difusionismo liberal y en su literatura de ficción.

La teoría de la dependencia mostró que la política económica inaugurada por los liberales para superar la baja diferenciación de la economía y de clases sociales, el alto desempleo, la baja calidad de vida, los bajos niveles educacionales, la insalubridad, la inestabilidad política, la violencia criminal y política constante y generalizada resultaba sólo en un desarrollo limitado –un "desarrollo dependiente asociado", según la terminología de Fernando Henrique Cardoso–, en que los Estados nacionales tienen un escaso marco de decisión, de soberanía. Al demostrarlo, demolieron las categorías de conocimiento que sustentaban al difusionismo liberal.

De hecho, en su representación espacial de las conexiones entre Latinoamérica y sus metrópolis imperiales –en secuencia, España, Portugal, Gran Bretaña, Estados Unidos, los conglomerados transnacionales en la actualidad– la teoría de la dependencia desarrolla un modelo geopolítico. Las categorías que organizan ese modelo permiten trazar con claridad los esquemas espaciales en la conquista y la colonización. Por ejemplo, los aprestos hechos para la conquista; el establecimiento de las primeras bases de operaciones en los territorios por conquistar; las observaciones antropológicas de las poblaciones para controlarlas; el desplazamiento militar para la conquista; la transformación económica y social de las colonias, etc. Fue fácil desprender las implicaciones de esto para una historia de la producción literaria. La brevedad de esta exposición no me permite reproducir la manera en que se ha aplicado ese esquema geopolítico. Remito al lector a dos de mis intentos que he consignado en la bibliografía (Vidal, *Literatura, Socio-historia*).

Considero más importante gastar el espacio restante en un esbozo aproximativo de la lógica de la teoría de la dependencia y de las repercusiones que tuvo para reflexionar sobre teoría cultural. Estas repercusiones pueden proyectarse hacia el futuro.

Dependentistas como André Gunder Frank, Fernando Henrique Cardoso, Enzo Faletto, Osvaldo Sunkel, Ruy Mauro Marini y Theotonio dos Santos desacreditaron la noción liberal de que el comercio internacional fuera un intercambio voluntario, ocasional o frecuente, racional y libre de compulsión de los bienes y servicios que cada nación produce en mayor cantidad, de la manera más eficiente, a menor costo, en transacciones complementarias que satisfacen necesidades mutuas. Más bien, el mercado internacional es una estructura, un sistema en que, por su situación geopolítica, su acumulación de capital, su capacidad científica, tecnológica y administrativa y su capacidad de proyectar un poderío militar, algunas naciones se convierten en el centro del sistema capitalista y sujetan a otras naciones y regiones como satélites para servir, abastecer y complementar la economía transnacional que dominan. Usando una analogía con el sistema solar, esto queda representado como la relación entre un centro y las periferias selectivamente integradas al sistema. Esta relación centro-periferia se da también en los territorios del centro, así como en la periferia.

Como componentes de un sistema, estos elementos tienen una posición, una función, una jerarquía, una calidad y relaciones y comunicaciones verticales (centro-periferia) y horizontales (periferias-periferias). Todo esto está dinamizado por intercambios de capital, tecnología, conocimientos, discursos, mercancías, modas, estilos de vida, personal técnico especializado y procedimientos administrativos, todo esto presidido por una ley general –la transferencia de excedente económico desde la periferia al centro de la periferia y desde allí al centro del centro, dándose además el mismo proceso dentro del centro. En cuanto a la producción de excedente económico, el centro toma las decisiones sobre los bienes y servicios que se producirán y venderán, el lugar y período en que esto ocurrirá, la colocación geográfica de recursos financieros, técnicos y fuerza laboral necesarios, los medios de comunicación y transporte utilizados. En la periferia, el centro acuartela su comando de decisiones en la ciudad principal y las irradia desde allí hacia enclaves en el interior. Desde la gran ciudad el centro define los términos y la extensión con que se habilitarán los espacios de la periferia para la concentración de la población y la producción.

La estructuración de este sistema mundial ha sido posible por pactos formalizados para conveniencia mutua por bloques de poder oligárquico que dominan las instituciones económico-políticas en el centro y en la periferia. La implementación de estos pactos no tiene necesariamente el propósito principal de satisfacer el bien común de las poblaciones nacionales y regionales. Más bien forman redes y zonas de intereses transnacionalizados. Favorecer ese bien común nacional y regional es un resultado colateral. La noción de este bien común general la introducen las clases marginadas o semimarginadas que luchan por algún grado de acceso a la riqueza producida y acumulada por el trabajo colectivo. Por ello es que, además de adecuar los canales legales, financieros y comerciales para asegurar la transferencia de excedente económico (llámense Tratado de Breton Woods, GATT, Banco Mundial, Fondo Monetario Internacional, Banco Interamericano de Desarrollo, Organización Mundial de Comercio), se han creado organizaciones político-diplomáticas para sujetar a las naciones y regiones dentro del sistema capitalista transnacional. En este rubro pueden considerarse la Organización de Estados Americanos y pactos militares bilaterales entre Estados Unidos y cada país latinoamericano y los multilaterales, como el Pacto de Ayuda Militar durante la guerra fría.

Los teóricos de la dependencia elaboraron una serie de categorías analíticas para describir los mecanismos de conexión centro/periferia, de extracción de excedente económico desde las periferias y su efecto en estas naciones/regiones. A partir de estas categorías se podían desprender algunos corolarios de importancia para una perspectiva de estudio histórico como la que interesa en este trabajo. En la exposición que sigue debe entenderse que esas categorías principales se aplican a los múltiples modos de la conexión centro/periferia de los diferentes países latinoamericanos de manera general, sin especificar las idiosincrasias históricas de cada país y que, por tanto, se trata de descripciones abstractas.

Integración selectiva de naciones/regiones a la economía transnacional. En las zonas potencialmente integrables al sistema económico transnacional el centro puede identificar diversos elementos utilizables: fuerza de trabajo abundante, barata, dócil; territorios aptos para la producción agropecuaria o la extracción minera; zonas geográficamente estratégicas para construir instalaciones militares, comunicativas, ejes para sistemas de transporte; países en que el bloque de poder esté dispuesto a aceptar en el territorio nacional segmentos de producción industrial especialmente tóxicos. Dependiendo del poder de los bloques políticos imperantes en la periferia, el centro puede llegar a acuerdos por los que se instalen enclaves directamente controlados desde el exterior, quizás con escasas conexiones con la economía nacional que puedan dinamizar otras ramas de la producción local. En este caso la economía transnacional crea, apoya y mantiene una oligarquía burocrática estatal que garantiza el funcionamiento de los enclaves y recibe el máximo de los beneficios, con poco derrame de ellos al resto de la población. Si es que el interés está en segmentos importantes de una economía nacional diversificada, puede que el centro haga énfasis en controlar aspectos que demandan alta inversión financiera y/o tecnológica, como comunicación y transportes, apoyo técnico de la producción, habilitación de una red de mercadeo internacional de los productos nacionales. También puede comprar un porcentaje de las acciones de las empresas locales que le permita el control de la producción. De esta manera el Estado y el aparato político local se convierten en aval de la inversión extranjera. Aunque en este caso hay una mayor participación de otros sectores de la población nacional en el excedente económico producido, es indiscutible que la misión principal del Estado nacional es garantizar la asociación transnacional.

Asimetría crónica de la balanza de pagos. En cualquiera de los dos casos señalados anteriormente, el control del sistema de mercadeo internacional de los productos nacionales y el control de la asignación de precios favorece a las exportaciones del centro en comparación con las importaciones desde la periferia. Ésta siempre tenderá a un déficit creciente en la cuenta corriente de su comercio internacional, la que debe ser saldada con préstamos con alto interés negociados y renegociados periódicamente.

Superexplotación. Servir esos compromisos sin que las oligarquías económicas periféricas se arruinen las obliga a restringir todo lo posible el salario o los bienes de consumo que retornan al trabajador por su jornada de trabajo. Entre los métodos usados están las depreciaciones constantes de la moneda nacional en relación con la extranjera, de manera que la remuneración real de los trabajadores se reduce frecuentemente y, por tanto, se reduce su calidad de vida. A la vez el Estado reduce su inversión en servicios de salud, educación y seguridad social, garantizando así más fondos para el pago de la deuda externa.

Violencia social latente o manifiesta generada por la superexplotación, la cual se revela, por ejemplo, en confrontaciones huelguísticas, con grados diferentes de represión por los servicios de seguridad contra los trabajadores organizados, con la ley marcial declarada en casos extremos, con la criminalidad de los desempleados crónicos. Están, además, los ciclos periódicos de genocidio de pueblos indígenas en la medida en que sus territorios ancestrales puedan contener algún bien utilizable por el sistema mundial y sus aliados nacionales.

Marginación estructural. Las periferias son integradas o reintegradas periódicamente al capitalismo transnacional según cambian las demandas del sistema –llamadas "ventajas comparativas"– las cuales nunca satisfacen las necesidades de empleo de la población nacional con su mayor tasa de crecimiento. Esto genera masas permanentes de desempleados o empleados sólo temporalmente, lo cual se agudiza cuando la actividad productiva introducida en las periferias es de tal sofisticación técnica que requiere una escasa fuerza laboral para su funcionamiento. La artesanía, la industria y el comercio nacional o regional son incapaces de competir en estas circunstancias. Al arruinarse se produce una movilidad descendente y ruina y pauperización para los empresarios, las clases medias y los trabajadores involucrados.

Migraciones masivas. Ya sea porque las demandas del sistema transnacional requieren la reubicación voluntaria o forzada de la fuerza de trabajo, o porque los marginados marchan a otras regiones en busca de trabajo y mejores condiciones de vida, el capitalismo transnacional induce grandes olas migratorias desde las áreas rurales a las urbanas, entre áreas rurales, desde países extremadamente pobres a países más prósperos. Pero, en especial, debe considerarse la concentración de desempleados y subempleados crónicos alrededor de las grandes capitales latinoamericanas.

Crisis de la vida familiar y comunitaria. Las migraciones masivas debilitan a las comunidades regionales por el alejamiento de los jóvenes y de uno de los esposos. Una comunidad es un colectivo que en el contacto cotidiano establece un lenguaje común, "sentidos comunes" compartidos, formas de sociabilidad, tradiciones, costumbres, solidaridades, folklore. Con ese alejamiento, la familia y la comunidad quedan debilitadas, por mucho que las remesas de dinero desde otras zonas del país o desde el extranjero creen alguna prosperidad momentánea.

Polarización productiva. Las actividades más modernas, prósperas y dinámicas son las asociadas con las demandas del sistema transnacional, mientras los capitalistas nacionales que sirven el mercado nacional o local funcionan con equipo comparativamente obsoleto, dificultades para la capitalización y obtención de crédito, mercadeo y distribución de sus productos y reducidos márgenes de ganancias. Sin embargo, estas empresas medianas y pequeñas son las que generan mayor empleo para la población nacional. Por consecuencia, también se polarizan los ingresos económicos a favor de sectores minoritarios de la población, aumentando cada vez más en detrimento de las mayorías.

Desequilibrio espacial. Es evidente que la inversión, modernización y mantenimiento de las infraestructuras de suministro de energéticos, camineras, comunicativas, de edificios de servicio, de salubridad, puertos y aeropuertos es mucho mayor para el apoyo a los sectores transnacionalizados de las economías nacionales o regionales. Se da un contraste a veces extremo con la infrastuctura para el servicio de la actividad económica no transnacionalizada. Ello redunda en la diferente calidad de los servicios públicos orientados al consumo nacional y regional. Esto se advierte, además, en el cuidado, mantenimiento y estilo de las áreas residenciales, según la conexión de sus habitantes con la economía transnacional, la concentración de las clases medias bajas en los edificios deteriorados del casco viejo de las grandes ciudades y la de trabajadores en las poblaciones marginales en zonas suburbanas poco habilitadas para la residencia.

Polarización social y cultural. Los sectores de clases de la periferia asociados con la productividad transnacional logran una calidad de vida y adoptan estilos de vida congruentes con sus pares en el centro. Su consumo de artefactos, revistas, libros, videos, alimentos, vestimenta, su estilo de vida, habitación en sectores urbanos configurados de manera similar a los del centro, su educación para ocupar alguna función en el sistema transnacional los diferencia radicalmente de sus connacionales, como si vivieran en un mundo aparte. Esto redunda en la manera en que consideran los problemas más apremiantes de las mayorías nacionales desposeídas.

Articulación de criterios para la discriminación y la segregación. Para justificar y mantener la polarización social, se rearticulan antiguas formas de discriminación racial, étnica y de sexo para mantener la marginación y justificar las decrecientes posibilidades de ascenso social de los marginados y su acceso al crédito para el consumo.

Proliferación del darwinismo social. Al considerar el impacto humano indicado en las categorías anteriores, en sus comentarios sobre la situación global representantes del centro y sectores sociales de la periferia integrados al sistema transnacional frecuentemente usan conceptos en que se compara justificatoriamente la vida en el sistema, ya sea desde una perspectiva sistémica o nacional, a una lucha animal por la supervivencia en que sólo triunfarán los más adaptables, los más capacitados y los más fuertes.

Esfuerzos por recuperar una noción de la sacralidad de la vida. En contra de ese darwinismo, surgen tendencias religiosas y humanistas seculares, tanto en el centro como en la periferia, que buscan revitalizar valores éticos de respeto por el cuerpo humano, por los derechos humanos, por la naturaleza, por la diversidad cultural, étnica y racial.

Integración transnacional/desintegración nacional. Sin duda esta es la categoría más importante en la propuesta de los teóricos de la dependencia para la interpretación de la cultura latinoamericana.

La cuestión planteada es que la conexión inevitable de toda región del mundo con el capitalismo transnacional implica un proceso de construcción de las estructuras necesarias para la integración, proceso que resulta paralela y simultáneamente en la drástica modificación o destrucción de las relaciones con que las poblaciones nacionales y regionales han estado construyendo modos de vida de acuerdo con necesidades colectivas definidas a través de múltiples generaciones. Puede que las naciones y regiones integradas gradualmente desarrollen alguna forma de ajuste y equilibrio con las transformaciones inducidas desde el exterior. No obstante, el proceso de construcción/destrucción se iniciará nuevamente una vez cambien las demandas del capitalismo transnacional.

Son innumerables los ejemplos que podrían darse. Basta uno:

Desde fines del siglo XIX hasta las primeras décadas del XX, la economía chilena fue dinamizada por la exportación de salitre desde las provincias del norte expropiadas de Perú y Bolivia en la guerra de 1879-1884. Desde la región central de Chile se produjo una gran migración al norte de campesinos para trabajar por mejores salarios en ese tipo de minería y en la construcción de la infraestructura de soporte. Allí los trabajadores encontraron miserables condiciones de vida por la extrema escasez de vivienda y de sistemas de salubridad para recibirlos. A la vez, las migraciones causaron una seria escasez de trabajadores para la producción agrícola latifundista en la zona central. Estas dislocaciones se acentuaron cuando el gobierno del presidente José Manuel Balmaceda inició un programa de industrialización y modernización infraestructural con la enorme recaudación de impuestos obtenidos de la minería del salitre. Para asegurar un ingreso fiscal estable a largo plazo el gobierno tuvo que regular la producción. Dañados por esta intervención estatal, empresarios salitreros chilenos y extranjeros, bancos chilenos asociados con esta minería y latifundistas de la zona central se unieron en una insurrección contra el gobierno de Balmaceda. Apoyados por Gran Bretaña y Alemania, triunfaron en la guerra civil de 1891. En esta encrucijada, empresarios ingleses tomaron control de la minería del salitre. Se malogró la posibilidad de una industrialización nacional sustentada por el Estado y por capital chileno. Durante la primera guerra mundial químicos alemanes encontraron modos para producir salitre sintético. La minería del salitre se arruinó. Con terribles consecuencias sociales comenzó una catastrófica declinación de la economía chilena y el término de una concepción del Estado y de un modo de vida. Luego, en 1929, comenzó la gran depresión mundial.

Las malogradas expectativas de progreso podrían multiplicarse con la experiencia de la minería de la plata en México, Perú y Bolivia, del guano en el Perú, del caucho en Brasil y Colombia, del estaño en Bolivia, de los campos de henequén en Yucatán, de las tierras cafetaleras de Brasil, agotadas y abandonadas, de las zonas bananeras abandonadas en Centroamérica y Ecuador, de la desindustrialización creciente de Estados Unidos desde la década de 1970.

De estas evidencias del deseo de pleno desarrollo socioeconómico constantemente malogrado surge la *definición de la dependencia:*

Una nación/región es dependiente cuando la dinámica de cambio económico, de relaciones de clase, de actividad política y administración estatal y de las ideologías predominantes no responde a necesidades definidas autónomamente sino a las imposiciones de poderes foráneos —mediadas por intereses nacionales afines— que la han integrado a su esfera de influencia económica, militar y política.

El sustrato de esta definición es la noción de historia elaborada por el materialismo histórico, como lo señala el término "necesidades definidas autónomamente". Según el materialismo histórico, *la historia es el trabajo / praxis de la especie humana por satisfacer necesidades definidas colectivamente transformando la naturaleza y la sociedad en una dinámica circular que resulta en la autotransformación de los agentes de la praxis. A la vez se trata de una dinámica de ascenso espiral porque la construcción de los instrumentos materiales y espirituales para satisfacer conjuntos de necesidades abre una plétora de otros usos posibles del cuerpo, de la mente y de los instrumentos disponibles que, a su vez, crean otras necesidades, ad infinitum.*

Si con este concepto de la historia volvemos a la definición de dependencia, el juicio es devastador —*en la medida en que la praxis colectiva latinoamericana queda alienada del objetivo humano de superar el reino de la necesidad según voluntades autónomas, su historicidad es esencialmente pervertida.* Las naciones/regiones dependientes no tienen la soberanía para definir sus necesidades y la praxis para satisfacerlas, la mayor parte del excedente económico no se capitaliza dentro del territorio nacional, no controlan la tecnología de su praxis. *La humanidad latinoamericana pareciera, por tanto, ser menos humana, pareciera ser monstruosa,* temática explotada por cultores del concepto de "postmodernidad" (Vidal, *Tres*). Así se aclara mucho más la intuición de Carlos Fuentes: *Latinoamérica tiene una "historia mostrenca".*

Esto pone en el tapete el problema de la libertad en el contexto de la dependencia. La libertad puede entenderse como la capacidad del ser para elegir —según el entendimiento que le entregue su conciencia— un camino y una estrategia de praxis en un escenario condicionado por muchas otras voluntades de acción, afines, favorables u oponentes. El camino que elija da sentido a todo su entorno presente, sus expectativas de futuro y, por tanto, al significado que se pueda imputar al pasado. No obstante, si consideramos los ciclos de dependencia que han marcado la historia latinoamericana, aunque las libertades avizoradas en las luchas por el paso de uno a otro sean relativamente más amplias, las catástrofes implícitas en las categorías revistadas más arriba vuelven a repetirse. Los escritores de la "narrativa del *boom*" captaron esta circularidad con el ritualismo cíclico-mítico en la estructuración de sus relatos más importantes.

Las luchas por la liberación del monopolio mercantilista de España y Portugal (1492-1830) para crear Estados-nación independientes y soberanos fueron realmente el ingreso al sistema transnacional librecambista presidido por Gran Bretaña como centro (1830-1920). El colapso del librecambio con la gran depresión iniciada en 1929 trajo un período de enormes disturbios sociales que, a partir de la década de 1940, gradualmente fueron superados por dictaduras militares que implementaron el proyecto de industrialización sustitutiva de la importación en los principales países latinoamericanos. Esta industrialización parecía augurar el "despegue" hacia economías de desarrollo independiente. No obstante, ya hacia la década de 1950 las empresas más importantes de las industrias nacionales se estaban transformando en subsidiarias de conglomerados transnacionales basados en Estados Unidos. Con el neoliberalismo los conglomerados transnacionales que en el presente dominan la economía global han parcelado su conexión con las naciones/regiones en franjas de ventajas comparativas tan estrechas que provocan una altísima marginación social. La polarización social y cultural se ha extremado.

Antes de continuar conviene una pausa para observar que, además de proveer a todo investigador de un esquema geopolítico de la teleología histórica latinoamericana, la teoría de la dependencia permitía y obligaba a que, para llevar adelante su trabajo, el crítico literario académico estableciera regímenes de lectura de gran amplitud interdisciplinaria. Para situar los textos literarios canónicos dentro de las categorías de la dependencia, el crítico, además de estudiar estética literaria, debía leer material antropológico, sociológico, histórico, urbanístico, de política económica, de geopolítica militar. Gradualmente los textos de ficción y de estética literaria dejaron de ser los objetos únicos de la disciplina y quedaron situados como series de lecturas profesionales paralelamente con las listas provenientes de las ciencias sociales.

CRÍTICA DE LA PRODUCCIÓN INTELECTUAL

En última instancia, la teoría de la dependencia permitió dos tareas cruciales para el estudio de la cultura latinoamericana: 1) a partir de ella se podían desarrollar criterios para evaluar la conducta y el sentido de la producción de los intelectuales en el contexto de la dependencia; 2) sugirió el modo con que se manifiestan las sensibilidades sociales en un contexto de dependencia. Me ocuparé de estos dos problemas para terminar esta presentación.

Es indudable que, a través de los siglos, innumerables intelectuales han tenido intensas intuiciones de los efectos de la dependencia latinoamericana y han articulado discursos como reacción ante ella. En el estudio de estas intuiciones y reacciones es de utilidad considerar lo que Eric Voegelin ha llamado "experiencia noética". No se trata de reemplazar la noción de ideología por la de experiencia noética porque, examinados comparativamente, ambos conceptos se refieren a representaciones fantasmagóricas que ocultan y distorsionan el sentido real de las relaciones sociales. Sin embargo, vale la pena prestar atención al concepto de experiencia noética porque hace énfasis en los intelectuales como agentes emisores de las fantasmagorías y su producción simbólica. El concepto althusseriano de ideología más bien se refiere a una estructura psicológica impersonal.

Experiencias noéticas son aquellas situaciones de sobrecarga y descarga verbal de tensiones racionales y emocionales que provoca vivir las alienaciones de un orden social. En individuos de especial sensibilidad ética, estas descargas generan y exteriorizan un logos mítico cuyos símbolos funden la cercanía inmediata de la cotidianeidad con una intuición cósmica que se presenta a la conciencia como el significado de la "condición universal" de la humanidad. El logos mítico contiene un descomunal salto de la imaginación para dar cuenta del sentido y teleología de la humanidad con principios trascendentales que la inmediatez de la experiencia cotidiana es incapaz de avalar. En la experiencia noética el ente temporal del ser humano es captado como eternidad, lo cual exige un acto de fe para afirmar su veracidad. De los esfuerzos por comprender la significación de los símbolos entregados por el logos mítico surge la filosofía como intento de captar el sentido y teleología de la existencia. Más tarde, por los actos analíticos de la razón, surgen los principios hipotéticos de la historiografía en una inversión por la que la ficción de lo eterno evalúa y enjuicia lo temporal. De este modo, lo que todavía no existe y quizás nunca existirá aparece presidiendo sobre lo real. En estas condiciones se originan esos momentos de ruptura de las disciplinas sociales coercitivas que permiten avizorar libertades posibles y orientar la voluntad para una praxis que la concrete.

Si se acepta el concepto de experiencia noética, ¿de qué manera interviene en ella la noción de dependencia? Creo que debería hablarse de la dependencia como un "inconsciente político" que, más allá de las conciencias y voluntades libertarias que puedan expresarse en la experiencia noética, finalmente las distorsiona. La estructura de la dependencia aparece como un *deus ex machina* oculto para los actores sociales que se debaten en las contingencias inmediatas y laberínticas de sus luchas emancipatorias. Sumidos en la inmediatez de la lucha, las voluntades libertarias no captan que, cumplido el ciclo épico de emancipación, el resultado de la lucha quedará finalmente sometido a la totalización de un nuevo ciclo de dependencia.

No puede decirse que intervenga un principio de incertidumbre en el devenir histórico hacia un nuevo ciclo de dependencia porque ésta, observada desde una macroperspectiva, es la construcción de una estructura de contornos precisos y constantes. No obstante, observada desde el laberinto de la contingencia histórica, la irrupción del hecho de la dependencia como factor inconsciente da un cariz extraordinariamente ambiguo a la acción y a la producción intelectual en este contexto, en la medida en que los objetivos utópicos de las voluntades racionales de transformación social nunca pueden coincidir con los resultados concretos.

Teniendo en cuenta ese inconsciente político, las experiencias noéticas afectadas por la dependencia pueden ser situadas entre dos términos polares abstractos –afirmación/ apoyo de la voluntad imperial de mantener la dependencia; voluntad de ruptura revolucionaria para el egreso de la situación de dependencia. Son polaridades abstractas porque la historiografía muestra que ninguna de estas dos posturas se manifiesta de manera pura. A partir del predominio de cada una de ellas se da algún grado de conciencia de la validez de aspectos del extremo opuesto. Esto lleva a un acomodo intermedio que implica mala fe. Mala fe en cuanto a que, en última instancia, todo intelectual caerá en alguna claudicación porque no podrá desprenderse del orden social rechazado y tendrá que encontrar algún subterfugio para justificar algún nexo con él. Si se trata de intelectuales en busca de una ruptura revolucionaria, tendrán que acogerse a nuevos aliados exteriores que, sin duda, impondrán nuevos términos de dependencia. Por tanto, creo que se puede hablar de progreso en el paso de un ciclo de dependencia a otro, pero con calificaciones muy estrictas.

¿Cómo sitúan su mala fe los intelectuales entre esos extremos polares?

Si consideramos los horribles rituales de sacrificios humanos masivos cometidos por la teocracia del imperio azteca, ¿es que no hubo un factor humanizador en el imperio español en México? Hernán Cortés en sus *Cartas de relación*, ¿es nada más que un manipulador maquiavélico que a la distancia sólo intenta engañar a la autoridad real residente en España? Sí, pero también creía en la misión evangélica de España en América y gastó buena parte de su botín financiando a misioneros que finalmente terminaron con los sacrificios humanos. Bartolomé de las Casas, ¿realmente estaba preocupado de las atrocidades cometidas contra los indígenas, del peligro de que fueran exterminados, o de la inestabilidad del imperio si es que desaparecía la fuerza de trabajo que debía sustentarlo? Alvar Núñez Cabeza de Vaca después del naufragio y durante la peregrinación por la costa del golfo caribeño descubre la humanidad de los indígenas, se imagina a sí mismo viviendo el ejemplo de la vida de Cristo, piensa en el derecho indígena a la libertad y es consciente de la malignidad de someterlos al trabajo forzado; pero al tomar contacto nuevamente con sus compatriotas los entrega simplemente porque la autoridad española le promete no esclavizarlos.

Es irónico el drama de los intelectuales liberales que construyeron el universo simbólico de los nuevos Estados-nación después de las independencias del siglo XIX. Como profetas bíblicos, liberales como Esteban Echeverría y José Victorino Lastarria contribuyeron a la construcción del logos americano para conducir imaginariamente al pueblo desde la supuesta barbarie primigenia de América y la sumisión colonial en una peregrinación simbólica hacia la redención de la tierra prometida representada por la civilización de la ciudad europeizada. Más tarde, en el lapso de sus vidas, hacia fines de siglo muchos de estos liberales contemplaron y lamentaron el resultado brutal de sus utopías. El librecambio llevó a un increíble aumento de la productividad en comparación con el monopolio mercantilista hispánico. De la tecnificación de la actividad económica surgieron diferentes sectores profesionales de las clases medias –veterinarios, agrónomos, ingenieros, contadores, abogados, militares profesionales, profesores. Esta diferenciación social fue posible porque el liderato liberal genuinamente se preocupó de construir un aparato estatal de educación para elevar el nivel cultural de las poblaciones y ponerlo a la altura del proyecto librecambista. Pero a la vez fue el régimen estatal con el que gobernaron el que a fines de siglo cometió las atrocidades del genocidio indígena y las masacres contra trabajadores en proceso de organizarse de acuerdo con sus intereses específicos.

En comparación con los liberales decimonónicos, la situación de muchos de los escritores de la "narrativa del *boom*" resultó ser sólo levemente irónica. En la década de 1960 su obra se basó mayormente en la intuición de la "historia mostrenca" de Latinoamérica, según la articularon las oligarquías liberales. No obstante, varios provenían de esas oligarquías y mostraban un fiero orgullo por esto, aunque en realidad ellos representaban una fase de su decadencia. A la vez gozaron de su entrada en los circuitos de la primera ola de globalización de las economías latinoamericanas, lo que les permitió viajar y residir en Europa y Estados Unidos, les dio acceso a las nuevas modas literarias, a excelentes contactos personales y a las oportunidades de mercadeo transnacional de su obra. Paralelamente, por un tiempo buscaron asociarse con la revolución cubana adoptando la imagen de "francotiradores" y "guerrilleros" de la literatura emboscados en el orden burgués.

¿Y qué decir de los lideratos de los partidos comunistas latinoamericanos? En sus constantes viajes y residencia en los países del bloque soviético, ¿nunca tuvieron atisbos de las atroces violaciones de derechos humanos y del terrible daño ecológico que se cometió? Si lo percibieron, ¿por qué nunca informaron?; ¿esa utopía valía tanta muerte?

La ambigüedad de los intelectuales en el contexto de la dependencia afecta las sensibilidades sociales con que la captan. Por "sensibilidades sociales" puede entenderse la retórica con que se captan y expresan las utopías y alienaciones de vivir en una sociedad. El término puede servir de complemento al de "experiencia noética", pero en este caso se hace énfasis en el estilo de articulación expresiva. Estas sensibilidades pueden ser descritas según los géneros retóricos –comedia, melodrama, romance, grotesco, tragedia, etc.

Con modificaciones sustanciales en consideración de las especificidades de la historia y de la literatura latinoamericana, la manifestación de estas sensibilidades puede enmarcarse de un modo similar a los arquetipos míticos propuestos por Northrop Frye (1966). Dada la profunda influencia cristiana en la conquista, la colonia y la constitución de los Estados-nación después de las guerras de independencia en el siglo XIX, puede reconocerse un mito superior, de naturaleza apocalíptica puesto que apunta a la consumación milenarista de todo deseo utópico. En esta consumación los elementos primordiales de la gran cadena del ser –lo divino, lo humano, lo animal, lo vegetal, lo mineral– quedarían transfigurados y unificados en el reino de Cristo. Bajo un orden social construido por héroes épicos y hombres sabios en nombre de un dios, un papa, un rey, una ley, una lengua, los bárbaros se civilizarían; los animales salvajes se transformarían en ganado domesticado; los vegetales en productos de los campos de cultivo, jardines y vergeles; la piedra en ciudad europea o europeizada. Idénticos principios de unidad se dieron con los Estados-nación independientes. Se trata de uno de los términos del gran tema de la literatura latinoamericana –civilización *versus* barbarie.

El otro término, la barbarie, puede ser entendido como los abismos inferiores, lo infernal, lo que pervierte, frustra y obstaculiza la consumación de la civilización deseada. Lo divino queda parodiado en una figura demoníaca, tiránica, un dictador, el anticristo que demanda sacrificios sangrientos y constantes, que preside sobre un mundo unificado por el terror. Lo animal se concreta en una bestia de presa –un "tigre de las pampas". La ciudad invadida por seres demoníacos se convierte en una distopía. Los seres demoníacos son heterogéneos y, por tanto, tienden a la anarquía, al caos.

Las narraciones generadas por los ciclos de dependencia se instalan en algún sitio entre estos dos polos: lo apocalíptico y lo demoníaco.

Al comienzo de un ciclo de dependencia el deseo apocalíptico se manifiesta como analogía de una narración épica y las luchas y dificultades para afianzarlo como retórica de romance. Ya habíamos avanzado en la descripción de esas sensibilidades al hablar de la épica y del romance como los géneros retóricos que constituyeron la utopía liberal decimonónica. Una vez establecido ese nuevo ciclo y cuando comienzan a percibirse las calamidades acarreadas por los nuevos términos de la dependencia, elementos claves del romance toman un significado contrario al espíritu utópico de los comienzos. Podría hablarse de un deterioro que lleva a un descenso hacia lo demoníaco. Por ejemplo, los rituales con que termina el zigzagueo de los héroes entre la superficie del mundo deseado y la subterraneidad demoníaca –matrimonios, funerales, sacrificios, monumentos conmemorativos– ya no auguran el triunfo de lo nuevo, de lo joven, de la vida renovada. Más bien apuntan a que la esperanza ya no existe, la razón ya no preside nuestras vidas, el tiempo se ha agotado o estancado. Recordemos que es el imperativo de acumular capital –fuente de productividad y mejor calidad de vida– lo que precisamente lleva al fin trágico de los amantes en *María* de Jorge Isaacs; recordemos la ceremonia de despedida de Martín Fierro y sus hijos al final del poema, cuando, después de haber vivido forzadamente la épica liberal de conquista de la pampa argentina, se despiden para desaparecer en el anonimato, sin dejar marca en la historia; en *Azul* la gigantesca acumulación de capital en manos de las oligarquías librecambistas crea un consumo sibarítico que sin duda promete el enriquecimiento de la sensualidad humana, pero es precisamente esa riqueza la que oprime el espíritu creador convirtiendo el arte en una mercancía y al artista en un gracioso de palacio.

Con la narrativa naturalista de fines del siglo XIX y comienzos del XX la barbarie finalmente se apodera del proyecto liberal como dato genético inamovible que corroe desde el interior mismo del cuerpo humano, a la par con la corrosión de la integridad del "cuerpo social" con las masacres de trabajadores y el genocidio indígena. El naturalismo fue un movimiento esencialmente melodramático. Como género retórico el melodrama implica una caída en lo demoníaco. Fuerzas desconocidas que la razón es incapaz de comprender y de las que no logra precaverse parecen conspirar introduciendo coincidencias que resultan en el control de los destinos humanos. Estas fuerzas están en la composición genética misma de las personas y las llevan a repetir mecánicamente esquemas de conducta de los cuales no tienen escapatoria.

La poesía y la narrativa de Jorge Luis Borges marcan la disolución simbólica definitiva del proyecto liberal. Buenos Aires, la gran ciudad liberal, ya ha prevalecido sobre el resto de Argentina. Residuos de barbarie sólo se manifiestan en los arrabales, con los guapos y los inmigrantes. La historia se ha agotado y, de allí en adelante, como lo demuestran sus cuentos, sólo trae la repetición aburridora de unos pocos arquetipos míticos.

La "narrativa del *boom*" continuó la temática del agotamiento de la historia, pero profundizó su dimensión de grotesco. El grotesco es una exacerbación del melodrama y, por tanto, la sima más profunda en el descenso a lo demoníaco. Ya no se trata de que la razón tenga dificultades para entender la lógica de las fuerzas desconocidas que conspiran contra la voluntad. Con el grotesco se juega la apariencia de que es imposible conocer esa lógica y, por tanto, la agencia humana se enfrenta a contingencias imposibles de prever o controlar. Las rutinas cotidianas y los implementos a la mano que solían darnos seguridad de movernos en un espacio en que reina la seguridad súbitamente parecen tomar una voluntad contraria a nuestro deseo y tranquilidad. Todo aquello que motivara y construyera nuestra praxis ha perdido sentido, ha quedado alienado. Podría decirse que el grotesco es la sensibilidad característica de la etapa de decadencia de los ciclos de dependencia. Recordemos que *Pedro Páramo*, no sólo narra el ritual de retorno de Juan Preciado a sus orígenes malignos; también muestra a un latifundista con la capacidad tanto de corromper la historia mexicana como la vitalidad del cosmos. En *La muerte de Artemio Cruz* toda la historia de la familia Menchaca, gestora de los diferentes ciclos de dependencia en México, es conocida a través de la conciencia en proceso de desintegración de un personaje que muere por gangrena del mesenterio.

La adopción de la teoría de la dependencia –retrospectiva

La teoría de la dependencia permitió visualizar y teorizar el desarrollo de la literatura latinoamericana como componente orgánico del desarrollo de la historia continental. Materias literarias que anteriormente eran expuestas como temáticas aisladas entre sí podían articularse con la coherencia de una teleología histórica. Esto no sólo dio un nuevo sentido a la enseñanza de la literatura. A medida que creció la preocupación académica por los sucesos relacionados con la revolución cubana, la lucha por la democracia en contra de las dictaduras de la doctrina de la seguridad nacional, la revolución nicaragüense, la guerra civil en El Salvador, el genocidio indígena en Guatemala, la preocupación primordial por el texto literario fue desplazada por temáticas culturales cuyo estudio se hacía accesible por el nuevo régimen de lecturas académicas introducido por la teoría de la dependencia. Así es como surgieron los "estudios culturales" latinoamericanistas en las universidades estadounidenses. El crítico literario se convirtió en crítico de la cultura. La teoría de la dependencia fue uno de los elementos posibilitadores de esta progresión.

Por otra parte, es preciso relevar que la teoría de la dependencia surgió en círculos intelectuales latinoamericanos como respuesta a necesidades humanas reales, no sólo como ejercicio académico. Por lo tanto, adoptar algún aspecto de ella daba al profesorado en Estados Unidos la sensación de participar solidariamente en un vasto movimiento de reivindicación social. Esto contribuyó a dar un poderoso vuelco ético a los estudios literarios/culturales latinoamericanistas.

El aspecto ético de la teoría de la dependencia se revela con la amplitud ideológica con que fue adoptada en Latinoamérica. Estuvo asociada con el rupturismo de la revolución cubana; con el pragmatismo socialdemócrata que reconoce la inevitabilidad de la dependencia y trata de negociar los mejores términos posibles en favor de una región o nación; con los cristianos de la teología de la liberación. La articulación de esta teología con la teoría de la dependencia más tarde la universalizó en Europa, Estados Unidos y África, dando un nuevo sentido a la misión cristiana.

La amplitud ideológica de tales asociaciones se debe a que los argumentos de los teóricos de la dependencia planteaban un desafío moral ineludible al situarnos sin resguardo ante lo monstruoso –la existencia de estructuras político-económicas transnacionales construidas, mantenidas y renovadas generación tras generación para desvirtuar el sentido del trabajo, esencia de la historicidad de la especie humana. Los teólogos de la liberación hablaron de "estructuras de pecado" –por el sólo hecho de existir en sociedades dependientes, aun inconscientemente y contra nuestra voluntad transgredimos los valores más fundamentales del cristianismo. Las categorías de "marginación estructural" y "polarización social y cultural" señalan que, indefectiblemente, grandes números de seres humanos quedan condenados a ser menos humanos, excedente indeseado, basura, por tener acceso muy restringido al empleo y a los bienes materiales y espirituales que marcan los niveles de calidad de vida para una sociedad y para la humanidad, en general, en un período histórico.

En el contexto de la guerra fría y de la crisis del capitalismo latinoamericano de las décadas de 1960 y 1970, mostrar tal deshumanización provocó una verdadera "pasión" de solidaridad con los marginados. Sospecho que esto se debió a que tras la teoría de la dependencia estaba el síntoma de una ética que sobrepasaba las delimitaciones ideológicas de la guerra fría –el secularismo extremo y exclusivista del movimiento comunista internacional y las variaciones que tenía la cristiandad militarizada para la "defensa del mundo occidental y cristiano", según quedó demostrado por la doctrina de la seguridad nacional. Hoy en día esa ética sintomática ya ha tomado un perfil claro y se la ha llamado "ética civil".

La ética civil ha sido descrita como un "mínimo común denominador moral" bajo el cual no puede situarse ningún proyecto político ante la opinión pública, como tampoco puede tolerarse ninguna situación que implique daños masivos contra las personas (Marciano Vidal). Se trata de una ética generada secularmente, fuera de las rigideces excluyentes de las ideologías de los partidos políticos y de las instituciones religiosas y militares. Se basa en el dato de que la humanidad realmente posee una disposición natural hacia una sensibilidad moral solidaria y que ésta genera una racionalidad ética que puede entenderse como patrimonio universal de todos los seres humanos. La certidumbre de que este patrimonio existe desafía a las instituciones a madurar como para adaptarse a esa racionalidad más flexible. Por esto la ética civil puede abrirse a la convergencia del juicio moral de todas las opciones progresistas.

Esto, que en la década de 1970 era sólo sintomático, contribuyó a una tendencia ética en la crítica latinoamericanista en Estados Unidos que hacía énfasis en organizar el estudio de textos literarios en torno a hechos históricos y necesidades humanas reales –por ejemplo, cursos y publicaciones sobre el teatro de oposición a los regímenes militares en Chile, Argentina, Uruguay, Brasil; la poesía femenina en la revolución nicaragüense; literatura y teología de la liberación; teatro y marginación social. De este modo se sentaron las bases para captar la estética con que se construyen visiones de mundo dignificadoras del ser humano bajo condicionamientos profundamente traumáticos. Con frecuencia, entre el profesorado la enseñanza de este material coincidía con alguna actividad solidaria con los movimientos de redemocratización en los países originadores del material literario.

Desde un punto de vista pedagógico, esta aproximación ética a la selección del material de los cursos y de las publicaciones parecía más satisfactoria que la tendencia a seleccionarlo para aplicar la última novedad teórica introducida en el mercado académico por las empresas editoriales. Esta "obsolescencia planificada" se explica por la alta competitividad de la profesión académica en Estados Unidos. En los primeros cinco años de la carrera, para obtener la propiedad de su cargo (*tenure*) el profesor debe demostrar su capacidad de investigación original con publicaciones en revistas y casas editoriales de prestigio. Esto puede solucionarse rápidamente con la adopción y aplicación de esas novedades editoriales y la formación de grupos que agitan las temáticas surgidas de esta manera en los paneles de congresos profesionales. Sin embargo, puede argumentarse que en esto hay, decididamente, una carencia ética.

BIBLIOGRAFÍA

Alonso, Amado. *Ensayo sobre la novela histórica*. Buenos Aires: Universidad de Buenos Aires, 1942.
_____ *Poesía y estilo de Pablo Neruda*. Buenos Aires: Sudamericana, 1968.
Althusser, Louis. *For Marx*. Nueva York: Vintage Books, 1970.
Berger, Peter L. & Thomas Luckmann. *The Social Construction of Reality*. Nueva York: Doubleday & Company, Inc., 1966.
Cardoso, Fernando Henrique & Enzo Faletto. *Dependencia y desarrollo en América Latina*. México: Siglo XXI, 1969.
_____ & F. Weffort. *América Latina: ensayos de interpretación sociológica-política*. Santiago: Editorial Universitaria, 1970.
Castro-Klarén, Sara & Héctor Campos. "Traducciones, tirajes, ventas y estrellas: el 'Boom'". *Ideologies and Literature* IV/17 (September-October, 1983): 319-38.
Chilcote, Ronald H., ed. *Dependency Theory: A Reassessment. Latin American Perspectives* I/1 (Spring 1974).
_____ & Joel C. Edelstein. *Latin America: The Struggle with Dependency and Beyond*. Nueva York: Halsted Press, 1974.
_____ *Dependency and Marxism. Toward a Resolution of the Debate*. Boulder: Westview Press, 1982.
Dalton, Roque y otros. *El intelectual y la sociedad*. México: Siglo XXI, 1969.
Eliade, Mircea. *The Sacred and the Profane*. Nueva York: Harcourt, Inc., 1959.
_____ *Cosmos and History*. Nueva York: Harper Torchbooks, 1959.
Erlich, Victor. *Russian Formalism. History-Doctrine*. The Hague: Mouton & Co., 1965.
Frank, André Gunder. *Capitalism and Underdevelopment in Latin America. Historical Studies of Chile and Brazil*. Nueva York: Monthly Review Press, 1967.
_____ *Latin America: Underdevelopment or Revolution*. Nueva York: Monthly Review Press, 1969.
_____ *Lumpenbourgeoisie, Lumpendevelopment: Dependency, Class and Politics in Latin America*. Nueva York: Monthly Review Press, 1972.
Frye, Northrop. *Anatomy of Criticism*. Nueva York: Atheneum, 1966.
_____ *The Secular Scripture: A Study of the Structure of Romance*. Cambridge: Harvard UP, 1976.
Furtado, Celso. *Economic Development of Latin America. A Survey from Colonial Times to the Cuban Revolution*. Londres: Cambridge UP, 1970.
Harss, Luis. *Los nuestros*. Buenos Aires: Sudamericana, 1966.
Jung, Carl G. *Two Essays on Analytical Psychology*. Cleveland: Meridian Books, 1956.
Marini, Ruy Mauro. *Dialéctica de la dependencia*. México: Era, 1973.
Martínez Bonati, Félix. *La estructura de la obra literaria; una investigación de filosofía del lenguaje y estética*. Santiago: Universidad de Chile, 1960.
Oviedo, José Miguel. *Mario Vargas Llosa. La invención de una realidad*. Barcelona: Barral, 1970.
Neumann, Erich. *The Origins and History of Consciousness*. Princeton: Princeton UP, 1954.
_____ *The Great Mother. An Análisis of the Archetype*. Princeton: Princeton UP, 1955.
_____ *Art and the Creative Unconscious*. Princeton: Princeton UP, 1959.

Rodríguez Monegal, Emir. *El arte de narrar*. Caracas: Monte Ávila, 1968.
Saunders, Frances Stonor. *The Cultural Cold War*. Nueva York: New Press, 1999.
Sunkel, Osvaldo. *El marco del proceso de desarrollo y subdesarrollo*. Santiago de Chile: Cuadernos del Instituto Latinoamericano de Planificación Económica y Social, Serie II, N° 1, 1967.
_____ "Big Business and 'Dependencia'". *Foreign Affairs* L/3 (April, 1972).
_____ *Capitalismo transnacional y desintegración nacional en América Latina*. Buenos Aires: Nueva Visión, 1972.
Voegelin, Eric. *Anamnesis*. Columbia: U of Missouri P, 1990.
Vidal, Hernán. *Literatura hispanoamericana e ideología liberal: surgimiento y crisis* [1976]. *La literatura en la historia de las emancipaciones latinoamericanas*. Santiago: Mosquito, 2004.
_____ *Socio-historia de la literatura colonial hispanoamericana: Tres lecturas orgánicas* [1985]. *La literatura en la historia de las emancipaciones latinoamericanas*. Santiago: Mosquito, 2004.
_____ *Tres argumentaciones postmodernistas en Chile*. Santiago: Mosquito, 1998.
Vidal, Marciano. *La ética civil y la moral cristiana*. Madrid: San Pablo, 1995.

La política de la teoría:
un itinerario personal

JOHN BEVERLEY
University of Pittsburgh

A finales de los sesenta y comienzos de los setenta, pasamos de la crítica literaria al territorio todavía incógnito de la "teoría". Algunos volvimos, otros se quedaron y otros se perdieron para siempre, como también ocurrió en el caso de dos búsquedas paralelas: la droga y la militancia política. Lo que sigue es un relato personal de ese viaje.

La tentación de lo que se llegó a llamar "el género de la teoría" consistía en que la teoría ya no representaría sólo una manera de pensar *sobre* lo político, sino una forma *de* la política, o con consecuencias políticas más o menos inmediatas. Una de las figuras centrales de este cambio de perspectiva o "ruptura epistemológica", como se solía decir en esa época, el filósofo marxista francés Louis Althusser, habló de la necesidad de una "práctica teórica" donde antes se hablaba de la "unidad" de teoría y práctica política específica.

Lo que favorecía esta ilusión era sobre todo el radicalismo implícito en la doctrina estructuralista del carácter "arbitrario" del signo lingüístico. Según Ferdinand de Saussure, el fundador de la llamada lingüística estructural a comienzos del siglo XX, no era sólo arbitrario el hecho de que tal o cual conjunto de fonemas (el significante) representase tal o cual objeto o instancia en el mundo (el significado): *Pferd* o *horse* para caballo, por ejemplo, o *Rote* o *red* para rojo. El signo también "cortaba" de una manera arbitraria el plano de lo Real (que, en un famoso dicho de Jacques Lacan, era "lo que resiste a la simbolización absolutamente"). La misma idea o experiencia subjetiva de "rojo" –el significado– más que una "cosa en sí", ontológicamente anterior a su articulación como concepto, era relativo, un "efecto del significante", el resultado de una negación ("no naranja, no marrón") cuyos términos dependían por su parte también de su ubicación en una red estructural de otras negaciones.

Fue de esta premisa, extendida a otros sistemas o "códigos" de significación que nace, en los sesenta, el estructuralismo. Si los estructuralistas tenían razón, entonces no sólo nuestra manera de percibir las "cosas" del mundo, sino también su identidad como tal, dependían del sistema semiótico, o *langue*, en el cual estábamos inmersos. Más aún: nuestra propia identidad como sujetos conscientes del mundo era un "efecto del significante". Como solía decir Althusser, "la ideología no tiene un afuera".

De allí que el estructuralismo representaba no sólo una nueva manera de pensar la "superestructura" social de creencias, mitos, sistemas de prohibiciones, leyes, etc. (como afirmaba el antropólogo Claude Levi Strauss, una de las figuras magistrales del movimiento), sino que parecía cancelar en parte la distinción en sí entre "base" (económica, social) y "superestructura" (cultural, ideológica). El sistema de significantes no sólo "reflejaba" la distinción de un mundo social preexistente; era "productivo" de identidades, valores, entidades, relaciones. Se pasaba a hablar de un "materialismo cultural". Lo social, en cierto sentido, era también, como la ilusión de nuestra propia subjetividad, un "efecto del significante". (En la teoría política fue el argentino Ernesto Laclau quien desarrolló más consecuentemente esta línea de pensamiento).

El radicalismo nominalista de la doctrina estructuralista coincidió coyunturalmente con la explosión de una serie de luchas sociales a nivel tanto nacional como internacional en los sesenta, entre ellas los grandes movimientos anticoloniales o antiimperialistas, como las guerras de Argelia o Vietnam, pero también en los países tanto del "centro" como de la "periferia", movimientos sociales de nuevo tipo, de estudiantes, de revindicación étnica o feminista, de derechos civiles, de ecologismo, de *hippies* o "contra-cultura". A finales de los sesenta, la idea de una transformación revolucionaria a nivel mundial todavía parecía posible, aunque más y más precaria. Quizás la imagen más influyente (aunque para nosotros también distante) de esa posibilidad fue la revolución cultural en China, que prometía en principio borrar en nombre de una igualdad absoluta todas las distinciones jerárquicas tradicionales, no sólo las económicas de clase y de riqueza/pobreza, sino también las de género, oficio o etnia, impuestas sucesivamente por el feudalismo, el colonialismo y el capitalismo. Hubo cierta coincidencia insólita, fundada en malentendidos por ambos lados, entre el maoísmo y el estructuralismo, sobre todo en Francia.

Pero sin ser necesariamente ni maoístas ni estructuralistas en un sentido estricto, todos participábamos de una forma u otra en esa coyuntura bella, tumultuosa, pero también cruel (se hablaba mucho del "bad trip" psicodélico; la revolución cultural China se transformó de un movimiento igualitario, renovador, impulsado por jóvenes como nosotros, en un "bad trip" colosal). Era también la época dorada de la revolución cubana y de la lucha armada en América Latina, que seguíamos de cerca, leyendo el famoso manual *Revolución en la revolución* de Regis Debray, el discípulo de Althusser que se había hecho amigo del Che (hoy, en una especie de ironía de la historia, la ex esposa de Debray y después gestora del famoso testimonio *Me llamo Rigoberta Menchú*, la antropóloga venezolana Elizabeth Burgos, se encuentra con la oposición a Chávez en Venezuela).

Había, por supuesto, mucho de "voluntarismo" en todo eso. Teníamos la sensación (quizás es propia de cada generación nueva en la modernidad) de que podríamos inventarnos a nosotros mismos, solos y sin referencia al pasado. Pero este estado de ánimo tremendamente optimista y contestatario también fue el producto objetivo de una coyuntura económico-política muy especial. Por un lado, el capitalismo a nivel mundial, no sólo en los países del "centro", sino en los países "periféricos" como la India o México, había experimentado una expansión enorme desde finales de la segunda guerra mundial. Esta "ola larga" de crecimiento, como lo llamaban los economistas, explicaba la domesticación política de la clase obrera en los países altamente industrializados. Pero, por otro lado, esta expansión también producía dentro de esos países una serie de nuevas demandas y expectativas ante las cuales el sistema tiene dificultad en responder, y coincidía en el "Tercer Mundo", como se decía entonces (hoy se habla más bien del "Sur"), con el gran movimiento de descolonización que comienza, junto con la guerra fría, con la independencia de la India y la revolución china en 1947. (Una manera de entender el auge de la "teoría" es que fue el efecto de la descolonización en los centros de saber de la antigua metrópolis colonial-imperialista –es decir, que aunque producida en Europa, la "teoría" obedece a una voluntad histórica poseuropea.)

En la terminología marxista que favorecíamos en la época, esto se designaba como la contradicción entre las fuerzas de producción creadas por el capitalismo moderno (su enorme capacidad productiva y su aparato técnico-científico) y las relaciones de producción (el sistema de clases y de hegemonía imperialista que inscribía la desigualdad en el centro del capitalismo). Por razones que sería demasiado largo explicar aquí, durante los sesenta la universidad se convirtió en uno de los ejes centrales de esta contradicción. De allí, el dinamismo y fuerza de los llamados "movimientos de estudiantes", que culminaron en el mayo francés en 1968.

Mi narrativa personal es un producto de todo eso, tanto de la "base" económica, como del radicalismo epistemológico de la doctrina estructuralista del signo, o de la "contra cultura" y la suerte de haber vivido en California a finales de los sesenta. Si esta historia involucra cierta posibilidad de elección o "agency", como se dice en inglés, también está regida por una serie de determinismos, y quizás sea más importante entender eso que lo otro.

Nací en Venezuela y pasé la primera parte de mi vida principalmente en el Perú. Mis padres eran estadounidenses residentes en América Latina –mi papá era funcionario de una compañía de petróleo, con extensos campos de producción (después nacionalizados) en Venezuela, Ecuador, Colombia y Perú. Más que "criollo", yo era un niño "colonial", con ganas siempre de volver un día a la madre patria norteamericana, que, en mis fantasías juveniles, representaba una modernidad totalmente lograda, de ciudades de ciencia ficción. Pero también era un niño bilingüe y hasta cierto punto bicultural, que conocía mejor y más de cerca Bogotá o Lima que cualquier ciudad de los Estados Unidos. De allí que, cuando triunfa la revolución cubana en 1959, podría rápidamente asimilarla como algo que yo entendía y que de cierta forma me interpelaba personalmente, a pesar de mi formación de clase media alta estadounidense (mis padres eran republicanos, admiradores de Nixon, y sus amigos incluían hombres de negocio exiliados de Cuba por la revolución). Esa conexión biográfica con el mundo hispano-hablante, y mi identificación "vivencial", si se quiere (porque no tenía todavía una concepción política del mundo muy clara), con la revolución cubana, incidieron sobre mi decisión de escoger *Spanish* como campo de concentración para mi licenciatura universitaria. Pero no me puse a estudiar la literatura latinoamericana sino la literatura española del siglo de oro –a pesar de la irrupción en esos años de la novela del *boom*. En la academia estadounidense la literatura latinoamericana todavía era vista como una rama menor del campo peninsular. En la Universidad de California en San Diego, donde fui en 1966 para realizar mi doctorado, coincidí con un grupo de hispanistas famosos, entre ellos el historiador Américo Castro y los críticos Carlos Blanco Aguinaga (presente también en esta colección), Joaquín Casalduero y Claudio Guillén, el eventual director de mi tesis doctoral. Fui a San Diego principalmente para trabajar con ellos, pero descubrí por accidente que esa universidad era también uno de los lugares donde la primera ola del estructuralismo francés estaba llegando a Estados Unidos (los otros dos, menos politizados pero más prestigiosos, eran las universidades de Yale y Johns Hopkins). Me acuerdo de un joven profesor, Tony Wilden, que venía de estar a los pies de Lacan en París. Pasaban en persona por San Diego o California del Sur otras figuras grandes o menores del postestructuralismo: Foucault, Lyotard, Baudrillard, Michel de Certeau, Louis Marin. En San Diego estaba también el gran filósofo de la escuela de Frankfurt, Herbert Marcuse, autor de *Eros y civilización*, y gurú de la nueva izquierda internacional. A finales de los sesenta, Fredric Jameson llegó de Harvard y entonces comencé a asistir a los cursos que él daba sobre crítica literaria marxista, la escuela de Frankfurt y especialmente Walter Benjamin, la poesía y la novela francesas y Sartre. Dicho sea de paso, Sartre fue para mí, como para muchos intelectuales de formación burguesa o pequeño-burguesa en mi época, el punto de transición entre un individualismo nihilista, bohemio, y el marxismo y la militancia política.

Aunque Marcuse era la *eminence gris* del lugar, fue Jameson, cuyo pensamiento circulaba entre las corrientes varias del llamado "marxismo occidental" y el estructuralismo (o, para decir esto de otra forma, entre Lukacs y Althusser), quien me enseñó una nueva manera de leer la literatura, una "hermenéutica positiva", para emplear su propio concepto, marxista pero no reduccionista, que juntaba análisis formal e ideológico (se hablaba de la necesidad de una "lectura sintomática" de los mecanismos del texto). Esto dio como resultado mi primer libro, un análisis de lo que Jameson llamaría el "inconciente político" de las *Soledades* de Góngora, que respetaba el formalismo exacerbado del poema, pero que a la vez procuraba ver en ese formalismo la presencia de varias presiones y contradicciones sociales e ideológicas inherentes al período del barroco español. La versión española del libro llevó una doble dedicatoria a "dos que murieron en la frontera": Walter Benjamin y el Che Guevara. Esa combinación alegórica, si se quiere, de las figuras de un revolucionario y de un crítico literario marcaba mi ambición o quizás mi *hubris* crítica: juntar la militancia política con la militancia crítica o teórica. Eran, desde luego, "los sesenta", y todo, aun el recinto normalmente plácido y autocomplaciente de los departamentos de literatura, estaba en revuelta. Mi amigo principal era un francés, Claude, que preparaba, bajo la dirección de Marcuse, una tesis sobre las implicaciones políticas del surrealismo. Claude volvió con su esposa, hija de padres comunistas, a París en mayo, 1968, para sumarse a las masas en la calle, sin regresar jamás.

Pero mi finalidad política no fue tanto la calle sino lo que se llamaba entonces, no sin cierta ironía, "la marcha larga a través de las instituciones". Terminé el doctorado, y entré en la carrera académica como profesor asistente de literatura peninsular en la Universidad de Pittsburgh. Por muchos años procuré desarrollar la idea, que había heredado de Jameson, de una hermenéutica literaria propiamente marxista. Enseñaba estructuralismo y después su hijo legítimo, el postestructralismo (producto edípico de estudiantes de Althusser como Derrida o Foucault). Participé en las discusiones que llevarían eventualmente a la formación del campo de los "estudios culturales". Por muchos años compartí la coordinación del llamado Marxist Literary Group en la Modern Language Association, donde se reunían los discípulos de Jameson (todavía está en actividad, pero ya no participo). Al mismo tiempo, me acerqué al proyecto de una "historia social" de la literatura española y latinoamericana que se desarrollaba en centros de investigación como el Centro de Estudios Latinoamericanos "Romulo Gallegos" en Caracas, o en el Institute for the Study of Ideologies and Literatures, impulsado por Hernán Vidal y Anthony Zahareas en la Universidad de Minnesota. Sentía que de estas maneras estaba ayudando a promulgar una posición radicalizadora, *marxisant* en mi disciplina. Pero mis preocupaciones políticas concretas estaban más bien fuera de la universidad. Milité en varios grupos de la nueva izquierda estadounidense y en cuestiones de solidaridad con América Latina: con Cuba, con Chile después del golpe de Estado de 1973, y con los movimientos revolucionarios que comenzaban a aparecer en Centroamérica a finales de los setenta.

Pero entonces, en 1979, ocurre algo que cambia mi perspectiva de una manera dramática e inesperada: el triunfo de la revolución sandinista. Mi amigo, Marc Zimmerman, que también había sido discípulo de Jameson en San Diego y también trabajaba en la solidaridad sandinista, me pide que colaboremos en un libro sobre la relación entre la nueva literatura centroamericana, que yo conocía sólo parcialmente (Cardenal, Roque Dalton, Sergio Ramírez, Otto René Castillo, el género testimonio, la "poesía de taller", etc.), y el auge de los movimientos revolucionarios en la región. Concebimos el libro como una versión "académica", si se quiere, de la práctica de la solidaridad. En nuestro interés por lo que llamábamos (de una manera que me parece un poco torpe hoy) la "función ideológica" de la literatura, estábamos procurando juntar la militancia política con el vanguardismo de la "teoría" que habíamos heredado de nuestros días en San Diego.

En el proceso de escribir el libro con Marc me sentí más y más atraído hacia América Latina. Me interesaba Góngora ahora no tanto como un escritor del canon peninsular, sino más bien por la manera en que su poesía se vuelve una especie de discurso maestro en los virreinatos coloniales en el siglo XVII. Quería entender cómo la "recepción" de Góngora por letrados criollos como Juan de Espinosa Medrano o Sor Juana Inés de la Cruz, constituía un nuevo nexo de "poder-saber", en el sentido que daba Foucault a ese concepto, que ponía en relación cercana la esfera del poder y la literatura. Anticipaba en este nuevo interés lo que después se llegó a conocer como la "crítica postcolonial". Terminé alejándome del peninsularismo. Publiqué en 1988 una colección de ensayos cuyo título resumió mi propia trayectoria: *Del Lazarillo al sandinismo*.

Pero esta ambición me deja a finales de los ochenta en una situación un poco incómoda.

No lo sabíamos cuando comenzamos nuestro libro sobre la literatura revolucionaria centroamericana, pero Marc y yo estábamos trabajando contra el tiempo. Queríamos hacer un retrato vivo de un proceso complejo y a veces contradictorio que estaba aún desplegándose. Sin embargo, teníamos la certeza de que iba a seguir adelante y, tarde o temprano, ganar. Pero a mediados de los ochenta, los movimientos revolucionarios en El Salvador y Guatemala, que parecían tan dinámicos a comienzos de la década, se encontraban frenados por una violencia contrarrevolucionaria inusual, genocida y los sandinistas estaban en una profunda crisis, provocada en parte por la guerra de los contras. En 1989, Cuba –el principal soporte regional de las insurgencias– entró en su "período especial en tiempos de paz" con la debacle económica producida por el colapso de la Unión Soviética. Los sandinistas perdieron las elecciones en Nicaragua en febrero de 1990. Varios meses después apareció nuestro libro, *Literature and Politics in the Central American Revolutions*, y pronto se dirigió al limbo bien poblado de los libros académicos que han perdido su momento.

El fracaso de nuestro libro no fue solamente coyuntural sino también teórico. Los movimientos revolucionarios en Nicaragua, Guatemala y El Salvador se habían articulado como luchas de liberación nacional, siguiendo el modelo de la revolución cubana. Ofrecíamos una teoría de la literatura como "práctica ideológica" de un nacionalismo revolucionario; estudiábamos las formas en que figuras y movimientos literarios específicos, proyectos de hegemonía y contrahegemonía cultural, estaban entretejidas con la "cuestión nacional" y ofrecían nuevas posibilidades de expresión de lo "nacional-popular". Pero

1990 no fue sólo el año en que los sandinistas perdieron el poder; fue también cuando, más o menos simultáneamente a *Literature and Politics*, aparecieron *Myth and Archive* de Roberto González Echevarría y la antología editada por Homi Bhabha *Nation and Narration*. Doris Sommer publico un ensayo en *Nation and Narration* que anticipaba su propio libro sobre las relaciones entre literatura narrativa y la formación del Estado-nación en el siglo XIX latinoamericano, *Foundational Fictions*, el cual apareció un año después.

En formas diversas, políticamente incomensurables, *Myth and Archive*, *Nation and Narration*, y *Foundational Fictions* (junto con el anterior libro de Benedict Anderson, *Imagined Communities* y *Escribir en el aire* de Antonio Cornejo Polar) rápidamente vinieron a ocupar el lugar que nosotros esperábamos para *Literature and Politics*: el de definir la principal agenda para la crítica literaria latinoamericanista en la academia estadounidense en los noventa. Más aún, definieron esa agenda en términos *postnacionales* o, al menos, desconstructivos respecto de las reivindicaciones identitarias de la nación y de las luchas de liberación nacional.

No sólo el proyecto sandinista, sino también nuestro propio proyecto como críticos literarios "en solidaridad" con el sandinismo, arribó a una crisis. Fue tanto esta coyuntura de desengaño y fracaso como también el deseo de continuar, de ser posible, la noción de una práctica teórica-crítica politizada lo que me lleva, en parte como autocrítica de mi propio trabajo, hacia los estudios culturales y los estudios subalternos. La naturaleza y la historia de estos dos movimientos está representada en esta colección por otros colegas. Voy a ofrecer aquí, entonces, sólo unos detalles personales. Aunque llegué a los estudios subalternos después de los estudios culturales (pensaba inicialmente que la perspectiva subalternista era una especie de "pliegue" dentro de los estudios culturales), voy a hablar primero de los estudios subalternos.

Compartí la derrota sandinista con otra colega, Ileana Rodríguez, que también se había formado en el departamento de literatura de San Diego. Ileana, que era de origen nicaragüense, abandonó en los ochenta su carrera académica en Estados Unidos para trabajar para el gobierno sandinista. Después de la derrota vuelve a Estados Unidos para ver si puede retomar su carrera, y nos volvemos a ver. Descubrimos que, por derroteros distintos, ambos habíamos llegado a leer los trabajos del llamado Grupo de Estudios Subalternos Sudasiáticos y a pensar que tenían una relación más que casual con nuestras preocupaciones. Descubrimos que otros colegas también compartían ese interés. Veníamos principalmente, pero no exclusivamente, del campo de la crítica literaria. Teníamos la sensación de que el proyecto de la izquierda latinoamericana que había definido nuestro trabajo previo había llegado a un límite, aun en las revoluciones como la cubana y la nicaragüense. Aunque buscaban basarse en una reivindicación "nacional-popular" amplia, nos parecía que había profundas dificultades en la relación entre la vanguardia revolucionaria, el Estado postrevolucionario y "el pueblo". No estábamos seguros, o no estábamos de acuerdo acerca de cual era exactamente ese límite, pero sí estábamos seguros de que las cosas estaban cambiando y que necesitábamos un nuevo paradigma. Nos reunimos informalmente por primera vez cerca de la ciudad de Washington en 1992. Decidimos bautizarnos con el nombre de Grupo de Estudios Subalternos Latinoamericanos. En una especie de manifiesto que escribimos colectivamente en esa ocasión, la "Declaración de Fundación del Grupo de Estudios Subalternos Latinoamericanos", definimos la necesidad de un nuevo paradigma en estos términos:

La actual caída de los regímenes autoritarios en América Latina, el fin del comunismo y el consiguiente desplazamiento de los proyectos revolucionarios, los procesos de democratización y la nueva dinámica creada por el efecto de los medios de comunicación de masas y la transnacionalización de la economía: todos estos son desarrollos que demandan nuevas formas de pensar y actuar políticamente. La redefinición de los espacios políticos y culturales latinoamericanos en los años recientes ha llevado, en su momento, a los intelectuales de la región a revisar epistemologías establecidas y previamente funcionales en las ciencias sociales y las humanidades. La tendencia general a la democratización lleva a priorizar en particular la reexaminación de los conceptos de sociedades pluralistas y las condiciones de subalternidad dentro de estas sociedades.

Ranajit Guha, el historiador bengalí que formó el Grupo de Estudios Subalternos Sudasiáticos que veíamos como nuestro modelo, definió la problemática central de su propio trabajo como "el estudio del *fracaso histórico de la nación para llegar a su realización*". *Mutatis mutandis*, fue el "fracaso histórico de la nación para llegar a su realización" lo que nosotros estábamos confrontando en la crisis de la izquierda revolucionaria en América Latina en los noventa. Entendíamos ese fracaso como un fenómeno de la "postmodernidad", en el sentido que le daba el filósofo Jean-François Lyotard a ese término —es decir, "el fin de los metarrelatos". Aunque ahora no lo veo con tanto entusiasmo, el concepto de postmodernidad fue fundamental en la reorientación de mi trabajo. Por limitaciones de espacio, no puedo detenerme en ello, pero quiero por lo menos marcar este hecho (edité un libro sobre el tema, *The Postmodernism Debate in Latin America*). Quizás sea suficiente decir que la problemática de la postmodernidad, en un sentido amplio (político, filosófico, estético, ético) implicaba la necesidad y a la vez la posibilidad de desarrollar un nuevo concepto de la izquierda no ligada a un *telos*, o finalidad, de la modernidad. Porque si la pregunta de la guerra fría (que termina, en cierto sentido, con la derrota sandinista) había sido: ¿cuál de los dos grandes sistemas, el capitalismo o el comunismo, puede producir mejor la modernidad?, entonces la historia había dado su respuesta: el capitalismo. Limitar el proyecto de la izquierda, entonces, a la conquista de una "modernidad plena" a través del Estado, como se solía decir, equivaldría a condenar a la izquierda a la derrota de antemano.

Para usar una frase de Gayatri Spivak, veíamos los estudios subalternos como "una estrategia para nuestro tiempo", un tiempo postmoderno, pensábamos. Compartíamos con Guha y los historiadores del Grupo de Estudios Subalternos Sudasiáticos un interés por la crítica de la representación desarrollada por el postestructuralismo. Ellos confrontaban el hecho de que la historiografía del subcontinente indio, tanto en sus variantes coloniales como nacionalistas (incluyendo marxistas), había sido estructurada por un modelo estatista de modernización política y económica —lo que en América Latina es conocido como un paradigma "desarrollista". Cuando ese modelo comenzó a producir efectos perversos, tanto a nivel intelectual como político, los subalternistas sudasiáticos creyeron necesario encontrar una forma diferente de comprender la historia social de sus países. La crítica postestructuralista del historicismo y de la construcción del discurso de la historia se prestó coyunturalmente para ese propósito. En cierto sentido, los subalternistas sudasiáticos pasaron de la historia a la crítica y la teoría literarias.

Nuestro impulso fue, de alguna manera, el inverso: sentíamos que el campo de la literatura y la crítica literaria latinoamericanista entraban en una crisis, y que teníamos que salir de ella hacia la historia social. La crisis fue precipitada de cierto modo por la publicación del libro de Ángel Rama *La ciudad letrada*, en 1984, dos años después de su trágica muerte en un accidente de avión. *La ciudad letrada* era más un esbozo que un libro plenamente desarrollado y hoy revela varios silencios y ambigüedades. Pero tuvo un impacto decisivo sobre mi generación. Aunque Rama mismo no lo confiesa, *La ciudad letrada* fue concebida como una genealogía al estilo de Foucault de la institución literaria en América Latina, una genealogía que intentaba desafiar el prevaleciente historicismo de los estudios literarios latinoamericanos (sin lograr romper totalmente con ese historicismo). Lo que Rama nos hizo ver, o lo que queríamos ver en su libro, fue que la literatura en sí –incluso las novelas del *boom* o la "poesía conversacional" promulgada por los cubanos– estaba implicada en la formación de las élites tanto coloniales como postcoloniales en América Latina. Por tanto, nuestra propuesta de que la literatura era un lugar donde las voces populares podrían encontrar mayor y mejor expresión, un vehículo para la democratización cultural, quedó cuestionada en sus mismas bases. El argumento de Rama explicaba, por un lado, cómo la literatura llegó a tener el tipo de centralidad que todavía tiene en América Latina (escribo estas palabras en vísperas de la celebración del cumpleaños de Gabriel García Márquez en Colombia). Pero, por otro lado, perfiló también un sentido de los *límites* de la literatura como representación (en el doble sentido de *hablar por* –político– y *hablar de* – mimético) adecuada del sujeto social latinoamericano.

Al punto que designaba una alteridad que no podía ser adecuadamente representada en las formas existentes de literatura, sin modificarlas profundamente, la idea de lo subalterno era una manera de conceptualizar esa crisis. Pero en la medida en que nosotros mismos estábamos implicados en la "ciudad letrada" como profesores, críticos y/o escritores, el subalternismo no podría consistir sólo en estudiar algo que estaba *afuera* de la academia –v. gr. bandidos o rebeliones campesinas– o de hacer trabajo de campo antropológico. El reto fue más bien el de mirar nuestra propia participación en crear y reproducir relaciones de poder y subordinación, en la medida en que nosotros continuábamos actuando dentro del marco de la literatura, la crítica literaria y los estudios literarios.

Procuré dar, en 1993, una expresión personal de este sentido de los límites de efectividad del modelo literario de las humanidades en un pequeño libro titulado *Against Literature* –contra la literatura. Uno de los temas de ese libro fue el género testimonio, esas narraciones en primera persona contadas por un narrador que ha experimentado en su propia persona los hechos que cuenta, generalmente en la forma de una historia oral después transcrita y editada como libro por un interlocutor letrado. Hay testimonios de todo tipo, desde historias de prostitutas o drogadictos, hasta las *Memorias de la guerra revolucionaria cubana* del Che, el modelo del testimonio guerrillero. Pero el paradigma del género para muchos de nosotros, dentro y fuera de la academia, en los noventa fue *Me llamo Rigoberta Menchú, y así me nació la conciencia*, publicado por primera vez por Casa de las Américas en 1982 en Cuba.

El testimonio de Menchú se destinó principalmente a fines de trabajo de solidaridad –sobre todo para detener la guerra genocida que el ejército guatemalteco, con el asesoramiento de países extranjeros como Argentina, Israel o Estados Unidos, dirigía contra su propia población. Pero en el contexto de la derrota de las esperanzas revolucionarias en 1990, *Me llamo Rigoberta Menchú* y la cuestión del testimonio sirvieron también para introducir una serie de interrogantes a nuestro campo: el testimonio, ¿es o no es literatura?, ¿cuál es la distinción entre ficción y testimonio?, ¿qué voces excluye la literatura –en el sentido de que pretende hablar por, o de, esas voces, pero no los deja hablar por sí mismas?, ¿quién es el autor de un testimonio: la persona que hace la narración o el interlocutor letrado que prepara el texto?, ¿es que ha desaparecido entonces la autoridad cultural moderna del "autor"? El testimonio, pensaba yo, desplaza o descentra cierta subjetividad burguesa implícita tanto en la producción como en la recepción de la literatura. De allí que ofrecía una manera similar a la "teoría", y en cercana relación con ella (como una especie de desconstrucción "concreta"), de radicalizar el campo de las humanidades y las ciencias humanas, haciendo presente en ellas voces precisamente subalternas porque normalmente no hubieran tenido la posibilidad de representarse en un texto publicado, autorizado, y estudiado como "literatura" o "historia". Había, por supuesto, muchas ambigüedades y contradicciones en esa ilusión –o "efecto de lo real", para pedir prestado el concepto de Roland Barthes– que el testimonio ofrecía de tener acceso directo a una "voz" subalterna, y se armó un gran debate en la crítica y la teoría literaria latinoamericanista sobre este punto que continúa hoy (su último capítulo es quizás el libro de Beatriz Sarlo, *Tiempo pasado*, de 2005).

Sin embargo, a pesar de estas ambigüedades, quedaba algo: una nueva presencia incómoda en el campo de la literatura. Una cosa era que un gran novelista como Miguel Ángel Asturias representara en una novela el mundo de los maya en Centroamérica; era otra que una mujer campesina y activista maya como Rigoberta Menchú produjera, con la ayuda de un interlocutor letrado, su propia narración. Tanto en su forma como en su contenido, el testimonio cambiaba la identidad del narrador popular como una especie de "informante nativo" que proveía una "materia prima" al investigador o escritor, para transformarlo a veces en un gestor de su propias condiciones de narración y verdad. El testimonio tuvo la potencia de dinamizar el campo de la literatura desde el margen, de lo que quedaba definitivamente afuera del campo. Y como se produce desde y a la vez representa precisamente los espacios de lo que los politólogos llaman la *ingobernabilidad* (el hampa urbana, la guerrilla, el drogadicto, el mundo indígena, los niños de la calle, el inmigrante "ilegal") problematizaba sobre todo la relación entre literatura y Estado.

La ciudad letrada fue, de alguna manera, un libro sobre el Estado. Rama partió sobre la premisa de que si se traza la genealogía de la "ciudad letrada" desde el período colonial hasta el presente, se estará explicando también algo respecto del carácter del Estado latinoamericano. Los Estados latinoamericanos no estuvieron enraizados en una relación orgánica entre territorialidad y etnicidad lingüístico-cultural; en ese sentido, parecen ejemplificar perfectamente la idea de Benedict Anderson de la nación como "comunidad imaginada", producida por la literatura y la tecnología de la imprenta. La literatura latinoamericana no sólo sirvió a esos Estados produciendo, para usar el concepto de Doris Sommer, "ficciones fundacionales" alegóricas de su identidad y destino "nacional", sino que también fue una práctica pedagógica-ideológica que interpelaba a las nuevas élites criollas como sujetos capaces de engendrar y administrar estos Estados: una forma de autodefinición y autolegitimación que equiparó el talento para escribir y entender la literatura culta con el derecho a ejercer el poder del Estado. En la crítica literaria latinoamericana escrita bajo el signo de la teoría de la dependencia y el vanguardismo político marxista-leninista en las décadas de los sesenta y setenta –incluyendo nuestro libro sobre la literatura centroamericana– la literatura fue concebida como un vehículo para un sincretismo cultural. Rama habló a propósito de las novelas del *boom* de una "transculturación narrativa", la cual él vio como necesaria para la formación de un Estado nacional más inclusivo. *La ciudad letrada* señalaba el comienzo de un cambio radical en esta concepción de la literatura. Donde se veía antes a la literatura y a la pedagogía literaria como un instrumento para la modernización y democratización del Estado, ahora se la veía implicada en la *incapacidad* de las formas existentes del Estado para representar adecuadamente e incorporar el rango pleno de identidades e intereses subsumidos en sus límites territoriales, frecuentemente arbitrarios y ambiguos.

El gran pensador marxista italiano Antonio Gramsci, encarcelado por el gobierno fascista de Mussolini en los treinta, había ponderado desde su celda el mismo problema en relación con la historia de Italia. El problema de la debilidad del Estado en un país como Italia –es decir, "el fracaso histórico de la nación para llegar a su realización", para recordar la frase antes citada de Ranajit Guha– no era, Gramsci llegó a pensar, solamente económico, la persistencia de elementos agro-feudales, o la penetración del mercado interno por el capital extranjero. También tenía una dimensión específicamente cultural. Para Gramsci, la "cultura" es la esfera donde la hegemonía –que él define como "el liderazgo moral e intelectual de la nación"– es construida y puede ser quebrada y reconstituida. Los cambios de hegemonía implican cambios no sólo en el *contenido* de la cultura (v. gr. la diferencia entre valores culturales conservadores o liberales), sino también en su *forma*. Para llegar a una cultura genuinamente "nacional-popular" como sustento de un Estado comunista posible, Gramsci pensaba que hacía falta superar la diferencia fundamental que separaba lo que las élites letradas en su conjunto, sean liberales o conservadoras, entendían por "cultura" y las culturas de las clases "subalternas" como Gramsci mismo las nombraba.

Este argumento anticipa, y de alguna manera conforma, el cambio que ha ocurrido en, "el lugar de la cultura" para usar una frase de Homi Bhabha, en nuestros tiempos –un cambio a la vez íntimamente relacionado con "la política de la teoría". En un ensayo fundamental para entender el giro culturalista en el pensamiento social latinoamericano de finales del siglo XX, "Modernidad y posmodernidad en América Latina", el sociólogo chileno José Joaquín Brunner señala que con al advenimiento de la modernidad comienza a predominar lo que él llama una "'culturizada' visión de la cultura" –en otras palabras, la idea de que la cultura es esencialmente lo que está representado en la sección de arte y cultura del periódico dominical. En el lenguaje de la deconstrucción, la cultura era el "suplemento" de lo social, lo que quedaba fuera después de sumar todas las otras determinaciones "objetivas". Las humanidades respondieron refugiándose detrás de las murallas del formalismo estético, insistiendo sobre la autonomía del arte y la literatura respecto de la esfera de la razón práctica y la ideología, constituyendo así una visión compartimentalizada de la producción artística y cultural, regida desde arriba por "expertos" y especialistas académicos.

Brunner explica esta "'culturizada' visión de la cultura" como

> un síntoma de la negación producida por una profunda, y típicamente moderna, tendencia: la predominancia de los intereses, incluyendo los intereses cognitivos, de la razón instrumental sobre los valores de la racionalidad comunicativa; la separación de

la esfera técnica del progreso que incluye la economía, la ciencia y las condiciones materiales de la vida cotidiana de la esfera de sentido intersubjetivamente elaborado y comunicado, donde se encuentran indisolublemente anclados en un mundo-de-vida donde las tradiciones, los deseos, las creencias, los ideales y los valores coexisten y son, precisamente, expresados en la cultura.

Lo que ha comenzado a cambiar con la postmodernidad, Brunner apunta, es que a la cultura se le atribuye ahora un nuevo poder de gestión social. Se ha hecho cada vez más común para antropólogos, politólogos, teóricos de la educación, planificadores, sociólogos y aun economistas del Banco Mundial o del Fondo Monetario Internacional pensar en la "sustentabilidad cultural" del desarrollo, por ejemplo.

En América Latina, la nueva preocupación por la cultura en las ciencias sociales – designada a veces como una "vuelta a Gramsci"– fue en parte una consecuencia del arribo de las dictaduras militares tecnocráticas en la década de los setenta. Anteriormente, la ecuación de democratización y secularización con modernización económica había prevalecido de una manera que cruzaba el espectro político, desde la izquierda a la derecha, desde la teoría de la dependencia a la Alianza para el Progreso. Pero la experiencia de los países del Cono Sur en los setenta (y de Brasil en los sesenta) mostró que la democratización no resultaba necesariamente de la modernización económica; más aún, la modernización económica –tanto en forma capitalista como en formas nominalmente socialistas o de capitalismo de Estado– no fue siempre capaz de tolerar la democracia. Lo que comenzó a desplazar el paradigma de la modernización, por lo tanto, fue una interrogación acerca de las diferentes y asincrónicas "esferas" de la modernidad (cultural, ética, ideológica, política, legal, etc.) y la "causalidad estructural" de su interacción. Esta interrogación requirió una nueva atención a cuestiones de subjetividad individual o colectiva y una nueva comprensión de (y tolerancia por) la heterogeneidad religiosa, lingüística, cultural y étnica de las poblaciones latinoamericanas. El correlato político de la "vuelta a Gramsci" fue la emergente preocupación por los nuevos movimientos sociales y las "políticas de identidad" (*identity politics*), ellas mismas impulsadas como compensación o sustituto por los macro proyectos revolucionarios de la izquierda derrotados o diferidos por la ola de reacción que inunda el continente americano después de 1973.

En su ensayo "Postmodernism, or the Cultural Logic of Late Capitalism" Fredric Jameson argumenta que este cambio en el lugar de la cultura es una de las consecuencias superestructurales de la globalización económica vista como una nueva etapa del capitalismo con características especiales. En esta etapa, el modelo weberiano de la modernidad, en la cual la cultura y las artes funcionan como esferas autónomas o semiautónomas respecto de la razón instrumental del mercado y la burocracia estatal, llega a su fin. La cultura, especialmente en las nuevas formas audiovisuales de cultura de masas, ahora atraviesa lo social desde la psique individual hasta el Estado en formas todavía no teorizadas. Para registrar las consecuencias de este quiebre de las fronteras entre las diferentes esferas de la modernidad se requerían, Jameson pensaba, nuevos "mapas cognitivos". Los estudios culturales, hijo tardío de la "política de la teoría" de los sesenta de alguna manera, se presentaron como uno de estos nuevos mapas cognitivos postmodernos.

La nueva centralidad de la cultura y de la "identidad" paradójicamente le otorgó al campo de la teoría y la crítica literarias la función de una vanguardia conceptual por unos años. Pero el argumento de Gramsci sobre la dimensión cultural de la hegemonía era también un incentivo para desplazar la "'culturizada' concepción de la cultura" representada por la literatura culta y las humanidades académicas. Hacía falta desarrollar una noción de cultura como, para usar la frase de Raymond Williams, "a whole way of life" —un modo de vida. Y eso requería a la vez nuevas formas de práctica transdisciplinaria o interdisciplinaria –Néstor García Canclini hablaba de "ciencias nómadas"– que subvirtieran activamente las fronteras de los campos académicos tradicionales y en particular las distinciones que separaban la humanidades de las ciencias sociales y naturales. Los libros de Foucault sobre la locura, el erotismo o la institución carcelaria eran el gran modelo para todo eso (es pertinente observar que Foucault comienza su carrera como crítico literario, con un libro sobre la narrativa del escritor surrealista Raymond Roussel).

Foucault concebía su producción intelectual como una forma de alentar lo que él llamaba la "micropolítica": atacar al "sistema" en sus más íntimos y a veces vulnerables puntos de contacto con la vida humana. Pero algunos de los que trabajamos en los ochenta y noventa para formar el campo de los estudios culturales somos hoy concientes de enfrentar una paradoja en lo que hacemos. Para nosotros la suposición "política", por decirlo así, detrás de los estudios culturales era que lo "popular" en el sentido de consumo —es decir, lo *pop*— era "popular" también en un sentido político —es decir, perteneciente al "pueblo", una forma de lo "nacional-popular". Pensábamos que en el mero acto de desplazar nuestro interés desde la literatura a la cultura popular o a cuestiones de lo que Foucault llamaba la "biopolítica" estábamos desafiando no sólo el esteticismo del campo de la literatura y la crítica del arte, sino también la perspectiva de la Escuela de Frankfurt sobre "la industria cultural", que (con la excepción notable de Benjamin) veía en la cultura de masas capitalista una especie de lavado de cerebro favorable a la integración a la sociedad de consumo. Pero, ¿teníamos razón?

Tenemos que reconocer hoy que la globalización y la economía política neoliberal quizás han hecho mejor que nosotros este trabajo de desjerarquización y desterritorializacion cultural. Solemos decir casi automáticamente que el neoliberalismo es malo y que sabemos por qué es malo. Pero fue un gran error de parte nuestra no haber hecho un estudio más profundo, filosófico-crítico, del neoliberalismo y de por qué tuvo cierta efectividad hegemónica. Porque aunque en muchos lugares, como Chile, el modelo neoliberal fue impuesto violentamente, después también fue capaz de conseguir el apoyo a veces de una mayoría, incluyendo sectores de las clases populares. Puede ser, como creo, que esa efectividad hegemónica del neoliberalismo hoy comienza a desmoronarse por todos lados (vuelvo a este tema al final). Pero también creo que no apreciamos suficientemente su lado "populista" y, por lo tanto, no sabíamos cómo combatirlo eficazmente.

La consecuencia es que los estudios culturales, a pesar de su origen como extensión del proyecto radical de los sesenta, cayeron a veces en una relación de complicidad con los nuevos "flujos" de la cultura mercantilizada producidos por la globalización económica, los medios de comunicación y el *ethos* neoliberal. Si, para citar una fórmula famosa de García Canclini, "el consumo también sirve para pensar", entonces el mercado y el cálculo económico de compradores y vendedores (*market-choice*) se hace, implícita o explícitamente, la condición necesaria y previa para formas de agenciamiento popular-subalternas. De la misma manera, de acuerdo con la lógica de "políticas de interés" en un sistema de democracia parlamentaria, las políticas multiculturales de identidad étnica o de género, nutridas en parte desde la academia por los estudios subalternos y culturales, se concentraban en interpelar individualmente a las instancias del Estado y a las corporaciones en favor de sus reivindicaciones y "derechos" particulares, en vez de unir para formar un nuevo "bloque histórico" popular-subalterno.

No hay duda, entonces, de que los estudios culturales han llegado a un límite de efectividad y ya no están en auge. Sin embargo, queda algo de su promesa igualitaria inicial. Quizás no es exactamente lo que Gramsci hubiera reconocido como "nacional-popular", pero sí son nuevas formas de percibir y de representar al mundo que vienen "desde abajo". Pienso, por ejemplo, en el narcocorrido o en el *rap* –formas de música popular relacionadas con el narcotráfico, diásporas de varios tipos y la nueva permeabilidad de las fronteras nacionales. Al fin y al cabo, lo que se produce y consume como *pop* tiene su origen generalmente en las clases populares, no en las élites tradicionales o en la clase media educada, profesional. Después es comercializado por la industria cultural capitalista y entonces sí puede comenzar a tener, como pasó con la música *country* en Estados Unidos, una dinámica ideológica-cultural a espaldas de los intereses de las clases o los grupos que lo produjeron en primera instancia. Pero aun en su comercialización queda cierta conexión con un productor popular inicial, porque sin este sentido de "agency", o poder de gestión, de clases o posiciones sociales subalternas, la cultura popular no funcionaría ni estética ni comercialmente.

Después de todo este recorrido, en la última etapa de mi carrera he vuelto a lo que me interesaba al principio: la literatura del barroco peninsular (Cervantes, la novela picaresca, la poesía de Góngora, la sátira de Quevedo, la comedia). Pero con nuevos ojos, quizás, porque ahora puedo "leer" esos textos desde las perspectivas abiertas por los estudios culturales y subalternos o la crítica feminista o postcolonial. La idea de que la literatura era el lugar donde las posibilidades utópicas de América Latina iban a encontrar una expresión adecuada no se dio y de ese desmoronamiento surgieron las distintas formas de la "teoría", como he tratado de señalar en este trabajo. Pero hoy se hace literatura desde y sobre la propia crisis de la literatura, como en el caso de Roberto Bolaño. Sería erróneo, de todas formas, hacer una división demasiado tajante entre la literatura y la cultura popular o de masas. Porque, volviendo al antes mencionado fenómeno del *rap*, por ejemplo, es evidente que el *rap* es esencialmente una forma de poesía oralmente recitada con un trasfondo de ritmo. Tiene su origen en parte en la práctica de los poetas *beat* de recitar sus poesías con un fondo de música de jazz improvisado, a finales de los cincuenta y comienzos de los sesenta. Y en cuanto al narcocorrido, la crítica señala su parentesco formal y temático con los romances fronterizos castellanos de la época del Cid. Entonces, quizás parte del problema de la "'culturizada' visión de la cultura" es una noción demasiado pobre, "letrada", de la literatura, que limita la literatura arbitrariamente a lo que se ha entendido desde el siglo XVIII como literatura (volvemos otra vez al tema del carácter arbitrario del signo). Mi amigo Eduardo Lozano, poeta y bibliotecario, ya fallecido, me dijo una vez que el concepto de poesía o *poiesis*, en el sentido que tuvo para Aristóteles en su *Poética*, es un concepto más amplio que el de literatura, porque podría abarcar fácilmente al *rap*, la telenovela, el cine, la narrativas testimoniales, el corrido, el grafiti, los chismes, nuestros sueños, etcétera.

El radicalismo de la "teoría" fue un fenómeno esencialmente académico, aunque pensábamos que sus consecuencias podrían extenderse mucho más allá. Creímos que la universidad y el saber académico eran espacios posibles de ser radicalizados y desde los cuales se podría radicalizar la sociedad. No sé si todavía creo eso porque la universidad también ha cambiado mucho desde la época de los sesenta, en una dirección fundamentalmente conservadora. Por lo menos me declaro agnóstico al respecto, cuando antes era creyente. Sigo pensando que es necesario defender la universidad, luchar contra su privatización y las otras deformaciones que ha padecido como resultado de las "reformas" neoliberales. Pero a la vez me parece necesaria una especie de "crítica de la razón académica" –es decir, una autocrítica. Porque a pesar de nuestro compromiso ético y epistemológico con el ideal de un saber desinteresado, la academia no es un lugar neutro: es, al fin y al cabo, el lugar donde se construyen las disciplinas maestras que guían la manera de pensar la historia, la sociedad, los valores y las ambiciones humanas. De allí que desde la academia el poder produce y reproduce la subalternidad en el mismo acto de nombrarla. Los estudios culturales y subalternos ofrecían –ofrecen– la posibilidad de hacer esta "crítica de la razón académica" desde dentro. Pero si se convierten en nuevos paradigmas, o "campos" académicos, con sus listas de lectura obligada, requisitos, y burocracia institucional, entonces llegamos a una situación paradójica pero inevitable por la lógica misma de desigualdad y diferencia que rige la construcción de la subalternidad: lo subalterno, concretamente, tendría que estar en contra de los estudios subalternos, porque estos representarían una formación cultural y disciplinaria que traiciona, en cierto sentido, sus propios intereses y su propio poder de gestión y voluntad histórica.

En la vida universitaria, el balance es siempre entre innovación y captura. La innovación abre líneas de fuga y la captura los va cerrando e integrando, formando nuevas formas de ortodoxia y disciplinariedad. Es un juego desigual porque, por la naturaleza "discriminatoria" de la universidad misma, la posición libertaria, vanguardista, siempre termina perdiendo. Confrontamos, entonces, la paradoja de que lo que hacemos en las disciplinas apunta hacia una democratización cultural más profunda –esa era la promesa de la "teoría"– pero no puede complementarla, y de ahí surge una frustración.

El peligro mayor que yo veo ahora es que ante esa frustración se vuelva a una especie de reterritorialización de los campos disciplinarios, incluyendo a la literatura. Se esta dando hoy un nuevo giro en la crítica literaria y cultural latinoamericana que apunta en esta dirección. Beatriz Sarlo sería, a mi modo de ver, la figura más destacada en este sentido. Pero se trata de una tendencia generalizada, sobre todo entre profesores de departamentos de literatura en América Latina. Creo que se trata, en esencia, de un giro neoconservador, aunque muchas veces está representado por personas, como Sarlo, identificados con la izquierda y con una defensa de la izquierda tradicional contra el "relativismo" postmoderno, el multiculturalismo "liviano" estilo estadounidense, o el "populismo de los medios" (como lo nombra Sarlo) de los estudios culturales. De una forma parecida, el pensamiento neoconservador estadounidense tuvo uno de sus puntos de origen en la reacción por parte de sectores de la izquierda socialdemócrata o liberal ante la contracultura y los nuevos movimientos sociales de la juventud en los sesenta.

Digo neoconservador porque habría que distinguir claramente esta posición de la posición neoliberal a la que, en cierto sentido, quiere desplazar como ideología dominante. El neoliberalismo induce una crisis de legitimidad en el Estado contemporáneo, cuya función actual es actuar como una especie de "policía local" en la globalización. Eso es porque el neoliberalismo, como doctrina, no puede ofrecer, más allá de su apelación al mercado libre, una normatividad positiva suficientemente fuerte para disciplinar a las poblaciones. Presenciamos, a la vez, en las nuevas formas de la izquierda en América Latina la irrupción de sujetos popular-subalternos extremadamente heterogéneos: los cocaleros en Bolivia, las "turbas" urbanas en Venezuela, los zapatistas, el movimiento de los sin tierra en Brasil. En el pasado esta irrupción venía desde fuera del sistema de los partidos y del Estado, desde la "sociedad civil" (el gran tema de los estudios subalternos, para repetir, era la inconmensurabilidad entre el Estado y el "pueblo"). Pero hoy en día, en muchas partes de América Latina, lo subalterno se ha convertido en el Estado. El giro neoconservador representa, entonces, a mi modo de ver, un esfuerzo para contener a la izquierda latinoamericana en su nuevo florecimiento dentro de límites establecidos por las clases profesionales, en su gran mayoría blancas y económicamente acomodadas, y dentro de las "disciplinas" académicas.

Hay cierta lucidez desengañada en este impulso, pero debe quedar claro que nace no desde sino en oposición a la promesa de "la política de la teoría", que era, si no transformar la sociedad, por lo menos transformar a nuestras disciplinas académicas, procurando hacer del saber académico un instrumento al servicio de la "inmensa mayoría", para recordar la frase del poeta español Blas de Otero. En contra de esta lucidez desengañada, neoconservadora, y tomado en cuenta que es el producto de personas que compartieron de algún modo la experiencia personal que acabo de contar, entonces me parece justo concluir observando que no es que *perdimos* a causa de una serie de equivocaciones e ilusiones románticas, entre ellas la idea de la "política de la teoría", que ahora debemos abandonar (aunque de equivocaciones, ilusiones y romanticismo había mucho en todo esto); más bien fuimos *derrotados* por una fuerza más poderosa, una fuerza que inconscientemente, por una especie de fatalidad objetiva, servíamos al mismo tiempo que creíamos, como los rebeldes de la película *The Matrix*, estar combatiendo. Creíamos en la posibilidad de un "postmodernismo de resistencia", pero desde la perspectiva de hoy está claro que el postmodernismo significó más bien la cooptación de la promesa de los sesenta por una restauración conservadora, cuyo otro brazo era el neoliberalismo. Como lo dijo más cínicamente Regis Debray, el compañero del Che: "Pensábamos que íbamos hacia la China, pero terminamos en California". Pero esa promesa sigue siendo real y, como el "viejo topo" de Marx, alienta el renacimiento de la izquierda latinoamericana. Es la promesa de una sociedad sin las grandes desigualdades e injusticias de todo tipo que atraviesan las nuestras, donde la diferencia puede coexistir con la igualdad. De allí que el impulso de "la política de la teoría" puede y debe ser renovado.

Segunda parte

Problemática de los estudios culturales

Promesas y simulacros en el baratillo posmodernista: saber y ser en las encrucijadas de una "historia mostrenca"

EMIL VOLEK
Arizona State University, Tempe

> *We are in a moment of relaxation—I am speaking of the tenor of the times.*
> Jean-François Lyotard, 1982

> τὸ γαρ αντὸ νοειν εστίν τε χαι ειναι
> Parménides, cca. 500 a.C.

> *Auch hier geschieht, was längst geschah*
> Mefistófeles (*ad Spectatores*)

Hacia finales de los años sesenta, los estudios latinoamericanos en los departamentos de lenguas y literaturas –que hasta entonces estaban regurgitando sosegadamente los platos del modernismo finisecular, la "novela de la tierra" y algo de la poesía vanguardista (*poésie avant toute chose*)– se encontraron en medio de múltiples desafíos y trastornos, que sólo irían en aumento. Los vientos de cambio se llevaban el Macondo arcaico y en su lugar dejaban un *macondismo* posmoderno, "posmoderno" cuando menos en el sentido de ser parte del horizonte de la putativa posmodernidad emergente en aquel entonces.

No intentaré escribir la historia de la época, sino sólo contextualizar, a grandes trazos, nuestro tema, que toca la transición posmoderna en la cultura latinoamericana y su conceptualización y usos en el latinoamericanismo estadounidense.

DEL LADO DE ALLÁ

De América Latina,[1] aunque mayormente por el desvío publicitario peninsular, irrumpía el *boom* de una nueva literatura experimental –la "nueva narrativa"– que barría los cánones establecidos (o así parecía). Y venía de la mano de una revolución diferente (o así parecía), que se había establecido en las narices del imperio y, colmo de la perspicacia del *establishment* político estadounidense, hasta con el apoyo inicial a los románticos "barbudos". Ya había empezado el éxodo cubano, seguido (y precedido, pensemos en los puertorriqueños) por un creciente oleaje de otros éxodos, en los que alternaban y se juntaban motivos económicos y políticos.

Estos oleajes de inmigrantes y de fugitivos de las dictaduras de todo tipo, junto con los hispanos ya *in situ*, crearon nuevas realidades políticas y culturales, a veces bastante contradictorias. Pero, en conjunto, reforzaron el interés por el español y ejercieron una nueva presión sobre los programas universitarios.[2] El español creció exponencialmente, aunque siempre como ciudadano académico de segunda categoría (Volek, "Under"). Por otra parte, también es verdad que la rápida expansión y masificación no pudieron no afectar la calidad de los programas, especialmente de los estudios de posgrado.

Mientras que la literatura latinoamericana conquistaba el mercado global y profetizaba la "mayoría de edad" para su cultura, seguía agudizándose la crisis secular del continente, marcada por los desencuentros con la modernidad. En los sesenta agonizaba el ciclo de la modernización (capitalista) montada en torno al Estado como eje vertebrante (1930-1960), que había apostado por la industrialización sustitutiva de las importaciones dentro de los mercados nacionales. La receta, surgida de la crisis de los treinta y protagonizada por la CEPAL (Devés Valdés I:290ss.), desafortunadamente, miraba hacia atrás (Lindauer & Pritchett).

La crisis del desarrollismo y la promesa de la revolución crearon el cóctel explosivo que encendió el continente. Los intelectuales estaban al frente de la lucha. De la lírica, comenta Milan Kundera, a la lírica de la revolución había sólo un paso.[3] Si antes un intelectual que se preciase codiciaba un carné del partido comunista, ahora soñaba con empuñar el fusil en una mano, la pluma en otra y, a veces, la cruz en el pecho.[4] Muchos pusieron el sueño en práctica. Desapareció toda una generación de poetas y escritores... No sé si ha llegado o no ese "momento de relajación" para poder hablar desapasionadamente de lo ocurrido; creo que no, pero vaya un intento.

Los ensayos románticos de la guerrilla "foquista", fomentados por el mito cheguevarista (la supuesta "revolución en la revolución" de Régis Debray), fallaron uno tras otro, con saldo trágico para sus participantes ilusionados; tuvieron más impacto los movimientos de poder convocatorio masivo (por ejemplo, la juventud peronista en Argentina, los "montoneros"), incluyendo la victoria electoral de Salvador Allende en 1970. Sólo que cuanto mayor impacto, tanta mayor reacción y represión. Así, sangrientos golpes de Estado, torturas y exterminio de los opositores y las "guerras sucias" de los setenta culminaron en las aún más brutales operaciones contrainsurgentes en América Central en los ochenta. Los militares aprendían unos de otros el arte de la tortura (la "picana"). La "tierra calcinada" y diversas masacres de la población civil indígena marcaron la contienda en Guatemala...

No se puede minimizar esta culpabilidad, puntualizada ahora en varios documentos de la "memoria histórica". Pero no hay que olvidar tampoco la otra cara de la moneda, ya que se necesitan dos para bailar el tango: el (ab)uso táctico de la democracia (por todos), el voluntarismo romántico de la izquierda, la alienación de las cúpulas políticas y aún más las guerrilleras,[5] o la benemérita teología de la liberación, que, en su versión más radical, ponía en la mano de Jesús simbólicamente una Kalashnikov, pero dejaba a la población, conscientizada, con las manos vacías ante represalias salvajes.[6] La religión y la revolución andaban de la mano, y el sobrio análisis del marxismo clásico o el simple humanismo fueron relegados por la fe y el voluntarismo.[7]

Además, lo local se mezclaba con lo global: todos metían la cuchara en los últimos espasmos de la "guerra fría" mundial. Las madres nicaragüenses de los milicianos caídos protestaban bajo dos estandartes: "Paz para Nicaragua", se leía una, y, arriba, "Acción guerrillera en América Central" (los sandinistas nunca tuvieron la sutileza propagandística de Fidel). La izquierda latinoamericana todavía no ha hecho un balance franco y honesto de su parte en los hechos. Y se entiende esa reticencia: la factura que nos ha pasado la historia del siglo XX, en todas latitudes del mundo, es tremenda. Para muchos parece preferible olvidarse posmodernamente de aquellos "excesos" de la modernidad... (Borrón y un *shopping mall* nuevo.)

Al estallar la paz en los noventa (la desaparición de la Unión Soviética será pura coincidencia...), las sociedades que habían sido desgarradas por la guerra entraron en un nuevo ciclo de violencia: en el sur, por las crisis económicas y políticas; en la América Central, además, por la plaga de las "maras", las violentas pandillas juveniles reexportadas a la región desde Los Ángeles, donde habían aprendido el oficio, al terminar la guerra. (La globalización tiene sus sorpresas.) Y luego la droga... Según se dice, de Guatemala a Guatepeor. Sólo que ahora, sin ilusiones. El futuro se ha reducido a la distopía vivida a diario, de la que las masas intentan fugarse adonde sea.

Por un lado, ciertas teorías racionalizarían el fracaso de la modernización (la teoría de la dependencia y sus variantes; más tarde, la crítica "poscolonial", medio posmoderna). El terrible drama humano de los ochenta, desplegado delante de los ojos por los nuevos medios de comunicación y canales de información, sería un desafío moral para los espectadores del "primer mundo": ¿literatura elitista (del *boom*) o acción solidaria? Para los tímidos, una alternativa oportuna vendría con la literatura del testimonio. Más tarde, el fracaso de la revolución, acoplada íntimamente con el ahora casi extinto mundo del "socialismo real", sería racionalizado por otras hipótesis (la panacea de la democracia "formal", el supuesto fin de la historia), que marcarían la victoria de las democracias liberales (eufemismo del capitalismo) en la guerra fría. Seguiría el neoliberalismo, el robo de las privatizaciones y la globalización de los noventa, para volver a ensayar algún menjunje de socialismo radical "del siglo XXI".

Aun en estas condiciones adversas, a lo largo de la segunda mitad del siglo XX, América Latina ha pasado por otro ciclo de modernización, producida por la experiencia urbana, por los nuevos medios de comunicación, por la cultura de masas y por ciertos niveles de escolarización.[8] O sea, una modernización *cultural*, de tipo posmoderno, dentro de cierta modernidad periférica. El sociólogo chileno José Joaquín Brunner resume el proceso de esta manera:

> La cultura latinoamericana de conformación moderna no es hija de las ideologías, aunque liberales, positivistas y socialistas la buscaran, sino del despliegue de la escolarización universal, de los medios de comunicación electrónicos y de la conformación de una cultura de masas de base industrial. (313)

> ...la modernidad ha nacido en América Latina no de la cabeza de los modernizadores y de la irradiación de sus ideas en las cabezas de sus contemporáneos, sino mediante la operación de los aparatos culturales que la producen, incluso a espaldas de nuestros intelectuales. (332)

DEL LADO DE ACÁ

También los Estados Unidos pasaban por una transformación notable. Los "rebeldes sin causa" de los años cincuenta encontraron muchas y buenas causas que defender en la década siguiente. La lucha por las libertades civiles galvanizó a una gran parte de la sociedad y dio alas a las culturas minoritarias. El imaginario del país como *melting pot* —si bien nunca realizado al pie de la letra– cedió su lugar a la sociedad multicultural, más relajada pero también más polarizada. Los campus universitarios se convirtieron en baluartes de la rebeldía. La juventud protestó airadamente contra la empantanada guerra de Vietnam y contra todo lo que olía a *establishment*. Aparecían nuevas formas culturales, que cuajaban en la llamada "contracultura". La música rock y los conciertos masivos, a veces violentos, pusieron su sello a la época. La emergente cultura de masas, más bien audiovisual, daba la espalda a la cultura "letrada". Esta nueva cultura popular de masas, creada por los medios, rebasaba la literatura y fue uno de los primeros impulsos hacia la reestructuración de los campos de estudio, que ponían en el foco los fenómenos culturales. Con el cambio de las formas hegemónicas se propagaron nuevas enfermedades culturales: si la cultura letrada dejaba a sus practicantes más devotos miopes o ciegos, la audiovisual empezó a dejarlos sordos (Volek, "Quién").

Los intelectuales, según percibió temprano Umberto Eco (1964), se dividieron en "apocalípticos", aquellos que se lamentarían de la pérdida de la hegemonía de la (su) cultura letrada, e "integrados", que optarían por celebrar y navegar las nuevas formas culturales. Con el tiempo, muchos de los primeros se pasaron de bando.

El desafío al estilo de vida de la clase media ("burgués") se manifestó en la moda *hippie*, en el uso "recreativo" de las drogas y en cierta liberalización sexual, facilitada por "la píldora".[9] Así se reforzaría el topos de la "americana" en el imaginario latinoamericano, cuyos indicios se encuentran ya en los viajeros decimonónicos (como Sarmiento). Mientras que la generación *beat* exploraba la ruta 66, los sesenta la cambiarían por la ruta 69.

La nueva música, los medios masivos y el turismo de los *hippies* en busca de los modos de vida alternativos, exportaron la contracultura y toda su *parafernalia* a la órbita inmediata: surgió la "onda" en México, la primera generación adolescente urbana dedicada a los placeres del ocio y de las nuevas formas "culturales", producto del progreso y la modernización del país (que esta generación detestaría cordialmente).[10] Junto a la generación del *boom* –la de los padres, en gran parte "moderna"– emerge, casi simultáneamente, una precoz, la de los hijos, ya claramente posmoderna. Las tensiones no se dejan esperar y explotan en conflictos y en resentimientos. Aunque las dos generaciones hacen sus debidas peregrinaciones a La Habana, los "padres" acusan a los "hijos" de vendepatrias y de acólitos del imperialismo (así, entre otros, Carlos Monsiváis, en su temprano momento apocalíptico). Años más tarde, Carlos Fuentes, en su momento de relajamiento posmoderno, propondrá medio en broma que es la primera generación de los "mexicano-americanos" nacida del lado mexicano (*Cristóbal Nonato*, 1987).

La cultura posmoderna tiene diferentes costos al norte y al sur del río Bravo. En el norte, la sociedad ha entrado en su momento "permisivo", sonríe a las locuras *hippies* y cierra los ojos ante los excesos de Woodstock; en el sur, Tlatelolco (1968) y Avándaro (el Woodstock mexicano, 1971) marcan más bien los jalones de exterminio.[11]

Al lado de los fenómenos contraculturales, cambiaba también la cultura letrada y el arte de prestigio social. La arquitectura se cansó de la ola funcionalista, que producía máquinas de viviendas, dentro de las calles-máquinas del tráfico, dentro de las ciudades-máquinas; viviendas a la Le Corbusier y ciudades utópicas (como Brasilia de Oscar Niemeyer), donde nadie quería vivir. Se cansó del "estilo internacional" de los edificios públicos, que producía íconos de la modernidad, igualitos, no importaba en qué parte del mundo. Otra cosa se buscaba, y Robert Venturi la encontró en el *Kitsch* y en el pastiche arquitectónico de Las Vegas. La arquitectura empezó a hablar medio en broma, a vestirse de fiesta, y volvió a buscar una forma única en cada sitio, en el contexto local y sus tradiciones, aprovechando todos los materiales y lenguajes habidos y por haber.

La "música" de John Cage descubría el silencio, el absurdo y el dadaísmo. La novela se cansó del peso simbólico y mítico de las Yoknapatawphas, esos micromundos de pesadilla, visitados por incestos y otras furias del pasado; de las grandes y amonestadoras alegorías que querían englobar a todo el país; del machismo exhibicionista ostentado en los vacíos de las frases entrecortadas.

Se preguntará el lector −y la lectora también− si esto no es precisamente lo que venía haciendo, con retraso y como una novedad en su contexto, la narrativa del *boom*... ¿Entonces? Más allá de una simple asincronía de los contextos culturales, tiene que haber algún *je ne sais quoi* de diferencia, para garantizar la novedad del *boom* en el escenario mundial y para abrir el apetito del público popular en todas partes.[12] El primer sospechoso que viene a la mente es el realismo mágico en su metamorfosis posmoderna, de *Cien años de soledad* en adelante.[13]

En la literatura estadounidense no se trataba sólo de un cansancio de las formas novelísticas "modernistas": mientras que éstas se orientaban hacia el mundo del primer tercio del siglo (la guerra, el tremendo *boom* y *bust* de la primera posguerra), la realidad había cambiado a consecuencia de la segunda guerra mundial y de sus efectos emancipatorios, que culminarían en los movimientos políticos de los sesenta. La intergeneración *beat* se pone en el camino para descubrir esa nueva realidad de los cincuenta (Jack Kerouac). El tiro que se pega Hemingway, en 1961, cuando se le acaba su literatura, su mundo y hasta su pequeño refugio exótico, es un punto final detrás de la agonía de toda una época. En cambio, el continuo éxito del *boom*, que también se remonta en la historia, incluso más allá del comienzo del siglo XX, remarca el estancamiento histórico de la realidad latinoamericana.

La nueva ola de la narrativa americana emergente en los sesenta empezó en la clave de experimentación neovanguardista: antimimética, autotélica, algo en el estilo del *nouveau roman*. Pero había una diferencia fundamental: la narrativa parisina era insoportablemente intelectualoide, una exploración sistemática de los laberintos del lenguaje y de los vericuetos narrativos, un *pendant* dizque posestructuralista a las igualmente serias exploraciones estructuralistas de las "estructuras profundas" escondidas por debajo de los textos, pero de alguna manera también en ellos. Surgía un paralelismo algo bizqueante: la supuesta profundidad estructuralista sería moderna, la experimentación textual, posestructuralista y posmoderna.

Los nuevos narradores americanos eran igualmente ilegibles, pero, a diferencia de los franceses, jugaban ya con los elementos de la nueva cultura popular de masas. (A lo mejor, en este punto se perfila otra diferencia con el *boom*: éste cortejaba cierta dificultad, pero siempre era legible y no registraba todavía la nueva cultura de masas.) Confieso: hace muchísimos años, en un rapto ahora inexplicable, me compré una serie de "novelas" como *The Crying of Lot 49* de Thomas Pynchon o *The Dead Father* de Donald Barthelme. Todavía están a la cabeza de mis libros no leídos. En cambio veo que tengo minuciosamente marcado, en colores, *Lost in the Funhouse*, aunque sin ningún beneficio aparente para mi entendimiento actual.

Parece que el mismo John Barth se cansó de esta literatura neovanguardista ("*dernier cri* del modernismo", como la llamaría) y denunció su esterilidad en el ensayo "The Literature of Exhaustion" (1967). Casi paralelamente, su casi homónimo francés, Roland Barthes, intentaba adornar de hedonismo estético la esterilidad del *nouveau roman* en *Le Plaisir du texte* (1973). En 1980, Barth publicó un manifiesto positivo de la nueva literatura, "The Literature of Replenishment", con el subtítulo "Postmodernist Fiction" (recogidos en *The Friday Book,* 1984). En este último resume el debate inicial en torno a lo que sería la literatura posmodernista estadounidense para ofrecer un gambito sorprendente:

> Si los modernistas ... nos enseñaron que la linealidad, la racionalidad, la conciencia, la causa y el efecto, el ilusionismo ingenuo, el lenguaje transparente, la anécdota inocente y las convenciones morales de la clase media no son toda la historia, desde la perspectiva de las décadas finales de nuestro siglo podemos apreciar que lo opuesto a todas estas cosas tampoco es toda la historia. La disyunción, la simultaneidad, el irracionalismo, el antiilusionismo, la autorreflexión, el medio-es-el-mensaje, el olimpismo político y el pluralismo moral que se acerca a la entropía moral... tampoco son toda la historia. Creo que un programa válido para la narrativa posmodernista consistiría en la síntesis o trascendencia de estas antítesis, que pueden ser resumidas como formas de escritura premodernistas y modernistas. (*Quimera* 18, adaptado;[14] *Friday* 203)

Lo que me interesa destacar todavía de este ensayo es que García Márquez está señalado como "un posmodernista ejemplar y un maestro del arte de narrar historias" (20; 205), mientras que otra suerte le ha tocado a Jorge Luis Borges. En el primer ensayo, impulsado —según el Barth de *replenishment*— supuestamente por su admiración por los relatos del argentino, éste quedaba rescatado no por los juegos intelectuales que proponía en sus *ficciones* —y que tanto impresionaron a los franceses—, sino por lo que *no hace*, a saber, por ejemplo, que no escribe una novela laberíntica, sino que se limita a comentarla como si ese "jardín de senderos que se bifurcan" ya hubiese sido escrito. Este lector no está seguro de si el honor de una tal recuperación cae en la categoría de la paradoja o del insulto encubierto. La sospecha se aclara en el ensayo posterior, donde el "Señor Borges" (esto está disimulado en la traducción) es "un espécimen de *dernier cri* del modernismo" y, otra "pulla", "un puente entre el final del siglo XIX y el final del XX".

La literatura auténticamente "posmodernista" sería para Barth una especie de repliegue del experimentalismo a ultranza, sin olvidarse completamente de la subversión del ilusionismo realista, o sea, sería una vuelta al relato, pero sin el retorno a la ingenuidad de la narración realista decimonónica. Navegaría entre dos estéticas polares, evitando naufragar en la una o en la otra.

Entretanto, ha seguido cambiando la realidad. Cierto conservadurismo ha alternado con cierta permisividad. Menos *melting pot* y más *pot* a secas. Nuevos avances científicos: el alfabeto de la vida ADN, bebés de probeta, clonación, *cyborgs* en diseño y en la práctica, tecnologías de comunicación instantánea, el *brave new world* del control minucioso, etc.

DE OTROS LADOS

Para complicar el panorama aún más, de Europa venían nuevas ideas y experiencias políticas. La distensión de los sesenta permitió establecer cierto diálogo entre el este y el oeste y, en 1968, amenazó a ambos sistemas, que tuvieron a bien replegarse en sus ortodoxias. Para la izquierda occidental, la derrota de la "primavera de Praga" y del movimiento estudiantil francés y alemán obligaba a replantearse su actitud complaciente ante la Unión Soviética como ente revolucionario y, asimismo, ante los partidos y los proyectos progresistas tradicionales. Entre la autocrítica y el desengaño, se ponía en tela de juicio todo el proyecto de la ilustración. Auschwitz y el Gulag dejaron de ser monstruosas aberraciones y se convirtieron en la cara oscura y ordinaria de ese proyecto.[15]

Esta reacción conservadora marcaría el pensamiento "posmoderno" que vendría de Francia desde los setenta, mientras que los grupúsculos radicales (como los *litterati* de *Tel Quel*) pondrían sus esperanzas todavía en la China del presidente Mao. La expansión del posmodernismo en los ochenta coincide con el reflujo de la mística revolucionaria en América Latina y del reformismo radical en los Estados Unidos.

En los sesenta, desde Francia empezaron a expandirse las corrientes estructuralistas y posestructuralistas. A través de Francia e Inglaterra se colaba también cierto neomarxismo, "liberal" y algo renovado en contacto con las corrientes intelectuales contemporáneas (la dialéctica "concreta" de Karel Kosík, la influencia del estructuralismo en Louis Althusser). Alemania, que había perdido su enorme capital cultural, acumulado hasta el comienzo del siglo XX, tenía cierta vigencia por la escuela de Frankfurt, instalada en los Estados Unidos durante la segunda guerra mundial. Su "teoría crítica", a caballo entre la filosofía y la sociología, fue también una de las primeras en ocuparse de los medios de comunicación masiva. Los frankfurtianos lo hacían con muchas sospechas, por la experiencia con el abuso de los medios durante el totalitarismo nazi, y esta actitud virulenta y negativa dejó una larga huella en los estudios de los medios. Estos elementos luego informarían la base de *New Left* angloamericana.

Estas nuevas ideas y corrientes intelectuales desbancaban el viejo *New Criticism*, que había alcanzado su formulación clásica en el compendio de René Wellek y Austin Warren (*Theory of Literature*, 1949), y también el vetusto humanismo liberal que había dominado los estudios literarios en este país.

A finales de los sesenta, el impulso renovador, tanto en las humanidades como en las ciencias sociales, pasa de la asimilación de los aportes eslavos de la primera posguerra (articulados a través de Roman Jakobson y René Wellek) y de la semiótica clásica (la de Charles Sanders Peirce, domesticada por Charles Morris) al ámbito intelectual francófono. Pero el cambio de la fuente sólo disimula los puentes y los baches del camino de las ideas.

Entre los aportes eslavos, un valor seminal determinante tuvo el formalismo ruso y el grupo en torno a Mijail Bajtin (véase Volek, ed.). El formalismo ruso abrió los caminos de la poética del siglo XX. La vanguardia radical (el futurismo ruso y su lenguaje "transracional", *zaum*) le delegaría su estética "autotélica", centrada en torno al "lenguaje poético", autónomo en cuanto a la función comunicativa (ésta, puesta de manifiesto en el "lenguaje práctico"); pero también el interés por la investigación de los distintos "materiales" de las artes y de su potencial semántico. Inspirados en la extrema vanguardia, los formalistas –quienes eran no sólo sus compañeros de ruta, sino que metían las manos en la masa– fueron los primeros deconstructivistas audaces en la teoría literaria y exploradores de la semiótica de las artes. La riqueza y el radicalismo de los planteamientos formalistas son apabullantes. Ninguna escuela de la crítica posterior ha logrado retomar todos estos elementos juntos.

Praga adopta críticamente la estética formalista, y la trasciende: es interesante ver que es la arquitectura funcionalista, moderna, la que da pie a Jan Mukarovský a vislumbrar una estética posmoderna, en *Función, norma y valor como hechos sociales* (1936, en su *Signo*). Se da el paso al estructuralismo funcionalista. A diferencia de la *Gestalt* y del estructuralismo francés, dinámico y complejo, el praguense intenta totalizar el importe semántico de los textos, y oscila entre la exploración casi fenomenológica del artefacto (incluso en un diálogo crítico con la fenomenología adaptada para el caso por Roman Ingarden) y la "concretización" del mismo dentro de las normas artísticas y sociales vigentes en un contexto histórico.

Pero Praga retoma críticamente también la herencia pionera de la lingüística saussureana. La fonología praguense, desarrollada por Nikolai Trubetzkoy y Roman Jakobson, será el cordón umbilical hacia el estructuralismo francés. Exiliados durante la guerra en Nueva York, Claude Lévi-Strauss será alumno y amigo de Jakobson.

A diferencia del praguense, el estructuralismo parisino apuntaba a las "estructuras profundas", a los esquemas semánticos y funcionales subyacentes a los textos del nivel de la superficie. Para sus buceos, los estructuralistas se remontaron a *La interpretación de los sueños*, inspirándose en la manera en que Sigmund Freud desifraba los mecanismos retóricos subyacentes al discurso onírico, aquellos que explicaban "el trabajo de los sueños" del plano manifiesto. Para la modelización servía la fonología praguense, cualquier esquema simétrico o una tipología retórica. Los textos mismos y su significado no interesaban. Tampoco se puso bajo escrutinio el proceso de la transformación de las estructuras profundas en las de la superficie, ya que tal vez parecía que era algo no problemático.

En París pesaba sobremanera la herencia saussureana. El lingüista ginebrino consideraba sólo la *langue* (el sistema del lenguaje) como un objeto digno de estudio científico, dejando la *parole* (el habla) a la intemperie del caos. Mientras que los lingüistas habían utilizado las intuiciones saussureanas sobre el espacio de la *langue* para construir sistemas gramaticales de las lenguas concretas, y luego para comparar estos constructos en busca de elementos "universales", Jacques Derrida quedó fascinado por la procesualidad de la construcción "negativa" y relacional de los valores de la *langue* y, saltando por encima de los sistemas concretos y de los "hechos positivos" de las lenguas, proyectó esa procesualidad al infinito (de ahí derivan sus conceptos caprichosos como *différance*, huella, etc.). La suya fue una lectura radical, deslumbrante, pero dejaba fuera la mitad del planteamiento de Saussure. La embriaguez del infinito cautivó a muchos de los lectores más autorizados del filósofo deconstructivista, deconstruido a su pesar por su lectura apurada del maestro.

Mientras que Praga es vista desde París como tan sólo preestructuralista, y otros la desecharán por ignorancia, más tarde, junto con la moda del estructuralismo parisino, Wolfgang Iser (tras la pista fenomenológica de Ingarden) y Hans Robert Jauss (siguiendo la recepción social, la "concretización" en Felix Vodička) serán celebrados como posestructuralistas.

Múltiples hilos atan el posestructuralismo parisino al estructuralismo. Aquél no podría existir sin éste. En cambio, Derrida recupera cierto dinamismo que ha caracterizado a las conceptuaciones formalistas y praguenses... Y si la narratología estructuralista francesa descubría a Vladimir Propp, el posestructuralismo desentierra, a su vez, a Mijaíl Bajtín, también como una inspiración fundamental. Si, por un lado, Propp ha salido de este encuentro castrado por las tijeras del racionalismo logocéntrico (aún más de lo que estaba por sí solo), por otro, se está dando el gato de la intertextualidad (en Kristeva) por la liebre del dialogismo de Bajtin. Además, la intertextualidad quedará diluida cada vez más hasta reducir el texto a una mancha indistinta en la proliferación textual infinita imaginada por Derrida (Volek, "¿Existe?").

La historia de la poética occidental que hemos observado hasta ahora se asemeja a un "camino de la risa y el olvido", para parafrasear una novela de Milan Kundera.

NACIMIENTO DE LA TEORÍA

Entonces, ¿qué habría de tan nuevo en el posestructuralismo para reclamar para sí un cambio de época, de moderna a posmoderna? Hasta entonces, y no obstante las innovaciones propuestas entre el formalismo ruso y el estructuralismo francés, en la teoría literaria se resentía la herencia del positivismo decimonónico. Aunque el atomismo de los hechos positivos fue superado por las diferentes propuestas de totalización interpretativa *gestáltica*, introducidas por las distintas modalidades del estructuralismo, la teoría se mantenía lejos de la "especulación filosófica". Se construía laboriosamente "desde abajo", paso a paso, con los pies en la tierra. Incluso, quería ser "ciencia exacta" y cerrar la brecha con las ciencias naturales. Su pregunta fundamental era "¿cómo está hecho?" y luego "¿cuáles son los mecanismos subyacentes?" La tecnología de la construcción y de la constitución –aunque semántica– importaba más que la significación. (La hermenéutica tendría que esperar su resurrección, lamentablemente, posmoderna).

La moda del estructuralismo cambia el panorama. El ámbito de la Teoría es abierto, en los sesenta, por el estructuralismo mismo, cuando éste se proyecta sobre el estudio multifacético de la cultura (en Lévi-Strauss, Barthes, Foucault, etc.). *En esta proyección, el enfoque tecnológico es sustituido por el ideológico.* Aparece *la Teoría* con mayúscula, que luego ampara numerosas teorías particulares y apuntala los postes pos-.

Semejante a otros deslindes, la separación entre la crítica tecnológica y la Teoría ideológica no es firme. Mientras que *Las estructuras elementales del parentesco* (1949) lanzan el estructuralismo tecnológico duro, los escritos "La raza y la historia" (1952) o *El pensamiento salvaje* (1962), de Lévi-Strauss, crean el puente hacia el multiculturalismo y aun hacia el cuestionamiento posmoderno del discurso científico (del llamado "ingeniero") y del hombre mismo ("el último objetivo de las ciencias del hombre no es la constitución del hombre sino su disolución en componentes más elementales").[16] En polémica abierta con Sartre, Lévi-Strauss se niega a otorgar un estatus especial a la razón dialéctica: según él, ésta no es ni diferente ni superior a otras modalidades de la razón (la razón analítica, el "pensamiento salvaje"), y con esto precipita la crisis de la filosofía marxista.[17] *El pensamiento salvaje* sorprende todavía al intuir el fin de la era moderna, según su autor, orientada históricamente hacia la revolución francesa.

En esta Teoría, donde prima la especulación filosófica y cultural, aparece un Heidegger en su esplendor, a pesar de los salpicones de los años treinta, asoma la "teoría crítica" de Frankfurt, sigue influyendo Marx... Es *la* Teoría que alcanzará su auge en los ochenta y será enterrada con el nuevo milenio.

Esta Teoría no sólo no contempla ninguna aproximación a los métodos de la ciencia, sino que, todo lo contrario, intenta ponerla en tela de juicio. La experiencia con el abuso político de la ciencia en el siglo XX deja, efectivamente, muchas cuestiones morales abiertas. Pero en el plano *técnico*, se produce una situación paradójica: mientras que vemos cada vez más lejos en el cosmos, en la materia y en la ingeniería de la vida, la Teoría en las humanidades y las ciencias sociales se hace más y más relativista, agnóstica, hasta tocar el nihilismo y el absurdo. Hay algo de miopía en eso, aunque sea miopía envuelta en preocupaciones morales bien justificadas. Al mismo tiempo, el esfuerzo de proyectar sobre la ciencia las teorías posmodernas ha llevado a situaciones embarazosas (recuérdese el sonado episodio de Alan Sokal y *Social Text*, en 1996), o a metáforas seudocientíficas en el mejor de los casos (enumerados hasta el aburrimiento en Sokal & Brickmont).

El salto ideológico hacia esta Teoría ha eclipsado la problemática puesta sobre el tapete por la crítica tecnológica, pero no puede borrarla permanentemente. Los códigos siguen existiendo, como constructos y como agencias, y, en cuanto tales, siguen teniendo valor heurístico; los artefactos también siguen existiendo, como objetos materiales y como constructos fenomenológicos, pese a todos los esfuerzos por "disolverlos" en "textos" o en intertextos; y el espacio del contexto histórico –del texto en el mundo– se puede teorizar de las maneras más diversas, y no sólo ideológica o pragmáticamente. Además, el mundo mal conocido será mal transformado por bien intencionado que fuera el activismo que lo ponga en la práctica: el siglo XX es un triste testimonio del fracaso de los "sueños de la razón", ni hablar de los instintos puestos en libertad...

Si el fin del siglo XX nos ha mostrado que la crítica tecnológica no es toda la historia, tampoco lo es la Teoría ideológica y especulativa.

La vuelta de la ética –por más sublimada que sea en algunos casos– es importante: Kant separó programáticamente las esferas de la actividad humana en recintos autónomos, y la modernidad pretendió independizarlos, hacer olvidarse unos de otros. Foucault redescubre su interconexión humana... pero, vaya innovación, siguiendo la pista del estructuralismo, desecha el humanismo.[18]

Me parece que Foucault y la compañía posmoderna se apresuraron, que algo falla en su articulación de los códigos y el sujeto humano, que habrá que repensarlo todo con calma y con un mejor conocimiento de causa. Es instructivo releer la *Crisis de las ciencias europeas* (1954), libro póstumo de Edmund Husserl, meditado en los terribles años treinta. El pensamiento teórico, que en un par de milenios nos ha levantado de las cuevas y del mundo mítico, no ha empezado ni terminará con el posestructuralismo ni con la posmodernidad, ni está condenado a la chaqueta de fuerza del logocentrismo imputado.

En un denso fragmento (B3) de su poema sobre el ser, Parménides sugiere que "es lo mismo pensar y ser". A las lecturas premodernas (pensar es "pensar lo que es", "es lo mismo el pensamiento y lo pensado", etc.), modernas (la *reductio* cartesiana, la *intentio* husserliana) o el pastiche "premoderno" propuesto por Heidegger en su *Sein und Zeit* (1927, el ser es lo que se muestra en la pura intuición), podríamos agregar tal vez otras, aún más sorprendentes: *somos lo que pensamos, pensamos lo que somos*. Toda la teoría posestructuralista del lector –y del sujeto– está en esta última frase, hasta con sus limitaciones.

El estructuralismo praguense ontologizó las normas sociales y el estructuralismo francés hizo lo mismo con los códigos –un procedimiento corriente en el pensamiento tradicional–, y el posestructuralismo, aparentemente tan deconstructivista, ha caído en la misma trampa (a pesar de ostentar aporías irreductibles y oportunos lugares de indeterminación). Si el positivismo colgaba como una espada de Damocles hasta sobre el estructuralismo, el determinismo sigue pesando aún sobre el posestructuralismo. El "giro del lenguaje" nos hizo, aparentemente, sus prisioneros, aunque seamos prisioneros-poetas, como en Heidegger ("Hölderlin"); sin embargo, parecería un lenguaje mal conocido, tanto por los filósofos como por los lingüistas, y aún menos por los teóricos literarios y culturales (Volek, "Habitats"). *Observar, escribir, leer, comunicar —o sea, el dialogar bajtiniano o el conversar heideggeriano— nos abre al riesgo de pensar diferente y a ser diferentes.*

MODERNO/POSMODERNO/POS-/PRE-: MODELO PARA ARMAR

Si un enunciado proveniente del siglo VI a.C. puede insertarse, sucesivamente, en la antigüedad y en distintas capas de la modernidad, si puede anticipar la episteme posmoderna y hasta indicar una salida de ella, se hace urgente revisar algunos conceptos que compiten por modelizar el mismo espacio.

"Modernidad" es un concepto "flotante". Cada etapa puede apropiárselo sólo temporalmente. En este sentido, la modernidad es un cúmulo de "modernidades" locales o temporales, no siempre sincronizadas, sino separadas y conectadas por las distintas cualidades ("lo moderno") que las caractericen. En *The Postmodern Explained*, Lyotard jugará con esta perspectiva. Si una etapa se autodeclara como "moderna", la siguiente es, cuando menos inicialmente, "posmoderna"; sin embargo, "lo posmoderno", relevado en el futuro por otra "modernidad", será ya también siempre "premoderno". Esta concepción flotante desdibuja tanto la modernidad como la posmodernidad, y los sendos términos relacionados.

Este modelo supone una línea continua de evolución. La alternancia de modernidades y posmodernidades (que son ya premodernidades) en una cadena continua, tiende a destacar parejas de etapas, íntimamente relacionadas. En estos acoplamientos, un periodo "propone" y el siguiente "dispone", en un juego de acción y reacción. Renacimiento y barroco, neoclasicismo y romanticismo son las parejas más citadas. Este vaivén ha provocado búsquedas de cualidades transhistóricas en estas alternancias.[19] No sólo ciertos principios transhistóricos se oponen (el optimismo renacentista *vs.* el pesimismo barroco, etc.), sino que, también metafóricamente, se comparan transversalmente los miembros de las parejas en correlaciones bimembres, por ejemplo: renacimiento *vs.* barroco; neoclasicismo *vs.* romanticismo; realismo *vs.* simbolismo; modernidad *vs.* posmodernidad.

En estas parejas desaparece el anclaje histórico y se difumina no sólo cualquier "esencia" sino también cualquier configuración concreta de valores históricos definitorios. Emerge una secuencia continua de perspectivas contrastantes reducidas a radiografías transhistóricas. Sin embargo, este juego metafórico (por oposiciones o por comparaciones) es sólo eso: *un juego metafórico*. La realidad desborda estos cauces. El fluir de la historia es heraclíteo, irreversible. Pero precisamente de ahí viene la seducción de los conceptos transhistóricos, ya que prometen trascender lo concreto, local y temporal, para revelar algún gran esquema de las cosas. Ofrecen la consolación de que "aquí pasa lo que ha pasado siempre".

Si queremos salir de este laberinto bimembre de los conceptos flotantes o transhistóricos, necesitamos historizar, o sea, contextualizar históricamente y saber a qué etapa y a qué cualidades específicas nos referimos al utilizar los términos.

Por ejemplo, cuando Brunner habla de la modernidad latinoamericana surgida de los procesos de la modernización de la segunda mitad del siglo XX, entendemos que este período corresponde a lo que, desde otro punto de vista, se ha llamado posmodernidad, y que podemos utilizar tranquilamente sus análisis también para la perspectiva que nos interesa. Con tal de que entendamos que los términos no son sólo instrumentales sino que llevan su carga ideológica: que la "posmodernidad" en cuestión pone en tela de juicio el empeño de la modernización, y que la referencia a la "modernidad", en cambio, deja este proceso abierto e implica hasta una valoración positiva.

Pero hay más: la relación entre la etapa y la cualidad definitoria no está dada *a priori*, no viene señalada por un letrerito que nos "ubique". Es siempre una hipótesis, un constructo, una apuesta. Recordemos el enredoso debate en torno al *modernismo* finisecular en la literatura hispana: según los críticos delimitan el periodo (por ejemplo, según su concepto de generación o de época, como en Juan Ramón Jiménez), obtienen cualidades definitorias diferentes; según las cualidades que destaquen, se perfilan nuevos deslindes del movimiento (¿o es más bien "corriente"?, ¿o "escuela"?, ¿o generación?, y ciertamente es también un *diálogo* hispano-americano). Otras variables las introducen los escritores y los géneros incluidos o excluidos, y su jerarquía propuesta. ¿Cómo encaja en esto el 98 peninsular? ¿No influye también sobre el *modernismo* hispanoamericano? Como consecuencia, cada crítico habla de un *modernismo* distinto, el debate es inconcluso y queda abierto a nuevas constelaciones de los elementos ya introducidos o por introducir. El *modernismo* no es menos inventado que el 98.

Lo mismo pasa con el anclaje histórico de la posmodernidad o de la crisis –cíclica o "terminal"– de la modernidad. Ciertamente vamos a tener reconstrucciones históricas diferentes según el marco que pongamos: pos-1875 (Toynbee, Lenin[20]), la primera posguerra (Spengler), la segunda posguerra, los años 1960, 1970, 1980...

El caracterizar una época histórica puede ser aún más complicado. Las cualidades definitorias pueden venir de líneas evolutivas heterogéneas y pueden entrar "en el juego" en tiempos distintos. Piénsese en el renacimiento, delimitado entre los siglos XIV y XVI. Por un lado, está marcado por una serie de cambios trascendentes: algunos vienen de adentro, otros, de fuera. Recordemos, sin ser exhaustivos, el linaje del *dolce stil nuovo* y del humanismo, en la cultura; los desarrollos tecnológicos que se remontan al "renacimiento del siglo XII"; la caída de Constantinopla en 1453 y su impacto sobre la cultura europea y sobre la gestación de la reforma; el descubrimiento del "nuevo mundo" en 1492 la destrucción de la vieja cosmovisión y la apertura del mundo para la expansión europea. Notemos también el hecho de que distintos países están involucrados en estos procesos de manera diferente: largos años, España es centro y periferia al mismo tiempo.

Por otro lado, la misma época puede verse de una manera muy diferente en distintos puntos temporales, o desde distintas perspectivas ideológicas. El renacimiento en tanto cierta "modernidad" puede conceptualizarse como continuidad de la modernización y, también, como cierta ruptura, con un comienzo puesto en el simbólico año 1492. Así, por ejemplo, la crítica "poscolonial" enfatizará la colonización como el punto de arranque y hasta como el *sine qua non* de la modernización europea (Mignolo). Esto es verdad a medias, porque sin la impresionante modernización anterior, Europa no habría estado en condiciones de dar este nuevo paso (aun a expensas de algunos "descubridores" y, ciertamente, de los "descubiertos"). Además, ya en las décadas anteriores, un país como

Portugal estaba explorando y colonizando nuevas y viejas tierras del orbe conocido. Pero no cabe duda de la importancia del nuevo mundo para impulsar ese *segundo round* de la modernización.[21] Surgen dos imágenes contrastantes: una enfatiza elementos endógenos, otra, exógenos como clave para la explosión de la modernización europea. Imágenes cómodamente apoyadas en, y apoyando, sendas ideologías. Y las ideologías tienen su *intencionalidad*.

Si es complicado conceptualizar la modernidad y la posmodernidad en y desde el centro, lo es aún más desde la periferia, adonde lo nuevo llega no sólo desde fuera, sino también en alas del poder colonial o imperial, lo cual condiciona las apropiaciones y las reacciones ideológicas locales; éstas serán, a su vez, reconfiguradas desde el centro que ha reconceptualizado e integrado otras periferias (esta *mise en abime* de simulacros prima en la crítica "poscolonial").

DE LA REPUTADA MODERNIDAD A LA PUTATIVA POSMODERNIDAD

Otra contrariedad fue señalada por Jürgen Habermas, quien ha hablado de la modernidad ilustrada –nuestra modernidad más próxima y en la cual, según él, todavía estamos inmersos– como un "proyecto incompleto". Hay algo extraño en esta propuesta. No estoy seguro de que alguien haya preguntado a otras épocas si han cumplido su misión, o si necesitan más tiempo para pasar exitosamente el examen de la historia... Bizancio ciertamente quería seguir cuando fue conquistado y reescrito brutalmente como un palimpsesto islámico, en 1453. El medioevo no se declaró caduco ni terminó cuando Colón puso los pies sobre sus "Indias". Muchos años después, un famoso hidalgo no se daba por aludido todavía. Don Quijote hace su presencia en medio de la modernidad barroca precisamente en calidad *quijotesca*, al querer rescatar la alta misión de la edad media en la cotidianidad ordinaria y degradada de su ya fracasada primera modernidad... Son las derrotas, las conquistas o algún cambio brusco en el devenir histórico los que marcan finales y comienzos.

Sería fácil tildar a Habermas de Quijote y dejarlo así. La situación de *nuestra* modernidad merece una reconsideración más cuidadosa. La modernidad ilustrada fue inventada por unos intelectuales, y no sorprende que otros quisieran desbancarla como si fuera un constructo mental. Lo que llama la atención es que, de hecho, querían hacerlo casi desde su comienzo mismo en el siglo XVIII. Si seguimos esta línea de ataques antimodernos o "pre-posmodernos", vemos que van *in crescendo*: sentimentalismo, romanticismo, simbolismo, vanguardia clásica, neovanguardia, si pensamos sólo en la literatura y la cultura.

Este conflicto puede articularse también en términos de distintos países y contextos culturales, que asumen ciertos matices de la cultura como su grito de guerra: así obtenemos la oposición entre la *Kultur* alemana y la *civilisation* francesa. La "civilización" está teñida de "modernidad", es asumida como una misión universal por la intelectualidad del país, y, aunque sea un detalle, rebasa el ámbito de la cultura letrada tradicional (incluye el arte de la cocina, de la mesa, la etiqueta, etc., tan importantes para el *savoir vivre* de las personas realmente civilizadas, o sea, los franceses). Con esta aura entra en la órbita hispanoamericana, abanderada en el título de la *Civilización y barbarie* (1845), de Sarmiento.

Kultur, en cambio, se enfrasca en la resistencia a la modernización. Subraya la identidad distintiva del pueblo (alemán), basada en las tradiciones, en la sangre y en el territorio (*Blut und Boden*). Asoma la cabeza de la *raza*. (No necesito anticipar dónde termina esta historia, que también rebasa la cultura letrada tradicional, sólo que en una dirección macabra.) Un detalle curioso: *Kultur* es inventada en la parte católica de los estados alemanes, mientras que la Prusia protestante ha utilizado cierta modernidad autocrática tanto para racionalizar la burocracia y los aparatos del Estado como para reforzar su poderío militar. En 1871, éste se impone tanto a toda Alemania (la primera unificación) como a Francia.

La derrota, seguida por la malograda "comuna de París", introduce también en Francia una nueva oleada de reflexión crítica sobre los beneficios de la civilización modernizadora. Algo semejante pasará en España, que se replegará en sí misma después del 98 (Maurice Barrès parece ser el puente francoespañol). No sorprende, entonces, que *Ariel* (1900), del uruguayo José Enrique Rodó, introduzca precisamente esta "cultura" en el ámbito hispanoamericano, también como afirmación de su identidad *latina* frente a la *angloamericana* de los Estados Unidos y como baluarte frente a las tentaciones de la modernización.

No deja de ser irónico que un movimiento literario, autotitulado *modernismo*, justifique el que el continente se ponga de espaldas a la modernidad y a los rigores de la modernización. En una función análoga, sólo utilizando símbolos rebajados, correspondientes al contexto contracultural de la época, vendrá el *Calibán* (1971), de Roberto Fernández Retamar, una lectura política de la cultura latinoamericana, sincronizada, en aquel momento, con el giro de la revolución hacia la ortodoxia estalinista. En un plano más personal, *Calibán* me parece ser el anverso luminoso de las torturadas confesiones de Heberto Padilla; ambos poetas, a su manera, buscan salvar el pellejo en aquel peligroso trance para tantos intelectuales cubanos y latinoamericanos. Es curioso que el opúsculo de Retamar, que en parte desempeñaba la función del índice de libros prohibidos dentro de la nueva ortodoxia proyectada sobre el continente, se haya consolidado como un texto fundante de la crítica "poscolonial" latinoamericana, claro, por el latinoamericanismo estadounidense. Bien pensado, es la descontextualización la que facilita las transformaciones de funciones y de valores.

El posmodernismo parisino de los setenta, provocado por los desengaños de 1968, no sería sino otro repliegue *cultural* frente a los avances de la modernización: otro cansancio y otra reacción en la línea romántica. Pero esta lectura metafórica, transhistórica, de las críticas antimodernas y posmodernas sería engañosa. La confluencia del posmodernismo y del posestructuralismo marca una cualidad nueva y específica que va a caracterizar el periodo en que nos ha tocado vivir y pensar (Follari 133-4). A pesar de ello, los paralelos con las ideas y la relación directa con algunos filósofos salidos de la órbita fascista de los años treinta es preocupante (Wolin).

Este paralelismo y la diferencia se ponen de manifiesto en las lecturas contrastantes de Nietzsche y de su crítica radical a la modernidad occidental: una, pretotalitaria, de la primera posguerra, y otra, antitotalitaria, posmoderna. ¿Dónde ha quedado el "verdadero" Nietzsche? El filósofo parece ser manipulado a conveniencia (Wolin 27-62).

A lo largo de los años se juntarán otros elementos y giros históricos: la descolonización, acelerada desde la segunda posguerra, y algunas fechas clave: 1989, el 11 de septiembre de 2001... Podría pensarse que esta última altera radicalmente nuestra orientación histórica. Si nuestra modernidad ilustrada se ha proyectado mentalmente hacia la revolución francesa, el 11 de septiembre ha archivado esta perspectiva ya de por sí caduca y, de un golpe, ha abierto otra, centrada en el "conflicto de civilizaciones". La posmodernidad occidental que ha estado buscando un anclaje lo habría encontrado inscrito con sangre y fuego en las Torres Gemelas. Mientras que la cultura "posmoderna", complaciente y relajada, de finales del siglo XX esté agonizando, mostrando su insuficiencia (considérense las reacciones lamentables de los "intelectuales" ante el 11 de septiembre), habría llamado a las puertas una nueva "posmodernidad", o tal vez su fase definitoria, no invitada ni esperada. La discontinuidad irrumpiría otra vez en la continuidad, a nivel planetario.

Lo intelectual tropieza continuamente con la historia. Pero hay todavía más conejos en la manguera de la modernidad. En todo el debate intelectual centrado en la cultura ilustrada falta todavía una dimensión fundamental, tal vez la más importante. La ilustración inventa la imagen y los valores de lo moderno; pero lo que *hace* la modernidad es otra cosa: no son los debates filosóficos sino la praxis social. Son, por un lado, las prácticas sociales, el espacio del debate público, del intercambio de ideas y del *fair play* democrático, consolidado legalmente, y las instituciones que los sustentan; por otro lado, es la ciencia convertida en tecnología convertida en industria convertida, finalmente, en poder económico, administrativo y militar. La faceta cultural y la que sustenta la económica no andan necesariamente sincronizadas. En el siglo XVIII, Francia tenía su ilustración, Inglaterra, su revolución industrial.

También, las proclamas morales de la ilustración andarían largo tiempo divorciadas de la realidad. Es justo observarlo. Pero también es justo ver que aquellos principios "universales" incumplidos fueron el motor y la meta de cambios históricos locales, hasta la actualidad, y que seguirán siéndolo, más allá del relativismo nihilista de los severos observadores posmodernos, propensos a apostar a todo o nada. El fracaso de lo absoluto, por inalcanzable, que llevaba a los tatarabuelos románticos a la desesperación y al suicidio, produce en sus tataranietos retóricas llenas de relativismo insostenible y de caza de brujas de la "political correctness", proyectadas ahistóricamente hacia atrás. Emerge una visión cerrada, monolítica de la modernidad, negativa y hasta apocalíptica.

En América Latina, el énfasis puesto desde el comienzo mismo del debate en la faceta cultural, ha captado sólo una parte de la problemática moderna. En vista de lo que acabo de plantear, resulta mucho menos importante para el continente el que no haya tenido una fuerte ilustración ni la crítica de la tradición (señaladas como culpables del fracaso de la modernización por Octavio Paz), que la falta o la lentitud del desarrollo de la segunda dimensión de la modernidad. En medio de la sociedad extremadamente tradicional, salida de la colonia, el proyecto de la modernización ha sido aún más utópico en América Latina que en los países originarios. Los obstáculos han sido mucho más altos y los frenos, más fuertes.

No sorprende que el "intelectual público" de la primera independencia se haya cansado y retirado, hacia el final del siglo XIX, a la "torre de marfil" de la cultura y que se haya enfrascado en la búsqueda y la afirmación de la identidad como explicación y justificación del fracaso de la modernización. Sería fácil acusar a los escritores de la "plenitud" del *modernismo*, como se dice; ese viraje empieza a notarse ya en Martí, si no antes. El repliegue en la identidad o en búsquedas de "racionalidades alternativas" a la modernidad occidental sigue en aumento a lo largo del siglo xx, para terminar "cuajando" en el *macondismo*. En cambio, cuando el continente se moderniza de cierta manera, ocurre "a espaldas" de estos intelectuales.

LA POSMODERNIDAD AL RESCATE

Habíamos dicho que el "posmodernismo" empezó a gestarse en los cincuenta en la arquitectura y en la literatura estadounidenses como reacción al "modernismo" angloamericano de la primera mitad del siglo. Tanto *Modernism* como *Postmodernism* eran fenómenos culturales locales y, en cuanto tales, no estaban sincronizados con los fenómenos análogos de otros contextos culturales. *Modernism* se interseca, por ejemplo, de alguna manera con la vanguardia clásica, sólo que incluye también el periodo anterior a la guerra y se extiende a lo largo de la vigencia de ese movimiento literario hasta finales de los años cincuenta. A lo mejor, esa larga duración refleja la relativa estabilidad y la continuidad políticas en el contexto angloamericano, en contraste con el resto de occidente.

Esta asincronía crea algunas diferencias fundamentales: en la preguerra, la crítica al mundo moderno, capitalista, burgués, fue más bien conservadora, romántica en el sentido del "romanticismo reaccionario" (Brandes), nostálgica de la "comunidad tradicional"; la posguerra fue mucho más radical y utópica, orientada hacia el futuro, y estaba vinculada a los nuevos movimientos socialistas y revolucionarios surgidos a raíz de la guerra. En la posguerra renace la seductora imagen de la progresión figural moderna, compaginada con la marcha ascendente de la historia profetizada por Hegel y por Marx: la revolución rusa de 1917 se remonta a la francesa, de 1789, y presagia una revolución mundial (sin prever la astucia de la razón histórica que cerraría este arco sin previo aviso dos siglos después, en 1989).[22]

Las primeras grandes figuras del *Modernism*, Ezra Pound y T. S. Eliot, han teñido indeleblemente todo el movimiento. Este ha quedado marcado de elementos conservadores tanto en la estética como en la política, no obstante las virulentas críticas al "mundo burgués moderno". Al formarse antes de la guerra, el *Modernism* soslayó también las corrientes más radicales de la vanguardia (el dadá, el surrealismo), y los escritores como Gertrude Stein o e. e. cummings fueron considerados como excéntricos del movimiento.

Huelga decir que –a no ser que persigamos metáforas transhistóricas– este *Modernism* no tiene nada que ver con el modernismo hispano ni con *die Moderne* finiseculares de Europa Central, ni tampoco con *o modernismo* brasilero, aunque se interseca con el mismo de otra manera que con la vanguardia.

No sorprende entonces que el *Postmodernism* estadounidense, aún más restringido (reducido a la narrativa), aún más local que el *Modernism*, y gestado en contextos políticos diferentes que marcaban cierta crisis del sistema (las impopulares guerras de Corea y de Vietnam), recupere algo de las actitudes políticas de la vanguardia. Y que, en algunos narradores experimentales, establezca, en un primer momento, paralelismos con la neovanguardia del *nouveau roman* francés, para más tarde replegarse del experimentalismo a ultranza.

En esta forma de poca monta, el *Postmodernism* languidece en los Estados Unidos en espera de algún milagro que le dé más vida. Pocos críticos le prestan atención. Todavía años más tarde, Ihab Hassan se queja amargamente de su propia insignificancia en el mercado de la crítica. A lo largo del tiempo, Hassan elaboró varias taxonomías que querían diferenciar el *Modernism* del *Postmodernism* (la de 1971, recogida en volúmenes posteriores). Si miramos sus propuestas, el *Postmodernism* suele ocupar el lugar que le correspondería a ciertas corrientes radicales de la vanguardia clásica. De la misma manera, muchos de los rasgos que se imputarán al posmodernismo (fragmentación, dislocación del sujeto, crisis de la representación, realidad suplantada por el signo, etc.) han sido ya caballos de batalla del modernismo y la vanguardia.

Con otras palabras, el *Postmodernism* habría sido una breve moda local, que desaparecería de la historia de la literatura tal como ya se había extinguido en la arquitectura.

Entretanto, parecía que cambiaba la época. En la zona francófona se hablaba ya antes de la "era atómica", iniciada con la segunda posguerra. En el comienzo de los setenta, Daniel Bell propagó el concepto de "sociedad posindustrial" (tomado de Alain Touraine), donde interpretaba los cambios económicos y sociales ocurridos en el mundo desarrollado a partir de la segunda guerra mundial. En la fase posindustrial, la fabricación de bienes cede su lugar al procesamiento de la información, que lleva a la "sociedad del conocimiento". Para el sociólogo estadounidense, la sociedad posindustrial era un "constructo especulativo", pero sus lectores lo tomaron como la realidad. El canadiense Marshall McLuhan puso en debate los nuevos medios de comunicación. Dentro de la escuela de Frankfurt, Jürgen Habermas estaba explorando síntomas de la crisis de legitimación (en 1973) que veía asomarse en el capitalismo tardío. En Francia, los "nuevos filósofos" empezaban a socavar ciertos ídolos de la modernidad, entre ellos el marxismo como filosofía y como movimiento político, y la modernidad misma.

Jean-François Lyotard retoma todos estos hilos y los junta en una audaz apuesta epocal: *La condición posmoderna* (1979) pone en tela de juicio no sólo una *fase* sino *toda* la modernidad occidental ilustrada y la legitimación de los "metarrelatos" (grands récits, master narratives) que la sustentan, relatos del progreso y de la emancipación de la humanidad. En esta visión, las certezas modernas se derrumban como un castillo de naipes.

En el fundamento del edificio moderno estaba la fe en la racionalidad subyacente a la realidad, cognoscible por el sujeto humano racional. Este juego de las racionalidades ontológicas y epistemológicas se proyectaba sobre la historia y creaba la confianza de un determinismo subyacente al devenir humano en la tierra: si no se vivía en el mejor de los mundos posibles (ilusión ilustrada que se derrumbó con Lisboa en 1775), ese mundo mejor se estaba construyendo y esperaba, en el futuro, como un fruto maduro, un premio predestinado para el beneficio de toda la humanidad. Distintos movimientos sociales vertebraban sus luchas políticas en torno a estos objetivos proféticos. El marxismo parecía estar más en sintonía con el ideal ilustrado universal. Pero, poco a poco, ese fundamento racional se erosionaba y empezó a resquebrajarse: Schopenhauer, Darwin, Nietzsche, Freud, Einstein, Stalin, Auschwitz o Hiroshima, marcarían los hitos en el camino de la deslegitimación de la presunta racionalidad. Ni la realidad, ni el sujeto humano, ni la ciencia la encarnaban.

Con la modernidad optimista y sus proyectos universales, utópicos –irreales y tal vez irrealistas–, se fue al traste todo aquello que la caracterizaba: el universalismo, la racionalidad que unía a la humanidad, el sujeto protagónico, el pensamiento "fuerte", el concepto de la totalidad, la teoría como búsqueda de coherencia, y empezó a celebrarse lo local, la diferencia, el fragmento, el microcontexto, el sujeto marginal, el pensamiento "débil", la "anti-teoría". (¿Tal vez miopía como cura de la presbicia?)

Junto con la racionalidad tradicional se descartaba aun la racionalidad como búsqueda, como una *koiné* tentativa de la comunicación intercultural, y se sustituía por hipotéticas "racionalidades alternativas" (el pensamiento oriental, el esquizoanálisis, el supuesto discurso privativo de la mujer, la milagrería del macondismo, etc.). Con las garantías del sentido trascendente desaparecían, para los radicales posmodernos, también las de cualquier sentido.

La crítica de los prejuicios tradicionales y modernos, llevada al extremo, producía atropellos al sentido común: en vista de que la razón (o el *logos* de la lógica) no suscribe todo lo que pasa en el universo, debemos olvidarnos de cualquier quehacer racional; en vista de que los "modelos" trascendentes han quedado descartados junto con el mundo noumenal, no podemos decir qué es un árbol, una casa o un camino; en vista de que la verdad absoluta (sin saberse qué podría ser) está fuera del alcance humano, no podemos decir con certeza nada sobre nada. Siguiendo las leyes de física "de Dunlop": "los hechos son opiniones solidificadas" y "la verdad es elástica".[23] En este mundo posmoderno, donde parece que priman las "leyes de Murphy", no sorprende el auge del neopragmatismo, filosofía y filósofos sin anclaje (Rorty). Apuntemos que también el sentido común se ha puesto, oportunamente, en entredicho.

En esta crítica radical, el optimismo de los modernos es sustituido por el pesimismo, las dudas y hasta el nihilismo. El movimiento del péndulo va de una autohipnosis a otra, sólo que de signo invertido. De la euforia moderna por los poderes cognoscitivos del sujeto humano, a la desesperación volcada sobre la página como una terapia individual y colectiva. En *Les Mots et les choses* (1966), Foucault ya había hablado del fin del hombre. Cierta sensación de apocalipsis caracterizará al ideario posmoderno.

Aparecen contradicciones: por un lado, se quita el "consuelo metafísico" de la naturaleza humana universal (Rorty 31), el supuesto de cierto código cultural común a la raza humana, pero, por otro lado, se cree a pies juntillas en el determinismo de los códigos menores (por ejemplo, el lenguaje y su determinismo mágico sobre el sujeto humano). O sea, se aceptan ciegamente ciertos supuestos del estructuralismo parisino cuando conviene... Al mismo tiempo, sorprendentemente, aumenta nuestra deuda con unos *excéntricos* griegos —y a través de ellos con el occidente, tan basureado por muchos posmodernos— ya que sin su invención de la *theoria* seguiríamos viviendo, si no todavía en las cuevas, en el mundo mítico-religioso (véase Volek, "Beyond" y la conferencia de Viena de Husserl, en *Crisis*). Esta hazaña que habrá de transformar —para bien o para mal— el mundo, no se ha repetido a pesar de la inflación retórica posmoderna de todos los logros admirables o parciales de otras culturas.

La reinterpretación a través de la *condición posmoderna* da un nuevo aliento al posmodernismo. El fenómeno local se extiende a toda una época. Empiezan a buscarse manifestaciones análogas en otros contextos culturales. En sus conferencias de Harvard, en 1983, el comparatista holandés Douwe W. Fokkema propone, por ejemplo, que el posmodernismo sí se originó en América, pero en la América de Borges (¡vean, gringos!); más adelante, complica este planteamiento, pero la idea está servida (38-40). En otro trabajo famoso, de la misma época, Fredric Jameson redefine el *Postmodernism* como la cultura hegemónica de la etapa del capitalismo tardío, el del capital transnacional. Al mismo tiempo, el posmodernismo está desvalorizado en tanto arte "esencialmente trivial" (85), superficial, deshumanizado, que tiende al pastiche ahistórico y lo encubre con el barniz de nuevas tecnologías. Este aspecto de pastiche ahistórico será machacado por Linda Hutcheon. Más ambicioso es el libro de Brian McHale, que intenta cubrir toda la gama de la narrativa que considera posmoderna.[24]

Entre Lyotard y Jameson, el término *Postmodernism* deja de referirse a ciertas formas de arte (arquitectura, narrativa) en Norteamérica y empieza a utilizarse como sinónimo de la posmodernidad.

El trabajo de Jameson revela también cierta angustia ante el presunto cambio epocal que amenaza por consignar al olvido su marxismo. Con un gesto tan sorprendente como intrigante, en otro ensayo de la época, Jameson parece dispuesto a "traspasar" (*outsource*) el marxismo al "tercer mundo", donde aparentemente puede probar todavía su utilidad. Siguiendo este ejemplo y, tal vez para confirmar los equívocos de Colón, la teoría "poscolonial" mirará a América Latina, otra vez, bajo el ángulo de la India y de otras teorías traspasadas por el tiempo; cuanto menos contacto con la realidad viva latinoamericana, tanta más fidelidad a las teorías exógenas (véase la crítica mordaz de Santiago Castro-Gómez).

Jameson, hasta cierto punto, está tironeado entre el amor y el odio frente al posmodernismo, fascinado como está con las novedades tecnológicas y culturales. Serán los marxistas ortodoxos, como la parte más agraviada, los que criticarán más amargamente el posmodernismo.

A mi modo de ver, hay que desideologizar el debate. El posmodernismo acierta al poner en tela de juicio numerosos supuestos ya inoperantes introducidos por la ilustración, pero, como alternativa a los mismos, no ofrece sino una ideología simétrica e inversa. Y a lo mejor, aún más problemática, por ciertos aspectos inanes.

Lo micro no excluye lo macro. El "pensamiento débil" no sustituye la cabeza bien puesta. Ni la estética ni el espectáculo suplantan a la ética. La solidaridad romántica no puede reemplazar la objetividad, el esfuerzo de ver el mundo críticamente. Los descuidos en el andamiaje "tecnológico" de sus hipótesis, socavan las mejores elucubraciones ideológicas de la Teoría. La teoría posmoderna ha sido criticada mayormente del lado político, por la parálisis de la acción social que invita al transportarla al nivel abstracto de "lo político" y del "poder", omnipresentes pero inoperantes, y de "lo cultural". Toca examinar también la "despistemología" pos-, para decirlo de alguna manera.

En mi opinión, la salida del callejón posmoderno no está en volver atrás, a los brazos de la ya reputada modernidad, sino en revisar críticamente los "hechos" propuestos tanto por los modernos como por los posmodernos como base de sus sendas extrapolaciones y vuelos ideológicos. En realidad, las dos modalidades puede que sean dos extremos de errores "despistemológicos".

En este aspecto, necesitamos confrontar otro prejuicio –y coartada– del posmodernismo: el haber adoptado alegremente el *dictum* nietzscheano "no hay hechos, sólo interpretaciones" (267). Me he ocupado del contexto de esta afirmación en otro lugar ("Beyond"). Antes del siglo XVIII, el "hecho" no tenía contornos precisos, ya que importaba la fe o cualquier sueño de la razón. Afirmado con el auge de la ciencia, se volvió pasión en el siglo XIX. Al entrar el siguiente, ya estaba perdiendo, otra vez, su estatura: la *Gestalt* y el estructuralismo lo subordinaron a la totalidad ("la totalidad es más que la suma de sus partes"). El "hecho" se constituía entonces como valor *por relación*, "negativamente", por el lugar que ocupaba en el sistema de relaciones, y su fuerza se diluía en la totalidad. En un momento de premonición deconstructivista, ya en 1943, Jan Mukarovský opuso sus reparos a esta intencionalidad del estructuralismo. Los posmodernos desecharon tanto los hechos como las totalidades. Sin anclaje ni control, las "interpretaciones" se trastocaban en sus manos aún más fácilmente en ficciones ideológicas, que acechan desde luego en cualquier proyecto intelectual. En la edición de Mukarovský he planteado este desafío ante el pensamiento crítico actual: si es verdad que la totalidad es más que la suma de sus partes, también es verdad que *es menos que el valor potencial de sus elementos* (394). Al abrirse el siglo XXI, los hechos, las totalidades y las interpretaciones buscan configurar un nuevo equilibrio.

Boom, posmodernismo, macondismo

Para la crítica hispanoamericana, la llegada de la posmodernidad con Borges a la cabeza presentaba un doble desafío. Primero, el intelectual latinoamericano medio todavía no se había reconciliado siquiera con la modernidad, y si no estaba enfrascado en la búsqueda de alguna identidad ancestral, cifrada en su ombligo, exploraba "racionalidades alternativas" o se ponía alguna máscara del "tercer mundo". Era un tercer mundo reducido al Vietnam o a la China de la imaginación, mientras que los "tigres" corrían ya tras otras presas. Ser "otro" era la consigna de la época. De manera que la noticia de un nuevo monstruo *ante portas*, que pregonaba relevar al anterior, no figuraba absolutamente en ese imaginario simbólico.

La buena nueva que traía aquella misiva, a saber, que el continente era *diferente* y por lo tanto ya posmoderno, era sorprendente y familiar. La revalorización del mestizaje y de la hibridación brindaba la consolación de que se podía ser posmoderno sin las molestias de la modernización, incluso mucho antes que los afanosos modernos, entre otras cosas, por obra y (des)gracia de *la chingada* que había marcado la conquista.

Segundo, en el contexto cultural hispanoamericano, los términos en circulación eran el *boom* y el *postboom*. La reacción natural era emparejar el *postboom* con el posmodernismo y la posmodernidad. Esta actitud caracterizaría el libro de Roberto González Echevarría sobre Sarduy (1987), aunque más que teoría lo alimenta y alienta su larga amistad con el escritor; la teoría viene en realidad como *afterthought* (243-53). Pero la identificación del posmodernismo con el *postboom* chocaba con el hecho de que, desde fuera, los representantes del *boom* –o hasta sus "precursores", como Borges– figuraban a la cabeza de las listas canónicas de los posmodernos (Barth, Fokkema, y tantos otros). La visión "de fuera" se impuso más fácilmente en el latinoamericanismo estadounidense y europeo. Esta actitud sostiene *Postmodernity in Latin America; The Argentine Paradigm* (1994) de Santiago Colás. Completamente fuera del contexto latinoamericanista se sitúa *Vargas Llosa Among the Postmodernists* (1994) de M. Keith Booker (la teoría también aparece en el apéndice). Parecería que las teorías aplicadas en estos libros sufrían de apendicitis. En otros libros de la época, "lo posmoderno" se toma más bien en lugar de "actual", así en el breve *The Postmodern Novel in Latin America; Politics, Culture, and the Crisis of Truth* (1995) de Raymond L. Williams.

Las relaciones conflictivas entre *boom*, *postboom* y posmodernismo documentan la asincronía de los contextos culturales autónomos, orientados cada uno hacia sus propios centros de producción cultural y hacia sus propios tiempos culturales e históricos, a pesar de toda intercomunicación, hoy en día incluso instantánea. En estos conflictos y juegos de transiciones se enfocan mi opúsculo *Literatura hispanoamericana entre la modernidad y la posmodernidad* (1994) y, en forma más provocativa, los estudios sobre Borges y sobre Cabrera Infante y Sarduy (1998).

En el ámbito hispanoamericano, el *boom* no quiere ser sólo un movimiento de transición, como cualquiera, sino que asume la función ritual de culminación.[25] Según Carlos Fuentes, la historia épica del continente se convierte, en las novelas del *boom*, en mito. Lo que éstas están diciendo es que en América Latina "hay una historia paralizada. [...] No hay progreso histórico... Hay la repetición de una serie de actos ceremoniales" (126). Puntualiza en la misma entrevista con Emir Rodríguez Monegal:

> ...en el momento en que se agota esta capacidad épica, parece que no nos queda sino una posibilidad mítica, una posibilidad de recoger ese pasado, de salir de ese pasado, que es pura historia, historia mostrenca, para entrar en la dialéctica [...] que es hacer la historia [...] con los mitos [...] de todo ese pasado utópico y épico para convertirlo en *otra cosa*. (133)

En esta aguda intuición del joven Carlos Fuentes, la novela del *boom* junta dos géneros literarios y dos líneas de la representación americanista que se habían separado en la última década del siglo XIX: la novela, que seguía plasmando la epopeya de la modernización (tipo *Doña Bárbara*, 1929), y el ensayo, antimoderno, centrado en la identidad cultural, que transformaba la "historia mostrenca" de los fracasos de la modernización en gestos rituales, míticos y místicos (de *Ariel* a *Radiografías, pasiones, pecados y laberintos*).

Al no haber encontrado reconocimiento y respeto en el mundo real, América Latina parece buscarlos –y encontrarlos– en el mundo ilusorio del "realismo mágico" y del "macondismo". El macondismo es el reverso cultural, embellecido por las ficciones literarias, de la modernidad limitada, frustrada o fracasada, en el continente.

Macondo como símbolo de América Latina es el feliz hallazgo de *Cien años de soledad* (1967). Esta novela, que se hizo célebre instantáneamente, más allá de sus tupidas y concéntricas genealogías, puede leerse como una gran alegoría de la historia latinoamericana y de sus desventuras en los tiempos modernos. En ciertos círculos intelectuales, empezó a valorarse como un instrumento heurístico de la interpretación de la realidad latinoamericana como tal.

No es nada polémico afirmar que es peligroso utilizar las obras artísticas, por más logradas que sean, como sustituto de la realidad, bien sea como documento fidedigno sin más o como prisma autorizado para explicárnosla. Las escuelas formalistas han prevenido encarecidamente ante esta tentación, mientras que la crítica ideológica la ha practicado sin sonrojarse. Sea como fuere, me parece que, en este caso, sí hay cierta utilidad en tomar la novela de García Márquez desde esta perspectiva: en ella, la caricatura, la historia latinoamericana vista en el espejo cóncavo del *realismo mágico*, logra destacar con más fuerza ciertos rasgos constitutivos, si bien latentes, de esa historia y de sus elaboraciones intelectuales –pienso en la línea de los grandes intelectuales como Sarmiento, Martí,

Rodó, Mariátegui, Vasconcelos, Paz–; elaboraciones aparentemente razonables, razonadas y aun verosímiles, cuando menos, en ciertos tiempos y contextos.

En otras palabras, me parece que puede ser ventajoso aprovechar la *condensación* dada en la novela del escritor colombiano –pensemos en el "trabajo de los sueños" de Freud– de aquellos elementos y perspectivas que están normalmente diseminados y, por lo mismo, *ocultos*, en la historia "mostrenca" del continente, para revisar críticamente tanto esa misma historia como sus elaboraciones intelectuales.

Para muchos lectores de García Márquez, la sátira y el exorcismo del Macondo latinoamericano, plasmados con un cariño y con una indulgencia casi cervantina que transformaban en poesía las desventuras de la historia latinoamericana moderna, dejaron de ser sátira y visión poética para pasar a ser la realidad latinoamericana a secas y para convertirse en su explicación, embellecimiento y justificación: Macondo dio pie al *macondismo*. La fenomenología artística se hizo ontología.

En esta lectura del continente, los fracasos seculares fueron celebrados como logros, idiosincrasia, autenticidad, misterio inescrutable y superioridad espiritual.[26] ¿Por qué preocuparse por la lucha por la modernidad y la modernización si el "híbrido" *macondista* era ya, supuestamente, "posmoderno" *avant la lettre*?

El macondismo propone una oposición radical, maniquea, entre dos modelos y mundos culturales diferentes: el europeo, racional ilustrado, y el latinoamericano, simbólico dramático. Según el sociólogo chileno Jorge Larraín, el primero se apoya en la razón instrumental, en la abstracción conceptual y en el argumento lógico. El segundo "sospecha de la razón instrumental y tiene un acercamiento estético-religioso a la realidad"; "enfatiza las imágenes, representaciones dramáticas y ritos y apela a la sensibilidad" ("Posmodernismo" 57). Estos modelos y tradiciones constituyen tipos distintos de racionalidad. En este sentido, continúa Larraín:

> el futuro de América Latina dependería de su lealtad con algunas tradiciones o principios, sean de origen indígena o religioso, que habían sido olvidados o marginados por la razón instrumental, por las élites ilustradas alienadas y por los intentos modernizadores neoliberales. [...] Es esta concepción esencialista que opone el modelo cultural latinoamericano al modelo cultural ilustrado europeo la que ha recibido en la década de los 80 una ayuda del posmodernismo. (57-8)

Estos modelos opuestos se perfilan como "tipos ideales" (en la terminología de Max Weber); o sea, no los encontraremos en esta forma pura en todos los textos y los pensadores concretos, sin embargo, sus elementos constitutivos funcionarán como puntos de atracción latentes, como "extraños atractores" (si echamos mano de la terminología del caos). La radicalización del pensamiento identitario latinoamericano, que culmina en el *macondismo*, y su coalescencia en torno a estos "puntales simbólicos" son un testimonio de su poder de atracción y de su operación simbólica sobre el pensamiento latinoamericano a lo largo del siglo XX. En ese siglo "perdido" para América Latina, la búsqueda de la modernidad ha sido sustituida por el espejismo de la "identidad" (Larraín, *Identity*; Lomnitz).

El macondismo exacerba ciertos mecanismos que operan normalmente en todos los procesos de la constitución de la identidad.[27] "América Latina" es una de esas "comunidades imaginadas" (Anderson) marcadas desde el comienzo por la necesidad de invención de una identidad imaginada o imaginaria.[28] En primer lugar, el macondismo exagera el valor negativo de la identificación con un modelo (la madre, la madre España, Europa, o el 'hermano mayor' o *Big Brother*–si se quiere– de Estados Unidos), y descarta el aprendizaje por imitación. (Harold Bloom ha estudiado esta "ansiedad de la influencia" y los retortijones literarios que produce en aquellos que se proponen evitar la apariencia del epigonismo.) Desde Martí se machaca que se ha imitado demasiado, sin plantearse seriamente si se ha imitado bien. En esta nueva fase se afirma que cuando se es "mayor de edad", ya no se puede aprender nada por ese camino.[29] Mientras que el lenguaje pone a la humanidad en una "conversación" continua (Heidegger 32), América Latina parece apostar por los placeres del monólogo y más, si es monólogo profético.

En segundo lugar, al devaluar la semejanza y la imitación, se exagera el valor positivo de la *diferencia*, hasta el punto de establecerse ésta como una radical otredad frente al resto del mundo. Alejo Carpentier ha pensado seriamente que *lo real maravilloso* es la propiedad exclusiva de América Latina. De su "racionalidad alternativa" se asume que la modernidad occidental no ha funcionado en ella porque *no puede* funcionar en una realidad que no responda a los incentivos de la razón instrumental moderna. (Esta actitud nos deja ante la perplejidad de si América Latina es realmente "más" diferente que Japón, Corea, Taiwán o China.)

Un factor importante que ha intervenido en el ajedrez de las semejanzas y las diferencias para América Latina es su ambigua y turbulenta relación con el "otro significativo", los Estados Unidos. El esfuerzo por deslindarse culturalmente del coloso que ha puesto su sello sobre el siglo XX ha interferido, de modo abierto o encubierto, en su propia actitud hacia la modernidad y la necesidad de la modernización. El abrazo defensivo de su diferencia cultural a expensas de la modernización se ha visto como una jugada plenamente justificada tanto por la izquierda como por la derecha.[30]

En tercer lugar, viene la fase del reconocimiento. El derecho a la diferencia en la versión macondista ha sido ratificado por la fervorosa recepción del *realismo mágico* en el extranjero y por el discurso posmodernista. Este parece ser "la única teoría contemporánea que le da cabida a una voz propia latinoamericana y legitima el derecho latinoamericano a ser diferente" ("Posmodernismo" 56-7). Larraín ve en esto la causa de la recepción entusiasta del posmodernismo en ciertos círculos intelectuales latinoamericanos (56).[31] Este equívoco reconocimiento desde fuera refuerza la negatividad del macondismo, proponiéndolo como un valor latinoamericano esencial, fundamental. La ironía es que aun esta América Latina "diferente" sigue otorgando la autoridad por su ser a otros, al público del mundo moderno fascinado por una cultura "caliente" y exótica.

América Latina tan "original" y tan "diferente" en su propia imaginación, y tan marginal y abandonada en su realidad, ha querido compensar sus inseguridades con un discurso profético. A lo largo del siglo XX se ha expandido por el continente la plaga del pensamiento utópico, macondista, y peor si ha sido en sus formas nihilistas (algún supuesto ideal o muerte, como si en la vida no hubiera otras alternativas). Sin perturbarse en lo mínimo por el detalle de no haber resuelto ningún problema vital suyo, está inventando un nuevo futuro, una nueva racionalidad, una nueva modernidad para la humanidad. No me cabe duda de que un día emerja una nueva modernidad; pero me parece dudoso que surja de la pobreza y del subdesarrollo. Así los pensadores y liberacionistas latinoamericanos rondan el mundo con sus cinco volúmenes de profecías bajo el brazo, en busca de algún amago de reconocimiento... Y los reciben hasta con admiración, en el "viejo mundo", deslumbrado por las maravillas del "nuevo". El viejo mundo sigue con su actitud secular de poner sus sueños en el "nuevo", mientras que en su propia casa priman actitudes mucho más "realistas".

Finalmente, no sorprende que el reconocimiento equívoco, la máscara autoimpuesta y hasta la impostura asumida con desparpajo por el realismo mágico posmoderno (de Isabel Allende en adelante) hayan provocado dudas acerca de la legitimidad de esa identidad, adoptada en aras de la diferencia forzada. El *vacío* invade los constructos intelectuales de sí mismo (incluyendo los memorables delirios de la "América profunda", hoy tan celebrados por la crítica poscolonial como medio de la putativa "posoccidentalización"), y ni el aplauso de los otros saca ya de la duda.

Entretanto, el "enigma" del "ser latinoamericano" ha provocado una gran expectativa acerca de qué sería. (En *El libro de los seres imaginarios*, compilado por Borges, este espécimen del "latinoamericano" seguramente tiene reservado un lugar entre "lamias" y "lemures".[32])

En resumen: obtenemos valoración exagerada de la diferencia, valoración negativa de la semejanza, inflación del reconocimiento de fuera y deflación del reconocimiento propio. Los mecanismos simbólicos perfeccionados por el macondismo se asemejan llamativamente a los puntales simbólicos de la estructura profunda del mito, revelados por Claude Lévi-Strauss en su "Estudio estructural del mito".

1.	2.	3.	4.
Exageración positiva del valor de la diferencia	Exageración negativa del valor de la semejanza y de la imitación	Inflación del valor del reconocimiento de fuera de la identidad asumida por/para los otros	Deflación del valor del reconocimiento propio de la identidad asumida por sí mismos

Y como en un buen mito, una exageración genera otra, y entre todas, matan. Esta estructura mítica latente crea los puntales simbólicos, los "extraños atractores", subyacentes al relato macondista y dispersos en el pensamiento identitario latinoamericano a lo largo del siglo XX.

Hoy en día, la plaga del macondismo no afecta sólo a la *intelligentsia* latinoamericana sino que ha contagiado a una buena parte de la intelectualidad y de la academia del primer mundo y ha sido "traspasada" también a los escritores del tercero (Salman Rushdie y otros); sólo su público autóctono no ha reaccionado siempre con el regocijo condescendiente, esperado del educado público cosmopolita occidental moderno.[33]

La cultura posmoderna y sus valores parecen ser -y en parte son- los compañeros de viaje del macondismo latinoamericano. La serpiente romántica se muerde la cola.

La crisis secular de América Latina nos obliga a reexaminar de raíz los valores culturales y los conceptos de la identidad caducos, propuestos por el pensamiento latinoamericano desde la independencia y especialmente desde el modernismo.

A cuarenta años de la publicación de la magna novela de García Márquez, ¡ya es tiempo para desmantelar Macondo! No será fácil, porque el macondismo levanta sus siete cabezas, dibujadas a veces por las plumas de los más insignes pensadores y literatos latinoamericanos, y avaladas por los más influyentes críticos extranjeros. Dondequiera que aparezcan "enigmas", "pecados", "laberintos", "monstruos" en el camino, se levanta una de ellas. Hay que releer estos pensadores y literatos críticamente, sin mirar apostolados ni santidades. Es imperativo salir fuera de esta literatura y de esta hojarasca. Los buenos filósofos ayudan (el último Leopoldo Zea es sorprendentemente lúcido, o los jóvenes como Santiago Castro-Gómez, autor de la *Crítica de la razón latinoamericana*, 1996), también los sociólogos de la cultura (José Joaquín Brunner, Jorge Larraín), los historiadores de las ideas (Edmundo O'Gorman), los estudiosos de la comunicación (Jesús Martín-Barbero), o los intelectuales críticos (Beatriz Sarlo, Eduardo Devés Valdés, entre otros).[34]

EL POSMODERNISMO EN LA CRÍTICA LATINOAMERICANISTA

En el medio estadounidense, la buena nueva del ideario posmoderno, y aún más del aplicado a América Latina en su versión macondista, ha encontrado fervorosa acogida: en unos, por los placeres de lo exótico; en otros, por las resonancias nostálgicas con la juventud contracultural de los venerables académicos. Esto se refleja también en la reacción ambigua del marxismo estadounidense, que ya he mencionado en caso de Jameson, mientras que el británico ha seguido siendo mucho más ortodoxo. No sorprende entonces que la crítica latinoamericanista, con excepción de la vertiente marxista, ha aceptado a pies juntillas todo ese imaginario posmoderno de las ramas hegemónicas (inglés, francés).

Llamemos la atención sobre algunos números especiales de revistas o volúmenes de conjunto dedicados exclusivamente o en gran parte al debate posmoderno, donde participan críticos radicados en los Estados Unidos. En América Latina, la discusión se abre hacia la mitad de los años ochenta (más temprano en Brasil, véase Rincón 107-34), en los Estados Unidos, hacia el final de la década. El número 29 de la *Revista de Crítica Literaria Latinoamericana* (1989), dirigida por Antonio Cornejo Polar, trae las contribuciones sobre el tema de la conferencia de Dartmouth, de 1988, de Carlos Rincón y George Yúdice. A esas alturas no sorprende que Yúdice se pregunte si se puede hablar de posmodernidad en América Latina y que proponga una relación oblicua con ella (143). Ya en 1986, Yúdice y Doris Sommer habían publicado una "checklist" de la literatura del *boom* en adelante y del posmodernismo. En 1988 todavía, Julio Ortega e Iris Zavala contribuyen al volumen sobre la narrativa posmoderna, editado por Theo D'haen y Hans Bertens, con trabajos de primera orientación.[35] En 1990 y 1991, *Nuevo Texto Crítico*, dirigida por Jorge Ruffinelli, dedica dos números (6 y 7) al tema; en estas recopilaciones misceláneas asoman ya las respuestas marxistas al ingreso de América Latina a la posmodernidad, que se sitúa en los ochenta. En 1992, sale el volumen *On Edge*, editado por Juan Flores *et al.*, que sigue más de cerca la huella marcada por Jameson. En 1993, aparecen dos números especiales de revistas, en *The South Atlantic Quarterly* 92/3 (verano), "Postmodernism: Center and Periphery", editado por el cubano Desiderio Navarro, bajo la tutela de Jameson; y en *boundary 2* 20/3 (otoño), "Postmodernism Debate in Latin America", editado por John Beverley y José Oviedo, centrado en contribuciones latinoamericanas. En 1995, *World Literature Today* 69/1 (invierno), editada entonces por Djelal Kadir, continúa esta serie con el número especial sobre "Postmodernism / Postcolonialism". En 1996, Claudia Ferman publica una compilación de entrevistas y materiales misceláneos, *The Postmodern in Latin and Latino American Cultural Narratives*, basada en parte en su disertación *Política y posmodernidad: Hacia una lectura de la antimodernidad en Latinoamérica* (1991). Más tarde, en 2001, *Latin America and Postmodernity*, editado por Pedro Lange-Churión y Eduardo Mendieta, hace un puente entre los viejos Borges, Paz, Zea, por un lado, y la vertiente que se decantará en lo poscolonial, pero evitando la confrontación que representaría la selección de Santiago Castro-Gómez que hemos mencionado.

En estas publicaciones se ha estrenado un refrito de las teorías derivadas, repetitivas, "aplicadas" sin un buen examen crítico de las propuestas. Confiar en lo que piensan otros en y desde otras latitudes tiene sus costos. Se ha dado espacio privilegiado a las voces del norte, tal vez bienintencionadas, pero en general poco informadas acerca de las nuevas realidades emergentes en el sur. Se convocaban voces del Sur en sintonía con aquello que quería escuchar el norte o, cuando menos, se elegían trabajos inofensivos. En América Latina misma, importantes cambios han ocurrido a espaldas de tantos intelectuales por seguir inmovilizados en la nostálgica onda de los "años heroicos" de los sesenta.

En muchos casos, el florilegio teórico ha intentado ocultar la falta de investigar en los archivos locales o la de leer cuidadosamente los textos, fundacionales o no, que se enfocaban a través de las teorías posmodernistas (*Foundational Fictions*, 1991, de Doris Sommer sería un buen ejemplo). La ligereza de estas lecturas ha sido avalada por la teoría posestructuralista: si cualquier lector, aun el más ignorante, es el último árbitro del sentido del texto y si toda lectura es "misreading" de cualquier manera, ¿qué más da una que otra? ¿Qué más dan las ficciones del crítico? La moda posmodernista internacional ha reconocido este vacío intelectual del posmodernismo latinoamericanista ignorando olímpicamente sus "aportes".

Uno de los intentos más originales de aprovechar el posmodernismo para abrir otros horizontes se encuentra en *La isla que se repite: el Caribe y la perspectiva posmoderna* (1989), de Antonio Benítez Rojo, que aplica el modelo de la plantación y la teoría del caos –ésta más metafóricamente– para explicar la extraña semejanza en la diversidad de la geografía cultural del Caribe. Pero el método se agota en la introducción y en unas metáforas.

Dada la poca solvencia de la mayor parte de estas empresas editoriales, cuando me propuse organizar un número especial sobre el tema para la revista *Escritos* (Benemérita Universidad Autónoma de Puebla), tenía en mente dos objetivos: buscar las contribuciones escritas desde la(s) perspectiva(s) latinoamericana(s) que se enfrentaran a los nuevos fenómenos, en lo posible sin echar mano de los viejos estereotipos; y, en vista de cierta esterilidad que percibía en los enfoques estrictamente literarios (en fin, la literatura no está al frente de los fenómenos culturales posmodernos), hacer un número interdisciplinario, *bajo el concepto unitario del estudio de la cultura*. Este número, que vio la luz en 1998, dio pie a *Latin America Writes Back: Postmodernity in the Periphery. An Interdisciplinary Cultural Perspective* (2002).

En lo personal, empecé a interesarme en el fenómeno posmoderno intrigado por las propuestas de Hassan y su relación con la vanguardia y la neovanguardia, hacia finales de los setenta, al arribar a Estados Unidos. Fue en la introducción a *Cuatro claves para la modernidad* (1984) donde se planteaba ya con cierta complejidad la problemática relación entre la modernidad y la posmodernidad, sin conocer lo que paralelamente escribía Lyotard (recogido en *Le Postmoderne expliqué aux enfants*, 1988, traducido en 1993). La relectura es instructiva. Me llama la atención el concepto cualitativo de la modernidad, que "se establece también, y ante todo, como una medida especial que mide el sentido de nuestros actos" (15). Se aborda el tema de la posmodernidad como posiblemente una de las crisis cíclicas de la modernidad, de las que ésta suele emerger reconfigurada (llámese como se llame esta nueva mutación). Y se bosqueja una crítica al nihilismo posmoderno, alimentado aparentemente por Nietzsche, mientras que este ya apunta hacia la necesidad de superar la fase de la destrucción de los valores trascendentales tradicionales por crear el mundo – en devenir– como debe ser (14, Nietzsche 317).

Lo que Nietzsche plantea en un plano filosófico, Marx lo propone en un plano social práctico. En este sentido, los dos completan la tarea asumida, no siempre consecuentemente, por la ilustración. La tarea queda en pie, a pesar de las primeras "lecturas" monstruosas de ambos, puestas en marcha en los turbulentos años de la primera posguerra, a pesar de los cambios históricos de la segunda mitad del siglo XX, y a pesar del desengaño tardío que sienten los posmodernos por aquellas primeras "interpretaciones" y puestas en práctica.

LA LITERATURA SUSTRAÍDA

El auge del posmodernismo en los ochenta coincidía con el cambio del paradigma: la literatura se retiraba de la primera plana y su lugar lo ocupaban diversos intereses "culturales".

El cambio empezó ya con el estructuralismo y la semiología parisinos. Estos, al expandirse por las artes y por las disciplinas de las humanidades y las ciencias sociales, hicieron foco en las manifestaciones culturales más diversas, con la promesa de hacer su estudio científico. En el estructuralismo, el estudio de los códigos sociales revelaba las bases convencionales de las culturas. Este impulso se traspasaría a la escuela de Tartu, de Yuri Lotman, en su fase posestructuralista. Sólo que los parisinos eran más radicales. Mientras que Tartu se interesaba por la tipología de las culturas, París lanzaba la idea del relativismo cultural absoluto (me he referido ya a Lévi-Strauss). A su vez, Roland Barthes reorientaba el estructuralismo y la semiología hacia la cultura en tanto moda, mito moderno o experiencia diaria.

En Inglaterra empezó a formarse la escuela de Birmingham, en torno a Raymond Williams (*Culture & Society 1780-1950*, 1958). En 1964, se fundó el Centro de Estudios Culturales Contemporáneos. Su orientación original estaba anclada en los protocolos de las ciencias sociales, fuertemente influidas por el marxismo y sus perspectivas macrosociales y militantes, claro, todavía "modernas". Dentro de este marco ideológico neomarxista, convergían la historia social, la antropología cultural y los estudios literarios. En un primer momento, el interés se enfocaba en las culturas populares (el proletariado) y las instituciones y las prácticas culturales (ideologías); más tarde, incluiría la comunicación y los medios.

Esta segunda fase sería adoptada y desarrollada en América Latina (Tapio Varis, *Televisão*, 1974, Jesús Martín-Barbero, *Comunicación masiva*, 1978, *De los medios a las mediaciones*, 1987). En el contexto latinoamericano y especialmente en el de los setenta, el estudio de los medios implicó necesariamente temas del imperialismo cultural, donde, sorprendentemente, el Pato Donald desempeñaría un papel protagónico.

En el estudio de los nuevos fenómenos culturales producidos por los medios, el estructuralismo y los estudios culturales de Birmingham compartían el pastel con la "teoría crítica" de Frankfurt. Hacia el final de los setenta, los estudios de la cultura popular, que emergían entre los intereses contraculturales, el eclipse de la cultura letrada, el auge de la nueva cultura de masas producida por los medios y el carnavalismo de Bajtin, fueron los beneficiarios de estas atenciones. En cambio, los estudios de género andaban más bien a la sombra de la "psicología profunda" de Freud y más tarde de Lacan, pero defendiendo una agenda política que anticipaba la "política identitaria".

En los ochenta, el giro ideológico posestructuralista y posmoderno echó por la borda las pretensiones científicas de los estructuralistas y los intereses serios de los neomarxistas, y abrió las puertas de par en par. Apareció la versión caricaturesca de los "estudios culturales", reinventados en los Estados Unidos desde las humanidades, sin acatar ningún protocolo de rigor.

Esta versión de los estudios culturales "ahogó" las tentativas alternativas que empezaron a emerger a finales de los setenta, y que coincidían con la cresta de las turbulencias sociales en América Latina. Más en línea con la primera fase de Birmingham y de la militancia marxista, estas tentativas se enfocaron en el drama latinoamericano y en la literatura solidaria, y derivaron en el contencioso debate en torno al testimonio, que culminó en la polémica en torno al libro de David Stoll en medio de "cultural wars" de los noventa (*Rigoberta Menchú and the Story of All Poor Guatemalans*, 1999; Volek, "Los entramados"). Afortunadamente para los estadounidenses, las guerras eran sólo "culturales", aunque la academia y el ambiente cultural del país sufrieron un deplorable deterioro.

Los estudios culturales están marcados por una asimetría de sus líneas originarias: formados en las ciencias sociales en Gran Bretaña, desarrollados en los programas de comunicación en América Latina, fueron reinventados desde las humanidades posmo en los Estados Unidos. En muchos casos se nota una hibridación de varias de estas líneas (véase Moraña).

El influyente libro *Culturas híbridas* (1990) de Néstor García Canclini, vino en parte de ese contexto. Su gran éxito se explica por el hecho de que *Culturas híbridas* se situara oportunamente en varios ejes de intereses: en los debates identitarios, el término "hibridez" sustituyó al de "transculturación" de Fernando Ortiz, puesto en circulación por Ángel Rama; "lo híbrido" fue leído también como una característica inherentemente posmoderna, en el sentido transhistórico, y así empalmó ventajosamente con el macondismo y le dio nuevo aliento; ofrecía, además, cierto marco "políticamente correcto" para los estudios culturales estadounidenses y, a través del mismo, se solapaba aún con la crítica poscolonial.

En los Estados Unidos, los estudios culturales posmo surgieron como una fiesta de aficionados en busca de lo que brillase como oro. En vez de la interdisciplinariedad, hecha en el engranaje entre las distintas disciplinas, estando al día y al tanto de sus sendas complejidades internas, se dio un uso oportunista y casual de todas. La verdad es que, algunas de ellas (por ejemplo, la historia, en la versión *light* de Hayden White), por la crisis de sus racionalidades decimonónicas, ya habían salido a mitad del camino a su encuentro. Oportunamente, la cancelación posmoderna de toda racionalidad, incluidas las racionalidades disciplinarias, cubrió con un manto benigno la "insoportable levedad del ser" de los resultados. Me ocupé de este tema en otro lugar ("Beyond"), con referencia a las precisiones que hace al respecto Carlos Reynoso (2000), y no voy a repetirlo. Lo lamentable en el caso no es la ampliación del campo y la búsqueda de cosas y perspectivas nuevas, sino el simulacro de transdisciplinariedad sin disciplina. Las lecturas banales, al fin y al cabo, degradan los mismos textos culturales leídos. Los banales textos culturales utilizados para lecturas banales y estereotipadas, degradan y abaratan la academia. Los estudios humanísticos han perdido aun el poco peso que han tenido en la sociedad orientada hacia otros fines. Segundo, las crisis de la racionalidad disciplinaria no disuelven las disciplinas sino que invitan a restablecerlas sobre bases racionales diferentes, a lo mejor ni tradicionales ni posmodernas. Por ejemplo, la literatura apoyada en la "literariedad" ha resultado un espejismo. Pero al perseguirlo, Jan Mukarovský descubre, casi sin darse cuenta, otra estética, ni tradicional ni kantiana, ni tampoco ninguna síntesis hegeliana de las dos ni el repliegue barthiano "entre" las dos (véase mi comentario preliminar, 117-26).[36] O sea, vislumbra otra racionalidad de los fenómenos estéticos. Desde este punto de vista, celebrar el testimonio, por ejemplo, como una "anti" o "posliteratura", es tanto dejar de ver sus cualidades discursivas literarias como luchar contra la literatura élite permaneciendo en la órbita de la estética vanguardista (*modernist*), kantiana y elitista.

Frente a la ligereza de los estudios culturales estadounidenses, la crítica "poscolonial" ha buscado mantener cierta *gravedad* de los estudios culturales en el linaje marxista de la escuela británica. Pero este esfuerzo se estrella contra la ideología posmoderna que ha infiltrado su base. En un sentido, la crítica poscolonial es una versión posmoderna de la teoría de la dependencia y se relaciona íntimamente con las teorías "de la liberación", surgidas al calor de la turbulencia de los sesenta (Devés Valdés II:157ss.). A diferencia de la teología de la liberación y de la filosofía de la liberación (ésta calcada de aquélla, pero situando su utopía, ilusoriamente, en el gran campo de concentración que era la China maoísta hasta los ochenta) que corren paralelos a la ola revolucionaria y utópica de los sesenta, la crítica poscolonial utiliza ahora la experiencia india de la colonia británica de los siglos XIX y XX para explicar los infortunios de la modernidad durante la independencia latinoamericana. Si Paz situaba el comienzo de esas desventuras en el siglo XVIII y en la falta de una buena ilustración, la crítica poscolonial se remonta aún más lejos y machaca el lado oscuro del relato multifacético del renacimiento y la conquista. La vivencia histórica actual y sus mitos se proyectan sobre las épocas anteriores, orientadas históricamente de manera diferente (es útil releer el último capítulo de *El pensamiento salvaje*).

Al fijar la mirada hacia atrás, se olvida que en los dos siglos de la independencia, las élites en América Latina han cambiado drásticamente (piénsese en el reciente califato menemista, en el shogunado fujimorista, entre otros; véase también Chua). Que países en semejantes o peores condiciones iniciales se han modernizado. Que las continuas miradas hacia atrás y hacia fuera en busca de los culpables (y los hay), dejan sin atender la tara de la disfuncionalidad y de la anomia de la organización social interna (aunque ésta también es producto de la historia, pero otra; véase Engerman & Sokoloff).[37] O sea, en lugar de intentar dar un diagnóstico, se machaca más ideología sobre ideología, y además en gran parte espuria y anticuada (ahora, la misma India se está modernizando a pasos de gigante). Parecería más bien que la crítica poscolonial en su versión posmoderna es la continuación del macondismo por otros medios.

Notas

[1] El nombre así escrito, con dos mayúsculas, ya es un compromiso, y pensándolo bien, múltiple véanse Roig 24-43; Zea 196-209; Mignolo.

[2] La primera ola vino cuando el español fue llamado a sustituir al alemán a la entrada de los Estados Unidos en la primera guerra mundial. En su novela sobre los hispanos en Nueva York *Anticípolis* (1931), Luis de Oteyza describe la picaresca que acompañó a la explosión del español en los recintos universitarios. Nada nuevo bajo el sol; esta vez, tampoco (véase Volek, "Under").

[3] La revolución, siendo lírica, dice Kundera, pide adhesión incondicional, nada de cuestionamientos y análisis. Los disidentes quedan "fuera del juego", como vio en su propio pellejo, repetidamente, el poeta cubano Heberto Padilla, y peor, piénsese en el poeta salvadoreño Roque Dalton, enjuiciado y asesinado por sus propios compañeros. (Esta ambigüedad del *Romance* no está registrada en la taxonomía de las modalidades míticas propuestas en su día por Northrop Frye; el reverso de los mitos, tan atractivos por sus anversos, queda por explorar todavía.) Jorge Edwards escribió sobre el "caso Padilla" una novela testimonial *Persona non grata* (1973; en las ediciones siguientes, disminuye la autocensura de la primera edición).

[4] Después de sus desencuentros con la revolución, Mario Vargas Llosa escribirá sobre esta época una novela generacional, *Historia de Mayta* (1984).

[5] Para el caso chileno, véase Tagle. En cuanto a las cúpulas guerrilleras, éstas jugarían a la guerra a salvo en los seguros refugios cubanos o mexicanos. Miguel Bonasso escribió una novela testimonial sobre los montoneros en acción, en prisión y en el exilio: *Recuerdo de la muerte* (1984). Predeciblemente, no figura en el canon "políticamente correcto" del testimonio.

[6] Véase el alucinante testimonio de Rigoberta Menchú sobre los usos de la Biblia en la defensa de su ranchería, en *Me llamo Rigoberta Menchú y así me nació la conciencia* (1985).

[7] Recordemos –aquéllos que todavía recordamos– que Marx prevenía en contra del radicalismo pequeñoburgués. Sólo que, ahora, este radicalismo venía encubierto con la túnica mística y del sacrificio. El intelectual, según la feliz expresión del Che, tenía que lavar la culpa de su "pecado original", a saber, el hecho de no provenir del proletariado, lo cual, en América Latina, implicaba a la totalidad de la *intelligentsia*, incluyendo al Che (de ahí su notoria dureza consigo mismo y, aún más, con los designados como "enemigos"). Para el caso chileno, véase el análisis de Tomás Moulian y otros (en Tagle). Recordemos también la olvidada "delicadeza" decimonónica de los matones brasileños, mencionada por el conde Keyserling, de buscar un momento "adecuado" y evitar matar a la víctima señalada frente a una mujer, para no causarle "mala impresión".

[8] Pero no será lo mismo la sobrepoblada y caótica urbe latinoamericana que la ciudad europea o, aún más, la norteamericana (véase Silva).

[9] La contracultura y el movimiento *hippie* recrean en la clave de los sesenta ciertos movimientos de la juventud urbana centroeuropea que tuvieron su auge en la primera posguerra, como salir de la ciudad los fines de semana (*week-end*, la gran invención inglesa) para hacer "tramping" en campamentos rústicos, actividad acompañada por la creación de una multiplicidad de formas culturales innovadoras (tipo pastiche posmoderno *avant la lettre*) y presentadas como imitación de la música *country* o de la vida indígena, en el viejo continente (*pow-wows* de las "tribus" "indígenas", ahora celebrados con toda pompa en plan turístico internacional), fomentadas por las películas *Western* y por las popularísimas novelas "indígenas" decimonónicas (Karl May, etc.). Esto se reflejará luego también en las parodias de los *Westerns* surgidas en la cultura letrada.

[10] José Agustín ha sido el participante y el historiador más autorizado del movimiento contracultural, en *La contracultura en México* (1996).

[11] En un texto experimental, poco y mal estudiado, que se anuncia como un guión cinematográfico para una "ópera rock", *Ahí viene la plaga* (1985), escrito y antologado por un grupo de autores

(José Agustín, José Buil y Gerardo Pardo), se representa la *educación sentimental* de esta generación (Volek, "Ahí").

[12] En cambio, los intelectuales del norte tardaron en darse por aludidos; declaraba uno que las novelas latinoamericanas figuraban a la cabeza de los libros no leídos...

[13] En sus comienzos, el realismo mágico apuntaba a otra cosa. En Asturias, en Carpentier, en Arguedas, o en Rulfo, exploraba críticamente ciertos márgenes culturales –el mundo indígena, afroantillano, mestizo andino, la cultura criolla mexicana– que no entraban en el horizonte de la cotidianidad moderna, y descubría sus valores estéticos y humanos. Aquello que era exótico para la vanguardia europea resultaba ser parte fundamental de la realidad local, y enriquecía el concepto de la cultura nacional, identificada hasta entonces mayormente con la herencia hispana. En ese sentido, el realismo mágico fue una estética revolucionaria, que abría espacio a las realidades culturales hasta entonces marginadas. La versión posmoderna opta más bien por la superficie. El realismo mágico *light* presenta la cultura criolla llena de fantasía, erotismo y humor (tipo *Como agua para chocolate* [1989] de Laura Esquivel) y ofrece una América Latina (incluyendo la cultura hispana en los Estados Unidos) reducida a *Kitsch* y empaquetada para la exportación. Es literatura de entretenimiento, a veces bastante exitosa (véanse Volek, *Literatura*, "¿En qué sentido?").

[14] Para traducir "modernist" y "postmodernist", en el afán de evitar la confusión con el modernismo hispánico finisecular y con el posmodernismo siguiente, la versión en *Quimera* recurre a los términos "moderno" y "postmoderno", lo cual sólo crea otra serie de confusiones. Al enredo terminológico tendremos que volver más adelante.

[15] En el *Fausto* de Goethe, proféticamente, la modernidad, propulsada por los poderes de Mefistófeles, mata y destruye lo que se le pone en el camino (el episodio de Filemón y Baucis). La crítica posmoderna a la modernidad comenzó casi con la misma modernidad...

[16] *Tristes tropiques* (1955) fue criticado por Derrida como un ejemplo sorprendente del romanticismo trasnochado.

[17] Tenemos que dejar para otra oportunidad un análisis de la intrigante redefinición de la razón dialéctica y de la razón analítica (en el capítulo "Historia y dialéctica"), que junta el estructuralismo, el relativismo cultural y la fórmula del estudio del mito.

[18] El rechazo del humanismo revela también una lectura degradada de Heidegger (si pensamos en su "Letter on Humanism", de 1947, en *Basic Writings*). Foucault cae en la trampa del *no*, mientras que el filósofo señala hacia un "más allá", hacia un nuevo humanismo cuya meta es la responsabilidad por la vida en la tierra y la conexión con el ser.

[19] En las artes plásticas, su búsqueda empezó en la escuela de Heinrich Wölfflin en las primeras décadas del siglo XX; el artista individual se esfumaba en los rasgos estilísticos de la época y en sus taxonomías. Una compilación de éstas se encuentra, por ejemplo, en Sypher.

[20] Lenin, *El imperialismo, fase superior del capitalismo* (1916); de ahí viene la proliferación de las fases "finales", "tardías", etc. del capitalismo.

[21] La historia nos revela el valor precario de las fechas "simbólicas", incluso algunas como 1492. Tenemos, por ejemplo un curioso diario de una misión medio diplomática y medio del conocimiento del mundo europeo, realizada entre 1465 y 1467 por un noble checo, misión que lo llevó, junto con su séquito, hasta Finisterre. El diario se ha conservado en la versión en latín, publicada cien años después, en 1577, como *Commentarius brevis et iucundus itineris atque peregrinationis pietatis et religionis causa susceptae ab Illustri et Magnifico Domino, Domino Leone, libero barone de Rosmital et Blatna*. Al describir el puerto de Oporto, el autor comenta sobre la trata, que estaba en pleno auge en aquella época: "Cada año traen aquí muchos miles de presos [del África] para vender y comprar. Ya nunca vuelven a su patria, a no ser que alguien los vendiera allí. ... El rey de Portugal, cuando invade con su ejército su país, trae luego de allí muchos miles de hombres, mujeres y niños. Lo hace todos los años..." Y se puntualiza qué pasa con las mujeres y los niños. En Cataluña, en cambio, los marineros suelen secuestrar a cualquiera, para esconderlo en los barcos y venderlo en esclavitud. Parece que un compañero del séquito sufrió esa suerte. Comenta

amargamente el autor: "Los catalanes son gente pérfida y criminal, y si bien de fe cristiana, peor que cualquier pagano". Los ignorantes de la historia, ponemos luego la trata moderna a cuenta del padre Las Casas.

[22] Otras revoluciones se presentarán como la culminación de movimientos seculares, como la revolución cubana de 1959. La interpretación alegórica figural de la historia viene del cristianismo temprano (Auerbach).

[23] Encuentro estas leyes en un calendario de 2007 que recoge para cada día una ley de Murphy. La ley a la que hago referencia corresponde al día en el que estoy escribiendo este pasaje.

[24] La mejor visión panorámica de la cultura posmoderna se encuentra en Connor.

[25] Los escritores del *boom* no se escapan de la tentación de la autointerpretación figural, y los críticos alegremente siguen el juego.

[26] Véase Brunner para un análisis devastador de esa actitud.

[27] Condensamos lo que hemos bosquejado en los trabajos sobre Martí y Paz; pero el tema merece un desarrollo mucho más elaborado.

[28] No estoy seguro de que "Abya Yala", propuesto recientemente para América Latina por Mignolo (¿medio en broma?), sea más exitoso e inclusivo que Hispanoamérica, Ibero-América, Indoamérica, etc.

[29] Así el uruguayo Joaquín Torres García, quien pasó prácticamente toda su vida en Europa y, al volver a su país en vísperas de la segunda guerra mundial, lanzó el lema "nuestro norte es el sur", tal vez pensando en los atractivos culturales de la Patagonia. Esta boutade típicamente vanguardista, de su *Universalismo constructivo* (1944), ha sido retomada últimamente con toda seriedad por la llamada "crítica poscolonial" que, paralelamente a la posmoderna, rebusca cualquier cosa en el afán de afirmar la "diferencia" latinoamericana.

[30] En su síntesis de la historia moderna de México, en un librito poco citado por molesto para todos, *México: el trauma de su historia* (1977), el destacado historiador Edmundo O'Gorman analiza la gran proximidad de las agendas liberales y conservadoras, que se confunden e intercambian precisamente en los años noventa del siglo XIX, de manera que, en el siglo XX, la izquierda se hace cargo de la agenda conservadora y la derecha, de la liberal decimonónica.

[31] Sin duda, Larraín está pensando en el grupo en torno a Nelly Richard y la *Revista de crítica cultural* (1990-) en Chile. Véanse Vidal; Richard.

[32] Que no es una broma, léanse las primeras páginas del aclamado libro *La raza cósmica* (1925) de José Vasconcelos.

[33] Rushdie pasó unos diez años escondiéndose de los ayatolas por *Los versos satánicos* (1988). Recuérdese también el reciente incidente de las caricaturas del profeta.

[34] Algunos de ellos son autores de sustanciosos artículos en *Términos críticos de sociología de la cultura* (editado por Carlos Altamirano, 2002).

[35] El trabajo de Ortega, "El postmodernismo en América Latina", está reimpreso en *Homenaje a Alfredo A. Roggiano* (IILI, 1990).

[36] *Función, norma y valor estéticos como hechos sociales* (1936) de Mukarovský, ha sufrido por la traducción bastante incompetente al inglés; aun así, el pasaje clave es antologado en Harrison & Wood 511-2.

[37] Considérese el reciente secuestro, tortura y asesinato salvaje de tres diputados salvadoreños al parlamento centroamericano perpetrado por la policía gubernamental guatemalteca que los acompañaba y "protegía" oficialmente. Estos policías, capturados y puestos en la prisión de "máxima seguridad", fueron luego ultimados por otro grupo de policías para atajar la investigación. Como motivo poco creíble del crimen se manejan oscuros intereses del narcotráfico. Entre la corrupción "normal", la impotencia política, la violencia social y los narcointereses, la desintegración del Estado en Latinoamérica no podría ponerse más claramente de manifiesto.

Bibliografía

Agustín, José. *La contracultura en México: la historia y el significado de los rebeldes sin causa, los jipitecas, los punks y las bandas*. México: Grijalbo, 1996.

Altamirano, Carlos, ed. *Términos críticos de sociología de la cultura*. Buenos Aires: Paidós, 2002.

Auerbach, Erich. "Figure". *Scenes from the Drama of European Literatures* [1957]. Minneapolis: U of Minnesota P, 1984.

Barth, John. *The Friday Book: Essays and Other Nonfiction*. Nueva York: G.P.Putnam's Sons, 1984.

_____ "Literatura postmoderna". *Quimera* 46-47 (1985): 13-21.

Bell, Daniel. *The Coming of Post-Industrial Society*. Nueva York: Basic Books, 1973.

Benítez Rojo, Antonio. *La isla que se repite: el Caribe y la perspectiva posmoderna*. Hanover: Ediciones del Norte, 1989.

Beverley, John & José Oviedo, eds. *Postmodernism Debate in Latin America*. Número especial de *boundary 2* 20/3.

Booker, M. Keith. *Vargas Llosa Among the Postmodernists*. Gainesville: UP of Florida, 1994.

Brunner, José Joaquín. "Tradicionalismo y modernidad en la cultura latinoamericana" [1989]. Volek, ed. *La postmodernidad* 301-33.

Castro-Gómez, Santiago. "Geografías poscoloniales y translocalizaciones narrativas de 'lo latinoamericano': La crítica al colonialismo en tiempos de la globalización". Follari & Lanz, eds. 155-82.

Chua, Amy. *World on Fire: How Exporting Free Market Democracy Breeds Ethnic Hatred and Global Instability*. Nueva York: Doubleday, 2003.

Colás, Santiago. *Postmodernity in Latin America; the Argentine Paradigm*. Durham: Duke UP, 1994.

Connor, Steven. *Postmodernist Culture: An Introduction to Theories of the Contemporary*. Cambridge: Blackwell, 1997.

Devés Valdés, Eduardo. *El pensamiento latinoamericano en el siglo XX*. 3 v. Buenos Aires: Biblos, 2000-2004.

D'haen, Theo & Hans Bertens, eds. *Postmodern Fiction in Europe and the Americas*. Amsterdam: Rodopi, 1988.

Engerman, Stanley L. & Kenneth L. Sokoloff. "Factor Endowments, Inequality, and Paths of Development among New World Economies". *Economia* 3/1 (Fall 2002): 41-88.

Ferman, Claudia, ed. *The Postmodern in Latin and Latino American Cultural Narratives: Collected Essays and Interviews*. Nueva York: Garland, 1996.

Flores, Juan et al., eds. *On Edge: The Crisis of Contemporary Latin American Culture*. Minneapolis: U of Minnesota P, 1992.

Fokkema, Douwe W. *Literary History, Modernism, and Postmodernism*. Amsterdam: J. Benjamins, 1984.

Follari, Roberto. "Lo posmoderno en la encrucijada". Follari & Lanz, eds., 119-51.

Follari, Roberto & Rigoberto Lanz, eds. *Enfoques sobre posmodernidad en América Latina*. Caracas: Sentido, 1998.

García Canclini, Néstor. *Culturas híbridas: estrategias para entrar y salir de la modernidad*. México: Grijalbo, 1990.

González Echevarría, Roberto. *La ruta de Severo Sarduy.* Hanover: Ediciones del Norte, 1987.

Habermas, Jürgen. "Modernity; An Unfinished Project". *The Anti-Aesthetic: Essays in Postmodern Culture.* Hal Foster, ed. Port Townsend: Bay Press, 1983. 3-15. (Trad. en *La posmodernidad.* Barcelona: Kairos, 1985. 19-36.)

Harrison, Charles & Paul Wood, eds. *Art in Theory: 1900-1990. An Anthology of Changing Ideas.* Oxford: Blackwell, 1992.

Heidegger, Martin. "Hölderlin and the Essence of Poetry". *European Literary Theory andPractice: From Existential Phenomenology to Structuralism.* Vernon W. Gras, ed. Nueva York: Dell, 1973.

Jameson, Fredric. "Postmodernism, or the Cultural Logic of Late Capitalism". *New Left Review* 146 (1984): 53-92.

_____ "Third-World Literature in the Era of Multinational Capitalism". *Social Text* 15 (Fall 1986): 65-88.

Lange-Churión, Pedro & Eduardo Mendieta, eds. *Latin America and Postmodernity: A Contemporary Reader.* Amherst: Humanity Books, 2001.

Larraín, Jorge. *Identity and Modernity in Latin America.* Cambridge: Polity Press, 2000.

_____ "Posmodernismo e identidad latinoamericana". Volek, ed *La posmodernidad* 45-74.

Lindauer, David L. & Lant Pritchett. "What's the Big Idea? The Third Generation of Policies for Economic Growth". *Economía* (Fall 2002): 1-39.

Lomnitz, Claudio. *Las salidas del laberinto.* México: Joaquín Mortiz, 1995.

Lyotard, Jean-François. *The Postmodern Condition: A Report on Knowledge.* [1979] Minneapolis: U of Minnesotta P, 1984.

_____ *The Postmodern Explained.* Minneapolis: U of Minnesota P, 1993.

Mignolo, Walter. *The Idea of Latin America.* Oxford: Blackwell, 2005.

Moraña, Mabel, ed. *Nuevas perspectivas desde/sobre América Latina: el desafío de los estudios culturales.* Santiago: Cuarto Propio, 2000.

Mukarovský, Jan. *Signo, función y valor: estética y semiótica del arte.* Jarmila Jandová, trad. & Emil Volek, eds. Bogotá: Plaza & Janés; Universidad Nacional de Colombia; Universidad de los Andes, 2000.

Navarro, Desiderio, ed. *Postmodernism: Center and Periphery.* Número especial de *The South Atlantic Quarterly* 92/3.

Nietzsche, Friedrich. *The Will to Power.* Walter Kaufmann & R.J. Hollingdale, trans. New York: Vintage, 1968.

Oteyza, Luis de. *Anticípolis.* [1931] Beatriz Barrantes-Martín, ed. Madrid: Cátedra, 2006.

Reynoso, Carlos. *Apogeo y decadencia de los estudios culturales: una visión antropológica.* Barcelona: Gedisa, 2000.

Richard, Nelly. "Reply to Vidal (from Chile)". Beverley & Oviedo, eds. 228-31.

Rincón, Carlos. *La no simultaneidad de lo simultáneo: potmodernidad, globalización y culturas en América Latina.* Bogotá: EUN, 1995.

Rodríguez Monegal, Emir. *El arte de narrar.* Caracas: Monte Ávila, 1968.

Roig, Arturo Andrés. *Teoría y crítica del pensamiento latinoamericano.* México: FCE, 1981.

Rorty, Richard. "Solidarity or Objectivity?" *Objectivity, Relativism, and Truth. Philosophical Papers.* Cambridge: Cambridge UP, 1991. I: 21-34.

Silva, Armando. "Posciudades y política: nuevos movimientos urbanos en las dos Américas". Volek, ed. *La posmodernidad* 95-110.

Sokal, Alan & Jean Brickmont. *Fashionable Nonsense: Postmodern Intellectuals' Abuse of Science.* Nueva York: Picador, 1998.

Sommer, Doris & George Yúdice. "Latin American Literature from the 'Boom' On". *Postmodern Fiction: A Bio-Bibliographical Guide.* Larry McCaffery, ed. Nueva York: Greenwood, 1986. 189-214.

Sypher, Wylie. *Four Stages of Renaissance Style. Transformations in Art and Literature, 1400-1700.* Nueva York: Doubleday, 1955.

Tagle, Matías, ed. *La crisis de la democracia en Chile: Antecedentes y causas.* Santiago: Andrés Bello, 1992.

Vidal, Hernán. *Tres argumentaciones postmodernistas en Chile:* Revista de crítica cultural, *José Joaquín Brunner, Marco Antonio de la Parra.* Santiago: Mosquito, 1998.

Volek, Emil. *Cuatro claves para la modernidad: Análisis semiótico de textos hispánicos.* Madrid: Gredos, 1984.

_____ *Literatura hispanoamericana entre la modernidad y la postmodernidad.* Bogotá: Universidad Nacional de Colombia, 1994.

_____ "¿Quién teme a la posmodernidad?" Volek, ed. *La posmodernidad* 7-18.

_____ "Borges total, paralelo y plural, ¿precursor de Borges?; un muestrario esperanzado y ecuánime de lecturas modernas y posmodernas". *Chasqui* 27/1 (1998): 103-22.

_____ "Guillermo Cabrera Infante y Severo Sarduy: los tigres y los cantantes bailando el chachachá entre la modernidad y la posmodernidad". *Torre de papel* 8/2 (1998): 73-87.

_____ "¿En qué sentido tiene sentido hablar de la posmodernidad en la literature latinoamericana?" *La modernidad revis(it)ada: literatura y cultura latinoamericanas de los siglos XIX y XX. Estudios en homenaje a Klaus Meyer-Minnemann.* Inke Gunia et al., eds. Berlín: Walter Frey, 2000. 455-66.

_____ "Los entramados ideológicos del testimonio latinoamericano: la revolución anunciada, el oscuro objeto del deseo, el macondismo posmoderno/poscolonial, Menchú y Stoll". *Chasqui* 31/2 (2002): 44-74.

_____ "Ahí viene la Onda: El viaje sentimental de una generación casi posmoderna. (Homenaje y profanaciones)". *Memoria del XVIII Coloquio de las Literaturas Mexicanas.* Universidad de Sonora, Hermosillo, 2003. 347-67.

_____ "José Martí, ¿fundador de Macondo?" *Hermes criollo* (Montevideo) 5 (Abril 2003): 23-32.

_____ "Anverso y reverso del laberinto: Octavio Paz, ¿fundador de Macondo?" *Memoria del XIX Coloquio de la literatura mexicana e hispanoamericana.* Alma Leticia Martínez-Figueroa, ed. Hermosillo: Universidad de Sonora, 2005. 35-49.

_____ "Beyond Latin Americanism and Other Accidental/Occidental Tourism: Guatemala(ns) In Search Of Cultural Theory, and More". *Universum* 20/1 (Universidad de Talca, 2005): 189-203.

_____ "José Martí, Nuestra (Macondo)América", *Caribe* 9/1 (Univ. of Northern Florida, 2006): 19-40.

_____ "Más allá del latinoamericanismo y otros turismos accidentales/occidentales: Guatemala en busca de la teoría cultural, y más". Roberto Appratto, trad. *Hermes criollo* 8 (Montevideo, 2005): 93-104; versión revisada en *Confluencia* 22/1 (U of Northern Colorado, Fall 2006): 2-15.

_____ "¿Existe Don Quijote? ¡Vaya putas, qué gustos!" *Quimera* 267 (Barcelona, febrero 2006): 47-52.

_____ "Under the Spell of Magic: U.S. Latin Americanism and its Others". *Hispanic Issues On Line* 1/1. *Debating Hispanic Studies: Reflections on Our Disciplines*. Luis Martín-Estudillo et al., eds. Minneapolis: U of Minnesotta, 2006. 37-46.

_____ "Habitats of Language/Language Inhabited: From Ostension and Umwelt to the Posible Worlds of Communication and Culture". *Dynamic Structure: Language as Open System*. Johannes Fehr & Petr Kouba, eds. Praga: Literaria Pragensia, 2007. 145-70.

_____ ed. *Antología del formalismo ruso y el grupo de Bajtin*. 2 v. Madrid: Fundamentos, 1992-1995.

_____ ed. *La posmodernidad en la periferia: América Latina responde. Un enfoque cultural interdisciplinario*. Número especial de *Escritos* 13-14 (Benemérita Universidad Autónoma de Puebla, 1996)

_____ ed. *Latin America Writes Back: Postmodernity in the Periphery (An Interdisciplinary Perspective)*. Nueva York: Routledge, 2002.

Williams, Raymond L. *The Postmodern Novel in Latin America; Politics, Culture, and the Crisis of Truth*. Nueva York: St. Martin's Press, 1995.

Wolin, Richard. *The Seduction of Unreason: The Intellectual Romance with Fascism from Nietzsche to Postmodernism*. Princeton: Princeton UP, 2004.

Zea, Leopoldo. *La filosofía como compromiso de liberación*. Liliana Weinberg & Mario Magallón, eds. Caracas: Ayacucho, 1991.

La promesa de los estudios subalternos

José Rabasa
University of California, Berkeley

El Grupo de Estudios Latinoamericanos del Subalterno de Estados Unidos tuvo una corta vida entre 1990-2000 –todo depende de quien hable sobre el grupo. Se podría considerar el número 52 de *Dispositio/n* (Verdesio) dedicado a los estudios subalternos como su tumba. Digo tumba porque el editor del número, Gustavo Verdesio, formuló la propuesta a los contribuyentes en términos de un pasado sin vida. El número, por lo tanto, permitiría a los miembros del grupo así como a sus críticos hacer una última reflexión sobre el proyecto. Una buena parte de los artículos giraron sobre la aplicabilidad a América Latina del paradigma de los estudios subalternos como fueron conceptualizados por el grupo de la India que se fundó en 1982 bajo el liderazgo de Ranajit Guha. Pensar en términos de aplicabilidad inevitablemente descarta el valor de leer y reflexionar sin la instrumentalización de las lecturas.

Más allá de la aplicabilidad me propongo en este ensayo reflexionar sobre lo que se aprende al yuxtaponer proyectos intelectuales dispares, en que es precisamente a partir de la diferencia que se toma conciencia de la especificidad de los artefactos culturales que se estudian. Es en este espíritu que incluyo una reflexión sobre el zapatismo que emerge a partir de la insurrección del Ejercito Zapatista de Liberación Nacional (EZLN) en 1994 y de las propuestas de Michael Hardt y Antonio Negri en *Multitude*. También me propongo entablar un diálogo con los estudios del pasado colonial y la condición poscolonial de los historiadores del grupo subalternista asiático y las propuestas contemporáneas de Hardt y Negri que tome en consideración textos coloniales latinoamericanos.

A diferencia del grupo de la India, cuyos miembros han sido predominantemente historiadores o académicos preocupados por la teoría de la historia, el grupo latinoamericano conceptualizó su proyecto desde la mira de los estudios culturales y literarios. Los historiadores y antropólogos del grupo latinoamericanista fueron una minoría. Otra diferencia consiste en que la obra de Ranajit Guha, en particular su prólogo al primer numero de la serie *Subaltern Studies*, ofreció en un primer momento un proyecto de investigación coherente. Ahí, Guha plantea la necesidad de escribir historias en las que se haga justicia a los grupos subalternos. En el caso del grupo latinoamericanista estadounidense, el *Foundational Statement* (Rabasa, Sanjinés & Carr), que hubiera podido definir un punto de partida, constituyó un espacio de acrimonia desde un principio. Sólo basta ver el número de *Dispositio/n* 52 para tener una idea de los debates poco productivos que plagaron a nuestro grupo. Hablo en primera persona, porque junto con John Beverley, Ileana Rodríguez, Robert Carr, Patricia Seed y Javier Sanjinés, fui uno de los fundadores del grupo. En un primer momento nos pensamos como un círculo de amigos que compartíamos afinidades políticas y la urgencia de responder a la crisis de la izquierda que se dio con la caída de muro de Berlín en 1989 y la pérdida de las elecciones en Nicaragua en 1990. El grupo eventualmente, con la incorporación de otros miembros, se propuso constituir un paradigma para los estudios culturales latinoamericanistas, proyecto que al ir mas allá de grupo de afinidades se topó con aspiraciones protagonistas y vanguardistas que desembocaron en su autodestrucción.

Es pertinente recordar que en este momento el discurso hegemónico en los círculos intelectuales latinoamericanos tendía a negar la validez de hablar de izquierdas y derechas y se insistía en la prevalencia de la utopía desarmada, por citar el libro de Jorge Castañeda (1993). Este es el momento triunfalista del neoliberalismo que iba a marcar una nueva era en 1994 con la implementación del Tratado de Libre Comercio de América del Norte. El levantamiento del EZLN en 1994 rompió la buena conciencia que acompañaba la supuesta entrada de México a la modernidad primer mundista, pero aún más importante para este artículo es que el zapatismo vino a ofrecer alternativas a todo proyecto fundado en una vanguardia política e intelectual. Algunos de nosotros nos subscribimos al proyecto zapatista, otros permanecieron escépticos, y aún otros encontraron en el zapatismo una confirmación de su ideario intelectual. El zapatismo a su manera definió los parámetros para pensar las relaciones entre élites y subalternos a partir de una rearticulación de la participación de los indígenas en las decisiones políticas del EZLN.

Como ya lo he apuntado, el grupo careció de un proyecto coherente, por lo que sus contribuciones son a manera individual.[1] Menciono estos proyectos por sólo dar una idea de origen del grupo y no porque este ensayo se proponga crear una historia. Las introducciones de Ileana Rodríguez (*Convergencia*; *The Latin American*) a los tomos que editó así como varias contribuciones en *Dispostio/n* 52 (Verdesio) cumplen con esta función. El lector puede consultarlos para obtener una idea más amplia de los proyectos del grupo y sus debates. A mi manera de ver, esta heterogeneidad prohíbe la noción de una historia del grupo latinoamericanista aun si esta fuera posible o aun deseable. Es más, si la categoría de la historia, como veremos más adelante, ha sido objeto de una crítica tenaz por el grupo de la India, sería más que irónico el que alguien pensara en la posibilidad de una historia del grupo subalternista que no infligiera una violencia intelectual. Si bien el proyecto del grupo latinoamericanista resultó fallido, la problemática planteada por los estudios subalternos ha tomado un giro inesperado en el movimiento zapatista.

En este artículo elaboro un acercamiento a los principales aportes del grupo de la India que han impactado a los estudios subalternos latinoamericanistas . Si bien estos aportes han sido incorporados por los miembros del grupo, aquí me propongo también establecer un diálogo con el zapatismo y las propuestas de Hardt y Negri sobre la *multitud* y el *imperio*. Vale la pena indicar que varios miembros del grupo latinoamericanista han establecido conversaciones y debates con los proyectos zapatistas y las propuestas de Hardt y Negri. En el trasfondo de estos proyectos encontramos un hito común que consiste en la búsqueda de políticas que ya no aspiren a tomar el poder sino el de desarrollar prácticas incluyentes de los grupos marginalizados, de los "muertos de siempre", como dirían los zapatistas. En fin, de una redefinición del significado de la democracia mas allá de las estructuras Estado-céntricas.

¿Es deseable la historia? Ashis Nandy se pregunta hacia mediados de la década de los noventa si la historia no es una práctica más de pensar, narrar, conocer, en fin de constituir una memoria, que ha asumido un lugar privilegiado para el conocimiento del pasado no desvinculado con los Estados imperialistas. A su vez se pregunta si no es una forma cultural deseable la de vivir *fuera* de la historia, la de no estar sujetos a los chantajes de la ilustración que definía a los pueblos del mundo en términos de sociedades con o sin historia, con o sin Estado.

Al asumir una posición *fuera del Estado y la historia* una sociedad encontraría formas de resistir el mandato de entrar en la *historia* (en las llamadas transiciones al capitalismo o al socialismo, y esto desde el proyecto evangelizador español del siglo XVI), para una recuperación de formas soterradas de memoria, narración y habla. Si bien Nandy menciona la épica, la leyenda y el mito en el contexto de la India, en el caso de América Latina nos tendríamos que remontar a dos siglos anteriores a la ilustración y hacer frente a las prácticas cristianas de constituir la historia universal y la introducción de todo sujeto a la Iglesia Católica. Y aún si esta diferencia es aparentemente transparente nos debemos preguntar si no es que el secularismo de la época que sigue a la ilustración no es una variante más del cristianismo según los argumentos de Gil Anidjar en "Secularism".

Lo grave no está en la conexión con el cristianismo sino en la *ignoratiam invincibilem* (ignorancia invencible) que nos ha impedido conceptualizar esta conexión. Uso el término *ignoratiam invincibilem* para conectar estas preguntas con planteamientos teóricos coloniales, en particular en la obra de Alonso de la Vera Cruz, que constituyen investigaciones sobre la posibilidad de asumir responsabilidad sobre nuestras palabras, actos y prácticas. ¿Hasta qué punto reproducimos los esquemas colonialistas en el ejercicio de la crítica al colonialismo? El concepto de ignorancia invencible tiene un punto de contacto con el concepto de *habitus* de Pierre Bourdieu, con la diferencia de que se plantea un proyecto en el que se busca deslindar las formas de pensar que reproducen el colonialismo, en muchos casos en su modalidad de colonialismo interno. En el contexto colonial se da una forma de pensar el *habitus*, no contemplada por Bourdieu, que apunta a entender la relación de un *habitus* colonizador (en el que se es o no consciente) en relación al *habitus* a colonizar sino a extirpar y dominar.

Nos debemos preguntar: ¿cómo es que Alonso de la Vera Cruz o Bartolomé de las Casas, siendo frailes evangelizadores, conceptualizan esta problemática con más lucidez que los teóricos del siglo XXI? Quizás todo resida en la cuestión de qué es un cristiano o el cristianismo y el énfasis que éstos ponen en el entendimiento como única forma de atraer a los pueblos a la verdadera religión. Única forma que nunca, al menos en estos autores, llega a la imposición violenta. Obsérvese que el proceso de uso del entendimiento no sólo conlleva la formación de una conciencia cristiana en términos religiosos sino la formación de sujetos hábiles en sus interacciones con el Estado colonial. Se trata claramente de un proyecto pedagógico que quizás implique una jerarquía, pero hasta qué punto no se da una tal jerarquía en planteamientos sobre cómo acercarse a los subalternos para formarlos como ciudadanos de las sociedades democráticas. Tampoco está muy lejos la relación entre las comunidades zapatistas y las que aun no han sido "atraídas" a los ideales zapatistas por medio del entendimiento, es decir, por el ejemplo de escuelas, clínicas y juzgados que ofrezcan modalidades más apropiadas y justas que las alternativas del gobierno federal y estatal. Aquí entraríamos una vez más en los entramados de la *ignoratiam invincibilem*.

El punto de partida para una genealogía crítica de los estudios subalternos es la obra de Antonio Gramsci, a quien debemos la reinvención del concepto de subalterno.

El marco comparativo de los estudios subalternos

Se podría abrir cualquier página de Gramsci y encontrar un vocabulario de progreso y desarrollo histórico que establece una teleología con propósitos comparativos. Los términos de Gramsci incluyen lugares históricos, emergencia, condiciones de transformación, niveles de desarrollo, grados de homogeneidad, formas de conciencia política, madurez histórica, y así sucesivamente. Hay un vanguardismo en su llamado a formular un campo de estudios subalternos, si así hubiera llamado Gramsci a sus estudios sobre la dominación y la subordinación. El vanguardismo no está quizás más claramente articulado que cuando Gramsci elogia a Henry de Man (e indirectamente a Lenin) en una nota sobre Maquiavelo de 1930:

> [De Man] demostró la necesidad de estudiar y desarrollar los elementos de la psicología popular histórica y no sociológicamente, activa (para transformarlos, por medio de la educación, en una mentalidad moderna) y descriptivamente como [Maeterlinck] lo hace. Pero esta necesidad ya estaba implícita (quizás incluso explícitamente afirmada) en la doctrina de Ilitch [Lenin] –algo que De Man ignora completamente. (*Scriti* 810; *Prison* 197)

Gramsci continúa con una distinción entre "académicos que postulan que la espontaneidad es el 'método' inmanente y objetivo del proceso histórico, y aventureros políticos que entienden la espontaneidad como un método 'político'. Mientras los primeros revelan una concepción equivocada, los segundos invocan el deseo de remplazar un liderazgo establecido por otro diferente". No entiendo muy bien qué quiere decir Gramsci por concepción equivocada del "método inmanente y objetivo", aunque sospecho que se refiere a la concepción negativa de la espontaneidad en *¿Qué hacer?* (1904) de Lenin. No obstante obtendré de estos pasajes un concepto de inmanencia histórica.

En *¿Qué hacer?* Lenin propone que el partido comunista represente una vanguardia política e intelectual con la finalidad de homogeneizar los cuadros políticos del proletariado. La espontaneidad debe ser regulada por el partido. El obrero o el campesino son intelectuales no en su calidad de obreros o campesinos sino por su formación dentro del partido. Si bien en otras obras como *El Estado y la revolución* y *Las tesis de abril*, textos que escribe Lenin entre febrero y octubre de 1917, se ofrecen perspectivas sobre los *soviets* que nos recuerdan las reflexiones de Marx sobre el poder inventivo de los obreros en la comuna de París en *La guerra civil en Francia* (1871): "El París de los obreros, con su comuna, será eternamente ensalzado como heraldo glorioso de una nueva sociedad", y carecen del afán homogeneizador totalizante, en la historia de los partidos comunistas se ha privilegiado el vanguardismo de *¿Qué hacer?* y por ende la constitución de Estados nacionales hegemónicos. La belleza de la formulación de Marx reside en considerar la comuna de 1871 como una idea eterna que sin embargo no exige su reduplicación sino la necesidad de variantes e instancias ilimitadas.[2] De acuerdo con la formulación de Gramsci los subalternos podrían conocer espontáneamente las causas de su opresión y la necesidad de organizarse políticamente (por ejemplo los elementos rudimentarios de liderazgo consciente, de disciplina política), pero sólo la teoría revolucionaria moderna les dará un entendimiento cabal y garantizará que su fuerza no sea mal dirigida por grupos reaccionarios.

Gramsci abre espacio para el conocimiento por medio de una concepción popular del mundo, "lo que sin imaginación se llama 'instinto', pese a que éste es también una adquisición histórica elemental y primitiva", pero él aboga por "una reducción 'recíproca', en otras palabras, el tránsito de uno a otro y viceversa debe ser posible" (811, 199). Aun cuando Gramsci traza aquí la indispensable unidad entre "espontaneidad" y "liderazgo consciente", lo que constituye "la acción política real de las clases subalternas en tanto política de masas y no sólo como aventura de grupos que dicen representar a las masas" (198), el marco comparativo de los estudios subalternos define finalmente el proyecto en términos pedagógicos, ya que los grupos subordinados deben ser educados para poder superar su subalternidad. En otro apartado Gramsci admite que hay procesos que parecen ser directamente entendidos por las clases subalternas, pero enseguida añade que este entendimiento implica que ya no se trata de una clase subalterna "o que al menos queda demostrada una capacidad para emerger de su posición subordinada" (829; 202).

¿Ha existido alguna vez un estado absoluto de subalternidad, es decir, que ignore su condición subalterna y carezca de cualquier forma significativa de resistencia? En otras palabras, ¿no están los subalternos siempre "en camino de emerger de su posición subordinada"? La premisa de Gramsci es que las formas elementales de conciencia política deben ser traducidas a lenguaje teórico y que, en el proceso de ponerlas en práctica, la teoría las superará. De hecho, incluso si la teoría moderna se construye a partir del conocimiento espontáneo de los subalternos, finalmente se constituirá a sí misma como la fuente de la verdad y como parámetro para definir errores tales como el "error" del método inmanente. El nuevo Príncipe, encarnado en el partido comunista, trasciende las prácticas cotidianas, los lenguajes y articulaciones de los mundos alternos. Pero el partido y la teoría moderna en general también deben traducir sus articulaciones en un lenguaje que tenga sentido en términos de las fuerzas de la historia inmanente.

Al trasladarse los estudios subalternos desde la Italia fascista al tercer mundo, hacen evidente el problema del colonialismo. La subalternidad es un resultado de la subordinación política, económica, y social, pero también de la violencia epistémica que desestimó y quiso destruir los conocimientos nativos. Gramsci ya había planteado la cuestión del colonialismo en *Alguni temi della quistione meridionale*, donde critica la percepción del norte que racializa al sur como la fuente del subdesarrollo italiano: "El sur es el grillete que previene un progreso más rápido en el desarrollo civil de Italia; los sureños son seres biológicamente inferiores, ya sea semi-bárbaros o completamente bárbaros por naturaleza; si el sur está subdesarrollado no es por culpa del sistema capitalista... sino de la naturaleza que hace a los sureños flojos, incapaces, criminales y bárbaros" (*Scriti* 722; *The Southern* 20). En estos pasajes, que recuerdan la crítica que hace José Carlos Mariátegui en *Siete ensayos sobre la realidad peruana* de las concepciones que atribuyen todos los males del Perú a la extensa población indígena, Gramsci enfatiza que el problema del sur es socioeconómico y definitivamente no racial. Pero Gramsci también privilegia el rol de la vanguardia intelectual del norte proletario; con ello, promueve la educación del sur de acuerdo a las más avanzadas ideas modernas. Gramsci no deja espacio para lo que percibe como atrasado, para el folclore y la magia. Nótese que estas dos palabras son códigos para ideas nomodernas. No obstante, Gramsci enfatiza una tradición intelectual del sur cuando observa que "todas las iniciativas culturales que los intelectuales llevaron a cabo en el siglo XX en el centro y norte de Italia han estado caracterizadas por el 'surismo'"

(739; 43). Pero también nótese que para Gramsci éstos son "hombres de inmensa cultura e inteligencia, que si bien emergieron de los suelos tradicionales del sur, estaban vinculados a la cultura europea, y por tanto a la cultura mundial [europea e quinde mondiale]" (740; 43). De acuerdo a este razonamiento, la energía del sur es canalizada a través de la cultura universal. En la reivindicación gramsciana de la tradición cultural del sur no parece haber una evaluación positiva de la cultura popular espontánea. De hecho, las formas de vida populares y nativistas difícilmente eran una manifestación cultural deseable. Para Gramsci, la subalternidad es más a menudo un problema que una condición social que conlleva elementos liberadores de la opresión.

Siguiendo la huella de lo subalterno en la actualidad, los estudios subalternos son frecuentemente percibidos como patrocinadores de las manifestaciones de una subalternidad que confirma los deseos de los intelectuales, quedando así socavados aspectos imponderables de la subalternidad. Incluso bajo la formulación que le niega el habla a los subalternos, como en el famoso ensayo de Gayatri Spivak "¿Puede hablar el subalterno?", la apariencia sugiere victimización más que formas de pensamiento que impliquen acciones violentas y apoyo a las causas más reaccionarias. Gramsci caracterizaría estas manifestaciones de subalternidad como ejemplos de espontaneidad llevados a la perdición por aventureros políticos. Por mucho que idealicemos a los subalternos, existen manifestaciones problemáticas. Estoy pensando en las masacres llevadas a cabo por subalternos contra otros subalternos, en pandillas urbanas, en paramilitares al servicio de las fuerzas más represivas. Al hablar de subalternidad, Gramsci tenía en mente grupos subalternos que difícilmente eran de su preferencia. Una buena dosis de teoría moderna, de cualquier modo, los enderezaría. Pero incluso cuando examinamos formas extremas de violencia, ya sea teñidas de fundamentalismo religioso o mera corrupción, encontramos respuestas populares y nativistas que deberían ser parte de nuestras consideraciones. De esos grupos directamente afectados por la violencia es de donde van a surgir respuestas y soluciones a las fuerzas opresivas.

Si las reflexiones de Gramsci sobre el rol de los intelectuales en la organización y liderazgo de las revoluciones pueden parecer un poco pasadas de moda en nuestros plácidos y posmodernos callejones sin salida, nuestro trabajo podría ciertamente tener un impacto en la cultura y los debates que rodean las expresiones y luchas subalternas en la actualidad. De nuevo, las recomendaciones de Gramsci en el sentido de enseñar ciencias para superar la imponderabilidad de las expresiones subalternas nos pueden parecer ingenuas y hasta opresivas, pero hay otros aspectos de Gramsci que, en mi opinión, siguen siendo centrales en nuestras discusiones de raza, colonialidad y transformación social.

Como ya he señalado, Gramsci es aún excepcionalmente lúcido respecto a los temas de la espontaneidad. También lúcido es su llamado a prestar atención a las formas particulares de pensamiento que informan a los movimientos y procesos revolucionarios. Estas formas chocan a menudo con el conocimiento moderno. Pese a ello, él considera que deben ser traducidas al lenguaje teórico. Si hay una dialéctica entre estas dos formas de vida, el telos apunta sin duda a la homogenización del pensamiento en la ciencia moderna y en el partido, al "bloque histórico homogéneo político-económico, sin contradicciones internas" (*Scriti* 767; *Prison* 168).

El concepto de subalterno así como lo concebía Gramsci conlleva un marco comparativo que define la disolución de la subalternidad en formas de conciencia que hacen posible la organización de bloques políticos que puedan llevar a cabo una revolución, incluso si él le hace concesiones a la espontaneidad de las fuerzas inmanentes. En su forma más refinada, el impulso teleológico en el marco comparativo de los estudios subalternos constituye su modelo de interpretación y evaluación como un fin. En el presente desde el cual escribimos, la consideración de cómo ha evolucionado la historia, no puede sino recibir atención privilegiada en los estudios comparativos. Si las comparaciones son inevitables, yo recomendaría limitarlas a los artefactos y formas de pensamiento que comparten un *(tras)fondo (background)*. Entiendo por *background* las presuposiciones absolutas *contra las cuales* y *desde las cuales* los miembros de una cultura se piensan a sí mismos y al mundo (Ankersmit 1994). El problema aquí es si la historia se puede leer en los fenómenos históricos singulares. Inevitablemente compararemos lo singular con los horizontes históricos múltiples. Otro problema que entra en juego en los procesos históricos comparativos es el de los inicios: por ejemplo, fechar el origen de la modernidad en el iluminismo o en 1492.

Historia e historiografía

¿Qué está en juego cuando se construye una narrativa histórica usando estos dos momentos? No vayamos a olvidar que la constitución de un comienzo, de un punto cero constitutivo para una narrativa histórica, es una elección que hace el historiador para contar una historia más que una presunción ontohistórica. Las historias que contamos deben tener sentido para las fuerzas inmanentes manifiestas en cualquier momento dado. Las narrativas históricas que localizan momentos claves de la historia mundial alrededor de momentos europeos globales (que estas fechas sean 1492, la revolución francesa o la revolución industrial, no hace diferencia) subordinan la significación de la historia inmanente postulando una narrativa trascendental. Para evitar la naturalización de acontecimientos particulares, por importante que haya sido su impacto mundial, debemos distinguir entre la labor historiográfica a partir de la cual se establecen verdades históricas fundamentadas en instituciones estatales o partidarias de la historia entendida como un devenir que carece de una trama preestablecida. En este sentido debemos confrontar al Marx que concibe la historia en términos antropológicos, en que la especie humana exhibe características universales en un devenir en que la humanidad realiza su esencia, con el Marx que ofrece una narrativa en la que se privilegia la historia *a fortiori* europea del capital y su transición al socialismo, narrativa que ha fungido un papel central en el marxismo-leninismo desde la formulación explícita del estadio capitalista como antesala necesaria al comunismo en *¿Qué hacer?* La antropología marxiana nos permite pensar en un desenvolvimiento histórico, quizás aun un devenir fundado en la lucha de clases (sólo si este concepto se puede pensar en las sociedades sin Estado pero batallando contra los Estados nacionales y coloniales), con múltiples manifestaciones, flujos y realizaciones. La promesa de una historiografía que no desemboque en una teleología histórica única es una de las promesas de los estudios subalternos. Vale la pena mencionar, aunque sea muy superficialmente, que Alain Badiou ofrece en su *Logiques des mondes* la argumentación sobre la necesidad lógica de una pluralidad de mundos que nunca podrían ser reducidos a un solo mundo envolvente. Narrar a partir de 1492 o 1789 como acontecimientos globales ofrece una estructura que necesariamente nos lleva a asumir la necesidad de pensar en la historia a partir de un mundo envolvente que desarrolla comparaciones que borrarían la singularidad de las *historias-en-las-que-se-daría-la-realización-plena-de-la-humanidad* como concepción antropológica.

De esta manera los modelos de sistemas mundiales desestiman la periodización de las historias indígenas que no pueden ser reducidas a meras reacciones a las formaciones globales incluso cuando han sido concebidas como resistencia. Estos modelos hacen que las concepciones eurocéntricas de la historia y del mundo sean inevitables. Podemos intentar desenmascarar el desmesurado orgullo europeo documentando cómo los noeuropeos han contribuido, anticipado e inaugurado formas de vida que tienden a ser identificadas como productos de Europa. Este es sólo un proyecto, y debería ser llevado a cabo, pero podríamos terminar con un sistema de pensamiento todavía más hegemónico en el cual lo ahora dominante, en lugar de ser percibido como un régimen epistemológico occidental que históricamente ha subordinado (y continúa subordinando) todas las formas de vida no modernas, incluya, como una forma natural de percibir y entender el mundo, al conocimiento que toda la humanidad ha producido en la creación de la modernidad.

La ironía de aquellos que hacen de lo moderno el único mundo existente (un hecho innegable si se lo define como la temporalidad compartida que convierte a todas las culturas en contemporáneas) radica en la práctica inherente al pensamiento moderno de definir lo correcto y lo erróneo en términos de formas de vida avanzadas y atrasadas. Por ejemplo, una cultura que cree en la mediación de los "dioses" (nótense las espeluznantes comillas) puede ser tan moderna como cualquier otra formación cultural contemporánea. No obstante, las ideas modernas más "avanzadas" podrían relegarla a una concepción equivocada de la historia. La modernidad, en su carrera hacia el progreso, es comparatista hasta la médula, por ende teleológica en su caracterización de lo "no tan moderno". Dado que el marco comparativo de los estudios subalternos también implica la noción de que la subalternidad es un concepto relacional, bien podríamos terminar hablando de los subalternos en términos de una clase media marginalizada, intelectuales venidos a menos, activistas políticos ineficaces, prisioneros políticos y una amplia panoplia de tipos modernos. (Gramsci, sin embargo, hubiera encontrado absurdo referirse a sí mismo como subalterno).

Más que hablar de lo moderno y lo premoderno, he estado usando el concepto de lo no moderno para entender toda una serie de formas de vida impermeables a la teleología que constituye lo "pre" de lo moderno, pero también de lo alternativo moderno, que siempre promete "lo más avanzado moderno" y su modo irónico en lo posmoderno. Lo no moderno de los conocimientos indígenas es principalmente el resultado de prácticas excluyentes (supersticiones, folclore, magia, y así sucesivamente), que no deberían impedirnos el conocimiento de formas de vida en sus aspectos positivos. Dada la inherente lógica de subordinación en los discursos de la modernidad que constituyen lo premoderno y determinan estructuralmente lo antimoderno, lo no moderno ofrece la posibilidad de practicar lo más moderno sin permitirle permear lo no moderno. Los movimientos nativistas y revivificantes pueden concebirse a sí mismos como no modernos pero no necesiaramente como antimodernos. Una de las refutaciones más comunes a lo no moderno es que los subalternos también quieren ser modernos y desean tecnologías modernas, etc. De acuerdo, pero hay que aclarar que los subalternos no encuentran contradicción entre desear, adquirir y manejar formas de vida modernas, y continuar practicando formas de vida que nada tienen que ver con la modernidad y que, de hecho, la modernidad encuentra a menudo incompatibles. Pero esta violencia epistémica de la modernidad no necesita ser internalizada.

Desde una perspectiva gramsciana, la habilidad de entender y articular condiciones de opresión histórico-políticas es ya un signo de que se ha dejado de ser subalterno. La cuestión, sin embargo, es si el lenguaje que uno usa para articular estas condiciones debe corresponder a la teoría euroamericana,[3] de aquí que todo los discursos nativistas señalarían una condición de subalternidad. Esto tiene sentido en términos de la viabilidad de formas nativistas en círculos como el FMI o el Banco Mundial, ya que estas instituciones desestimarán cualquier demanda que no cumpla con los criterios de su discurso. ¿Significa esto que un grupo social debe abandonar los discursos nativistas y revivificantes o que las instituciones deben entender estos discursos como formas subalternas, dada la posición privilegiada de la ciencia moderna? ¿Acaso esta lógica no implicaría un impulso colonialista que al subordinar formas de discurso inflinge violencia epistémica? Estos problemas señalan los callejones sin salida a que apunta el marco comparativo en los estudios subalternos.[4]

Este marco comparativo de los estudios subalternos podría perder su control si consideramos la posibilidad de que los subalternos, digamos amerindios bajo el gobierno colonial –una condición colonial que por cierto no termina con las guerras de independencia en el siglo XIX, sino que continúa hasta el presente– puedan habitar en más de un mundo sin compararlos, y de ese modo sin tener que soportar la interiorización de la soberbia moderna.

INTERSECCIONES: COLONIAL/POSCOLONIAL/ESTUDIOS SUBALTERNOS

Al igual que en el caso de los estudios subalternos, la crítica latinoamericana se ha preguntado sobre la aplicabilidad del poscolonialismo al considerar que los objetos de estudio y las realidades poscoloniales en los países africanos y asiáticos, por no decir oceánicos, tienen poco que ver con las latinoamericanas dado que la mayor parte de los países de América Latina lograron su independencia a principios del siglo XIX, precisamente cuando se consolidan los proyectos imperiales en África, Asia y Oceanía. En cuanto a la lengua inglesa también se ha visto con recelo que el proyecto de los estudios poscoloniales y subalternos se hayan exportado de la academia estadounidense y, en menor grado de la británica. Paradójicamente uno de los temas más rigurosamente tratados en los estudios poscoloniales es el de la exportación y traducción de ideas forjadas en las antiguas metrópolis imperiales. Entre las discusiones más lúcidas de la problemática que establece que la teoría se forja en Europa y la realidad de los países con pasados coloniales provee la materia prima está la de Dipesh Chakrabarty en el capítulo dedicado a "Postcoloniality and the Artifice of History" de *Provincializing Europe* (2000).

En vez de deplorar la importación de Chakrabarty deberíamos reflexionar con él sobre la situación latinoamericana frente a la importación de la teoría euroamericana. Esto se daría a manera de una reflexión teórica que definiría su rigor a partir de un cuestionamiento de prácticas discursivas que tomamos por hecho. Pienso en la historiografía, la filosofía, la antropología, la teoría política, la crítica literaria entre otras disciplinas que supuestamente nos brindan un vocabulario *ready-to-wear*. Sin parpadear hablamos de filosofía indígena sin considerar que borramos formas de saber al pensar las expresiones en lenguas indígenas en los términos de la ontología, la epistemología, la ética y la estética europeizantes. Escribimos historia sin considerar las instituciones estatales a las que se otorga credibilidad en la subalternización de los grupos minoritarios, y practicamos la autoetnografía sin considerar que nuestro trabajo inevitablemente constituye lo propio como un otro objetivado. Como bien lo ha visto Guha en su introducción al tomo *A subaltern Studies Reader 1986-1995*, para el poscolonialismo de la India tiene sentido situar un corte político y generacional a partir de la independencia de la India en 1948. Corte que se da en la configuración del grupo en el que Guha era mucho mayor que la mayoría de los otros miembros, a quienes llama "midnight children", título de quizás la más brillante novela de la generación que nació y maduró bajo la sombra del fracaso del proyecto de fundar una nación justa. Obsérvese que, en el caso latinoamericano, el "pos" no indica un momento en el que ya se ha superado el colonialismo, sino la toma de conciencia de las continuidades y legados coloniales aún en siglos posteriores a las independencias políticas.

Aun cuando podemos datar el origen de los estudios poscoloniales con el libro *Orientalismo* de Edward Said, la nueva realidad poscolonial, tanto de carácter histórico como intelectual, tiene un origen en los discursos anticoloniales que acompañan a las nuevas naciones independientes después de la segunda guerra mundial. Los trabajos de Albert Memmi, Aimé Césaire, Amilcar Cabral, C. L. R. James y Frantz Fanon, por sólo mencionar los más importantes, anticipan a la crítica que emerge durante los años ochenta en Inglaterra y Estados Unidos. Debemos recordar que estos críticos tuvieron una recepción productiva en América Latina en los años posteriores a la revolución cubana de 1959. Sería, sin embargo, un error olvidar los antecedentes y las contribuciones de intelectuales latinoamericanos de la magnitud de José Carlos Mariátegui, quien en los años veinte del siglo pasado ya planteaba la necesidad de pensar el lugar de las culturas indígenas en las luchas de corte marxista. A diferencia de esta generación de intelectuales íntimamente ligados a las luchas de liberación nacional, la crítica de los ochenta es primordialmente de corte académico; sin embargo, comparte con la primera una preocupación por las continuidades de los pasados coloniales en los presentes poscoloniales. De ahí que el proyecto sea de una descolonización de la cultura y el saber académico.

La conferencia sobre "Europa y sus otros" (Europe and Its Others) en la Universidad de Essex, Inglaterra, en 1984, constituyó un primer momento en el que se planteó el proyecto poscolonial en el ámbito académico. Participaron Edward Said, Gayatri Spivak, Homi Bhabha, Peter Hulme, Talal Asad y, en el área de los estudios culturales latinoamericanistas, Gordon Brotherston, Doris Sommer y José Rabasa. Las actas del congreso reúnen las primeras formulaciones de textos que han venido a ser considerados fundacionales de los estudios poscoloniales y que han ejercido una profunda influencia en una amplia gama de disciplinas académicas. La distinción entre estudios subalternos y poscoloniales es *académica*, ya que con frecuencia encontramos a los mismos autores escribiendo sobre una u otra modalidad, y aun en un mismo ensayo.

Hoy día, en el contexto de América Latina, se habla de momentos poscoloniales para referirse a los Estados que surgen después de las guerras de independencia, denominación que aparenta tener un sentido transparente; sin embargo, debemos insistir en que esta periodización carece de rigor. Hablar de lo poscolonial como momento histórico se presta a equívocos y críticas que nos recuerdan que aun cuando los países del "tercer mundo" han logrado su independencia formal de las antiguas metrópolis, la realidades socioeconómicas y culturales frecuentemente reproducen estructuras coloniales bajo la modalidad del neocolonialismo. Habría que hacer la distinción entre poscolonialismo entendido como momento histórico (sea el que corresponda a las independencias formales del siglo XIX o a las del XX) y las articulaciones descolonizadoras de la crítica poscolonial.[5] En el caso de América Latina lo más común fue que las élites que se consolidaron después de las guerras de independencia constituyeran colonialismos internos que sometieron a las poblaciones indígenas y negras a procesos de marginalización y exclusión de una plena ciudadanía. El término poscolonial acarrea en el Estado "pos" la sombra y los fantasmas de los pasados coloniales. Pensar lo poscolonial ya no como mero momento posterior a las independencias formales implica tomar conciencia de las continuidades coloniales que acarrean inevitables legados lingüísticos, culturales y políticos.

La crítica poscolonial que surge en los años ochenta se propone transformar el saber académico. El concepto de orientalismo de Said tuvo efectos globales en los estudios sobre África, Asia y Oceanía. Ya no se podría pensar sin tomar conciencia de los orígenes imperialistas de las tradiciones intelectuales occidentales directa o indirectamente imbricadas en el colonialismo, no sólo en el contexto de las antiguas metrópolis sino también en la exportación de los paradigmas a países como México, donde todavía está por escribirse la historia de los centros de estudios de África y Asia del Colegio de México. El concepto de orientalismo también ha servido para conceptualizar aspectos de la cultura latinoamericana que acompañan a los colonialismos internos. Pero más allá de las formulaciones específicamente "orientalistas", el libro de Said nos ofrece una aproximación al estudio del ejercicio del poder en los discursos coloniales.

La novedad de Said reside en la yuxtaposición del pensamiento de Michel Foucault, Antonio Gramsci y Frantz Fanon que le permite concebir el orientalismo ya no como una mera ideología que se podría superar a través de un desenmascaramiento sino como un conjunto de prácticas y dispositivos discursivos que estructuran el mundo para una apropiación hegemónica. La problemática poscolonial en América Latina incluye tanto al imperialismo estadounidense como al pasado colonial que data de la invasión europea del siglo XVI. Más allá de una resistencia al influjo cultural, político y económico de los Estados Unidos, la problemática poscolonial nos fuerza a concebir la hegemonía en el interior de la lengua española y de los hábitos culturales criollos, en las incorporaciones de las culturas indígenas precolombinas a los proyectos nacionalistas y los racismos solapados que reproducen la servidumbre de los indígenas contemporáneos —en fin, en las teleologías de corte marxista que consignan a las culturas indígenas a un pasado sin futuro. Esto no quiere decir que la crítica poscolonial sea antimarxista sino que articula concepciones del marxismo críticas de las ortodoxias estalinistas.

En este sentido se puede considerar al movimiento zapatista de finales del siglo XX (considérense los comunicados elaborados a partir del alzamiento del Ejército Zapatista de Liberación Nacional en 1994) como poscolonial en tanto que sus articulaciones políticas y culturales asumen plena conciencia de la necesidad de incluir, más bien, de pensar los proyectos de transformación social desde los espacios indígenas. No se trata, por supuesto, de reducir el proyecto zapatista a la crítica del orientalismo de Said, sino de trazar una práctica en la que el objetivo descolonizador del saber tiene igual o aun mayor vigencia. El zapatismo no es, por supuesto, una practica académica, lo que no excluye que tenga lecciones para aquéllos que desde la academia teorizan sobre América Latina (véanse Mignolo; Rabasa "Of Zapatismo"). Pero antes de mencionar algunas instancias de poscolonialismos latinoamericanos debemos precisar el concepto de *violencia epistémica* como ha sido elaborado por Gayatri Spivak, la más influyente intelectual poscolonial en la academia estadounidense después de Said.

Violencia epistémica

En "¿Puede hablar el subalterno?" Spivak nos ofrece la formulación más coherente y rigurosa sobre la violencia epistémica. Como ya lo precisa el título, Spivak examina los límites de la representación del subalterno. Según Spivak la violencia epistémica se ejerce a partir de los criterios valorativos que excluyen el saber de los grupos subalternos y las mediaciones intelectuales sin las cuales el habla del subalterno no logra ser inteligible. Si bien la respuesta de Spivak es negativa, debemos observar que escribe contra la pretensión de que la comunicación del saber subalterno es directa y transparente. Es más, en el ensayo tiene tanta importancia su repuesta negativa como la insistencia en que "Al aprender a hablarle al (en vez de a escuchar al o a hablar por el) sujeto históricamente enmudecido de la mujer subalterna, el intelectual poscolonial *sistemáticamente* 'desaprende' el privilegio"(295, énfasis en el original). Más allá de este ensayo seminal, Spivak ha publicado una serie de libros entre los cuales se debe consultar *A Critique of Postcolonial Reason* (1999).

En el contexto de los estudios culturales latinoamericanistas la cuestión del habla del subalterno ha influido en las concepciones y los debates sobre el género testimonial. Este ensayo también ha resonado entre aquellos que estudian las formas mediante las cuales la historiografía colonial ejerce una *violencia epistémica* al constituir las culturas indígenas bajo la rúbrica de superstición e idolatría, así como en la imposibilidad de que el historiador indígena pueda expresar un criterio de historia que no se subordine a las categorías de la historia occidental (véase Rabasa, "Franciscans").

En su formulación más elemental los procesos de colonización marcan el pasaje a la historia en tanto que la incorporación a la iglesia católica se define como entrada a la historia universal. Esto no quiere decir que los misioneros y los burócratas españoles fueran tan torpes para no poder reconocer en la cultura indígena formas de escritura y memoria que manifiestan un sentido histórico, sino que la memoria indígena es histórica en la medida en que se la constituye *para* la formación de un orden colonial. Las cartografías, las genealogías y los anales, por tomar estos géneros como característicos de la historia indígena, asumen un carácter histórico a partir de su uso para esclarecer el lugar de las comunidades indígenas dentro del orden colonial. La perspectiva poscolonial que informa el concepto de violencia epistémica nos permite a su vez entender cómo los indígenas utilizan las categorías históricas coloniales para crear sus propios espacios y negociar lugares dentro de la administración de la colonia. Este punto aparentemente contradeciría la negativa de Spivak sobre el habla subalterna ya que se presume una agencia con la habilidad de apropiarse de los conceptos históricos europeos. Sin embargo, en este hacerse *propia* (tanto en el sentido de pertenencia como de legitimidad) se pierde el sentido de la memoria y la temporalidad indígenas. Es decir, la memoria y la temporalidad indígena sólo son inteligibles a partir de procesos de traducción. Debemos observar que el concepto de subalternidad siempre es relativo a las estructuras de poder vigentes.

Los límites de la aplicabilidad de la teoría

La cuestión sobre la aplicabilidad de la teoría poscolonial y los estudios subalternos a la cultura latinoamericana carece de importancia cuando consideramos que es precisamente en la inaplicabilidad donde ha dado resultados más productivos. No se trata de una mera aplicación servil de la teoría poscolonial y los estudios subalternos, sino de crear espacios de debate en los cuales se toma conciencia de las diferencias y la inaplicabilidad que paradójicamente llevan a entender más profundamente lo específicamente latinoamericano del colonialismo que se implementó en el siglo XVI. En el afán de negar la relevancia de la crítica poscolonial se ha llegado al extremo de negar que en América Latina –y México en particular– se hubiera dado un proceso de colonización. Se pretende que nunca existió un imperialismo español, y se habla del virreinato en vez del periodo colonial. De ahí que se ignoren los debates y la producción rigurosa de teoría sobre la legitimidad del dominio español en América en el siglo XVI, que no es otra pregunta que la de la legitimidad de la usurpación de la soberanía de los pueblos indígenas.

Más allá de Francisco Vitoria, se debe citar el *De dominio infidelium et iure belli* del agustino Alonso de la Vera Cruz. Este tratado de Vera Cruz consiste en las conferencias que dictó con motivo de la inauguración de la Universidad de México (1554-1555). Un acercamiento a la obra de Vera Cruz desde la teoría poscolonial nos lleva a la paradoja de que la cuestión poscolonial tiene sus orígenes en México desde el siglo XVI, quizás desde el primer momento de la invasión española y la resistencia indígena. El texto de Vera Cruz plantea la necesidad de crear un orden colonial justo y equitativo, llegando a argumentar que la riqueza debería ser redistribuida con la finalidad de promover el bien común. Ya quisiéramos tener en las prácticas de los colonialismos internos en el siglo XX el rigor y la lucidez de los argumentos de Vera Cruz en los que plantea que si bien la invasión originaria fue ilegal e ilegítima, hubiera sido un error, si no un imposible el que España abandonara el nuevo mundo, al igual que sería un imposible pensar que de un plumazo se va dejar de reproducir el colonialismo interno en nuestros días. Para Vera Cruz los líderes corruptos indígenas que venden tierras comunales sin consultar a las comunidades son tan problemáticos como los españoles que las compran sin cerciorarse de que la venta es legítima. En la toma de conciencia del hecho de que el ejercicio del poder colonial no se da en un mero esquema binario que opone al colonizador y al colonizado reside la profundidad de la teoría poscolonial que en el caso de México se remonta a la colonia.

La relación con la teoría poscolonial debe ser entendida como una calle de dos sentidos en la que los críticos asiáticos, africanos y oceánicos aprendan algo sobre la implementación del colonialismo, los debates sobre el imperialismo, y prácticas de resistencia e insurgencia que se han dado en América Latina. Estos debates y diálogos ya se han dado tanto en los estudios subalternos como poscoloniales (véanse Ashcroft,

Griffith &y Tiffin; Rodríguez, *Convergencia, The Latin*, Lowe & Lloyd). Las conversaciones han desembocado en publicaciones conjuntas tanto en español como en inglés. La circulación de los textos no carece de ironía ya que en ocasiones nos encontramos con intelectuales argentinos, de Tucumán en particular, que se vienen a enterar en un congreso en la Universidad de Pittsburgh de conversaciones con y traducciones de intelectuales hindúes en La Paz, Bolivia (véanse Rivera Cusicanqui & Barragán, Kaliman). Obsérvese que esta conversación se dio directamente entre la India y Bolivia sin la mediación de la academia estadounidense. Hago esta acotación no por negar el poder que se pueda ejercer desde los Estados Unidos cuando sus académicos exportan paradigmas intelectuales a América Latina, sino por insistir en que la dirección de los discursos se da tanto de norte a sur como de sur a norte y de sur a sur. El trabajo de los intelectuales de otras latitudes ha tenido un impacto importante en la definición de los estudios culturales latinoamericanistas de los últimos veinticinco años, pero el valor de la conversaciones ha residido sobre todo en el debate y en la articulación de las diferencias.

Sobre la historia de la historia de los pueblos sin historia

> En esta narrativa, tanto los pueblos que reclaman la historia como propia como los pueblos a quienes se les niega la historia emergen como partícipes de la misma trayectoria histórica.
>
> Eric Wolf, *Europe and the People without History*

En ningún lugar encontramos la singularidad de la insurrección zapatista mejor expresada que en su consideración de los indios como fines en sí mismos. Los zapatistas articulan un proceso de transformación social en el que las lenguas y las culturas indígenas fundamentan los procesos de autonomización de las comunidades. Los saberes indígenas y las prácticas lingüísticas coexisten y dialogan con formas de vida con *(tras)fondos* radicalmente diferentes. Aun cuando participo del proyecto zapatista, aquí sólo pretendo ofrecer una reflexión que dialogue con las múltiples expresiones del zapatismo. En el proceso discuto algunas de las propuestas en Michael Hardt y Antonio Negri en su libro *Multitude*. Las propuestas de Hardt y Negri entrarán en diálogo con los estudios subalternos. El objetivo no es comparar estos proyectos sino más bien yuxtaponerlos resistiendo el impulso a subsumir unos bajo los otros. La fuerza de la comparación reside en las tensiones internas y las que surgen de la yuxtaposición de diferencias. El zapatismo y las propuestas de Negri sobre el imperio y la multitud nos ofrecen dos puntos de entrada para una reflexión sobre la promesa de los estudios subalternos en lugares localizados en los extremos del mundo: la sociedad posfordista primer mundista de Estados Unidos e Italia (por solo nombrar los países de origen de Hardt y Negri) y los proyectos autonomistas de las comunidades indígenas en la región más pobre de México. Mientras que las propuestas de Hardt y Negri sobre la multitud –concepto que define las nuevas configuraciones plurales de lo que llaman el trabajador socializado de las sociedades posfordistas– hacen manifiesta la limitación de las teorías que privilegian las narrativas euroamericanas, la insurrección zapatista y la articulación de una praxis que definida a partir de las autonomías indígenas hace manifiesta la necesidad de pensar el devenir de la humanidad a partir de sus manifestaciones en una pluralidad de mundos que no pueden ser subsumidos a un mundo que los envuelva.

A mi manera de pensar, la singularidad de la insurrección zapatista y la necesidad de pensarla a partir de la especificidad de sus formas de vida no se da más claramente que cuando la yuxtaponemos al llamado a una transformación del campesinado en Antonio Gramsci y Mao Zedong. Hardt y Negri captan este proyecto cuando establecen que en Mao "la revolución china fue una revolución conducida *con* el campesinado, no una revolución *por* el campesinado" (*Multitude* 124). Mas adelante añaden: "*la victoria final de la revolución campesina es la disolución del campesinado*" (énfasis en el original). En cuanto a la posición de Gramsci, considérese el siguiente pasaje de los *Cuadernos de la cárcel*: "Para el maestro, entonces, conocer el 'folclore' significa conocer que otras concepciones del mundo y de la vida están activas en la formación moral e intelectual de los jóvenes para extirparlas y remplazarlas con concepciones consideradas superiores [per estirparli e sostituirle con concezioni ritenute superiori]" (191; *Quaderni* 3, 2314). Como ya hemos visto, si en la *Cuestión del sur* denuncia el discurso colonialista del norte sobre el sur, para Gramsci el campesinado del sur será hegemonizado por el proletariado del norte. Si bien Hardt y Negri nos han recordado que las pequeñas propiedades del campesinado y su correspondiente modo de producción están condenadas a desaparecer, la denigración así como el uso del folclore para la transformación del campesinado en una mentalidad moderna resultan manipuladoras y elitistas. Las formas de vida indígenas no pueden ser reducidas a las estructuras económicas de las pequeñas propiedades agrícolas características del campesinado europeo. Los proyectos liberales del siglo XIX buscaron en el contexto de América Latina la transformación de las formas comunales de propiedad en propiedades individuales. Este proceso redujo a los indígenas a peones de las grandes haciendas dado que muy pocos indígenas participaron de la privatización de la tierra. La revolución de 1910 y la constitución mexicana de 1917 parcialmente corrigieron esta expropiación de las tierras comunales con la creación de ejidos y tierras comunales.

Técnicamente hablando los indígenas no son campesinos, tampoco se les debe identificar exclusivamente con las zonas rurales. Este no es el lugar donde explayarse sobre la larga trayectoria del prejuicio contra el campesinado que podemos trazar desde *El dieciocho Brumario de Luís Bonaparte* (1852) de Marx a *Multitude* (2004) de Hardt y Negri, pero vale la pena señalar la igualmente larga trayectoria de aquellas perspectivas sobre la capacidad de las comunidades campesinas de pasar directamente al comunismo.[6] Por su parte, Hardt y Negri invocan el análisis de Pierre Clastres de las culturas amerindias *primitivas* en términos de "sociedades contra el Estado":

> La historia de pueblos con historia es, como se dice, la historia de la lucha de clases; la historia de los pueblos sin historia es, debemos decir con igual convicción, la historia de su lucha contra el Estado. Debemos entender el tipo de luchas que Clastres examina y reconocer su adecuación para nuestra era presente. (*Multitude* 90)

Examinemos el enunciado paradójico: "la historia de los pueblos sin historia..."

Pueblos con y sin historia

Este binario que constituye pueblos con y sin historia, escritura y Estado se remonta a la ilustración. Tal cual este binario manifiesta una forma particular del síndrome Europa y sus otros. Este malestar cultural infecta a los pueblos que han sido constituidos como carentes de historia y por añadidura sin Estado con la interiorización de los términos que lleva al deseo de probar lo contrario. El trabajo de Ranajit Guha sobre la historiografía de la India, en particular su ensayo, "An Indian Historiography of India" en *Dominance without Hegemony*, nos ofrece una sumamente lúcida articulación de cómo la historia, en su forma disciplinaria en la época posterior a la ilustración, presentó a los historiadores bengalíes el desafío de demostrarle a los historiadores imperiales que el bengalí era una lengua apropiada para escribir historia. Guha traza una serie de momentos en la escritura de la historia de la India en el siglo XIX que van del deseo inicial de probar que el bengalí era una lengua apropiada (lo que incluía el reconocimiento y agradecimiento del regalo de la historia por parte de los ingleses) a la denuncia del imperio británico y la circulación de panfletos asociados con organizaciones terroristas en los años 1920 que promovían la destrucción del gobierno colonial del Raj. En este transcurso los historiadores bengalíes procesaron la interiorización de la negación de la historia y el Estado de la India. Sin embargo, este proceso de contradecir la reducción de la India a un pueblo sin historia, así como las supuestas deficiencias del bengalí para la articulación de discursos occidentales y la escritura de la historia como disciplina, continúa imperando en la historiografía hindú hasta nuestros días. Desde *Elementary Aspects of Peasant Insurgency* (1983) a *History at the Limits of World-History* (2002), Guha ha expuesto las maneras por las que la historiografía subordina y subsume al *pueblo* a las narrativas del imperio, la nación y el socialismo.

Esta limitación ha sido criticada por Dipesh Chakrabarty en "Postcoloniality and the Artifices of History", donde argumenta que la historia, en tanto que delimita transiciones del imperio a la nación y al socialismo hace patente que en última instancia la historiografía de la India no es más que un apéndice de la historia de Europa. Chakrabarty, sin embargo, se resigna a esta limitación y propone lo que llama "la política de la desesperación" (*Provincializing* 45). Esta resignación conlleva la comprensión de que el ejercicio del poder y la formación del Estado es inherente a la escritura de la historia. La historia como disciplina debe ser practicada y el historiador debe asumir la responsabilidad de educar a los subalternos, si bien con un oído y una sensibilidad que los escucha, con el objetivo de que puedan participar plenamente de las instituciones democráticas del Estado moderno. Este es un proyecto secular en que en el fondo, como ha argumentado Gil Anidjar (2006), encontraremos una historia cristiana.

Ya que hablamos de cristianismo y colonialismo hagamos un paréntesis y consideremos las prácticas que propone Las Casas en *Del único modo de atraer a los pueblos a la verdadera religión*, cuando establece que el método moderno que postula que los pueblos indígenas deben ser primeramente sujetos al dominio español y después convertidos al cristianismo (aun con las formas más suaves y amorosas) es una aberración que sólo desemboca en la guerra porque es inconcebible que de buenas a primeras un pueblo pagano se subordinara al imperio español. Este es un vuelco discursivo que usualmente ignoramos en nuestro deseo de probar que Las Casas era una especie de agente "secreto" del imperio, pero que cuando es visto en términos de nuestros afanes "seculares" emerge con una lucidez inesperada. Considérese la noción de volverse débil con el débil, y el llamado constante a la reparación de daños y la restitución de las soberanías indígenas. Dado que la imposición del cristianismo (secularismo en su forma moderna en las categorías lascasianas) es inaceptable y que sólo considera que el entendimiento es el "único modo", la única ley –haciendo eco de san Pablo– podríamos imaginar pueblos enteros que jamás llegarían a ser convencidos de la verdad cristiana, que permanecerían en sus Estados autónomos (no bajo el dominio español) para siempre jamás. El llamado al entendimiento implica una apertura a formas de pensar, de concebir el entendimiento, que no se reduzcan al *habitus* occidental. En el proceso se abrirían ambas conciencias y los pueblos indígenas desarrollarían su capacidad de combatir intelectualmente (y con plena justificación con las armas) los avances europeos. Si existe una asimetría en este proceso, ésta no se define por una imposición militar ya que Las Casas excluye establecer el dominio político antes del diálogo evangelizador. Se dirá que no funcionó, a lo que se debe contestar con un aún hoy día esperamos la creación de un orden justo y, en la espera, Las Casas tenía dos o tres cosas que decirnos sobre el desenvolvimiento de lo humano como *idea eterna* que se hace manifiesto en las singularidades de los pueblos. Será para otra ocasión. Por ahora regresemos a Guha.

En *History at the Limits of World-History*, Guha provee un análisis de la filosofía de la historia de Hegel donde encuentra la raíz de la negación de la historia de la India. Guha también examina la formación de una disciplina y la exclusión histórica de textos hindúes como el *Mahabharata*. Guha no carece de escrúpulos para aceptar la definición estrecha de la historiografía, también traza los impulsos colonialistas en la escritura de la historia. Siguiendo a Rabindranath Tagore, llama a una reimaginación de formas de memoria que capten la historicalidad, la existencia en un tiempo específico ya no determinado por una cronología homogeneizadora sino que definido por la vivencia del mundo. Cuando Guha presentó estas ideas en la Universidad de Columbia fue atacado por un amplio sector del público que incluía algunos subalternistas eminentes tales como Gayatri Spivak y Partha Chatterjee, pero hasta donde he llegado a saber lo único que se ha publicado es la crítica aterradora traducida al español del historiador persa Hamid Dabashi, "No soy un subalternista".

Dabashi expone la ignorancia de Guha de las fuentes persas (un tema del cual soy absolutamente ignorante, por lo que me abstendré de discutirlo) y por su ataque frontal a Hegel en vez de seguir una táctica guerrillera contra Hegel, la modernidad, el eurocentrismo y la mundialización desde perspectivas plurivocales y plurifocales. Este vuelco de un ataque frontal a una práctica guerrillera proveería, según Dabashi, de los elementos para una crítica de las metanarrativas históricas. Dabashi, sin embargo, sugiere una transparencia semántica, sin mediación alguna, cuando usa los términos "historia o *itihasa*" como sinónimos (50). Debemos preguntarnos si no es que este gesto que subsume *itihasa* bajo la categoría "historia" acaba privilegiando la historia como concepto universal. Vuelvo a repetir que ignoro la naturaleza de las bibliotecas persas que menciona Dabashi, pero me parece problemática la supuesta universalidad del concepto de historia. La impugnación del ataque frontal de Hegel conlleva un enunciado que establecería que "nosotros" los hindúes y los persas siempre hemos leído el *Mahabarata* como historia. No puedo evaluar el significado pleno de *itihasa*, comúnmente traducido por "así verdaderamente pasó" o "así fue". Tampoco puedo evaluar las equivalencias que pudiéramos extraer de los errores en los que podríamos incurrir cuando definimos el antiguo testamento como mitología, sin embargo me parece que la especificidad del concepto *itihasa* se pierde cuando lo pareamos con el término historia. Como si la historia (y por añadidura la mitología) fueran categorías trasparentes y las prácticas de leer y escribir fueran transhistóricas. A mi manera de ver debemos observar el hecho de que la historiografía (así como el término *historia* en su acepción de investigar, de obtener información), es una invención occidental que data de los griegos del siglo v a.C., en particular de Heródoto, y su diferenciación del mito, el cual fue inventado en el mismo proceso. La ambivalencia sobre el estatus de *itihasa* en tanto que aúna mito e historia sugiere que debemos proceder más lentamente en nuestra aproximación al concepto sánscrito. De otra forma el rescate del *Mahabarata* asumirá la universalidad de las formas de vida grecoabrahámicas, en particular, en vez de entender el proceso en términos de una mundialatinización de todo fenómeno natural y cultural.[7]

Aun cuando las bibliotecas persas contuvieran muchos textos que se podrían considerar historia (y consecuentemente filosofía o literatura) debido a una importación de estas prácticas discursivas de la cultura griega (me parece ocioso el insistir en que ciertos enunciados en sánscrito, en aymara o náhuatl puedan ser entendidos a partir de la ontología, estética, ética, etc., sin considerar como se alteran con la aplicación de las categorías derivadas del griego con una larga tradición occidental), la formación disciplinaria de la historia acarrea un corte epistemológico con la escritura histórica anterior a la ilustración, corte que supongo fue el punto de Guha cuando establece que Ramram Basu fue el primer historiador hindú en la modalidad disciplinaria. Si Dabashi en un principio acepta la oposición de lo maravilloso contra la experiencia, la sociedad civil contra el Estado, y la poética de la resistencia contra la prosa del poder, éste termina criticando a Guha por parear lo *maravilloso* del *Mahabarata* con la *experiencia* de Hegel. Pero Dabashi escoge ignorar que Guha tenía como objetivo la práctica histórica de hoy día (no a Hegel), gesto que se torna evidente cuando Guha propone la crítica de Tagore de la pobreza de la historiografía. Esto sugiere que la discusión se reduce a un altercado disciplinario que sin embargo acarrea implicaciones fuera de la academia. La insistencia de Dabashi en formular el debate en términos de una guerra de guerrillas retiene una dimensión puramente académica siempre y cuando la "buena" historia –Dipesh Chakrabarty (*Provincializing*) insiste en esto en sus críticas a Guha– contribuya a la formación de ciudadanos responsables para las democracias representativas. Para Guha el mundo de las insurrecciones subalternas es un mundo regido por la imaginación, lo maravilloso, la sociedad civil y la poética, que la prosa de la contrainsurgencia, es decir, la historiografía, ha tratado de neutralizar en su búsqueda de las causas y los efectos de las rebeliones.

Mi aproximación a la negación de la historia ha puesto el énfasis en la ilustración porque las descripciones de pueblos amerindios carentes de Estados durante el siglo XVI se limitaba a sociedades que en verdad carecían de Estados. Las estructuras urbanas en las zonas andinas y mesoamericanas siempre fueron conceptualizadas con Estados, es más, como Estados a conquistar y expropiar. Estas civilizaciones urbanas fueron concebidas según sus sedimentos históricos que debían ser entendidos (aún mejor, inventados, como históricos, es decir despojados de la *fábula*) para su administración colonial. De ahí que el binario pueblos con historia *versus* pueblos sin historia deba ser entendido como un producto de la ilustración que manifiesta una forma particular del síndrome "Europa y sus otros".

Pierre Clastres no titubea cuando utiliza los términos *salvaje* o *primitivo* como categorías descriptivas de las sociedades sin Estado.[8] De hecho, su objetivo consiste en entender la singularidad de las formas temporales y espaciales de los pueblos sin historia y sin Estado. Si estas sociedades son coetáneas de la modernidad (traduzco por "coetáneo" el término *coeval* de Johannes Fabian), del tiempo de los antropólogos y observadores que se comunican con ellos en un presente compartido (aún si no se entienden entre sí), el caso es que su sentido del espacio y el tiempo comúnmente difiere radicalmente de los de la modernidad. Clastres especifica que la definición de sociedades sin Estado no es aplicable a los Andes y Mesoamérica, pero debemos preguntarnos si no es que a partir de la destrucción de los Estados mesoamericanos y andinos no nos encontramos con sociedades sin Estado y sin historia, que habiendo sido despojadas de sus Estados propios, han resistido a los Estados coloniales y nacionales de los últimos quinientos años.[9] Si acaso les parece disonante parear a los *salvajes* de las selva con los pueblos sedentarios del altiplano, las organizaciones indígenas hoy día han adoptado perspectivas que impugnan la interiorización de los estereotipos del *primitivo*.[10] La destrucción de los Estados indígenas llevó a formas de colaboración indispensables a la administración del orden colonial (formas de colaboración que se extienden desde los jueces y gobernadores de la república de indios en la colonia a los caciquismos asociados con los partidos políticos en el presente). Claro está que esta participación en la administración colonial y nacional ha excluido sistemáticamente del Estado y la historia a los pueblos indios. Las prácticas excluyentes implican una ambivalencia que no debemos apresurarnos a borrar con el llamado a una integración plena a la nación. El sentido del *sin* historia conlleva el sentido de un *fuera* de la historia y el Estado, algo que se da en el término *without* en inglés.

En este sentido la máxima zapatista de "mandar obedeciendo" y la sistemática rotación de los representantes de las comunidades en las juntas de buen gobierno hace patente la convicción de que su lucha no sólo ya no aspira a tomar el Estado sino también que se propone evitar la formación del Estado desde el interior de las autonomías.[11]

La propuesta paradójica de *una historia de los pueblos sin historia* acarrearía la existencia de historias de opresión y revuelta, de formas de resistencia y de las estrategias para sobrevivir la opresión y destrucción sistemática de los últimos quinientos años. El objetivo ya no consistiría en obtener el reconocimiento del Estado y la inclusión de estas historias en las narrativas de la nación sino la de comunicar estas historias a generaciones futuras que han existido y continúan existiendo *sin y fuera del Estado y la historia*. Esta formulación tendría poco que ver con la historia de pueblos con historia, con la historia de la lucha de clases, por adoptar la definición de Hardt y Negri. Nos volvemos a encontrar con una paradoja en tanto que la opresión de los indígenas no es otra que su opresión en cuanto a clase social aun si esta condición de clase esta íntimamente definida en términos étnicos y raciales. Esta lucha de clases ya no se situaría desde el Estado sino a partir de un proceso de autonomización de los deseos que aspiraran al reconocimiento del Estado. El único reconocimiento se constituiría en términos del derecho a evitar que los criterios (europeos) definan el valor de lo propio y la afirmación de la singularidad histórica y cultural (Rabasa, "Negri"). En este sentido de una praxis que ya no aspira a la toma del Estado encontraríamos otra paradoja que consistiría en la noción de historia sin historiografía, es decir, sin escritura de la historia, práctica que se da a partir de las instituciones estatales o partidistas que aspiran al Estado.

Singularidad, Estado e historia

En uno de sus recientes comunicados, "En (auto) defensa de las jirafas", el Subcomandante Marcos ha adoptado la figura de la jirafa como un tropo para hablar de las formas de vida, de las diferencias culturales, es decir, de las singularidades que el mercado busca extinguir. No es una cuestión del individuo amenazado por el poder comunal, sino de formas de singularidad que se enfrentan a la constitución de los sujetos individualistas neoliberales. El comunicado proyecta la lucha zapatista más allá de Chiapas a las zonas rurales y urbanas de México y el mundo. Mi insistencia en poner en duda el valor del reclamo del Estado y la historia, de la interrogación del deseo de que los otros de Europa sean reconocidos como pueblos con historia, está predicada a partir de la invocación de formas de vida singulares que cuestionen la hegemonía de la mundialatinización.

Si bien es verdad que el neoliberalismo se limita a apoyar expresiones artísticas que se sujetan a las leyes del mercado, tal como Marcos lo precisa en su elogio a las jirafas (léase: formas singulares de vida amenazadas por las guerras de baja intensidad militares y económicas), utiliza el lenguaje del amor y la benevolencia para una expropiación de los discursos de la libertad. La lógica del neoliberalismo solamente reconoce formas de vida que se conforman a los parámetros de occidente y más precisamente del capital. De ahí que los esfuerzos por demostrar que los otros de Europa tienen historia, escritura, ciencia y Estado reiteran la mundialatinización que sólo reconoce formas que puedan ser subsumidas bajo sus categorías. *La historia de los pueblos sin historia* corresponde a la singularidad de las luchas que el Estado y la historia no pueden *reconocer* porque los discursos que la resistencia articula permanecen ininteligibles a aquellos que presumen que sus categorías son universales.

La articulación de la singularidad haría eco al llamado de Dabashi a una guerra de guerrilla plurivocal y plurifocal contra Hegel, la modernidad, el eurocentrismo y la mundialización, sin embargo debemos añadir el Estado y la historia. Pero para que esta guerrilla no sea contenida por los discursos académicos (a pesar de la importancia que puedan tener para nosotros los académicos) se deben establecer conexiones y articulaciones con los movimientos de protesta, con las estrategias de expropiación de los medios de producción, con la acción directa y autonomización de la vida. De ahí que esta guerrilla crearía espacios de producción de conocimiento que inventarían prácticas para debilitar el poder del Estado y permanecer fuera de la historia. La autonomización sería, entonces, entendida como un proceso en vez de un conjunto de reclamos que privilegien espacios institucionalizados. Así entendida, la autonomización participa de un proceso y hace manifiesto un sitio de lucha. No basta y aun es contrario a lo singular poner el énfasis en la exposición de la hegemonía del posmodernismo y el posfordismo, de la mundialización como el nuevo momento histórico hegemónico como si no existiera la posibilidad *del fuera y el sin la historia y el Estado.*

Moderno, posmoderno, no moderno

El deseo de desmontar la hegemonía de occidente ha llevado a insistir en que la modernidad no es una invención euroamericana exclusiva. Como tal la modernidad ha venido a significar cualquier afirmación de novedad. El reclamo a occidente de su pretensión exclusiva a la ciencia o a la democracia conduce a la subsunción de todas las formas singulares a la historia de Europa. Encontraríamos nuevos contribuyentes a tal historia pero al fin del día acabaríamos con una versión matizada de la modernidad occidental. Esta narrativa excluiría prácticas y conocimientos que no cumplieran con los criterios de la ciencia confinándolos a la magia, la superstición y el oscurantismo. Así nuestros ancestros acabarán encarnando los valores de la ilustración y nuestros contemporáneos prestos –por medio de los estereotipos– a la persecución, a la violencia epistémica, que los consigna a momentos en la transición a la modernidad, sea esta exclusivamente occidental o alternativa.[12]

Hardt y Negri han insistido en que las antiguas categorías de lo *salvaje* y lo *primitivo* fueron primero desplazadas por la del campesino y más recientemente por la antropología *global*. "El objetivo de la antropología global, como ha sido formulada por muchos antropólogos, es abandonar la estructura tradicional de la otredad en su totalidad y descubrir en su lugar un concepto de diferencia cultural basado en la singularidad" (*Multitude* 125). Este abandono de la otredad, *de lo primitivo y salvaje*, como objeto de estudio, lleva a un estado generalizado de modernidad que a mis oídos suena a eslogan: "igualmente modernos, sin embargo diferentes a Europa" (126). Este estado generalizado de modernidad sugiere la noción de que todos los pueblos hoy día, en la singularidad de su sociedades, son contemporáneos. Si bien debemos acoger este gesto en tanto que rompe con e impide la interiorización de los binarios asociados con el síndrome "Europa y sus otros", podría resultar contraproducente en tanto que los valores de la modernidad –el deseo de ser reconocido por moderno– siguen siendo hegemónicos, no lejos del deseo de la historia. Consideremos la definición de los límites de lo moderno que nos ofrecen Hardt y Negri: "Entre los fenómenos que ponen los desafíos más fuertes a esta concepción de la modernidad africana y del cosmopolitismo figuran formas de ritual y magia que continúan siendo elementos integrales de la vida contemporánea" (126). Entonces, "la magia y el ritual" permanecen "otros"; de hecho, presentan un desafío al deseo de la antropología de encontrar los trazos de la modernidad. Esto sugiere que ciertas formas de vida serán excluidas como *pre*modernas, como atrasadas dentro de un esquema de transición, por lo tanto incompatibles con la modernidad. ¿No estaríamos obligados a la misma tutela de los subalternos que ya hemos identificado con Gramsci? ¿No estaríamos obligados a asumir una historia única que desplazaría formas de vida aparentemente incompatibles con las formulaciones de Hardt y Negri? Según Dipesh Chakrabarty, esta lógica ofrece un caso patente del hecho de que sólo podemos escribir historias de Europa (*Provincializing*). Se espera que los sujetos "modernos" se autovigilen y expulsen todo vestigio de lo *pre*moderno de su alma.

¿No será que los nuevos antropólogos globales acaben reinventando la antropología aplicada que se dio en el México posrevolucionario para la integración de los indígenas en el Estado? (Bonfil Batalla) ¿No se les ocurre a Hardt y Negri que las múltiples formas singulares de vida puedan coexistir en un mismo sujeto y sociedad sin incurrir en contradicciones como ha sido el caso en las sociedades amerindias desde el primer contacto con europeos en 1492 hasta nuestros días (Rabasa 2003, "Franciscans")? ¿A qué se debe que Hardt y Negri no logren ser consistentes en su llamado a una multitud formada por singularidades? En su concepción la multitud está sobredeterminada por el posfordismo, por ese momento del capital en que ya no hay cabida para las negociaciones entre patrones y obreros que definieron la historia laboral de occidente en el siglo xx. A fin de cuentas la multitud no viaja a latitudes en las que nunca se dio el fordismo en las relaciones laborales ni la disciplina del trabajo y el saber necesarios a los regímenes del capital.

Se podrían dar formas de lo oculto que no sean de su agrado, como quizás tampoco lo sean del mío, pero la generalización sobre los obstáculos que presenta "el ritual y la magia" a la antropología global, si no al Estado, presenta una amenaza a las formas de vida indígenas. Este posicionamiento implica un privilegio epistemológico ilustrado que inevitablemente acarrea resabios de vanguardismo partidista, de una evaluación vertical del atraso, en vez de contribuir a una evaluación horizontal de las estrategias, los debates y las luchas sobre el significado del oscurantismo que se pudieran muy bien dar en las mismas comunidades indígenas. Si la crítica de Hardt y Negri a la nostalgia por una vida rural que por lo común acompaña los discursos sobre el campesinado y el diagnóstico que ofrecen de una eventual desaparición de modos de producción y propiedad, la transición de campesino (una invención reciente de los Estados nacionales) a indígena (ahora rural y urbano) implica un pasaje a formas comunales de propiedad y organización social, sobre las que la insurrección zapatista ofrece un ejemplo. A pesar de sus esfuerzos por romper con los esquemas eurocéntricos, Hardt y Negri ofrecen una trayectoria histórica que privilegia la Europa del norte:

> Las producción capitalista contemporánea se caracteriza por una serie de pasajes que nombran diferentes facetas de un mismo cambio: de la hegemonía del trabajo industrial al trabajo inmaterial, del fordismo al pos-fordismo, y de lo moderno a lo posmoderno. La periodización enmarca un movimiento histórico en términos de un pasaje de un paradigma relativamente estable a otro. (142)

La multitud sin historia

Si la afirmación "ya no existe un afuera del capital" (102) tiene algo de verdad, ésta implicaría la siguiente modulación: *a excepción de todas esas formas de vida que son constituidas como atrasadas, por lo tanto condenadas a desaparecer*. En este sentido, el capitalismo siempre ha constituido sus (a)*fueras*. Los zapatistas encuentran que este proceso de exclusión es un componente integral a la "'IV guerra mundial', que se libra por el neoliberalismo contra la humanidad" (Subcomandante Marcos, "La velocidad... Primera parte"). No existe duda alguna de que el capitalismo en su mundialización afecte a todas las sociedades, pero esto no implica la necesidad de que la historia de la periodización que aparentemente rige en las sociedades occidentales sea comprendida como una sola historia mundial. Hardt y Negri, así como Paolo Virno, sitúan en la emergencia de la multitud la más reciente configuración del futuro sujeto histórico de "la acción política dirigida a la transformación y la liberación" (*Multitude* 99). Oponen la diversidad y la pluralidad de las singularidades que conforman a la multitud a la noción de pueblo, que según ellos siempre aspira a la constitución del Uno, del Estado.[13]

Consideremos la descripción de la multitud como redefinición del Uno en *A Grammar for the Multitude* de Paolo Virno: "Es evidente que la multitud no se deshace del Uno, de lo universal, de lo común compartido; al contrario, redefine el Uno. El Uno de la multitud no tiene nada que ver con el Uno constituido por el Estado, con el Uno hacia el cual el pueblo converge" (42). Virno propone el concepto de "*intelecto general* o intelecto público" que establece que el Uno definido como un "compartir lingüístico y cognitivo es el elemento constitutivo del proceso laboral del posfordismo. Todos los trabajadores entran en la producción en tanto que hablan-piensan" (41). Esta formulación ofrece una evaluación impecable de la nueva hegemonía del trabajo inmaterial, hegemonía que afecta a todas las sociedades occidentales (incluso los centros metropolitanos del tercer mundo), sin embargo el posfordismo no subsume la historia ni la condición de todas las singularidades que comprende la multitud. A menos que queramos tornar la multitud en su modalidad posfordista en una sinécdoque que incluya a la totalidad, debemos entender cómo es que este tropo borraría la singularidad de las sociedades y culturas que nunca formaron parte del fordismo. Las singularidades que constituyen a esta *minoría*, la que en verdad es mayoría numérica, no tendría la tendencia a articular sus procesos de autonomización en términos posfordistas, aun si el concepto de *intelecto general* retiene su pertinencia y posibilidad.

Para resumir, el tropo posfordista no viaja bien cuando sale fuera de la hegemonía del trabajo inmaterial, el que de hecho ejerce una muy limitada hegemonía fuera de las sociedades occidentales aunque se pueda muy bien dar entre ciertos sectores de las zonas urbanas del tercer mundo. En el contexto de las luchas indígenas, la primacía del posfordismo carece de una forma de consentimiento, de hegemonía, más sugiere una coerción violenta a la sumisión cuando no una guerra de exterminio.

La lógica férrea de las tendencias históricas que definen la nueva era del Imperio como el momento más avanzado de la historia reitera la hegemonía de la exclusión que se buscaba exponer (Hardt & Negri, *Empire*). Corre el riesgo de constituir una imposición vertical que inadvertidamente conspiraría en contra de las insurgencias subalternas de pueblos que por siglos han existido *sin y fuera de la historia y el Estado*. En las palabras de los zapatistas, estos son "los muertos de siempre", cuya historia de opresión y resistencia subyace en la creación de procesos de autonomización (Subcomandante Marcos, "Comunicado" 2, 44). Nuestro trabajo y escritura como intelectuales debe permanecer vigilante de la violencia epistémica, de los procesos de subalternización que desatamos con nuestras consignas, generalizaciones y deseos de constituir modelos totalizantes para la interpretación de la mundialatinización que nos persigue a todos pero con diferentes grados de virulencia. Si la definición zapatista de la multitud, todos aquellos que son perseguidos por el neoliberalismo por su singularidad, viaja bien a los centros metropolitanos de Europa, los Estados Unidos, América Latina y otros lugares del mundo, debemos considerar el siguiente enunciado de los zapatistas en Chiapas:

> Este es un territorio rebelde, en resistencia, invadido por decenas de miles de soldados federales, policías, servicios de inteligencia, espías de las diversas naciones "desarrolladas", funcionarios en función de contrainsurgencia, y oportunistas de todo tipo. Un territorio compuesto por decenas de miles de indígenas mexicanos acosados, perseguidos, hostigados, atacados por negarse a dejar de ser indígenas, mexicanos y seres humanos, es decir, ciudadanos del mundo. (Subcomandante Marcos, "La velocidad... Segunda parte")

Aquí Marcos nos ofrece una situación de guerra de baja intensidad que podríamos extender al acoso que sufre la humanidad en su lucha contra el neoliberalismo. El momento histórico es el mismo en el primer y tercer mundo pero debemos mantener en mente las singularidades históricas de los diferentes pueblos si queremos evitar ser parte del régimen epistemológico que al ejercer la primacía de la historiografía que establece una historia única en sus intervenciones en las instituciones que le dan legitimidad. La historia así entendida consiste en una lucha por la definición del Estado en la que en el mejor de los casos los sectores tradicionalmente marginados aspirarían a ser reconocidos. Si bien el concepto de la multitud se presta a una concepción del subalterno que resiste todo impulso disciplinario, se corre el peligro de caer en una celebración de la condición del subalterno en las sociedades posfordistas. Esta concepción inevitablemente acarrea la contradicción de expresiones de subalternidad poco deseables —tales como grupos paramilitares, gangsterismos o violencias fundamentalistas— de las que se haría excepción. Es decir, se acabaría en un esquema binario que separa a los buenos de los malos subalternos. Ya en el propio Gramsci vislumbramos una concepción de la subalternidad sintomática de una carencia de conciencia que se debería superar. La toma de conciencia de la condición subalterna era un primer paso a su superación. Encontramos a su vez toda una serie de mecanismos sociales, intelectuales y políticos que constituyen formas de subalternización en los juicios negativos que confinan ciertas formas de vida a "magia, ritual y superstición", es decir, a ser destruidas. La promesa de los estudios subalternos reside en la sistemática reflexión sobre las violencias epistémicas que subyacen a nuestros lenguajes y se manifiestan a pesar de nuestras mejores intenciones. Quizás su fuerza resida en la invención y creación de espacios y temporalidades *fuera del Estado y su historia*. Esta producción política, intelectual, social y económica de los *afueras* del capital se plantea como un proceso abierto e ilimitado de autonomización de la vida.

Notas

[1] Entre los textos del grupo latinoamericanista en conversación con los estudios subalternos figuran: Beverley *Subalternity*; Coronil; Moreiras; Mignolo; Rabasa *Writing*; Rodríguez *Transatlantic*; Sanjinés *Mestizaje*; Saldaña-Portillo; Seed; Williams *The Other*. Véanse también las siguientes colecciones de ensayos: Rabasa, Sanjinés & Carr; Rodríguez *Convergencia*; *The Latin*.

[2] Los acontecimientos en Oaxaca durante el verano del 2006, que desembocaron en la formación de la Asamblea Popular del Pueblo de Oaxaca (APPO) serían una manifestación de las múltiples formas que puede tomar la *idea eterna* manifiesta en la comuna de París. Habría que resistir, sin embargo, considerar que éste es un acontecimiento que, al darse en Europa, nos forzaría a pensar toda manifestación de la *idea eterna* como instancias de la historia de Europa. Como idea eterna carece de *historia* particular perteneciendo su verdad a toda la humanidad. Retomaré esta cuestión más adelante.

[3] Entiéndase el término "euroamericano" en un sentido amplio no restringido a Estados Unidos. Siguiendo a Edmundo O'Gorman en *Fundamentos de la historia de América* se debe argumentar que a partir del "descubrimiento" de América se da una nueva conciencia europea que no puede desde ese momento ser otra que euroamericana. En esta obra O'Gorman analiza dos momentos claves de la filosofía occidental: el pensamiento de Las Casas como momento intermedio entre la escolástica y Descartes y el surgimiento de la idea de historia universal en Hegel. De un plumazo, O'Gorman altera los criterios eurocéntricos que se limitan a ver la filosofía europea como un espacio cultural puro. O'Gorman considera que este proceso constituye una conquista filosófica, un imperialismo de la razón occidental. La incorporación de América no se limita, por supuesto, al pensamiento sino también a la emergencia de la

economía capitalista y a bienes de consumo como el tabaco, el chocolate, el jitomate, etc. que si bien alteran a Europa, ésta no deja de ser Europa en su nueva modalidad de "Euroamérica". No sobra indicar que el pensamiento "euroamericano" asume sus propias modalidades en tierras americanas. Para un argumento que debemos pensar el otro sentido del tráfico de ideas, conceptos, tecnologías y bienes materiales que implican que Mesoamérica incorpora la cultura europea sin dejar de ser Mesoamérica; véase Rabasa, "Ecografías".

4 Nótese el lenguaje de los siguientes pasajes sobre folclore y enseñanza en los que Gramsci condiciona la inmanencia histórica a una fuente trascendental de significación: "En cambio el folclore debe ser estudiado como una 'concepción del mundo y la vida' implícita en gran parte de determinados estratos (en el tiempo y el espacio) de la sociedad y en oposición (también en gran medida implícita, mecánica y objetiva) a las concepciones 'oficiales' del mundo (o en un sentido más amplio, la concepción de los sectores culturales de sociedades históricamente determinadas) que se han sucedido unas a otras en el proceso histórico. Esta concepción del mundo no es elaborada (complicada) ni sistemática porque por definición el pueblo (la suma total de las clases instrumentales y subalternas de cada forma de sociedad que hasta ahora ha existido) no puede poseer concepciones elaboradas, sistemáticas y políticamente organizadas y centralizadas en su no obstante contradictorio desarrollo". Para el educador, entonces, conocer el folclore significa saber que otras concepciones del mundo y de la vida están de hecho activas en la formación intelectual y moral de los jóvenes, para poder desarraigarlas y reemplazarlas con concepciones que se consideran superiores" (*Cultural Writings* 189, 191).

5 De paso debemos mencionar la sumamente sugerente confluencia del poscolonialismo con los estudios medievales. Esta confluencia sugiere la posibilidad de transportar las preguntas del poscolonialismo y los estudios subalternos a un pasado lejano. Entre los exponentes más interesantes figuran Holsinger y los contribuyentes a la colección de ensayos editada por Ingham & Warren. Para una reflexión y conversación desde una perspectiva latinoamericana colonial con los medievalistas poscoloniales, véase Rabasa, "The Colonial".

6 Hardt & Negri citan la carta de Marx a Vera Zasudich del 8 de marzo de 1881 (*Multitude* 379-80). También debemos tomar en consideración las perspectivas de Lenin sobre las comunas como modelos de los *soviets* en las *Tesis de abril* y *El estado y la revolución*.

7 Según lo ha expuesto Derrida: "La *mundialatinización* (sin duda, esencialmente cristiana), esta palabra nombra un acontecimiento único frente al cual ningún metalenguaje parece poder accederlo, aunque la formulación de un tal lenguaje permanece, aún así, una gran necesidad. Pero al mismo tiempo que no podemos percibir los límites sabemos que la mundialatinización es finita y solamente proyectada. Lo que está aquí implicado es la latinización más que la mundialidad, una mundialización a la que se le está acabando el aire *[essouffée]*, por más irresistible e imperial que aparezca" (67). El desmantelamiento del nombrar y categorizar universal (y su consecuente borramiento de los conceptos indígenas) del mundo con un marco conceptual derivado del latín no se puede limitar a un reconocimiento de la historia y la modernidad de las sociedades y culturas a las que se les han negado. Aquí no puedo entrar en gran detalle, pero un borrón similar al que observamos en Dabashi se da cuando los investigadores insisten en demostrar que los códices pictográficos mesoamericanos son historias. Por ejemplo Elizabeth Boone clasifica los géneros principales de la historiografía pictográfica mesoamericana con las categorías de anales, *res gestae* e historias cartográficas. Boone cita varias entradas del *Vocabulario en lengua castellana y mexicana y mexicana y castellana* (1571) de Alonso de Molina en las que el fraile franciscano traduce términos del náhuatl tales como *ueuetlatolli* por "historia antigua', o dichos de viejos". En la sección que va del español al náhuatl, Molina provee varias entradas para "historia", "historia de lo presente", "historia de día en día", "historia de los tiempos antiguos", pero también para "historiador" e "historial cosa", que sugieren que al menos para este misionero la negación de la historia carecía de sentido ofreciéndonos a su vez un repertorio amplísimo de formas de memoria. La reducción de toda escritura pictográfica del periodo colonial a "historia" sugiere una neutralización de formas de conocer que hubieran amenazado la imposición del

cristianismo como la única versión de lo sagrado. La historia sin más debía ser primero inventada para luego ser expropiada por el régimen colonial. Esto no significa que el proyecto fuera exitoso, sino que debemos formular estrategias de lectura que eviten la reducción de los textos pictográficos a mera historia y aun del reconocimiento del valor de los componentes míticos. Boone también menciona que para Miguel León Portilla en náhuatl la palabra para la historia es *ihtloca*, que Boone traduce como "what is said about something or someone" [lo que se dice de algo o alguien] (76). No debe extrañarnos que Guha nos alerte sobre la pobreza de la historiografía.

[8] Al lector le podrá parecer que el uso que hace Clastres de los términos *salvajes* y *primitivos* son categorías ligadas a una antropología de antaño que se definió por el estudio de las formas de vida primitivas, pero su estudio aspira a desmantelar los estereotipos. El *primitivo* es la modalidad de "sociedad contra el Estado". Para parafrasear el título de su libro mejor conocido, *La société contre l'état*, tiene mucho que enseñar a todos aquellos que ya no aspiran a tomar el poder del Estado. Si bien Hardt y Negri llaman la atención sobre esta posibilidad, no logran desarrollar el concepto más allá del siguiente enunciado: "Necesitamos entender los tipos de lucha que Clastres ve y reconocer la forma adecuada para nuestra época" (*Multitude* 90). Para una elaboración de las nuevas luchas políticas que ya no aspiran a tomar el Estado, véase Holloway.

[9] La más clara formulación de las sociedades amerindias según grados de evolución social es la clasificación en *salvajes* (aquellos que andan por la selva sin objetivo aparente), las *behetrías* (reinos menores) y los *imperios* (los incas y los mexicas) que ofrece el jesuita Joseph de Acosta en su *Historia natural y moral de las Indias*. Para una crítica sistemática de la larga historia de las políticas y jerarquías que han subordinado a los pueblos *salvajes* de las Américas, véase Verdesio, "Forgotten".

[10] Debemos, sin embargo, observar que Marcos reitera estos lugares comunes y la interiorización de la negación de la historia y los atributos de atraso cultural cuando al evaluar los logros del primer año de las juntas de gobierno, en particular de las escuelas, Marcos nos cuenta que " 'Mariya' ya sabe escribir su nombre y te puede contar que los antiguos mexicanos tenían una cultura muy avanzada" ("Leer"). El lenguaje del progreso, de "una cultura muy avanzada", podría muy bien ser doblemente contraproducente: uno, llevar a la diferenciación de los ancestros como gentes avanzadas con respecto a los *primitivos* contemporáneos, aquellos que escogieron nunca formar parte de los grandes centros urbanos mesoamericanos; dos, reintroducir el lugar común de que los indios de hoy, es decir, el mundo de "Mariya", es una sombra de las grandes civilizaciones de antaño cuyos saberes son comparables a los de la ciencia moderna, y consecuentemente invalidar los saberes indígenas de hoy. Marcos repite este lugar común cuando señala que en los caracoles se "levantan escuelas y conocimientos donde antes sólo había ignorancia". Estas inconsistencias en la evaluación por lo general generosa de las culturas indígenas contemporáneas repiten el lenguaje de las políticas indigenistas que el Estado mexicano implementó después de la revolución de 1910 para la definición del pasado mesoamericano como un elemento integral a la identidad de la nación y la práctica de las campañas de alfabetización que sacarían a los indígenas de la ignorancia dando lugar a su integración y asimilación como mestizos. Mínimo, esas afirmaciones contradicen la insistencia de Marcos del derecho que tienen los indígenas a existir como indígenas. Estos comentarios se dan de paso, quizás son poco importantes, pero quizás también son indicativos de la persistencia de una mentalidad desarrollista que constituye a los indígenas como subalternos en vías de transición a otro mundo.

[11] Durante el mes de agosto del 2004 Marcos escribió un comunicado, dividido en ocho secciones, con el título de "Para leer un video", en el que evalúa la implementación de las juntas de buen gobierno, los llamados caracoles. Estos comunicados pueden ser leídos en: <http://www.fzln.org.mx>. En este sitio también se encontrarán los comunicados que instituyeron los caracoles en 2003. El término caracol se refiere a los significados simbólicos, políticos, cognitivos, espirituales y epistemológicos que se le han dado a la estructura de los caracoles marinos desde

la antigüedad mesoamericana. Mientras las democracias representativas constituyen su autoridad a partir de un concepto de pueblo que subordina las diferencias en la unidad, la máxima zapatista de "mandar obedeciendo" invoca la participación directa de todos los miembros de una comunidad y de ahí afirma la pluralidad de la multitud. Si la primera instancia de democracia privilegia el poder constituido, la segunda busca prevalencia del poder constituyente (Rabasa 2003; Negri).

[12] Partha Chatterjee ha argumentado en *The Politics of the Governed* sobre el supuesto de que los residuos pre-modernos deben ser vistos como resultados de la modernidad.

[13] Véase la crítica al concepto de multitud y el argumento a favor del pueblo en Beverley, *Subalternity*.

Bibliografía

Anidjar, Gil. "Secularism". *Critical Inquiry* 33/1 (2006): 52-77.

Ashcroft, Hill, Gareth Griffith & Helen Tiffin, eds. *The Postcolonial Studies Reader*. Nueva York: Routledge, 2006.

Badiou, Alain. *Logiques des mondes. L'etreet l'évenement*. París: Seuil, 2006.

Beverley, John. *Subalternity and Representation: Arguments in Cultural Theory*. Durham: Duke UP, 1999.

———. *Testimonio: On the Politics of Truth*. Minneapolis: U of Minessota P, 2004.

Bhabha, Homi. *The Location of Culture*. Nueva York: Routledge, 2004.

Bonfil Batalla, Guillermo. *México profundo: una civilización negada*. México: CIESAS, 1987.

Boone, Elizabeth Hill. *Stories in Red and Black: Pictorial Histories of the Aztecs and Mixtecs*. Austin: U of Texas P, 2000.

Bordieu, Pierre. "Postface to Erwin Panofsky, *Gothic Architecture and Scholasticism*". Bruce Holsinger. *The Premodern Condition*. Chicago: U of Chicago P, 2005.

Castañeda, Jorge. *La utopía desarmada*. México: J. Mortiz, 1993.

Chakrabarty, Dipesh. *Provincializing Europe: Postcolonial Thought and Historical Difference*. Princeton: Princeton UP, 2000.

———. *Habitations of Modernity: Essays in the Wake of Subaltern Studies*. Chicago: U of Chicago P, 2002.

Chatterjee, Partha. *The Nation and Its Fragments: Colonial and Postcolonial Histories*. Princeton: Princeton UP, 1993.

———. *The Politics of the Governed: Reflections on Popular Politics in Most of the World*. Nueva York: Columbia UP, 2004.

Clastres, Pierre. *La société contre l'état*. París: Minuit, 1974.

———. *Recherches d'anthropologie politique*. París: Seuil, 1980.

Coronil, Fernando. *The Magical State: Nature, Money and Modernity*. Chicago: U of Chicago P, 1997.

Dabashi, Hamid. "No soy un subalternista". *Convergencia de tiempos: estudios subalternos/contextos latinoamericanos estado, cultura, subalternidad*. Ileana Rodríguez, ed. Antonio Calvo Elorrin, trad. Amsterdam: Rodopi, 2001. 49-59.

Derrida, Jacques. "Faith and Knowledge: The Two sources of 'Religion' at the Limits of Reason Alone". *Acts of Religion*. Samuel Weber, trad. Nueva York: Routledge, 2002. 42-101.

Fabian, Johannes. *Time and the Other: How Anthropology Makes its Object*. Nueva York: Columbia UP, 1983.

Gramsci, Antonio. *Scriti politici*. Paolo Spriano, ed. Roma: Editori Reuniti, 1966.
———. *Selections from the Prison Notebooks*. Quintin Hoare & Geoffrey Nowell Smith, eds. & trads. Nueva York: International Publishers, 1971.
———. *Quaderni del carcere*. 4 v. Valentino Gerratana, ed. Torino: Einaudi, 1975.
———. *Selections from Cultural Writings*. William Boelhower, trad. Cambridge: Harvard UP, 1985.
———. *The Southern Question*. Pasquale Verdicchio, trad. West Lafayette: Bordighera, 1995.
Guha, Ranajit. *Elementary Aspects of Peasant Insurgency in Colonial India*. Delhi: Oxford UP, 1983.
———. *Dominance Without Hegemony: History and Power in Colonial India*. Cambridge, MA: Harvard UP, 1997.
———. ed. *A Subaltern Studies Reader 1986-1995*. Minneapolis: U of Minnesota P, 1997.
———. *History at the Limits of World-History*. Nueva York: Columbia UP, 2002.
Hardt, Michael & Antonio Negri. *Empire*. Cambridge, MA: Harvard UP, 2000.
———. *Multitude: War and Democracy in the Age of Empire*. Nueva York: Penguin, 2004.
Holloway, John. *Change the World Without Taking Power: The Meaning of Revolution Today*. Londres: Pluto, 2002.
Holsinger, Bruce W. "Medieval Studies, Postcolonial Studies, and the Genealogy of Critique". *Speculum* 77 (2002): 1195-227.
Ingham, Patricia Clare & Michelle R. Warren, eds. *Postcolonial Moves: Medieval Through Modern*. Nueva York: Palgrave, 2003.
Kaliman, Ricardo J. "¿Cómo construir la conciencia de los subalternos?" *Convergencia de tiempos: estudios subalternos/contextos latinoamericanos estado, cultura, subalternidad*. IleanaRodríguez, ed. Antonio Calvo Elorrin, trad. Amsterdam: Rodopi, 2001. 103-16.
Las Casas, Bartolomé de. *De unico vocationis modo omnium gentium ad veram religionem. Obras Completas*, vol. 2. Edición bilingüe por Paulino Castañeda Delgado y Antonio García del Moral. Madrid: Alianza, 1990.
Lowe, Lisa & David Lloyd. eds. *The Politics of Culture in the Shadows of Capital*. Durham: Duke UP, 1997.
Mariátegui, José Carlos. *7 ensayos sobre la realidad peruana* [1928]. Lima: Amauta, 1995.
Moreiras, Alberto. *The Exhaustion of Difference: The Politics of Latin American Cultural Studies*. Durham: Duke UP, 2001.
Mignolo, Walter. *Local Histories/Global Designs: Coloniality, Subaltern Knowledges, and Border Thinking*. Durham: Duke UP, 2000.
Molina, Alonso. *Vocabulario en lengua castellana y mexicana y mexicana y castellana*. [1571]. Edición facsimilar. México: Porrúa, 1992.
Moore, R. I. *The Formation of a Persecuting Society*. Oxford: Blackwell, 1990.
O'Gorman, Edmundo. *Fundamentos de la historia de América*. México: Imprenta Universitaria, 1942.
Nandy, Ashis. "History's Forgotten Doubles". *History and Theory* 34/2 (1995): 46-66.
Negri, Antonio. *Insurgencies: Constituent Power and the Modern State*. Minneapolis: U of Minnesota P, 1999.
Pandey, Gyanendra. *The Construction of Communalism in Colonial North India*. Oxford: Oxford UP, 1990.

_____ *Routine Violence: Nations, Fragments, Histories.* Stanford UP, 2006.

Rabasa, José. *Writing Violence on the Northern Frontier: The Historiography of New Mexico and Florida and the Legacy of Conquest.* Durham: Duke UP, 2000.

_____ "Of Zapatismo: Reflections on the Folkoric and the Impossible in a Subaltern Insurrection". *The Politics of Culture in the Shadows of Capital.* Lisa Lowe & David Lloyd, eds. Durham: Duke UP, 1997. 399-431.

_____ "Franciscans and Dominicans Under the Gaze of a *Tlaculio*: Plural-World Dwelling in an Indian Pictoral Codex". Morrison Inaugural Lecture Series, University of California at Berkeley, 1998.

_____ "Negri by Zapata: Constituent Power and the Limits of Autonomy". *The Philosophy of Antonio Negri. Vol. 1: Resistance in Practice.* Timothy Murphy & Abdul Mustapha, eds. Londres: Pluto, 2005. 163-204.

_____ "Ecografias de la voz en la historia Nahua". *Historia y Grafía* 25 (2006): 105-51.

_____ "The Colonial Divide". *Journal of Medieval and Early Modern Studies* 37 (2007): 511-29.

Rabasa, José, Javier Sanjinés C. & Robert Carr, eds. *Subaltern Studies in the Americas. Disposito/n* 46 (1996).

Rivera Cusicanqui, Silvia & Rossana Barragán. *Debates Post Coloniales. Una introducción a los estudios de la subalternidad.* La Paz: Historias/Aruwiyiri; Rotterdam: SEPHIS, 1997.

Rodríguez, Ileana, ed. *Convergencia de tiempos: estudios subalternos/contextos latinoamericanos estado, cultura, subalternidad.* Amsterdam: Rodopi, 2001.

_____, ed. *The Latin American Subaltern Studies Reader.* Durham: Duke UP, 2001.

_____ *Transatlantic Topographies: Islands, Highlands, Jungles.* Minneapolis: U of Minnesota P, 2004.

Rovira, Guiomar. *Mujeres de maíz. La voz de las indígenas y la rebelión zapatista.* 2a ed. Barcelona: Virus Crónica, 1999.

Said, Edward. *Orientalism.* Nueva York: Vintage, 1978.

Sanjinés C., Javier. *Mestizaje Up-Side Down: Aesthetic Politics in Modern Bolivia.* Pittsburgh: U of Pittsburgh P, 2004.

Saldaña-Portillo, María Josefina. *The Revolutionary Imagination in the Americas and the Age of Development.* Durham: Duke UP, 2003.

Seed, Patricia. *American Pentimento: The Invention of Indians and the Pursuit of Riches.* Minneapolis: U of Minnesota P, 2001.

Spivak, Gayatri Chakravorty. *A Critique of Postcolonial Reason. Toward a History of the Vanishing Present.* Cambridge, MA: Harvard UP, 1999.

_____ "Can the Subaltern Speak?" *Marxism and the Interpretation of Cultures.* Cary Nelson & Lawrence Grossberg, eds. Urbana: U of Illinois P, 1988.

Subcomandante Marcos. "Comunicado sobre el festejo de Independencia, 17 de septiembre de 1994". *EZLN: Documentos y comunicados,* 2 v. México: Era, 1995.

_____ "Leer un video. Sexta parte. Seis avances" [2004] <http://www.ezln.org/documentos/2004/leer_un_video_6.es.htm>

_____ "En (auto) defensa de las jirafas". *La Jornada.* 29 oct. 2004: 12.

_____ "La velocidad del sueño. Primera parte: Botas" [2004] <http://palabra.ezln.org.mx/comunicados/2004/2004_10_01.htm>

_____ "La velocidad del sueño. Segunda parte: zapatos, tenis, chanclas, huaraches, zapatillas" [2004] <http://palabra.ezln.org.mx/comunicados/2004/2004_10_02.htm>

Vera Cruz, Alonso de la. *De dominio infidelium et Iure Belli. Relectio eduta per ReverendumPatrem Alfonsum a Vera Cruce, Sacrae theologiae magistrum, Augustinianae familiae priorem, et cathedrae primariae eiusdem facultatis in Academia Mexicana regentem* [1553-1554]. *The Writings of Alonso de la Vera Cruz.* Ernest J. Burrus, S.J., ed. & trad. Rome: Jesuit Historical Institute; St. Louis: St. Louis University, 1968. v. 2.

Verdesio, Gustavo, ed. *Latin American Subaltern Studies Revisited. Dispositio/n* 52 (2005).

_____ "Forgotten Territorialities: The Materiality of Indigenous Pasts". *Nepantla* 2/1 (2001): 85-114.

Viezzer, Moema. *'Si me permiten hablar...': testimonio de Domitila una mujer de las minas de Bolivia.* 2a ed. rev. México: Siglo XXI, 1978.

Virno, Paolo. *A Grammar of the Multitude: For an Analysis of Contemporary Forms of Life.* Isabella Berloletti, James Cascaito & Andrea Casson, trads. Nueva York: Semiotext(e), 2004.

Williams, Gareth. *The Other Side of the Popular: Neoliberalism and Subalternity in Latin America.* Durham: Duke UP, 2002.

Wolf, Eric. *Europe and the People without History.* Berkeley: U of California P, 1982.

El debate (pos)colonial en Hispanoamérica[1]

José Antonio Mazzotti
Tufts University

El debate poscolonial sobre Hispanoamérica tiene una doble estirpe y hasta el día de hoy suscita suspicacias y resistencia. Desde la década de 1960, por lo menos, la preocupación por la liberación económica y social de América Latina llevó a examinar el pasado colonial y sus consecuencias en la vida moderna para entender mejor las posibles soluciones al racismo, la explotación económica y la dependencia política de los países de la región. A la vez, con la crisis de los estudios disciplinarios en la academia boreal (es decir, con la constitución del posestructuralismo y del pensamiento posmoderno como nuevos paradigmas de investigación y reflexión) el análisis del mundo latinoamericano adquirió un mayor dinamismo y ganó en marcos comparativos con otras regiones del mundo (especialmente África y el sudeste asiático) que habían sufrido sus propias experiencias coloniales y logrado asimismo su independencia política, aunque generalmente a mediados del siglo XX, a diferencia de América Latina, que consiguió su independencia a principios del siglo XIX.

Antes de desarrollar la relación de la teoría poscolonial con el mundo latinoamericano, conviene entender de dónde proviene dicho bagaje teórico. Para ello, resumamos los orígenes de las transformaciones posestructuralistas y del pensamiento posmoderno en primera instancia. Este resumen nos llevará luego al examen de la teoría poscolonial en algunas de sus vertientes principales y a una evaluación de su pertinencia para el estudio de la región.

La crisis de las disciplinas académicas y el cuestionamiento de la autoridad epistemológica se empezó a dar en las instituciones boreales, sobre todo las francesas, a partir del recentramiento del sujeto humano occidental ya no como objeto de atención y medida universal del mundo, sino como parte de un escenario mayor en que otros procesos toman lugar protagónico. Los grandes trabajos de Michel Foucault y Jacques Lacan fueron muestra de una ruptura disciplinaria que trascendía los métodos y concepciones de las disciplinas influidas por el estructuralismo y su visión compartimentalizada de sus objetos de estudio. Así, Foucault, por ejemplo, mostró que cada disciplina creaba su propio objeto y que, por lo tanto, los discursos "científicos" o pretendidamente objetivos, sobre todo en las humanidades y las ciencias sociales, eran rebatibles y transformables. Paralelamente, la aparición de los estudios culturales desde la escuela de Birmingham en Inglaterra en la misma década del sesenta abrió la senda para el cuestionamiento de los cánones culturales y para prestar mayor atención a la producción popular y mass-mediática.

Las transformaciones de las disciplinas académicas se explican dentro del marco general del pensamiento posmoderno, que tiene antiguas raíces desde la evolución de la episteme occidental premoderna hasta nuestros días. Citando algunas ideas de Richard Kearney en su *Poetics of Imagining*, se puede decir que antes del desarrollo del renacimiento, el saber se consideraba como emanado de una fuente iluminadora, concebido metafóricamente como el fuego externo de la caverna platónica o el Dios-Sol independiente de la voluntad humana. Más adelante, y sobre todo con el auge de la ilustración, el saber se identificaba como el producto de una iluminación emanada de la lámpara de la razón sobre la experiencia mundana, descifrándola y encontrando en ella sus propios sistemas sígnicos, articulados en la mente humana entendida como centro del conocimiento (véase también Derrida 206). El mundo como objeto de estudio empezó a examinarse de manera científica y el sujeto humano concebido en tanto individuo floreció como imagen de una liberación supuestamente igualizante. En contraste, Kearney propone que las hermenéuticas posmodernas no buscan verdades trascendentes al lenguaje y enfatizan el carácter meramente especular de los significados y las imágenes en la llamada era posindustrial (no menos capitalista que la industrial). Y la verdad –se colige– no habita más allá de las propias correspondencias que el lenguaje humano crea. Las imágenes de la civilización actual (al menos en los grandes centros productores de la cultura y el arte boreales) no reflejan una verdad externa a ellos ni pretenden encontrarla. Son parte de una cadena infinita de repeticiones de imágenes que finalmente proponen el pastiche y el remedo como única lógica de conocimiento. El artista, así, ya no es más el creador de imágenes geniales o el portador de lámparas iluminadoras, sino un habitante de la sociedad del espectáculo, hilvanando interminablemente imágenes de imágenes de imágenes que no conducen nunca a una causa o verdad primera ni jerárquica (Kearney 171).

Esto lleva a la noción de que los discursos establecidos como canónicos empiezan a ser cuestionados por carecer de valores absolutos que justifiquen su estatuto privilegiado frente a otros que tradicionalmente no hubieran sido considerados objetos de estudio pertinentes. Por lo menos en el campo de la crítica literaria y con el auge de los estudios culturales desde la década de los setenta, la Literatura (con mayúscula) dejó paso a los discursos y hasta a los distintos sistemas semióticos imbuidos en problemáticas de clase, etnia y género que antes escapaban a la búsqueda de la "literariedad" de la crítica tradicional.

Algunos de los teóricos más importantes de la segunda mitad del siglo XX como Jean-François Lyotard, Gianni Vattimo y Julia Kristeva hablan, así, de las últimas décadas del milenio explícitamente como un periodo "posmoderno" (Kearney 172). Y sin embargo, para otros pensadores del grupo francés como Jacques Derrida, Jacques Lacan, Michel Foucault, Jean Baudrillard y Roland Barthes el término no resulta adecuado. Pero todos, sin embargo, coinciden en cuatro premisas básicas, que les sirven para ofrecer su propia hermenéutica de la sociedad occidental contemporánea. La primera consiste en no aceptar al sujeto humano como origen trascendental de significados. La segunda, en no someterse a ninguna de las grandes narrativas universalistas de la historia. La tercera, en no suscribir el proyecto moderno de una verdad (llámese progreso capitalista o socialista). Y la cuarta negación (también evidente en la producción cultural latinoamericana) consiste en no encontrar una oposición entre una "alta cultura" de supuestas imágenes auténticas y una "cultura de masas" de copias reproducidas electrónicamente (Kearney 171).[2] En todos los casos, hay un claro cuestionamiento de las estéticas románticas y de las vanguardias, y del tiempo concebido como una linealidad progresiva y cancelatoria, lo que permite valorar desde una óptica más democrática y prominoritaria la producción cultural de fines del siglo XX.

Además, como señala Linda Hutcheon, el multiforme pensamiento posmoderno encierra en sí mismo una serie de contradicciones, pues al cuestionar el humanismo liberal y universalista no deja de plantear algunas de las premisas que un sector de ese mismo humanismo defiende: el respeto a la diferencia, por ejemplo. Asimismo, la "presencia del pasado" (Hutcheon 4) constituye uno de los signos de la posmodernidad, utilizado de manera paródica para proponer una simultaneidad de conciencias históricas que desafíen la confianza en los grandes proyectos modernizadores, casi siempre homogeneizantes. Es así como Hutcheon encuentra que el pensamiento posmoderno no sólo debe verse en sus rasgos de complicidad con el capitalismo global, sino también en la crítica que ejerce sobre él (17). Sin embargo, otro pensador como Fredric Jameson subraya en la "lógica cultural del capitalismo tardío", como él llama al pensamiento y el arte posmodernos, su complicidad con los rasgos siniestros de la dominación económica mundial por parte de Europa occidental y los Estados Unidos.

Por su lado, uno de los más preclaros detractores de las corrientes posmodernas, Jürgen Habermas, vincula el énfasis actual en la razón comunicativa antes que en la utilitaria con el antiguo gran proyecto de la modernización. "El proyecto de la modernidad todavía no ha sido realizado", señala Habermas (100), dando a entender que la crítica de la modernidad defectiva no implica de ninguna manera su superación ni la de la racionalidad que, después de todo, organiza la sociedad contemporánea en la era del capitalismo global.

El sujeto occidental sufre desde la crisis teórica de las narrativas modernizadoras una escisión medular que define dos polos identitarios: el de la lógica consciente con su seguridad epistemológica y el de la inconciencia y su ansia de aprehensión de la otredad.[3] Louis Althusser, por ejemplo, al hablar del descentramiento del sujeto, propone que el individuo no es sino una construcción imaginaria de la burguesía. El sujeto humano, para él, no es un "ego centrado en la conciencia", sino un "sujeto descentrado, constituido por una estructura que no tiene centro tampoco, excepto en el mal reconocimiento imaginario del ego, o sea, en las formaciones ideológicas en que se reconoce a sí mismo" (Althusser 201, traducción mía). A su vez, Hutcheon (cap. 4) prefiere hablar de un sujeto excéntrico que se manifiesta en la literatura posmoderna al no pretender un afán de continuidad con un saber y una institucionalidad canónicos ni buscar soluciones cerradas y absolutas, que impliquen un orden trascendente o una transmisión de valores, excepto el mismo juego de la representación (58).

Estas pinceladas generales sobre el pensamiento posmoderno sirven para situar en su contexto el surgimiento de la llamada teoría poscolonial, que utiliza algunas de las premisas de los pensadores noratlánticos para su propia crítica de la hegemonía del saber y el poder de los países del norte sobre el actual "tercer mundo".

1. Breve historia del poscolonialismo

Los orígenes de la teoría poscolonial son generalmente atribuidos a *Orientalism* (1978) de Edward Said, así como a sus antecedentes inmediatos, Frantz Fanon y Aimé Césaire, rescatados también como figuras centrales en las luchas anticoloniales del siglo xx. Existen numerosas compilaciones e introducciones que examinan las fuentes y características de la teoría poscolonial en general.[4] Conviene señalar, sin embargo, que la teoría poscolonial tiene en realidad una amplia gama de exponentes y casi ninguna forma fija y definida. Incluso, se debate el alcance de sus postulados y métodos (una atención especial a la producción cultural y un manejo interdisciplinario evidente) como marco general para explicar toda situación en que las subjetividades se ven mediatizadas (tanto en las metrópolis como en las periferias) por relaciones de poder colonial. Además de Said, la "Santísima Trinidad" de la teoría poscolonial (como la llama Robert Young en *Colonial Desire*) se completa con las figuras de Homi Bhabha y Gayatri Chakravorty Spivak. En todos ellos, aunque en cada uno en diferentes medidas, el directo influjo de la "alta" teoría francesa (Foucault, Lacan, Derrida, casi respectivamente) ha sido crucial.

Igualmente, hay que diferenciar la teoría poscolonial de la crítica poscolonial, con la cual guarda una relación de mutua atracción y rechazo, sobre todo porque algunos de los críticos (Aijaz Ahmad, Benita Parry, Arif Dirlik y Chinweizu, entre otros) no ven un compromiso político serio con las luchas por la liberación de los países del tercer mundo por parte de los teóricos más connotados, sino simplemente una traducción y variación para la academia anglófona de los pensadores franceses ya mencionados y una discutible relación con el análisis de clase y de modos de producción económica (sobre todo en Said, y más en Bhabha), que enfatizó el acercamiento marxista tradicional del problema colonial.[5] Al mismo tiempo, otro sector de la crítica poscolonial (Paul Gilroy, Wole Soyinka y Robert Young, por ejemplo) ve en el marxismo sobre todo una versión ilustrada de la razón universal europea, que intenta homogeneizar otras racionalidades a partir de una narrativa de progreso y modernidad que descuida las particularidades culturales de las sociedades no occidentales a las que se aplica.

Este grueso panorama tiene como fin introducir algunas críticas ya establecidas tanto en el mundo angloparlante como en el específico hispanoamericano, y a la vez analizar dos o tres categorías de los teóricos poscoloniales y su posible utilidad en los estudios literarios "coloniales" del periodo de dominación española en la región.

Por eso, conviene recordar que desde su mismo origen, el término "poscolonial" se empleó estrictamente para hablar de la situación de aquellas ex colonias europeas en África y Asia liberadas luego de la segunda guerra mundial (Ahmad, "The Politics..." 5-7). La meditación sobre ese contexto específico y sobre la producción cultural que constituía su marca de identidad estaba destinada a ejercer una función terapéutica, postraumática, mediante el examen riguroso del pasado y su violencia racial. El "deseo de olvidar el pasado colonial" (Ghandi 4), de encontrar en la amnesia poscolonial la satisfacción para una urgencia por reinventarse, quedó frustrado por la recurrencia de ese pasado en todas las formas de la vida cotidiana y muchas del pensamiento artístico. Así, los estudios poscoloniales surgieron como "a disciplinary project devoted to the academic task of revisiting, remembering, and, crucially, interrogating the colonial past".

En esa interrogación del reciente pasado colonial africano y asiático, se ha intentado revertir el flujo universalizador de la razón ilustrada y provincializar simbólicamente a Europa, encontrando en la lógica del dominio colonial una enfermedad que atraviesa el centro mismo de su *episteme* "liberadora".[6] Recordar ese pasado, para Bhabha, no es un mero acto de introspección, sino más bien un "re-membrar", un poner juntas las piezas de un cuerpo mutilado a fin de recuperar en el presente las marcas de la identidad perdida (*The Location* 63). Con un obvio bagaje bajtiniano y lacaniano, Bhabha incursiona en el análisis del discurso colonial (al menos durante la que Moore-Gilbert [114] clasifica como su primera etapa de pensamiento, de 1980 a 1988), y enfrenta el problema de la mímica y la hibridez del sujeto colonial en el contexto de la dominación inglesa en la India. En su célebre ensayo "Of Mimicry and Man", de 1984 (luego revisado para *The Location of Culture*), Bhabha sitúa el efecto de la mímica y la respuesta del simulacro que hace del colonizado cercano al aparato de poder inglés un remedo descentrador de la propia identidad del sujeto colonizador al no poder reconocerse plenamente en ese "otro" que le habla en inglés y se viste como él. Partiendo del concepto bajtiniano de "hibridismo", Bhabha desarrolla su propia definición: "hybridity is a problematic of colonial representation [...] that reverses the effects of the colonialist disavowal, so that other 'denied' knowledges enter upon the dominant discourse and estrange the basis of its authority" ("Signs Taken for Wonders" 156). En ese sentido, se desata una cadena de mensajes desestabilizadores, que reflejan por parte del sujeto dominado un uso metonímico de los patrones discursivos y culturales del dominante, pero que no llegan a ocultar en ese uso aquellos rasgos propios que despertarán en el colonizador una paranoia profunda. Aún más profunda que la ambivalencia (la cual implica identificaciones dobles por parte del colonizado y del colonizador, según Young, *Colonial* 161), la mímica "implies an even greater loss of control for the colonizer, of inevitable processes of counter-domination produced by a miming of the very operation of domination, with the result that the identity of colonizer and colonized becomes curiously elided" (Young, *White* 148). Para Bhabha, la mímica se convierte en una agencia sin sujeto que asemeja a un "otro" sin llegar a serlo plenamente a los ojos del colonizador.

Como se ve, las categorías y métodos del psicoanálisis lacaniano sirven en este caso para la descripción de mentalidades que tienen como base epistemológica dominante una razón universalizadora. Aplicadas a los casos de pobladores nativos de la India directamente afectados por la presencia colonial, su ejercicio por parte del(os) teórico(s) poscolonial(es) revela un universo de sentido que la historiografía economicista no llega siquiera a vislumbrar. Ahora bien, a pesar de que quedaría mucho más por decir de los trabajos de Bhabha, así como de Albert Memmi y su dualismo básico, de la internalización del enemigo en Ashis Nandy, o de los estudios subalternos y sus aportes a la historiografía sudasiática,[7] las implicancias de este aparato conceptual suelen pasar por alto, en el caso hispanoamericano, dos aspectos fundamentales.

Primero, el que durante los siglos XVI y XVII las relaciones de poder y dominación están orientadas ante todo por una voluntad oficial de llevar verdades religiosas consideradas inapelables al centro mismo de la subjetividad de los dominados, en este caso las poblaciones indígenas.[8] Es decir, el marco ideológico de la dominación española es de estirpe esencialmente premoderna. Esto, naturalmente, no elimina ni necesariamente supera las consecuencias prácticas de la política imperial ni los deseos individuales de peninsulares advenedizos por un enriquecimiento súbito, lo cual le da a la dominación española sin duda rasgos de colonialidad, aunque pronto veremos lo problemático del concepto cuando se refiere a Hispanoamérica. Por eso, el análisis del discurso "colonial" hispanoamericano debe inevitablemente pasar por el tamiz de esta concepción trascendentalista de las operaciones dominantes —con su preocupación neotomista por el "bien común" y la "gloria externa de Dios"— si desea mantenerse en contexto.

Segundo, que en el caso específico de los criollos hispanoamericanos, la idea de simulacro o de mímica puede resultar insuficiente, ya que no se trata aquí de un "otro" que se transfigura en presencia de la autoridad metropolitana, sino de individuos que se autoconciben como parte del poder imperial, y sin embargo no se consideran a sí mismos extranjeros en el nuevo mundo. ¿Cómo resolver este dilema? Quizá el concepto más cercano al campo hispanoamericano de la versión de Bhabha de la teoría poscolonial sea el concepto ya mencionado de ambivalencia, en que las lealtades y los rechazos duales nos pintan un sujeto ontológicamente inestable, en plano de igualdad y hasta superioridad frente a los españoles, y sin embargo en situación de inferioridad en cuanto a su representación política. Pese a ello, y en cualquier caso, la carencia de un conocimiento seguro de las "general preconditions" a las que alude John Mowitt cuando se trata de redefinir al sujeto en general y, en este caso, al colonial, puede llevar a traslados quizá demasiado simplificadores de la complejidad hispanoamericana.[9] Además, hay que considerar que las ambivalencias criollas no son necesariamente simultáneas, sino alternas, lo cual podría generar desde cierta mirada crítica un cuadro metafóricamente esquizofrénico. Del mismo modo, algunas de sus manifestaciones también podrían ser descritas dentro de la categoría de "imitación diferencial" que Claude-Gilbert Dubois propone para el manierismo.

Pese a su relativa antigüedad (casi treinta años) y a las numerosas críticas recibidas desde adentro y desde afuera,[10] es posible considerar que el aparente encubrimiento que el prefijo "post" implica con respecto a situaciones neocoloniales podría ser subvertido si se recuerdan las palabras de Lyotard sobre la oposición que genera el prefijo ante toda situación de dominación. Propone Lyotard que dicho prefijo sugiere que "it is possible and necessary to break with tradition and institute absolutely new ways of living and thinking" (90). En un sentido amplio, como también ha señalado Gianni Vattimo en *El fin de la modernidad*, el prefijo "post" no necesariamente significa una secuencia temporal, sino simplemente una práctica oposicional que puede darse dentro de un estado de dominación extranjera o incluso cuando la historia enseña que, en rigor, no se puede hablar de "colonias" en el sentido actual de la palabra para los casos hispanoamericanos. Esto indica un sentido de superación, implícito en el prefijo "post", y el hecho de que el deseo de la liberación (al menos desde los sectores directamente dominados, como los indígenas y africanos) ya significa de por sí la simultaneidad relativa de subjetividades divergentes. Así lo propone también Bhabha cuando afirma que "the epistemological 'limits' of those ethnocentric ideas [of postenlightenment rationalism] are also the enunciative boundaries of a range of other dissonant, even dissident histories and voices" (*The Location* 4-5).[11]

No olvidemos, sin embargo, que el campo hispanoamericano apenas si resulta considerado en el debate actual y en la enorme difusión que ha adquirido la teoría poscolonial en la academia boreal. Ghandi, por ejemplo, al criticar la domesticación del saber tercermundista por parte de los teóricos poscoloniales, que "alterizan" categorías de conocimiento y referencias centrales dentro las culturas post o neocoloniales para acomodarlas a la *episteme* occidental, señala que "rarely does it [postcolonial theory] engage with the theoretical self-sufficiency of Africa, Indian, Korean, Chinese knowledge systems" (x). Como se ve, el pensamiento hispano y latinoamericano en general brilla por su ausencia en esta preocupación angloparlante.[12]

2. ¿Qué hacer con la historia hispanoamericana?

El debate poscolonial en Hispanoamérica se ha centrado principalmente en la relación entre sujetos dominantes y dominados; es decir, entre los europeos y sus descendientes, por un lado, y las poblaciones de origen indígena y/o africano, del otro. En ese sentido, se ha tendido a aplicar de manera demasiado gruesa la teoría poscolonial para definir ambos bandos como sujetos excluyentes, como si la historia de la dominación española no hubiera tenido matices internos que la diferencian de las más tardías experiencias coloniales de, sobre todo, Inglaterra y Francia en África y el sudeste asiático.

Ahora me interesa examinar un aspecto del problema que puede poner en suspenso la aplicabilidad plena de la teoría poscolonial al campo hispanoamericano y quizá sirva para entender mejor el carácter de "colonialismo interno" (Larson 8) o "neocolonialismo" (Mallon, *Peasant* 328) que caracteriza a muchos países de la región. Para ello, quizá lo mejor sea partir de algunas definiciones que ya han sido elaboradas en trabajos anteriores, pero que nos pueden orientar más claramente hacia el objetivo final de este trabajo.[13]

Como se sabe, la palabra "colonia" tuvo poco uso y casi ninguna difusión en relación con el fenómeno de la dominación española sobre el nuevo mundo por lo menos hasta la segunda mitad del siglo XVIII. Sus menciones esporádicas durante el XVI y el XVII apuntan sobre todo al sentido del original latino, que se refiere a una "puebla o término de tierra que se ha poblado de gente extranjera, sacada de la ciudad, que es señora de aquel territorio o llevada de otra parte" (Covarrubias). En efecto, debe recordarse que, etimológicamente, "colonus" significa simplemente "granjero", es decir, poblador reubicado en una nueva tierra para su cultivo. La antigua trasplantación de soldados y ciudadanos romanos a territorios alejados era entendida en la España del XVI y XVII como una forma de dominación que no necesariamente implicaba la reproducción de todas las instituciones y la transformación identitaria de los pueblos dominados. Tal es el sentido que, al parecer, le dio en 1530 Pedro Mártir de Anglería a la primera fundación urbana hecha por Cortés en México en 1519: "deliberaron fundar una colonia, y no contaron con el vicegobernador de Cuba, Diego Velázquez" (333). Asimismo, poco después: "a doce leguas de allí, en fertilísimo suelo, señalaron un sitio para levantar una colonia". Todo indica que Pedro Mártir concibe esas primeras fundaciones (la de la Villa Rica de la Veracruz, en este caso) como sinónimo de "población" y como etapa previa a un proyecto mayor, que incluiría la evangelización, pero que excede los propósitos más bien estratégicos y militares de la "colonia".[14]

Su aplicación desligada de connotaciones evangelizadoras y con estricta atención a la ganancia económica era, sin embargo, recomendada a la autoridad real. Así fue como, en algún momento, lo entendió nadie menos que el Inca Garcilaso, quien en 1605, en el "Proemio al lector" de *La Florida del Inca*, anima a España "a la ganar y poblar [la Florida], aunque ∫in lo principal q˜ es el aumento de nue∫∫tra ∫ancta fè Catholica, *no ∫ea mas de para hazer colonias*, donde embie a habitar ∫us hijos, como hazian los antiguos Romanos, quando no cabian en ∫u patria" (f. s. n., énfasis mío). Asimismo, en los *Comentarios reales*, el Inca Garcilaso describe como "colonias" el sistema de enclaves de ocupación territorial del imperio incaico. Se trata de los conocidos *mitmaqkuna* o mitimaes, pobladores trasladados masivamente de una región a otra, sea para desarrollar el nuevo territorio asimilado o para mantener su estabilidad política evitando rebeliones (Primera parte, libro III, cap. IV; libro V, cap. XXVII: y libro VII, cap. I).

Sin embargo, el término "colonia" admitía otras acepciones y el ya citado Covarrubias lo confirma con un segundo significado, no menos interesante: "También se llamaba colonias las que pobladas de sus antiguos moradores les avia el pueblo romano dado los privilegios de tales". Es decir, que "colonia" se entendía hacia principios del XVII como enclave sin necesaria transformación de las estructuras sociales y prácticas religiosas de los nativos, y también como población oriunda sujeta a un poder imperial y con los privilegios de los ciudadanos de la metrópoli.

Con todo, el sentido antiguo fue el que prevaleció (es decir, el sentido etimológico romano), hasta el punto de que la única razón por la que en 1648 Juan de Solórzano admitía el vocablo era porque "el Nuevo Orbe §e debio llamar Colonia, o Columbania, del nombre de don Christobal Colon, o Columbo" (f. 79). También, ya en 1687, Rodrigo de Valdés, un jesuita criollo limeño, se refiere a Lima como "colonia" por su semejanza espiritual con la ciudad alemana de Colonia o Köhln, pues en ésta descansan los restos de los tres Reyes Magos, y Lima se llamaba la Ciudad de los Reyes por haber sido "descubierto" su valle el día de Epifanía de 1535. Como se recordará, Carlos V otorgó a la Ciudad de los Reyes [Magos] un escudo de armas en que aparecen de manera central las tres coronas de éstos (Valdés f. 1r). Es decir, se utilizaba el término "colonia" con significados históricamente novedosos y disminuyendo la relación del sentido antiguo de "colonia" con la realidad de las posesiones españolas de ultramar, a las cuales por consenso y lenguaje oficial se les denominaba simplemente "reinos de la Corona de Castilla" o "virreinatos", entendidos más como provincias con los fueros y estatutos del reino central que como meras colonias extractivas.[15]

Ahora bien, no se trata aquí de limar las asperezas y declarar que el mencionado periodo de la historia hispanoamericana estuvo exento de las relaciones de dominación extranjera y explotación con las que se identifica el uso actual y moderno de "colonia", modelado más bien a partir del llamado "Segundo Imperio Británico" (1776-1914), sobre todo en Sudáfrica y la India.[16] Sin duda, hubo muchos aspectos que hoy llamaríamos coloniales en el tratamiento de la población indígena, aspectos en los que cada individuo veía su posibilidad de identificarse con otros explotados principalmente por su origen indiano y su dominador común: la autoridad española. Pese a los esfuerzos de la corona por dictar leyes proteccionistas y a los alegatos valientes de miembros del clero que echaban mano del género arbitrista para denunciar las atrocidades y aprovechamientos cometidos por numerosos oficiales de la corona, la aplicación del control tributario y de la extracción minera caía muy lejos de lo oficialmente establecido. Y el propio rey era consciente de eso. Solórzano reproduce en los preliminares de su *Política indiana* fragmentos de un edicto de Felipe IV emitido el 3 de julio de 1627, en que brilla con luz propia la orientación (al menos formal) de la política imperial con respecto a la población indígena: "Encarezco el cuidado, i vigilancia en procurar la salud, amparo, i defen§a temporal de los Indios, i en de§pachar, i promulgar ca§i todos los dias, leyes y penas gravi§§imas contra los tran§gre§§ores" (f. s. n.). Asimismo, dictaminaba que "del todo §e quita§§en, i ca§tiga§§en las injurias, i opre§§iones de los Indios, i los §ervicios per§onales, q¯ §e endereçaban à particulares aprovechamientos, i grãgerias". Finalmente, enfatizaba:

> Quiero que me deis §ati§faccion a Mi, i al Mundo, del modo de tratar e§§os mis va§§allos, i de no hazerlo, con que en re§pue§ta de e§ta carta vea Yo executados

exemplares caſtigos en los que huuieren excedido en eſta parte, me darè por deſervido [...] por ſer contra Dios, contra Mi, i en total deſtruiciō de eſſos Reinos, cuyos Naturales eſtimo, i quiero ſean tratados, como lo merecen vaſſallos, que tanto sirven à la Monarchia, y tāto la han engrādecido, e ilustrado.

La actitud, en sí, no es nada original. Desde el revuelo causado por las Leyes Nuevas de 1542 y la influencia lascasiana, los encomenderos vieron sus esfuerzos mal recompensados con una legislación que coactaba sus derechos y señorío, dando paso al sistema de los corregimientos y al andamiaje de fueros específicos para los nativos dentro de un cuerpo de leyes o una república distinta, como se denominaba en la época. Para nadie es secreto, sin embargo, que pese a sus aparentes buenas intenciones, la legislación de la segunda mitad del XVI consolidó el poder de la Casa Real y neutralizó el desarrollo de una nobleza ultramarina con un poder político y simbólico que desafiara el tradicional dominio de la aristocracia peninsular.[17] A pesar de serias intentonas como la rebelión de Gonzalo Pizarro (1544-48), la triunfante hegemonía metropolitana no significó que amainara el masivo despoblamiento indígena ni mejoraran —todo lo contrario— las condiciones de vida de los sobrevivientes. En el caso andino, por ejemplo, el tributo excesivo de los encomenderos, así como las epidemias de 1525, 1546, 1558-59 y 1585, se encargaron de reducir una población estimada entre cuatro y quince millones a sólo un millón trescientos mil en 1570 y setecientos mil en 1620 (Klarén 49-50). Asimismo, el sistema de reducciones y corregimientos extendido por el virrey Francisco de Toledo en la década de 1570, además de su asimilación no retributiva en términos de servicios de la antigua institución indígena de la *mit'a* para el trabajo en las minas, estimularon el descenso de la producción agrícola y la consiguiente disminución de los pobladores (véase Millones cap. 2).[18]

Como ya se ha dicho, las nacientes sociedades hispanoamericanas eran generalmente llamadas "reinos de la Corona de Castilla" o simplemente "virreinatos" ("Viceroyalties"). En términos de su peculiar organización política y social, el primer virreinato, el de Nueva España (que incluía México, Centroamérica, el Caribe y más tarde las Filipinas) fue creado en 1534. El segundo virreinato, el de la Nueva Castilla o el Perú (que incluía casi todo el territorio sudamericano hasta Panamá, excepto por Brasil y más tarde la Capitanía General de Venezuela) se creó en 1542. Hasta principios del siglo XVIII éstos eran los dos únicos virreinatos españoles en América.[19] Eran concebidos y designados como provincias españolas, con legislación semejante a la del reino central, pero también con muchas leyes específicas. Llamar a estos virreinatos "colonias" en los siglos XVI y XVII, en el sentido de simples asentamientos extractivos, resulta inexacto y anacrónico.[20]

Sin embargo, debe considerarse también que los virreinatos americanos no eran copias idénticas de los virreinatos mediterráneos de la corona aragonesa del siglo XV como Nápoles, Milán, Sicilia, Cerdeña, Piombino y Mallorca. Si bien hay puntos de comparación entre los dos modelos provinciales, los virreinatos americanos tenían sus propias características, que se hicieron únicas con el tiempo. Como señala el historiador Sigfrido Radaelli:

1) En las Indias españolas el virrey no somete ni desconoce a la población que se halla en sus dominios, sino que por el contrario esta población es incorporada al Imperio, y sus integrantes son equiparados a los integrantes del país descubridor; 2) en los

virreinatos aludidos [del Mediterráneo] se establece un vínculo con un país que ya tenía instituciones propias y que las conservaba. Sicilia, por ejemplo, se mantuvo como un reino por completo aparte de los demás reinos de la Corona de Aragón y Castilla, y su autonomía nacional y política no fue jamás tocada. (18)

Desgraciadamente para los indígenas americanos, casi todas sus instituciones fueron borradas del mapa, especialmente las concernientes a la religión, la administración política y económica y la conducta sexual. Según el primer punto) de la propuesta de Radaelli, la incorporación de la población indígena fue un intento indudable, aunque no siempre exitoso, como lo evidencian los resultados parciales del proceso de extirpación de idolatrías. Sin embargo, en general se entiende el carácter único de los virreinatos americanos en cuanto a su legislación interna. A la vez, una idea similar de "virreinato" también existía en el imperialismo británico, si bien con matices propios (Radaelli 17). Lo que hace verdaderamente distintos a los virreinatos americanos es la peculiar división interna de una "república de españoles" (que incluía a los criollos) y una "república de indios" con sus propias leyes y obligaciones (por ejemplo, en lo que se refiere al tributo, la servidumbre y los trabajos forzados en la *mit'a*). Esta división resulta uno de los rasgos definitorios del sistema español, y un elemento importante a considerar en la reflexión sobre los contradictorios procesos de formación nacional a principios del siglo XIX (véanse Thurner, por ejemplo, para el caso peruano; y Guardino para el mexicano, si bien ambos autores se enfocan principalmente en casos regionales).

En estas circunstancias apretadamente descritas es que empieza a hacerse compleja y única en la historia la realidad social y cultural de los dominios de ultramar. Si bien la "república de españoles" recogía en su seno a los nacidos en Indias de padres peninsulares, era común la referencia a un origen "sombrío" entre los criollos y mestizos de las primeras generaciones. Sobre todo en el segundo caso, en que la evidente sangre indígena supuestamente predisponía al individuo a inclinaciones idolátricas, pero también en el primero, en que se ha llegado a registrar de un veinte a un cuarenta por ciento de mestizos reales en individuos denominados con la categoría de "criollos" (véanse Kuznesof; Poot-Herrera; Schwartz). Los criollos, así, y en menor medida los mestizos reconocidos como tales, problematizan la noción de sujeto dominante (los españoles) y dominado (los indios) por encontrarse entre ambos grupos. A la vez, desamparados por la pérdida de las posesiones paternas y sospechosos de aficiones díscolas y protoidolátricas, los criollos de las primeras generaciones acusaron recibo del trato discriminatorio que solía aplicárseles en la partija de cargos y privilegios.[21]

El nombre "criollo" empieza a usarse, aplicado a estos neoeuropeos, por lo menos desde 1567, pero en sí mismo tiene un origen intencionadamente insultante, pues se tomó del apelativo inicialmente destinado para los hijos de esclavos africanos nacidos fuera del África (Lavallé, *Las promesas* 15-25). Lo cierto es, pues, como sostuve en otro lugar y resulta útil recordar, que la categoría de criollo se refiere más bien a un fundamento social y legal, antes que estrictamente biológico. Implica también un sentimiento de pertenencia a la tierra y un afán de señorío (presentes incluso en los conquistadores, antes de que nacieran los primeros criollos, como proponen Lafaye [7-8] y Lavallé ["Del 'espíritu colonial'" 39-41]), así como una aspiración dinástica basada en la conquista que distinguía a sus miembros del resto del conjunto social de los virreinatos (Mazzotti, "La heterogeneidad", 173-5).

Los criollos, sin embargo, encontraron diversas formas de negociar con el poder ultramarino, tratando de acomodarse dentro del sistema burocrático y la organización eclesiástica a través de alianzas con los peninsulares, pero en la mayoría de los casos subrayando sus propios derechos. El reclamo constante por la prelación o preferencia debida a los españoles nativos de los reinos de ultramar estuvo presente en casi todas las instancias de la vida cotidiana y jurídica. En algunos casos, incluso, encontró el respaldo relativo de altas autoridades como el propio virrey.[22] Y Solórzano —oidor casado con criolla limeña, pese a las prohibiciones en ese sentido— es muy claro con respecto a su apoyo:

> [...] no §e puede dudar que §ean [los Criollos] verdaderos E§pañoles, y como tales hayan de gozar §us derechos, honras y privilegios, y §er juzgados por ellos, §upue§to que las Provincias de las Indias son como auctuario de las de Epaña, y acce§oriamente unidas e incorporadas en ellas, como expresamente lo tienen declarado muchas Cédulas Reales que de esto tratan. (libro II, cap. XXX, f. 245)

Por eso mismo, continúa,

> los Criollos hazen con e§tos [los E§pañoles] un cuerpo, i un Reino, i §on va§allos de un mesmo Rey, [i] no §e les puede hazer mayor agravio, que intentar excluirles de e§tos honores. (f. 246)

Sin embargo, la tendencia general fue la de un marginamiento sistemático que no todas las autoridades se atrevían a evitar, dada la práctica común de la corona de no nombrar en sus virreinatos ni gobernaciones un cuerpo directivo compuesto por los propios habitantes, sino por miembros de la nobleza castellana. El paulatino abandono sentido por los criollos descendientes de conquistadores se alimentó por la práctica de los virreyes, que tendían a favorecer con corregimientos y altos puestos a los miembros de su propia corte y a los peninsulares. Los gobiernos del príncipe de Esquilache (1615-1621) y del conde de Chinchón (1630-1639) son claro ejemplo de los desaires y frustraciones de muchos beneméritos frente al poder virreinal, como demuestra Torres Arancivia en su reciente y revelador estudio *Corte de virreyes*.[23]

Desde el punto de vista de la percepción, el desprecio implícito en el marginamiento de los criollos bien podría formar parte de una primera "disputa del nuevo mundo", tal como la que eruditamente reconstruyó don Antonello Gerbi para la bibliografía ilustrada del siglo XVIII. Por ejemplo, para el caso de los criollos del XVI y el XVII, insultos como los del cronista Juan López de Velasco y los del temible escritor Cristóbal Suárez de Figueroa no eran poco frecuentes. Decía López de Velasco:

> Los españoles que pasan a aquellas partes y están en ellas mucho tiempo, con la mutación del cielo y el temperamento de las regiones aun no dejan de recibir alguna diferencia en la color y calidad de sus personas; pero los que nacen dellos, que llaman criollos, y en todo son tenidos y habidos por españoles, conocidamente salen ya diferenciados en la color y tamaño, porque todos son grandes y la color algo baja declinando a la disposición de la tierra; de donde se toma argumento, que en muchos años, aunque los españoles no se hubiesen mezclado con los naturales, volverían a ser como son

ellos; y no solamente en las calidades corporales se mudan, pero en las del ánimo suelen seguir las del cuerpo, y mudando de él se alteran también, o porque por haber pasado aquellas provincias tantos espíritus inquietos y perdidos, el trato y conversación ordinaria se ha depravado, y toca más presto a los que menos fuerza de virtud tienen. (37-8)

La disminución ontológica ejercida por los peninsulares no podía ser menos evidente, condenando de antemano a los criollos y baqueanos a ser simplemente indios en potencia, por virtud de la prolongada exposición al medio. Por su lado, decía Suárez de Figueroa en 1614, en boca del ácido "Doctor" de su obra *El passagero*:

> Las Indias, para mí, no sé qué tienen de malo, que hasta su nombre aborrezco. Todo quanto viene de allá es muy diferente, y aun opuesto, yua a decir, de lo que en España posseemos y gozamos. Pues los hombres (queden siempre reseruados los buenos) ¡qué redundantes, qué abundosos de palabras, qué estrechos de ánimo, qué inciertos de crédito y fe; cuán rendidos al interés, al ahorro! [...] ¡Notables sabandijas crían los límites antárticos y occidentales! (225-6)

Semejante artillería fue una y otra vez contestada por numerosas páginas de criollas y criollistas exaltaciones del genio y figura de los distinguidos descendientes de conquistadores.[24] Los nombres de Buenaventura de Salinas, Francisco Fernández de Córdoba, fray Antonio de la Calancha y muchos más se encargaron de levantar el andamiaje discursivo de una forma de la identidad hispana que se distingue de su homóloga peninsular en diversos aspectos, pero sin prefigurar por ello un ideario independentista ni mucho menos un igualamiento con las mayorías indígenas, africanas y de castas.

Uno de los aspectos que marcan esa separación y desarrollo relativamente diferenciable en el campo de las prácticas culturales y comunicativas es el propio español hablado en América, que acusa desde temprano rasgos de la variedad andaluza, pero que con el tiempo terminará diferenciándose de ella por medio de algunos cambios morfológicos y léxicos, sin mencionar el por ahora irrecuperable plano de las entonaciones.[25] La diferencia, lejos de avergonzar a los españoles americanos (aunque estos serían, en rigor, llamados así sólo desde el XVIII), les daba motivo de orgullo y hasta de recriminación a los peninsulares por lo mal que se hablaba el castellano en España, a diferencia de las Indias. Bernardo de Balbuena, criollo novohispano por adopción, se encarga de expresarlo claramente en su *Grandeza mexicana* (1604):

> Es [México] ciudad de notable policia
> Y donde ſe habla el Eſpañol lenguaje
> Mas puro y con mayor corteſania.
>
> Veſtido de un belliſſimo ropaje
> Que le da propiedad, gracia, agudeza,
> En caſto, limpio, liſo y graue traje
> ("Epílogo", estrofas 30-31, f. 111v)

Si de la lengua pasamos a las cualidades espirituales que se expresan en tal variedad regional del castellano, la autoglorificación no es menos colorida que abundante. Para muestra, un botón: el doctor Juan de Cárdenas titula el cap. II del libro tercero de sus *Problemas y secretos maravillosos de las Indias* con una referencia a "los E§pañoles nacidos en las Indias [, que §on] por la mayor parte de ingenio biuo, tracendido y delicado" (f. 176v), en alusión directa a los criollos mexicanos.[26] En el Perú, Buenaventura de Salinas proclamaba que los criollos "son con todo estremo agudos, viuos, sutiles, y profundos en todo genero de ciencias", y que "este cielo y clima del Pirú los leuanta, y ennoblece en animos" ([1630] 1951, 246). Ya en 1620, Francisco Fernández de Córdoba, el admirado letrado huanuqueño que serviría como una de las fuentes de Salinas (Duviols 108 y 114), había proclamado públicamente conceptos semejantes: "los Criollos [son] hijos de la nobleza mejorada con su valor, [...] siendo más aventajados en esta transplantación, [de lo] que fueron en su nativo plantel" (8). Por último, Calancha los coloca en la cúspide de la pirámide biológica e intelectual de la humanidad, por encima, naturalmente, de los peninsulares.[27] Esta ingénita capacidad y su mejor conocimiento de la tierra y la población indígena los coloca en posición ventajosa para hablar en defensa de los indios y, por ende, asumir la dirección administrativa de los virreinatos (véase Mazzotti, "La heterogeneidad").

Igualmente, la amplia literatura exaltadora de ciudades o riquezas físicas y territoriales formaba su propia bibliografía corográfica. Desde la ya citada *Grandeza mexicana* de Balbuena, hasta el *Paraíso occidental* de Sigüenza; o desde la *Fundación y grandezas de Lima* de Rodrigo de Valdés, hasta la maltratada *Lima fundada* de Peralta, las descripciones superlativas de ciudades o territorios americanos revelan más bien el perfil psicológico de sus autores, su *locus* subjetivo de enunciación, y, consecuentemente, su constitución como sujeto de discurso y como sujeto social.[28] Por ello mismo, aquí conviene detenerse un poco.

La diferencia criolla en relación con el modelo peninsular de habla, cortesanía, altura moral y espiritual, conocimiento de la población indígena y superioridad geográfica, debe ser, por ello, situada dentro de una delimitación teórica de la subjetividad aludida. En vez de hablar de un "sujeto criollo" que desestabilizaría las categorías de "sujeto dominante" y "sujeto dominado", prefiero hablar de una "agencia" criolla. Este término es identificado por John Mowitt "with the general preconditions that make the theoretical articulation of the critique of the subject possible" (xii). Como parece obvio, resulta difícil articular las especificidades de la cultura y las subjetividades criollas sin definir esas "general preconditions" en las cuales interactúan determinados individuos y grupos sociales.

Por eso, recordar la posición ambigua de muchos criollos ante las autoridades peninsulares parece no sólo productivo, sino también imprescindible para entender las limitaciones de la teoría poscolonial en el campo hispanoamericano. Ellos eran españoles, pero no en un sentido completo. Eran americanos, pero al mismo tiempo establecían sus claras distancias y discrepancias con la población indígena, africana y las numerosas castas con las que compartían el mismo territorio.[29] Se corre el riesgo de definir monolíticamente su identidad si a través de la abstracción se elimina la importancia del carácter dialógico e interactivo de toda conducta de la elite criolla en relación con su medio. Como señala Paul Smith, "[in some way] theoretical discourse limits the definition of the human agent in order to be able to call him/her the 'subject'" (30). No es raro entonces que la categoría de "agencia" resulte más flexible y dinámica que la de "sujeto", precisamente porque "the human agent exceeds the 'subject' as it is constructed in and by much poststructuralist theory as well as by those discourses against which poststructuralist theory claims to pose itself". Las agencias criollas se definen, así, por sus proteicos perfiles en el plano político y declarativo, pero a la vez por una persistente capacidad de diferenciarse de las otras formas de la nacionalidad étnica.³⁰ Y esto porque, como hemos dicho, la peculiaridad del sistema español de dominación sobre el nuevo mundo permitía, además del traslado de instituciones y fueros, el crecimiento de un grupo social nativo y novedoso que supuestamente serviría como fuerza de penetración ideológica (y, naturalmente, biológica) entre la población indígena.

Es curioso que en las clasificaciones modernas de los distintos sistemas coloniales de la historia occidental, las peculiaridades hispanoamericanas salten a la vista. Así ocurre, por ejemplo, en *Colonialism*, de Osterhammel, donde, de los tres sistemas distinguidos (colonias de explotación, enclaves marítimos y colonias de asentamiento), se incluye la variante hispanoamericana continental sólo en el primero, con la aclaración de que "European immigration led to an urban mixed society with a dominating creole minority" (Osterhammel 11), fenómeno que no se observa en ningún otro caso de la historia.³¹ De ahí que se discuta aún la aplicabilidad del término "poscolonial" para la América Latina continental, más aún si el proceso de emancipación contra España fue liderado por sectores insterticiales como el de los criollos, y en realidad significó en la práctica una prolongación de la dominación étnica neoeuropea sobre las poblaciones indígenas y negras a lo largo de los siglos XIX y XX. En pocas palabras, según algunos críticos latinoamericanos (por ejemplo, Klor de Alva, "The Postcolonization" 270), nuestros países no han dejado de ser coloniales, o en el mejor de los casos, resultan simplemente neocoloniales, y por lo tanto el prefijo "post" le queda demasiado grande a la experiencia histórica y cotidiana de la región.³²

Sin embargo, puede que sea útil plantear algunas ideas acerca del aparato teórico que ha renovado sustancialmente los estudios coloniales sobre Asia y África en la academia boreal, y vincular —si es posible— sus esfuerzos al campo hispanoamericano.

CONCLUSIONES

Es importante enfatizar que las condiciones históricas del dominio de los Habsburgo en el nuevo mundo crearon particulares formas de relaciones sociales y políticas que no son enteramente equiparables a las de otros modelos imperiales. No obstante, abrir el análisis del complejo y peculiar periodo de la historia hispanoamericana a conceptos como "camuflaje", "ambivalencia", "mímica" e "hibridismo" podría ser fructífero y estimulante, sobre todo porque los criollos oscilaban constantemente entre los extremos hispanistas y localistas de su construcción identitaria.³³ Esto explica por qué las agencias criollas son también diferentes en distintos contextos. Por ejemplo, una diferencia notable entre los criollos mexicanos y los peruanos está en que los primeros adoptaron de manera plena y orgullosa algunos valores de la cultura azteca, como se puede ver en el *Theatro de virtudes políticas* (1680) de Carlos de Sigüenza y Góngora. En contraste, los criollos peruanos, y más específicamente los limeños, mantuvieron generalmente una mirada oblicua y despectiva con respecto a los valores morales de los incas (véanse Phelan; Pagden, *Spanish Imperialism* 92 y cap. 5; y Brading 13). También hay significativas diferencias entre los criollos aristocráticos y los de extracción popular en términos de su relación con el poder español. A pesar de esas diferencias, o quizá por ellas mismas, parecería que la relación "colonial" con la metrópolis fue siempre dual por naturaleza. No importa mucho qué nombre (colonia o virreinato) le apliquemos a la Hispanoamérica preilustrada, aunque es obvio que la opción salta a la vista cuando consideramos que los conceptos de "colonia" o "factoría" (como puesto comercial) no reflejan la realidad de la dominación imperial españolas antes de las reformas borbónicas del siglo XVIII. En realidad, muchos criollos percibían las reformas del sistema de monopolio comercial y divisiones administrativas (que resultaron en la creación de "intendencias" o pequeñas provincias administrativas, y en los nuevos virreinatos de Nueva Granada y Río de la Plata) como una segunda conquista (Lynch, *The Spanish,* "Introduction") en la que los criollos terminaban siendo sojuzgados como cualquier otro grupo. Konetzke muestra cómo la nueva legislación española limitó la participación de los criollos tanto en el gobierno temporal como en el espiritual. A la vez, argumenta que la finalidad de las reformas borbónicas (la unidad de españoles y criollos en un solo "cuerpo de Nación") fracasó en buena medida porque ya se había formado una identidad colectiva y una diferencia ontológica.[34] Sin importar qué nombre escojamos, lo cierto es que las subjetividades criollas en este contexto adoptaron expresiones y estrategias políticas que fortalecieron sus fronteras con otras "naciones" (en el sentido étnico de la palabra) y proclamaban claramente su incuestionable superioridad frente a los peninsulares.

Dada la inmensa variedad discursiva existente dentro y fuera de los grupos criollos, es difícil definir monolíticamente las subjetividades y dividirlas en categorías bipolares como las de colonizado y colonizador. En relación con los grupos criollos tempranos de México y Perú, éstos comenzaron a desarrollar sus propias formas de conciencia y de sujeción a la corona española hasta llegar a la adultez (hacia la década de 1560) y encontrarse con el desheredamiento de las propiedades paternas propinado por esa misma corona. En los reclamos criollos había constantes referencias al principio del *pactum subjectionis* entre el rey y sus vasallos, es decir, al mutuo acuerdo de que la soberanía de los vecinos se delegaría en el rey mientras éste fuera celoso guardián del bien común. Este principio es evidente en textos pre-independentistas como la "Carta a los españoles americanos" (1799) de Juan Pablo Viscardo y Guzmán, y en los escritos de Fray Servando Teresa de Mier, como han notado Góngora y otros.[35]

El examen de los criollos y su relación "colonial" con los otros grupos mayoritarios de indígenas y africanos llevará sin duda a una problematización de la teoría poscolonial, considerando la dinámica entre dichos grupos y las mutuas formas de hibridación que, sin embargo, no eliminan las relaciones de poder existentes. El debate poscolonial en Hispanoamérica será pertinente al estudio del periodo "colonial" y sus secuelas republicanas en la medida en que considere el contexto preilustrado y novomundial de su formación. A la vez, los propios aportes de la reflexión latinoamericana sobre el problema colonial y sobre la dominación actual de los imperios del norte puede contribuir a la mejor comprensión de los fallidos Estados nacionales de la región.

NOTAS

[1] Este ensayo se basa y utiliza extensamente pasajes de mi introducción al volumen *Agencias criollas,* publicado en el año 2000. He rescatado sobre todo aquellos fragmentos sobre la teoría poscolonial y su aplicabilidad al campo de los estudios coloniales hispanoamericanos. Los que han leído el texto del 2000 encontrarán pocos argumentos novedosos, aunque el presente

ensayo incluye más ejemplos que enfatizan y amplían los propósitos didácticos de la primera versión. Asimismo, utilizo algunos materiales provenientes de mi libro *Poéticas del flujo: migración y violencia verbales en el Perú de los 80* (2002). En ese sentido, el presente trabajo es un "pastiche" en el sentido posmoderno del término. Debo aclarar, además, que cuando me refiero al periodo hispanoamericano llamado "colonial", lo hago pensando especialmente en los virreinatos de México y Perú, los dos núcleos centrales de la dominación española. Para el mundo contemporáneo, prefiero hablar de América Latina, término que incluye las formaciones políticas del Brasil y de algunos países y territorios del Caribe.

2   Véase también Derrida (195) para la noción del "laberinto textual compuesto de espejos"; Lacan (282) para el destronamiento del ego humanista como constructo imaginario; Foucault (386-7) para una idea semejante del hombre como invención discursiva central de la modernidad; Baudrillard (4-5) para un entendimiento de la imaginación romántica como imitación; y Barthes (148) para el concepto de la parodia especular de los textos contemporáneos.

3   Se ha dicho que los pensadores posmodernos siguen las huellas de los grandes cuestionadores de la sociedad burguesa del XIX: Marx, Freud y Nietzsche, específicamente. A ellos les es común la noción de órdenes estructurales (Marx), no conscientes en el nivel individual (Freud) y morales (Nietzsche) que determinan o condicionan fuertemente la conducta y las leyes de la sociedad burguesa, revelando sus contradicciones y arbitrariedades y relativizando la centralidad del sujeto "racional". El tema del descentramiento, sin embargo, se desarrolla teóricamente de manera más amplia en la segunda mitad del XX. Véase también, para un examen de las contradicciones del pensamiento ilustrado desde la teoría crítica, el célebre *Dialéctica de la ilustración*, de Horkheimer y Adorno.

4   Son obligadas las referencias a las compilaciones de Adam & Tiffin; Ashcroft, Griffiths & Tiffin; Hulme; Williams & Chrisman; así como las introducciones de Ghandi y Moore-Gilbert.

5   También Larsen (146-9), desde la crítica latinoamericanista, ha puesto en evidencia los problemas ideológicos que conllevan los trabajos de Bhabha y Spivak. Sobre todo en el primero, la falta de una perspectiva de clase y un cuestionamiento mayor del problema nacional (como causa del capitalismo burgués, y no al revés) lleva a una circularidad terminológica que debilita la eficacia de sus propuestas.

6   En ese sentido el libro de Chakrabarty, *Provincializing Europe*, es sumamente representativo de esta tendencia de los estudios poscoloniales.

7   Importantes son los debates suscitados en diversos contextos por el trabajo de Guha, Chatterjee y otros historiadores de la India. En el debate latinoamericanista (aunque no necesariamente latinoamericano), véase el "Founding Statement" del Latin American Subaltern Studies Group (LASEG), la respuesta de Florencia Mallon y la contrarrespuesta de Rabasa y Sanjinés. Castro-Gómez & Mendieta recogen trabajos de los miembros del LASEG y otros investigadores.

8   "Las tendencias políticas y filosóficas al interior de las diversas órdenes religiosas que llegaron al Perú no siempre concordaban enteramente con las iniciativas de los gobernadores y mandos político-militares ni de los funcionarios que cuidaban sobre todo el fortalecimiento del patronato real. Esto ocurría, en parte, porque durante la etapa de la conquista, la presencia de religiosos era parte de las instrucciones reales por establecer una política evangelizadora, manteniéndose un relativo equilibrio entre el poder temporal y el eclesiástico". (Mazzotti, "Indigenismos" 79). Lo confirma Tibesar: "La participación de los religiosos en muchos aspectos administrativos que no fueran estrictamente eclesiásticos es malentendida por ciertos historiadores modernos peruanos, que piensan que los religiosos se inmiscuyeron en asuntos que no eran de su incumbencia. No obstante, [...] esta actividad de los religiosos estuvo en muchos casos conforme con las instrucciones de la Corona, por lo menos al comienzo de la Conquista. Más tarde iba a rectificarse el equilibrio entre la autoridad civil y religiosa. Lo que sucedería especialmente bajo el Virrey Toledo, 1569-1581, aunque no sin algunos malentendidos" (76, n. 3).

9   El propio Bhabha lo reconoce al proponer que sus trabajos parten de una retórica y contextos particulares, y que la experiencia concreta de la historia colonial es la base para una reflexión

posterior en la que "private and public, past and present, the psyche and the social develop an interstitial intimacy" (*The Location* 13).

[10] Para el primer caso, son reveladores Ahmad, *In Theory*; McClintock; para el segundo, Rojo (12-7).

[11] Véase también Mignolo para una reflexión sobre la importancia de la posicionalidad del crítico "poscolonial" en la validez de sus propias afirmaciones.

[12] Como mero indicio onomástico, obsérvese que la breve referencia en Bhabha al famoso intelectual cubano Roberto Fernández Retamar lo convierte en "Roberto Retamar" (*The Location* 173). Esto recuerda el gesto típico e involuntario de muchos angloparlantes de reducir sólo al apellido materno la genealogía de los patronímicos hispanos.

[13] La polémica sobre el mal uso del término "colonia" data por lo menos de 1951, cuando el historiador argentino Ricardo Levene publicó su célebre ensayo *Las Indias no eran colonias*, en respuesta hispanófila a la vieja retórica nacionalista hispanoamericana. La historiografía posterior enfatizó los aspectos económicos y dominantes del periodo y reafirmó el uso (ver, por ejemplo, la respuesta de Kossok), tanto que se hizo fácil adaptar al castellano el vocabulario posterior de la llamada "postcolonial theory" de la década del ochenta en adelante. Una actualizada recusación del término se encuentra en Klor de Alva, "Colonialism", ampliada en 1995. Para una explicación de las formaciones políticas tempranas del Perú como "reinos" véase Altuve-Febres. En un sentido más general, pero señalando limitaciones desde el foco de enunciación de los teóricos poscoloniales, véase Rojo.

[14] Es el mismo sentido que se conserva en la *Recopilación de Leyes de Indias* de 1681, que recoge 6.377 leyes de Indias dictadas entre los siglos XVI y XVII. La ley XVIII, título VII, libro IV, una de las poquísimas en que se menciona la palabra "colonia", dice que "cuando se sacare colonia de alguna ciudad" se haría para "hacer nueva población" con las personas que no tuviesen tierras. Por ningún lado se infiere una equivalencia entre el concepto de "colonia" y el de la organización general de los dominios de ultramar.

[15] Hay que señalar, sin embargo, que el propio Solórzano es ambiguo sobre las connotaciones jurídicas de la institución colonial, al enfatizar el sentido de pertenencia a un cuerpo mayor, el del Imperio, por parte de las provincias indianas, aunque sin mencionar su diferencia específica. Refiriéndose a esa pertenencia en un solo cuerpo, dice: "y en términos de derecho común lo enŝeñan con el exemplo de las colonias de los romanos varios textos y autores de cada paso" (*Política indiana*, libro II, cap. XXX, f. 245).

[16] Para una síntesis de los periodos y modalidades que abarca el imperialismo británico, v. Simon C. Smith (esp. caps. 1-3) y The British Library of Information. Asimismo, Marshall 318-37. Una revisión general del fenómeno del imperialismo se encuentra en los ensayos recopilados por Owen y Sutcliffe.

[17] El proceso, no olvidemos, fue gradual, con marchas y contramarchas en relación con las Leyes Nuevas, como la Ley de Malinas de 1545, que reestablecía parcialmente las encomiendas. Más detalles en Konetzke sobre concesiones posteriores hechas a criollos descendientes de conquistadores.

[18] Los estudios tradicionales sobre Toledo, como el de Levillier, proponen más bien una visión benéfica de las reducciones (I, 246-52).

[19] En 1719, la región norteña del Virreinato del Perú fue separada para crear el Virreinato de Nueva Granada; en 1776, la región sureña fue separada para formar el Virreinato del Río de la Plata.

[20] Stoetzer aclaró hace años la naturaleza del dominio español en el nuevo mundo, señalando que "the incorporation of the Indies into the Crown of Castile meant that they became provinces, not colonies, and represented integral parts of the monarchy" (1). Por su lado, Pagden define el estatuto político de las posesiones españolas de esta manera: "The Spanish-American dominions were not colonies –that term is never used to describe any of the Habsburg possessions– but discrete parts of the crown of Castile. As early as the 1560s they had come to be seen by their

inhabitants as quasi-autonomous kingdoms, part of what came to be called 'Greater Spain', *Magnae Hispaniae*, no different, whatever the realities of their legal status, from Aragon, Naples, or the Netherlands" (*Spanish* 91). Véase también Pagden, "Identity" 63-4.

21 El descontento no se limitaba al chisme, la malhabladuría ni la proclama oral o escrita. A veces llegaba hasta la conspiración, como nos cuenta sobre México Juan Suárez de Peralta en la segunda parte de su *Tratado del descubrimiento de las Indias* (1589). Otras veces, consistía de rebeliones abiertas o abortadas en las que a veces se creaban alianzas de criollos y mestizos (véanse López Martínez, cap. 1, para los casos cuzqueños de la década de 1560; también Lavallé, "La rebelión" y *Quito* [caps. VI y VII] para la rebelión quiteña de las alcabalas de 1592-93).

22 Así se ve en la documentación examinada, por ejemplo, por Latasa Vassallo, en que se cita una carta del virrey Marqués de Montesclaros a Felipe III, fechada en Lima el 22 de febrero de 1609. Allí el virrey se queja de que son tantos los expedientes (más de quinientos) con solicitudes presentadas por los "beneméritos" o patricios criollos descendientes de conquistadores y "primeros pobladores" del Perú, que "'aun quitando las horas del descanso común' no había conseguido hojear más de doscientos" (2).

23 Pese a ello, durante el siglo XVIII la presencia criolla no es desdeñable, al menos en la Audiencia de Lima, como concluye Lohmann Villena. La flexibilidad legal para tal participación estaba sin duda permitida, como indica la Ley XIII, Título II del Libro II de la *Recopilación de Leyes de Indias*: "Porque siendo de una Corona los Reinos de Castilla y de las Indias, las leyes y orden de gobierno de los unos y de los otros, deberán ser lo más semejantes y conformes que ser pueda; los de nuestro Consejo en las leyes y establecimientos que para aquellos estados ordenaren y procuren reducir la forma y manera de gobierno de ellos al estilo y orden con que son recogidos y gobernados los Reinos de Castilla y de León en cuanto hubiere lugar y permitiere la diversidad y diferencia de las tierras y naciones". Asimismo, Konetzke cita varios pasajes de la legislación real que favorecen la participación limitada de los criollos en el clero, la administración y las armas. Las limitaciones, sin embargo, fueron al parecer demasiadas para las aspiraciones criollas.

24 Pagden (56) señala que eran setecientos treinta y tres en el México del año 1604. Según el dato ofrecido por Pilar Latasa (nota 22), en el Perú de 1609 no serían menos de quinientos.

25 Entre otros rasgos acentuados por la experiencia común de los baqueanos en las Antillas, y luego extendidos al resto de los pobladores españoles y criollos de las Américas, son notables los préstamos léxicos de lenguas nativas, así como el seseo y el yeísmo, que persistieron como rasgos del español americano hasta hoy en día (véase Rivarola 47-56; también su cap. III para el tema del enriquecimiento léxico a partir de préstamos nativos; más información en los trabajos de Lope-Blanch, Fontanella de Weinberg, y Rosario, entre otros).

26 En el mismo capítulo, Cárdenas compara a un criollo de origen humilde con un peninsular en una conversación cualquiera, y en ella, dice, "oyremos al E§pañol nacido en las Indias, hablar tan pulido[,] corte§ano y curioso, y con tantos preambulos[,] delicadeza, y e§tilo retorico, no en§eñado ni artificial, §ino natural, que parece ha §ido criado toda §u vida en Corte, y en compañia muy hablada y di§creta, al contrario veran al chapeton, como no §e haya criado entre gente ciudadana, que no ay palo con corteza que mas bronco y torpe sea" (ff. 176v-177).

27 "Si el Peru es la tierra en que mas igualdad tienen los dias, mas tenplança los tienpos, mas benignidad los ayres i las aguas, el §uelo fertil, i el cielo amigable; luego criarà las co§as mas ermo§as, i las gentes mas benignas i afables, que A§ia i Europa" (Calancha f. 68).

28 Pecaría de corto si reprodujera aquí cualquier lista de este tópico transgenérico de la exaltación territorial. La tentación no es poca, pues sería imposible no mencionar siquiera, además de los nombrados, *El Paraíso en el Nuevo Mundo* de Antonio de León Pinelo, la *Historia de la Villa Imperial de Potosí* de Bartolomé Arzáns de Orsúa y Vela, *La E§trella de Lima convertida en Sol §obre §us Tres Coronas* de Francisco Echave y Assu, el *Suelo de Arequipa convertido en cielo* de Ventura Travada y Córdoba, los *Júbilos de Lima* de Pedro de Peralta, etc., etc., etc.

29 Aunque no es fácil establecer una separación numérica tajante entre criollos y peninsulares por pertenecer ambos al mismo estatuto legal de "españoles", una mención sobre los porcentajes

de los "blancos" frente a los otros grupos raciales y étnicos puede ayudar a tener una idea de las proporciones. En México, eran el 0.5% de la población total del país en 1570, y llegaban al 10% a mediados del siglo XVII (Alberro 155). En el Perú, por la misma fecha, Rosenblat (vol. 1: 59) calcula unos setenta mil dentro de una población total de un millón seiscientos mil; es decir, ni siquiera un 5%.

[30] Uso, obviamente, el concepto de "nación" en su sentido antiguo, y en esto no hay nada sorpresivo. Tanto Pagden como otros se han referido a una "nación criolla" forjada a partir del reconocimiento de un origen regional, una aspiración dinástica y una comunidad de lengua e intereses compartidos por los descendientes de españoles nacidos en Indias para diferenciarse de los demás grupos.

[31] Puede ser, por ello, demasiado difusa la distinción de McClintock (295) entre una "deep settler colonization" (casos nombrados de Algeria, Kenia, Zimbabwe y Vietnam) y una "break -away settler colonization" (Estados Unidos, Sudáfrica, Australia, Canadá, Nueva Zelandia). Mignolo (54) propone que en el primer grupo ("colonias de profundo asentamiento") hay que diferenciar las anteriores y las posteriores a 1945. Entre las anteriores incluye, por ejemplo, al Perú, cosa que no hace McClintock.

[32] Véase también la crítica general de McClintock al término "poscolonial" en sí.

[33] Una crítica del uso de "hibridez" en un sentido amplio puede verse en Cornejo Polar, "Mestizaje...".

[34] Lynch también nos recuerda que para 1800 había 2.7 millones de blancos en las posesiones españolas del Nuevo Mundo, o sea un 20% de la población total. Sin embargo, sólo treinta mil de esos blancos eran peninsulares, es decir, poco más del 1% de la "república de españoles" (Lynch, "El reformismo" 39-40).

[35] Véanse Lavallé, "El criollismo"; Stoetzer, cap. 5; Pagden, *Spanish* 18.

Bibliografía

Adam, Ian, & Helen Tiffin, eds. *Past the Last Post: Theorizing Postcolonialism and Postmodernism.* Calgary: U of Calgary P, 1990.

Ahmad, Aijaz. *In Theory. Classes, Nations, Literatures.* Londres: Verso, 1992.

———. "The Politics of Literary Postcoloniality". *Race and Class* 36/3 (1995): 1-10.

Alberro, Solange. *Del gachupín al criollo. O de cómo los españoles de México dejaron de serlo.* México: El Colegio de México, 1992.

Althusser, Louis. "Freud and Lacan". *Lenin and Philosophy and other essays.* Londres: NLB, 1971. 177-202.

Altuve-Febres Lores, Fernán. *Los reinos del Perú: apuntes sobre la monarquía peruana.* Lima: Altuve-Febres y Dupuy, 1996.

Ashcroft, Bill, Gareth Griffiths & Helen Tiffin, eds. *The Empire Strikes Back: Theory and Practice in Postcolonial Literatures.* Londres: Routledge, 1989.

Bachelard, Gaston. *La poétique de l'espace.* [1957]. París: Presses Universitaires de France, 1958.

Bajtín, Mijaíl [Bakhtin, Mikhail]. *The Dialogic Imagination. Four Essays.* Caryl Emerson y Michael Holquist, trads. Austin: U of Texas P, 1981.

Balbuena, Bernardo de. *Grandeza mexicana.* México: Por Melchior Ocharte, 1604.

Barthes, Roland. "The Death of the Author". *Image-Music-Text.* Londres: Fontana, 1997. 142-8.

Baudrillard, Jean. *Simulations.* Nueva York: Semiotext(e), 1983.

Bhabha, Homi. *The Location of Culture.* Londres: Routledge, 1994.

_____ "Of Mimicry and Man: The Ambivalence of Colonial Discourse". *October* 28 (1984): 125-33.

_____ "Signs Taken for Wonders: Questions of Ambivalence and Authority Under a Tree Outside Delhi, May 1817'". *Critical Inquiry* 12/1 (1985): 144-65.

Brading, David. *Orbe indiano. De la monarquía católica a la república criolla, 1492-1867*. México: FCE, 1991.

British Library of Information, The. *What is British Imperialism?* New York: The British Library of Information, 193[9].

Calancha, Antonio de la. *Chronica Moralizada del Orden de San Agustín en el Perú con sucesos exemplares vistos en esta Monarchia*. Barcelona: por Pedro de Lacavalleria, 1638.

Cañizares Esguerra, Jorge. "New World, New Stars: Patriotic Astrology and the Invention of Indian and Creole Bodies in Colonial Spanish America, 1600-1650". *The American Historical Review* 104-1 (1999): 33-68.

Cárdenas, Juan de. *Problemas y secretos maravillosos de las Indias* [1591]. Edición facsimilar. Madrid: Cultura Hispánica, 1945.

Castro-Gómez, Santiago & Eduardo Mendieta. *Teorías sin disciplina. Latinoamericanismo, poscolonialidad y globalización en debate*. Mexico: Porrúa; University of San Francisco, 1998.

Chakrabarty, Dipesh. *Provincializing Europe: Postcolonial Thought and Historical Difference*. Princeton: Princeton UP, 2000.

Chatterjee, Partha. *Nationalist Thought and the Colonial World: A Derivative Discourse?* Londres: Zed Books for the United Nations University, 1986.

_____ *The Nation and Its Fragments: Colonial and Postcolonial Histories*. Princeton: Princeton UP, 1993.

_____ *A Possible India: Essays in Political Criticism*. Delhi; Nueva York: Oxford UP, 1997.

Cornejo Polar, Antonio. *Escribir en el aire. Ensayo sobre la heterogeneidad socio-cultural de las literaturas andinas*. Lima: Horizonte, 1994.

_____ "Mestizaje e hibridez: los riesgos de las metáforas. Apuntes". *Revista Iberoamericana* LXIII/180 (1997): 341-44.

Covarrubias Horozco, Sebastián de. *Tesoro de la lengua castellana, o española*. Madrid: Por L. Sánchez, impressor del rey n.s., 1611.

Derrida, Jacques. *Dissemination* [1972]. Londres: Athlon, 1981.

Dubois, Claude-Gilbert. *Le manierisme*. París: Presses Universitaires de France, 1979.

Duviols, Pierre. "Guamán Poma, historiador del Perú antiguo: una nueva pista". *Revista Andina* 1 (1983): 103-15.

Fernández de Córdoba, Francisco. "Prólogo al lector" (fechado el 8-IX-1620). Alonso Ramos Gavilán, *Historia de Nuestra Señora de Copacabana* [1621]. La Paz: Academia Boliviana de la Historia, 1976. 7-9.

Fontanella de Weinberg, María Beatriz. *El español de América*. 2a ed. Madrid: MAPFRE, 1993.

Foucault, Michel. *L'Archeologie du savoir*. París: Gallimard, 1969.

Ghandi, Leela. *Postcolonial Theory. A Critical Introduction*. Nueva York: Columbia UP, 1998.

Guardino, Peter F. *Peasants, Politics, and the Formation of Mexico's National State: Guerrero, 1800-1857*. Stanford: Stanford UP, 1996.

Guha, Ranajit. *Elementary Aspects of Peasant Insurgency in Colonial India.* Delhi: Oxford, 1983.

———. *An Indian Historiography of India: A Nineteenth-century Agenda and Its Implications.* Calcutta: Published for Centre for Studies in Social Sciences, Calcutta, by K.P. Bagchi & Co., 1988.

———, ed. *A Subaltern Studies Reader, 1986-1995.* Minneapolis: U of Minnesota P, 1997.

———, & Gayatri Chakravorty Spivak, eds. *Selected Subaltern Studies.* Nueva York: Oxford UP, 1988.

Guimerá, Agustín, ed. *El reformismo borbónico.* Madrid: Alianza, 1996.

Habermas, Jürgen. "Modernidad versus postmodernidad". *Modernidad y postmodernidad.* Josep Picó, comp. Madrid: Alianza, 1988. 87-102.

Horkheimer, Max & Adorno, Theodor W. *Dialectic of Enlightenment.* John Cumming, trad. Nueva York: Seabury, 1972.

Hulme, Peter, ed. *Postcolonial Theory and Colonial Discourse.* Manchester: Manchester UP, 1993.

Hutcheon, Linda. *The Politics of Postmodernism.* Londres: Routledge, 1989.

Jameson, Fredric. "El posmodernismo o la lógica cultural del capitalismo tardío". *Casa de las Américas* XXIII/149 (1983).

Kearney, Richard. *Poetics of Imagining: from Husserl to Lyotard.* Londres: Routledge, 1991.

Kinsbruner, Jay. *Independence in Spanish America. Civil Wars, Revolutions, and Underdevelopment.* Albuquerque: U of New Mexico P, 1994.

Klarén, Peter Flindell. *Peru. Society and Nationhood in the Andes.* Oxford: Oxford UP, 2000.

Klor de Alva, J. Jorge. "Colonialism and Postcolonialism as (Latin) American Mirages". *Colonial Latin American Review* I/1-2 (1992): 3-23.

———. "The Postcolonization of the (Latin) American Experiencie: A Reconsideration of 'Colonialism', 'Postcolonialism', and 'Mestizaje'". *After Colonialism. Imperial Histories and Postcolonial Displacements.* Gyan Prakash, ed. Princeton: Princeton UP, 1995. 241-75.

Konetzke, Richard. "La condición legal de los criollos y las causas de la Independencia". *Estudios americanos* 2/5 (Sevilla, enero 1950): 31-54.

Kossok, Manfred. *Historia de la Santa Alianza y la emancipación de América Latina.* Buenos Aires: Sílaba, 1968.

———, & Walter Markov. "¿Las Indias no eran Colonias? Hintergründe einer Kolonialapologetik". *Lateinamerika zwischen Emanzipation und Imperialismus (1810-1960).* Berlín: Akademie Verlag, 1961. 1-34.

Kuznesof, Elizabeth Anne. "Ethnic and Gender Influences on 'Spanish' Creole Society in Colonial Spanish America". *Colonial Latin American Review* 4/1 (1995): 153-76.

Lacan, Jacques. *Écrits.* París: Seuil, 1966.

Lafaye, Jacques. *Quetzalcoatl and Guadalupe. The Formation of Mexican National Consciousness. 1531-1813* [1974]. Benjamin Keen, trad. Chicago: The U of Chicago P, 1976.

Larsen, Neil. "DetermiNation: Postcolonialism, Potestructuralism and the Problem of Ideology". *The Pre-Occupation of Postcolonial Studies.* Fawzia Afzal-Khan & Kalpana Seshadri-Crooks, eds. Durham: Duke UP, 2000. 140-56.

Larson, Brooke. *Trials of Nation Making: Liberalism, Race and Ethnicity in the Andes, 1810-1910.* Cambridge: Cambridge UP, 2004.

Latasa Vassallo, Pilar. "¿Criollismo peruano versus administración española? Posición criollista del virrey Montesclaros (1607-1615)". *Actas del Primer Congreso Internacional de Peruanistas en el Extranjero (1999)*. <http://www.fas.harvard.edu/~icop/pilarlatasa.html>

Latin American Subaltern Studies Group. "Founding Statement". *Dispositio* 19/46 (1994): 9-11.

Lavallé, Bernard. "Del 'espíritu colonial' a la reivindicación criolla o los albores del criollismo peruano". *Histórica* II/1 (1978): 39-61.

_____ "La rebelión de las alcabalas (Quito, julio de 1592-abril de 1593). Ensayo de interpretación". *Revista de Indias* 44/173 (1984): 141-201.

_____ *Quito et la crise de l'Alcabala (1580-1600)*. París: Centre National de la Recherche Scientifique, 1992.

_____ *Las promesas ambiguas. Ensayos sobre el criollismo colonial en los Andes*. Lima: FEPUCP, 1993.

_____ "El criollismo y los pactos fundamentales del imperio americano de los Habsburgos". *Agencias criollas: la ambigüedad "colonial" de las letras hispanoamericanas*. José Antonio Mazzotti, ed. Pittsburgh: ILLI, 2000. 37-54.

Levene, Ricardo. *Las Indias no eran colonias*. Buenos Aires: Espasa-Calpe, 1951.

Levillier, Roberto. *Don Francisco de Toledo. Supremo organizador del Perú*. Buenos Aires: Publicaciones del Congreso Argentino, 1935. 3 vols.

Lienhard, Martin. *La voz y su huella. Literatura y conflicto étnico-social en América Latina, 1492-1989*. La Habana: Casa de las Américas, 1989.

_____ "La interrelación creativa del quechua y del español en la literatura peruana de lengua española". *500 años de mestizaje en los Andes*. Luis Millones & Hiroyasu Tomoeda, eds. Osaka: Museo Nacional de Etnología, 1992. 27-49.

Liss, Peggy K. *Orígenes de la nacionalidad mexicana, 1521-1556. La formación de una nueva sociedad* [1975]. Agustín Bárcena, trad. México: FCE, 1986.

Lohmann Villena, Guillermo. *Los ministros de la Audiencia de Lima en el reinado de los Borbones (1700-1821)*. Sevilla: Consejo Superior de Investigaciones Científicas, 1974.

Lope Blanch, Juan M. *El español de América*. Madrid: Alcalá, 1968.

López de Velasco, Juan. *Geografía y descripción universal de las Indias* [1571-1574]. Edición de Don Marcos Jiménez de la Espada. Estudio preliminar de Doña María del Carmen González Muñoz. Madrid: Atlas, 1971.

López Martínez, Héctor. *Rebeliones de mestizos y otros temas quinientistas*. Lima: Imp. Gráfica Villanueva, 1971.

Lynch, John. *The Spanish American Revolutions, 1808-1826*. Nueva York: Norton, 1973.

_____ "El reformismo borbónico e Hispanoamérica". Guimerá, ed. 37-59.

Lyotard, Jean-François. *The Postmodern Explained to Children. Correspondence 1982-1985*. Julian Pefanis & Morgan Thomas, trads. y eds. Sydney: Power Publications, 1992.

Mallon, Florencia. "The promise and Dilemma of Subaltern Studies: Perspectives from Latin American History". *The American Historical Review* 99/5 (1994): 1491-1515.

_____ *Peasant and Nation: The Making of Postcolonial Mexico and Peru*. Berkeley: U of California P, 1995.

Marshall, J. P., ed. *The Cambridge Illustrated History of the British Empire*. Cambridge: Cambridge UP, 1996.

Mártir de Anglería, Pedro. *Décadas del Nuevo Mundo*. Traducción al español del *De Orbe Novo* [1530], por Joaquín Torres Asensio. Buenos Aires: Bajel, 1944.

Mazzotti, José Antonio. "La heterogeneidad colonial peruana y la construcción del discurso criollo en el siglo XVII". Mazzotti & Zevallos, comps. 173-96.

_____ "Indigenismos de ayer: prototipos perdurables del discurso criollo". *Indigenismo hacia el fin de milenio*. *Homenaje a Antonio Cornejo Polar*. Mabel Moraña, ed. Pittsburgh: IILI, 1998. 77-102.

_____ "Introducción. Las agencias criollas y la ambigüedad 'colonial' de las letras hispanoamericanas". *Agencias criollas. La ambigüedad "colonial" en las letras hispanoamericanas*. José Antonio Mazzotti, ed. Pittsburgh: IILI, 2000. 5-33.

_____ "Heterogeneidad cultural y estudios coloniales: la prefiguración y la práctica de una ruptura epistémica". *Antonio Cornejo Polar y los estudios latinoamericanos*. Friedhelm Schmidt, ed. Pittsburgh: IILI, 2002. 37-54.

_____ y U. Juan Zevallos-Aguilar, comps. *Asedios a la heterogeneidad cultural. Libro de homenaje a Antonio Cornejo Polar*. Philadelphia: Asociación Internacional de Peruanistas, 1996.

McClintock, Anne. "The Angel of Progress: Pitfalls of the Term 'Postcolonialism'". Williams & Chrisman, eds. 291-304.

Meléndez, Juan. *Teſoros Verdaderos de las Yndias en la Hiſtoria de la Gran Prouincia de San Iuan Bautiſta de el Perú de el Orden de Predicadores*. Roma: por Nicolas Angel Tinaſſio, 1681.

Memmi, Albert. *The Colonizer and the Colonized* [1957]. Boston: Beacon, 1967.

Mignolo, Walter. "La razón postcolonial: herencias coloniales y teorías postcoloniales". *Postmodernidad y postcolonialidad. Breves reflexiones sobre Latinoamérica*. Alfonso de Toro, ed. Madrid: Iberoamericana, 1997. 51-70.

Millones, Luis. *Perú colonial. De Pizarro a Túpac Amaru II*. Lima: COFIDE, 1995.

Moore-Gilbert, Bart. *Postcolonial Theory. Contexts, Practices, Politics*. Londres: Verso, 1997.

Mowitt, John. "Foreword. The Resistance in Theory". Paul Smith ix-xxiii.

Nandy, Ashis. *The Intimate Enemy: Loss and Recovery of Self Under Colonialism*. Delhi: Oxford, 1983.

Osterhammel, Jürgen. *Colonialism. A Theoretical Overview*. Shelley L. Frisch, trad. Princeton: Markus Wiener, 1997.

Ots Capdequí, J. M. *El Estado español en Indias*. México: FCE, 1993.

Owen, Roger & Bob Sutcliffe, eds. *Studies in the Theory of Imperialism* [1972]. Londres: Longman, 1975.

Pacheco, Joaquín, Francisco Cárdenas & Luis Torres, eds. *Colección de documentos inéditos relativos al descubrimiento, conquista y organización de las antiguas posesiones españolas de América y Oceanía, sacados de los archivos del reino, y muy especialmente del de Indias*. Competentemente autorizada. Madrid: 1864-1889. 42 vols.

Pagden, Anthony. "Identity formation in Spanish America". *Colonial Identity in the Atlantic World, 1500-1800*. Nicholas Canny & Anthony Pagden, eds. Princeton: Princeton UP, 1987. 51-93.

_____ *Spanish Imperialism and the Political Imagination*. New Haven: Yale UP, 1990.

_____ *Lords of All the World. Ideologies of Empire in Spain, Britain and France c. 1500- c. 1800*. New Haven: Yale UP, 1995.

Phelan, John Leddy. "Neo-Aztecism in the Eighteenth Century and the Genesis of Mexican Nationalism". *Culture in History: Essays in Honor of Paul Radin*. Stanley Diamond, ed. Nueva York: Columbia UP, 1960.

Poot-Herrera, Sara. "Los criollos: nota sobre su identidad y su cultura". *Colonial Latin American Review* 4/1 (1995): 177-84.

Rabasa, José & Javier Sanjinés. "Introduction: The Politics of Subaltern Studies". *Dispositio* 19/46 (1994): v-xi.

Radaelli, Sigfrido. *La institución virreinal en las Indias. Antecedentes históricos.* Buenos Aires: Perrot, 1957.

Rama, Ángel. *Transculturación narrativa en América Latina.* México: Siglo XXI, 1982.

_____ *La ciudad letrada.* Hanover: Ediciones del Norte, 1984.

Recopilacion de leyes de los reynos de las Indias. Mandadas imprimir, y publicar por la Magestad catolica del rey don Carlos II, nuestro señor. Va dividida en qvatro tomos, con el indice general, y al principio de cada tomo el indice especial de los titulos, que contiene... Madrid: I. de Paredes, 1681. 4 vols.

Rivarola, Luis. *La formación lingüística de Hispanoamérica.* Lima: FEPUCP, 1990.

Rojo, Grínor. "Crítica del canon, estudios culturales, estudios postcoloniales y estudios latinoamericanos: una convivencia difícil". *Kipus. Revista Andina de Letras* 6 (1997): 5-17.

Rosario, Rubén del. *El español de América.* Sharon: Troutman, 1970.

Rosenblat, Ángel. *La población indígena y el mestizaje en América.* Buenos Aires: Nova, 1954. 2 vols.

Salinas y Córdova, fray Buenaventura de. *Memorial de las historias del Nuevo Mundo Piru.* Lima: por Geronimo de Contreras, 1630.

Schwartz, Stuart. "Colonial Identities and *Sociedad de Castas*". *Colonial Latin American Review* 4/1 (1995): 185-201.

Smith, Paul. *Discerning the Subject.* Minneapolis: U of Minnesota P, 1988.

Smith, Simon C. *British Imperialism 1750-1970.* Cambridge: Cambridge UP, 1998.

Solórzano Pereira, Juan de. *Política indiana / sacada en lengua castellana de / los dos tomos de derecho, i govierno municipal / de las Indias Occidentales que mas copiosamente escribio en la latina.* (Traducción y reescritura del *De Indiarum jure*, 1629). Madrid: por Diego Díaz de la Carrera, 1648.

Spivak, Gayatri Chakravorty. "Can the Subaltern Speak?". Williams & Chrisman, eds. 66-111.

_____ *A Critique of Postcolonial Reason: Toward a History of the Vanishing Present.* Cambridge: Harvard UP, 1999.

Stoetzer, O. Carlos. *The Scholastic Roots of the Spanish American Revolution.* Nueva York: Fordham UP, 1979.

Suárez de Figueroa, Cristóbal. *El passagero* [1617]. Madrid: Sociedad de Bibliófilos Españoles, 1914.

Thurner, Mark. *From Two Republics to One Divided: Contradictions of Postcolonial Nationmaking in Andean Peru.* Durham: Duke UP, 1997.

Tibesar, O. F. M., Antonino. *Comienzos de los franciscanos en el Perú* [1953]. Iquitos, Perú: Centro de Estudios Teológicos de la Amazonía, 1991.

Torres Arancivia, Eduardo. *Corte de virreyes: el entorno del poder en el Perú del siglo XVII.* Lima: Fondo Editorial de la Pontificia Universidad Católica del Perú, 2006.

Young, Robert J. C. *White Mythologies. Writing History and the West* [1990]. Londres: Routledge, 1996.

_____ *Colonial Desire. Hibridity in Theory, Culture and Race.* Londres: Routledge, 1995.

Valdés, Rodrigo de. *Fundacion y Grandezas de Lima.* Madrid: Imprenta de Antonio Román, 1687.

Vega, Inca Garcilaso de la. *La Florida del Ynca. Hiſtoria del Adelantado Hernando de Soto, Gobernador y Capitan General del Reino de la Florida, y de Otros Heroicos Caballeros Eſpañoles e Yndios, escrita por el Ynca Garcilaſſo de la Vega, Capitan de Su Magestad, Natural de la Gran Ciudad del Cozco, Cabeça de los Reinos y Provinçias del Peru.* Lisboa: Imprenta de Pedro Crasbeeck, 1605.

_____ *Primera Parte de los Commentarios Reales, qve tratan del origen de los Yncas, Reyes que fveron del Peru, de su idolatria, leyes, y gouierno en paz y en guerra: de ſus vidas y conquiſtas, y de todo lo que fue aquel Imperio y ſu Republica, antes que los Eſpañoles paſſaran a el.* Lisboa: Imprenta de Pedro Crasbeeck, 1609.

Williams, Patrick & Laura Chrisman, eds. *Colonial Discourse and Postcolonial Theory: A Reader.* Nueva York: Columbia UP, 1994.

La deconstrucción y los estudios subalternos, o, una llave de tuerca en la línea de montaje latinoamericanista

GARETH WILLIAMS
The University of Michigan

> La deconstrucción no consiste en pasar de un concepto a otro, sino en volcar y desplazar un orden conceptual, así como el orden no conceptual con el que el orden conceptual se articula.
>
> –Jacques Derrida
>
> Es fundamental luchar contra la tendente reducción del pensamiento a una condición para la reproducción técnica de lo que hay.
>
> –Alberto Moreiras
>
> La deconstrucción se ha practicado en los estudios latinoamericanos solo en las más raras ocasiones.
>
> –Brett Levinson

OBSERVACIONES PRELIMINARES

Hernán Vidal me ha encargado que aclare las relaciones entre la deconstrucción y el latinoamericanismo, con particular consideración de algunos de los puntos de contacto entre la deconstrucción, el fenómeno de los estudios subalternos latinoamericanos en los años noventa, y el rol del así llamado "nihilismo" en el proyecto de los estudios subalternos. Como consecuencia, este ensayo no examina ni define la deconstrucción en tanto entidad diferenciada, es decir, como una aproximación particular a –o como un conjunto predeterminado dentro de– la historia de la filosofía. En otras palabras, no será mi objetivo discutir aquí ejemplos concretos de la lectura que hace Derrida de autores como Rousseau, Saussure, Husserl, Nietzsche, Hegel, Heidegger o del gran número de otros filósofos, novelistas, poetas y pintores que han sido objeto de sus reflexiones. Tampoco será este el momento para reflexionar sobre la propiedad dentro del campo del latinoamericanismo de ninguna de las lecturas mencionadas anteriormente. Queda todo ello como trabajo del lector, que lo puede hacer por su propia cuenta, si tiene interés. Mi objetivo en las páginas que siguen es, entonces, aproximarme a la deconstrucción como una demanda teórica para la reconsideración y la potencial transfiguración del latinoamericanismo, al que entiendo, siguiendo a Alberto Moreiras, como "el conjunto o suma total de representaciones comprometidas que proporcionan un conocimiento factible del objeto latinoamericano de enunciación" (*The Exhaustion* 32). De este modo, y dentro de los límites de esta intervención, me interesa concentrarme en la (im)propiedad de la deconstrucción como un discurso sobre –y como una crítica de– el repertorio crítico latinoamericanista tal y como se ha constituido históricamente. Mi interés primordial en estas páginas es, sobre todo, el de insistir en la *responsabilidad intelectual, práctica y teórica, del latinoamericanista con América Latina y la verdad latinoamericana*, antes que promover un programa específico para el presunto "trabajo todavía pendiente de la disciplina". Los últimos veinte años han coincidido con la consolidación sostenida de la universidad neoliberal corporativizada, dentro y fuera de los Estados Unidos. Durante esta época no me ha dejado de sorprender la manera en la que el latinoamericanismo desarrollado sobre todo en Estados Unidos sucumbe cada vez más a la falsa autoridad de frases como "lo que necesitamos hacer..." o "lo que debe hacerse es...", que se repiten con una facilidad desconcertante tanto en escritos como en reuniones profesionales. Desde luego lo que estas frases generalmente logran es funcionar como suplentes de una labor conceptual real, y es perfectamente entendible que los latinoamericanistas que trabajan en América Latina, por ejemplo, se resientan ante frases como estas puesto que no están en absoluto desconectadas del extenso parloteo de la arrogancia corporativa contemporánea. Por supuesto los intelectuales en América Latina, Estados Unidos y otras partes del mundo ya están haciendo un trabajo muy necesario, con mayor o menor éxito, y no es mi intención insinuar en estas páginas que se están haciendo las cosas mal, o que lo que se está haciendo es menos importante que el registro conceptual que este ensayo intenta sostener. En otras palabras, no estoy escribiendo estas páginas con el propósito de decirle a nadie que debería estar haciendo las cosas de otra manera. Ciertamente no escribo estas páginas para decirle a nadie que debería estar practicando la "deconstrucción", como si se tratara de un medio para alcanzar la felicidad instantánea o la superioridad personal. Todos sabemos que no es así. Sin embargo, el encargo de Hernán Vidal de escribir un informe sobre la relación entre la deconstrucción y los estudios subalternos latinoamericanos, una invitación que me llega como resultado de mi breve participación en el proyecto de estudios subalternos en los noventa, es inmediatamente problemática, puesto que me coloca en una posición que no deseo y que, por supuesto, rehúso ocupar (se entenderá lo que significa esto conforme el texto avance). Digo esto porque pienso que el encargo, que sin duda es absolutamente válido y bienintencionado, al mismo tiempo pasa por alto precisamente aquello que considero verdaderamente importante: no siento la necesidad de justificar el valor de uso de la deconstrucción en el campo del latinoamericanismo contemporáneo. Yo, como muchas de las personas que discuto en las páginas que siguen, no he sido nunca miembro de ninguna escuela de pensamiento en particular. Nunca me he identificado como "deconstruccionista", y pienso que lo que pasa por deconstrucción en el campo del latinoamericanismo se encuentra de hecho muy lejos del aparato de la deconstrucción en general. Así que renuncio a esta tarea tal y como está planteada. Como señala uno de los epígrafes con los que abro esta reflexión: "La deconstrucción se ha practicado en los estudios latinoamericanos sólo en las más raras ocasiones".

Esto, sin embargo, no significa que la deconstrucción no sea central para el cuestionamiento del latinoamericanismo, que entiendo como la verdad de América Latina materializada e institucionalizada en los Estados Unidos, América Latina, Europa y otros lugares. Pues si el latinoamericanismo es el conjunto o la suma total de verdad materializada (de razón instrumental institucionalizada) relacionada con América Latina, entonces dentro de las configuraciones actuales de poder/saber del capitalismo tardío, el discurso universitario del latinoamericanismo es saber hegemónico, ejercido e institucionalizado al servicio de la ideología dominante (esto es, la ideología del capitalismo global). Es muy simple: la universidad existe tanto en los tiempos modernos (pos-kantianos) como en los posmodernos (neoliberales) por, y a cuenta de, la valorización del capital en sus distintas formas y ensamblajes cultural-nacionales.[1] En este contexto, lo que realmente está en juego para mí no es la existencia o inexistencia *per se* de la deconstrucción en el campo del latinoamericanismo o en relación con los estudios subalternos latinoamericanos, sino la posibilidad general de una reflexión teórica radical bajo las condiciones actuales. En mi opinión, esta posibilidad está marcada en términos generacionales, para mí y para otros, como una relación filosófica y política con los legados del posestructuralismo y de la posfenomenología, en los que el trabajo de Jacques Derrida es desde luego fundamental, pero no menos fundamental que el de los pensadores que tanto él mismo como otros reivindican como su herencia, incluidas, por supuesto, las tradiciones marxista y psicoanalítica. En los años recientes podríamos también añadir a esta lista de legados las formas más productivas y conceptualmente sofisticadas de crítica poscolonial, tales como las que se encuentran en la tradición de los estudios subalternos surasiáticos. En otras palabras, considero la posibilidad de una reflexión teórica radical bajo las condiciones actuales como algo que está directamente conectado, por un lado, al agotamiento del discurso metafísico eurocéntrico del sujeto y, por el otro, a la necesidad de una respuesta absolutamente fundamental y demasiado atrasada a un aparato disciplinario que históricamente ha colocado al latinoamericanista en una posición de inferioridad respecto a la reflexión teórica. La crítica que hace Florencia Mallon de la tendencia literario-teórica del Grupo de Estudios Subalternos Latinoamericanos, en contraste con la aproximación histórica a los estudios subalternos, puede interpretarse como un intento de asegurar la posición de necesaria inferioridad del latinoamericanista respecto de la teoría, con la intención de privilegiar el lenguaje disciplinario del historiador latinoamericanista como el único discurso "verdadero" para los estudios subalternos. Este tipo de vigilancia de lo teórico es, desde luego, típico de gran parte de las ciencias sociales latinoamericanistas, como lo demuestran invariablemente las interacciones cotidianas entre científicos sociales y humanistas en los programas de estudios latinoamericanistas en todo el país. Sin embargo, dentro del paradigma emergente de los estudios culturales latinoamericanistas, en el que las ciencias sociales (a pesar de lo que son a menudo dudosas aproximaciones a "la cultura") parecen estar trasladándose cada vez más hacia la "crítica cultural", mientras que las aproximaciones humanísticas parecen estar desplazándose cada vez más hacia áreas que solían caer bajo el ámbito exclusivo de las ciencias sociales, el mantenimiento de la posición inferior del latinoamericanismo respecto a lo teórico se está cumpliendo cada vez más en las humanidades latinoamericanistas también. En contraste con lo que considero formas igualmente insidiosas de fijar el pensamiento como una posición de inferioridad teórica, tanto en las ciencias sociales como en las humanidades, me interesa la posibilidad de una articulación teórica intergeneracional capaz de rechazar activamente tales posicionalidades históricamente constituidas, y de utilizar ese rechazo como base para una reflexión capaz de transformar el estado actual de las cosas en el pensamiento contemporáneo, junto con su relación y complicidad con las prácticas institucionales de la universidad corporativa.[2]

La pregunta fundamental es, entonces, la siguiente: "¿Podemos empezar a proporcionar [...] los elementos necesarios para una nueva práctica de razón crítica en tiempos de capitalismo tardío? ¿Podemos establecer una nueva práctica teórica latinoamericanista que no se considere neoimperial?" (Moreiras, *The Exhaustion* 102-3). Se trata de algo muy simple, y la relación entre deconstrucción y latinoamericanismo se encuentra en el centro de ambas preguntas. Las páginas que siguen son un intento de aproximarme a posibles respuestas teóricas y prácticas a estas preguntas. El lector notará que en realidad no hay nada nuevo en lo que digo. Más bien, estas páginas se basan en argumentos preexistentes que, para reiterar, el lector o la lectora tiene la responsabilidad de evaluar y, de interesarse, cuestionar y tratar de avanzar. Digamos que esta es la apuesta subyacente de estas páginas.

EL FIN DE LOS ESTUDIOS SUBALTERNOS LATINOAMERICANOS

Con el fin de brindarle al lector o a la lectora el contexto apropiado para tal apuesta, o para la posibilidad de una aproximación a la relación entre la deconstrucción y el latinoamericanismo en pos de los estudios subalternos, empezaré comentando brevemente el fenómeno y la experiencia del Grupo de Estudios Subalternos Latinoamericanos, formado a comienzos de los noventa por un pequeño grupo de latinoamericanistas que trataba de lidiar con las realidades del emergente orden postsoviético y con las consecuencias de tal orden para el trabajo intelectual sobre América Latina dentro de Estados Unidos. En su primera fase, se trató de un grupo de lectura basado en la afinidad y amistad, y que se reuniría informalmente una vez al año, en cónclave privado, para discutir y compartir ideas. En su segunda fase, comenzó a abrirse a la posibilidad de establecer articulaciones más amplias tanto en el campo teórico como en el práctico. Sin embargo ese potencial nunca se llegó a realizar, y como consecuencia el grupo se separó para ya nunca juntarse.[3]

La separación del grupo no supuso, en mi opinión, algo negativo. El hecho de que se haya desintegrado y nunca se reconstituyera con una nueva forma o principio estructurador en el curso de la década pasada es tal vez signo de que se separó con buena razón. En otras palabras, no creo que la existencia o inexistencia del grupo sea algo por lo que debamos sentir nostalgia. La nostalgia es siempre metafísica y creo que debemos esforzarnos en pensar sobre lo que hacemos sin caer en la trampa del "mito de un lenguaje puramente paterno o materno, el país natal del pensamiento". En contraste, debemos afirmar la posibilidad de un afuera a esta metafísica con "una sonrisa y un paso de baile" (Derrida, "Différance" 27).[4]

En 1996 me invitaron a unirme al grupo junto con Albero Moreiras, John Kraniauskas y algunos otros. Nuestra asociación con el grupo duró dos años ya que en 1998 anunciamos nuestra salida después de la conferencia titulada "Cross-Genealogies", durante la cual se hizo evidente que había demasiadas tensiones improductivas en el grupo –tensiones que se convirtieron en acusaciones y abiertas animosidades en ese encuentro– y que, en consecuencia, no valía la pena continuar. Además, poco después del encuentro de 1998 miembros del grupo que tenían más interés en cuestiones de "colonialidad" que en nociones de "subalternidad", o en la crítica histórica del pensamiento hegemónico, habían empezado a reunirse con miembros del grupo de estudios subalternos surasiáticos sin informar al grupo latinoamericano.⁵ Esto representó la desintegración efectiva del Grupo de Estudios Subalternos Latinoamericanos, que se reunió por última vez en la Universidad de Duke en octubre de 1998.

Pero en realidad, debe decirse que el grupo nunca fue tal. Fue más bien una confluencia de intereses, formas, niveles y tipos de compromiso dispares y en gran parte incompatibles. Sin duda tenía potencial, pero se alejó de su promesa precisamente cuando se le presentó la posibilidad de un principio de estructuración y, en consecuencia, de un compromiso intelectual que pudiera superar el paternalismo estático de una estructura colectiva en la que había "fundadores", "nofundadores" –invitados éstos a unirse por los "fundadores"– junto a una plétora de latinoamericanistas que, por motivos que nunca fueron realmente aclarados, no recibieron invitación para contribuir a las discusiones y proyectos del grupo.⁶ A pesar de la afirmación de Ileana Rodríguez de que "juntos, fuimos simplemente un grupo formidable" ("Is there" 59), la incapacidad del grupo de adoptar un principio de estructuración distinto al autoproclamado paternalismo de sus "fundadores" hizo que este se convirtiera rápidamente en un síntoma de carrerismo individualista antes que un agente de pensamiento y/o acción. Debo dejar en claro, sin embargo, que el grupo no se convirtió en síntoma del carrerismo de los que nos unimos en 1996.⁷

Al final, el grupo tuvo escasa agencia en el campo latinoamericanista. Su ruptura se produjo antes de que se pudiera reivindicar ningún tipo de agencia o de que se pudiera configurar ningún tipo de proyecto colectivo. Como lo he señalado antes, el problema principal del grupo de Estudios Subalternos Latinoamericanos –su abismo interior– fue una estructura fundada en la exclusión que siempre contradijo su mismo nombre y su objetivo deseado (las razones por las que se invitaba o no se invitaba a ser miembro del grupo nunca estuvieron claras). En uno de sus numerosos ensayos en los que trata la desaparición y el legado potencial del grupo (en lo que parece haberse convertido en una especie de industria casera latinoamericanista, construida sobre el eterno retorno al "fin de los estudios subalternos"), Ileana Rodríguez informa a sus lectores que el grupo podría haberse estructurado de otra manera:

> Una de las estructuras que pienso que podríamos haber adoptado es una mezcla entre un movimiento y un grupo. Quiero decir, haber tenido un núcleo de gente interesada en encargarse, de manera rotatoria, de las funciones burocráticas y en identificar los temas sobre los cuales hubiera sido importante investigar, y entonces invitar gente a participar. Esto le aclara las cosas a la profesión y le da al colectivo la estructura de un grupo de expertos (tipo "think-tank"). La manera más fácil sería que cada investigador continúe con su trabajo mientras se compromete y organiza paneles con otros investigadores que trabajan con aproximaciones compatibles. ("Is there..." 59; paréntesis mío)

Coincido con que el grupo podría haberse estructurado de otra manera y que en particular el principio de estructuración esbozado arriba por Ileana Rodríguez podría haberle dado un soplo de vida de varios años al colectivo. Dicho principio podría haberle permitido al grupo convertirse en algo más que un grupo: es decir, en un espacio creativo, un "espaciamiento", en el que la gente podría haberse sentido libre de invitar a quien hubiera querido; podría haber contribuido a un consorcio editorial flexible y de ancha base capaz de encarnar todas las líneas de posibilidad, teóricas y prácticas, dentro de la rúbrica general de "estudios subalternos"; podría finalmente, haber sido una configuración abierta e inclusiva sin derechos de propiedad, gurús, madres y padres, miembros ("fundadores" o no) y nomiembros; una configuración basada en la circulación y el intercambio de ideas, conceptos y acciones en la que el trabajo y el pensamiento de cada participante hubieran estado en pie de igualdad con el de todos los demás.

Sin embargo, al final de la reunión de octubre de 1998, Alberto Moreiras, John Kraniauskas, yo mismo y otros presentamos el principio de estructuración señalado arriba por Ileana Rodríguez. Pero se encontró con una apasionada hostilidad.[8] Después de horas de discusión y semanas de *e-mails* que se enfrentaron a un persistente silencio por parte de los miembros fundadores, decidimos irnos por otro rumbo.[9]

En el 2000, sin embargo, en una conferencia en la Universidad de Columbia organizada por Gayatri Spivak bajo el título de "Subaltern Studies at Large" ("Los estudios subalternos en general"), en la que estuvieron presentes muchas de las figuras prominentes del subalternismo surasiático, y a la que habían sido invitados como participantes Alberto Moreiras y John Kraniauskas, John Beverley e Ileana Rodríguez, quienes asistieron a la conferencia como espectadores, invitaron a Moreiras a renovar los estudios subalternos latinoamericanos, a resucitar el grupo y a tomar su liderazgo. Moreiras declinó la oferta. Tanto él como Kraniauskas y yo decidimos que sería más productivo evadir la resurrección de aquella patria perdida del pensamiento (esa metafísica de la nostalgia estructurada por un lenguaje predominantemente paterno o materno) con el fin de afirmar algo distinto a la mitificación personal y colectiva como base para las intervenciones prácticas y teóricas en la política cultural del latinoamericanismo.[10]

La deconstrucción y el eterno retorno del fin

Desde la desaparición efectiva del grupo, su historia y su legado han sido registrados en gran parte (aunque de ningún modo exclusivamente) por Ileana Rodríguez en una serie de textos breves escritos con la intención de resucitar las credenciales intelectuales y políticas del proyecto original y sus participantes. Invariablemente estos textos parten de la base de una fácil oposición entre teoría y política en la cual la primera es considerada carrerista y apolítica, mientras que la última es considerada genuina, "lo real". A pesar del hecho de que tanto Lenin como Trotsky eran absolutamente conscientes de que no puede haber revolución sin teoría, o de que, como observó Althusser, la reflexión teórica no está de modo alguno desconectada de las condiciones existentes de la lucha de clases y de la emancipación (es decir, que la filosofía es la encarnación de la lucha de clases al nivel teórico), Rodríguez equipara a la teoría con el sofisma carrerista y su concomitante ausencia de compromiso político. Aunque la distinción entre teoría y política es siempre falsa, abundan ejemplos en una serie de escritos que parecen indicar fe en la habilidad del intelectual para practicar una mientras no se practica la otra. A continuación siguen algunos ejemplos:

> En un mercado que privilegia la teoría, la teoría es el idioma del prestigio y el poder, el dialecto para hablar con poder en la profesión [...] En este sentido, el subalterno fue usado como valor de intercambio y nosotros cobramos. Para otros, la subalternidad

era real y no sólo una condición discursiva de subordinación [...] Los subalternistas menos inclinados política o históricamente tienden a desestimar como mero "activismo" las tendencias implícitas en los que tienen una orientación más histórica o política, mientras que los últimos, por su parte, tienden a percibir el trabajo de los teóricamente inclinados como "carrerista", o como simples ejercicios académicos, mero academicismo [...] Así, mientras algunos investigadores se concentraban en la *deconstrucción* de ideas y epistemes, otros se interesaban todavía en la conciencia y agencia subalternas. (Rodríguez, "A New" 14-15, énfasis mío)

En realidad, el problema aquí no lo constituye "la teoría". Más bien se trata de cierto tipo de teoría vagamente calificada como "deconstrucción", la que es tratada con un sentimiento de desconfianza que anula todo diálogo significativo que vaya más allá de la mera toma de posiciones vacías: la insistencia en un aparente eterno retorno a la objetivación del proyecto del grupo en dos campos con intereses opuestos e incompatibles; una reificación que equivale a la reducción del pensamiento a un conflicto entre teoría *versus* política, en el que "teoría" no tiene relación con política, mientras que "política" es lo real entendido como agencia.[11] Huelga decir que ésta es una presentación falsa de un debate mal planteado (la ideología, después de todo, es la resolución imaginaria de contradicciones reales), puesto que la verdadera tarea de la dialéctica no es afirmar la teoría o la política, un campo sobre y contra el otro. El pensamiento dialéctico (y la acción, desde luego) no trata de establecer y afirmar la imagen de oposiciones polares para que se elija cuál funciona mejor. Las fuerzas del mercado hacen eso (Pepsi o Coca-Cola, teoría o política). El cristianismo también hace eso (lo natural frente a lo sobrenatural, el cielo frente al infierno, el bien contra el mal). En otras palabras, la historia de la metafísica occidental hace eso.[12]

Al contrario, la verdadera tarea del pensamiento dialéctico es, como diría Althusser, abordar la articulación entre teoría y política a través de la imperfección de su sutura. Es esta imperfección (o inconmensurabilidad) de la sutura lo que unifica la teoría con, y la separa de, la política, lo cual hace que el pasaje de una a otra, su resolución o trascendencia, sea completamente inconcebible tanto en la teoría como en la práctica.[13] Para Jacques Derrida, abordar la relación teoría-política implica tratar de pensar desde dentro de su mutua "irreductibilidad", desde dentro de lo que él llama su "doble sutura" ("double-bind").[14] Esta irreductibilidad de la relación política-teoría significa que es imposible escoger una sobre la otra, y la imposibilidad de decidir por una sobre la otra constituye la base de su relación *aporética*. *Aporía* –la experiencia de indecidibilidad– es, sin embargo, el poder de su relación imperfectamente suturada e irreductible, puesto que es en la aporía donde residen la *necesidad del juicio* y la *promesa del futuro*. Pero, ¿qué significa esto? Como dije anteriormente, puesto que la teoría y la política son mutuamente irreductibles, no se puede decidir por una, o practicar una, sobre y contra la otra, como si una fuera superior y la otra inferior, una auténtica y la otra una impostora, una olvidable precisamente a través de la práctica de la otra. Esta es una falsa decisión (y una falsa dialéctica) basada en un salto de fe y en el fin del pensamiento (en otras palabras, ideología). Esta es la razón por la cual en "Firma acontecimiento contexto" ("Signature Event Context") Derrida observa que la deconstrucción no consiste "en pasar de un concepto a otro".[15]

Sin embargo, de cara a esta doble sutura de la teoría y la política uno no puede *no* decidir y, así, permanecer pasivo (abrazando el fin del pensamiento) de cara a la irreductibilidad de la teoría y la política. Al contrario, la aporía –la experiencia de lo indecidible– siempre demanda una decisión (incluso si se trata de la decisión de nodecidir). Uno no puede simplemente permanecer dentro de la aporía (la indecidibilidad) porque hacer eso equivale a la muerte. Como resultado, cuando uno toma una decisión, esa decisión sólo puede ser contingente, marcando simplemente un nuevo episodio en la historia y las condiciones conceptuales de la irreductibilidad de la teoría a la política y viceversa. La contingencia de la decisión –esta u otra manera particular de abordar la articulación teoría-política como resultado de la imperfección interna de su sutura (lo que es, desde luego, distinto de simplemente ignorar estas cuestiones en la búsqueda ideológica por la "verdadera" política o por el pueblo "real")– significa que la decisión *puede* hacerse y *será* hecha de la misma manera o de una manera diferente, de acuerdo con las circunstancias que gobiernan la segunda situación; esto es, en su repetición como diferencia.[16]

Por tanto, la irreductibilidad de la teoría y la política –teoría y política en su imperfecta "doble sutura"– en realidad posibilita la promesa del futuro (o, como diría Derrida, permite que haya futuro).[17] Esto posibilita una reflexión sostenida sobre la práctica de la teoría y sobre la teoría de la práctica sin presentarlas falsamente como campos opuestos y mutuamente excluyentes, o como mercancías en competencia en el mercado del discurso universitario (y, seamos honestos, los estudios subalternos latinoamericanos no fueron nunca más que un discurso universitario). Más bien, permite el ejercicio de la práctica de la teoría y de la teoría de la práctica en su relación de mutua pero noarmoniosa inmanencia.

Con la conveniente y sin embargo problemática demarcación del campo en facciones opuestas y mutuamente excluyentes, o la división de los lenguajes disciplinares en mercancías que compiten en el mercado del discurso universitario, se deja poco espacio para el importante pensamiento sobre la relación entre la reflexión y la práctica, sobre la *necesidad de juzgar* y la *promesa de futuro*, en pos de los estudios subalternos latinoamericanos.[18]

El latinoamericanismo ha comprado al por mayor la definición de lo político en el pensamiento del jurista y filósofo alemán, católico conservador, Carl Schmitt: "La distinción específicamente política a la que las acciones y motivos políticos pueden ser reducidos es la distinción entre amigo y enemigo" (27) (la palabra "reducidos" es aquí fundamental). Sin embargo, el latinoamericanismo también ha comprado al por mayor lo que Schmitt consideraba como el final de lo político: es decir, la intensificación de la pluralidad, la multiplicidad y la competencia liberal. Dentro de este contexto conceptual, política y profesionalmente insostenible, el campo de reflexión latinoamericanista se ha debilitado inexorablemente, y es cada vez más difícil para los estudiantes de posgrado y los nuevos colegas profesar un compromiso riguroso en teoría, teoría crítica o en el simple rigor filosófico sin convertirse en el objeto de una reacción antiteórica, sobre la base de que su escritura es "opaca"; de que son de alguna manera irrespetuosos con "la tradición"; de que son políticamente sospechosos porque "hacen teoría" y por lo tanto "no se preocupan por la gente real"; de que, puesto que "hacen teoría", no están "haciendo literatura"; o de que simplemente no son muy "buenos ciudadanos". Desafortunadamente, a veces tengo la impresión de que es en verdad la "izquierda" la que administra el reduccionismo del pensamiento latinoamericanista, puesto que reacciona contra (en vez de pensar su relación con) la "teoría" (en este caso particular, la deconstrucción) con el fin de privilegiar la restauración ideológica (moral) de la transparencia y la inmediatez de las relaciones sociales en el mundo, sobre y más allá de la opacidad que emerge tan pronto como reconocemos las imperfecciones en la sutura de la política con la filosofía y de ambas con el mundo.[19] ¿Por qué es esto importante? Porque si no damos credibilidad a esta sutura imperfecta entonces nos quedamos con poco más que la opinión personal del académico, o incluso con la (falsa) conciencia del sujeto como afirmación de su auto-presencia, o "el bien" más allá de la negatividad y, por supuesto, más allá del pensamiento. Y esto no es más que autoritarismo intelectual autoafirmativo, en el que la afirmación de la autopresencia hace de la subjetividad, de la conciencia y del conocimiento uno y lo mismo.

En otras palabras, el intelectual se presenta a sí mismo/a como una voluntad de poder soberana moralmente dotada de la obligación de vigilar los límites entre lo propio y lo impropio, y de decidir sobre la división del campo de lo político en amigos y enemigos. Y cuando esto sucede, el campo del latinoamericanismo se convierte en poco más que un deseo moralista de la presencia futura de un reino unido: es decir, de la representación transparente de una presencia (por ejemplo, América Latina en la inmediatez de toda su realidad y sus relaciones sociales) constituida en sistema ideológico (el latinoamericanismo) gobernado y legislado por su amo (el latinoamericanista soberano), quien decide y legisla los límites entre lo que es aceptable y lo que no, entre lo que es "bueno" y lo que no lo es.

¿Cómo entonces transformar la manera en la que pensamos rigurosa e irreversiblemente dentro del latinoamericanismo, sin recurrir a generalizaciones extremas y equivocaciones básicas sobre la relación entre la teoría y la política, o entre el latinoamericanismo y América Latina? Repitámoslo: "¿Podemos empezar a proporcionar [...] los elementos necesarios para una nueva práctica de razón crítica en tiempos de capitalismo tardío? ¿Podemos establecer una nueva práctica teórica latinoamericanista que no se considere neoimperial?" (Moreiras, *The Exhaution* 102-3). Antes de abordar esta pregunta, deberíamos considerar el lugar que se ha asignado históricamente a la deconstrucción —que considero uno de los relatos más significativos acerca de las condiciones filosóficas y políticas de decisión y acción en el mundo post-68— dentro del campo del latinoamericanismo. Al destacar la coyuntura de los sesenta no pretendo insinuar que la deconstrucción pertenece exclusivamente al mundo post-68. Considero a la deconstrucción, más bien, como una crítica fundamental del dogmatismo, el sentimentalismo, el voluntarismo, la espontaneidad, el sacrificio, el populismo y la acomodación intelectual. En otras palabras, a pesar de que la deconstrucción emergió en el contexto general de la coyuntura política de los sesenta, es imposible reducirla a ella.

La coyuntura histórica que ha dado en llamarse "los sesenta" marcó, a escala internacional, la apertura de un desafío —y de un posible escape del— *impasse* teórico y práctico de la concepción burguesa de la historia.[20] En la medida en que "la izquierda" representa, en sus contribuciones más valiosas, la historia del pensamiento nometafísico de la temporalidad, 1968 en particular marcó la oportunidad para una confrontación nometafísica y una crítica de una geografía humana que operaba cada vez más desde el interior de una metafísica del capital a escala internacional (notemos que la herencia estalinista no era ajena en absoluto a este marco). Pensar metafísicamente es pensar al servicio de la domesticación del tiempo y de la experiencia humana de la historia a favor de fines preconcebidos (tales como el acomodo de la diferencia a un orden predestinado, o la reducción de la idea del tiempo a una presencia eterna objetificada; por ejemplo, el tiempo absoluto del capital, "la nación", o el tiempo burocrático del "socialismo realmente existente"). En el interior de esta domesticación, *identidad* y *subjetividad* devienen generalmente la lengua franca de la captura ideológica. Como afirmó Althusser en "Ideología y aparatos ideológicos del estado (Notas para una investigación)", el sujeto es siempre la categoría constitutiva de toda ideología. El humanismo —en su calidad de estructura reproductora de conocimiento propia del modo de producción burgués, históricamente organizada e institucionalizada— desempeña un papel fundamental en la domesticación de la experiencia humana, puesto que coloca al sujeto en el centro, como fuente, origen y destino de todo conocimiento humano. Todo esto nos muestra que la aprobación acrítica del pasado imperial de la antropología (un respaldo que es todavía dominante en el latinoamericanismo contemporáneo) y, por extensión, las más contemporáneas políticas identitarias, representan distintas cristalizaciones de la ideología burguesa en su materialización institucionalizada.

En el humanismo, el sujeto es la verdad de la historia y la vida, y la razón es la verdad del sujeto. Sin embargo, la configuración teórica y práctica del 68 cuestiona la centralidad de la relación entre sujeto y verdad, o la del sujeto mismo, como el motor único de la historia y de la existencia humana. ¿Por qué? Porque se iba haciendo cada vez más claro que era imposible disociar la noción de "verdad" (la herencia del occidente imperial de la noción latino-romana de *veritas*) de la esencia y la ley de la dominación a escala internacional. En la medida en que el humanismo constituye el establecimiento de un lugar estratégico desde el cual juzgar y distribuir lo que significa ser humano (es decir, la *verdad* de lo que significa ser humano), un acto nohumanista o ahumanista requeriría pero no se reduciría —solo a eso— abrir una brecha o desplazar la ley del orden simbólico (el lenguaje) que garantiza la reproducción del humanismo y la instrumentalidad de su razón a lo largo de la historia. Fue en nombre de tal posibilidad, de la posibilidad de un acontecimiento tal en la teoría y la práctica, que la universidad y el discurso universitario devinieron ellos mismos objetos de crítica y lugares desde los cuales generar pensamiento acerca de la vida social y de la apertura de posibles alternativas.

Análogamente a la manera en la que Marx desplazó su relación con el humanismo "comunalista" de Feuerbach (que fue el momento en el que reconoció al humanismo como una extensión de la ideología burguesa en *La ideología alemana*) —como resultado de lo cual afirmó en el período 1879-1880: "mi método analítico no parte del hombre sino de un período social económicamente dado" (Althusser, *For Marx* 219)— Althusser, Debord, Foucault, Derrida, Deleuze y otros iniciaron una crítica del humanismo (en filosofía, escritura, lingüística, literatura, historicidad, la relación del sujeto al hegelianismo) en un contexto en el que la centralización del sujeto como verdad de la historia humana se había convertido cada vez más en sinónimo del culto a la personalidad.[21] De este modo, 1968 incluye —pero sin que se le pueda reducir a eso— el desencadenamiento de un desasosiego fundamental en la relación entre subjetividad, cultura, razón y la historia del orden y la dominación occidental. Marcó la revelación de una profunda crisis en el orden de la razón instrumental misma, en la que el reconocimiento de la necesidad táctica de combatir y transformar la relación ideológica entre razón y dominación requirió de una estrategia filosófica. Y no hay, por supuesto, estrategia sin teoría. La deconstrucción (siempre incompleta) del legado humanista (subjetivista) sobre el que se construye la historia de la metafísica occidental (que incluye, desde luego las historias coloniales e imperiales del continente latinoamericano) constituye una de esas teorizaciones estratégicas.

La alternativa a la deconstrucción de este legado es la eterna reproducción de nuestra sumisión a las nociones de identidad y diferencia: nuestra sujeción a la centralidad del sujeto (no importa cuán marginalizado u oprimido) como la ideología dominante y la categoría constitutiva del modo de producción contemporáneo y sus formas institucionales, su lenguaje y su razón. Es así perfectamente comprensible que la deconstrucción colocara al lenguaje en el centro de sus investigaciones, dado que el lenguaje inscribe posibilidades relativas a imposibilidades y existe siempre en un aparato (un campo o una institución) dotado de existencia material (la universidad, por ejemplo). La deconstrucción es, en este sentido, crucial, queramos reconocerlo o no, a nuestra práctica como productores críticos y auto-críticos de un lenguaje universitario. Es crucial para establecer las bases de nuestra responsabilidad crítica con América Latina y con la *verdad* latinoamericana en tiempos cada vez más corporativizados. No hace falta recordar que el lenguaje universitario *es* simplemente un lenguaje social más en sus formas particulares de materialización. Por esta razón el mito de la universidad como una torre de marfil es solo eso: un mito, y además, es un mito conservador. Teniendo en cuenta esto, ahora deberíamos examinar el lugar asignado históricamente a la deconstrucción en el latinoamericanismo.

LA DECONSTRUCCIÓN Y EL LATINOAMERICANISMO (I)

La primera incursión crítica acerca del lugar y validez de la deconstrucción en los estudios literarios y culturales latinoamericanos se encuentra en el libro de Román de la Campa *Latin Americanism* (1999). En este trabajo, De la Campa describe la deconstrucción de varias maneras, ninguna de las cuales es resultado de una discusión sustantiva de la imperfecta sutura de la filosofía a la política, o de la deconstrucción a la práctica teórica del latinoamericanismo.[22] Para De la Campa la deconstrucción es la "lengua franca de la globalización" (2). Sin embargo afirma también que es un discurso desconectado de "lo real". Es, pues, una lengua franca de la globalización que es "una práctica crítica pos-estructuralista de carácter utópico cuyo vínculo con el mundo de la vida y con otras formas de cultura se mantiene lejos, si no completamente distante" (4). Se trata, al menos hasta donde le concierne a De la Campa, del dominio privilegiado de académicos herméticos aislados en torres de marfil: "el privilegiado dominio hermético de un discurso literario/gramatológico" (17-8); "una celebración de prácticas discursivas que imitan la negación epistémica como si fuera destreza literaria" (19); "un nivel de análisis necesario y sin embargo insuficiente" (23) que "establece la comprensión histórica y la apreciación literaria –sin distinguir a menudo entre las dos– como un continuo proceso de designificación, disponible particularmente cuando se aplica a textos literarios y filosóficos importantes" (129).

De la Campa equipara las prácticas críticas deconstruccionistas en los estudios literarios latinoamericanos con la incorporación, a inicios de los ochenta, de un vocabulario crítico que era sinónimo de la presencia e influencia intelectual de Paul de Man:

> En el influyente trabajo de Djelal Kadir y Roberto González Echevarría, por ejemplo, la fuerza del método de "lectura fiel" ["close reading"] de Paul de Man ha sido aplicada a prominentes autores como Alejo Carpentier, Carlos Fuentes, Octavio Paz y Jorge Luis Borges. Tal programa crítico ha inspirado también nuevas y a menudo innovadoras lecturas del siglo XIX y de la época colonial, de hecho de toda la literatura de América

Latina y el Caribe. A estas alturas se presenta como una alternativa importante, si no la principal, a las primeras aproximaciones a la literatura latinoamericana del estructuralismo, el nacionalismo y la teoría de la dependencia, particularmente en los Estados Unidos. (14)

Sin embargo, De la Campa expresa una reserva importante en relación con la emergencia de este nuevo vocabulario crítico: "Esta tendencia del latinoamericanismo deconstructivo permanece profundamente vinculada a una forma literaria de epistemología que está muy alejada incluso de las políticas culturales implícitas en sus propios retos epistemológicos a la modernidad" (14-5). En otras palabras, estaríamos ante la incorporación en la práctica filológica latinoamericanista de un vocabulario crítico guiado por el vocabulario de la deconstrucción, pero alejado de las implicaciones teóricas y políticas de esta última para el campo, para el pensamiento universitario y para el orden conceptual e ideológico de la modernidad.

Recientemente, en un intento de legislar las distintas tendencias metodológicas e ideológicas del campo a lo largo de las últimas dos décadas, John Beverley ha repetido los planteamientos de De la Campa en relación con la emergencia y el lugar de la deconstrucción en el latinoamericanismo:

> Hablando en términos generales –y esta desde luego es una generalización gruesa– ha habido dos mayores tendencias en la crítica literaria latinoamericana desde inicios de los años ochenta. Una se puede definir como la "crítica social de la literatura" que corre paralela a, o es el resultado del trabajo de Ángel Rama principalmente, y sobre todo de su libro de 1984, *La ciudad letrada*. Esta tendencia se asocia tanto política como metodológicamente con una izquierda socialista marxista o posmarxista. La otra tendencia involucra la incorporación de la teoría francesa, especialmente de Barthes, Foucault y Derrida, a un modelo filológico previo de estudios literarios latinoamericanos, representado de la manera más influyente, aunque no exclusiva, por Roberto González Echevarría en Yale, y su red de protegidos y colegas de ideas afines. ("The Neo-Conservative")

Beverley continúa haciéndose eco de las reservas de De la Campa con respecto a esta incorporación inicial de la así llamada deconstrucción en las estrategias intepretativas del latinoamericanismo: "Mientras que, como se ha señalado, depende de la teoría francesa, este método tiende a distanciarse de las implicaciones políticas de la teoría francesa y su posición política es o antiizquierdista o escéptica de los reclamos de la izquierda".[23]

Sin embargo, me gustaría llevar la discusión un paso más adelante para sugerir que esta incorporación inicial de estrategias interpretativas deconstructivistas en las humanidades latinoamericanistas en los años ochenta no es realmente deconstrucción, dado que no existe en estos escritos un desafío –y menos aún un vuelco o un desplazamiento– para un orden conceptual o una relación conceptual entre el latinoamericanismo y América Latina. Se trata ciertamente de textos competentes, lecturas y relecturas innovadoras y valiosas de textos literarios latinoamericanos, de genealogías y de archivos.[24] Pero son ejemplos de humanismo filológico con un nuevo vocabulario, lenguaje cuyo –como parece que sugieren De la Campa y Beverley– permanece firmemente anclado en la ideología estética del romanticismo (y de Schiller en particular).

Estaría de acuerdo con que en su mayor parte estos críticos literarios latinoamericanistas permanecen esencialmente desconectados de la crítica a la institución del humanismo literario como un aparato dotado de una existencia institucional material. Permanecen separados, por lo tanto, de la posibilidad de cuestionar la relación entre la configuración poder/saber del capital y su perpetuación del sujeto como la condición única de cualquier acción política. Sin embargo, afirmaría también que la crítica que se hace a estos trabajos sobre la base de que son deconstructivistas y, por lo tanto, están alejados de las realidades sociológicas de la literatura o de todo tipo de compromiso con "la izquierda", está profundamente mal concebida. Explicaré lo que quiero decir. En *Latin Americanism*, De la Campa recupera una de las tesis más importantes de Roberto González Echevarría en su influyente libro *Myth and Archive* [*Mito y archivo*]:

> Una especie de narrativa maestra ["master narrative"] desconstructivista empieza a revelarse. En su *Myth and Archive*, libro que se abre con una impresionante cartografía de la teoría discursiva latinoamericana, González Echevarría concluye con una fusión análoga de toda la textualidad de América Latina, como un archivo gobernado por un borgiano código maestro de todas las ficciones posibles, "la figura más importante en la ficción moderna de América Latina, o el repositorio de historias y mitos, uno de los cuales trata de la recolección de esas historias y mitos". Como "negatividad fundadora", el archivo debe contener, en su núcleo, la "heterogeneidad de culturas, lenguajes, fuentes, inicios", una figura totalizadora de recombinaciones narrativas que debería tomar el lugar mismo de la historia latinoamericana, incluyendo los archivos más antiguos organizados según formaciones discursivas legales, científicas y antropológicas. (19-20; paréntesis mío)

Dicho lo cual, De la Campa inicia su precipitada interpretación:

> Reflejando la lectura/escritura de *Cien años de soledad* establecida por Melquíades, los mitos de origen se mezclan con los de la historia moderna en el archivo primordial de la escritura posmoderna como celebración literaria, un recién configurado y todopoderoso mito de la escritura que desde siempre subsume formas anteriores de formaciones discursivas –legales, científicas y antropológicas. Así, la América colonial se encuentra al mismo nivel que la América Latina posmoderna, y la historia, particularmente aquella que cuenta la historia de la independencia y de las guerras revolucionarias, se integra en este repositorio de literariedad a través de la deconstrucción y la crítica. (20)

Sin embargo, como nos recuerda Brett Levinson, De la Campa "nunca enfrenta el tema de la deconstrucción, incluso cuando declara que eso es lo que está haciendo" (*The Ends* 175). El resultado es que nos enfrentamos con dos relatos –uno primario, el otro secundario– ninguno de los cuales, sin embargo, es deconstructivo. El primero es la noción de González Echevarría del archivo como repositorio punto de mediación infinita entre la heterogeneidad de culturas, lenguajes, fuentes e inicios. Esto coloca su trabajo considerablemente más cerca de la metafísica del humanismo filológico en Alfonso Reyes, por ejemplo, que de la crítica (o la deconstrucción) de la metafísica y su *imperium* conceptual en Jacques Derrida, Jean-Luc Nancy u otros. Las nociones de González Echevarría de mito y archivo modernizan la ideología estética latinoamericana pero hacen poco por cambiar las premisas básicas de la mediación filológica entre tradiciones culturales, literaturas y lenguajes a lo largo de la historia humana. Su trabajo más bien preserva el humanismo literario en su esencia (con un nuevo vocabulario, sin duda) y mantiene a la literatura latinoamericana firmemente dentro del *imperium* hispánico.

Como señala Martin Heidegger en su "Carta sobre el humanismo" (241), toda forma de pensamiento alcanza su límite, o llega a su fin, solo cuando se ve obligada a desembarazarse de su carácter esencial. Pero la aproximación al archivo literario en González Echevarría es un proceso de deliberación en casi exclusivo servicio del hacer y del hacerse de la fiebre de archivo de la filología, antes que del límite o de la finitud de sus genealogías criollas. En otras palabras, no hay en *Myth and Archive* intento alguno de hacer que el archivo –el repositorio de una ontología específicamente latinoamericana– se salga de su elemento. Simplemente no es el propósito del libro. Como resultado no hay vuelco ni desplazamiento del orden conceptual del archivo. El libro proporciona un "significante amo" ["master signifier"]: una gran narrativa filológica basada en la relación entre la Verdad y el lugar (América Latina), en la que el método filológico (sin importar cuánto pueda haberse renovado por los gestos hechos al vocabulario de la deconstrucción) en realidad impide hacer cualquier pregunta acerca de los límites de la filología, o acerca de los límites del archivo, simplemente porque la pregunta por el límite del humanismo no puede ser entendida ni reconocida cuando el pensamiento ya está entregado de antemano a sus repositorios filológicos.[25]

La narrativa secundaria (dependiente y por tanto esclavizada) es, sin embargo, la crítica de De la Campa, precisamente porque su aproximación sociológica a la primera realmente no enfrenta el tema de la deconstrucción ni su relación a la crítica del humanismo. La lectura de De la Campa acepta por lo tanto el hecho de que la cuestión del límite del humanismo se encuentra desde siempre ya sometida a la filología en la lectura que hace González Echevarría de la literatura latinoamericana. Como resultado, la crítica que hace De la Campa de la así llamada deconstrucción es de hecho la aceptación equivocada del humanismo filológico como narrativa maestra. En *Myth and Archive* asistimos a la apropiación del lenguaje deconstructivo con el objetivo de afirmar y extender el humanismo filológico, mientras que en De la Campa no hay ninguna expropiación importante de la apropiación de González Echevarría. El trabajo de la crítica, sin embargo, hubiera sido el de voltear y desplazar la relación entre apropiación y expropiación con el fin de afirmar la posibilidad de un pensamiento que no sea ni humanismo filológico ni su (en este caso, esclavizada) sombra sociológica. Pero el discurso de De la Campa se encuentra capturado por un significante amo que permanece no reconocido y, como resultado, es por eso mismo más poderoso. Lo que enfrentamos, en otras palabras, no es una crítica de la deconstrucción latinoamericanista –ni el vuelco ni el desplazamiento de un orden conceptual en González Echevarría, ni el vuelco ni el desplazamiento efectivos en De la Campa– sino la afirmación del subjetivismo filológico y antropológico como la fuente, el origen y la finalidad del conocimiento humano (tanto filológico como sociológico) relacionado a, y originado en, América Latina.[26]

LA DECONSTRUCCIÓN Y EL LATINOAMERICANISMO (II)

Inicio esta sección con un chiste amistoso (para A y B) acerca de la relación entre verdad y localización: "Dos judíos se encuentran en un vagón de ferrocarril en una estación en Galitzia. '¿Adónde vas?' pregunta uno. 'A Cracovia' responde el otro. '¡Qué mentiroso eres!' estalla entonces el primero. 'Si dices que vas a Cracovia, quieres que yo crea que vas a Lemberg. Pero yo sé que de hecho vas a Cracovia, entonces ¿por qué me mientes?'[27] En su evaluación de lo absurdo del chiste, el narrador, Sigmund Freud, hace la siguiente observación:

> El segundo judío es reprochado por mentir porque dice que va a Cracovia, ¡ciudad que es de hecho su destino! Pero la poderosa técnica del absurdo está aquí ligada a otra técnica, la representación a través del contrario, pues, de acuerdo con una afirmación no contradicha del primer judío, el segundo miente cuando dice la verdad y dice la verdad por medio de una mentira. (138)

Continúa entonces Freud y señala que el trasfondo serio del chiste está relacionado con lo que determina la verdad:

> El chiste señala un problema y hace uso de la incertidumbre de uno de nuestros conceptos más comunes. ¿Es la verdad si describimos las cosas como son sin ponernos a pensar en cómo nuestro oyente entenderá lo que decimos? ¿O no es esto más que una verdad jesuítica, y no consiste la verdad genuina en tomar en cuenta al oyente y en darle una imagen fiel de lo que nosotros sabemos? Creo que los chistes de este tipo son suficientemente distintos del resto como para darles una posición especial. Lo que atacan no es a una persona o una institución sino la certidumbre misma de nuestro conocimiento, una de nuestras posesiones especulativas. (138)

El comentario final de Freud es importante para los estudiantes de América Latina preocupados con la política de su práctica intelectual; esto es, con su rol como mediadores geoculturales que se esfuerzan por establecer un compromiso conceptual que sea proporcional a su responsabilidad hacia una región que ha sido capturada por un campo de reflexión materializado institucionalmente y cuyas bases descansan en relaciones imperiales (es decir, el "latinoamericanismo").[28] Aunque tal vez sea cierto que la intención original del chiste no era atacar "a una persona o una institución sino la certidumbre misma de nuestro conocimiento", la certidumbre misma de nuestro conocimiento, el lugar de la *certitudo* en la historia institucional y en la expansión de occidente, no puede separarse de la universidad como captura institucional y lugar sancionado para la reproducción de la verdad latino-romana y, por ende, cristiana.[29] No es casual, después de todo, que este sea un chiste contado por un judío sobre dos judíos que viajan a Cracovia quienes, a través de su breve interacción, minan toda fe en cualquier tipo de relación transparente en el lenguaje entre la santísima trinidad de verdad (certeza), subjetividad y localización.

Se trata definitivamente de un chiste acerca del conocimiento y es por lo tanto acerca de la relación y sus formas y contenidos representacionales. Pero, en última instancia, solo puede leerse como un chiste sobre la escurridiza relación entre la verdad y el discurso de la localización, dado que lo que la interacción entre estos viajeros parece destacar, a pesar de —o más bien gracias a— lo absurdo de la situación, es que mientras que es filosóficamente legítimo reconocer que existen verdades, es filosóficamente ilegítimo afirmar que existe un solo lugar de enunciación de la verdad. Sin embargo, el latinoamericanismo (entendido "como la suma total de los discursos académicos sobre América Latina", como lo define Alberto Moreiras) *es* la idea institucionalizada de que la verdad de América Latina, y por extensión la verdad del "sujeto" latinoamericano o, para tal caso, la verdad del "latinoamericanismo", se encuentra *en* América Latina tanto como *en* categorías análogas tal como "el pensamiento latinoamericano" o "la literatura latinoamericana". Como resultado de esto, el discurso universitario sobre América Latina afirma una impostura filosófica y políticamente dogmática basada en la afirmación de la localización como verdad. Por supuesto que hay verdades en América Latina y hay verdades que son latinoamericanas. Nadie en su sano juicio puede poner en duda tal cosa. Sin embargo, eso es *muy* diferente de colocar a América Latina –o, para el caso, cualquier otra región o escenario geográfico– en el centro mismo del discurso universitario como el origen en el que –y el *imperium* desde el cual– la verdad se revela.[30]

Surge entonces la siguiente pregunta: cuando un lugar –"América Latina"– es la posesión especulativa de un campo institucionalizado de conocimiento (el latinoamericanismo), ¿qué tipo de doble registro se requiere para, como dice Freud, considerar la manera en la que el receptor entenderá lo que es dicho? En otras palabras, ¿puede el latinoamericanismo –como discurso universitario institucionalizado que se presenta como la verdad de América Latina y de América Latina como la manifestación de la verdad (en los Estados Unidos *y* América Latina)– producir un conocimiento no basado más en, por ejemplo, las apropiaciones metafísicas del humanismo filológico o la positividad (ideológica burguesa) de la localización (o "lo sociológicamente real") como la verdad del sujeto y del sujeto como la verdad exclusiva?

¿Cuál es, me pregunto, la base conceptual desde la cual se puede formular una respuesta a estas preguntas? Definitivamente, puede formularse una respuesta conceptual y políticamente rigurosa a estas preguntas sosteniendo –como mucha gente ha venido haciendo durante años– una relación crítica creativa y productiva entre la cultura, las reivindicaciones de la teoría crítica y las genealogías de la filosofía política en todas sus modulaciones, incluida la deconstrucción, desde luego (para mencionar sólo unas cuantas posibilidades). Pero pienso que la deconstrucción de tipo "demaniano", que hizo su primera aparición en el campo en los ochenta e inicios de los noventa, no establece adecuadamente las bases para una potencial respuesta.[31] Tampoco pienso que la crítica sociológica de este tipo de trabajo disciplinario pueda proporcionar en la actualidad las condiciones para un diálogo significativo, puesto que estas críticas por lo general evitan enfrentarse con el impulso conceptual, el terreno y las potencialidades políticas de la deconstrucción, y por tanto sólo sirven para cerrar tantas puertas conceptuales y metodológicas como las que pretenden abrir. Así, pienso que las condiciones para un debate teórico sostenido, si, desde luego, tal posibilidad existe, se encuentran en otro lugar.

Como afirmé al inicio de este ensayo, nada nuevo hay en lo que propongo aquí. En las páginas que siguen, recurriré al trabajo de algunas personas que han estado ya dedicados a distintos grados de debate metacrítico así como (y a veces involuntariamente) a la polémica. Su trabajo, sin embargo, no puede reducirse a una mera metacrítica, que es lo que a menudo los latinoamericanistas residentes en América Latina consideran como la tendencia principal del latinoamericanismo con base en los Estados Unidos. Pero una cosa debe quedar clara: esta no es una discusión sobre el destino o el valor de uso de ideas específicas, o sobre los nombres de las personas que las escriben. Quisiera pensar que la cuestión de nuestra *responsabilidad teórica y práctica hacia América Latina y la verdad latinoamericana*, en pos de la relación entre deconstrucción y estudios subalternos, es de más largo alcance y potencialmente más significativa para el campo que la perpetuación de mi firma o la de cualquier otro. Así, en las siguientes páginas establezco una relación entre dos capítulos del libro de Alberto Moreiras *The Exhaustion of Difference: The Politics of Latin American Cultural Studies* ["El agotamiento de la diferencia: la política de los estudios culturales latinoamericanos"], con la esperanza de que estos capítulos me faciliten la posibilidad de elaborar con cierto detalle potenciales áreas de reflexión para el futuro. Cualquier posible desarrollo de estas áreas de reflexión, sin embargo –esto es, cualquier orientación futura para el trabajo del latinoamericanismo– depende tanto de las recientes generaciones en el campo como de las generaciones venideras (y de las lecturas que esas generaciones puedan producir por ellas mismas) así como del trabajo cuyo tiempo real –el tiempo de la formulación conceptual y de la escritura reales; en otras palabras, el tiempo de la urgencia intelectual y de la mayor intensidad creativa– siempre pertenece a un contexto previo.

Con esto en mente, de las muchas posibles maneras de aproximarse a *The Exhaustion of Difference*, me concentraré en aquella que privilegia la relación entre su tercer capítulo, "Theoretical Fictions and Fatal Conceits" ["Ficciones teóricas y presunciones fatales"], y el último, "Hybridity and Double Consciousness" ["Hibridez y doble conciencia"]. Con esto no pretendo sugerir, sin embargo, que el argumento del libro pueda reducirse a esta relación, pero me interesa particularmente la pregunta que abre el tercer capítulo y su relación con las proposiciones finales del libro. La pregunta es la siguiente: "¿Es posible rescatar algún tipo de productividad antisistémica en estos tiempos nuestros de transición para un modo de conocimiento que parecería depender casi enteramente de modelos epistemológicos legados por la modernidad en el momento mismo en el que la modernidad se va convirtiendo en una cosa del pasado?" (76) En otras palabras, en una era en la que parece no haber ni exterioridad ni real alternativa al capital, y en la que el sistema de naciones-Estado ha sido capturado por la subsunción del trabajo al capital a escala global, ¿existe un modo viable de conocimiento desde el cual pensar algo distinto de la reproducción técnica de lo que es, cuando "lo que es" es el fin de una manera de hacer y pensar cosas (las coordenadas históricas de la modernidad), pero sin inaugurar ninguna verdadera diferencia en la posmodernidad?

Esta es, desde luego, una pregunta compleja, puesto que lo que plantea es: ¿cuáles son las posibilidades de forjar una comunidad intelectual capaz de transformar el discurso universitario sobre América Latina, rigurosa e irreversiblemente, y por consiguiente de desafiar verdaderamente un sistema de dominación basado en la razón colonial y en la razón imperial? ¿Somos capaces de dejar de rezagarnos detrás de nuestro pensamiento y de la relación entre pensamiento, capital y acción? ¿Podemos transformar el pensamiento latinoamericanista, de ser una "búsqueda panóptica y captura de 'posiciones, puntos fijos, identidades'" (45), en una posible *preparación para algo distinto* al conformismo vociferante del paradigma contemporáneo de los estudios culturales?[32]

Con el fin de aproximarse a estas preguntas, Moreiras hace una distinción fundamental entre distintas modalidades de –y dentro de– el campo del latinoamericanismo: 1. "Latinoamericanismo" se refiere a un discurso universitario teorizado primero por Kant y más tarde por Humboldt, que es "radicalmente dependiente de la noción de cultura nacional como el lugar donde conocimiento y poder, esto es, razón y Estado, pueden ser unificados" (83) (el paradigma de los estudios de área es un claro ejemplo de este discurso universitario). En las humanidades este es un latinoamericanismo basado principalmente en una ideología esteticista romántica, un subjetivismo antropológico en gran parte vacío, y en el humanismo filológico. Sin embargo, esta modalidad se encuentra en profunda crisis puesto que, en la globalización neoliberal, la nación ya no es más el lugar donde conocimiento y poder coinciden. En otras palabras, el discurso (nacional, regional, local, etc.) centrado en el sujeto (identidad) ya no puede sostener u operar el vínculo entre la cultura y la nación-Estado, porque el sujeto disciplinario moderno (tomado incluso como ideal) ya no es el lugar privilegiado para la expresión del valor social (86). Dentro del orden contemporáneo del capitalismo financiero a escala global esa centralidad le ha sido entregada al consumidor, y no hay discurso de identidad étnica o diferencia que pueda alterar ese hecho. Puede presentar reivindicaciones de reconocimiento e inclusión. Pero no es posible marcar una exterioridad al mundo dado (el capital).[33]

2. El nuevo orden, dominado por el espectáculo del capitalismo financiero, el consumismo y la pobreza abyecta de aquellos que no pueden consumir, ha producido un *boom* en el discurso universitario construido sobre la reformulación de los discursos de la modernidad acerca de la identidad y la diferencia (por ejemplo, la recentralización del sujeto a través de la política de las microidentidades, lo local *versus* lo global, etc.). Esta reformulación neo-populista de un vínculo comprometido, si no difunto, entre subjetividad, conocimiento y poder, entre la razón y el Estado, lleva el nombre de "estudios culturales". Esta modalidad de "neolatinoamericanismo", bajo las condiciones geoculturales de la globalización, lucha por mantener vivo el paradigma romántico del latinoamericanismo y su genealogía kantiana. Sin embargo, su nuevo amo no es ya la relación disciplinaria entre el poder, el conocimiento humanístico y la nación-Estado. El amo es ahora el orden transnacional forjado por la "subsunción universal de conocimientos en el estándar global" (46). En el neolatinoamericanismo, el latinoamericanismo "históricamente constituido busca reformularse al servicio de un nuevo paradigma de dominio" (46). Este es el nuevo avatar del latinoamericanismo, cuya genealogía directa reside en el latinoamericanismo histórico, el cual aparece hoy en día "como el verdadero enemigo de un pensamiento crítico y de cualquier posibilidad para una acción contrahegemónica desde la institución académica o a través del discurso universitario" (46). En otras palabras, los "estudios culturales" representan un deseo conformista en dos niveles: es un deseo de ajustarse al latinoamericanismo históricamente constituido (para ser un latinoamericanista bueno, fiel, capaz aún de imaginar la cultura como el lugar donde conocimiento y poder, es decir, razón y Estado, pueden unificarse) y, al mismo tiempo, de ajustarse al nuevo paradigma dominante (la subsunción universal de conocimientos dentro del estándar global). Este último, sin embargo, está agotando rápidamente las bases del primero. En este sentido, antes que rescatar una especie de productividad antisistémica, el neolatinoamericanismo es una práctica esquizofrénica que reafirma los protocolos neohumanistas en un contexto geocultural en el que se encuentran ya vulnerados.

3. "Latinoamericanismo de segundo orden" es el nombre para la deconstrucción de la relación entre el latinoamericanismo históricamente constituido (las ficciones teóricas históricamente elaboradas del campo en todas sus formaciones ideológicas) y el avatar contemporáneo del neolatinoamericanismo (la "presunción fatal" del campo, dado que

los estudios culturales y su mantra de interdisciplinariedad se venden estridentemente como nuevos e innovadores, cuando en verdad son la afirmación y la celebración del subjetivismo humanista bajo el *imperium* expandido del capital, ahora a escala global). El latinoamericanismo de segundo orden es, sin embargo, una *deconstrucción genealógica* (y, como tal, es sistemático en su cuestionamiento de las ficciones y las resoluciones ideológicas por las que nosotros los latinoamericanistas hemos vivido hasta ahora).[34] Además, el latinoamericanismo de segundo orden es impulsado en el nombre, y como la promesa, de la posibilidad de una política *otra* (por ejemplo, una política distinta a la de la división subjetivista del campo de lo político en amigos y enemigos, como fue definida por Carl Schmitt). Como tal, es un "abandono comprometido" o un éxodo conceptual de la política de la subjetividad, en un momento en que la política del sujeto es entendida como la verdad de su lugar de enunciación, o identidad.[35]

¿Pero qué tipo de apertura hace posible todo esto? Nos descubre la posibilidad de una apertura en la sutura, imperfecta e históricamente constituida, entre teoría y política en el campo del latinoamericanismo. Moreiras presenta el latinoamericanismo de segundo orden como la posibilidad de un código subalternista para el conocimiento latinoamericanista, y nos brinda un episodio de la historia revolucionaria latinoamericana como alegoría a través de la cual comprender el funcionamiento de ese código, junto con su posible importancia para la relación entre pensamiento y acción. Moreiras (121-6) toma un episodio de *El águila y la serpiente* de Martín Luis Guzmán, "Zapatistas en palacio", en el que las tropas de Zapata abandonan misteriosamente el Palacio Presidencial después de haberlo ocupado en diciembre de 1914, para describir la escena en la que el presidente entrante (el *villista* Eulalio Gutiérrez) les anuncia a los soldados campesinos de Morelos que nunca accederán al poder soberano. Los hombres de Zapata no responden nada, pero renuncian al espacio del poder soberano, abandonan la capital y regresan a Morelos. Moreiras lee este misterioso momento de la historia revolucionaria como una negación subalterna de la interpelación hegemónica del soberano: se trata de la materialización de una conciencia y una libertad subalternas ejercidas en la forma del abandono de la política, cuando lo político se entiende exclusivamente como la captura del dominio soberano; es decir, como la captura de un Estado que sólo ha significado, y sólo significará, la dominación del soberano y la hegemonía de sus significantes maestros. Moreiras hace la siguiente, e importante, pregunta:

> ¿Qué ocurre si, para los zapatistas en el palacio, el aparente abandono de lo político no fuera otra cosa que una manera alternativa de entender lo político, una radicalización de la negación subalterna en un "non serviam" final –"no seré como tú dices"– conducente a una secreta redención triunfante? La atopía zapatista : no estaré donde tú me sitúas, en un contexto en el que lo más que puede hacer el pensamiento hegemónico es situarlo todo, situar obsesivamente, y encontrarse al final agotado en un pensamiento del lugar [...] Si la negación subalterna es un simple rechazo de someterse a la interpelación hegemónica, u éxodo de la hegemonía, ¿no es eso una nueva condición de la libertad política que queda excluida de todo pensamiento acerca de la hegemonía, de todo pensamiento de la localización? ¿De qué se retiran los zapatistas si no es de la soberanía? (126)[36]

En otras palabras, la atopía zapatista ("no estaré donde tú me sitúas") muestra un hecho del que Marx estaba completamente al tanto: que la política de la subjetividad (entendida como humanismo antropológico) no agota la política. Por el contrario, demuestra que la política de la subjetividad (o, al menos, la política del sujeto como la verdad de su lugar de enunciación, que es muy distinto del sujeto político en Althusser, por ejemplo) es el cierre de la política. Es la vigilancia de la política en nombre de su necesario cierre alrededor de una noción desproblematizada de la agencia subjetiva y la plenitud.

Lo que está en juego, sin embargo, es un concepto de lo político que (incluso cuando es ejercido desde el corazón mismo del poder soberano, como pueden serlo el Palacio Presidencial o una universidad) excede la captura de la hegemonía y su impulso de administrar la propiedad y el lugar que ha de ser asignado a conceptos, palabras, acciones o grupos sociales específicos. Trabajar, vivir y pensar desde dentro, y sin embargo simultáneamente en exceso (o en relación con una "renuncia comprometida") de la asignación hegemónica de valor institucional y de reproducción social, requiere el pensar como una práctica interruptora del "subalternismo de doble articulación" (Moreiras, *The Exhaustion* 268); esto es, el pensamiento tanto como producción del discurso universitario como simultáneamente su interrupción.

Pero, ¿qué podemos entender como esta doble articulación del latinoamericanismo de segundo orden? La doble articulación del latinoamericanismo de segundo orden es un pensamiento que deconstruye toda relación hegemónica dada (por ejemplo, la relación hegemonía-subalternidad en un determinado momento, texto, movimiento social, evento o constelación histórica). Lo hace como un medio para iluminar la incompatibilidad entre la política cultural de la hegemonía y el lugar de la exclusión subalterna.[37] Puesto que la política hegemónica "siempre puede abolir algunas subalternidades pero nunca puede abolirlas todas –las necesita como aquello sobre lo cual constituirse" (285), la idea es convertir lo inevitablemente incompleto e imperfecto de la interpelación hegemónica en el código básico para una apertura, en la teoría y la práctica, a posibilidades alternativas de lo político. Es, pues, una apuesta por la transfiguración de la relación entre lo político y la articulación de la configuración poder/saber de la universidad (y por lo tanto del campo).

En *Subalternity and Representation* [*Subalternidad y representación*] John Beverley afirma que "lo que está en juego en la idea de Moreiras de la incomensurabilidad entre lo hegemónico y lo subalterno es la pertinencia de la deconstrucción como modelo para nuevas formas de imaginación y práctica política" (97-8). Pero esta afirmación no capta qué es lo que está realmente en juego, porque la deconstrucción nunca puede ser un modelo para, y de hecho nunca es pertinente a, nada en particular. Se trata de un medio impertinente para crear las condiciones para –y la demanda de– una decisión completamente contingente. Como tal, no es más que la preparación conceptual para el terreno mismo de lo político: el trabajo conceptual que tiene que hacerse para considerar la posibilidad de nuevas formas de imaginación y práctica políticas. Beverley critica la deconstrucción porque "se encuentra siempre lista a interrumpir la constitución del subalterno como sujeto de la historia" (102). Pero estamos aquí ante un nuevo malentendido, porque con el fin de devenir un "sujeto de la historia", el subalterno, que es tal porque ese es el lugar que le ha asignado la hegemonía, debe internalizar la interpelación de la hegemonía y, por lo tanto, ingresar en ella. Debe internalizar la hegemonía como el lugar y esencia de su propio ser, de la misma manera en que el corazón del obrero late, por ejemplo, desde el pecho del capitalista. Por definición, el subalterno no puede ser sujeto de la historia, entendida esta en el sentido sugerido por Beverley. Es decir, el subalterno no puede ser nunca una plenitud autónoma.

Por el contrario, lo que la deconstrucción quiere es precisamente interrumpir la constitución de la hegemonía (que no es la del subalterno) en nombre de una política *distinta a* la de la relación hegemonía-subalternidad, construida con el único propósito de la subordinación (en otras palabras, el problema es la hegemonía cuando se la concibe como el único terreno de la política). La deconstrucción subalternista es una apuesta por el no agotamiento de la política en una relación hegemonía-subalternidad que siempre trabaja contra el subalterno. En este sentido, la deconstrucción es solidaridad activa con la subalternidad como resultado del trabajo negativo que emprende contra la hegemonía. Esta es la *afirmación* de la deconstrucción y su insistencia, así como el terreno de su doble articulación. Por otro lado, Beverley considera lo político como el cierre *positivo* del pensamiento y de la acción alrededor de la díada hegemonía-subalternidad: "La pregunta es [...] si los estudios subalternos pueden contribuir a organizar una nueva forma de hegemonía desde abajo –lo que Guha llama una 'política del pueblo'" (104). Desde tal positividad no hay exterioridad posible a –ni transfiguración sustantiva de– una relación política de poder/saber que se encuentra desde siempre establecida por la hegemonía. Como resultado, dentro de este cierre positivo del pensamiento y la acción, no existe posibilidad de una "negatividad radical desde la disciplinariedad académica" (Gómez 355). Lo último es completamente incompatible con lo primero.

Existe una distinción fundamental entre *afirmación* y *positividad*. La política hegemónica es una política de lo positivo, más allá y por encima de lo que niega (que es la subalternidad). La política de la afirmación es la acción del afuera constitutivo de la hegemonía, que actúa en nombre de la liberación, o de una renuncia comprometida desde la positividad hegemónica.[38] La afirmación deconstructiva es la negación de la positividad hegemónica, que niega. La negación de esa negación es afirmación política. Aquí no hay nihilismo anárquico en absoluto. No obstante, sí hay una contradicción fundamental que existe en el corazón de una política de positividad hegemónica cuando esa política se anuncia en nombre de una política subalterna. Después de todo, este tipo de política está basada, a pesar de sí misma, en un "acuerdo desde siempre interiorizado con las reglas del juego hegemónico" (Moreiras 283).[39]

Esto prepara el terreno para mejor comprender la doble articulación del latinoamericanismo de segundo orden. En su último capítulo, Moreiras examina la noción de hibridez cultural desarrollada por Néstor García Canclini, reconociendo desde el inicio que la fuerza política de este concepto, que ha sido central para el repertorio (neo)latinoamericanista desde finales de los ochenta, "permanece en gran medida contenido por las políticas hegemónicas" (264).[40] Esto significa que la noción de hibridez se ha convertido en algo parecido a una contraseña para todo un programa político de los estudios culturales neolatinoamericanistas, en el que esta hibridez se celebra como una "política suficientemente fluida de identidad/diferencia que puede garantizar la redención cultural del subalterno" (264). Esta contraseña se construye sobre la celebración de una intensificada dialéctica entre identidad y diferencia "que cruza fronteras". Es la base imaginaria para la reconstitución y la resutura de la cultura y la subjetividad (ahora "posnacional" o "diaspórica") al régimen y operación actuales del capital transnacional.

Moreiras, sin embargo, apunta algo importante. La subjetividad híbrida no consiste en simplemente saltar de un concepto a otro, o de una forma subjetiva a otra, de acuerdo a la necesidad, la voluntad o el deseo de un individuo o una colectividad, tal y como parece suceder en la corriente dominante de los estudios culturales. Consiste más bien en el vuelco y el desplazamiento del orden conceptual mismo de la dialéctica identidad/ diferencia.[41] La subjetividad híbrida, en tanto híbrida, y, por tanto, en su límite, "no admite algunas veces la subjetividad y otras la diferencia, sino que más bien debilita simultáneamente tanto las posiciones identitarias como las diferenciales, las que son llevadas hasta la aporía" (291). La hibridez, como aporía, se encuentra más allá de toda diferencia y de toda identidad y permanece, por tanto, más allá del cierre hegemónico, pues es un fundamento abismal para la constitución subjetiva y, como tal, no puede proveer de localización ni a la política de la localización ni a la política de la subjetividad (ni en sus modalidades hegemónicas ni contrahegemónicas). En otras palabras, es el otro lado "salvaje" de la relación hegemónica en general:

> no tanto un lugar de enunciación como un lugar atópico [...] la negación de lo que la hegemonía niega [es decir, la negación de la localización del subalterno en su relación de inferioridad con la hegemonía] y así la posibilidad de una historia *otra* [de una memoria histórica *alternativa* basada en la intuición crítica de que] las cosas pueden ser, y podrían haber sido, distintas de lo que son. (297, paréntesis mío)

Se trata, pues, de vislumbrar el *otro lado* de la concepción burguesa de la historia y la subjetividad, que permanece en una potencial relación de insurrección constante contra las concepciones imperiales de la práctica intelectual y política. Considerada en todas sus posibilidades, marca potencialmente el lugar para una apertura preparatoria de la vía disciplinaria, una apertura que empuja "los límites del pensamiento disciplinario, tanto como somos capaces, con el fin de ver qué pasa entonces" (300). Esta deconstrucción todavía –y tal vez siempre– incompleta es, concluye Moreiras, "nuestra responsabilidad final, como latinoamericanistas, hacia América Latina".

¿Hacia dónde ahora? ¿Cómo podemos llevar más allá nuestra conceptualización de esta responsabilidad? Inicié esta reflexión con un par de preguntas tomadas de *The Exhaustion of Difference*. "¿Podemos empezar a proporcionar [...] los elementos necesarios para una nueva práctica de razón crítica en tiempos de capitalismo tardío? ¿Podemos establecer una nueva práctica teórica latinoamericanista que no se considere neoimperial?" (102-3). Tal vez la respuesta sea que ese comienzo está siendo apenas anunciado como pregunta, o vislumbrado como posibilidad, debido a la relación de los estudios subalternos con la deconstrucción genealógica en sus muchas posibles formas. Bruno Bosteels observa que la relación entre los estudios subalternos latinoamericanos, la deconstrucción y la herencia conceptual de Marx funciona en un doble registro. En este horizonte conceptual del doble registro, un concepto funcional de lo político es central para poder considerar un afuera insurreccional a las relaciones hegemonía/subalternidad y hegemonía/ contrahegemonía. Resulta también fundamental para dilucidar una noción de responsabilidad latinoamericanista.[42] La cuestión es cómo considerar la política desde más allá de su reducción a la mercantilización y al conflicto entre amigos y enemigos.

Recurriendo a los legados de Michel Foucault y Alain Badiou, entre otros, Jacques Rancière en *Dis-agreement* [*El des-acuerdo*] establece una importante distinción entre la noción de *policía* y la cuestión democrática de *lo político*.

La política es generalmente percibida como un conjunto de procedimientos a través de los cuales se alcanza la agrupación y el consentimiento de las colectividades, la organización de los poderes, la distribución de lugares y roles, y los sistemas para legitimizar esta distribución. Propongo que le demos a este sistema de distribución y legitimación un nombre distinto. Propongo que lo llamemos *policía*. (28)

La *policía* se refiere a los *cálculos* de un orden que reclama constantemente la noción de lo político como la *administración* de la abundancia y el consenso: "La policía es en primer lugar un orden de cuerpos que *define la asignación de maneras de hacer, maneras de ser y maneras de decir*, y se asegura de que esos cuerpos sean asignados nominalmente a un lugar y una tarea particular" (29, énfasis mío). La hegemonía es, por supuesto, otro nombre para la policía como administración y fuerza materializadas. El pensamiento de la hegemonía, en este contexto, *es* pensamiento policial, aún cuando se presente a sí mismo como oposicional o contrahegemónico, precisamente porque no inaugura el vuelco conceptual del aparato conceptual hegemonía/subalternidad.

A la luz de la distinción de Rancière, podemos decir que dentro de las modalidades de nuestra práctica disciplinaria, tanto el latinoamericanismo como el neolatinoamericanismo son, en su mayor parte, manifestaciones distintas –aunque íntimamente relacionadas– de la policía como fuerza conceptual y materializada; esto es, como la administración universitaria de *maneras de hacer, maneras de ser y maneras de decir*. Sin embargo, el latinoamericanismo de segundo orden pertenece a un orden distinto, aunque relacionado, pues establece una relación de *des-acuerdo* con las bases y los fines del *pensamiento policial*. El des-acuerdo "ocurre cuando la controversia sobre lo que significa hablar constituye la racionalidad misma de la situación de habla. Los interlocutores entienden y no entienden a la vez la misma cosa a través de las mismas palabras" (xi).[43]

La noción democrática de lo político en Rancière es lo opuesto de *la policía*, al tiempo que permanece todo el tiempo ligada a ella. Como dice Rancière, para que la política pueda ocurrir "tiene que haber un punto de encuentro entre la lógica de la policía y la lógica igualitaria" (34). Para el autor, la democracia –la lógica igualitaria– es la aparición interruptora de una parte de aquellos que no tienen ninguna parte asignada, pero que sin embargo reclaman el todo. El movimiento laboral consistía en afirmar que existía un mundo común, igualitario; que la condición común al ser que habla en general y al obrero que trabaja en su función específica, existe; y que esta condición común era común tanto a patronos como a trabajadores, y que consistía en su pertenencia, en condición de iguales, a la esfera social como un todo (51-2). El movimiento de los trabajadores es la parte de los que no tienen parte reclamando su lugar en el corazón del todo y, por supuesto, su parte *como* el todo. Como tal, la lógica igualitaria de la democracia excede todo cálculo, y constituye una llave de tuerca en el funcionamiento de la injusticia de las distribuciones policiales: "La democracia es más precisamente el nombre de una *interrupción singular* de este orden de distribución de cuerpos como comunidad que proponemos conceptualizar con el concepto más amplio de policía. Es *el nombre de lo que viene e interrumpe* el funcionamiento liso de este orden por medio de un *mecanismo singular de subjetivización*" (99, énfasis mío). "Subjetivización" no debe confundirse aquí con el sujeto. El sujeto es el resultado de la administración calculada y la distribución de lugares que hace el pensamiento policial de poderes, funciones, localizaciones y *lugares de enunciación*. Así pues, es siempre una cuestión de *identificación* con un todo, y con el funcionamiento liso de ese todo, sin restos, sobras o residuos. Como dice Rancière: "Desde Atenas en el siglo V A.C. hasta nuestros días y con nuestros gobiernos, el partido de los ricos siempre ha dicho solo una cosa, que es más precisamente la negación de la política: no existe la parte de los que no tienen parte" (14). Por otro lado, la "subjetivización" no está relacionada con la *identificación* ni con el establecimiento efectivo de las coordinadas del todo. Más bien, se trata de un singular evento de *desidentificación* en relación con el lenguaje policial y las distribuciones. Es la deconstrucción contingente, o el éxodo, de las coordenadas del todo en nombre de alternativas, porque las distribuciones del todo son injustas (y por consiguiente equivocadas). La democracia –la subjetivización interruptora de la parte de los que no tienen parte– "es cualquier cosa que *cambie a un cuerpo del lugar que le ha sido asignado o cambie el destino de un lugar*. Hace visible lo que no tenía razón de ser visto, y hace audible un discurso donde antes no había lugar más que para ruido" (30; énfasis mío).

En *Rogues [Canallas]*, Jacques Derrida afirma que "No hay soberanía sin fuerza, sin la fuerza del más fuerte, cuya razón –la razón del más fuerte– es la de conquistarlo todo" (101). La razón soberana del más fuerte (materializada como la fuerza de *la policía*) caracteriza a aquellos incluidos bajo la bandera de su propia exclusión (el subalterno) como puro ruido, como el murmullo de lo incomprensible, espontáneo o irracional dentro del campo ordenado de lo político. En contraste, la *democracia* trae el lenguaje de *eso distinto a* la mera organización y reproducción de cuerpos en una comunidad plenamente subjetivada (es decir, completamente predeterminada y consensual). La democracia anuncia algo *distinto al orden de una ciudadanía localizada dentro de la administración calculada y la distribución de lugares, poderes y funciones*. Trae al terreno de la *policía* un lenguaje no definido anteriormente, precisamente al lugar en el que lo único que se podía escuchar antes era ruido. Se trata, así, de una insurrección afirmativa del lenguaje contra la positividad de la policía: el venir a ser de un lenguaje que *no está de acuerdo con el orden policíaco* y que el orden policíaco, con el fin de mantener su localización hegemónica y su discurso de la localización como hegemonía, sólo puede tratar de clasificar como tonterías incomprensibles, jerga, galimatías, caló, germanía, nihilismo, anarquismo, o simplemente "falta de compromiso" con la "manera correcta" de hacer las cosas, lo que, en el lenguaje del pensamiento policíaco, puede terminar significando cualquier cosa.

El problema es, sin embargo, que *la policía* no puede realizar su silenciamiento porque se ve confrontada a un *lenguaje de des-acuerdo racional, en la teoría y en la práctica*, antes que a la emergencia de puro ruido o incomprensibilidad espontánea. Se trata de un lenguaje que interrumpe, que es capaz de duración histórica (por su persistencia a lo largo de la historia). Cuenta, por lo tanto, con la capacidad de anunciar su emergencia como el advenimiento de un evento histórico en la teoría y la práctica. Y, como observa Alain Badiou en su reflexión sobre la comuna de París: "No hay consecuencia trascendental más fuerte que hacer aparecer en el mundo algo que no había existido antes" (147).

En conclusión, no presento aquí la noción de democracia desarrollada por Rancière como celebración de lo incomprensible, lo espontáneo o lo irracional en el campo de lo político. Más bien —tal y como la deconstrucción genealógica que el latinoamericanismo de segundo orden opera sobre sus propias historias constitutivas— la noción de Rancière de des-acuerdo en nombre de la democracia caracteriza la reflexión filosófica, no como sofisma carrerista, sino como manifestación, al nivel teórico, de la lucha por la emancipación de la parte de aquellos que no tienen parte. En otras palabras, Rancière la coloca como lugar preparatorio para el evento por venir. Y el latinoamericanismo de segundo orden ocupa exactamente el mismo terreno conceptual y práctico.

Querido lector, es decir, querido noamigo, depende de nosotros asumir la responsabilidad de —o darle la espalda a— la decisión práctica y teórica en favor de la lucha de la parte de los que no tienen parte (y, por tanto, por la filosofía como lucha de clases a nivel teórico). Nos podemos decidir por la positividad de la policía o por una subjetivización política afirmativa. No nos equivoquemos, se trata de una decisión vital, una decisión por la vitalidad, o no, en la que el futuro dura para siempre, con o sin nosotros. La decisión por el futuro, la decisión de que haya un futuro para la práctica democrática de una política teórica de la cultura en el latinoamericanismo es, en este sentido, tuya, nuestra, y está esperando. Esa decisión por el futuro, en el contexto de una universidad policíaca y corporativizada, es la decisión por una responsabilidad filosófica y política real respecto de América Latina y su verdad, en la teoría y en la práctica. Es una decisión por algo distinto a la reducción del pensamiento a la reproducción técnica de nuestro orden policíaco corporativizado y sus ideas. Pero si, en todo caso, al final no puedes decidirte, no te preocupes. Siempre habrá otros que puedan, que ya pueden, o que han estado haciéndolo durante años.

Entretanto, tal vez esta discusión de la relación entre la deconstrucción y los estudios subalternos latinoamericanos como promesa y como experiencia —una discusión cuyo objetivo final no es ni defensivo ni agresivo— pueda permitir que esta generación y las venideras se den cuenta de que puede haber pensamiento, y libertad de pensamiento, incluso en —y a veces a pesar de— una configuración institucional, social y disciplinaria en la que la vigilancia policial de los demás, e incluso la vigilancia policial sobre uno mismo, ha acabado siendo considerada como el único prerrequisito para entrar en el mercado neoliberal del discurso universitario. En este contexto, la *responsabilidad práctica y teórica del intelectual latinoamericanista hacia América Latina y hacia la verdad latinoamericana* es afirmar una relación creativa y productiva de *des-acuerdo* político y filosófico con la policía.

Traducción de Fernando Velásquez y Gareth Williams

NOTAS

[1] En otras palabras, "el capitalismo [...] subsume el trabajo intelectual en los procesos de valorización del capital, de manera [ahora] que el trabajo intelectual aparece de la nada como el proceso de producción que lo produce" (Thayer, 188; citado en Moreiras, *The Exhaustion* 94). La pregunta subyacente es, por lo tanto, ¿para quién se está trabajando cuando se practica el propio campo de reflexión?

[2] Me uní al Grupo de Estudios Subalternos Latinoamericanos en 1996 porque yo, y otros que se unieron conmigo, creímos que tenía el potencial para lograr esa articulación teórica y práctica intergeneracional. En 1995, a los treinta y dos años, escribí una crítica a la "declaración fundacional" del Grupo, que se había publicado en *boundary 2* en 1993. Hasta donde tengo entendido, ésta fue la primera evaluación crítica del proyecto del Grupo ("The Fantasies...").

Fui entonces invitado a unirme sobre la base de esta crítica. Existen otras críticas al proyecto del Grupo (véanse, por ejemplo, Moraña, Achugar). Sin embargo, como señala John Beverley (*Subalternity* 171, n. 26), estas no alteran ni superan las apuestas conceptuales y políticas desarrolladas en mi ensayo. Como mostraré en estas páginas, la posibilidad de una sustantiva articulación teórica y práctica a través del Grupo no cumplió con sus expectativas, incluso a pesar de que el pensamiento de los estudios subalternos ha avanzado considerablemente desde mediados de los noventa, gracias a varios trabajos fundamentales.

[3] Nunca he escrito nada acerca de la experiencia, muerte o potencial legado del Grupo de Estudios Subalternos Latinoamericanos. No hay ni misterio ni drama en esto. Por ejemplo, no participé en el reciente volumen de *Dispositio/n* ("Los estudios subalternos latinoamericanos reconsiderados"), editado por Gustavo Verdesio, porque, como Alberto Moreiras (quien también fue invitado y tampoco participó), en ese momento estaba ocupado con otras tareas que consideré más urgentes. Verdesio se refirió a nuestra decisión de no participar en los siguientes términos: "Aunque fueron invitados a contribuir con un ensayo en el presente volumen, decidieron no hacerlo. Esto nos trae a otra cuestión: el significado del silencio. El suyo –el de Moreiras y Williams– es sintomático: los dos así llamados deconstruccionistas o miembros teóricos del grupo deciden no hablar sobre el desaparecido colectivo. Esto debería resultarnos elocuente, pero ¿de qué? Honestamente no lo sé" (14). Honestamente, yo tampoco. El texto de Verdesio le da un aura de misterio a la reconsideración del final del Grupo de Estudios Subalternos Latinoamericanos. Pero al mismo tiempo delata la aparentemente infinita necesidad de la academia del tufillo a escándalo o la conspiración en potencia, el indicio, tal vez, de una injusticia oculta, o tal vez incluso la sospecha de una mala conducta política cometida por "los dos así llamados deconstruccionistas o miembros teóricos del grupo", quienes, por razones conocidas sólo por ellos, decidieron no hablar siquiera sobre "el desaparecido colectivo".

[4] Para el trabajo más significativo relacionado con el Grupo de Estudios Subalternos Latinoamericanos, véanse Beverley, *Subalternity*; Moreiras, *The Exhaustion*; Williams, *The Other*; además de los volúmenes editados por Rabasa, Sanjinés & Carr, y Rodríguez.

[5] Básicamente, podemos entender la hegemonía como la fabricación de un poder (un lenguaje, una institución, etc.) que se construye en, y sólo se hace posible a través de, su relación con otro subalterno que constituye la exclusión o negación de ese poder y de sus presuposiciones ideológicas.

[6] Por "miembros fundadores" me refiero principal, pero no exclusivamente, a John Beverley e Ileana Rodríguez, porque han sido ellos los miembros del grupo que han utilizado esta nomenclatura más frecuentemente y con la mayor comodidad en sus escritos. De mis observaciones debería quedar claro que estoy en desacuerdo con Ileana Rodríguez cuando afirma: "Una cosa es cierta, y es que nadie quería organizar el grupo sobre la base de exclusiones porque las exclusiones nos olían a política partidaria y todos estábamos hartos de eso" ("Is there" 58). Por el contrario, la exclusión siempre formó parte central de la existencia del grupo, como nos lo demostró claramente a muchos de nosotros –así como a aquellos que se preguntaban qué se necesitaba para ser invitado– la insistencia estructural en la existencia de miembros "fundadores" y "nofundadores".

[7] John Beverley ha ofrecido una explicación de la ruptura del grupo, relacionada directamente a la cuestión del carrerismo: "Sé cuál es el momento en el que las cosas desembocaron en la crisis del Grupo de Estudios Subalternos. Sucedió en la conferencia de la Universidad de Duke en 1998" (Gómez, 357). En su primera fase, el grupo había sido institucionalmente marginal, a pesar de que, como señala Beverley, "teníamos el objetivo de institucionalizarnos" (358). El problema, sin embargo, fue que "había famosos poscolonialistas como Spivak, o Rolena Adorno y Walter Mignolo, que circulaban por las universidades de la Ivy-League, pero nosotros no formábamos parte de eso [...] Nadie quería darnos becas. Nos presentamos a la Fundación Rockefeller y nada" (358). Beverley transfigura esta historia de marginalización en la narración de un grupo de "desesperados" académicos peleando en nombre de la salvación subalterna:

"Fue algo bueno porque, en un sentido, nos permitió hacer de 'francotiradores'. No teníamos nada que perder. Éramos un grupo de más o menos doce, como los Apóstoles" (358). Beverley cuenta lo sucedido en la conferencia en la Universidad de Duke como si esta hubiera secuestrado la condición marginal que daba al grupo el carácter de "francotiradores": "Mignolo y Alberto Moreiras se unieron. Y Duke entró en el escenario con sus grandes recursos, y de repente tenemos esta gran conferencia. Montones de dinero. Grandes nombres. Estilo MLA. Mientras que nuestras reuniones anteriores habían sido bastante informales y de bajo presupuesto. Pasábamos un fin de semana en algún campus y hablábamos tal y como lo estamos haciendo en este momento. Nadie traía ensayos. No había público ni nada que se le pareciese. Pero lo de Duke fue algo mucho más dramático y ambicioso [...] Y entonces tu antigua Decana de humanidades, Cathy Davidson, dice en la conferencia algo así como 'Los estudios subalternos serán el modelo de las humanidades en la Universidad de Duke'" (358). En otras palabras, en la narración de Beverley, el reconocimiento institucional mismo (la hegemonía) es lo que provocó la crisis. Pero hay que aclarar esta narrativa. Como observa Walter Mignolo, el encuentro de 1998 en la Universidad de Duke había sido planeado desde el segundo encuentro del grupo en la Ohio State University a inicios de 1994 (1). De hecho, el encuentro de 1998 fue organizado y coordinado por Walter Mignolo y Alberto Moreiras, en pleno acuerdo con todos los miembros del grupo, incluyendo a los miembros fundadores. Todos éramos conscientes de que existían profundas diferencias intelectuales en el grupo, y ambos organizadores podrían haber armado conferencias de dimensiones y significación similares, invitando a gente que representara sólo sus intereses y compromisos intelectuales personales bajo el encabezamiento general de "estudios subalternos". Sin embargo, eso no fue lo que sucedió. Por el contrario, era claro que la conferencia se organizaba para beneficio de los estudios subalternos latinoamericanos en su totalidad. Es erróneo, en mi opinión, sugerir que el proyecto original del grupo fue secuestrado por el dinero. Sin embargo, en un comentario que parece invertir mecánicamente lo que podrían ser las palabras de un socio de un club de campo, Robert Carr se queja con pasión triste: "Éramos gente política dentro del sistema universitario, no gente de la universidad bateando ideas sobre la política. Una vez que el grupo empezó a ganar cierta notoriedad ... empezó a atraer nuevos tipos de miembros. Para algunos de estos la preocupación principal era el avance de su carrera [...] Emergieron dos corrientes de estudios subalternos: una política, la otra preocupada con el 'caché' académico" (12). Mi recuerdo de ese momento, sin embargo, es que el propósito de la conferencia de Duke fue, precisamente, organizar un encuentro importante con invitados internacionales distinguidos y con miembros prominentes de la administración universitaria, en un intento de sacar a los estudios subalternos latinoamericanos de la oscuridad profesional y académica que caracterizó su primera fase. Solo en este sentido, y como lo puede atestiguar la gente que asistió a esa conferencia, el encuentro "Cross-Genealogies" de 1998 fue un acto de generosidad y no un secuestro carrerista. El hecho de que a esta generosidad –la promesa emergente y el éxito del proyecto como posibilidad colectiva de naturaleza institucional-política– se le diera luego un giro poco generoso, y que el final de la conferencia se viera enfrascado en acusaciones por parte de los fundadores de carrerismo y secuestro del proyecto, fue lo que marcó la verdadera crisis del Grupo de Estudios Subalternos Latinoamericanos, porque tales acusaciones pusieron fin a la posibilidad de una articulación teórica y política capaz de trascender la imagen de culto que tenía la colectividad. Es verdad que había ya suficientes divisiones teóricas y políticas para que se justificase la desaparición del grupo. Según Walter Mignolo lo que sucedió en la conferencia de "Cross-Genealogies" es que esas divisiones se mostraron más agudamente en tanto que dos acercamientos intelectuales distintos dentro del proyecto de los estudios subalternos alcanzaron una predominancia en la discusión, desplazando así la centralidad del proyecto del grupo de la manera en que se había concebido y coordinado originalmente. Mignolo lo pone en los siguientes términos: "Hacia el final del taller era evidente la existencia de dos discursos complementarios pero algo conflictivos. Un discurso se desarrolló alrededor de los conceptos de hegemonía y pos-hegemonía, y el pensamiento de una posible extensión del campo de lo político más allá de articulaciones hegemónicas; el otro se desarrolló alrededor de los conceptos de colonialidad, modernidades periféricas y descolonización" (4). Mignolo exagera aquí la división de la conferencia en dos discursos complementarios porque en realidad fue el primero el que marcó la dinámica interna y el desarrollo del debate mucho más que el segundo. De todas maneras, Mignolo tiene razón en que la conferencia provocó la discusión que marcó el principio del fin del grupo. En otras palabras, más que tratarse de un problema de institucionalización o de secuestro, fue la existencia de una discusión que trascendió y desplazó la idea original que tenía el grupo de sí mismo, la reacción que a esta discusión desataron algunos miembros fundadores, y el retiro definitivo de los miembros interesados en nociones de "colonialidad", lo que señaló la muerte del grupo.

8   Rodríguez afirma que el grupo dejó de existir porque "los protocolos masculinos estaban volviendo a ponerse de moda" ("Is there" 58). En realidad el grupo dejó de existir por su poca disposición a adoptar la posibilidad de un principio de estructuración que trascendiera los derechos de propiedad individual y que enterrase su carácter y reputación de culto para siempre. No tuvo nada que ver con "protocolos masculinos" y sí todo que ver con la poca disposición para adaptarse a circunstancias cambiantes y sacrificar los derechos de paternidad/maternidad en nombre de un ensamblaje teórico más amplio e inclusivo en términos políticos. El hecho de que Rodríguez presente ahora como posibilidad la estructura que ella misma rechazó indica que obviamente ha cambiado de parecer desde que se opuso a ella y a sus principales partidarios en 1998.

9   Los únicos que seguíamos tratando de sostener un lenguaje de promesa práctica y teórica éramos los que nos habíamos unido al grupo durante el encuentro de Puerto Rico en 1996. Como se señaló anteriormente, después de la conferencia de "Cross-Genealogies" los interesados en temas de colonialidad, modernidades periféricas y descolonización se fueron por su propia cuenta, y los miembros fundadores no respondían a los *e-mails*. De esta manera el grupo fue llevado a la autoinmolación.

10 No pasó mucho tiempo para que yo recibiera una oferta similar, que también rechacé. Afirmaré aquí lo obvio: "carreristas" u oportunistas que rechazan oportunidades ni son carreristas ni están interesados en el así llamado "caché académico".

11 Parte considerable de la desconfianza y sospecha hacia la deconstrucción viene del hecho de que ésta es percibida como un fenómeno francés y, consecuentemente, como poco más que otra imposición extranjera en una larga historia de imposiciones extranjeras. Sin embargo, si consideramos simplemente que "no hay un *auto-* sin un *alter-* que lo ha cruzado desde siempre" y que América Latina constituye históricamente y en la práctica ese hecho doloroso, entonces "el latinoamericanismo no debería quejarse de que Europa u occidente siempre lo conciban falsamente a través de especulaciones egoístas, sino más bien abrazar el hecho de que América Latina es justamente esa teoría, ahora teorizada y teorizante" (Levinson, "Globalizing" 82).

12 Para una definición de la metafísica, ver, por ejemplo, la lectura que hace William Spanos de Heidegger: "Pensar meta-físicamente es así pensar hacia atrás. Esto quiere decir, *retros-pectivamente* o *circularmente*, con el propósito de acomodar la diferencia a un objetivo preconcebido o de reducir la fuerza diferencial del tiempo a una presencia idéntica a sí misma, objetivada, eterna, a-histórica, mientras todavía se preserva la *apariencia* de la temporalidad del tiempo" (9). La supuesta división del grupo en "teóricos" y "políticos" ha sido generada y sostenida principalmente por Ileana Rodríguez y John Beverley. Pero también se ha caracterizado al grupo en términos de una segunda división. Sin embargo, la conceptualización de esta segunda división es tan problemática como la primera. En el primer número de *Nepantla* Walter Mignolo utiliza el número especial de *boundary 2*, editado por John Beverley y José Oviedo en 1993 ("The Postmodernism Debate in Latin America"), para clasificar la relación entre, y para posicionar a, los colaboradores del volumen en el campo del latinoamericanismo. Esta clasificación y posicionamiento sirven para establecer una división entre "posmodernos" y "poscoloniales": "Xavier Albo ... Anibal Quijano ... Enrique Dussel ... se aproximan más a lo poscolonial que a

lo posmoderno" (3). Mientras tanto, según Mignolo, a Néstor García Canclini, José Joaquín Brunner, Norbert Lechner, Martín Hopenhayn, Nelly Richard, Raquel Olea, Beatriz Sarlo, Silviano Santiago y Roberto Schwarz "se les puede asociar con inquietudes posmodernas, más que con intereses poscoloniales" (3). Esta aserción de lugares discretos en el campo es un ensayo para presentar la diferencia – "la diferencia irreductible", nada menos – entre "los proyectos intelectuales que emergieron [en el grupo] durante el taller [de octubre 1998] bajo los nombres 'poshegemonía' y 'descolonización'" (5). La poshegemonía es para lo posmoderno lo que es la descolonización para lo poscolonial, y que no se encuentren nunca, puesto que son "irreductibles". Sin entrar en detalles genealógicos o conceptuales sobre la relación entre lo posmoderno y los orígenes de la crítica poscolonial (su legado común en relación con el posestructuralismo, la pos-fenomenología, y el agotamiento del sujeto metafísico eurocéntrico en la deconstrucción, por ejemplo), Mignolo afirma una absoluta demarcación y reterritorialización intelectual del campo basada en la incompatibilidad irreductible de la teoría posmoderna con el sujeto descolonizado. La afirmación de la "diferencia irreductible" sostiene la lógica del mercado en el centro de la reflexión disciplinaria (poshegemonía *versus* descolonización; Pepsi *versus* Coca Cola). Además, esta construcción de fronteras irreductibles ejemplifica la persistencia en el campo del subjetivismo antropológico tan típico de la metafísica occidental (es decir, la forzada acomodación de contradicciones reales a un objetivo preconcebido, o la reducción de la fuerza diferencial a una presencia idéntica a sí misma). La relación identidad-diferencia es la base y origen del pensamiento occidental y de su eurocentrismo concomitante. También es la base para la concepción burguesa de la historia. Por esto, considero que esta conceptualización de la supuesta segunda división del grupo es profundamente problemática, tanto conceptual como ideológicamente.

13 Por esta razón Althusser, en su introducción a *For Marx*, observa que el problema de la izquierda es un problema *dentro de la teoría* (26). Como señala Bruno Bosteels: "No pienso que se trate de un problema de elección a favor de, digamos, trabajo histórico "bueno" contra demasiada deconstrucción "mala". La articulación adecuada de las dos tendencias principales del pensamiento subalterno "le permite al crítico, de maneras nuevas y nunca antes vistas, no solo teorizar la desaparición de la política revolucionaria, sino también politizar la teoría de la diferencia y la deconstrucción de la metafísica. El paso más minucioso a través de este doble movimiento me parece no sólo útil sino absolutamente indispensable para quienquiera que se quiera comprometer críticamente hoy en día con cuestiones de literatura, cultura y política tanto en América Latina como en cualquier otro lugar" (150).

14 Como tal, Derrida utiliza el término "irreductibilidad" en oposición a la manera en la que lo utiliza Mignolo (ver nota 12).

15 El verdadero pensamiento, en otras palabras, se encuentra en la relación de abandono de tales pasajes conceptuales binarios y de los saltos ideológicos de fe hacia lo metafísico. Este abandono de la falsa conceptualización ofrece los contornos de un tercer espacio. El tercer espacio es un terreno abierto sobre el que –y contra el que– se levantan las conceptualizaciones binarias y las ficciones ideológicas. El desmantelamiento desconstructivo del pasaje de binarios se lleva a cabo no sólo en nombre de desmantelar cualquier conjunto de binarios. Se lleva a cabo en nombre del abandono del sistema conceptual que permite, y requiere, en primer lugar, de binarios y de forclusión ideológica. Ese sistema conceptual es la metafísica occidental. Su desmantelamiento es el motor de la decisión y la *promesa* de la deconstrucción, y se encuentra lejos de ser sinónimo de despolitización, falta de compromiso, nihilismo o anarquismo. Se trata más bien de la precondición para una práctica basada en algo distinto a lo que se encuentra ahí, dado, en el ordenamiento metafísico del mundo en cualquier momento, en cualquier constelación de fuerzas o en cualquier configuración textual específica. El lector puede consultar *Tercer espacio: literatura y duelo en América Latina*, la más importante teorización del tercer espacio en relación con la modernidad y la posmodernidad literarias latinoamericanas.

[16] Para una excelente revisión e introducción al pensamiento de Derrida en relación con lo político, véase Beardsworth. La decisión también es central a la noción de justicia desarrollada por Derrida en *Espectros de Marx*. Como afirma Levinson: "La indecidibilidad es la condición de la decisión. Y una permea a la otra; al tomar una decisión uno debe siempre decidir entre la decisión y la indecidibilidad" (*The Ends* 186). Es importante señalar que hay una diferencia fundamental entre cómo la deconstrucción comprende la decisión y cómo esta es representada en las declaraciones de Rodríguez sobre la desaparición del grupo de estudios subalternos latinoamericanos. En estas últimas, así como en el texto de *Subalternity and Representation* en el que John Beverley discute la decisión –comentado con mayor efectividad por Levinson en *The Ends of Literature* (185-6)– se trata de una decisión *moral* (y esencialmente cristiana) por el activismo (el Bien). Como Levinson señala, sin embargo, el "deber decidir [de la deconstrucción] [...] es un deber *lógico*" (186). Este *deber* es el terreno propio de lo político, "en el sentido de que una decisión impone 'un cierre arbitrario' en el conocimiento a favor de la acción política" (Moreiras, *The Exhaustion* 261). Esto no es ni más ni menos eurocéntrico, elitista o nihilista que el mencionado *deber* moral cristiano. La única diferencia es que se trata de un *deber* basado en algo que no sea un salto ideológico de fe, de dogma, o la metafísica populista de la pasión y salvación.

[17] Marx sabía muy bien que la revolución nunca es lo mismo dos veces, y que si sucede en toda su singularidad, generalmente se da en forma de una multiplicidad desordenada de fuerzas dispares. Como observa Althusser en su crítica de Hegel (100-1), mientras que en la idea hegeliana de "contradicción" estamos tratando con el deseo por lo inevitable (por una revolución predestinada desde dentro del sistema y la estructura del despliegue dialéctico, en el que no hay, finalmente, circunstancias excepcionales), en Marx no hay nada predestinado. Como el pensamiento de Derrida, el de Marx es un pensamiento de la contingencia histórica, el reconocimiento de que estamos siempre viviendo circunstancias excepcionales. Esto, sin embargo, no significa que Marx y Derrida sean mutuamente reducibles. Ambos habitan la sutura imperfecta o la irreductibilidad de la relación teoría-política de maneras distintas y con efectos distintos aunque definitivamente relacionados, los que siempre son dignos de mayor consideración.

[18] En la conferencia de la Asociación de Estudios Latinoamericanos (LASA) que tuvo lugar en Washington D.C. a inicios de septiembre del 2001, Néstor García Canclini anunció el "final de la alianza" entre las distintas tendencias contenidas en el paradigma de los estudios culturales latinoamericanos. No quiero decir que él inaugurara el final de tal alianza. Pienso que estaba simplemente respondiendo al hecho de que el discurso universitario sobre América Latina, en todos sus distintos registros y lugares de enunciación, había sucumbido definitivamente a la lógica corporativa de las fuerzas del mercado; es decir, que el latinoamericanismo había adoptado el fetichismo de la mercancía de su propio pensamiento y lenguaje, sin más, y se había convertido en nada más que la acción de la fuerza del mercado y de la competencia. Huelga decir que sin un compromiso con una reflexión teórica colectiva esta situación no mejorará, porque la alternativa es que cuando los estudiantes de programas de doctorado hagan preguntas como "¿Se hace teoría poscolonial en su departamento?" estarán perfectamente justificados en la reproducción de la banal eficiencia de la línea de montaje latinoamericanista.

[19] Obviamente, mi intención en estas páginas es tanto llamar la atención a esta insidiosa situación como, no es necesario decirlo, invitar contrarreflexiones hechas en buena fe.

[20] En relación con la periodización de los sesenta, véase Jameson.

[21] El "culto a la personalidad" señaló la reducción efectiva de lo político, incluida la idea misma de revolución, a la afirmación y canalización de la voluntad soberana del individuo (que incluía, desde luego, la afirmación del sacrificio protocristiano como acción revolucionaria). Fue la reducción de lo político a la autoafirmación subjetiva. América Latina no está de modo alguno desconectada de estas preocupaciones políticas y filosóficas. Como señala José Revueltas en su carta a los revolucionarios franceses, marxistas independientes, obreros, estudiantes e intelectuales del mayo del 68: "Será preciso despojarnos de las viejas ideas esquemáticas y de los supuestos

teóricos del pasado... Las formas genocidas de la guerra despliegan el problema de la revolución socialista en términos nuevos, más audaces y más radicales" (29-30). Revueltas consideraba que el 68 constituía un acto teórico que inauguraba un "trastorno de la realidad interna" de la sociedad. Sin embargo, se mantuvo cercano al antropologismo comunitario de Marx: la idea de la revolución comunista como la superación de la alienación humana y la reapropiación de la esencia humana.

22 Para una lectura sustanciosa del acercamiento que hace De la Campa a la deconstrucción, véase Levinson, *The Ends* 169-91.

23 Se trata, desde luego, de una generalización excesiva de un campo complejo, particularmente porque Beverley no distingue entre esta variedad de lo que él llama deconstrucción y el trabajo de otros colegas en el campo tales como Alberto Moreiras, Nelly Richard, Josefina Ludmer, el mío y el de otros. Para Beverley, todos estos son variedades y ejemplos de lo mismo ("la deconstrucción"). Sin embargo, debo señalar que tal generalización excesiva es táctica más que real. Subraya la manera en la que equiparar la llamada "deconstrucción" con una generalizada falta de "compromiso con la izquierda" —y esto sin ninguna consideración adicional— se ha convertido en la lengua franca del populismo latinoamericanista de los últimos años.

24 Pueden encontrarse ejemplos en Kadir, González Echevarría y Alonso.

25 Lacan tomó la noción de "significante amo" de Hegel. Moreiras señala: "El discurso del amo es el discurso del significante sinsentido: no tiene que explicarse, simplemente es, y es 'porque'. Frente al discurso del amo somos todos esclavos [...] Es el discurso del principio de la razón. El discurso universitario es poco más que una legitimación o racionalización de la voluntad del amo como amo. La filosofía sirve al amo" (81-2). Sin embargo, y como Althusser sabía muy bien, el desafío está en crear una posible (anti)filosofía que no sirva al amo. Este vocabulario deconstructivo inicial en el latinoamericanismo no crea tal posibilidad puesto que se encuentra desde siempre rendido a la filología humanista.

26 Esto puede explicar la facilidad con la que John Beverley equipara la deconstrucción no con la crítica de la metafísica humanista sino con su consolidación y extensión: "Hay una operatividad específica en el humanismo renacentista por leer textos seculares y hablar sobre ellos o incluso 'deconstruirlos'. Esencialmente, no veo a la deconstrucción saliéndose de este marco. Así que para mí la deconstrucción se ha convertido de hecho en la ideología de lo literario en un momento en el que lo literario mismo ha entrado en crisis. La deconstrucción se ofrece como manera de salvar el impulso esencial de la crítica literaria y, por consiguiente, redimir el rol del intelectual" (Gómez 354). Sin embargo, como veremos, este es un juicio profundamente equivocado.

27 Agradezco a Marcelino Viera la referencia.

28 La discusión más significativa acerca de las bases imperiales y la genealogía del campo, al menos en las ciencias sociales en Estados Unidos, se encuentra en Berger.

29 Véase Heidegger, *Parmenides*.

30 Para Freud, es imposible asignarle a la verdad un lugar específico, discreto, o un único lugar de enunciación. La verdad como la enunciación de la localización, o la localización como la enunciación de la verdad (como la verdad del sujeto, por ejemplo), no permite otra contraverdad o negación que aquella de otra localización que sólo puede recuperarse y articularse sobre y contra aquella de la primera localización. La dialéctica de la localización sólo produce más de sí misma. La verdad, sin embargo, en la formulación de Freud, puede ser dilucidada sólo en los intersticios de una doble conciencia, en la inscripción del agotamiento del pensamiento de la localización como el único lugar y repositorio de la verdad. Una excelente discusión de estos temas en relación con el latinoamericanismo se encuentra en Jenckes; véase también Johnson.

31 Para ser justos, tampoco era el propósito de esta forma inicial de deconstrucción latinoamericanista establecer las condiciones para tal debate.

32 "Si nuestro cuestionamiento puede ser lo suficientemente radical, o si estamos siempre destinados a que nuestras presuntas deconstrucciones, lejos de desestabilizar 'un sistema no igualitario',

puedan acabar reforzándolo, perpetuando así la crisis: esa es la pregunta central de la transición en términos epistemológicos" (Moreiras, *The Exhaustion* 80). En el reciente período de transición al neoliberalismo global, la "izquierda" (o por lo menos cierto tipo de "izquierda" neopopulista) se ha vuelto a hacer con el poder en muchas regiones de América Latina. Esta 'izquierda' es interna a un capital que parece no tener exterior ni alternativa real. La "izquierda" actualmente en poder del Estado en muchas áreas está ciertamente en la posición de legislar sobre la riqueza y el capital de manera más justa que sus contrapartes neoliberales. Nadie pretende sugerir que no puede hacer eso. Pero en la medida en que es exclusivamente interno a la extensión del capital sin exterioridad, se trata de un episodio en su desarrollo contemporáneo a escala continental. Cuando el EZLN rechaza una invitación de Hugo Chávez a unírsele a él y a otros líderes de la "izquierda" latinoamericana en su propuesta de reorganización del capital, y cuando rechaza la política de Manuel Andrés López Obrador por no ser sino más de lo mismo, lo que está en juego es la idea misma de "izquierda" en su relación con conceptos como hegemonía (en este caso, neopopulismo dirigido desde el Estado) y poshegemonía (la crítica del EZLN a la hegemonía del Estado tanto en sus encarnaciones neoliberales como neopopulistas). Sectores enteros de la clase trabajadora obviamente reconocen en la retórica de la "revolución bolivariana" de Hugo Chávez un papel vital para ellos como actores en una esfera pública que los ha excluido históricamente. Pero esto no cierra, ni resuelve, ni enmudece la pregunta teórica por la izquierda. Al contrario, la mantiene abierta y absolutamente necesaria.

33 "Los mismos administradores de la situación mundial conceden que ellos [...] ahora tienen el poder de apropiarse de lo local para lo global, de admitir distintas culturas en el seno del capital [...] e incluso de reconstituir subjetividades a través de fronteras nacionales para crear productores y consumidores más receptivos a las operaciones del capital. Aquellos que no responden [...] no necesitan ser colonizados, son simplemente marginalizados" (Arif Dirlik, citado en Moreiras, *The Exhaustion* 297).

34 Los estudios subalternos, desde este punto de vista, constituyeron una inicial apertura a la crítica disciplinaria de, por ejemplo, "la ciudad letrada", la transculturación, el mestizaje, la heterogeneidad, la hibridez, el Estado nacional-popular y la formación cultural, el testimonio, el realismo mágico, las políticas de la memoria, y más. Como mencioné al inicio de este ensayo, ese potencial se vio truncado por razones ajenas al proyecto mismo.

35 Para las nociones de abandono comprometido y de retirada de lo político, véanse Virno; Nancy & Lacoue-Labarthe.

36 La actual "Otra campaña" del EZLN no está de modo alguno alejada de estas consideraciones teóricas y prácticas. Para una discusión más amplia sobre esta relación, véase Williams, "The Mexican". También examino las implicaciones de la secuencia revolucionaria zapatista de 1914 en "Sovereign".

37 "El subalternismo encuentra su campo de incidencia en el estudio de las formaciones culturales o de la experiencia que son excluidas de toda relación hegemónica dada en cada momento particular de su propia historia. Parecería haber una incompatibilidad teórica básica entre toda política cultural en busca de una articulación hegemónica y la política subalternista" (Moreiras, *The Exhaustion* 280).

38 Por esta razón podemos utilizar la distinción entre positividad y afirmación como el terreno para realizar la distinción fundamental entre Hugo Chávez o López Obrador y el EZLN.

39 Ha habido una tendencia a descartar el subalternismo desconstructivista acusándolo de nihilista o anarquista, o ambos, debido a su insistencia en teorizar la posibilidad de un afuera de la positividad y el cierre conceptual de la relación hegemonía-subalternidad o de la relación hegemonía/contrahegemonía. Sin embargo, esta tendencia constituye la imposición de un dogma ideológico respecto a la noción y el trabajo de lo político, ya que interpreta equivocadamente al nihilismo como algo simplemente malo o equivocado, mientras que el nihilismo en Nietzsche es un pensamiento provisional de preparación afirmativa para una transfiguración futura. Pasa entonces a hacer una fusión históricamente insostenible entre el nihilismo y la historia del

anarquismo, sin entrar en las especificidades conceptuales o las genealogías constitutivas de ninguno de los dos. Utiliza esta fusión histórica y conceptualmente equivocada para luego agravarla al aplicarla a gran escala, y sin prestar la necesaria atención a una compleja historia política que incluye las ideas y las acciones de revolucionarios como Buenaventura Durruti, Ricardo Flores Magón o Emiliano Zapata, la crítica de la metafísica occidental y la búsqueda de una filosofía de la justicia en Derrida y otros, y académicos que tratan de crear las condiciones conceptuales para una transfiguración en el campo de lo político en el discurso universitario sobre América Latina en los Estados Unidos. Sólo por estas razones, llamar a la deconstrucción latinoamericanista nihilista, anarquista, o ambos, no se puede justificar en términos teóricos ni prácticos, puesto que al final no toma en serio ni la reflexión genealógica ni la compleja historia de las tradiciones políticas populares. Agradezco a Daniel James, especialista en historia laboral latinoamericana, por sus importantes e iluminadores comentarios sobre este tema.

[40] Kraniauskas ha sido el primero en hacer una crítica sustantiva de la noción de "hibridez cultural" en el trabajo de García Canclini y en el campo de los estudios culturales latinoamericanos. La crítica de la hibridez en los estudios subalternos, como la practicada en Moreiras, *The Exhaustion* y Williams, *The Other*, por ejemplo, se encuentra en deuda con las bases y el desarrollo establecidos por la crítica de Kraniauskas.

[41] La hibridez, "no sólo cuando es percibida como normativa o prescriptiva, sino tal vez incluso desde un punto de vista puramente —y sin embargo descreídamente— descriptivo o fenomenológico, permanece de manera sospechosa cercana a los proyectos ideológicos modernizantes, considerablemente más antiguos, cuyo objetivo era forjar una identidad nacional, o incluso continental, pan-inclusiva, basada en la superación de toda diferencia. En agudo contraste, la noción de subalternidad, al seguir su inflexión histórico-política, es inseparable del hecho fundamental de las relaciones sociales antagónicas y de la división desigual del trabajo y del poder, mientras que, siguiendo su orientación más estrictamente deconstructiva, el subalterno es de hecho precisamente aquello que desde siempre resiste la síntesis en cualquier proceso de hibridismo, sea este cultural o de cualquier otra naturaleza" (Bosteels 151).

[42] En lo que constituye una de las evaluaciones más sustantivas del legado teórico de los estudios subalternos latinoamericanos en años recientes, Bosteels apunta: 1. Que los estudios subalternos "señalan la necesidad de registrar la inadecuación estructural de los discursos y las prácticas del conocimiento universitario, precisamente por medio de la enseñanza y el aprendizaje, tanto como a través del desaprendizaje, desde la ausencia, la presencia evanescente, del subalterno"; y 2. Que los estudios subalternos "ya no proyectan nostalgia por los sueños pasados hacia el futuro, sino que cuestionan si una política todavía no soñada de lo poshegemónico o de lo infrahegemónico se puede concebir" (156). Esto genera, entonces, la siguiente pregunta: "¿Existe, en otras palabras, una retirada de la doble sutura de la hegemonía y la subalternidad —renuncia que no sería un escape sino un éxodo, y de este modo la promesa de un nuevo comienzo?" (156). Bosteels propone tres posibles áreas de desarrollo teórico y práctico en relación con esta pregunta: "1. Des-suturar el arte y la política, sin caer otra vez en la autonomía institucional, que presupone una condición histórica y no estructural. 2. Reconfigurar el arte y la política, además de su posible sutura, como procedimientos singulares de pensamiento de acuerdo con sus consecuencias, conceptos y teorías específicas. 3. Volver al problema de la presentación y transmisión de estas formas de pensamiento, si no para permanecer fuera —lo que es imposible, por supuesto— por lo menos para ir en contra de las restricciones del poder puramente académico" (158).

[43] Esto significa que: "B puede siempre comprender una situación o acto de habla de manera distinta que A. B entiende a A y A entiende que B posee entendimiento. Pero en ocasiones B discrepa del entendimiento de A. A no puede entender cómo B entiende de la manera en la que B entiende; es decir, por qué se da un desacuerdo y no la simple dominación de una parte sobre la otra" (Levinson, *Market* 69).

Bibliografía

Achugar, Hugo. "Leones, cazadores e historiadores: a propósito de las políticas de la memoria y del conocimiento". *Revista Iberoamericana* LXIII/180 (1997): 379-87.

Alonso, Carlos J. *The Spanish American Regional Novel: Modernity and Autochtony.* Nueva York: Cambridge UP, 1990.

———. *The Burden of Modernity: The Rhetoric of Cultural Discourse in Spanish America.* Nueva York: Oxford UP, 1998.

Althusser, Louis. *For Marx.* Nueva York: Verso, 1996.

———. "Ideology and Ideological State Apparatuses (Notes towards an Investigation)". *Mapping Ideology.* Slavoj Zizek, ed. Nueva York: Verso, 1997. 100-40.

Badiou, Alain. "Logic of the Site". *Diacritics* 33/3-4 (2003): 140-50.

———. "The Cultural Revolution: The Last Revolution?" *positions* 13/3 (Winter 2005): 481-514.

Beardsworth, Richard. *Derrida and the Political.* Londres: Routledge, 1996.

Berger, Mark T. *Under Northern Eyes: Latin American Studies and U.S. Hegemony in the Americas, 1898-1990.* Bloomington: Indiana UP, 1995.

Beverley, John. *Subalternity and Representation: Arguments in Cultural Theory.* Durham: Duke UP, 1999.

———. "The Neo-Conservative Turn in Latin American Literature". Unpublished manuscript. 2007.

Bosteels, Bruno. "Theses on Antagonism, Hybridity, and the Subaltern in Latin America". *Dispositio/n* 52/25 (2005): 147-58.

Carr, Robert. "Elitism and the Death of Subaltern Studies". *LASA Forum* 33/2 (Summer 2002): 12-13.

De la Campa, Román. *Latin Americanism.* Minneapolis: U of Minnesota P, 1999.

Derrida, Jacques. "Différance". *Margins of Philosophy.* Chicago: The U of Chicago P, 1982. 1-27.

———. "Signature Event Context". *Margins of Philosophy.* Chicago: The U of Chicago P, 1982. 307-30.

———. *Specters of Marx: The State of the Debt, the Work of Mourning, & the New International.* Nueva York: Routledge, 1994.

———. *Rogues: Two Essays on Reason.* Stanford: Stanford UP, 2005.

Freud, Sigmund. *Jokes and their Relation to the Unconscious.* James Strachey, ed. y trad. Nueva York: W.W. Norton & Company, 1960.

Gómez, Fernando. "Interview about the Subaltern and Other Things. A Conversation with John Beverley". *Dispositio/n* 52/25 (2005): 343-72.

González Echevarría, Roberto. *The Voice of the Master: Writing and Authority in Modern Latin American Literature.* Austin: U of Texas P, 1985.

———. *Myth and Archive: A Theory of Latin American Narrative.* Nueva York: Cambridge U P, 1990.

Heidegger, Martin. *Parmenides.* Bloomington: Indiana UP, 1998.

———. "Letter on 'Humanism'". *Pathmarks.* William McNeill, ed. Cambridge: Cambridge UP, 1998. 239-76.

Jameson, Fredric. "Periodizing the 60s". *The 60s Without Apology.* Sohnya Sayres, et al. Minneapolis: U of Minnesota P, 1984. 178-209.

Jenckes, Kate. "The 'New Latin Americanism,' or the End of Regionalist Thinking?" *The New Centennial Review* 4/3 (Winter 2004): 247-70.
Johnson, David E. "How (Not) to Do Latin American Studies". *The South Atlantic Quarterly* 106/1 (Winter 2007): 1-19.
Kadir, Djelal. *Questing Fictions: Latin America's Family Romance*. Minneapolis: U of Minnesota P, 1986.
___. *The Other Writing: Postcolonial Essays in Latin America's Writing Culture*. West Lafayette: Purdue UP, 1993.
Kraniauskas, John. "Hybridity in a Transnational Frame: Latin Americanist and Postcolonial Perspectives on Cultural Studies". *Nepantla: Views from South* 1/1 (2000): 111-37.
Latin American Subaltern Studies Group. "Founding Statement". *boundary 2* 20/3 (Fall 1993): 110-21.
Levinson, Brett. *The Ends of Literature: The Latin American 'Boom' in the Neoliberal Marketplace*. Stanford: Stanford UP, 2001.
___. *Market and Thought: Meditations on the Political and Biopolitical*. Nueva York: Fordham UP, 2004.
___. "Globalizing Paradigms, or, The Delayed State of Latin American Theory". *The South Atlantic Quarterly* 106/1 (Winter 2007): 61-83.
Mallon, Florencia E. "The Promise and Dilemma of Subaltern Studies: Perspectives from Latin American History". *The American Historical Review* 99/5 (December 1994): 1491-1515.
Mignolo, Walter D. "Introduction: From Cross-Genealogies and Subaltern Knowledges to *Nepantla*". *Nepantla: Views from South* 1/1 (2000): 1-8.
Moraña, Mabel. "El boom del subalterno". *Revista de crítica cultural* 15 (1997): 48-53.
Moreiras, Alberto. *Tercer espacio: literatura y duelo en América Latina*. Santiago: LOM, 1999.
___. *The Exhaustion of Difference: The Politics of Latin American Cultural Studies*. Durham: Duke UP, 2001.
Lacoue-Labarthe, Philippe & Jean-Luc Nancy. *Retreating the Political*. Simon Sparks, ed. Nueva York: Routledge, 1997.
Rabasa, José, Javier Sanjinés & Robert Carr, eds. *Subaltern Studies in the Americas*. *Dispositio* 19/46 (1994/6).
Rancière, Jacques. *Dis-agreement: Politics and Philosophy*. Minneapolis: U of Minnesota P, 1999.
Revueltas, José. *México 68: juventud y revolución*. *Obras completas* V. 15. México: Era, 1998.
Rodríguez, Ileana, ed. *The Latin American Subaltern Studies Reader*. Durham: Duke UP, 2001.
___. ed. *Convergencia de tiempos: estudios subalternos/contextos latinoamericanos; estado, cultura, subalternidad*. Amsterdam: Rodopi, 2001.
___. "A New Debate on Subaltern Studies?" *LASA Forum* 33/2 (Summer 2002): 12-5.
___. "Is There a Need for Subaltern Studies?" *Dispositio/n* 52/25 (2005): 43-62.
Schmitt, Carl. *The Concept of the Political*. New Brunswick: Rutgers UP, 1976.
Spanos, William. *America's Shadow: An Anatomy of Empire*. Minneapolis: U of Minnesota P, 2000.
Verdesio, Gustavo. "Latin American Subaltern Studies Revisited: Is There Life After the Demise of the Group?" *Dispositio/n* 52/25 (2005): 5-42.

Virno, Paolo. "Virtuosity and Revolution: The Political Theory of Exodus". *Radical Thought in Italy: A Potential Politics*. Paolo Virno & Michael Hardt, eds. Minneapolis: U of Minnesota P, 1996. 189-210.

Williams, Gareth. *The Other Side of the Popular: Neoliberalism and Subalternity in Latin America*. Durham: Duke UP, 2002.

_____ "The Fantasies of Cultural Exchange in Latin American Subaltern Studies". *The Real Thing: Testimonial Discourse in Latin America*. Georg Gugelberger, ed. Durham: Duke UP, 1996. 225-53.

_____ "Sovereign (In)hospitality: Politics and the Staging of Equality in Revolutionary Mexico". *Discourse* 27/2 & 27/3 (Spring and Fall 2005): 95-123.

_____ "The Mexican Exception and the 'Other Campaign'". *The South Atlantic Quarterly* 106/1 (Spring 2007): 129-51.

Saber, feminismo y América Latina: traducciones, diálogos, rupturas y desencuentros

ANA FORCINITO
University of Minnesota

Los estudios feministas latinoamericanos dentro de la academia estadounidense están marcados por el movimiento doble que produce una crítica construida a través de la apropiación de posiciones metropolitanas. Digo doble movimiento porque la producción del saber feminista que desde los Estados Unidos se articula sobre América Latina opera a partir de la lectura simultánea de teorías feministas preponderantemente angloamericanas y de crítica feminista producida en América Latina que, por otra parte, en su articulación ya ha producido la apropiación de teorías extranjeras, en general más asociadas con la vertiente europea.[1] Los comienzos del feminismo latinoamericanista desarrollado en los Estados Unidos, y más específicamente en los departamentos de lenguas y literatura, apuntan a revisar la tradición masculinista del ámbito literario y a proponer la inclusión de textos escritos por mujeres, al mismo tiempo que intentan repensar la posibilidad de articular una crítica literaria marginal (sobre todo a partir de los aportes de Elaine Showalter y de Sandra Gilbert y Susan Gubar y luego de la crítica del nuevo feminismo francés) dentro de la ya existente marginalidad de los estudios latinoamericanos en las humanidades estadounidenses. Esta doble marginalidad (femenina y latinoamericana) y el intento de explicarla a través de teorías extranjeras generó una situación paradójica en la cual no quedaba del todo claro si los textos de escritoras latinoamericanas eran usados para ilustrar la teoría francesa y angloamericana o si la teoría metropolitana y extranjera era usada para entender la textualidad femenina de escritoras latinoamericanas en relación no necesariamente con la situación de la mujer (así en términos esenciales) sino con sujetos históricos femeninos entramados (o desentramados) en complejas y convulsionadas realidades sociales y políticas latinoamericanas (o mejor dicho, nacionales).

El feminismo latinoamericanista en Estados Unidos ha debido confrontar conflictos y tensiones (centro/periferia, inglés/español o portugués, feminismo académico/feminismo movimientista, feminismo/movimiento de mujeres, literatura/testimonio, entre otros) como elemento central de sus acercamientos teóricos, en el caso de tener la pretensión de no situarse en un espacio completamente aislado de la trama social latinoamericana. No quiero decir con esto, sin embargo, que se hayan resuelto estas tensiones en las articulaciones teóricas sino más bien que gran parte de la reflexión del pensar feminista ha sido afectada por estos dobleces y conflictos. Este sello de la crítica feminista latinoamericanista puede verse como un efecto de la innegable participación de mujeres en movimientos sociales y su tensión con las mismas bases del feminismo latinoamericano a nivel movimientista y, por supuesto, claro está, con el feminismo académico ya sea en América Latina o en los Estados Unidos. Tal vez el ejemplo más claro de esta tensión sea la famosa intervención de Domitila Barrios en la Tribuna del Año Internacional de la Mujer en México en 1976 (intervención que retoma Jean Franco en su ya clásico "*Si me permiten hablar*: la lucha por el poder interpretativo") donde Domitila pone en duda abiertamente la hermandad de las mujeres, pero sobre todo su igualdad al referirse a las feministas de la Tribuna y un privilegio que no podía dejarse de lado: "Entonces, ¿de qué igualdad vamos a hablar entre nosotras? Si usted y yo no nos parecemos, si usted y yo somos tan diferentes. Nosotras no podemos en este momento ser iguales, aun como mujeres" (Viezzer 224).

Esta intervención pone en evidencia al feminismo latinoamericanista como una expresión de élites académicas y, al mismo tiempo, provoca un llamado a repensar el posicionamiento de la crítica literaria y la diferencia no sólo entre varones y mujeres sino (y muy especialmente) entre las mismas mujeres. Preguntas como "¿desde dónde se escribe?" o "¿para quién se escribe?" comenzaron a minar algunos intentos celebratorios de pensar a la mujer como una categoría esencialista y, por otra parte, de pensar que esa mujer podría ser definida y abordada por teorías enraizadas en las problemáticas sociales, políticas y epistemológicas del primer mundo. Ya desde los ochenta y paralelamente al fervor angloamericano y francés del feminismo latinoamericanista, comienzan a desplomarse las construcciones esencialistas generadas en los circuitos académicos de los Estados Unidos (retomadas y celebradas muchas veces en los circuitos feministas latinoamericanos) al ser confrontadas por mujeres "reales" que, desde diferentes movimientos (muy a menudo no feministas) daban cuenta de sus demandas entramadas en la clase social, la raza, la etnia y la ubicación geopolítica.

En el contexto de estas tensiones comienzan a diseñarse nuevas respuestas que, hacia los noventa, ponen a la diferencia en el centro del debate. Pese a las promesas que el ingreso de la diferencia traía para las discusiones feministas, los cambios no fueron los que se pensaron utópicamente desde la teoría, sino que más bien la diferencia entró en el debate muchas veces nominalmente y con eso neutralizó las posibilidades de transformación no sólo de lenguajes y proyectos sino, y muy especialmente, de sus sujetos de enunciación. El énfasis en la diferencia y en la complejidad de los acercamientos feministas y de mujeres tanto latinoamericanas como latinoamericanistas en Estados Unidos se transformó a menudo en tentaciones celebratorias que enfatizaban la pluralidad de los "ismos" sin recorrer las continuidades y las divergencias de esa pluralidad. Al mismo tiempo, tampoco puede pasarse por alto que muchas veces las claves teóricas para interpretar esas diferenrencias provenían de la academia de los Estados Unidos y, por lo tanto, el énfasis en la diferencia se transformó a menudo en un desplazamiento que posponía la diversidad latinoamericana para subrayar las pautas interpretativas metropolitanas, generando así una tensión entre el feminismo latinoamericanista estadounidense y el latinoamericano. Algunos debates respecto del feminismo de los años noventa y su anclaje en los estudios culturales dan clara cuenta de esta tensión. No puede pensarse, sostiene Nelly Richard en su discusión acerca de las intersecciones entre el latinoamericanismo y América Latina, "la complejidad de las fuerzas que tensionan el escenario académico-cultural de 'lo latinoamericano' sin transitar por el diagrama teórico (alteridad, marginalidad, subalternidad) que elaboran los estudios culturales, en su disputa contra los saberes jerárquicos, aunque dicha elaboración lleve contradictoriamente para nosotros, el sello de la academia metropolitana" ("Intersectando" 346). Ese "nosotros", que es la seña de una evidente fisura en la producción de saberes sobre América Latina (dependiendo del lugar desde el cual son tramados esos saberes) hace alusión en Richard a la representación de lo latinoamericano a través de la imagen de la corporalidad, de la vivencia, de la materia, de la experiencia y de la práctica para reservar al centro el derecho de hablar por y sobre América Latina y de autolegitimarse como "razón, conocimiento, teoría, discurso, mediación" (349).

De muy diferentes maneras los planteos de Richard y de Barrios apuntan a la articulación de un "nosotras" sometido a parámetros de interpretación dominantes. Ambas intervenciones intentan poner en crisis la autoridad del sujeto de saber, y de cómo y a expensas de quién se constituye el sujeto que tiene la tarea de interpretar categorías como "mujer" o "femenino" o "América Latina". Ni uno ni otro planteo es ajeno a la historia del feminismo latinoamericanista estadounidense aun cuando no haya logrado resolverse sino solamente ser integrado (y muchas veces neutralizado) dentro de los acercamientos feministas. La producción de saberes feministas sobre América Latina en la academia estadounidense en el ámbito de los estudios literarios y culturales de los últimos treinta años está marcada por tensiones que pueden pensarse, como dijo la feminista chilena Julieta Kirkwood en los ochenta, como "los nudos del saber feminista" que no han sido resueltos pero que siguen estimulando, diversificando y fisurando las claves de sus saberes.

Varias de las conferencias organizadas en los años ochenta tuvieron como tarea central reflexionar sobre la crítica feminista y la escritura de mujeres. Un ejemplo es la conferencia que luego da origen a la publicación de *La sartén por el mango* (1984), que intenta responder a la pregunta acerca de la existencia o no de una escritura femenina. También en los ochenta se realiza el congreso internacional de literatura femenina latinoamericana en Chile que da luego lugar a la publicación de *Escribir en los bordes* (1987). Este congreso que, según Eugenia Brito fue "el evento literario más importante producido en Chile bajo dictadura" (Richard, "De la literatura" 9) tuvo entre uno de sus sellos el diálogo que propició entre las feministas de universidades chilenas y estadounidenses. En su presentación del texto Richard agrega que este intercambio de ideas "suspendió temporalmente la condena a la fijeza que el autoritarismo hacía pesar sobre sujetos, prácticas y lenguajes". El encuentro queda planteado como un espacio en el cual las críticas chilenas se acercan a la crítica feminista internacional y pueden entonces medir sus potenciales de análisis y sus desfasajes respecto del contexto chileno o latinoamericano. También la conferencia organizada por el Institute for the Study of Ideologies and Literature en la Universidad de Minnesota y que luego dio lugar a la publicación de *Cultural and Historical Grounding for Hispanic and Luso-Brazilian Feminist Literary Criticism* (1989) da cuenta desde la introducción de Hernán Vidal de la preocupación por el predominio de teorías francesas y anglosajonas para explicar la producción literaria latinoamericana y, como sugiere Elena Sánchez Mora, del riesgo de la "trivialización del feminismo" entendido como moda.

En estas conferencias y publicaciones se perfila una crítica literaria feminista que comparte la preocupación por el intento de diferenciarse de los acercamientos angloamericanos y franceses o, dicho de otra manera, de afirmarse como feminismos latinoamericanos aun con la apropiación de teorías metropolitanas. Y, al mismo tiempo, da cuenta de las discusiones que despierta la pregunta por la representabilidad de la teoría literaria feminista, sobre todo en relación a grupos subalternos. Los textos más clásicos de crítica literaria feminista sobre América Latina registran estas preocupaciones a través de sus intentos de representar la escritura femenina latinoamericana pero también de cuestionar las diferentes conflictividades que emergen en la escritura de mujeres. Tanto *Plotting Women* (1992) de Jean Franco, *Between Civilization and Barbarism* (1992) de Francine Masiello, *Talking Back* (1992) de Debra Castillo como *Reading the Body Politic* (1993) de Amy Kaminsky se acercan desde la academia estadounidense a la literatura de mujeres en América Latina a través de las tensiones que emergen de acercamientos teóricos (en general basados en teorías metropolitanas) y de literatura latinoamericana. Se trate de un encuentro o un desencuentro —en todo caso, como explicaré más adelante con el caso de Kaminsky y sus reflexiones sobre la traducibilidad de *gender* como género— estos textos dan cuenta de uno de los desafíos centrales de un pensar feminista que, por una parte, intenta articularse como respuesta a los saberes feministas hegemónicos pero que, por otra parte, asume los parámetros epistemológicos de la academia en los Estados Unidos para acercarse a las representaciones nacionales o regionales de América Latina. Con esto no quiero decir que los feminismos latinoamericanos (es decir producidos desde América Latina) no hayan tenido las mismas tensiones en cuanto a la apropiación de teorías feministas del primer mundo, fenómeno que despertó muchísimas discusiones, por ejemplo, en los ochenta con la introducción del género sexual como categoría de análisis que venía a reemplazar a los estudios de mujeres, y que siguió creciendo vertiginosamente hasta transformarse en un flujo de teorías y traducciones que todavía sirven de punto de partida a los análisis literarios y culturales (tensión que, cabe recordar, no es necesariamente exclusiva del feminismo sino que comparten los estudios culturales latinoamericanistas y la crítica cultural latinoamericana).

Es a través de las apropiaciones de teorías metropolitanas (y su complejo proceso de transformación y traducción) que el pensar feminista hegemónico se incorpora al pensamiento latinoamericano a través del paradójico desafío de las mismas teorías que se pretenden asimilar. Es relevante considerar siempre cuánto se incorpora de las teorías o las influencias extranjeras (institucionales o escriturarias) para dar cuenta de los modos en que las proyecciones político-culturales feministas son narradas e interpretadas desde marcos institucionales e interpretacionales en los Estados Unidos. Sólo a modo de ejemplo, pensemos en la narración del comienzo del feminismo latinoamericano. En un acercamiento desde la filosofía feminista, Ofelia Schutte (1993) subraya la importancia de la década de la mujer de las Naciones Unidas en el desarrollo del feminismo latinoamericano (75-85). Sin embargo, esta no es la única posibilidad de acercarse a los elementos claves en la articulación del feminismo en América Latina. Jean Franco aborda su ensayo sobre la historia del feminismo latinoamericano haciendo alusión a la activista Alaide Foppa torturada y muerta por los militares guatemaltecos, que inicia en los sesenta una serie de programas radiales en México sobre la mujer y que luego funda la revista feminista *fem* (*Plotting* 10). Y agrega Franco que al pensar en la historia del feminismo latinoamericano es su nombre el que le viene a la cabeza no sólo por *fem* sino por su activismo y su intento de buscar nuevas formas de hacer política. Lo que me interesa destacar es que la gestación y el desarrollo del feminismo latinoamericano tienen que ver con su interpretación de los mismos y por lo tanto con una producción de saberes situados. En el caso de Schutte se marca la influencia de un fenómeno de algún modo exterior a los procesos históricos y políticos de América Latina. En el caso de Franco se da cuenta de prácticas inherentes a la historia movimientista del feminismo en América Latina: la participación política de las mujeres.

El recorrido por la crítica feminista latinoamericanista producida en los Estados Unidos que me propongo hacer en estas páginas pretende destacar algunos de sus momentos y preocupaciones más importantes desde los años ochenta. Si, por una parte, me propongo esbozar un mapa que recorra algunas articulaciones críticas y teóricas, por otra parte intento señalar las tensiones que considero clave en los fracasos del saber feminista académico (y también universitario) respecto de la democratización del feminismo y el posfeminismo. En la primera parte discutiré las tensiones entre la corriente de la representación y la de la subjetividad, a partir de la influencia de la teoría angloamericana y la francesa y sobre todo de las críticas propuestas a las mismas desde el feminismo latinoamericanista estadounidense como del latinoamericano. En la siguiente parte discutiré la problemática del género y las discusiones que despertó en la crítica feminista latinoamericana la traducción de *gender* y haré referencia no sólo a los ochenta (momento en que se "importa" la categoría) sino también a los noventa (momento en que Judith Butler "quema" el género en la academia estadounidense mientras las latinoamericanas comienzan a "cocinarlo"). El siguiente punto de discusión será la influencia de las metáforas puente y frontera en el imaginario feminista latinoamericanista y sus diálogos (y rupturas) con el feminismo de las latinas en los Estados Unidos. Volviendo a los ochenta, en la cuarta sección discutiré lo que probablemente puede entenderse como la tensión más caracterizadora del pensar feminista latinoamericano y que es la conflictiva relación entre el feminismo académico y el movimiento de mujeres. Es probablemente este aspecto el que debe servir de tamiz para repensar la influencia de las teorías y debates producidos en los centros de saber de los Estados Unidos. Sin una consideración del movimientismo social de mujeres, el pensar feminista académico queda dislocado de América Latina y de las demandas de la diferencia que no vienen de la práctica del deconstruccionismo académico sino de la práctica social, política y cultural de mujeres en movimiento. En la sección siguiente discutiré las modalidades que se van desarrollando principalmente a fines de los ochenta y en los noventa y a las que intento, no sin problemas, caracterizar a través de su prefijo "post-" (el posfeminismo en estrecha relación con los paradigmas de la posmodernidad, el posestructuralismo y la crítica poscolonial) y que pongo en juego con el otro prefijo que caracteriza el hacer feminista del movimiento (aunque también el teórico) que es el del feminismo transnacional. Así, "post-" y "trans-", como dos caras de un mismo fenómeno que dan cuenta de las marcas culturales de la globalización del feminismo, son prefijos que disparan reflexiones diversas en el contexto de las universidades de los Estados Unidos y las de América Latina, así como en el contexto académico y del feminismo movimientista o socialmente institucionalizado. No es mi intención hacer una historia del feminismo, sino poner en juego diversos ejes que deben considerarse en la construcción del saber (y el hacer) del feminismo y el posfeminismo en y sobre América Latina.

REPRESENTACIÓN VS. SUBJETIVIDAD

Probablemente uno de los núcleos más importantes en las discusiones de los estudios feministas literarios y culturales giró en los ochenta en torno a lo que Richard ("De la literatura") distinguió como la línea de la representación y la línea de la subjetividad. La primera de ellas intentó acercarse a los estudios literarios desde la crítica angloamericana y la segunda se apropió de las contribuciones del nuevo feminismo francés. Tanto el término representación como subjetividad merecen ser recortados o definidos en estas páginas en el particular contexto de esta discusión acerca del uso de marcos teóricos feministas extranjeros. En cuanto a la "representación" me refiero aquí (siguiendo la propuesta de Richard) a la representación en su sentido estético, y hasta cierto punto político. La línea angloamericana (y su énfasis en la representación) hace hincapié en el repertorio de imágenes de mujeres en la literatura, siguiendo como expondré más adelante los aportes de Elaine Showalter, Sandra Gilbert y Susan Gubar. Al ser tradicionalmente la escritura un dominio masculino, estas imágenes hacen alusión a la veta política de la representación puesto que implican no sólo un "hablar sobre" las mujeres sino también un "hablar por" ellas.[2] Esta oposición entre representación y subjetividad propuesta por Richard en relación con los acercamientos literarios feministas de la década del ochenta da cuenta no sólo de la tensión entre la corriente angloamericana y la francesa sino además del hecho de que el énfasis en el repertorio de imágenes de mujeres de un texto literario o de la búsqueda de voces de mujeres en la historia de la literatura, con una marca o incluso una mística supuestamente "femenina" –como puede detectarse en la corriente angloamericana– entra en conflicto con el proceso de subjetivación (identificación, ruptura, acatamiento estructurante, desborde) no ya de la mujer o del varón sino de las claves femeninas y masculinas, entendidas como las entienden las feministas del nuevo feminismo francés. Cualquier proceso de subjetivación que tome su punto de partida del psicoanálisis lacaniano retoma el estadio del espejo como "umbral del mundo visible", es decir, hace también hincapié en el repertorio de imágenes disponibles en la cultura y enraizadas en ella. Sin embargo, y a diferencia de la corriente de la representación, se subraya la relación del inconsciente con la cultura y el nacimiento de la subjetividad y la intersubjetividad como proceso relacional. Y es aquí donde el lenguaje tiene un rol central en la articulación misma de la subjetividad: la articulación que hace posible la constitución de la primera persona y su complejo proceso de reconocimiento e identificación pero también de desconocimiento y de desidentificación. El sujeto es un efecto del lenguaje, es decir que se trata de un sujeto en una situación paradójica, puesto que por una parte se constituye a través de su oposición al objeto (y por lo tanto puede articularse en primera persona) pero por otra parte, está sujeto (y con esto quiero decir sometido) a la cultura y en el caso del feminismo, a las pautas culturales que reglamentan lo femenino y lo masculino.

Las figuras más influyentes de la vertiente angloamericana para la crítica latinoamericanista en los ochenta son Elaine Showalter con su *A Literature of Their Own* de 1977 y Sandra Gilbert y Susan Gubar con su *Madwoman in the Attic* de 1979. La propuesta de Showalter consiste en acercarse a la tradición femenina en la novela inglesa para dar cuenta de la existencia de una literatura femenina invisible, es decir, su intento es rescatar a las mujeres escritoras, pero también buscar nuevos modelos para acercarse a lo femenino. Gilbert y Gubar, por su parte desarrollan la idea de su clásico texto a partir de la imagen de la loca encerrada en el ático como metáfora doble de la marginalización de las mujeres en la tradición literaria masculina y de la situación marginal de la mujeres escritoras. En su acercamiento a la literatura del siglo XIX Gilbert y Gubar intentan dar cuenta de la "ansiedad de influencia" de las mujeres escritoras (su sentimiento de miedo y su aislamiento en el acto mismo de la escritura) al señalar que la escritura femenina es también un acto de lectura que debe pasar necesariamente por las imágenes de mujeres construidas por la tradición masculina.

El feminismo latinoamericano, tanto en los Estados Unidos como en América Latina, lee y se apropia de estas teorías, aunque también las pone en cuestionamiento. Quiero detenerme un momento en la lectura que proponen Sara Castro-Klarén, desde el contexto académico de los Estados Unidos, y Nelly Richard, desde los estudios de género en Chile, porque sirven para discutir el proceso de apropiación y distanciamiento con el cual es leída la crítica angloamericana desde la clave cultural latinoamericanista. Me interesa destacar no tanto el aporte de Showalter y de Gilbert y Gubar como algunas apreciaciones que en el proceso de apropiación de estas teorías a la crítica feminista dan cuenta de su proceso de transformación y distanciamiento. Castro-Klarén ("La crítica") insiste en la necesidad de revisar los problemas que surgen de la esencialización de conceptos como tradición, mente o estética femenina.

> Difiero de ellas en cuanto me parece que esta negación de la mujer por el sistema dominante no es la única en la historia sino que tiene patrones análogos en la historia de las sociedades coloniales. Si la ideología patriota se funda en la presencia/ausencia del sexo para negarle a la mujer un lugar en el círculo del poder, esa misma ideología, desplazando la mirada de la zona genital a la jaula de los sentidos, es capaz de encontrar rasgos faciales y mejor aun la ausencia/presencia de rasgos, como índice de la inclusión o exclusión del poder. (40)

Castro-Klarén propone revisar la capacidad de ser racional ("es decir de articular en más de un nivel el lenguaje del grupo dominante") a partir de un corrimiento del feminismo hegemónico y de un foco en los debates coloniales y sus formas de entender y representar a los pueblos indígenas. La otredad entonces no queda sólo articulada para el "ser mujer" sino que, frente a la propuesta de Gilbert y Gubar, Castro-Klarén agrega que habría que extender la noción de subalternidad más allá de la categoría mujer y pensar en escritores marginales (desde Wolf o Sor Juana al Inca Garcilaso) como los que quedan afuera de esa equiparación entre escritura, conocimiento y poder. Todos, según Castro-Klarén, se plantean la problemática de la autoría y la autoridad (conceptos clave en la propuesta de Gilbert y Gubar) y por lo tanto tendrían también esa ansiedad de aislamiento, de falta de antecesores, de "locos del ático".

Richard retoma, por su parte, el intento de la vertiente angloamericana de revisar la "tradición" para analizar "imágenes de mujeres" y "sacar a luz el recuento de las exclusiones o censuras ejercidas por la historia sobre la producción femenina" (40). Ofrece su crítica a este intento de construcción de una nueva tradición (ahora femenina) para decir que ésta produce sólo una inversión del sujeto (del varón a la mujer) pero no de la lógica patriarcal puesto que "sigue calcando su mismo dispositivo de relato" (42) y por lo tanto no logra subvertir su lógica de dominación. Richard propone recordar que ya en los años ochenta en América Latina existe una importante participación de escritoras que de alguna forma darían por tierra con la ansiedad de aislamiento que da la clave de gran parte de la interpretación de Gilbert y Gubar. La crítica feminista que se centra en la vertiente representacional, es decir, la que basa su análisis en las "imágenes de mujer" reesencializa, para Richard (*Masculino*), la identidad-esencia de lo femenino como mujer "sin tomar en consideración el modo en que identidad y representación se hacen y se deshacen en el transcurso del texto" (34).

La crítica feminista latinoamericana en los ochenta se vuelca especialmente a la corriente francesa y a su énfasis en la subjetividad, elaborando este concepto, en parte, a partir de la influencia del psicoanálisis (vía Freud y Lacan) así como de las reelaboraciones del nuevo feminismo francés. Desde esta vertiente, se enfatiza la importancia del lenguaje en el proceso de subjetivación. Cuando Hélène Cixous propone en *La Jeune Née* tomar las oposiciones binarias (activo/pasivo, sol/luna, logos/pathos, cultura/naturaleza) como punto de partida de una reflexión que habría de dar cuenta de las marcas que caracterizan a lo masculino y lo femenino, intenta justamente poner en evidencia la lógica que deja a las mujeres como el afuera (de lo masculino), como el sujeto sin marca o, directamente, como el no sujeto (en la oposición sujeto/otro).

En esta vertiente de análisis, y en especial la que sigue el trabajo de Hélène Cixous y de Luce Irigaray, la corporalidad es el eje de la representación femenina y de la subversión de los sistemas masculinos de representación, sobre todo al proponer al estadio preedípico como espacio de liberación de ese lenguaje (paterno) que es, por otro lado, el que da la pauta de la entrada del sujeto a la cultura patriarcal. Dice Irigaray: "¿Pero dónde queda para nosotras lo imaginario y lo simbólico de la vida intrauterina y del primer cuerpo a cuerpo con la madre? ¿En qué noche, en qué locura quedan abandonados?" (38) La intención en este caso es recuperar la memoria de ese cuerpo a cuerpo y desmontar lo que Irigaray llama el silenciamiento del matricidio que produce la cultura patriarcal (incluyendo el psicoanálisis) al borrar esa relación corporal tan intensa en la significación de los procesos de subjetivación. Es decir que, según Irigaray, la subjetividad no surge solamente de la entrada al mundo visible a través del espejo lacaniano ni al universo simbólico a través del lenguaje y la supremacía paterna que marca la ley del padre sino también y, fundamentalmente, a través de este innombrado matricidio. Asesinato e impunidad que garantiza, para Irigaray, la invisibilidad de un universal cuerpo femenino, su apropiación en la lógica del patriarcado y la supresión de la marca femenina en la cultura. Para Irigaray es sólo a través de la recuperación de esta instancia corporal que puede producirse un lenguaje contrapaterno. Es, entonces, después de todo en esta instancia preedípica donde la corporalidad femenina alberga un espacio de liberación.

Tanto Cixous como Irigaray afirman al cuerpo femenino (la matriz, el cuerpo materno, los dos labios) como recursos, un tanto esencialistas sin lugar a dudas, que sirven para desmontar la cultura patriarcal, aun cuando las marcas de representación de lo femenino y lo masculino se siguen atribuyendo a la mujer y al varón respectivamente, es decir que no pone en cuestionamiento la naturalización de lo femenino como mujer y de lo masculino como varón. Las dificultades que surgen al tratar de usar un esquema que universaliza lo cultural a partir de la pauta occidental y primermundista (y no sólo patriarcal) pueden ser entendidas a través de la sugerencia de Richard en *Masculino/Femenino* cuando sostiene que esta vertiente permite un trabajo sobre la subjetividad y el lenguaje aunque esencializa "la anatomía de la escritura" a través de su "genitalidad". Será Kristeva quien, para Richard, dé una clave de interpelación de lo masculino y femenino, a partir del juego entre la instancia semiótica y la simbólica, siendo la primera la instancia de lo pulsional asociada a lo femenino y la segunda la de la norma asociada a la tradición paterna. Dice Richard: "Kristeva refuta toda postura esencialista (típica de un cierto feminismo) que asocia unívocamente la mujer con lo femenino y el hombre con lo maculino" (47). Claro que puede decirse que incluso Kristeva, que desprende el signo de lo femenino del binarismo género/sexo, sigue trabajando con un juego de oposiciones que recién se pondrá en cuestionamiento con el deconstruccionismo y con el aporte de Judith Butler, pero ese binarismo está entonces desnaturalizado y escindido del "sexo". Como desarrollaré más adelante, es justamente la instancia pulsional y desestructurante de lo femenino proveniente del nuevo feminismo francés la que deja una huella en el pensar feminista latinoamericano y la que da forma a la interpretación del género sexual como una categoría que rearticula la presencia de lo femenino como puesta en crisis de los discursos dominantes, en parte porque es a través de su doble sentido (de tradición y subversión) que la crítica feminista latinoamericana logra dar cuenta de modos de participación política de mujeres en movimiento.

EL GÉNERO SEXUAL

Los ochenta también despiertan calurosas discusiones entre feministas latinoamericanas y latinoamericanistas dentro y fuera de los Estados Unidos respecto del género sexual como categoría de análisis y de su viabilidad interpretativa. El género sexual, como sugiere Marta Lamas, concierne a "la simbolización que cada cultura elabora sobre la diferencia sexual, estableciendo normas y expectativas sociales sobre los papeles, las conductas y los atributos de las personas en función de sus cuerpos" ("Cuerpo" 4). A través del género sexual como categoría de análisis la crítica feminista intenta desmantelar la naturalización de los atributos y roles (femeninos y masculinos) sobre los cuerpos sexuados. Es importante recordar el giro que la crítica feminista hace, hacia los ochenta, desde los "estudios de la mujer" a los "estudios de género", giro que de alguna forma se desprende de los estudios feministas en los departamentos de Women Studies. A través de esta nueva categoría se pone en escena la posibilidad o no de traducir *gender* al español y por lo tanto se genera una extensa reflexión acerca de las posibilidades interpretativas del género en lugar de la categoría mujer. Al mismo tiempo despierta, en la crítica latinoamericana, notables resistencias a importar una categoría de análisis que funciona, simultáneamente, para usar la imagen que propone Marta Lamas desde México "como filtro y como armadura [...] filtro cultural con el que interpretamos el mundo y también como una especie de armadura con la que constreñimos nuestra vida" (3).

Sin embargo, el género sexual como traducción de *gender* no se apropia en los estudios latinoamericanistas como una nueva categoría de análisis que no ha de ser problematizada sino que ya en el seno del feminismo metropolitano había encontrado espacios de revisión, en el sentido que le da Teresa de Lauretis al concepto "re-visión" en los estudios feministas cinemáticos, siguiendo a Adrienne Rich, cuando dice:

> The revision [...] ("Re-vision- the act of looking back, of seeing with fresh eyes," writes Rich, is for women "an act of survival") refers to the project of reclaiming vision, of "seeing difference differently", of displacing the critical emphasis from "images of" women "to the axis of vision itself" –to the modes of organizing vision and hearing which result in the production of that "image". (297)

En su intento de "volver a mirar" la historia interpretativa del género sexual en los estudios de mujeres (especialmente para el discurso histórico) Joan Scott plantea, desde los estudios feministas angloamericanos, lo que podríamos llamar el alcance utópico del género: la posibilidad de desmontar la naturalización sexo/género pero además de transformar los paradigmas disciplinarios y de dar cuenta del aspecto relacional de las normativas de la feminidad/masculinidad (fundamentalmente en su trama con otras categorías de análisis como la clase social y la raza). Entre los muchos desafíos y limitaciones que pueden señalarse respecto del uso del género como categoría de análisis, Scott señala el hecho de que muchas veces se ha producido un mero reemplazo de la categoría mujer y que ese cambio de nomenclatura ha sido en muchos casos bien recibido por sectores no feministas justamente porque al no hablar de mujeres y hombres sino de género pareciera neutralizarse el alcance de los estudios de género respecto de la igualdad (ahora sí entre hombres y mujeres) : "Gender seems to fit within the scientific terminology of social sciences and thus dissociates itself from the (supposedly strident) politics of feminism. In this usage, 'gender' does not carry with it a necessary statement of power nor about inequality" ("Gender" 1056). Aunque éste es un argumento menor en la discusión de Scott, es relevante destacar que en parte fue esa misma neutralización de la fuerza movimientista del feminismo en las entonaciones que podía tomar el género sexual en América Latina (como opuesto al estudio de mujeres) la que acompaña la otra distancia que toman las feministas latinoamericanas y latinoamericanistas estadounidenses y que tiene que ver específicamente con los peligros de la penetración cultural de la traducción de un término tramado en el feminismo metropolitano.

Los debates generados en torno de la posibilidad de traducción o la intraducibilidad del género sexual en el pensamiento feminista latinoamericano apuntan justamente a estos dos aspectos que mencioné anteriormente: por una parte, la sospecha de que la fuerza oposicional de la categoría "mujer" se viera diluida en los estudios de género y la dificultad de traducir *gender* al español debido a su cargada marca semántica como género literario o género gramatical. El ya clásico acercamiento de Amy Kaminsky (1993) da cuenta de estas tensiones: retomando a Teresa de Lauretis y su referencia a la intraducibilidad misma de la categoría género que se suma a la sospechosa "internacionalización" del proyecto angloamericano a través de la penetración de esta categoría en otros territorios culturales, Kaminsky hace referencia a la dificultad de traducción de "gender" como género haciendo hincapié no sólo en las marcas de representación de la feminidad o masculinidad sino sobre todo en las relaciones y tensiones del centro y la periferia.[3]

Claro que el debate de los ochenta en torno del género y la fuerte resistencia que encontró el término en el pensamiento feminista latinoamericano ya sea en los Estados Unidos o en América Latina fue dando lugar a una apropiación del género sexual no necesariamente dentro de los confines de significación angloamericanos sino a través de una disputa acerca de la definición, demarcación y desmembramiento de lo femenino y lo masculino. Kaminsky da cuenta de dos posiciones respecto de la trama semántica del género para poner sobre la mesa no sólo su intraducibilidad sino sobre todo la disputa no resuelta sobre su significado. Mientras que feministas como Lucía Guerra perciben el significado de lo femenino como negativo, asociado a la mística de la feminidad, otras, como Eliana Rivero, ven al género como un concepto ambivalente (tanto peyorativo como positivo) y lo afirman a la hora de rescatarlo de su significación en inglés (únicamente peyorativa), es decir, que lo ven como un concepto que diferencia al feminismo hispanoamericano del anglosajón (Kaminsky, *Reading* 8).

Una de las rearticulaciones de esta categoría desde América Latina es la propuesta por Richard, cuyo acercamiento en *Masculino/femenino* constituye una reflexión acerca de la posibilidad misma de desmontar la asociación femenino-mujer y masculino-varón. Siguiendo a Kristeva, Richard propone entender lo femenino como desestructurante, como lo que conlleva un componente antisocial y por lo tanto subversivo. Así, piensa lo femenino no sólo como una marca de subordinación sino también como una marca de rebeldía "que se produce cada vez que una poética o que una erótica del signo rebalsan el marco de retención/contención de la significación masculina" (35). El acercamiento de Richard produce un viraje en la asociación femenino-mujer y masculino-varón, para proponer que las marcas que una poética antihegemónica y rebelde puede tener en la escritura dislocan la naturalización de lo femenino mujer y lo masculino varón.

Como mencioné anteriormente, la línea de Kristeva respecto de lo femenino-desestructurante abre la puerta a pensar las ambivalencias del género (o sus intermitencias y espasmódicas rebeldías, para acercarlo a los términos de Kristeva), sobre todo en relación con la activa participación social y política de mujeres en movimiento. Esta línea de análisis permite dar cuenta (más allá de la asociación simplista de lo femenino-mujer y lo masculino-varón) de las complejas posicionalidades y del juego de rebeldías y sumisiones en la práctica de mujeres y aun en sus subversivos efectos en el entramado patriarcal y en la cultura dominante.

Masiello y Franco también repiensan el género a partir de sus ambivalencias y revisan el alcance de la práctica femenina a través de la desorganización y la conspiración en sus aportes sobre la historia literaria argentina y mexicana. En *Between Civilization and Barbarism* Masiello propone repensar la historia argentina desde "las alteraciones generadas por las mujeres en la cultura nacional" (2) y para ello sigue el modelo de las madres de Plaza de Mayo y de las prácticas femeninas como subversiones frente al discurso autoritario. También Jean Franco, en el capítulo final de *Plotting Women*, al pensar en los géneros que permiten hablar a las mujeres da cuenta de la participación femenina en los nuevos movimientos sociales como una forma de reescritura de la familia pero también como una forma de hacer demandas fuera de los circuitos tradicionales de participación política, para poner en cuestionamiento, en definitiva, la identidad homogénea de las mujeres como una identidad bajo sospecha. Franco intenta repensar el rol de la literatura de mujeres en relación con esta participación femenina: "The tradition of Latin American women's movements has always been to discuss feminism in relation to other social and political issues. It is not only a question of individual liberation but of social justice and democratization" (187). De esta forma, en el párrafo final de su texto la lucha social y política de las mujeres vuelve a la escena en la consideración de la representación literaria, intentando dar cuenta de dos procesos simultáneos que pueden entenderse a través de dos de las acepciones de la representación misma: la estética y la política.

Es posible sugerir que la traducción de "gender" como género sexual en la historia cultural feminista latinoamericana historiza y repolitiza una categoría que, más allá de las utopías propuestas por Scott, había quedado marginada de los acercamientos históricos, justamente por ser entendida en muchos casos como una categoría ahistórica. Aun dentro de un marco atributivo, que viene a debatir el aporte de Butler, como discutiré más adelante, los espasmos del género en la apropiación latinoamericana logran dar cuenta de su articulación transitoria y situada.

También en los noventa es importante considerar el aporte de Butler, desde el feminismo metropolitano (de los Estados Unidos) y su huella indeleble en los estudios de género latinoamericanos. Butler pone en crisis el acercamiento al género sexual en su carácter atributivo ("ser" femenino o masculino) y problematiza al género como construcción cultural para sugerir:

> If gender is the social construction of sex, and if there is no access to this "sex" except by means of its construction, then it appears not only that sex is absorbed by gender, but that "sex" becomes something like a fiction, perhaps a fantasy, retroactively installed at a prelinguistic site to which there is no direct access. (*Bodies* 5)

Para Butler, el "sexo" es una categoría con género ("gendered"). En la famosa distinción entre sexo y género, por lo tanto, el sexo mismo no existe como tal sino como "sexo" conformado a través del género. Su aporte no da por tierra la existencia de construcciones culturales, sino que más bien ve a esas construcciones como prácticas relacionadas con normas regulatorias de la hegemonía heterosexual. El aporte de Butler consiste en tomar al género no como una construcción sociocultural impuesta sobre el sexo, sino como un hacer, como un *performance*, es decir como una puesta en escena. Sin embargo, para Butler, este *performance* no está relacionado con la propia elección del género, como un disfraz o una representación teatral sino que, como metáfora interpretativa, sirve para descartar la idea de que *se es* o *se tiene* un género (es decir la versión atributiva), para pasar a sugerir que el género es un hacer, a través de otro concepto importante para Butler, el de performatividad, es decir, la repetición (aunque no exacta) de ciertas normas que condicionan el género y la sexualidad. Butler sostiene que el género es "una práctica reiterada y citacional a través de la cual el discurso produce los efectos que nombra" (2). Pero la repetición nunca es totalmente completa, sino que tiene inestabilidades que son las que pueden producir reiteraciones imperfectas a través de las que, potencialmente, pueden rearticularse las normas hegemónicas (2). Esto quiere decir que la repetición también se desestabiliza en el transcurso mismo de la cita. Y aquí está localizado su potencial transformador, al que Butler se refiere a través de la posibilidad de rearticulación de la hegemonía que ofrece la performatividad.

La teoría de la performatividad en Butler establece una relación entre la teoría del sujeto y la del género y el sexo, puesto que el proceso de identificación que se produce al constituirse un "yo" como sujeto tiene una importancia central en su crítica. Los cuerpos se materializan (es decir, se vuelven productivos) como efecto de una dinámica de poder (2). El sujeto se constituye a sí mismo como un sujeto sexuado a través de un proceso de identificación y ahí entra en juego el imperativo heterosexual. Las normas del mandato heterosexual que rigen la subjetividad dictaminan la zona de lo permitido y lo repudiado. Butler denomina a esta última zona como lo abyecto y la define como una zona inhabitable donde no puede gozarse del estatus del sujeto (que queda designado para las identificaciones permitidas), es decir las que responden al imperativo heterosexual. Esta zona es un límite y funciona como frontera de la subjetividad. Butler propone, entonces, que el sujeto se constituye a través de esta exclusión y abyección para dejar afuera esta zona que se repudia. Para constituirse como un sujeto sexuado, las normas regulatorias de la sexualidad (heterosexual) imponen el repudio de lo legislado como abyecto y por lo tanto reglamentan las prácticas de la identificación.

Los procesos de identificación (en cuanto al género y al sexo) quedan planteados en Butler como procesos de falsificación compulsivos. La revuelta que plantea Butler en términos de la ficcionalidad normativizada y hegemónica del género es su propuesta acerca de la relación estrecha entre el travestismo y el género, en el sentido en que toda identidad puede plantearse como imitación, como travestismo, lo cual hace posible entender las identidades heterosexuales como procesos de falsificación y fingimiento (125). Es justamente este punto el que lleva Jean Franco a la conferencia inaugural de los estudios de género del Programa Género y Cultura en América Latina en la Facultad de Filosofía y Humanidades de la Universidad de Chile cuando presenta una foto performance de Francisco Casas y Pedro Lemebel, "Las dos Fridas", donde el *performance* travesti pone sobre la mesa el desmontaje de la identidad y la necesidad de insistir en este desmantelamiento desde el pensamiento cultural feminista en América Latina. Richard retoma esta discusión de Franco para reflexionar sobre los estudios de género en Chile en el marco de sus políticas oficiales conservadoras respecto del género sexual y de una suerte de estancamiento de la fuerza subversiva del feminismo chileno (al menos en comparación con la fuerza oposicional que representó durante la dictadura militar).

Su acercamiento propone revisar el *performance* travesti no sólo como carnavalización de lo femenino sino como carnavalización de la iconización (ahora feminista) de Frida Kahlo (Richard, *Residuos* 214). Con ello Richard enfoca su atención no sólo en la trama de significaciones del género en su diálogo con la sexualidad sino también en el énfasis de un diálogo (y una fantasía cultural) entre feministas del norte y del sur. Richard no menciona a Butler pero se refiere a las reflexiones que Franco usa para referirse al género como *performance* travesti, dando cuenta de la ficcionalidad de toda identidad sexual. Franco sí menciona a Butler al hacer referencia a este *performance*: "By cross-dressing the gay males lay claim to (feminine) affect. The portrait then can be understood in terms of Judith Butler's theory about 'queerness' which she sees as 'a specific reworking of abjection into political agency'" ("The Mares" 110).

El ingreso de esta teoría a los estudios de género en América Latina sirve para dar una nueva dirección que no solamente viene de la traducción e incorporación del aporte de Butler, sino además del efecto que el conservadurismo de algunos sectores latinoamericanos tiene en la rearticulación simbólica del género como categoría de análisis cultural. Es relevante recordar que la Cuarta Conferencia Mundial de Mujeres en Beijing en 1995 marca un hito en relación con las discusiones en torno al género y la sexualidad, en parte, porque los debates entre sectores conservadores y sectores más progresistas pueden resumirse, según Marta Lamas, como "una disputa sobre si las mujeres somos sujetos u objetos, si somos personas en cuerpo de mujer o solo cuerpos" ("Editorial" 9). Uno de los sellos de las discusiones sobre Beijing fue el debate acerca de la actitud que ostentaron los sectores conservadores que se opusieron al uso de la categoría "género sexual" por considerar que abría un espacio de representación a "cinco géneros: hombre, mujer, bisexual, homosexual y lesbiana" (González, Mejía & Mercado 43). El argumento de esta oposición al género era "que si se sacaba el término género era para evitar que se aceptara la existencia de cinco géneros". Para el caso chileno, Kemy Oyarzún ha señalado las dificultades que experimentaron los estudios de género después de Beijing, con un recorte presupuestario que se justificaba a través de la "norelevancia" de tales estudios. Este debate post-Beijing reafirma un nuevo momento en la articulación del género como categoría de análisis, sobre todo en lo que concierne al cruce de fronteras (varón/hembra, femenino/masculino, permitido/abyecto) y a la producción de una cierta inestabilidad que perturba la legitimidad de las normas. De ahí que, como señala Richard (1998), la determinación de lo legítimo tenga que ver "para las fuerzas conservadoras, con su capacidad de garantizar un significado permanente y definitivo: un significado invariable" (208). Esta nueva fuga significacional del género como categoría de análisis cultural atenta, según Richard, no sólo contra "*la* identidad sexual" sino también contra "la recodificación académica de la diferencia de género, tal como la institucionaliza el feminismo universitario" (215).

Es a través de este intento de reencauzar el género y su significado desestructurante a través de la sexualidad que se reabre la posibilidad de un nuevo rumbo para esta categoría. Asimismo esta rearticulación implica un alejamiento de la vertiente descriptiva y representacional con la cual se entendió al género desde los ochenta hasta los noventa, tanto en el marco de los estudios de género en los Estados Unidos como en América Latina. El aporte de Butler a la teoría del género y su apropiación en el pensamiento feminista latinoamericano sirve también para ilustrar el carácter migrante de las teorías producidas en el centro y el proceso de transformación que sufren al llegar a los contextos culturales en los cuales esas teorías han de ser traducidas y transformadas. Al mismo tiempo, estas transformaciones que dan cuenta del debate que se genera en el marco específico post-Beijing en América Latina (y donde la propuesta de Butler entonces encuentra un eco particularmente productivo) tienen un lugar significativo en las discusiones acerca del género sexual o la teoría queer en el pensamiento latinoamericanista producido en los Estados Unidos, aun cuando pareciera muchas veces que, todavía hoy, la pauta que sigue legitimando los acercamientos teóricos y culturales es la de las teorías angloamericanas y su borramiento de las teorías y los sujetos marginales (y me refiero aquí a las provenientes de América Latina pero también a las de los feminismos de color en los Estados Unidos). Tal vez convendría recordar al releer a Butler que uno de los *performances* travestis que analiza en el capítulo "Gender is Burning" es el de Venus Xtravaganza, una latina de clase baja que con su performance subversiva (el travestismo y el proyecto de la transexualidad) cita las categorías de belleza y de lo femenino de la cultura blanca de clase alta. Ese pasaje a la cultura angloamericana tampoco puede dejarse de lado porque habla elocuentemente de los límites de su subversión. Por lo tanto, el performance travesti también esconde en su seno espacios de opresión en los cuales la subversión de las normas de la sexualidad parece estar supeditada al acatamiento (al menos en el caso de Venus Xtravaganza en *Paris is Burning*) de las pautas hegemónicas, con lo cual es posible poner en cuestionamiento el poder rearticulatorio de una práctica subversiva como el *performance* travesti y, por extensión, otras prácticas del género que intentan subvertir sus normas.[4]

PUENTES Y FRONTERAS

La publicación en 1981 de *This Bridge Called my Back: Writing by Radical Women of Color*, editado por Cherie Moraga y Gloria Anzaldúa (traducido al español en 1988) y de *Borderlands/La Frontera* de Gloria Anzaldúa en 1987 y de *Making Face, Making Soul: Haciendo Caras*, editado por Anzaldúa en 1990, implica no sólo una respuesta a los feminismos hegemónicos (entendidos como "feminismos anglos" o "feminismos blancos") sino además un intento de poner sobre la mesa la subordinación y reclusión de las propuestas feministas marginales y cuestionar el saber feminista y la ética representacional e interpretativa. De esta manera, la propuesta del feminismo chicano enfatiza la pluralidad y la diferencia y da cuenta de problemáticas que también son centrales en la articulación de los feminismos latinoamericanistas: por una parte, del problema de la lengua, de la traducción y de las consecuentes traiciones que vienen de su mano y, por otra parte, del desmantelamiento de la inocencia homogeneizadora que pretende pensar al feminismo estadounidense a través de categorías deslindadas de marcas étnicas, de raza y de clase. *This Bridge Called my Back* sirve como una respuesta simultánea a dos formas de exclusión de las mujeres de color en los Estados Unidos: la del movimiento chicano y la del feminismo "anglo" y su marginalización de mujeres de color. En un intento de "llegar al otro lado, de hacer un puente sobre las diferencias que históricamente han vencido a la mujer de color hasta callarla, borrarla y fragmentarla" (1) se construye, sugiere Moraga en su introducción, la identidad de las "mujeres de color" como "un término de identificación política" que sirve para distinguirse de la cultura dominante. El concepto de frontera en Anzaldúa afirma los dobleces de la identidad cultural fronteriza como espacio de conflictividad y negociación constante. Tanto las categorías "mestiza" como "conciencia de frontera" apuntan a esta identidad plural y numerosa donde el proceso de subjetivación se construye a través de las tramas simultáneas de género, sexualidad, clase, raza y etnia. Este modelo rompe las estrategias binarias de representación de lo masculino y lo femenino al entender la identidad como proceso en transformación permanente (de rearticulación y de tensión). La identidad de la mestiza, según Anzaldúa, es múltiple y la conciencia de esa identidad concierne a las prácticas de reclamo a través de las cuales la escritura (bilingüe) genera espacios de imaginación colectivos y elabora las diferencias y las formas de teorizarlas.

El impacto de estas teorías en el feminismo latinoamericanista estadounidense no puede pasarse por alto, en primer lugar por el hecho de que el feminismo chicano, de algún modo, antecesor del feminismo poscolonial en los Estados Unidos, da cuenta de la necesidad de enfatizar las epistemologías de frontera y sobre todo de desmontar los modos de interpretación del feminismo central y su no tan ingenua estrategia de subalternización de la diferencia. Es importante notar, sin embargo, que algunos de los conceptos centrales de la crítica chicana no encuentran siempre un espacio (al menos sin conflictos) en las tradiciones culturales de América Latina. Por ejemplo, cuando Debra Castillo repiensa el concepto de "mestiza" dentro del contexto mexicano da cuenta de las diferencias latinas/latinoamericanas: "To use the most apparently relevant Latin American concept for Anzaldúa's work, 'mestizo' in Mexico is a nation-building concept, not a resistant one, and a concept that often resolves in racialist usages by which assimilated-blood people appropriate the right to speak for the indigenous elements of the society" ("Anzaldúa" 264). Silvia Spitta, por su parte, demarca las continuidades de la construcción del mestizaje en Perú a través de la propuesta de Anzaldúa:

> Both articulations of mestizaje, the Peruvian and the Mexican, depend on the affirmation of heroic indigenous past (one Inca, the other Aztec) at the expense of the present –indeed, as a way of avoiding looking at the miserable conditions of

indigenous peoples, a disavowal that served as the basis for assuming a mestizo identity in the present. (293)

En esta continuidad, sin embargo, Spitta subraya la afirmación de Anzaldúa en su identidad indígena como un rasgo de que proviene de ser chicana y no mexicana, trayendo así a colación nuevamente la cuestión de la identidad nacional como es entendida en América Latina y señalando así un conflicto ineludible en la representación del concepto mismo de nación en la crítica chicana y la latinoamericana.

Uno de los aspectos más cruciales de la crítica chicana es el desafío tanto de las oposiciones binarias como de la afirmación de sujetos unitarios u homogéneos. La frontera se transforma también en un signo ambivalente y en un espacio de desborde que sirve para forjar contradicciones y tensiones en el acercamiento a la identidad. Es decir, que dentro de la corriente misma de la tradición estadounidense que apuntó a revisar la "identidad femenina", el trabajo de las chicanas y las feministas de color viene a desmontar esa supuesta homogeneidad a través de los pliegues, las contradicciones y las tensiones que dan cuenta de los procesos identitarios como múltiples y no reducibles al contacto con una cultura dominante sino con la intersección de diferentes fragmentos dominantes (y sus historias, teorías y lenguajes).

El concepto de frontera tiene un impacto importante en la crítica del feminismo latinoamericanista, por lo menos la que intenta articular un espacio de alianza y de lucha común entre latinas, latinoamericanas y chicanas en los Estados Unidos. Baste pensar el caso de Alicia Partnoy, que es hoy una de las editoras de *Chicana/Latina Studies: The Journal of Mujeres Activas en Letras y Cambio Social*.[5] En un intento de redefinir la identidad latinoamericana a través de la latina y la chicana, Partnoy afirma con la otra editora de la revista, Karen Dávalos: "The first part of the co-joined phrase also recognizes the unique historical relationship that Chicanas have to the United States: we are indigenous and immigrant. The familiar phrase 'we didn't cross the border, it crossed us' empowers Mexicans and their generations of ancestors that resided in what is now known as the American Southwest" (8). El término "latina", por su parte, continúan las editoras, hace referencia a la diáspora latinoamericana en los Estados Unidos "and a growing camaraderie among mujeres as we join in solidarity across national boundaries and regions".

Uno de los efectos más destacables de la crítica chicana en la crítica feminista latinoamericanista es el desmontaje de la homogeneidad que desde el sur se atribuía al feminismo estadounidense. La emergencia y creciente visibilidad de los feminismos de color así como la puesta en escena de las pautas neocoloniales del feminismo central y de los residuos (pos)coloniales de los feminismos marginales en los Estados Unidos comienzan a trazar un mapa donde se enfatiza la heterogeneidad y las diferencias jerárquicas y la desigualdad de poder entre los feminismos de los Estados Unidos. Al mismo tiempo, pone en evidencia las pautas interpretativas de este flujo de perspectivas que debe separarse de los acercamientos angloamericanos.

Cuando Debra Castillo se acerca a la propuesta de Anzaldúa dentro de los estudios transnacionales discute las lecturas que generó la escritora chicana en los círculos académicos de los Estados Unidos y de América Latina para dar cuenta del proceso de transformación sufrido por *La frontera* en sus apropiaciones interpretativas. En los Estados Unidos el texto se ve como texto de frontera. Más allá de las críticas que generó acerca del esencialismo o de la romantización de las culturas indígenas –y sobre todo, más allá de la afirmación de la localidad en Anzaldúa (el sur de Tejas)– *Borderlands* queda asimilado a la vertiente de estudios transnacionales (Castillo se refiere especialmente a "American Studies") y a su énfasis en la multiplicidad de culturas, lenguas y subjetividades migrantes. Este énfasis en la diferencia como transnacional no encuentra tanto eco en la recepción latinoamericana. Castillo afirma: "In Latin America where 'American Studies' by definition is a transnational, continental area of inquiry, Anzaldúa is irremediable an iconic United States figure, not a transnational one. Her concept of the border comes from a contestational United States position, one that looks south but does not cross the border" (263). Desde los estudios feministas sobre América, en general, Castillo da cuenta de los dobleces mismos de las metáforas "frontera" y "puente" al poner en cuestionamiento el cruce de fronteras hacia el sur, en esa oposición "mirar al sur" *versus* "cruzar la frontera", oposición productiva a la hora de pensar no sólo los flujos de teorías estadounidenses en América Latina sino además, los flujos entre el feminismo latinoamericanista y el latinoamericano.

Sin centrarse específicamente en Anzaldúa o en la crítica chicana, Amy Kaminsky usa los conceptos puente y frontera para ir más allá de su imagen celebratoria y para repensar los significados que transitan esos puentes que, situados en zonas fronterizas, sirven al contacto de culturas en el cual la cultura dominante sigue moldeando los principios de interpretación a los cuales se ven sometidas las culturas subalternas. Así, para Kaminsky, el puente puede devenir en un espacio por el que transitan estereotipos acerca de América Latina, es decir una nueva frontera escondida en la forma de un puente por el que circulan (como en el caso de las comunicaciones entre Victoria Ocampo y Virginia Woolf, que sirve como uno de los ejes de la discusión de Kaminsky) fantasías primermundistas con las que se construye un callejón sin salida a la posibilidad misma de representar desde América Latina a América Latina sin rendirse a las imágenes culturales esgrimidas por el primer mundo.[6] Los puentes devienen, sugiere Kaminsky, nuevas fronteras en las que la zona de contacto queda dinamitada por las interpretaciones dominantes. En estos "puentes" transitan casi unilateralmente representaciones hegemónicas metropolitanas que cierran el paso a la transformación de sus propias fantasías culturales acerca de los márgenes. Me interesa destacar este acercamiento de Kaminsky porque hace uso, en el contexto latinoamericanista, de dos conceptos que en el feminismo de los Estados Unidos se asocian casi automáticamente al feminismo chicano. Kaminsky, sin embargo, usa estos conceptos para ponerlos en cuestionamiento, es decir, para acercarse al cruce de fronteras y la construcción de puentes desde la sospecha y no desde la celebración.

Más adelante haré nuevamente referencia al feminismo chicano en relación específica con su dimensión poscolonial. Por el momento me interesa enfatizar la importancia de una revisión del impacto que el feminismo chicano ha tenido en el pensamiento latinoamericanista producido en los Estados Unidos y de sus estrategias centrales, como el desmantelamiento de la identidad homogeneizante del feminismo del primer mundo y dos de sus conceptos centrales, puente y frontera, imágenes que transitan en el pensamiento feminista cultural y que generan nuevos desafíos a los intentos de articular el tránsito de teorías latinoamericanas en el marco epistemológico e interpretativo de la academia estadounidense.

Feminismo académico y movimiento de mujeres

A pesar de la marcada influencia extranjera en el pensar feminista latinoamericano es también muy relevante destacar una serie de influencias que se producen a partir de la militancia de mujeres latinoamericanas y de la entrada de sus voces en el espacio letrado. Vuelvo al ejemplo de Domitila Barrios de Chungara como punto de partida para discutir el impacto que han tenido los movimientos de mujeres y las voces de mujeres en movimiento en el saber homogéneo y privilegiado de las feministas académicas y en el planteamiento de sus preguntas y acercamientos disciplinarios. Es evidente que los acercamientos al feminismo latinoamericanista estadounidense han sido influidos por este desencuentro señalado por Barrios en la tribuna del Año Internacional de la Mujer. El efecto de estas influencias en la crítica feminista latinoamericana tiene efectos dobles y contradictorios. Por una parte, la referencia a los movimientos de mujeres o la literatura testimonial no necesariamente garantizó la incorporación de voces subalternas y sus demandas aunque sí corrió el riesgo, como acertadamente advierte Debra Castillo, de transformar a Domitila Barrios de Chungara o Rigoberta Menchú en íconos de los estudios culturales. Por otra parte, el efecto de esta intervención pone sobre la mesa la necesidad de revisar la cuestión de la autoridad del sujeto de habla en la producción de un "nosotras" y de su relación con la exclusión en el discurso feminista (Castro-Klarén, *Literature* 3). También Franco, como mencioné anteriormente, retoma el aporte de Domitila para repensar las relaciones de poder y sus luchas por la interpretación.

Voy a detenerme en dos instancias que muchas veces han estado íntimamente relacionadas y que han sido muy discutidas dentro de los estudios literarios y culturales feministas sobre América Latina: la primera es la participación de las mujeres en los movimientos de liberación nacional y la segunda la autonomización de las mujeres en movimientos sociales de mujeres. Estas dos instancias han tenido un fuerte impacto en el pensar feminista latinoamericano, aunque de manera diferente. En el caso de la academia estadounidense, como ha sugerido Francine Masiello ("Tráfico"), los intercambios norte/sur están marcados por las fantasías del norte que "espera de los hombres y mujeres que actúen según unos deseos regulados, que ofrezcan una narrativa de identidad propia que se adapte fácilmente al circuito internacional" (746). Como señala Masiello, los paradigmas de representación de estos intercambios están dominados por la fantasía del otro "como un gesto de reconocimiento del sur sin ningún compromiso estable con los proyectos políticos o estéticos que Latinoamérica pueda ofrecer" (747). Conviene tener estas apreciaciones en mente a la hora de pensar cómo circula la "novedad" feminista o de mujeres a nivel movimiento en los horizontes de representación académica de los estudios culturales en los Estados Unidos.

Mucho se ha discutido ya acerca de la participación de las mujeres en la izquierda y en la militancia partidista, en parte, como uno de los pilares de la salida de las mujeres del espacio doméstico y su participación en la actividad política. Es difícil encontrar una historia del feminismo latinoamericano que no pase detenidamente por esta (problemática a veces) participación. Incluso el conocido término "doble militancia" hace alusión justamente a esta conjunción: la doble tarea femenina en el feminismo y en la militancia partidista y las tensiones generadas en torno de la misma.

El proceso de reevaluación crítica de la relación del feminismo con las luchas por la liberación nacional centroamericana puede verse en los acercamientos críticos de Margaret

Randall e Ileana Rodríguez en relación con el fracaso de la izquierda de desarrollar una agenda feminista, en el caso de Randall, o de señalar el desplazamiento del sujeto subalterno (mujer/etnia/pueblo) en el caso de Rodríguez. Randall recoge testimonios de mujeres durante la revolución sandinista en *Todas estamos despiertas: testimonios de la mujer nicaragüense hoy*. En los noventa publica otra serie de testimonios, muchas veces con entrevistas a las mismas mujeres que entrevistó en los ochenta. Ellas dan cuenta de su experiencia dentro de la administración sandinista, de la autonomización de movimientos feministas y de mujeres y del fracaso de la revolución sandinista en relación a la articulación de las demandas feministas. El título de este texto difiere en mucho del primero: se trata de *Gathering Rage: The Failure of Twentieth Century Revolutions to Develop a Feminist Agenda*. Pese al reconocimiento de su rol de revolucionarias, las mujeres quedaron desplazadas de la narrativa del protagonismo revolucionario, a veces encapsuladas en la división del trabajo capitalista aunque, esta vez, las tareas de reproducción estaban relacionadas con la revolución que, teóricamente, las liberaría. Además sufrieron, como señala Norma Stoltz Chinchilla, violencia doméstica y un doble estándar, entre la liberación sexual (necesidad sexual de sus compañeros) y el juicio de tal liberación sexual. Stoltz Chinchilla considera que la experiencia de las mujeres en los movimientos revolucionarios centroamericanos de los setenta y ochenta es importante para comprender la posición de la mujer dentro de ellos. Al mismo tiempo la experiencia lleva a un entendimiento de la necesidad de transformación de las relaciones de género sexual puesto que si bien la militancia política sacó a las mujeres de sus cocinas, el proceso de transformación cultural no generó la posibilidad de mantener a las mujeres fuera de esas mismas cocinas al final de la revolución (215).

El concepto de doble militancia ilustra la doble participación de las mujeres y los conflictos que emergen de la misma. Incluso, un texto como el Domitila Barrios pone este conflicto sobre la mesa: un conflicto que pasa no sólo por una doble militancia sino además por los intentos de articular ambas formas de participación. La lucha del comité de amas de casa comienza justamente en la casa: se trata de una lucha por ser aceptadas como clase trabajadora por parte de sus propios compañeros. Esta primera batalla debe ser librada en el seno de sus propias familias y enfrentando una violencia que Domitila compara con la violencia del Estado. Esta lucha es también una lucha por el reconocimiento de su trabajo no remunerado, ya sea por parte de las mujeres mismas como por parte de sus compañeros. Domitila Barrios hace un cuadro señalando las horas de trabajo no reconocidas de las mujeres de los mineros donde toma nota de las horas y el precio del lavado de ropa, cocina, cuidado de niños y limpieza: "Todo lo que hacemos cada día las esposas de los trabajadores, averiguamos. Total, que el sueldo necesario para pagar lo que hacemos en el hogar, comparado con los sueldos de cocinera, lavandera, niñera, sirvienta era mucho más elevado que lo que ganaba un compañero en la mina durante un mes" (35). La lucha por el reconocimiento es una lucha paralela a la organización del comité de amas de casa y la lucha común con los mineros: "Entonces, en esa forma nosotras hicimos comprender a nuestros compañeros que sí trabajamos y hasta más que ellos, en cierto sentido. Así que, a pesar de que el Estado no nos reconozca el trabajo que hacemos en el hogar, de él se benefician los gobiernos, porque de este trabajo no recibimos ningún sueldo" (35-6).

Esta marca de doble militancia, aunque no feminista en el caso de Domitila Barrios, ilustra la dificultad de incorporar asuntos de mujeres al imaginario político de la izquierda.

Pensando en la izquierda revolucionaria y en la figura de la guerrillera como centro de una posible visión de la liberación de las mujeres, Franco sugiere lo siguiente: "I supposed it is the assumption that women's liberation in Latin America would be achieved as the result of armed struggle that is the most glaring difference between then and now" ("The Long" 11). Es este sentido de exclusión de los asuntos de mujeres en la agenda de la izquierda latinoamericana la que de una manera u otra da lugar a la autonomización de las feministas y a la búsqueda de otros modos de hacer política, modos que tienen como marca la participación social y política que comienza a centrarse en el eje de la democratización y la ciudadanía y que ha de tener sus efectos también en los nuevos modelos del pensar-hacer feminista en América Latina. Este otro modelo, a diferencia de la participación de las mujeres en la izquierda revolucionaria y su proceso de masculinización del rol femenino (que pasa de la cocina a la guerrilla), puede pensarse como un modelo de feminización de la participación ciudadana, y de sus modos de hacer política.

Es relevante destacar que la participación de las mujeres en los movimientos sociales también está en muchas instancias divorciada del feminismo. Los movimientos de mujeres han sido no sólo una parte fundamental de la articulación de demandas sociales sino que además han desafiado muchas veces la existencia misma del movimiento feminista latinoamericano que ha debido confrontar en sucesivas ocasiones las posiciones de los movimientos de mujeres en la rearticulación de su propia agenda.

Los movimientos de mujeres desafiaron y redefinieron el feminismo en América Latina y, por extensión, los feminismos latinoamericanistas que se articulaban en los centros de saber de los Estados Unidos. Tal vez uno de los ejes centrales de ese desafío fue el intento de construir puentes (aunque también fronteras) con los movimientos de mujeres. El ya clásico ejemplo de las Madres de Plaza de Mayo puede servir para repensar ese intercambio y algunos de sus riesgos. El movimiento Madres de Plaza de Mayo está anclado, desde sus orígenes, en la defensa de los derechos humanos. Sus marchas semanales en la plaza aún en la dictadura militar argentina hicieron que muchas feministas del primer mundo se acercaran a sus prácticas desde un marco feminista.[7] Sin embargo este "feminismo" nunca formó parte de la agenda de las Madres y su acercamiento a las feministas del Primer Mundo tuvo como motor inspirar la solidaridad internacional. En una entrevista con Rosa Miriam Elizalde de 1996, Hebe de Bonafini, explica su clara posición al respecto al sostener que la liberación femenina en sí no es parte de la agenda de las Madres, puesto que la liberación de la mujer parece excluyente de la del hombre. Su crítica del feminismo está muy relacionada con su definición de los derechos humanos que incluye también la explotación y la pobreza:

> Hay muchas mujeres que son feministas y tienen mujeres para que les laven el piso, mantienen a otras mujeres sojuzgadas. En mi país hay muchas feministas que son muy burguesas. Y las feministas se enojan cuando nosotras decimos que no lo somos, dicen que no es verdad. Y es que nuestros hijos eran hombres y mujeres, porque nuestros hijos también eran varones, por lo tanto, de ninguna manera podemos reivindicar solo a la mujer. (Elizalde)

Los movimientos de mujeres no feministas dan una de las claves en el pensamiento del feminismo latinoamericano en una doble mirada que apunta, simultáneamente a las teorías extranjeras y a las prácticas de mujeres en América Latina. Es cierto que muchas veces la mirada hacia lo latinoamericano desde la academia de los Estados Unidos recuperó los movimientos de mujeres desde la experiencia, sin prestar demasiada atención a la dimensión crítica que sus prácticas proponían y, por lo tanto, las demandas de esos mismos movimientos quedaron muchas veces diluidas en los debates teóricos. Como resultado, los intentos de incorporar esas demandas a las discusiones críticas (y en especial la solidaridad como eje central del movimientismo de mujeres) fueron desacreditadas como una ingenuidad académica que no resonaba como "era debido" dentro de los marcos del saber de las universidades estadounidenses.

Tanto en los ochenta como en los noventa muchas reflexiones acerca del feminismo latinoamericano dan cuenta por una parte de la tensión (y la brecha producida) entre la izquierda y el feminismo y, por otra, del quiebre que los movimientos de mujeres producen en la supuesta imaginación de un feminismo monolítico. Los encuentros feministas y de mujeres latinoamericanas y del Caribe llevados a cabo desde los ochenta son también un espacio de confrontación de la pluralidad de demandas feministas (en sus vertientes movimientistas y académicas) y de movimientos sociales. El primero de los encuentros fue en Colombia en 1981, sigue Perú en 1983, Brasil en 1985, México en 1987, Argentina en 1990, El Salvador 1993, en Chile en 1996, en República Dominicana en 1999, en Costa Rica en 2002 y Brasil en 2005. Es importante recordar que estos encuentros constituyen un espacio que intenta albergar (aunque sin éxito) las diferencias entre las mujeres latinoamericanas y sus demandas y generar una suerte de utopía programática que es muchas veces, como señala Virginia Vargas con una referencia específica al encuentro de Argentina, desmantelada por los desencuentros que se ponen en escena y que dan cuenta de la complejidad de los feminismos y los movimientos de mujeres.

Otro espacio que pone en evidencia estos encuentros como desencuentros, ahora ya en la literatura, es el testimonio de mujeres y la entrada de voces "subalternas" al espacio letrado. Luchas por la supervivencia, experiencias de militancia política y sindical, detención, prisión, luchas colectivas en movimientos sociales son registrados, muchas veces de la mano de un editor y circulan en el mercado editorial y académico. Sería difícil en este momento referirse a la literatura latinoamericana de mujeres sin hacer un pasaje por el aporte que la narrativa testimonial hace a las discusiones mismas acerca de las interpretaciones académicas y más específicamente a la crítica literaria del feminismo latinoamericanista estadounidense. Como sugirió Franco: "the woman intellectual cannot claim unproblematically to represent women and be their voice, but she can broaden the terms of political debate by redefinig sovereignity and by using privilege to destroy privilege" ("Going" 80). Es esta crisis de autoridad la que abre las puertas a la revisión de las pautas interpretativas y representacionales de los estudios culturales feministas y a la elaboración del problemático intercambio norte/sur. Claro que, desde algunas posiciones feministas articuladas en América Latina se enfatiza el riesgo de construir, desde el centro (un centro marginal, como es el de los estudios latinoamericanistas en los Estados Unidos) una periferia a la cual se asigna el lugar de la práctica y del cuerpo para dejar reservado a los feminismos metropolitanos el monopolio de la teoría y la mente. Quiero detenerme en la crítica que propone Nelly Richard puesto que enfatiza la tensión centro–periferia también dentro del marco teórico y político feminista a nivel internacional.

En "Feminismo, experiencia y representación" Richard sostiene que este conflicto escenifica la distribución del trabajo (manual e intelectual) desde los centros productores del saber hegemónico feminista. Según Richard, la representación de las mujeres latinoamericanas desde la experiencia da cuenta de un evidente proceso de subordinación que sigue produciéndose ahora en nombre de la defensa de los derechos de las mujeres. La imagen del cuerpo y la cabeza vienen a ser nuevamente las imágenes que han de servir para representar una nueva división sexual de un feminismo metropolitano que no puede salirse de las garras de la lógica patriarcal: la mente, en este esquema, sirve para representar a las feministas del primer mundo; el cuerpo a las del tercer mundo (736-7). De ahí la tensión que percibe Richard en la afirmación de los movimientos y la participación de mujeres en América Latina como único espacio donde considerar al feminismo latinoamericano, a expensas de una teoría que sigue, en este esquema, reservada a los centros de poder. Richard afirma contundentemente, en este contexto, el derecho a teorizar de las latinoamericanas: "Me temo que bajar la guardia teórica en nombre de la solidaridad política con la periferia vista como 'arpillera', sirva casi fatalmente esa injusta división del trabajo entre teoría y práctica que nos impide batallar contra las hegemonías culturales del centro con armas equivalentes en fuerza y astucia" ("Feminismo, Arpillera" 65). Si bien Richard reconoce las luchas populares de América Latina, sostiene que "emblematizar ese cuerpo de experiencias como la verdad más radical (por antidiscursiva) del feminismo latinoamericano, puede llegar a confirmar el estereotipado de una 'otredad' latinoamericana que deja intacta la jerarquía representacional del centro que sigue hegemonizando todas las mediaciones conceptuales del pensar".

Este claro aviso que pone Richard sobre la mesa de la representación misma del feminismo latinoamericanista estadounidense es válido aun a la hora de pensar los riesgos de una postulación que enfatice solamente la lucha a nivel movimientista del feminismo latinoamericano. Sin embargo, la historia del feminismo en América Latina no puede ser cancelada sin que, con semejante ausencia, se forje una versión academicista de un "pensar y hacer" que ha rebalsado los límites institucionales. Prefiero pensar, en cambio, que el feminismo latinoamericanista (hoy su versión posfeminista) debe incluir el énfasis en la teoría sin dejar de lado el aporte que han hecho al feminismo e incluso a la teoría feminista mujeres del movimiento que no son necesariamente feministas.

LAS VERTIENTES POST-/TRANS-

Es indudable que los paradigmas teóricos de la posmodernidad y el posestructuralismo han impactado el pensamiento feminista latinoamericano para dar cauce al posfeminismo y con ello al desmontaje de los binarismos culturales y el énfasis en la diferencia como eje de una práctica orientada a la liberación de las mujeres. No es mi intención hacer un recorrido por las diversas formas del posfeminismo, al que entiendo aquí principalmente a partir de la influencia teórica del paradigma epistemológico de la posmodernidad y el posestructuralismo y de su localización en las coordenadas políticas, económicas y culturales de la globalización. Más bien me acerco a la problemática de la viabilidad política de la construcción de un saber feminista basado en el quiebre de la identidad y de su espacio de articulación de demandas de reivindicación social. Me interesa este aspecto porque, de alguna forma, el feminismo latinoamericano accede al universo de la diferencia no sólo de la mano de teorías posestructuralistas sino además de los dislocamientos que las mujeres en movimiento producen al proyecto homogeneizante del feminismo de la modernidad. Al mismo tiempo, las demandas por el reconocimiento y la igualdad (relacionadas con la historia del feminismo movimientista) disparan en el posfeminismo teórico a un espacio de debate acerca de la tensión entre igualdad y diferencia. Es posible pensar que el posfeminismo, a través de su énfasis en la diferencia y del cuestionamiento de las identidades de género como ficciones identitarias genera dudas acerca de la posibilidad de una articulación política, al menos de las que están ancladas en la identidad (y esto está íntimamente relacionado con su matriz deconstruccionista, especialmente en su versión académica).

Las posiciones de Joan Scott y de Gayatri Spivak pueden servir para discutir los desafíos planteados por los marcos de saber del feminismo posestructuralista. Ambas propuestas afirman la posibilidad de articular un espacio político con las herramientas del deconstruccionismo para exponer la necesidad de politizar la práctica deconstructiva. En 1994 la revista feminista argentina *Feminaria* traduce "Deconstruir igualdad *versus* diferencia: usos de la teoría posestructuralista para el feminismo" de Joan Scott donde ésta defiende la salida política del posestructuralismo al sostener que la práctica deconstructiva feminista no pasa por la identidad (la homogeneización de las mujeres) sino que abre las puertas a denunciar desplazamientos y a reclamar la diversidad:

> Lo que estamos reclamando no es ni la igualdad ni la identidad entre mujeres y varones sino una diversidad más complicada e históricamente variable de la que permite la oposición masculino/femenino, una diversidad que también se expresa en forma diferente, a través de propósitos diferentes y en contextos diferentes. La dualidad que crea esta oposición dibuja una línea de diferencia, le confiere explicaciones biológicas y luego trata a cada uno de los extremos de la oposición como fenómeno unitario. Se supone que todo lo que existe dentro de cada categoría (masculino/femenino) es igual y, por lo tanto, se suprimen las diferencias que subsisten dentro de cada categoría. (7)

Sin embargo, las tensiones entre la identidad de grupos marginales y la diferencia como estrategia de desmontaje de cualquier proyecto identitario homogeneizante constituyen uno de los problemas centrales del feminismo en su vertiente "post-": ya sea posfeminista, posmoderna, poscolonial o posestructuralista. Desde el argumento poscolonial, Gayatri Spivak, también cercana a la práctica deconstructiva, articula una salida crítica al dilema del efecto de despolitización de la diferencia para defender la posibilidad de afirmar una identidad a través de un "esencialismo estratégico" que habilita al sujeto a afirmarse en una ficción identitaria como una estrategia que consiste en "una persistente crítica (de)constructiva de lo teórico." Desde esta perspectiva, la identidad (tanto de la mujer como del subalterno) funciona como una "treta" que se diseña para "sorprender al enemigo"(*Outside* 3). Spivak reconoce lo riesgoso de esta estrategia, pero su propuesta deja claro que es necesario tomar el riesgo del esencialismo, como un "slogan movilizador" del mismo modo en que se usan conceptos como "mujer o trabajador o el nombre de una nación". El esencialismo estratégico va de la mano, para Spivak, de su carácter transitorio y situacional. La estrategia, entonces, no intenta "fijar" de modo universal, en el sentido en que no puede considerarse la teoría "como universal o desinteresada". El esencialismo estratégico, como una de las respuestas que aun desde la práctica deconstructiva poscolonial de Spivak se articulan en nombre de la identidad, da la pauta de la dificultad que presenta el posestructuralismo y su crítica del esencialismo no ya en el desmontaje de espacios homogéneos y hegemónicos de representación sino, especialmente, de los espacios que intentan articular sus demandas desde la marginalidad.

¿Quién define la/las identidad/es de las mujeres localizadas en la periferia? Al mismo tiempo, ¿quién y cómo determina desde la teoría metropolitana la vigencia de la cuestión de esa identidad? Y ¿cómo se responde, desde los márgenes a un proyecto posfeminista que desmonta los espacios de participación política? "¿Qué nuevo tipo de política emerge cuando la identidad, como base común, ya no constriñe al discurso de la política feminista?" pregunta Butler al repensar estas tensiones (*Excitable* ix). Queda claro que la entidad en Butler está entendida como una ficción jerarquizante y como un espacio de constricción. Sin embargo, la misma postulación de una política sin identidad da la pauta de que el centro sigue legitimando para sí el derecho de "mirar al sur" sin "cruzar la frontera", para usar la dicotomía propuesta por Castillo o haciendo "un gesto de reconocimiento" hacia el sur sin que esto implique "ningún compromiso estable con los proyectos políticos o estéticos" que el sur pueda ofrecer, como sugiere Masiello.

El desmontaje identitario y el énfasis en la diferencia sirvió al posfeminismo para desorganizar el privilegio de la identidad impuesta desde un espacio hegemónico. Sin embargo, ¿fue exitoso su descentramiento, su énfasis en la deconstrucción y su crítica al esencialismo a la hora de rearticular las pautas representacionales de los márgenes? Y no pienso ahora necesariamente en el efecto del posfeminismo en los debates sobre los estudios culturales latinoamericanistas, sino en el riesgo que el énfasis en la diferencia y la crítica del esencialismo producen en la articulación de un pensar-hacer feminista no sólo anclado en la teoría (y por lo tanto en diálogo con los saberes hegemónicos) sino también en la práctica social (y por lo tanto en diálogo con los saberes marginales).

Las recientes teorías del posfeminismo debaten la cuestión de la diferencia y se postulan como teorías que vienen a democratizar el pasado esencialista de feminismos modernistas. Sin embargo, es posible preguntarse, no sin sospechas, si dentro del discurso teórico posfeminista metropolitano su énfasis en la diferencia y la pluralidad como eje central de su nueva práctica discursiva ha logrado articular algún espacio más allá del énfasis nominal en esas diferencias y pluralidades. Es cierto que la versión del feminismo académico más marcada por la modernidad daba cuenta de un proceso de invisibilidad de la otredad. Sin embargo, también es cierto que el posfeminismo sigue siendo un espacio monolítico y homogeneizador que esconde conflictos sin resolver acerca de las relaciones centro-periferia. Claro que se trata de un posfeminismo asaltado y saqueado por demandas que parecen todavía no encontrar un cauce en los sistemas de representación políticos, estéticos y culturales. El feminismo latinoamericano ingresa a su vertiente "post" a través de la coincidencia de dos rupturas epistemológicas: la de la posmodernidad (su vertiente teórica) y la del propio pensamiento feminista confrontado con la diferencia de mujeres históricas en movimiento que daban por tierra, como Domitila en su intervención en la Tribuna, con la existencia de una identidad esencialista. Al pensar en los postulados modernos del pensamiento feminista y su contribución al silenciamiento de voces minoritarias, Castro-Klarén sostiene que, sin embargo, la fragmentación del feminismo que aquí denomino posfeminista no necesariamente implicó una disminución de la fuerza de sus centros de producción en los Estados Unidos ("Feminism" 10) y agrega: "feminism faces not only fragmentation but also the loss of innocence" (11). Creo pertinente tener esta apreciación en mente a la hora de pensar en los posfeminismos y en la pérdida de una "inocencia" a través de la cual se manipuló la representación estética, política e interpretativa. Cuando Richard, en el contexto del debate acerca de la posmodernidad en América Latina, se refiere a una suerte de versión celebratoria de un descentramiento que no es tal considera que el "subterfugio de la diferencia" congela a la periferia como periferia para sugerir que la "celebración posmoderna de las diferencias" no desmantela el significado monopólico del centro, sino que más bien, tiende a neutralizar las subordinaciones a través de inclusiones nominales" ("Cultural"). Esta crítica que se centra en la diferencia entre "hablar por" y tener el "derecho a hablar" define, de algún modo, el lugar del feminismo latinoamericano y latinoamericanista estadounidense en esta celebración posfeminista del descentramiento del saber, de la desarticulación de identidades (muchas veces identidades que habían sido construidas y legitimadas para dar cuenta de los desplazamientos y los silenciamientos de saberes marginales). Es relevante notar que el posfeminismo, sobre todo en su versión académica, tiene como rasgo central la revisión crítica del feminismo aun cuando, al mismo tiempo, se postule como su continuidad. Sin embargo, esta proclamación del posfeminismo a través de la madurez interpretativa y de la rearticulación de demandas antes ignoradas no es necesariamente una promesa cumplida.

Es tal vez de la mano del feminismo poscolonial (donde también se ubica el feminismo de las chicanas) que se han articulado muchas de las críticas al feminismo metropolitano: por ejemplo, su tendencia a homogeneizar la otredad a través del rótulo "feminismos del tercer mundo", como si todos sus integrantes compartieran todas sus características y preocupaciones y sobre todo, como si todas sus voces hablaran o escribieran inglés o, en el mejor de los casos, como si todas las lenguas y todas las expresiones pudieran ser traducibles sin necesidad de ninguna otra explicación. Chandra Tapalde Mohanty es una de las críticas poscoloniales que se enfoca en esta cuestión. Mohanti rechaza la hermandad de los feminismos del tercer mundo para denunciar los residuos coloniales que operan en tal operación, a través de la cual el sujeto colonizado pierde su privilegio (el de la heterogeneidad y la diferencia). Los feminismos poscoloniales tienen un rol central a la hora de pensar estrategias que hagan visibles y audibles las demandas de la marginalidad. Basta pensar en categorías como la conciencia subalterna en Spivak, la conciencia mestiza en Anzaldúa, o la política oposicional de Chela Sandoval. Es dudoso, sin embargo, hasta qué punto el feminismo latinoamericano ha entrado en diálogo con otros feminismos marginales y poscoloniales aun cuando sí debe notarse la influencia de algunas de sus críticas más importantes que se suman a las del feminismo chicano: Spivak y Mohanti.

Estas vertientes "post-" del feminismo teórico, ancladas sobre todo en centros universitarios tanto en América Latina como en los Estados Unidos, van acompañadas de la emergencia del feminismo transnacional en el marco del paisaje global, sobre todo, a nivel movimientista. Si lo "post-" es una de las marcas más importantes del pensamiento feminista, lo transnacional es su sello a nivel de movimiento. Esta última dimensión del feminismo impacta por una parte la producción de saber en los estudios culturales feministas y da cuentas de la ruptura existente muchas veces entre las versiones más teóricas del feminismo y las versiones que hacen hincapié en la política (y también en las políticas culturales e institucionales del feminismo como movimiento).

Desde la publicación de *Sisterhood is Global*, editado por Robin Morgan en 1984, la configuración del feminismo transnacional tiene su punto de partida en el debate académico a partir de discusiones que intentan reunir perspectivas internacionales en el utópico postulado de una (im)posible hermandad entre mujeres. Los debates que se establecen respecto de la relación del feminismo y los procesos de globalización imaginan formas de intervención políticas y culturales en el contexto de la institucionalización del feminismo ya sea a través de la "ONGización" del feminismo movimientista como de la academización de los programas de género. Esta relación del feminismo (o ahora "feminismos" en plural) con los procesos de globalización, sobre todo a partir del sello institucionalista (en vez de movimientista), marca un cambio de ruta en los modos de hacer política y en las dinámicas de producción del saber feminista latinoamericano.

La feminista peruana Virginia Vargas (2000) propone ver en el Foro Mundial en Beijing en 1996 el eje de un cambio que separa claramente las dinámicas de los ochenta y los noventa. Vargas ve al feminismo de los ochenta como un feminismo concentrado en la diferencia y en el énfasis de la dimensión política de la subordinación de las mujeres ("Los feminismos" 20). Este énfasis también implica la recuperación de la práctica cotidiana y la revuelta política de lo que comenzó a denunciarse como el proceso de "domesticación" femenino. Me interesa destacar que Vargas propone ver en esta etapa, y al lado del énfasis en la diferencia, "una fuerte política de identidades", haciendo alusión por una parte a la conciencia de las diferencias pero también al proyecto formador (y transformador) movimientista y su agenda de negociación con el Estado. En esta época sitúa Vargas el inicio de los Encuentros feministas latinoamericanos y del Caribe en 1981. El pasaje a los noventa promueve transformaciones en las estrategias feministas en las que el feminismo sigue la tendencia global (como sugiere Sonia Álvarez en "Feminisms Go Global", sobre todo a través de lo que llama la "ongización" del feminismo —es decir su pasaje de movimientista a institucional). Vargas señala que en este momento surgen nuevos ejes de reflexión acerca de la teoría-práctica feminista y subraya que sus ejes centrales son la democracia y la ciudadanía (22). Al mismo tiempo y ya en el contexto de Beijing, Vargas vuelve a insistir en las dos direcciones que toman los feminismos globales: la vertiente autónoma y la institucionalista: es decir la línea que insiste en la revitalización del movimiento y la que enfatiza el espacio de la institución feminista. Dice Vargas:

> Los feminismos de Beijing tuvieron la voluntad política de articular dos lógicas y dos dinámicas. La primera es una lógica de negociación hacia lo público político, desde el movimiento, en "clave" sociedad civil [...] La segunda es una lógica de afirmación como movimiento, impulsando articulaciones significativas en un movimiento que en los noventa parecía más bien fragmentado o con iniciativas esporádicas y coyunturales. (25)

Claro está que conviene recordar que Virginia Vargas fue la coordinadora general de las ONGs de América Latina y el Caribe para la Cuarta Conferencia Mundial sobre la Mujer en Beijing. Por lo tanto, el trabajo feminista institucional es para Vargas un aspecto clave en la articulación de demandas nacionales, regionales y transnacionales.

Como foro mundial de un feminismo transnacionalizado Beijing puso en escena (al menos para el caso latinoamericano) dos lógicas, una nacional y otra global (30). Este doblez (y por lo tanto un énfasis persistente en lo nacional) se pierde muchas veces en el pasaje de los feminismos latinoamericanos a su traducción en el contexto de los centros de producción de saber de los Estados Unidos, donde el énfasis en lo transnacional da por tierra con la doble articulación (conflictiva, por cierto) de estas dos lógicas. Es en este contexto que la producción de saberes y prácticas feministas está vinculada a la denuncia de la desigualdad. Esta vuelta al eje de la desigualdad (retorno que tal vez debería pensarse más como una persistencia) empuja a replantear el rol de las feministas transnacionales en el escenario de los estudios globales. Tanto en las ciencias sociales como en los estudios culturales las preguntas acerca de los saberes situados, de los territorios desde los cuales se producen las interpretaciones y las complejas dinámicas de traducción e intraducibilidad representan algunos de los desafíos de cualquier intento de pensar al feminismo transnacional.

Al pensar la posible articulación de los encuentros de feminismos latinos y latinoamericanos producidos en la academia estadounidense, Edna Acosta Belén y Christine Bose hacen hincapié en los intentos de incorporar al análisis feminista el multiculturalismo y las diferencias entre movimientos feministas y de mujeres para sugerir que tal vez no existen concepciones adecuadas acerca de la variedad de feminismos y prácticas de mujeres occidentales y no occidentales. Formulan entonces la siguiente pregunta:

> If some of the present social and economic conditions are global and general, how can we bring about articulated forms of global action around specific issues? Which are the issues that make transnational coalisions possible? [...] The goal of cross border solidarities and coalision around specific issues such as health, the enviroment, human rights, violence against women, prostitution, major socioeconomic inequalities, or survival in the informal economy can be advanced only if major differences among the women of the Americas are recognized and we engage in dialogue based on mutual respect for our differences and seek a convergence of goals. (116)

Como puede verse en esta cita (el artículo fue publicado en *Signs*, una de las revistas feministas más prestigiosas en los Estados Unidos) el llamado a la diferencia y al multiculturalismo está en la base de la posibilidad misma de generar un diálogo entre los feminismos hegemónicos y los marginales, aun en lo que concierne a la producción de saberes feministas.

Las articulaciones acerca de la posibilidad de establecer un diálogo entre culturas diferentes a través de mujeres pertenecientes a culturas dominantes y subalternas subrayan una conflictividad irresoluble donde las pérdidas producidas en la representación dominante del otro (con las críticas transnacionales y poscoloniales incluidas en ese horizonte crítico) dificultan (si no imposibilitan) este soñado diálogo que, además, se produce en la lengua dominante. La cuestión de la solidaridad se transforma en una problemática acerca de la ética feminista (y representacional) y su búsqueda de coaliciones con los feminismos nacionales de la periferia. Se trata de una situación de poder diferencial, sin embargo, donde la búsqueda de agendas comunes se plantea más como una dificultad que como un hecho. También en el marco del feminismo transnacional, el pensamiento (pos)feminista latinoamericano intenta responder desde los márgenes a las marcas de representación (o desrepresentación, invisibilidad y mutismo) de feminismos y prácticas de mujeres que existen fuera de los centros de saber metropolitanos (y pienso aquí en centros de saber europeos o estadounidenses, aunque también sería útil pensarlo desde los centros metropolitanos de la misma América Latina).

Por otra parte, también propone repensar como uno de sus aspectos centrales los flujos de teorías entre centro y periferia y la inevitable cuestión de la lengua dominante y de sus implicancias en los supuestos diálogos y encuentros que el feminismo transnacional plantea. Esta diferencia entre saberes producidos en el norte y en el sur es relevante a la hora de identificar los ejes centrales de sus preocupaciones: en el primer caso el foco es la diferencia (o su respeto) y la posibilidad de generar un pensamiento que logre cruzar fronteras; en el segundo caso, el análisis de los efectos de ese cruce de fronteras (de teorías hegemónicas) y el complejo proceso de apropiación de las mismas. También es relevante repensar la ubicación de los saberes feministas latinoamericanistas producidos en los Estados Unidos y los que se producen en América Latina, aun cuando a veces la localización de esos saberes no es tan claramente delimitable debido, en parte, al activo flujo e intercambio entre ambos.

Cuando desde Chile Nelly Richard piensa en el efecto del foro mundial de Beijing sugiere que la noción de género misma incita el replanteo de las estrictas definiciones de la sexualidad pero que al mismo tiempo sirve para mostrar las tensiones entre la globalización económica con su libre flujo de capitales y el conservadurismo cultural (con construcciones simbólicas "recalcitrantes") que niega las mismas pautas y valores que activan los procesos de globalización ("La problemática" 233). Como puede verse en el planteo de Richard, la mirada de los procesos globalizadores y de sus efectos en el pensar-hacer feminista (con sus propias contradicciones) implica un pasaje por sus tensiones dentro de las políticas culturales específicas a América Latina, en este caso, con clara referencia a Chile y, por lo tanto, articuladas también desde marcas nacionales. Así las evaluaciones que se realizan desde el feminismo latinoamericano conciernen por una parte a repensar los nuevos diseños del feminismo global y por otra parte, dan cuenta de los efectos de los procesos de globalización a nivel movimientista, institucional y cultural.

Al repensar el flujo de teorías y conceptos feministas a partir de la transnacionalización de las comunidades académicas Claudia de Lima Costa, revisa su propio rol como editora (entre 1998 y 2002) de unas de las revistas feministas latinoamericanas más importantes como es el caso de *Estudos feministas*. Lima Costa centra su reflexión en la apropiación de teorías en América Latina a través del concepto de traducción (y de su contracara, la intraducibilidad) para invocar la posición de Gayatri Spivak respecto de la "transacción cultural", "Ou seja, o ato de colocar uma forma de teorizar em contato ou transação com outra na lectura de qualquer tipo de texto, literario ou social" (3). Y agrega que es justamente a través de las imperfecciones de la traducción que se hace posible la construcción de saberes. Retomando el concepto de "textualidad heterogénea" –que Richard propone para dar cuenta de la diversidad de posturas intelectuales y de los tonos discursivos y formas escriturarias que autorizan diferentes lugares de enunciación y registros de representación– Lima Costa hace hincapié en la posibilidad de diálogo e intercambio a través del concepto "zor... de contacto" y de sus epistemologías fronterizas.

Nuevamente es la pregunta por el saber situado la que retorna al debate acerca del intercambio de teorías, su recepción, su apropiación y su eco distorsionado. Lima Costa hace referencia también a los riesgos de las traducciones infelices que desde el centro retoman conceptos cruciales de la periferia (su ejemplo es la antropofagia) para hacer una apropiación descontextualizada que, en el nombre del respeto a la diferencia, la da por tierra al reescribir un concepto migrante en un territorio sometido a la lógica de interpretación hegemónica. Richard también señala que uno de los desafíos teóricos consiste justamente en interpretar las "transferencias culturales" ("The Latin"), en especial cuando las teorías internacionales construyen las pautas normativas del centro y por lo tanto su autoridad respecto de la periferia. Es posible también elaborar estos intercambios a partir de la imagen de Eco que Gayatri Spivak, desde el feminismo poscolonial, da al plantear modelos de lectura feminista a través de los cuales la repetición tercermundista de los lenguajes del primer mundo se transforma en una cita subversiva cuando Eco (metáfora de la periferia), enamorada, repite sin cesar a Narciso (el primer mundo) ("Echo"). La repetición de Eco, sugiere Spivak, es incompleta y, en este sentido, subversiva, puesto que es parcial: Eco repite sólo la última parte de lo que dice Narciso. Hay palabras de Narciso que se pierden en el transcurso de tal repetición. Y no sólo eso: la reiteración parcial de Eco puede llegar a transformar completamente el significado de las palabras de Narciso. Aunque la intención de Eco hubiera sido citar exactamente a Narciso, el hecho de que su eco sólo repite las últimas palabras, puede llegar a producir un efecto inesperado en el transcurso de la repetición.[8]

En cuanto a las repeticiones que del feminismo transnacional intentan producir los feminismos latinoamericanos, y pasando nuevamente al marco movimientista, es posible notar que la cita de construcciones feministas globalizadas, como se da por ejemplo en el contexto internacional, va acompañada de una fuerza oposicional a la situación de subordinación que sufren los feminismos tercermundistas como contracara de las promesas de hermandad del feminismo transnacional. Los dos actos que imprimieron el sello de la región América Latina y el Caribe en la Conferencia de Beijing pueden servir de ejemplo. El primero de estos actos es el silencio propuesto por Virginia Vargas en Beijing cuando, cansada de la sucesión de discursos, pone sobre la mesa la necesidad de justicia económica para América Latina. El segundo acto de protesta es llevado a cabo cuando las latinoamericanas ocupan las escaleras mecánicas con carteles que dicen: "Justicia económica. Mecanismos claros. Nuevos recursos" (Celiberti 5, Garrido 8). El movimiento feminista y de mujeres usa, al mismo tiempo, las políticas de articulación disponibles al quehacer feminista transnacional institucionalizado y la política oposicional que ubica a la región latinoamericana en una situación de desventaja respecto del quehacer feminista internacional.

Algunos desafíos

Los feminismos latinoamericanistas (y en otra medida, los latinos) en Estados Unidos buscan todavía un espacio donde redefinirse dentro de las expectativas del feminismo académico. Generalmente, los acercamientos del feminismo latinoamericano y latinoamericanista estadounidense dentro de la agenda académica del llamado "feminismo" sigue siendo marginal, por no decir invisible, y recluido a la esfera de lo experiencial. Este proceso de marginalización de lo latinoamericano consiste, además, en una inadecuada homogeneización que deja de lado la complejidad y la heterogeneidad que ha tenido y tiene el movimiento feminista y los acercamientos feministas (y posfeministas) en y sobre América Latina en los últimos treinta años. Muchos de los acercamientos que pueden leerse en las más prestigiosas publicaciones feministas de los Estados Unidos (pienso por ejemplo en *Signs* o *Differences*) representan al feminismo latinoamericano a través de la historia de la participación política de las mujeres sin que exista, con algunas excepciones, un espacio para las discusiones acerca de su pensamiento y menos aún de las teorías generadas en el feminismo latinoamericano. Como sugirieron Castro-Klarén y Richard, es importante seguir enfatizando la producción de teoría latinoamericana y las delimitaciones de las diferencias y tensiones que pueden albergar saberes producidos en los puentes entre las instituciones latinoamericanas y las de los Estados Unidos.

Se vuelve difícil hablar del desarrollo de los estudios feministas latinoamericanistas estadounidenses sin tomar en consideración las demandas de la institución académica y editorial universitaria dentro de los Estados Unidos como componente constitutivo del curso de su estudio. De forma análoga a la cual las feministas deben probar su saber de la cultura dominante (entendiendo a ésta por la cultura patriarcal), las feministas latinoamericanas y latinoamericanistas deben probar el conocimiento del "feminismo" (entendido como teoría centralizada de los países del primer mundo, no sólo con sus saberes teóricos sino con un reconocimiento de sus fantasías culturales de la otredad), y más aún, de los "feminismos" (entendidos como la pluralidad que se permite desde los centros metropolitanos de saber académico), aunque esa pluralidad no necesariamente represente una apertura a nuevas representaciones, sobre todo si son ajenas a las expectativas culturales de los feminismos hegemónicos.

Uno de los desafíos del pensamiento feminista sobre América Latina que se construye desde los centros de saber de los Estados Unidos concierne justamente al lugar desde el cual se imaginan las prácticas y se interpretan las teorías situadas en diferentes países latinoamericanos. A pesar de que las teorías viajan en un flujo bastante asiduo entre el primer mundo y América Latina y que las tareas de apropiación son transformadoras de las meras citas de tales teorías, es relevante preguntarse hasta qué punto la biculturalidad y el bilingüismo de las teorías feministas que se producen en los Estados Unidos no puede sino usar los signos de la fantasía cultural metropolitana al intentar representar una otredad lejana y, en el proceso, producir una reexotización de Latinoamérica. Tal vez, en los avatares de las reformulaciones de las identidades latinoamericanas feministas en los Estados Unidos un diálogo más asiduo con el feminismo latino y poscolonial puede dar algunas pautas para interpretar su complejidad. Queda, sin embargo el problema de la lengua en la cual se piensa, en la cual se produce teoría y el feminismo puede aquí hacer grandes aportes a esta revisión puesto que el lenguaje, la lengua dominante y los intentos (y fracasos) de generar lenguajes contrahegemónicos siempre formaron parte del horizonte utópico feminista. Aun cuando el pensamiento feminista académico producido en América Latina también intenta dialogar con las teorías metropolitanas queda por rever la tarea de apropiación y transformación de estas teorías como parte fundamental de la práctica teórica que se elabora desde el sur. En definitiva, una de las preguntas a reformularse hoy sigue siendo la que se viene formulando, de una forma u otra, desde hace treinta años a través de las demandas de los movimientos de mujeres: ¿hasta que punto este tránsito de teorías que postulan la diferencia, la pluralidad y la democratización no neutraliza las demandas y la representación de prácticas de mujeres que quedan fuera de los circuitos de representación académica?

Notas

[1] Creo necesaria una aclaración de la terminología que, tal vez arbitrariamente, usaré en estas páginas. Entiendo por "feminismo angloamericano" no solamente los aportes del feminismo estadounidense en oposición al feminismo francés sino también el aporte de las feministas chicanas que para distinguirse de las corrientes dominantes del feminismo estadounidense usan las expresiones feminismos angloamericanos (en oposición a feminismos chicanos, por ejemplo) o feminismos blancos (en oposición a los feminismos de color). Cuando, por otra parte, me refiero a "feminismos metropolitanos" pienso en los acercamientos producidos desde las metrópolis culturales del primer mundo. Claro que cabría la pregunta acerca de la producción de saberes feministas desde metrópolis culturales tercermundistas y de los procesos de subalternización y colonización cultural que producen estos saberes respecto de las zonas, lenguas, culturas y sujetos marginales. Por otra parte, el uso de la expresión "feminismos metropolitanos" es de algún modo relacional cuando se la piensa en conexión con los feminismos marginales en los Estados Unidos, por ejemplo, los feminismos de color o incluso los feminismos latinoamericanistas. Finalmente la distinción que uso entre feminismo latinoamericano y latinoamericanista hace alusión en el primer caso a los acercamientos producidos desde América Latina y en el segundo caso a los producidos desde la academia de los Estados Unidos, ya sea por parte de académicas latinoamericanas o estadounidenses. Evidentemente es una distinción arbitraria que no da cuenta de la doble filiación de muchas feministas que trabajan también en relación con centros universitarios en América Latina pero que apunta a detectar los paradigmas de saber a los cuales son sometidas las teorías feministas en los Estados Unidos y en América Latina.

[2] Claro está que esta línea de análisis literario también implica un acercamiento a la producción de significado que tiene lugar en el proceso mismo de la representación, como la entiende Stuart Hall desde los estudios culturales. En este proceso las mujeres son constituidas como tales, es decir, se les asigna una determinada significación cultural. Sin embargo, el acercamiento de Hall a la representación está más relacionado con la agenda de los estudios culturales feministas que se desarrolla en la década del noventa, aun cuando puede rastrearse en muchos de los estudios literarios latinoamericanistas (pienso por ejemplo en *Plotting Women* de Franco y en *Between Civilization and Barbarism* de Masiello).

[3] "English in the U.S. often apologizes for not getting French quite right, but it never assumes such a subordinate attitude toward Spanish. The racism and xenophobia that results in this country's devaluation of the Spanish language also devalues the thinking that is expressed in that language" (Kaminsky, *Reading* 1).

[4] Aquí Butler propone un análisis de *Paris is Burning* (dir. Jeannie Livingston, 1991) y sugiere que el potencial subversivo del *performance* travesti va acompañado de representaciones no únicamente de un sexo "universal" sino de representaciones ancladas en una compleja red de hegemonías, subordinaciones y espacios abyectos en relación con clases sociales y razas. A través de la indagación de los procesos de apropiación y subversión en el *performance* travesti de afroamericanos y latinos de la película *Paris is Burning*, Butler sugiere que la cita y parodia de normas hegemónicas no resultan suficientes para desmantelarlas y que hay que tener en cuenta el riesgo de que hasta la desnaturalización del género podría ser un vehículo para reconsolidar esas normas.

[5] *The Little School*, el testimonio de Alicia Partnoy sobre los métodos represivos en uno de los campos clandestinos de la última dictadura militar argentina es probablemente el aporte testimonial del Cono Sur más conocido en los Estados Unidos.

[6] Cito a Kaminsky: "Victoria Ocampo recalls in a memoir how Virginia Woolf asked her to describe the blue butterflies of the pampas, butterflies that Ocampo had never seen and that probably never lighted on any pampas flowers. To please Woolf, whom she idolized, Ocampo made the British writer a gift of a set of mounted and framed butterflies, feeding the fantasy that would give her entry into Woolf's company. She would trade butterflies and the fanciful

Argentina they represented for access to the Europe of her own desires." Y más adelante cita a Ocampo: "En cuanto a Virginia Woolf, tuve la suerte que me la presentara Aldous Huxley en una exposición de fotos de Man Ray, y tuve otra suerte mayor: vio en mí algo 'exótico' que despertó su curiosidad. Aunque me sintiera impostora al explotar esta primera impresión, pues no creía merecerla, la aproveché y fui a conversar con Virginia Woolf varias veces. Estábamos en 1934. Ella no era una persona de acceso fácil. Mi procedencia de un país lejano en que abundan las mariposas (así veía a Argentina, dato que habría recogido, sospecho, en un libro de viajes de Darwin), me resultó utilisísimo. Reforcé su curiosidad mandando a su casa de Tavistock Square una colección de mariposas en caja de vidrio. La mayoría eran brasileñas y no la engañé sobre su origen. Pero América del Sur es un block para los europeos y hasta para los isleños británicos" (Kaminsky, "On Bridges").

[7] En la academia estadounidense, gran parte del debate en torno de las madres tuvo que ver con la pregunta acerca del feminismo de las madres o de las contradicciones de la maternidad como nuevo símbolo cultural desde un punto de vista feminista. Véanse, por ejemplo, Fisher; Taylor

[8] El ejemplo de Spivak respecto de esta repetición de Eco es el siguiente: Narciso pregunta "why do you fly from me?" y Eco repite "fly from me", dando entonces la marca de su diferencia, aún en su intento de repetición (185). Si, por una parte, Eco debe repetir todo lo que dice Narciso, por otra, los cambios de la repetición pueden contradecir su condena. Cito a Spivak: "The feminist is culturally divided from the women at the bottom. I have already indicated that what she sees as her face she knows to be an 'it' which she loves, and of which she desires the disappearence [...] In the current conjuncture, national identity debates in the South and 'liberal' multiculturalism in the North want her to engage in restricted-definition narcisim as well" (186).

BIBLIOGRAFÍA

Acosta Belén, Edna & Christine Bose. "US Latina and Latin American Feminisms: Hemispheric Encounters". *Signs: Journal of Women in Culture and Society* 25/4 (2000): 1113-9.

Álvarez, Sonia. "Women's Movements and Gender Politics in Brazilian Transition". *Women's Movements in Latin America.* Jane Jaquette, ed. Durham: Duke UP, 1991.

_____ "Latin American Feminisms 'Go Global': Trends of the 1990s and Challenges for the New Millennium". *Cultures of Politics, Politics of Cultures: Re-visioning Latin American Social Movements.* Sonia Álvarez, Evelina Dagnino & Arturo Escobar, eds. Boulder: Westview Press, 1998. 293-324.

Anzaldúa, Gloria. *Borderlands/La Frontera: The New Mestiza.* San Francisco: Aunt Lute, 1987.

_____, ed. *Making Face, Making Soul = Haciendo caras. Creative and Critical Perspectives by Feminists of Color.* San Francisco: Aunt Lute, 1990.

Brooks, Ann. *Postfeminisms: Feminism, Cultural Theory and Cultural Forms.* Nueva York: Routledge, 1997.

Butler, Judith. *Gender Trouble: Feminism and the Subversion of Identity.* Nueva York: Routledge, 1990.

_____ *Bodies that Matter: On the Discoursive Limits of "Sex"'* Nueva York: Routledge, 1993.

_____ *Excitable Speech: A Politics of the Performative.* Nueva York: Routledge, 1997.

_____ "Against Proper Objects". *Differences: A Journal of Feminist Cultural Studies* 6 (1994): 1-25.

Castillo, Debra. "Response: Cutting/Edge". *Latin American Women's Writing: Feminist Readings in Theory and Crisis*. Amy Jones & Catherine Davies, eds. Oxford: Oxford UP, 1996. 215-25.

―――― "Anzaldúa and Transnational American Studies". *PMLA* 121/1 (2006): 260-65.

Castro-Klarén, Sara. "La crítica literaria feminista y la escritora en América Latina". *La sartén por el mango*. Patricia Elena González & Eliana Ortega, eds. Río Piedras: Ediciones del Huracán, 1985. 27-46

―――― *Literature, Feminism and the Alpha Male: A Serach Beyond the Dominant Metaphor*. Woodrow Wilson International Center for Scholars. 209 Washington DC, 1994.

―――― "Feminism and Women's Narrative: Thinking Common Limits/Links". *Narrativa femenina en América Latina; prácticas y perspectivas teóricas*. Sara Castro-Klarén, ed. Iberoamericana: Vervuert, 2003.

Celiberti, Lilián. "Y las feministas se fueron a Beijing". *Cotidiano mujer* 21 (1995): 4-5.

Cixous, Hélène. *The Newly Born Woman*. Minneapolis: U of Minnesota P, 1986.

Davalos, Karen Mary & Alicia Partnoy. "Editor's Commentary: Translating the Backslash". *Chicana/Latina Studies: The Journal of Mujeres Activas en Letras y Cambio Social* 4 (2004): 6-18.

Elizalde, Rosa Miriam. "La revolución no se suspende por mal tiempo". Entrevista a Hebe de Bonafini. <http://www.madres.org/asp/contenido.asp?clave-787>

Fisher, Jo. *Mothers of the Disappeared*. Boston: South End, 1989.

Franco, Jean. *Plotting Women: Gender and Representation in Mexico*. New York: Columbia UP, 1989.

―――― "*Si me permiten hablar*: la lucha por el poder interpretativo". *Revista de Crítica Literaria Latinoamericana* 13 (1987): 109-15.

―――― "Going Public: Rehabilitating the Private". *On Edge: the Crisis of Contemporary Latin Ameican Culture*. George Yudice, Jean Franco & Juan Flores, eds. Minneapolis: U of Minnesota P, 1992. 65-83.

―――― "Afterwords: From Romance to Refractory Aesthetic". *Latin American Women's Writing: Feminist Readings in Theory and Crisis*. Jones & Davies, eds. 226-38.

―――― "The Long March of Feminism". *NACLA Report on the Americas* 31/4 (1998): 10-5.

―――― "The Mares of the Apocalypse". *Critical Passions: Selected Essays*. Durham: Duke UP, 1999. 109-22.

Garrido, Lucy, "El hexagrama de la continuidad". *Cotidiano mujer* 21 (1995).

Gilbert, Sandra M. & Susan Grubar. *The Madwoman in the Attic: The Woman Writer and the Nineteenth-Century Literary Imagination*. New Haven: Yale UP, 1979.

González, Lucero, María Consuelo Mejía & Patricia Mercado. "Imágenes feministas en Beijing". *Debate feminista* 12 (1995): 32-51.

Irigaray, Luce. *This Sex Which is not One*. Ithaca: Cornell UP, 1985.

―――― "El Cuerpo a Cuerpo con la Madre". *Debate feminista* 10 (1994): 32-44.

Jones, Anny & Catherine Davies, eds. *Latin American Women's Writing: Feminist Readings in Theory and Crisis*. Oxford: Oxford UP, 1996.

Kaminsky, Amy. *Reading the Body Politic: Feminist Criticism and Latin American Women Writers*. Minneapolis: U of Minnesota P, 1993.

_____ "On Bridges, Borders, and Boundaries: Women and National Identity". XVI Congreso de la Asociación Internacional Femenina Hispánica (Ogden-UT, 5-8 de octubre de 2006).

Kristeva, Julia. *Revolution in Poetic Language*. Nueva York: Columbia UP, 1984.

Lamas, Marta. "Cuerpo: diferencia social y género". *Debate feminista* 10 (1994): 3-31.

_____ "Editorial: ...que veinte años no es nada". *Debate feminista* 12 (1995): ix-xiii.

Latin American Subaltnern Group. "Founding Statement". *The Postmodernist Debate in Latin America*. John Beverley y José Oviedo, eds. *Boundary 2* 20/3 (1993): 135-45.

Lauretis, Teresa de. "Rethinking Women's Cinema". *Issues in Feminist Film Criticism*. Patricia Erens, ed. Bloomington: Indiana UP, 1990. 288-308.

Lima Costa, Claudia de. "As Publicações Feministas e a Politica Transnacional da Traduçao: Reflexões do Campo". *Revista de Estudos Feministas* 11/1 (2003): 254-64.

Livingston, Jessica. "Murder in Juárez: Gender, Sexual Violence, and the Global Assembly Line". *Frontiers* 25/1 (2004): 59-76.

Masiello, Francine. *Between Civilization and Barbarism: Women, Nation and Literary Culture in Modern Argentina*. Lincoln: U of Nebraska P, 1992.

_____ "Tráfico de identidades: mujeres, cultura y política de la representación en la era neoliberal". *Revista Iberoamericana* LXII/176-177 (1996): 745-66.

Moraga, Cherrie y Ana Castillo. *Este puente, mi espalda: voces de mujeres tercermundistas en los Estados Unidos*. San Francisco: ISM Press, 1988.

_____ & Gloria Anzaldúa, eds. *This Bridge Called my Back: Writings by Radical Women of Color*. Watertown: Persephone, 1981.

Morgan, Robin, ed. *Sisterhood is Global: The International Women's Movement Anthology*. Garden City: Anchor/Doubleday, 1984.

Oyarzún, Kemy. "Estudios de género: saberes, políticas, dominios". *Revista de Crítica Cultural* 12 (1996): 24-31.

Randall, Margaret. *Todas estamos despiertas: testimonios de la mujer nicaragüense hoy*. México: Siglo XXI, 1980.

_____ *Gathering Rage: The Failure of Twentieth Century Revolutions to Develop a Feminist Agenda*. Nueva York: Monthly Review Press, 1992.

Richard, Nelly. "De la literatura de mujeres a la textualidad femenina". *Escribir en los bordes*. Carmen Berenguer, Eugenia Brito, Diamela Eltit, Raquel Olea, Eliana Ortega & Nelly Richard, eds. Santiago: Cuarto Propio, 1987.

_____ "The Latin American Problematic of Theoretical-Cultural Transference: Postmodern Appropriations and Counterappropriations". *South Atlantic Quarterly* 92 (1993): 453-59.

_____ *Masculino/femenino: prácticas de la diferencia y cultura democrática*. Santiago: Francisco Zegers, 1993.

_____ "Cultural Peripheries: Latin America and the Post Modernist Decentering". *The Postmodernist Debate in Latin America*. John Beverley, José Oviedo & Michael Arrona, eds. Durham: Duke UP, 1995. 217-22.

_____ "Feminismo, arpillera y descontrucción". *Revista de Crítica Cultural* 12 (1996): 64-65.

_____ "Feminismo, experiencia y representación". *Revista Iberoamericana* LXII/176-177 (1996): 733-44.

_____ "Intersectando a Latinoamérica con el latinoamericanismo". *Revista Iberoamericana* LXIII/178-179 (1997): 345-61.

_____ *Residuos y metáforas: ensayos de crítica cultural sobre el Chile de la transición*. Santiago: Cuarto Propio, 1998.

_____ "La problemática del feminismo en los años de la transición en Chile". *Estudios latinoamericanos sobre cultura y transformaciones sociales en tiempos de globalización*. Daniel Matto & Lourdes Arizpe, eds. Buenos Aires: Consejo Latinoamericano de Ciencias Sociales, 2001. 227-39.

Rodríguez, Ileana. *Women, Guerrillas and Love: Understanding War in Central America*. Minneapolis: U of Minnesota P, 1996.

Schutte, Ofelia. *Cultural Identity and Social Liberation in Latin American Thought*. Albany: SUNY P, 1993.

Scott, Joan. "Gender: A Useful category of Historical Analysis". *American Historical Review* 91/5 (1986): 1053-75.

_____ "Deconstruir igualdad versus diferencia: usos de la teoría postestructuralista para el feminismo". *Feminaria* 7/13 (1994): 1-9.

Showalter, Elaine. *A Literature of Their Own: British Women Novelists from Bronte to Lessing*. Princeton: Princeton UP, 1977.

Spitta, Silvia. "The Contingencies of Life and Reading: para Gloria". *PMLA* 121/1 (2006): 292-94.

Spivak, Gayatri. *Outside in the Teaching Machine*. Nueva York: Routledge, 1993.

_____ "Echo". *The Spivak Reader*. Donna Landry & Gerald MacLean, eds. Nueva York, Routledge, 1996. 175-202.

_____ "Explanation and Culture: Marginalia". *The Spivak Reader*. Donna Landry & Gerald MacLean. Nueva York: Routledge, 1996. 34-35.

Stoltz Chinchilla, Norma. "Nationalism, Feminism and Revolution in Central America". *Feminist Nationalism*. Lois West, ed. Nueva York: Routledge, 1997.

Taylor, Diana. *Disappearing Acts: Spectacles of Gender and nationalism in Argentina's "Dirty War"*. Durham: Duke UP, 1997.

Vargas, Virginia. *Globalización y Foro Mundial: retos de los feminismos en el nuevo milenio*. Lima: Centro de la Mujer Peruana Flora Tristán, 2003.

_____ "Los feminismos latinoamericanos construyendo los espacios transnacionales: la experiencia de Beijing". *Rethinking Feminisms in the Americas*. Debra Castillo, Mary Jo Dudley & Breny Mendoza, eds. Ithaca: Cornell UP, 2000. 19-43.

_____ "El movimiento feminista latinoamericano: entre la esperanza y el desencanto". *Mujeres y participación política: avances y desafíos en América Latina*. Magdalena León, ed. Bogotá: Tercer Mundo, 1994.

Viezzer, Moema, ed. *"Si me permiten hablar..." Testimonio de Domitila, una mujer de las minas de Bolivia*. México: Siglo XXI, 1977.

Vidal, Hernán. *Cultural and Historical Grounding*. Minneapolis: Institute for the Study of Ideologies & Literature, 1989.

Tercera parte

Proyecciones hacia el futuro

Literatura, estética, cultura: encuentros y desencuentros

EMIL VOLEK
Arizona State University, Tempe

> Las cosas no tienen sentido *para sí mismas*, sino que su sentido exige que alguien tenga "sentido" para ellas; de esta manera, el sentido no está originalmente en el ser sino en esta apertura, en esta comprensión para ellas; comprensión, que es proceso, movimiento... bajo la condición de que el ser humano esté dispuesto a apropiarse el sentido como un camino.
> Jan Patocka

> Wir haben *nicht mehr* einen *wesentlichen* Bezug zur Kunst.
> Martin Heidegger

> This Humanist, whom no belief constrained
> Grew so broad-minded he was scatter-brained
> J. V. Cunningham

Esta breve reflexión pretende llamar la atención sobre algunos equívocos que han dificultado el debate sobre la literatura y la cultura, especialmente si se piensa aquélla en su forma moderna –en el sentido del *Modernism* angloamericano– y ésta, en su transformación posmoderna. La Literatura, con mayúscula y como signo de la Cultura ilustrada, "alta" y "profunda", centrada en sí misma, se opone a la cultura posmoderna, escrita con minúscula, de signo audiovisual, dispersa y "baja", parte de la cotidianidad banal de las últimas décadas. O al revés, la nueva y pujante cultura de masas, vehiculada por nuevas tecnologías, desbarata y deja atrás las formas culturales limitadas y decrépitas de las élites de ayer. Degradación o revolución. Nuestra pobre profesión –lenguas y literaturas– está revoloteando en medio de toda esta turbulencia. Y más allá de la profesión, asoma nuestra misión pedagógica: la educación, la formación de seres humanos en tanto personas autónomas; y también la misión pragmática pero igualmente importante: en la medida de lo posible, conectar a nuestros egresados con los trabajos en el mundo real.

¿Qué es "relevante" entre todas estas perspectivas heterogéneas y a veces aun contradictorias? ¿Y relevante para quién?

Me parece que el debate, más y más politizado y polarizado, ha ido ofreciendo muchas disyuntivas falsas. ¿No basta tal vez la literatura como "literatura"? Pero, ¿qué hacemos cuando hablamos de la literatura como "literatura"? ¿Qué conceptos de "literatura" y de "cultura" manejamos? ¿*La* Cultura está realmente en vías de desaparecer? ¿Si la "cultura" es todo, no es también nada? Las disyuntivas propuestas no son inocentes: desfiguran, castran. Malentendidos filosóficos alternan con la chapucería crítica. Siguen pesando ciertas tradiciones modernas... Y detrás de ellas, esperan ciertas trampas posmodernas.

Vale la pena tomar aliento e intentar trasladar el debate a un plano diferente.

Literatura bajo ataque

Hoy parece –parece hoy– que la literatura no interesa más. Mejor dicho, que no importa ni a las masas ni a los que siempre han pretendido saber más. Según el cotilleo académico, unos doctos y aun reputados cofrades nuestros, convocados por la MLA, están poniendo los últimos toques a su obituario en la enseñanza en las lenguas y literaturas: en la reunión en Filadelfia, en diciembre de 2006, algunos de ellos anunciaron "Dramatic Plan for Language Programs" (resumido en insidehighered.com, enero 2, 2007).

Estoy ponderando ese "su", a quién pertenece: si a la literatura, a las lenguas modernas o al reputado gremio; las instituciones –sean culturales o sociales– se instituyen y también se destituyen, si es que no alternan con alguna de las ocupaciones más antiguas de la humanidad.

La dignidad de la literatura como disciplina moderna estaba firmemente anclada en la tradición de la Cultura ilustrada como su expresión predilecta y dependía, además, del vigor de la literatura como arte, de la estética y de la teoría. Estas apoyaturas, que la alimentaban con sus raudales lácteos, parece que se secaron una a una o fueron puestas en entredicho a lo largo de los tiempos modernos y posmodernos.

Efectivamente, esta degradación empezó aun antes de que los estudios literarios tuvieran tiempo para establecerse como disciplina académica en el siglo XIX. El declive fue señalado proféticamente cuando Hegel tuvo a bien declarar cerrada la historia del gran arte, el arte que –para él– iba a la par con la religión y la filosofía y era la clave de la sabiduría. Según *el* filósofo, el arte dejó de ser *necesario* ya que se había quedado atrás en el proceso dialéctico de la maduración del espíritu. Paradójicamente, la magna dilucidación del arte se abría, en la introducción a sus *Lecciones sobre la estética*, también como su sepultura. Pero Hegel mismo fue sepultado antes de haber terminado el ritual de las exequias. Con el tiempo, otros sepultureros esperanzados se apuntarían a llevar adelante esta tarea promisoria: la vanguardia, que quería destruir el arte "tal como lo conocemos", diversos "pensadores" oportunos y oportunistas, los medios y la cultura de masas, los intelectuales "integrados", ahora nuestros colegas de la MLA, entre otros.

El arte no dejará de producirse aun después de su fin, explica Heidegger, pero –paralelamente a la creciente incapacidad moderna para el conocimiento metafísico– será el arte fuera de su misión esencial, una especie de pos-arte, arte que sólo posará como arte. La cultura no desaparecerá tampoco: seguirán surgiendo nuevas formas y modalidades de la misma, porque "there must be culture, because man must progress— whither, no one knows, and no one is seriously asking anymore" (*Nietzsche* 90). En un primer momento, piensa *el* filósofo, será la *Kultur* del mundo burgués moderno, sujeta a la planificación y a la cultivación conscientes –actividades aún más rigurosas y rigurosamente vigiladas en las sociedades totalitarias (políticas o religiosas)–, que se ostentan públicamente como autolegitimación, como prueba de que se pertenece a la cultura y no a la barbarie (*Introduction* 47-9). En un segundo momento, a partir de los sesenta, se hará gala de la "barbarie" (la contracultura, el *Kitsch*) y se abrazará la cultura popular de masas creada por los nuevos medios. El escenario posmoderno, anunciado por Hegel y explicitado por Heidegger, estará listo para la función en beneficio del arte moribundo auspiciada por los magos de la crítica.

LA AGRICULTURA DEL SABER

Al abandonar la filosofía y los "intereses más profundos del ser humano", el arte ha ido descendiendo de su pedestal para situarse en el torbellino del "negocio disciplinario", parcelado para dar sustento de vida al mayor número de pequeños profesionistas. No sorprende que estas parcelas del saber –campos de cultivo (*fields*)– sean defendidas hasta con las uñas, tanto por individuos como por departamentos, que basan su prestigio profesional en esos acres del conocimiento.[1] Y está bien si es conocimiento y no ignorancia envuelta en la toga doctoral.

A lo largo del siglo XIX, la reflexión acerca del arte se transforma en la mera investigación histórica del fenómeno artístico. "What in the age of Herder and Winckelmann stood in service to a magnificent self-meditation on historical existence is now carried on for its own sake, i.e., as an academic discipline" (Heidegger, *Nietzsche* 89). La miopía se apodera de la cotidianidad académica: la literatura, apunta Heidegger con un dejo de sarcasmo, entra en el terreno de la filología, dotada de un gran sentido de lo minúsculo.

En esta situación peculiar se constituye hasta una *ciencia* del arte y de la literatura. Lo que he llamado en otro lugar "teoría tecnológica" alcanza su apogeo entre el positivismo y el estructuralismo parisino (véase "Promesas y simulacros...", en este volumen).

Y está bien si es "ciencia" o alguno de sus simulacros o aproximaciones metafóricas: ya que el arte que deja de ser la clave para la sabiduría –todavía equivalente a la religión y a la filosofía para Hegel– se convierte fácilmente en presa de la política y de la ideología, y desgasta su potencial en todas las posibles "guerras culturales" habidas y por haber; en este trance, su punto de confluencia y comparación deviene en crítica periodística o sermón dominical.

MÁS CUESTA ABAJO

Otros soportes de la literatura en tanto disciplina académica, como la estética y la teoría, recorrieron el mismo camino de degradación. Heidegger desecha la estética junto con la metafísica moderna, centrada en el ser humano. Este radicalismo, que atañe a toda la concepción moderna del sujeto-objeto, parece excesivo aquí: la estética poskantiana –moderna– arrastraría consigo la posibilidad de la estética como tal. Si la metafísica antropocéntrica muestra sus límites al continuar la cosmovisión del cristianismo, ¿es pensable una estética sin el anclaje antropológico? Me parece que la estética no se constituye principalmente para gatos;[2] aunque ciertamente podría ser interesante investigar las reacciones protoestéticas de un gato en una galería de pinturas de ratones, de gatos y de perros... A lo mejor estas indagaciones gatunas (¿por qué dejar la gloria literaria a los perros?) arrojarían un nuevo "Informe para una academia" además del preparado con todo el esmero por nuestros hermanos cofrades putativos.

A su vez, la teoría ha hecho su metamorfosis en *la Teoría*, política y activista, exorcista y narcisista, para ser enterrada como inoperante por sus practicantes, cansados de no ver resultados de sus mágicas operaciones posintelectuales vertidas en las páginas de sus libros (Eakin). Al no poder transformar la sociedad en general, se ha reforzado la represión inquisitorial, esta vez por parte de la *political correctness* de hoy, en el mundillo académico. (Ciertas funciones sociales persisten, bajo distintos disfraces, a pesar de los cambios de las épocas).

Simultáneamente con la aparición de la teoría, y siempre progresando en la senda azarosa del descenso, otro círculo (¿el octavo?) está marcado por la emergencia de los "estudios culturales" en su mutación estadounidense (véase "Promesas y simulacros"). Estos no son estudios de la cultura (y aún menos de la Cultura), como podría parecer y sería justificado, sino un intento de convertirlos en pretexto para hacer política y proselitismo *pro domo sua*, siempre y cuando esa "casa" y causa sean –o aparenten ser– "políticamente correctas".

Si es difícil no ver críticamente esta situación, la búsqueda de soluciones está aún más llena de problemas y de trampas. Ahora bien, si el remedio propuesto para la degradación de la literatura y de la cultura debe salir de los "estudios culturales", como parece ser el caso según ese informe del MLA, el remedio puede ser peor que los problemas que lo han suscitado.

Literatura y lengua

Se tambalea también la vieja alianza entre la literatura y la lengua. Mucho se debe a la ignorancia mutua; otro tanto, a los caminos tomados entre el estructuralismo parisino y la lingüística chomskyana. En los programas universitarios en los Estados Unidos, la literatura y la lingüística son mayormente programas inconexos; la literatura se enseña sin la lingüística, y ahora más y más, aun sin la lengua (así en los cursos impartidos en inglés por los profesores de inglés sobre la literatura del tercer mundo, o sea lo que para ellos es el resto del mundo). Eso se llama superación de los *area studies*, avalada por alguna crítica posmoderna.

El último experimento, propagado con mucha alharaca desde la Universidad Drake, es enseñar la lengua sin el profesorado especializado, utilizando a los estudiantes nativos como maestros *ad hoc*. En realidad, no es un experimento tan radical como parece, porque los estudiantes extranjeros ya están enseñando *de facto* los cursos de lengua en la mayoría de los programas. La novedad aquí es que, digamos, un profesor de alemán supervise a los nativos para enseñar, digamos, hindú, árabe o *swahili*. No me cabe ninguna duda de que un estudiante medio, aun en los mejores programas, no aprende en dos años mucho más con el "método" Drake; también estoy seguro de que los estudiantes extranjeros mejorarán con este método significativamente su inglés y que el emparejamiento, que duda cabe, traerá aun muchos otros beneficios. Pero me da pena ver la universidad reducida a un Berlitz más pobrete. A esta chapuza se le ha dado el honorífico nombre de "modelo de Drake", y se está anunciando como una nueva "filosofía" y *winning approach* con la ayuda de algunas fundaciones, siempre tan bienintencionadas (insidehighered.com, febrero 21, 2007).[3]

En realidad, el experimento de Drake es tímido y es anticuado también en otro sentido: su deconstrucción de la educación humanística tradicional no va lo suficientemente lejos ni para ganarle un renglón de reconocimiento en el Guinness book de los *records* posmodernos. ¿Por qué detenerse en la lengua? "Gesticulation–it is half the language", recuerda oportunamente Marianne Moore en un poema. Pero aun la gesticulación se quedaría a medio camino, en tanto sospechoso residuo antropocéntrico para los deconstructivistas. Afortunadamente, encontramos pioneros aún más audaces en el pasado: ya en el siglo XVIII, la memorable Academia de Laputa –un temprano anticipo de la academia tardía– hizo importantes investigaciones de la comunicación sin palabras y sin gestos. La semiótica actual apenas ha empezado a apreciar estos notables aportes a la *semiosis* comunicativa (véase Volek).

DE LUSTRE A LASTRE

En vista de la desintegración de todas las apoyaturas de la literatura, también el gremio que había establecido su hegemonía sobre la profesión, empezó a perder su lustre. Mal compensado por la politización y la politiquería, quedó reducido a *Ge-stell,* a un montaje tecnológico que, bien o mal, promueve el *Betrieb* –el negocio, la operación– de la profesión: la bibliografía y el mercado de trabajos. Por mirar a todas partes y a ninguna, perdió el norte sin ganar el sur, y con el norte, la misión y la misma integridad. En su fórmula multiculturalista, la del humanista *scatter-brained,* la academia, tal como el arte posmoderno, mimetiza la "lógica cultural del capitalismo tardío", o sea, del capital transnacional:[4] desparramado en todas partes y sin estar anclado en ninguna, generador de los flujos especulativos del capital que enriquecen y arruinan instantáneamente, y a veces al mismo tiempo (depende del lado donde se esté).

Volviendo al obituario pulido con betún en las cuevas del MLA, según el anticipo presentado en Filadelfia, el informe llamará a un cambio radical, a saber: abandono del modelo de la lengua y literatura para abrazar cultura, historia, economía, política y *más* (ese misterioso "más" para suplir el vacío aditivo y adictivo de la enumeración). El "cerebro desparramado" y una mayor "relevancia" serán aparentemente su recompensa.

Aparentemente, según esta propuesta, la literatura misma no es suficiente (¿qué concepto de "literatura" se maneja para afirmar esto?, ¿qué concepto de "cultura" se tiene, para oponerlo a la literatura?). Conocer "historia, economía, política y más" ciertamente es importante para contextualizar las lecturas. Pero para hacerlo, no se necesita tomar un curso formal (ni muchos) en cada una de estas disciplinas. ¿Tal vez no se sobrentiende –no se puede sobrentender– cierta "cultura", cierta "enciclopedia" de conocimientos generales comunes?[5] Claro, suponer esto –más allá de la farándula actual y de la cultura de masas popular que emana de los no tan sacros bosques californianos– huele a "eurocentrismo" o a cualquier otro "centrismo". ¡Qué va! ¡Suponer anclaje en una *cultura* más allá de la "cultura"! En cambio, el multiculturalismo "posmo" trabaja afanosamente para llegar al ideal de una *tabula rasa* peculiar, una especie de reverso nihilista del *melting pot* americano: mientras que reconoce libremente que todos están bien anclados en sus culturas, y hay que respetarlos sea lo que sea, postula que el hombre occidental (y aún más el estadounidense) no lo sea de ninguna manera, ya que su cultura, de ejemplar, se ha convertido en la encarnación de todo el mal en el planeta.

Además, si se enseñara historia en los programas de literatura, ¿se va a enseñar literatura en los de historia? Lo creo difícil, aunque sea muy deseable para un historiador también. ¿Y en los programas de economía, política y más? Se nos dirá que la historia, la economía, la política y más son programas especializados. La literatura, ¿no lo es?

Al minimizar la literatura y agregar *de todo*, ¿cuál sería el hilo vertebrante del programa? Y más: ¿cómo acomodar ese "todo" con algún sentido dentro de los pocos *créditos* que el estudiante toma? Un programa no puede enseñarlo todo: basta que apunte a cierta coherencia formativa, que ponga en el camino, que no sólo es infinito sino que se hace al andar... La educación es un proceso de toda la vida.

Se nos dice también, en la propuesta, que, para administrar el mundo, el imperio necesita funcionarios que sepan la lengua y un poquito de todo. Es un argumento poderoso, y sorprende que venga de los intelectuales aparentemente tan progre en tantas cosas.

En realidad, los programas de posgrado ofrecen desde ya una multiplicidad de "énfasis" (*tracks*) y se ofrecen también en limitadas versiones "profesionales" (por ejemplo, el Masters de Middlebury y de sus imitadores, que, a su vez, no sirve en absoluto –tal vez ni está pensado– como preparación para el doctorado). O sea, alternativas a los programas de literatura ya existen; no es necesario abolir estos últimos para extender aún más los "estudios culturales", o transformar aquéllos en éstos. Pero también hay que hablar con franqueza sobre esas alternativas: mi experiencia con la cohabitación de énfasis dispares, bastante impura, en nuestro programa doctoral es que no ha traído mejores estudiantes. Todo lo contrario: como nadie sabe qué son esos "estudios culturales", la gente se imagina que cualquier cosa vale.

La propuesta de enfatizar aún más los "estudios culturales" es predecible por el giro tomado ya hace tiempo por el MLA; lo único que falta ahora es cambiar el nombre del gremio.

Por un lado, los profesores ya tan mal educados en una cosa deben lanzarse ahora a enseñar otra (tal vez como los de inglés que se han metido en la conquista del tercer mundo);[6] por otro lado, *nil novi sub sole*. El cine se enseña ya por todas partes, ¿y la política y *más*?, también, y más y más. ¿Qué hay de nuevo en esto, entonces? Tal vez sólo la recomendación de reducir la literatura enseñada en su lengua a dosis homeopáticas o eliminarla completamente.

El presunto obituario refleja los aires de los tiempos, que reafirman la vieja queja ya formulada por Hegel, a saber, que "la condición general de nuestro presente no es propicia al arte". Si rebuscáramos el listado de las eternas quejas de la humanidad, seguramente encontraríamos unas de aún más antigua data. Felizmente, el MLA en su edición posmoderna no existía en aquellos tiempos; en el caso contrario, no tendríamos ni lo poco que tenemos, todavía.

Los infortunios del maestro de la literatura confrontado con la adversa *doxa* filosófica de su época están bien documentados ya en el comienzo mismo de nuestra civilización. En un diálogo de la juventud *del* filósofo (*el* marca a todos los filósofos infalibles en sus tiempos), Sócrates interroga al rapsoda Ión, quien acaba de ganar un premio de Yale o de Harvard. Tiene que haber sido un premio en los "estudios culturales" ya que éste presume, presumido, que lo sabe todo de Homero, desde la agricultura hasta la ciencia militar. El único inconveniente, reconoce libremente, es que no entiende nada de ningún otro poeta. Apurado por Sócrates, se hace claro que no entiende propiamente nada ni en Homero.

En realidad, no puede decir nada de lo literario tampoco. Como el proverbial "Jack of all trades", no es maestro de ninguno. Para salvar la apariencia, Ión alega que su profundo desconocimiento de la literatura le otorga la legitimación para meterse en la política. En esta burla juvenil, tan profética para el precario *métier* del crítico literario de todos los tiempos, Sócrates todavía no cuestiona el arte mismo. El Platón viejo será más severo cuando esté trazando los lineamientos de su "república".

ENSEÑAR LITERATURA

Pienso en mi experiencia al enseñar literatura en español a los estudiantes universitarios. El lenguaje y los textos culturalmente complejos superan la capacidad de la mayoría de los estudiantes no nativos, y si no la capacidad, el poco tiempo que quieren o pueden dedicarles. Se frustran fácilmente. Su capacidad de atención es mínima. Escribe un estudiante en su evaluación del curso: "My head hurt every day after class. Professor Volek has forced us to think too much, but it is a good mental exercise". El estudiante se queja, pero también se nota que le gusta el desafío. A lo mejor, postergamos el *alzheimer* por un par de años.

Y frustran también los parámetros de algunos cursos: enseñar literatura hispanoamericana del siglo XX en un curso semestral es una misión imposible si se quiere contextualizar y explicar un número aceptable de textos representativos. "Contextualizar" no es "tomar la literatura" y "ponerla" en un cuadrito, sino poner el contexto en la literatura. O sea, no se necesita cualquier curso de "historia, economía, política y más", sino que el texto literario –bien entendido– es la propia medida de lo que se necesita para "contextualizarlo".

De manera que, a lo mejor, la solución no está en enseñar menos, sino más, pero de distinta manera: por ejemplo, entre otras cosas, volver a alternar cursos dedicados a una lectura cuidadosa (*close reading*, la *explication des textes*) de unos cuantos textos selectos con cursos temáticos más generales. Aquéllos fueron mal vistos por la "ciencia" estructuralista, ya que se detenían en las minucias de la "superficie"; y no interesaron tampoco a la crítica ideológica en todas sus mutaciones, ya que los textos bien leídos tienen la mala costumbre de contradecir o complicar aun las teorías más inequívocas. Además, la lectura es un proceso acumulativo, de creación de hábitos, de experiencias, de persistencia; mientras que la cultura audiovisual, oral, de la actualidad no ayuda a desarrollar este tipo de destreza.

Si el trabajo de la cultura crea los sentidos humanos, "los *sentidos* capaces de goces humanos, los sentidos que actúan como fuerzas esenciales *humanas*" (Marx 121), cierta cultura y aun sus presuntos guardianes académicos también pueden ayudar a atrofiarlos o hasta anularlos.

Hacer la enseñanza más fácil, más amena, *más popular*, atraer al estudiante por el denominador más bajo, todo esto responde a los imperativos de la época, pero contradice la misión educativa. La educación, si bien puede imitarlo con provecho (*schola ludus*, ya Comenius *dixit*), ¿puede reducirse a un pasatiempo? ¿A pasar el tiempo con el menor número de exigencias posible? ¿Y a dar una A a todos para que no se quejen y para cubrir su propia impotencia?

En total, el prometido obituario de la literatura parece ser más bien un indicio de la desorientación, de la resignación, de la premura y tal vez de la ignorancia de los doctos fabricantes de panaceas pedagógicas.

En todo este asunto, hay mucho que discutir y aún más que pensar. Debería ser un debate franco y abierto, no de gremios ni de grupúsculos con agendas predecibles. Hay muchos intereses creados de todos lados. Y todos se esconden detrás de los estudiantes. Es la estratagema política o la estrategia fracasada en las relaciones asimétricas: si los padres no son "amigos" de sus hijos, sino padres, los educadores tampoco pueden serlo, sino ser educadores. A lo mejor, el informe del MLA, más que ser obituario prematuro, va a incitar este debate necesario y vital. Hacia ese fin se encaminan unos apuntes acerca de algunos equívocos que dificultan la posibilidad y la necesidad de esa reflexión.

Literatura/cultura

La literatura no es sólo el pasado de la humanidad; aun si lo fuera, sería y seguiría siendo importante: porque la modernidad que se olvida del pasado, hipoteca el futuro. Hasta hace poco forma hegemónica, considerada como la encarnación misma de la Cultura, comparte hoy el espacio cultural, más y más, con las formas audiovisuales producto de los medios y de la cultura de masas.

La reestructuración del campo cultural no ha sido un proceso armonioso. Tal como lo profetizaban los formalistas rusos, las formas "bajas" están expulsando a las formas antaño hegemónicas, con tal de que la proverbial "astucia" de la razón histórica tuvo a bien romper el esquema inmanentista literario, ya que las nuevas formas culturales vienen "de fuera" y no "de adentro".

Si para Mallarmé el mundo desembocaba en un libro, ahora se torna imagen. No sólo la imagen ha intentado eclipsar el libro, y la música —o lo que lleva su nombre todavía—, la letra. El propio lenguaje escrito se está retirando a segundo plano. De ser el metalenguaje obligatorio, utilizado compulsivamente para explicarlo todo, de traducir el mundo para valorarlo y situarlo en su contexto —semejante al ahora casi insoportable discurso omnisciente del narrador autorial en la novela tradicional—, se convierte en un "lenguaje" entre otros, un poco a la manera *polifónica* profetizada por Bajtin. Sin embargo, aunque la moda posmoderna y la explosión de los medios intentan reducir el lenguaje articulado a sólo uno entre los lenguajes comunicativos, aquél no pierde su condición de metalenguaje último. Simplemente, no hay ningún sustituto para esta función.

Tal como la disminución o incluso eliminación puntual del papel del narrador no produce ningún vacío comunicativo ni tampoco un dialogismo sin límites, sino que sólo destaca la función clave del "autor implícito" como la última autoridad en la estructura narrativa —y, en realidad, en todo texto— también el lenguaje articulado, en medio de todos los lenguaje posibles, no deja de servir como el metalenguaje comunicativo, la última autoridad en el entramado polifacético de la comunicación para resolver cualquier caso de duda o de disputa. Esta función clave del lenguaje —como transmisor y freno de la comunicación— atrajo la atención de la filosofía y de la crítica (el llamado "giro lingüístico"), pero, en gran parte, sin un buen conocimiento de la constitución y de la funcionalidad del lenguaje en los procesos de la comunicación (véase Volek).

Esta pugna en y por el espacio cultural no deja de revelar la peculiaridad del lenguaje y de las formas culturales basadas en él, y también su potencial.

En la reflexión crítica acerca de la literatura se nota un movimiento en péndulo: en un momento, ésta interesa como "literatura", por sus cualidades específicas (artísticas, estéticas, "literarias" según la búsqueda formalista de la mal llamada "literariedad"); en otro momento, más bien como fenómeno "cultural", como parte del universo cultural de cierta época. Ambos enfoques son legítimos, pero no son inocentes. La literatura entendida como "literatura" tiende a destacar, hacia dentro, las obras de exploración. Estas van en toda la gama desde el experimento artístico autotélico (los márgenes del lenguaje, como el *zaum* o la *jitanjáfora* futuristas), pasando por los universos humanos, locales, regionales, nacionales, hasta la exploración cultural y estética (por ejemplo, la de los universos culturales existentes al margen de la modernidad, en el "realismo mágico", o de la heteroglosia de los lenguajes y la cultura popular, en las "novelas del lenguaje"). Y hacia fuera, fomenta en el lector la exploración de la misma como un hecho de arte, como un hecho estético.

El prisma de mirar la literatura como hecho cultural, en el sentido de *documento* de la época o de otra cosa, tiende a escoger como su material obras de segunda categoría, las de interés "sociológico" o de entretenimiento, y a utilizar recursos simplificantes y estereotipados de la crítica temática e ideológica, que embrutece lo que toca. De manera que aun en el caso de que se fije en una obra de exploración, la "achata" por su interés limitado. La propia riqueza potencial de la mirada "cultural" queda reducida severamente por la crítica ideológica.

En otras palabras, el problema no es la literatura o la cultura en sí, sino las versiones simplificadas producidas por la crítica. Al mismo tiempo, la lente de la mirada parece que también "crea" su objeto favorito.

Las categorías "literatura de exploración" y "literatura de entretenimiento" no están exentas de valor, pero son más bien descriptivas: apuntan a la misión que se proponen las obras o la que es percibida por los lectores. Es obvio que hay mucha literatura de exploración fracasada o no muy buena, y que la de entretenimiento puede ser buena. La exploración no excluye tampoco la diversión, y viceversa. Además, algunas obras pueden pasarse de categoría, según su recepción en distintas épocas: *Don Quijote* y *Martín Fierro* cambian de la diversión a la exploración, en cuanto ésta última es descubierta en aquellas obras por los lectores que las leen desde nuevos contextos históricos. Algo análogo ocurre con los géneros literarios: por ejemplo, el realismo mágico se desplaza de la exploración (en las obras de Asturias, Carpentier, Arguedas, Rulfo) al entretenimiento (en su versión posmoderna, post-Isabel Allende).

Lo que he apuntado sobre la literatura es igualmente válido para el arte en general. La literatura, en sus distintas manifestaciones genéricas, escritas y orales, es y será una de las expresiones culturales fundamentales, es y será una exploración de los universos imaginarios y reales de los seres humanos. Es y será *una exploración que sólo la literatura puede hacer*; sólo esta literatura —tal como el género novela de que habla Milan Kundera— merece ser parte de la historia de la literatura y del arte. En esta concepción, que no es ni hegeliana ni heideggeriana, la historia del arte no está cerrada: sigue y seguirá abierta, pero bajo la condición de que la obra tiene que contribuir a la exploración de lo que sólo el arte puede hacer. El resto es *Schrifttum*, el archivo de toda la cultura escrita, y es documento, sociología o patología.

Y está bien si esta literatura de segunda categoría es "sociología": la densidad de la cultura es también un importante factor cultural.

El arte digno de su nombre sigue vivo; sólo sus sepultureros están sepultados en el tiempo.

El estructuralismo, que diligentemente lo convirtió todo en "texto cultural", abordable con los mismo métodos, y niveló el arte con la cultura general, pagó alto precio por proponer la descripción como el método no valorativo, aséptico y "nodiscriminatorio" (valor negativo, pero valor al fin y al cabo), en detrimento de la apuesta –tanto del artista como del crítico– por los valores artísticos y estéticos. Cuando todo vale lo mismo, nada vale. Los "estudios culturales" han seguido fielmente esta tradición nihilista, sólo sustituyendo la indiferencia descriptiva por la política y politiquería activista.

En la literatura considerada como literatura confunde, y es conflictivo, el *aspecto estético* tal como ha sido entendido en la tradición moderna. No tiene que ser así.

LITERATURA/ESTÉTICA/POLÍTICA

El concepto rector de la estética moderna como filosofía de lo bello fue formulado de forma programática en la *Crítica del juicio* (1790) de Immanuel Kant. En el ciclo de sus *críticas* este filósofo clave de la modernidad rompió la unidad tradicional del quehacer humano y separó las esferas del arte, del saber y de la moralidad como dominios autónomos. Esto liberó el arte de la tutela de la verdad, del bien y de cualquier utilidad pragmática, pero su delimitación a un espacio formal indeterminado de lo bello tenía el potencial de castrarlo. La utopía moderna de la autonomía del arte (aunque éste fuera para Kant todavía "impuro") puso en marcha todo un proceso de "purificación", de rechazo cada vez más minucioso de todo aquello que en su momento no fuera considerado como puro, hasta llegar al "arte puro", "poesía pura", "belleza pura".

Siguiendo la metafísica cartesiana, la certidumbre de lo bello está anclada en la autoconciencia de un sujeto individual pero abstracto: lo bello es objeto del agrado o desagrado sin ningún interés (16). Kant tiene en la mente intereses prácticos. Una nota anterior destaca el carácter paradójico de su planteo: un juicio sobre un objeto del agrado puede ser completamente *desinteresado*, pero puede ser *interesante*, o sea, destaca cierto interés (7). Esta condición de "desinterés interesado" o de "interés desinteresado" el sujeto la logra a través de una total *indiferencia* frente al objeto. Esta actitud del observador, que deja emerger lo bello en el objeto, fomenta un libre juego de las facultades mentales en el sujeto (191). Esta última idea será retomada por Schiller en su proyecto de la educación estética. En cambio, Schopenhauer enfatizará el momento negativo, el de la "indiferencia", traducida en el arresto momentáneo de la voluntad y del dolor que ésta infaliblemente causa. Nietzsche detestará el ascetismo de la estética en su antiguo ídolo, a quien acusa de entender la belleza como el "sedativo de la voluntad" (en la *Genealogía de la moral*, 1887); y celebrará el arte como el mayor estimulante de la vida, como la superabundancia de los medios de comunicación y como la expresión más transparente de la "voluntad de poder" (en sus apuntes recogidos póstumamente, *Will* 808, 809, 797).

A pesar de sus leves ambigüedades, la estética kantiana se presta fácilmente a una interpretación "negativa": propone lo bello como un valor en la ausencia o en la represión de valores; el sujeto es mero "espectador", distanciado, asexuado, no situado y no involucrado de ninguna manera, pero dotado de cierto sentido para la belleza, si bien sea un sentido abstracto e intelectual. Podría decirse que el sujeto está reducido a una facultad abstracta para la belleza en el ser humano.

Entre la autonomía kantiana, la actitud romántica de rebeldía y desengaño, y el desarrollo de la sociedad burguesa pragmática moderna, el arte empezó a "retirarse de la vida", primero hacia una realidad "romántica" aparte (la Grecia de Byron, la España de Mérimée), luego hacia los "paraísos artificiales" de la imaginación y, finalmente, hacia su propia realidad basada en la materialidad de sus diversos medios. Con el esteticismo *fin de siècle* se agotó el imaginario de la belleza tradicional, apoyado en el arte clásico. Los cambios tecnológicos y la transformación espectacular del paisaje urbano, pero también rural, empujaron el siglo XX hacia la búsqueda de una "nueva belleza", más en sintonía con estas realidades modernas. El arte quiso ser aún más "moderno" que la misma realidad, y se hizo *futurista*. La exploración de sus propios medios produjo el arte vanguardista y neovanguardista innovador, deslumbrante, hermético, "inútil" (gratuito) y cada vez más rarificado.

Siguiendo la intuición de Walter Benjamin, Theodor Adorno llamó a este proceso purgativo del arte "estética de la negatividad" (en su póstuma *Teoría estética*, 1970). Desde fines de los sesenta el novelista estadounidense John Barth consideraría esta línea como "agotada" ("La literatura del agotamiento", 1967). Y Roland Barthes meditaría, en *El placer del texto* (1973), sobre las aporías de esta carrera de la purificación que tocaría sus límites en el *nouveau roman* escrito por sus nuevos amigos, postestructuralistas, reunidos en torno a la revista *Tel Quel*.

La estética de Jan Mukarovský cobra estatura en medio de estos procesos, en los años treinta, en el contexto tardío y contradictorio del arte moderno y de su paroxismo en la vanguardia, pero llega a formular algunas propuestas sorprendentes, que, de hecho, ponen en tela de juicio la inevitabilidad de la mencionada línea ascética de la estética kantiana, sin volver a los planteamientos tradicionales (el *dulce et utile* horaciano). Son propuestas que podrían ser clave para la formación de una verdadera estética posmoderna. Esta parece buscar a tientas algo en la misma dirección, sin acertar completamente: su deseo es evitar tanto la Escila de la estética tradicional (incluyendo la marxista) como la Caribdis de la estética moderna, vanguardista. A su vez, la estética mukarovskiana entronca también con su recién estrenado planteamiento semiótico y estructuralista dinámico y funcional (ver mis introducciones a Mukarovský, que estoy utilizando para este apartado).

El breve opúsculo "Función, norma y valor estéticos como hechos sociales" (1936) propone, como de paso, esta nueva estética. El autor lo ha escrito en dos tiempos, entre 1935 (función y norma) y la mitad de 1936 (valor). Aunque el trabajo construye una unidad innegable, la primera parte refleja todavía más claramente la ortodoxia heredada del formalismo ruso y del vanguardismo radical, mientras que la segunda se apoya sobre la recién estrenada semiótica fenomenológica del arte (bosquejada en "El arte como hecho sígnico", 1934) y, sorprendentemente, pone en tela de juicio a aquélla. Mukarovský conceptualiza este fascinante "anverso y reverso" del método como miradas desde afuera y desde adentro sobre el hecho estético. Como si hubiera leído a Derrida, lo de "afuera", "lo externo", o sea, los valores extraestéticos, constituyen la fibra misma de lo de "adentro", de la factura de lo estético.

Es un pasaje que vale la pena citar ampliamente. A la función estética de una obra vista "desde afuera" bajo el prisma kantiano, Mukarvský opone una perspectiva "desde adentro":

El autotelismo de la obra artística, que es un aspecto de la posición dominante de la función y el valor estéticos, es confundido con el "desinterés" kantiano. Para refutar este error, deberemos examinar el lugar y el carácter del valor estético en el arte desde el interior de la estructura artística, es decir, procediendo desde los valores extraestéticos contenidos en los diversos componentes de la estructura, hasta llegar al valor estético que confiere unidad a la obra. Al hacerlo, descubriremos un hecho extraño e inesperado.

Dijimos antes que todos los componentes de la obra artística, tanto los pertenecientes al contenido como los formales vehiculan valores extraestéticos, los cuales entablan relaciones recíprocas dentro de la obra. La obra de arte se muestra, en última instancia, como un verdadero conjunto de valores extraestéticos, y como nada más que justamente dicho conjunto. Los componentes materiales del artefacto artístico y el modo de su utilización como elementos constructivos, cumplen el papel de meros conductores de las energías representadas por los valores extraestéticos.

Si preguntamos ahora dónde ha quedado el valor estético, veremos que se ha disuelto en los diferentes valores extraestéticos y que no es realmente nada más que una denominación global para la unidad dinámica de las relaciones recíprocas de aquéllos.

Y concluye Mukarovský:

> El predominio del valor estético sobre los demás valores es otra cosa que un mero predominio exterior. La influencia del valor estético no consiste en absorber y reprimir los demás valores: si bien el valor estético arranca cada uno de los otros valores de su relación inmediata con el respectivo valor vital, al mismo tiempo pone en contacto todo el conjunto de valores, contenido en la obra como totalidad dinámica, con el sistema total de aquellos valores que forman las fuerzas motrices de la praxis social de la colectividad receptora.
>
> Desde este ángulo, la autonomía de la obra artística y el predominio de la función y el valor estéticos en ella se presentan, no como un factor amortiguador en la relación de la obra artística con la realidad natural y social, sino como su constante revitalizador.
>
> El arte es un factor vital... (196-8)

En otras palabras, aunque para Mukarovský sigue siendo "vacía", si bien por motivos más bien contrarios al formalismo ruso y al estructuralismo, la función estética cesa de ser exclusiva, negativa, y deja de vaciar. Todo lo contrario: se convierte en una fuerza energética que integra y organiza, de nuevo cada vez, los elementos y los valores concretos —tanto literarios como extraliterarios— que aparecen en el juego del texto y del contexto de la recepción. Y aun la obra de arte más ficcional, que carece de cualquier referente concreto en la realidad, no deja de relacionarse con la totalidad de los valores "que forman las fuerzas motrices de la praxis social" del contexto de la recepción (para una elaboración más compleja ver el mencionado "El arte como fenómeno sígnico", reconocido como un manifiesto inaugural de la fase "clásica" de la escuela de Praga).

Parece que la idea del valor estético "transparente" le fue sugerida a Mukarovský por la "arquitectura funcional" moderna, la cual proyectaba edificios, en teoría, estrictamente a partir de las funciones prácticas contempladas para su uso, despojándolos de cualquier consideración "estética" en el sentido tradicional; y, sin embargo, no producía sino íconos de la "nueva belleza" (a lo mejor tal como el "texto automático" de los surrealistas suprimía una lógica sólo para descubrir y jugar con otra).

A este valor estético "transparente" postulado por Mukarovský se le podría objetar que deja de lado ciertos "coágulos" –ciertas configuraciones típicas– de "lo bello" que encontramos diseminados en la historia del arte y en el presente: ciertamente existe algo como lo bello clásico, romántico, modernista, vanguardista; lo bello característico para la obra de un determinado artista, para un determinado paisaje, etc. En otras palabras, que omite ciertos ideales de belleza "encarnados" o existentes como puntos de referencia, es decir, ciertas "agrupaciones" (*clusters*) estéticas de valores que pueden ser objeto de referencia (alusión, "cita", polémica intertextual) o del juego (como en el pastiche posmoderno) en otras obras. Los "islotes" de "lo bello" parece que funcionan como los "poetismos": éstos no agotan la esfera potencial de "lo poético", pero persisten "por ahí" como aluviones históricos, dejados atrás por las sucesivas modalidades del lenguaje poético, y se prestan para múltiples usos y juegos.

El concepto del valor estético como cierto *valor de valores* (como una configuración dinámica de los mismos en la estructura de conjunto) ilumina perspicazmente el proceso general, potencial, del establecimiento de los valores estéticos, o sea, su *código generador* (semejante a la *langue* saussureana) capaz de producir un infinito de constelaciones estéticas de valores concretos. Pero, tal como la *langue* tropieza con la *parole*, que le responde y también se le escapa en la comunicación real (véase Volek), de la misma manera los procesos de generación de los valores estéticos en los contextos históricos sociales son más complejos que una simple proyección de aquel código: los nuevos valores por generar se encuentran con un espacio ya habitado y contestado, entran en y en contra de ciertas tradiciones, y esta relación dialógica y polémica codetermina, junto con el código, la selección y la configuración resultantes de estos valores. La "transparencia" y las configuraciones habituales de los valores estéticos serían las antinomias dialécticas fundamentales operantes en el proceso histórico de lo estético.

"El problema de las funciones en la arquitectura" (1937) es la primera vuelta importante de Mukarovský a los problemas planteados, esta vez desde un contexto marginal: la arquitectura como arte. Es un estudio fascinante desde numerosos puntos de vista. Aquí me interesa subrayar que a diferencia de "Función, norma y valor estéticos como hechos sociales", que propone una transparencia utópica del valor estético, este trabajo plantea la necesidad de considerar más concretamente la *posicionalidad* de la función estética en el proceso de la coordinación de las otras funciones. La función estética se ha "disuelto" en la constelación de las funciones extraestéticas, pero esta disolución se percibe ahora como dinámica, contradictoria y capaz de ser reorganizada desde, cuando menos, cuatro *horizontes funcionales* (el objetivo concreto del edificio, el contexto histórico de su construcción, la organización social, sus recursos económicos y materiales en el momento dado, y, finalmente, el individuo y su personalidad). En estos horizontes "ninguno coincide del todo con los demás" (210); su relación no es necesariamente armoniosa, más bien al contrario, y frecuentemente resulta de ahí una alteración de la funcionalidad proyectada desde uno de aquellos horizontes. Emerge una transparencia "situada", "orientada" y transformativa de la función estética.

Notemos que el sujeto aparece en este contexto como uno de los horizontes irreductibles e insoslayables (nada de "muertes" del autor o del sujeto como tal). El individuo emerge como un ente activo, que cruza los determinismos de los otros horizontes, y, por lo tanto, se perfila también como uno de los elementos del "caos"

–dicho con el término actual– que puede infiltrar y hacer estallar el riguroso edificio del orden ilusorio erigido por el pensamiento estructuralista (tanto el praguense como el parisino), a la zaga del racionalismo y del positivismo.

Esta cara de la estética de Jan Mukarovský desarrolla claramente una línea antikantiana. Se notan en ella ecos de Nietzsche y del vitalismo de Bergson (el arte como fuerza revitalizadora) y también ciertos paralelos con Heidegger debidos al entronque común con la fenomenología husserliana (la posicionalidad de la función estética "en el mundo").

Mukarovský desplaza el énfasis hacia el objeto de la valoración estética; pero las funciones y los valores del objeto pueden serlo sólo para un sujeto que tenga "sentido" para ellos. Este sentido es un resultado del trabajo cultural de milenios de *homo sapiens*, a lo largo de los cuales éste "se hace" ser humano (Marx 121, 126; Volek). No es ningún *a priori*, ninguna entelequia. Es un proceso, es una lucha, y tiene sus reveses. Lo que se hace arduamente, se deshace con facilidad, aunque el ser humano, una vez alcanzado ese nivel, sorprende con ofrecer tenaz resistencia al desmembramiento de sus sentidos (mantener la humanidad en medio de la guerra, de los desastres, de los hundimientos como el del Titanic). El sujeto mukarovskiano es un individuo situado en cierto contexto histórico social, del que es parte activa, sin estar determinado absolutamente por él. Por lo tanto, no puede ser un observador indiferente, contemplativo, distanciado y neutro, sino íntimamente involucrado en los procesos sociales. El hecho estético renueva y revitaliza la relación del ser humano con su habitat, con la realidad social y natural. Es una relación recíproca, que cala hondo en la propia constitución del ser humano como especie biológica y cultural (véase Volek).

Este concepto del hecho estético rebasa ampliamente la idea shklovskiana de la "desfamiliarización" (*ostranenie*). La gama de las experiencias provocadas por lo estético es también mucho más amplia que la sublimación catártica (Aristóteles resulta, en este sentido teleológico de la catarsis, sorprendentemente, cercano de Schopenhauer).

Se revierte la carrera de la "purgación" del arte y de la degradación programática en el mismo de los elementos "no artísticos" (lo "extraestético"). Según los formalistas rusos, por ejemplo, los valores "no poéticos" podían ser sólo "secundarios" en la literatura; en Mukarovský esta limitación se vuelve inoperante. El hecho estético es "autónomo" sólo en no ser burdamente político o en no estar al servicio de ciertos intereses prácticos; estos valores son sólo una parte de toda una estructura de valores. El énfasis práctico desquiciaría esta configuración: basta comparar la poesía política de Vallejo y de Neruda (no sólo en sus peores momentos), para ver la diferencia. Una es poesía política, otra es política en verso, y chabacana por demás.

La propuesta de Mukarovský no destruye la autonomía del arte tal como ésta se ha establecido en cierto momento de la cultura occidental moderna, pero la reformula y rebasa sus estrecheces. La flexibilidad que su modelo adquiere de esta manera le permite conceptualizar con provecho tanto los contextos anteriores (por ejemplo, el medieval, menos diferenciado funcionalmente), los paralelos (como el contexto folklórico, heredero del medieval, pero formado en el barroco e hibridizado ahora con el moderno y ya también con el posmoderno de la cultura de masas), o posteriores (el contexto posmoderno caracterizado por las mediaciones institucionales, tecnológicas y del mercado más y más globalizado).

Lo único que desaparece es la identificación con la estética vanguardista, moderna, transmitida por el formalismo ruso como *la* estética a secas (para ellos, "poética"); esta estética experimental, energética, dejaba luego el arte tradicional al margen del hecho estético, como su osificación. La estética de Mukarovský no es tampoco ninguna vuelta a la estética tradicional, la que, a su vez, ponía al margen la vanguardia y la tachaba de "arte degenerado" (Hitler y Lukács coinciden en este beato punto). Evita el "diálogo de sordos" entre estos extremos (por ejemplo, entre Lukács y Brecht). Tampoco se sitúa en algún compromiso "en medio" o en algún "corte áureo" entre los extremos, sino que acomoda sin problemas *cualquier estética*, incluyendo la posmoderna y aun la putativa de los "estudios culturales" –si existiera– ya que tiene la capacidad de explicar sus móviles y sus configuraciones típicas de valores, surjan donde y como surgieran.

Me he extendido con la estética de Jan Mukarovský –y faltaría mucho por decir todavía– porque se trata de materiales poco accesibles, en parte mal traducidos, hoy escasamente leídos y aún peor entendidos (no sólo en el mundo fuera, sino también en su propia casa). Es una pena andar a ciegas si hay por ahí un poco de luz.

Para concluir esta breve reflexión liminar: si meditamos sobre la misión de la educación (¿pasatiempo o tiempo de formación y de crecimiento?, ¿a quiénes educamos a clones ideológicos o a personas respetadas como autónomas?); si nos damos cuenta de que el problema no es la literatura vs. la cultura, sino los usos y abusos de las dos; si consideramos el sesgo innecesario y castrador que ha tomado toda una línea hegemónica de la estética moderna, la problemática del estudio de la literatura y de la cultura aparece en una nueva luz, y se puede empezar un debate más fecundo.

NOTAS

[1] Numerosas veces me ha pasado en las entrevistas de trabajo que se aproxime misteriosamente un tal defensor de su pequeño negocio para decirme, por ejemplo: "La literatura mexicana aquí soy yo". Que no se le pise el poncho.
[2] En checo, decir que algo sirve "pro kocku" (para un gato) quiere decir que no sirve para nada, que no tiene sentido.
[3] Así la Fundación Keg podría apuntar en su carta de apoyo: "ocupar la lengua en aprendizaje de lenguas sólo distrae de la educación principal del estudiante..."
[4] Curiosamente, Fredric Jameson, a quien parafraseo, en cuanto crítico del arte, condena esta situación, mientras que en cuanto académico, la fomenta.
[5] Borges se burlaba de que el estudiante estadounidense reaccionaba a las menciones más corrientes de mitos y de personajes míticos antiguos (como Aquiles) con "no he tomado ese curso". Parece que el insigne grupo de la propuesta "dramática" no está muy lejos del imaginario de aquel estudiante.
[6] Un recuerdo inoportuno: en pleno estalinismo, los fomentadores de la *political correctness* de aquel entonces decidieron que el ruso sería una lengua obligatoria en las escuelas checas desde la primaria. Mi maestra, que hasta entonces enseñaba alemán, tuvo que pasar al ruso después del verano; iba una lección antes de nosotros, y se notaba; digamos que no aprendí mucho. Después de 1989, mi prima que enseñaba ruso tuvo que pasarse al alemán entre un año escolar y otro también sin ningún beneficio de conocimiento previo.

BIBLIOGRAFÍA

Eakin, Emily. "The Latest Theory is That Theory Doesn't Matter". *New York Times* (4/19/2003): A 17.

Heidegger, Martin. *An Introduction to Metaphysics*. Ralph Manheim, trad. New Haven: Yale UP, 1959.

———. *Nietzsche, I: The Will to Power as Art*. David Farell Krell, trad. Londres: Routlege & Kegan Paul, 1981.

Jameson, Fredric. "Postmodernism, or The Cultural Logic of Late Capitalism". *New Left Review* 146 (1984): 53-92.

Kant, Immanuel. *Kritik der Urteilskraft*. Hamburg: Felix Meiner, 1974.

Kundera, Milan. "The Depreciated Legacy of Cervantes". *The Art of the Novel*. Nueva York: Harper & Row, 1993. 1-20.

Marx, Karl. "Propiedad privada y comunismo". *Manuscritos económico-filosóficos de 1844*. Barcelona: Grijalbo, 1975.

Mukarovský, Jan. *Signo, función y valor: Estética y semiótica del arte*. Jarmila Jandová, trad. & Emil Volek, ed. Bogotá: Plaza & Janés; Universidad Nacional de Colombia; Universidad de los Andes, 2000.

Nietzsche, Friedrich. *The Will to Power*. Walter Kaufmann & R.J. Hollingdale, trads. Nueva York: Vintage Books, 1968.

Volek, Emil. "Habitats of Language/Language Inhabited: From Ostension and Umwelt to the Posible Worlds of Communication and Culture". *Dynamic Structure: Language as Open System*. Johannes Fehr & Petr Kouba, eds. Prague: Literaria Pragensia, 2007. 145-70.

Los avatares de la sexualidad en los estudios literarios latinoamericanos en Estados Unidos

GUSTAVO GEIROLA
Whittier College

> Entonces no sé muy bien lo que es la "libertad". Me parece que hay un paso difícil de resolver entre lo que sería el campo de la experimentación poética o literaria, el campo de experimentación con las trastiendas del lenguaje y lo que podría ser cualquier tipo de posición política o política sexual. No hay pasaje directo entre ambos niveles.
>
> Néstor Perlongher, *Papeles insumisos* 291

> El sexo no tiene otra función que la de limitar la razón, eliminar al sujeto de la esfera de la experiencia posible o el entendimiento puro.
>
> Joan Copjec, *El sexo o la eutanasia de la razón* 27

Abordar el registro de la sexualidad en los estudios literarios latinoamericanos de los últimos cuarenta años en la academia estadounidense es una tarea bastante compleja. En primer lugar, porque el debate teórico relativo a la sexualidad va a tomar, en el siglo XX, diverso curso a partir del descubrimiento freudiano del inconsciente y de la sexualidad infantil. Sin duda, la doctrina psicoanalítica, comparada con los estudios que la precedieron, va a ser el momento fundante de una reflexión sistemática sobre la sexualidad en la medida en que aporta una teoría sofisticada –no falta de paradojas y hasta contradicciones– que, no obstante, permite enfocar múltiples fenómenos específicos a nivel del sujeto y de la cultura. Este ensayo se propone, pues, mostrar, en primer lugar, el rol crucial del psicoanálisis en cuanto a la sexualidad y el campo de los estudios literarios y culturales; en segundo lugar, intentaremos inventariar el abanico de cuestiones que el psicoanálisis, junto a otras disciplinas, ha promovido en la academia. Obviamente, este trabajo sólo podrá introducir algunos conceptos psicoanalíticos, pero renunciará a proveer explicaciones puntuales de los mismos. En este sentido, parte de la convicción de que en las limitaciones de extensión a que se sujeta y en función del propósito global del proyecto en el que se incluye, su objetivo no es elucidar conceptos psicoanalíticos; así, asume que sólo es posible y útil desbrozar el espectro de cuestiones relativas a la sexualidad presentes en la literatura y la crítica literaria.

El descubrimiento freudiano del inconsciente va a tener efectos múltiples, cuyo detalle sería largo enumerar. Sin embargo, es importante subrayar, al menos, algunos aspectos. En primer lugar, el descubrimiento del inconsciente cuestiona las bases de la epistemología cartesiana basada en el "pienso, luego existo", es decir, en la idea de un sujeto, de una conciencia (la conciencia/razón como un sujeto) que –postulado como un "ego"– tendría la posibilidad de saber y de saberlo todo. A partir de Freud y más tarde con Jacques Lacan, la problemática de la ciencia y del sujeto de la ciencia se abre a la discusión en cuanto a lo inconsciente del *saber* y al saber de lo inconsciente, y a qué es posible *conocer*. La sexualidad toma aquí un rol fundamental, porque el sexo es aquello sobre lo que no se puede saber, en tanto –como afirma Joan Copjec– "está desligado del significante, se convierte en aquello que no se comunica, en aquello que marca al sujeto como imposible de saber" (*El sexo* 27). De ahí que el lenguaje resulte siempre fallido respecto al sexo, tal como lo demuestran los constantes reacomodamientos discursivos que, más allá de lo abordado por Freud –chistes, lapsus lingüísticos, errores de habla u olvidos, sueños– también pueden detectarse en las dificultades del discurso académico para designar matices, metas, itinerarios libidinales que siempre escapan a las categorizaciones usuales. No se trata de la imposibilidad del lenguaje de alcanzar algo prediscursivo; al contrario, ocurre que el sexo se opone justamente a la comunicación. Como insiste Copjec, el sexo "es, entonces, la imposibilidad de completar el significado, no (como sostendría el argumento historicista/deconstruccionista de [Judith] Butler) un significado que es incompleto, inestable" (27). No es que el sexo sea incompleto, sino que es justamente la incompletitud estructural del lenguaje y de ahí su siempre oposición *real* a la razón.

En segundo lugar, el hecho de que el psicoanálisis haya abordado la relación del sujeto (ya no del "yo")[1] como involucrado en una dimensión inconsciente a su vez producto de la represión y conectado a la sexualidad, llevó a múltiples revisiones en el campo de las ciencias sociales y hasta en el de las ciencias formales.[2] El interés creciente por la sexualidad en el campo sociocultural se va a registrar tanto en la revisión de muchos paradigmas críticos relacionados con lo sexual (clase, raza, género [*gender*]) como en cierto borramiento o entrecruzamiento de los límites disciplinarios otrora más compartamentalizados. Resulta así difícil plantearse hoy en día si la categoría de "género" es propiedad de una disciplina en particular. Por ello, el impacto del psicoanálisis va a dar resultados diversos, según las interpretaciones y las intersecciones que manifieste con los varios desarrollos intra e interdisciplinarios que irán apareciendo a lo largo del siglo XX y que, además, tendrán intensidades y escansiones históricas diferentes en Estados Unidos y en América Latina. Por esta razón, el lector verá que al referirnos a la sexualidad vamos a inmiscuirnos constantemente en el territorio de diversas disciplinas y aproximaciones académicas; la referencia a la sexualidad obliga a esta transfronterización disciplinaria. Así, aun cuando pretendiéramos circunscribirnos a la crítica literaria, no podremos evitar la discusión –a veces rápida, a veces un poco más detallada– de cuestiones ligadas al feminismo, a los estudios gay y lésbicos, a los estudios de género e incluso de la teoría *queer*.

La sexualidad se torna una cuestión fundamental para abrir múltiples discusiones de índole política y, obviamente, su impacto operó como un disparador conceptual para que múltiples disciplinas, especialmente las sociales, revisaran sus bases epistemológicas y sus investigaciones anteriores. Nuestra opción por el psicoanálisis en este ensayo –y no por la dimensión psicologista de la sexualidad o por la sexología, como comentaremos más tarde– no se debe a ninguna predilección o filiación personal. El psicoanálisis, como ninguna otra disciplina, ha sido capaz de proveer una teoría abarcadora de la sexualidad y, en tanto el psicoanálisis y sus múltiples derivaciones –quiérase o no– están en la base de los debates culturales y académicos contemporáneos –sea para profundizarlo o para trivializarlo– este ensayo va a sostenerse y centrarse en lo que consideramos su mejor cepa: el psicoanálisis freudo-lacaniano. Por ello suscribimos la afirmación de Joan Copjec en *Imagine There's No Woman*: "psychoanalysis is the mother tongue of our modernity and [...] the important issues of our time are scarcely articulable outside the concepts it has forged" (9).

Específicamente relacionado con la crítica literaria, podemos afirmar que la influencia del psicoanálisis —que, como se verá en este ensayo, ha promovido cuestiones fundamentales dentro del feminismo, los estudios gay y lésbicos, la teoría *queer*—aun teniendo en cuenta el enorme potencial conceptual elaborado especialmente por Lacan y su influencia en América Latina, no ha ido más allá de poner en productividad algunos pocos aspectos, tal como la diferencia sexual y la importancia de lo simbólico y de ciertas insistencias captables a nivel del registro imaginario. En efecto, si en el pasado el psicoanálisis, especialmente en su versión freudiana, dio magros aportes en cuanto a la psicobiografía de autores o al análisis de personajes, más recientemente impacta la crítica literaria con la cuestión de la diferencia sexual y la cuestión de género.

En ese sentido, vista la dimensión intelectual del proyecto lacaniano, es evidente que queda mucho por hacer. A pesar de los recurrentes ejemplos literarios de los que Lacan siempre echa mano –narrativos, líricos e incluso teatrales, desde *Antígona* hasta Joyce y Claudel– la crítica literaria no ha llegado todavía al punto de cuestionar y hasta radicalizar la posición del crítico como tal y de su trabajo. Por ejemplo, la aguda postulación de Lacan de los cuatro discursos (del amo, de la universidad, de la histérica y del analista, con todas las consecuencias políticas y pedagógicas que ellos comportan) o la dimensión filosófica que aportan sus estructuras clínico-epistemológicas (neurosis, perversión, psicosis) no han provocado todavía ningún debate sobre el perfil del crítico, del profesor o del investigador literario.

En este ensayo, pues, nos circunscribiremos a la sexualidad desde la perspectiva psicoanalítica, es decir, a las múltiples incidencias de ella en la cultura, sin detenernos ni en su dimensión material y biológica –ligadas a la reproducción biológica o incluso a la genética– ni tampoco ateniéndonos a la forma empírica, descriptiva, contabilizable de sus múltiples prácticas efectivas tal como podría ser de interés para la sociología o la psicología. Nos interesa retomar algunos debates políticos y éticos provocados por (el *concepto de*) *la sexualidad* en el campo de las instituciones, de los textos y, obviamente, de la escritura y la crítica literaria.

SEXUALIDAD Y ACADEMIA

Desde la publicación de *La interpretación de los sueños* de Sigmund Freud a principios del siglo XX y debido a las implicaciones filosóficas que allí se debaten en relación a la sexualidad, la represión, la localización tópica del sujeto y del yo, más sus posteriores publicaciones ligadas a la sexualidad infantil, el malestar en la cultura, la psicopatología de la vida cotidiana, el tótem y el tabú y la psicología de las masas, la cultura occidental en general –y en particular la academia– han experimentado múltiples transformaciones que pueden fácilmente observarse en la aparición de nuevos espacios institucionales, nuevos cursos centralizados en cuestiones ligadas a la sexualidad, a la mujer, a la disidencia sexual, al patriarcado y el monoteísmo, a la nación y a la guerra, que definen, obviamente, nuevos puentes interdisciplinarios. El impacto de estos textos freudianos se suma a las conmociones producidas por los impresionantes acontecimientos sociales del siglo XX, como la revolución mexicana, la revolución rusa, las dos guerras mundiales, el nazismo, la revolución cubana, las transformaciones y reacomodaciones del capitalismo, con sus expansiones y derrotas coloniales, los cambios a nivel de la división del trabajo, la cuestión de género en el campo de la fuerza laboral.

En Estados Unidos, especialmente a partir de los años sesenta, se registra un movimiento de derechos civiles que conduce a los desarrollos académicos del feminismo, muy extendidos y variados, luego a la aparición de los estudios gay y lésbicos y posteriormente a los estudios *queer*. Estos procesos no se dieron sin debates respecto de las nociones claves, tales como sexo, sexualidad y género (*gender*). Obviamente, el viscoso impacto del psicoanálisis y sus ambiguos derivados teóricos en la clínica estadounidense, con fuertes intervenciones terapéuticas y utilitaristas por parte de la psicología, la psiquiatría y la sociología estadounidenses, complica aún más el tratamiento de la sexualidad y, consecuentemente, su impacto en el campo de la crítica literaria.

En términos generales podemos decir que si el psicoanálisis freudiano tuvo sus momentos en el cine y otras artes de los años treinta y cuarenta en Estados Unidos, no parece registrar su intervención teórica en los estudios literarios sino a partir de los debates feministas en los departamentos de inglés y, más recientemente, todavía en el campo anglófono, en los departamentos de estudios de la mujer e incluso en los departamentos de cine y televisión, especialmente en el Reino Unido. En líneas generales, los departamentos de español y portugués, o de lenguas romances, van a seguir los lineamientos de los estudios anglófonos. En este sentido, la influencia de la Modern Language Association es determinante, en la medida en que ésta aparece como líder en el establecimiento de agendas culturales en el área de las lenguas y las culturas, fijando, directa o indirectamente, los lineamientos y prioridades del mercado profesional y, por ende, editorial. No se puede descuidar, además, la problemática relación de la academia estadounidense con las sofisticadas elaboraciones teóricas francesas de los años sesenta y setenta. Fundamentalmente, este impacto se hace sentir a partir de los trabajos de Michel Foucault, Julia Kristeva y Jacques Derrida. En cuanto a Jacques Lacan, sus escritos y seminarios tendrán un efecto más lento y hasta más tardío, si se los compara con los desarrollos psicoanalíticos, especialmente lacanianos, en América Latina.

De acuerdo a esta sumaria introducción y a fin de ofrecer aquí un panorama de los avatares de la sexualidad en los estudios literarios latinoamericanos en la academia estadounidense, el camino más pedagógico parece exigir, en primer término, un recorrido rápido por la batería conceptual y luego, en segundo lugar, un doble abordaje más históricocrítico, que ponga en perspectiva las confluencias y divergencias entre los estudios literarios en Estados Unidos y aquéllos realizados en América Latina. Necesariamente, la brevedad del ensayo no permitirá un desarrollo exhaustivo de ninguna de estas cuestiones y, por eso mismo, las referencias bibliográficas serán, en lo posible, pocas, pero emblemáticas. En términos tácticos, al menos para la academia estadounidense, la prudencia parece insinuar, amén de un cotejo de la bibliografía provista por la MLA, que un buen camino para ver cómo el sexo –tal como lo plantea Copjec– va constantemente produciendo y promoviendo nuevas agendas académicas, es recorrer algunas revistas líderes –o, al menos, que se han mantenido por mucho tiempo en el campo académico. Se podrá de ese modo apreciar recurrencias y hasta etapas en el tratamiento del abanico de cuestiones suscitadas por la sexualidad en el campo literario. No intentaremos describir en este ensayo ese recorrido, puesto que nuestro objetivo es, como dijimos en la introducción, dar tan sólo una guía de los temas explorados y una rápida sugerencia de algunos conceptos que el estudiante deberá profundizar por su cuenta en lecturas futuras.³

SEXUALIDAD, SEXUALIDADES, TEXTUALIDADES

¿Qué es la sexualidad? ¿Se puede hablar en plural de la sexualidad? ¿Hay sexualidades? La respuesta es muy compleja y depende, sin duda, del marco teórico desde la cual se la conteste. La empresa freudiana consistió, fundamentalmente, en pensar la sexualidad fuera del campo instintivo biológico, según el cual habría un comportamiento calculable, ya determinado, de acoplamiento genital con un objeto de sexo opuesto a los fines de la reproducción. Freud va a conceptualizar la sexualidad como un campo energético en el que el organismo buscaría aliviar tensiones (provocadas por factores externos e internos) y proveerse de satisfacción. De modo que al pensar la sexualidad en función del placer, Freud va a resignificar la corporalidad humana, demostrando que la sexualidad está presente desde la infancia (el niño no sólo satisface su necesidad, su hambre, sino que también extrae un *excedente de placer* mediante la succión del pecho materno). Además, Freud extiende su mapa corporal para salir del determinismo genital; así hablará de "zonas erógenas" que, más allá de la satisfacción de necesidades básicas, aportan excedentes de placer (boca, ano, no sólo los genitales, sino toda zona que pueda proveer placer, por ejemplo, en lo que él denominó "el placer preliminar" al coito). Incluso más, retomando investigaciones anteriores sobre las denominadas "desviaciones sexuales" por los psicopatólogos clásicos (Kraft Ebbing, Havelock Ellis), Freud va a plantear el deseo humano como fundamentalmente perverso, pero no en sentido negativo, patológico, sino en sentido estructural. Es un deseo cuya satisfacción puede ser proveída por "cualquier" objeto (ya no el compañero sexual de sexo opuesto, sino del mismo sexo o, más aún, ni siquiera por otro individuo; en efecto, el brillo en la nariz para un fetichista o bien la succión autoerótica del dedo por parte del niño, constituyen manifestaciones de la sexualidad que abren la investigación freudiana a múltiples cuestiones).

Vemos, pues, que la sexualidad freudiana está fundamentalmente definida en el campo del placer: variación de objeto y múltiples modos de actividad (incluso intelectual) constituyen el marco en el que opera. Obviamente, todo el registro simbólico (religioso, moral, tradicional) en el que su investigación se erige, queda completamente conmovido, especialmente en cuanto a que su aproximación a la sexualidad modifica completamente las creencias (científicas o no) sobre lo normal y lo perverso. Si a esto agregamos que el síntoma neurótico es una negociación inconsciente que el sujeto hace entre ese registro simbólico que lo obliga a reprimir sus deseos sexuales y la forma en que, no obstante, tiene que procurarse esa satisfacción ineludible, podemos entrever las derivaciones sociopolíticas que el psicoanálisis produjo a nivel cultural. Lo más importante que debemos retener, a los efectos de entender este impacto en la cultura y en lo que vamos a desarrollar luego en este ensayo, es que la sexualidad tal como Freud la plantea, está ligada no a la satisfacción de necesidades, sino a la satisfacción de la demanda (de amor) y del deseo. Es decir, la sexualidad, en esta perspectiva freudiana, está marcada –incluso desde la infancia del sujeto– como una satisfacción marginal, un procurarse un placer que ya no es el de la necesidad (de sobrevivencia) y que ya no está ligado a la naturaleza. La pulsión (*Trieb*) –de la que hablaremos un poco más adelante– será, en tanto fuerza energética no instintiva y como lo plantea Lacan, uno de los cuatro conceptos fundamentales del psicoanálisis.

Habida cuenta de lo dicho, la interrogación por la sexualidad se conecta con otras preguntas o tópicos derivados de aquélla, cuyas respuestas no sólo involucran diversos marcos teóricos, sino que también incumben a muchas disciplinas en el campo de las humanidades y las ciencias. Así, por ejemplo, se abren las cuestiones sobre el patriarcado y el matriarcado, sobre la cuestión de la diferencia anatómica de los cuerpos en relación a la diferencia sexual implicada por el género (*gender*), a los cuestionamientos sobre lo normal y lo patológico, lo desidente o desviante, a los aparatos jurídicos que sostienen la heterosexualidad compulsiva (Adrienne Rich) y a la lucha por los derechos de las minorías sexuales, sobre la historia de las concepciones culturales respecto a la sexualidad, sobre los protocolos de convergencia y entrecruzamiento de lo sexual con la raza y la clase social,

Se puede decir en términos generales que la sexualidad ha sido siempre un tema de preocupación ligado a la organización de la sociedad, que usualmente dispone de controles muy precisos de higiene, criminalización y penalización de lo que va más allá de lo definido/ aceptado como "normal". Lo prohibido abre una dinámica libidinal en donde el deseo despliega la dialéctica personal y, por ende, política entre lo permitido y lo excluido; surgen así los movimientos de transgresión que constantemente promueven la reacomodación del lenguaje y, a su vez, también la del deseo del sujeto frente a los mandatos familiares y los imperativos socioculturales. Las políticas sexuales o libidinales han sido siempre el punto de controversia no sólo desde las agendas conservadoras, sino también en aquellas propuestas que provienen de sectores progresistas. Hay en la historia de occidente y especialmente en la gran heterogeneidad cultural de lo que conocemos como Latinoamérica, momentos (y regiones) de mayor rigidez sexual y otros de mayor flexibilidad, más permisivos en relación a la deriva del deseo. La sexualidad, tradicionalmente dominio de lo privado, ha sido –según lo ha detallado Foucault– cada vez más incitada a hablar, a hacer público los repliegues del deseo y la potencia de las transgresiones, especialmente a partir del siglo XIX.

En particular en América Latina, después de las luchas de independencia, las discusiones relacionadas a la organización nacional van a ir convergiendo hacia cuestiones ligadas a la sexualidad, si no en los términos en que hoy lo hacemos, al menos en cuanto a la búsqueda de hegemonía por medio del patriarcado y la masculinidad. Es sobre todo a partir de 1880 aproximadamente, con la llegada de grandes contingentes inmigratorios, que los espacios urbanos pierden su vida aldeana y se transforman en grandes cosmópolis que requieren de instituciones adecuadas para el control de la reproducción, de la prostitución, de las desviaciones sexuales o las otrora denominadas "degeneraciones". Surgen así demandas de estudios muy específicos sobre el sexo, las enfermedades venéreas, la influencia de lo sexual en la esfera laboral y criminal. Aparatos ideológicos como la confesión, la pesquisa policial, la medicalización o psiquiatrización de lo transgresivo, la tolerancia, son formaciones discursivas que, siendo imprescindibles para el control social de la nación, van pautando transformaciones en lo simbólico, van generando nuevos horizontes y objetos en lo imaginario, los que a su vez promueven nuevas demandas y prácticas sociales, las cuales, sin duda, incidirán en múltiples espacios discursivos, entre los que la literatura ocupa un lugar privilegiado.

Posteriormente, con el progresivo impacto de la fuerza de trabajo femenina y las diversas luchas sociales que nuestros países van experimentando, la literatura va mostrando los cambios producidos y, por ende, la academia va requiriendo de las disciplinas una mayor atención a la incidencia de la sexualidad en múltiples esferas socioculturales. No hay que olvidar el fuerte impacto de los regímenes dictatoriales, conservadores o "revolucionarios", pero siempre machistas y patriarcales que, por un lado, idealizan un cuerpo racializado a la vez que excluyen la diferencia; por otro, reclaman un uso "normal" de la sexualidad (heterosexual y reproductiva), mientras que, como ocurrió en las cámaras de tortura (sean las ya conocidas de la inquisición española, de la Alemania nazi o más tarde en las locales de cada nación latinoamericana) favorecen la experimentación perversa, sádica, con la sexualidad a fin de lograr el perfeccionamiento de sistemas de tormento tendientes a provocar la confesión de la víctima y su delación traidora para con su grupo de pertenencia. En esta dialéctica del iluminismo, con su doble juego entre el supuesto lado diáfano y su lado oscuro, que Lacan ha sintetizado en la fórmula "Kant con Sade", puede distinguirse entre "the *possibility* of rebelling that is available to the Kantian subject with the *obligation* to rebel that weighs on the pervert" (Copjec, *Imagine* 207). En efecto, a diferencia del neurótico que siempre duda y por lo tanto destabiliza al otro, el perverso es el gran obediente que trabaja para el goce del otro, de ahí las terribles implicaciones que tuvieron los procesos judiciales a los torturadores amparados en las leyes de obediencia debida.

El feminismo surge como un reclamo frente a la marginación milenaria de la mujer y por eso sus planteos van ir acelerando la necesidad de discutir y debatir el rol de la sexualidad, llevando –no sin luchas, muertes y sacrificios de todo tipo– a redefinir la incidencia de lo sexual en la constitución nacional. Hoy asistimos a debates muy ligados a los derechos de la mujer y de los disidentes sexuales (homosexuales, travestis, transexuales). Como vemos, los estudios subalternos, los estudios coloniales, los estudios sobre las minorías, a pesar de la resistencia que no obstante suelen oponer a la sexualidad y al psicoanálisis, a la larga no han podido prescindir de estudiar las políticas libidinales y eso ha incrementado una producción cultural (artística y académica) que testimonia de estos debates y de estas transformaciones de la escena social.[4] La sexualidad –no sólo en cuanto sexo, sino en cuanto a prácticas de producción de placer y goce– ya no es, como en el pasado, una actividad privada o un "pecado" a silenciar, sino que está actuando visiblemente en la escena social y hasta es incluso mercantilizada por los medios masivos en múltiples instancias de manipulación.

Las dificultades de este ensayo están, pues, a la vista. ¿Cómo abarcar en pocas páginas todo el espectro de cuestiones que suscita la sexualidad? ¿Cómo dar cuenta del impacto que ha tenido en la producción literaria y en la producción crítica sobre la literatura –especialmente en lo que Perlongher reconocía como "cierta castidad de la crítica" (*Papeles* 291)– habida cuenta de las múltiples incidencias e incitaciones –visibles e invisibles– que provienen de las efectivas prácticas sexuales en América Latina, con su hojaldre de tradiciones sexuales no sólo locales sino incluso transcontinentales –indígena, mediterránea/europea, africana, asiática, estadounidense? ¿Cómo poner en pocas páginas los avatares de la sexualidad y del deseo tal como aparecen históricamente en los proyectos políticos de construcción nacional en cada país, en el discurso hegemónico y en los discursos rebeldes, transgresivos –a veces contestatarios– que se deslizan por las relaciones interraciales e interclasistas? ¿Cómo dar cuenta del impacto o la marginación de ciertas teorías en el campo académico, con el trasfondo sociopolítico que beneficia algunas aproximaciones en desmedro de otras? ¿Cómo dar cuenta de las luchas por el poder implícitas –en la sociedad pero también en la academia– en la promoción de ciertas sexualidades o cierta concepción de la sexualidad y la marginación o invisibilización de otras? ¿Qué espacio darle en este ensayo a las múltiples cuestiones –a su vez investigadas por disciplinas de diversa consistencia epistemológica– ligadas a la masculinidad, el machismo y la heterosexualidad compulsiva, la familia, la reproducción, en relación no sólo al pasado colonial, sino también a la nación, su constitución y su historia, y junto al espacio que merecen el feminismo, sus etapas, sus estrategias, sus discusiones apasionadas sobre la sexualidad femenina, la cuestión del género, la homosexualidad y las múltiples experiencias de placer y de goce que nos dejan vislumbrar las disidencias sexuales?

Siempre ha habido una dialéctica –a veces manifiesta, a veces secreta– entre la producción deseante a nivel de la cultura y la historia, la producción de textos literarios y el trabajo crítico sobre esos textos. Una vez más puede decirse que, en este sentido, la discusión sobre la sexualidad en el campo literario –tal como lo planteamos en nuestra introducción– comienza a tomar una dimensión programática a partir del descubrimiento freudiano del inconsciente y se desarrolla y complejiza todo a lo largo del siglo XX hasta nuestros días.

Sexo y sexualidad

Aunque la sexualidad ha preocupado siempre a todas las culturas y ha sido objeto de atención en cualquier organización social, es evidente que, como concepto insertado en la arquitectura de una teoría, hay que esperar hasta Freud y el psicoanálisis para encontrar toda una construcción sobre la sexualidad con pretensiones de autonomía respecto de la base biológica y la reproducción sexual. Desde la perspectiva freudiana, lo fundamental es la forma en que los seres humanos disponemos la satisfacción de nuestros deseos, nos procuramos un placer y regulamos nuestra relación con el goce. No se trata tanto de la cópula o del acto sexual y de lo que allí no funciona en la búsqueda fallida de una relación sexual, sino del despliegue de la sexualidad por el cuerpo –no sólo lo genital– y por el mundo y la multiplicidad de objetos disponibles para procurarse placer –no sólo humanos y menos aún el compañero del sexo contrario. Freud se interesa tempranamente en los síntomas neuróticos, en tanto negociaciones psíquicas que el sujeto hace entre su deseo y la realidad, ese orden simbólico conformado por regulaciones, tradiciones, imperativos que, obviamente, rara vez se ajustan a su deseo ni le permiten satisfacerlo.

A pesar de los múltiples debates internos al psicoanálisis en cuanto a cómo concebir la sexualidad, lo importante aquí es apreciar el esfuerzo teórico de Freud –que obviamente le llevó muchos años– para diferenciar lo que corresponde al instinto (*Instinkt*), orientado hacia la reproducción y lo que corresponde a la pulsión (*Trieb*). En este último sentido, Lacan elaborará, sobre todo al final de su enseñanza, la cuestión de la diferencia sexual a partir de unas proposiciones –convertidas en eslóganes– que resultaron extraordinariamente polémicas en los últimos años y que, enceguecidos por la furia, sin duda, muy pocos lograron comprender: la Mujer no existe, la Mujer no-toda es, No hay relación sexual.[5] Freud construye una teoría universal de la sexualidad separada de los determinantes biológicos ligados a lo genital. En este último sentido, en la sexualidad humana cualquier objeto o zona erógena puede proveer satisfacción sexual. La insistencia de Freud en la sexualidad infantil –además de lo escandalosa y deslumbrante que resultó en su momento– estuvo de alguna manera orientada a demostrar que no podía localizarse la sexualidad exclusivamente en torno a lo genital. Como escribe Peter Fry en su "Prefacio" a *El negocio del deseo. Prostitución masculina en San Pablo*, de Néstor Perlongher, "algo tan polimorfo y perverso como el deseo sexual" (13), abre un enorme espacio de especulación teórica en cuanto al sexo, el género y la orientación sexual, el narcisismo y el autoerotismo. Freud se negó siempre a desexualizar la libido; mantiene siempre la importancia de la pulsión y Lacan lo seguirá en esto. Esto explica, además, la ruptura de Freud con Jung, su supuesto mejor discípulo. En esta partición de aguas del psicoanálisis,

> Freud acusa [...] a Jung de vaciar la libido de todo contenido sexual, y de vincularla exclusivamente a procesos culturales. Es esta vinculación la que lleva a Jung a acentuar la plasticidad o maleabilidad esencial de la libido: el sexo danza al son de un ritmo cultural. Freud sostiene, por el contrario, que el sexo debe ser aprehendido, no en el terreno de la cultura, sino en el terreno de las pulsiones, que, pese a que no tienen existencia fuera de la cultura, no son culturales. Son, antes bien, el otro de la cultura y, como tales, no son susceptibles de manipulación por parte de ella. (Copjec, *El sexo* 30-1)

La pulsión coloca el debate sobre el sexo y la sexualidad en otra dimensión: ni del lado del determinismo biológico, del instinto (con todos los discursos conservadores que le son afines), ni del lado de una plasticidad optativa del sexo (como sostienen discursos "progresistas" contemporáneos, neojunguianos). Justamente es por este motivo que el ensayo citado más arriba de Copjec debate esta perspectiva, especialmente tal como aparece en la posición de Judith Butler. Lacan también va a mantener el primado de la pulsión: "nuestro ser sexuado, afirma [Lacan], no es un fenómeno biológico, no pasa por el cuerpo, sino 'por lo que se desprende de una exigencia lógica en la palabra'" (35).

INTERMEZZO SOBRE LA PULSIÓN

A riesgo de múltiples reducciones debido al breve espacio disponible, conviene detenernos sobre la pulsión y la teoría de las pulsiones, en la medida en que, a pesar de la negativa de Freud a hacer del psicoanálisis una filosofía, la teoría pulsional ocupa –como señala Ernesto Laclau en su prólogo al libro de Copjec– "el terreno de la ontología clásica" (*El sexo* 15). Para Freud, sin embargo, su teoría de las pulsiones –como el mito del asesinato del padre de la horda– formaba parte de la mitología psicoanalítica. Se trata de un concepto *ficcional* –incluso, como admite Freud mismo, oscuro e impreciso– que, no por ello, se desentiende de la verdad. Algunos investigadores, como Susan Varney en su ensayo "On Keeping Sex Alive", actualmente critican ciertos intentos –como los de

320 • Gustavo Geirola

Butler, Žižek, Copjec y MacCannell– de querer transformar el psicoanálisis en una filosofía. Según Varney, hay que retornar a la base libidinal de la perspectiva freudiana. Según ella, el sexo no está, incluso en Lacan, *solamente* ligado al fracaso de la significación: "the sexed subject is neither contingently produced by [refiriéndose a Butler], nor simple a necessary effect of [refiriéndose a Copjec], the failure of signification" (49), sino que está ligado además al cuerpo libidinal. "Sexuation –agrega Varney en su esfuerzo por regresar al tópico del placer– involves the processes of libidinal binding that enable the subject to establish itself as a site of possible pleasures (for the Other and then itself)" (48).

El concepto de pulsión (*Trieb*), que Freud retoma de múltiples investigadores anteriores, al diferenciarse del de instinto (*Instinkt*), sitúa la cuestión de la sexualidad más allá de la reproducción sexual o de los trastornos ligados a la imposibilidad para un sujeto de asumir los mandatos sociales (heterosexualidad compulsiva, protocolos de definición de género). El concepto freudiano de pulsión –aún como ficción, tal como prefiere denominarla Lacan, tomando el término de Bentham (*Seminario XI* 170)– constituye al psicoanálisis como una disciplina no ligada a lo biológico y, además, la negativa de Freud a dogmatizar los avatares del deseo humano y su tesis de la bisexualidad originaria, convierten al psicoanálisis en un cuerpo de doctrina que directamente cuestiona los supuestos saberes fundantes y muchas veces fundamentalistas del ejercicio del poder social y político respecto a las imposiciones sobre el deseo y el placer del sujeto.

Como ya hemos señalado, en términos muy generales, la diferenciación entre instinto y pulsión es el eje sobre el que podemos distinguir la sexualidad animal de la sexualidad humana, pero no es, sin embargo, una oposición que nos permita oponer la naturaleza a la cultura, ya que, según Freud, la pulsión es un concepto límite entre lo psíquico y lo somático. Por un lado, el instinto responde a una necesidad y para ello requiere un objeto predeterminado por la naturaleza y acorde con esa necesidad; una vez encontrado el objeto, el instinto se satisface y, por así decirlo, no hay resto, ambos se autocancelan. En la pulsión, por otro lado, Freud –como posteriormente Lacan– nos invita a distinguir entre su fuente, su objeto y su fin, o bien, su propósito (*aim*) y su meta (*goal*). En tanto concepto energético –es decir, libidinal, que es la única energía que Freud sostiene– la pulsión tiene como fuente un empuje que proviene del organismo mismo, que busca descargar su excitación. Ya detallamos antes cómo la pulsión, a diferencia del instinto, tiene objetos y fines variables que dependen de la historia del sujeto. El hecho de que los fines de la pulsión son múltiples y se localizan en diversas zonas erógenas (no necesariamente la zona genital), llevó a Freud a hablar de pulsiones parciales, justamente para subrayar el hecho de que no están sometidas a lo genital. Lo importante para retener aquí es el hecho de que, digamos, la parte somática de la pulsión es inaccesible, desconocida; la pulsión sólo puede captarse, justamente, por medio de sus *representantes psíquicos* en cuanto al objeto y la finalidad. El psicoanálisis, ya desentendido de la satisfacción instintiva de las necesidades, puede así hablar de una pulsión sexual que, unificada o dispersa, remite a varias pulsiones parciales: una pulsión oral, otra anal, una pulsión escópica (ver, *gaze*) y una pulsión invocante (ligada a la voz). Hay que recordar aquí, también, que muy temprano en su investigación, Freud habló de pulsiones sexuales y de pulsiones del yo o de autoconservación; más tarde completará su "mitología" con la polémica división entre pulsiones de vida y la controversial pulsión de muerte, que trajo aparejado un sinnúmero de debates.

Lo que la pulsión busca no es su meta, su plena satisfacción, sino cumplir su propósito, es decir, reproducirse como pulsión. Lo que interesa aquí es que la pulsión, aunque dirigida a su objeto, está más interesada en su trayectoria, en su itinerario circular. "Su goce depende, justamente, de este movimiento repetitivo: "La fuente real de su goce –nos advierte Slavoj Žižek– es el movimiento repetitivo en este circuito cerrado" (21). Y Copjec agrega: "Únicamente entre la primera y la segunda vez, o entre dos movimientos cualesquiera de una repetición, hay satisfacción, y únicamente entre estos dos movimientos el psicoanálisis ubica al sujeto" (*El sexo* 93). Para Lacan, la pulsión "es el montaje a través del cual la sexualidad participa de la vida psíquica, y de una manera que tiene que conformarse con la estructura de hiancia característica del inconsciente" (183).

A los efectos del fin de la pulsión, el objeto no es fundamental, aunque esto no significa que le sea indiferente. Diana Rabinovich habla del "carácter instrumental" del objeto de la pulsión (24). En principio, cualquier objeto puede servirle a su propósito; sin embargo, no todo objeto puede cubrir estas expectativas de la pulsión. En efecto, satisfecha la necesidad, queda por satisfacer la pulsión. A diferencia del objeto ya predeterminado en el instinto, sólo aquellos objetos que puedan postularse como *objetos de la falta* admiten ser la meta de la pulsión. Si el hambre como instinto se satisface en el alimento (digamos, la leche) como meta en virtud de su propósito de asegurar la sobrevivencia, la pulsión –que no está desligada de la base biológica pero no se reduce a ella– aunque tenga como meta la leche, no se satisface con o en ella, sino que se satisface en su movimiento circular alrededor del pecho, en la succión como pulsión oral, pero no en el pecho en sí, como pecho, sino en tanto éste muestra a la madre (primitiva) como faltante. La pulsión está ligada al objeto perdido, a lo que Lacan llamará el objeto *a* causa del deseo (175). El pecho puede, pues, funcionar como objeto de la pulsión en tanto remite a la falta, al objeto *a* causa del deseo. Como se puede apreciar, en una primera conclusión brutal, no estamos ante ninguna epistemología positivista: el objeto *observado* no es lo fundamental, no es ni siquiera, a nivel de las pulsiones, el aspecto central. La pulsión, además, está ligada a ese plus de placer, a la erotización de zonas corporales no genitales, de modo que se abre así un espectro de cuestiones que remiten a la sexualidad involucrando múltiples actividades culturales. De ahí que Lacan, a diferencia de Freud, al plantear que las pulsiones parciales son manifestaciones del deseo que es uno, no admita la fusión de las pulsiones parciales y menos aún que éstas lo hagan bajo el primado de lo genital, que es siempre sumamente precario.

Llevado al plano de la crítica textual o la crítica cultural, la teoría de las pulsiones tiene mucho que preguntar todavía y, sin duda, mucho más para responder. Así, por ejemplo, una lectura que se deje llevar por la deriva libidinal de los textos del Che Guevara, que se anime a leer fuera de los corsés doctrinarios y disciplinarios, nos abriría a una serie de cuestiones políticas de importancia primordial en las vicisitudes de "nuestra América".[6] ¿Qué consecuencias políticas y culturales tendría pensar, como hace Lacan, que la pulsión de muerte está ligada al orden simbólico y, por lo tanto, es responsable de la repetición y conduce al goce excesivo? Uno podría pensar el movimiento circular de la pulsión, su propósito, si se observa su dinámica en el movimiento gay. Este movimiento comienza con su rebeldía e impugnación al patriarcado y a la heterosexualidad compulsiva; reclama tolerancia por la diferencia y, sin embargo, gradualmente vemos cómo hay un itinerario circular de la pulsión, en tanto ésta justamente se satisface en la repetición: los gays –en vez de explorar nuevas dimensiones simbólicas e imaginarias para su erotismo, terminan reclamando derechos para contraer matrimonio y, apelando a todo tipo de discurso, construyen su ideal sobre el matrimonio burgués– modelo emblemático del patriarcado –con sus melodramas de infidelidades y adulterios. Lo que importa aquí es detectar qué sujeto emerge en esta repetición y, sin duda, a qué o a quién gratifica este recorrido pulsional.

Sexualidad y literatura latinoamericana

Como vemos, hay diferencias importantes en estas aproximaciones al sexo y a la sexualidad y las consecuencias políticas dependen, en todo caso, más que de "aplicar" una u otra, de sostener una u otra. Sin duda, los desarrollos médicos posteriores trajeron nuevas tecnologías sexuales que permitieron a su vez transformaciones de tipo corporal, amén de debates y revisiones jurídicas sobre la identidad sexual y la definición de matrimonio gay dentro de un derecho fuertemente heterosexista y homofóbico. En este sentido, así como no es posible confundir el psicoanálisis con la psicología, tampoco se puede –como lo planteamos en nuestra introducción– confundir el psicoanálisis con la sexología. El psicoanálisis, especialmente en su versión lacaniana, no favorecerá los planteos psicológicos –la psicología, como se discutió en los años sesenta, es una de las disciplinas que forman parte de los aparatos ideológicos del Estado– y menos aún toda la parafernalia psicologista (terapéutica o no) desarrollada en Estados Unidos como reforzamientos del *self* y la identidad.

Por eso los acercamientos a la literatura latinoamericana –con su tradición barroca, neobarroca y hasta neobarrosa– realizada por ciertos críticos resultan a veces en planteos extravagantes cuando se los lee desde la perspectiva estadounidense de la "ego psychology", esto es, desde el tema de la identidad, del yo y de su adaptación al medio o, incluso, de esa especie de opción por el género.[7] Quizás resida allí cierta confluencia entre la textualidad latinoamericana y la escritura lacaniana, tan del gusto de muchos críticos latinoamericanos, en virtud, justamente, de la opción de ambas por el neobarroquismo. Después de todo, leer a Lacan no es menos difícil que leer a Lezama Lima. Porque mientras la literatura latinoamericana –al menos la más leída, sea Sor Juana, los autores de *fin de siècle* (XIX y XX), Rubén Darío o el *boom* y post-*boom* narrativo– es fiel en su impugnación a lo racional, concebido como dominio de lo hegemónico metropolitano (con su escritura lógica y entendible), es además una celebración de aquello que llegará tarde a la academia estadounidense: la dimensión del goce [*jouissance*] y de lo real. De ahí que podamos especular en la complicidad de ciertos discursos críticos, incluso metropolitanos, con esta literatura, en tanto ambos, intentan una subversión de lo racional, del buen decir o, más importante, de los conceptos mismos y de las relaciones entre literatura, crítica y teoría. Como afirma Eric Nakjavani en relación a la teoría lacaniana, "to collapse the traditionally sanctioned structures of referential and univocal theorization into the self-referential and therefore polysemous structures of prose poetry is to subvert the concept of theory as we know it" (2). El mismo Lacan acepta que hay que pensar el desmontaje de la pulsión en términos poéticos, como un "collage surrealista" (176).

En efecto, la literatura latinoamericana está especialmente ligada a procesos libidinales que debaten las constricciones hegemónicas impuestas no sólo al sexo, sino también a la sexualidad, entendida en sentido amplio como las condiciones en que se producen, distribuyen y consumen los placeres. Incluso bajo la aparente mímesis de la "clasicidad", esta literatura parte de una carnavalización, de una parodia, de efectos de trasvestización y de simulacros de lenguas y códigos de todo tipo, los cuales se suman a la ya conocida "antropofagia" de esta literatura –por las causas que sean en cada caso– respecto de las literaturas mundiales. Este canibalismo se suma al hecho de que se trata casi siempre de textos producidos en situaciones de horror, de genocidios y de persecuciones o bien de celebraciones excedidas, y todo ello atravesado por la repetición; dichas circunstancias parecen plantear siempre un discurso interesado en el "entre-dos", en lo *nepantla*,[8] donde el sujeto –y no el "yo"– no puede ser fácilmente determinado, donde la ambigüedad del sujeto-en-proceso (Kristeva) hace que éste no sea fijo ni pre-existente o latente, y que se halle así siempre a la deriva (a veces, como en el temprano título cambaceriano, incluso "sin rumbo") gambeteando las imposiciones y las tentaciones del poder.

En términos generales, es posible plantear que esta literatura latinoamericana requiere –como lo hizo desde los años setenta, después del último entusiasmo estructuralista y semiótico– de aproximaciones críticas más atendidas al "cuerpo" textual, a la deriva del deseo, a las circularidades de la pulsión, a las intensidades libidinales. Como ya planteaba Néstor Perlongher en 1986 –haciéndose eco o prolongando las discusiones del *San Genet* (1952) de Jean-Paul Sartre[9]– "[e]ste derrumbamiento de la identidad [que afecta sobre todo a las nuevas escrituras desde Arlt, Girondo, Lezama Lima, Pizarnik, Sarduy, Puig y Osvaldo Lamborghini en adelante] envuelve ciertas 'economías pulsionales', que se mueven *entre* la 'disipación' y el 'rechazo'" (*Papeles* 230, énfasis mío). En *El negocio del deseo* Perlongher insiste rotundamente en que estamos ante un obstáculo epistemológico, en que "la premisa de la identidad, de la 'imagen coherente del *self* parece más un presupuesto a priori del observador que un fenómeno empíricamente registrable" (175). Más interesado en captar "las contradicciones, las incoherencias, los deseos de los sujetos", fascinado con el nomadismo de los sujetos a la deriva, las tentaciones del abismo, las fugas libidinales, "las singularidades moleculares del deseo y el goce de los sujetos", los signos pasionales, que se rebelan o resisten al "circo-teatro de la representación" y denunciando "cierta vocación 'imperialista' de la noción misma de identidad" (173), Perlongher clausuraba en 1988 la cuestión diciendo –con Deleuze– "finalmente no hay yo, no hay identidad, hay conexiones con flujos que pasan por uno. La idea de identidad es falaz, es una falacia etnológica" (*Papeles* 314).

En *El placer del texto* Roland Barthes ya planteaba, desde una perspectiva nietzscheana, esta lectura libidinal que podía tomar los derroteros del placer o los del goce. Frente a la perspectiva estructuralista –que él también había sostenido antes– de promover lecturas globales, definitivas, descriptivas, Barthes ahora subraya el poder de la intermitencia ("¿El lugar más erótico de un cuerpo no es acaso *allí donde la vestimenta se abre?*" (17, énfasis en el original), ese "entre dos bordes", esa "puesta en escena de una aparición-desaparición" (17). Es que el placer, nos dice Barthes, puede tomar la forma de una deriva y por tal entiende:

> La deriva adviene cada vez que *no respeto el todo*, y que a fuerza de parecer arrastrado aquí y allá al capricho de las ilusiones, seducciones e intimidaciones de lenguaje como un corcho sobre una ola, permanezco inmóvil haciendo eje sobre el goce intratable que me liga al texto (al mundo). (28, énfasis en el original)

Incluso al leer las obras clásicas, el canon –donde lo pulsional y lo pulsativo del inconsciente no parecen tener las formas más espectaculares de la vanguardia, es posible descubrir esos espacios donde la pulsión hace su recorrido circular y regresa para dejarnos ver el sujeto. Escribiendo en forma de fragmentos (sobre el placer del texto o sobre el discurso amoroso), Barthes también asume la intermitencia entre uno y otro.

> Texto de placer: el que contenta, colma, da euforia; proviene de la cultura, no rompe con ella y está ligado a una práctica confortable de la lectura. Texto de goce: el que pone en estado de pérdida, desacomoda (tal vez incluso hasta una forma de aburrimiento), hace vacilar los fundamentos históricos, culturales, psicológicos del lector, la consistencia de sus gustos, de sus valores y de sus recuerdos, pone en crisis su relación con el lenguaje. (22-3)

Una lectura atenida a la deriva libidinal se arriesga a ir contra la corriente de los discursos más autorizados; es una lectura que conecta puntos dispersos, a veces aparentemente anodinos, o que trastorna nuestras posiciones ideológicas más firmes. La deriva puede llevarnos a los bordes en donde se constatan otros horrores y otros erotismos, no sólo ligados al deseo, sino también a reconocer prácticas de placer que, políticamente, podrían parecer tremendamente incorrectas. ¿A qué nos llevaría una lectura que partiera, por ejemplo, del deseo del unitario en *El matadero* de Echeverría, para no llegarnos a la novelística latinoamericana de la posdictadura? ¿Qué amor es el que, desde *Amalia* hasta *Tengo miedo torero* de Pedro Lemebel, interseca con la resistencia política? ¿Qué economía libidinal sustenta la complicidad civil con el dictador de turno? Estas y otras preguntas es necesario hacerlas, no porque interese rastrear episodios interesantes de la sexualidad (de un autor, de un período histórico o de una cultura) en ese orden de textos que llamamos, en sentido amplio, "literatura", en el cual, como sabemos, se "escribe" el deseo. Interesa porque la literatura, en este sentido –y Freud nunca la perdió de vista– es el gran síntoma en la medida en que en ella se debate de alguna manera "la tesis clásica freudiana sobre la discordia fundamental entre la realidad y el potencial pulsional del hombre" (Žižek 68), en cuanto la pulsión saca al hombre del ritmo de la naturaleza, del determinismo de la biología; la pulsión, de alguna manera, lo desnaturaliza y, sin duda, lo historiza. Como insiste Žižek, al sacar al hombre de este movimiento circular de la vida, la pulsión "abre la posibilidad inmanente de una catástrofe radical, la 'segunda muerte'", sobre la que Lacan teoriza en su *Seminario VII* sobre la Ética, en los famosos capítulos sobre Antígona. En efecto, desde la perspectiva freudiana y sobre todo poniendo el énfasis en la pulsión, "una cultura no es más que una transacción, una reacción a alguna dimensión terrorífica radicalmente inhumana, propia de la condición humana en sí". En este sentido, la crítica literaria puede encontrar aquí un protagonismo político privilegiado en tanto es la disciplina más capacitada para interrogar un tipo de textos en donde esta "transacción" se realiza de una forma a veces silenciada y otras veces espectacular.

Este juego entre el deseo y el sexo, entre lo pulsional y el placer ("Toda una mitología menor tiende a hacernos creer –afirma Barthes– que el placer (y específicamente el placer del texto) es una idea de derecha", 32), puede leerse en la literatura como en la producción cultural en general. Así tenemos ensayistas como Carlos Monsiváis que proceden a leer aspectos –mediáticos o marginales de la cultura– en los que dibuja el mapa menos visible de las errancias del deseo a fin de desmontar los discursos de identidad que, casi siempre, terminan tornándose policiales y convirtiéndose así en discursos de identificación. Su ensayo "La identidad nacional ante el espejo" –incluido en *Decadencia y auge de las identidades*, una antología compilada por J. M. Valenzuela Arce en 1992 y también incluido en la colección de Bartra titulada *Anatomía del mexicano*– no sólo da cuenta de las múltiples lecturas que el autor tiene en su haber (aunque no haga citas), sino también de un ejercicio casi lacaniano basado sobre la metáfora del espejo.

Las textualidades latinoamericanas (y por ende, si se quiere, las sexualidades u homosexualidades, en plural) comenzaron muy pronto a requerir discursos críticos capaces de dar cuenta de sus avatares retóricos y deseantes. Incluso estudios más sociológicos como los de Jacobo Schifter (*Amor de machos* [1998], sobre la sexualidad en las cárceles de América Central, *Public Sex in a Latin Society* [1999] o *The Sexual Construction of Latino Youth, Implications for the Spread of HIV/AIDS* [2000]) muestran la falacia de los discursos esencialistas y dejan apreciar la flexibilidad del deseo en cuanto a la elección de objeto. *Tel Quel*, el lacanismo, la lectura de Deleuze y Guattari, incluso algunos textos de Michel Foucault y de Julia Kristeva, van a ser propicios en América Latina para discutir estas textualidades e, incluso, recuestionarse las lecturas y modelos críticos que operaron en la formación de los cánones nacionales y del canon latinoamericano. Textos emblemáticos como *El matadero* de Echeverría o la *Carta a Sor Filotea* de nuestra musa mexicana van a ser el punto de partida de una crítica que explora hacia el pasado la arqueología y la productividad fantasmática de ciertos núcleos temáticos y retóricos que *insisten* en reinscribirse y en *repetirse* en las nuevas textualidades más contemporáneas.

En consecuencia, resulta importante plantearse –como se ha hecho en la academia latinoamericana– la forma en que el discurso literario latinoamericano es *a la vez* la forma en que se teoriza sobre el cuerpo, el deseo y el cuerpo mismo de la literatura. Tarea, claro está, que no se elabora *solamente* dentro de los claustros universitarios. Si Michel Foucault –entre tantos otros historiadores, filósofos o críticos del primer mundo– reconoce la potencia "teórica" de los textos borgianos, sin la cual sus propios textos no hubieran podido existir, lo mismo ocurre con esas anticipaciones que, lamentablemente, son leídas luego como efectos de discursos hegemónicos: el caso de Perlongher, como ha señalado acertadamente Brad Epps,[10] es emblemático en este sentido. El abordaje que Perlongher hace de la sexualidad en la segunda mitad de los ochenta, concebida como performance de género, como simulacro, se anticipa y hasta va mucho más allá de elaboraciones teóricas como las de Judith Butler, que tendrán –como ocurrió con sus dos libros claves, *Gender Trouble: Feminism and the Subversion of Identity* y *Bodies that Matter: On the Discursive Limits of "Sex"*– un impacto enorme en la crítica literaria latinoamericanista practicada en Estados Unidos.

Este movimiento de la academia estadounidense es sumamente interesante, por el doble juego que plantea a su campo de estudio: por un lado, se trata de un movimiento retroactivo –ignorante o malicioso– que hace que, por ejemplo, la academia estadounidense recupere como novedad bajo su propio dominio teórico, aquello que ya había sido trabajado, si no en la crítica latinoamericana académica, al menos en la escritura narrativa, poética, ensayística o teatral. Todos sabemos que siempre hubo en América Latina una crítica no académica que es la que, a la larga, realmente se canoniza. Por otro lado, hay un movimiento que llamaría "legitimante", cuya importancia no debe descuidarse al considerar estos procesos de canonización o revisión del canon; este movimiento supone dar permiso de circulación, en América Latina –desde los espacios metropolitanos y hegemónicos– a textos y escritores que, por razones diversas, habían sido "ninguneados" o leídos "interesadamente", es decir, "decentemente" –castamente, como anotaba Perlongher– por los críticos consagrados de cada país. Los casos de Julián del Casal y de Gabriela Mistral ya son, sin duda, paradigmáticos. Así, por ejemplo, podemos mencionar el volumen publicado por David W. Foster en 1994, *Latin American Writers on Gay and Lesbian Themes: A Bio-Critical Sourcebook*, que incluye una enorme cantidad de autores no antologizados anteriormente, muchos de ellos olvidados o marginados por los críticos latinoamericanos y que, a partir de esta legitimación primermundista, comienzan a tener circulación y despertar el interés de estudiosos locales en América Latina, con los trastornos académicos que eso obviamente conlleva. Como dicen Molloy y Mckee Irvin desde la academia estadounidense, "[t]o visit sexual dissidence on it [Hispanism] at this point is not an impertinent gesture but a destabilizing move, a propitious fracture–in sum, an invitation to reread texts whose productive mobility has been deadened by sheer canonicity" (xi).

SEXUALIDAD Y DERECHOS HUMANOS: ZONA DE CONFLICTOS

Los debates teóricos sobre la sexualidad tienen, a la larga, impacto en las agendas políticas y culturales y, a su vez, estas prácticas activistas promueven nuevas preguntas en el campo de la teoría. Por eso, a partir de la década del ochenta y cada vez con mayor insistencia, según lo demuestran los foros, congresos y publicaciones, hay un consenso respecto a la sexualidad y a la libertad sexual como un presupuesto básico en la lucha por la dignidad humana. Se entrecruzan así muchas cuestiones teóricas y prácticas de índole jurídica y sociocultural, ya no solamente estética, referidas al derecho a la propia vida y al propio cuerpo. Muchas de estas cuestiones han remozado no sólo el debate sobre cuestiones cruciales a nivel sociopolítico y cultural, sino que también han instaurado una zona de conflictos entre la producción crítica académica y la militancia de muchos protagonistas de las disidencias sexuales.

Nuevamente, los escritos de Néstor Perlongher son paradigmáticos en estas cuestiones y, en cierto sentido, contienen aspectos embrionarios de cuestiones que se irán discutiendo después en los claustros. Ya en 1994 Hernán Vidal, en su libro *Crítica literaria como defensa de los Derechos Humanos: cuestión teórica*, puntúa muchos asuntos que, más tarde, comenzarán a entretejerse con las políticas de identidad y los derechos de las minorías. Es a partir de los malestares internos al feminismo, con la crítica audaz realizada por lesbianas a los paradigmas de clase y de hegemonía heterosexista y consecuentemente con la inflación de los estudios gay y lesbianos que la academia refleja muchas de estas cuestiones. Cabe mencionar aquí al menos un par de publicaciones ya emblemáticas, como ¿*Entiendes? Queer Readings, Hispanic Writings* (1995), una colección de ensayos compilada por Emilie L. Bergman y Paul Julian Smith, y *Reading and Writing the Ambiente. Queer Sexualities in Latino, Latin American and Spanish Culture* (2000), compilación a cargo de Susana Chávez-Silberman y Librada Hernández. En ambas colecciones, se debaten cuestiones ligadas al canon, a la etnicidad, la identidad y la visibilidad sexual y genérica, las implicaciones y riesgos de la lectura y del lector *queer* y, nuevamente, los conflictos entre la práctica académica y el activismo militante, cuestiones estas últimas que, en el futuro, merecerán una mayor atención. Bastaría pensar en *El beso de la mujer araña* de Manuel Puig para debatir aspectos ligados a la sexualidad y la práctica política, como incentivo para revisar múltiples archivos todavía poco conocidos sobre el rol de los disidentes sexuales en el activismo y la militancia política en América Latina. Mucho se ha ya escrito sobre la situación de los homosexuales en la Cuba revolucionaria, pero todavía falta discutir aspectos más puntuales sobre el rol de los homosexuales, por ejemplo, en las organizaciones de resistencia durante los regímenes dictatoriales, la lucha guerrillera y los procesos de transición a las democracias formales.[11] El reciente libro de Cristian Cottet, con entrevistas a Carlos Sánchez, un militante y dirigente de izquierda chileno que "sale del closet" después de la dictadura pinochetista, es un documento elocuente de las formas en que la izquierda política bloqueaba la problemática de la sexualidad y la recluía a un espacio íntimo, privado, marginal, fuera de sus agendas revolucionarias, tal como es del gusto de la decencia burguesa.

Después de relatar las formas en que los partidos de izquierda durante los años setenta discriminaban a los homosexuales, Carlos Sánchez nos dice que se necesita considerar a los homosexuales como "sujetos políticos" (195), se necesita "desarrollar nuevas formas de pensamiento mucho más profunda[s], hay cuestiones que en la historia no solamente se justifican con la lucha de clases y la izquierda todavía [1999] no es capaz de integrar otros elementos, la lucha de los movimientos de liberación sexual no están con los partidos de izquierda asociados o vinculados a lo que es la lucha de clase. Ése es un proceso que viene, pero que aún no está maduro" (93). Las entrevistas que constituyen este libro, realizadas durante varios años, muestran no sólo la progresiva toma de conciencia política sobre la sexualidad, sino que van alumbrando el camino para nuevas prácticas políticas, que abarcan desde los detalles más íntimos de la vida personal y las ceremonias de placer, a las estrategias más elaboradas en relación con las minorías sexuales y el poder. Se puede ir viendo en el discurso de Sánchez la huella de agendas teóricas internacionales y su elaboración y transformación de acuerdo al desarrollo histórico del Chile de la dictadura y de la posdictadura. Frente a la hegemonía heterosexual y patriarcal, Sánchez defiende el hecho de que "nuestras luchas [de liberación sexual] no pueden consistir en lograr mover la cerca un poco más allá, [porque] por ese camino –nos dice– siempre estaremos dentro de la cerca. Los movimientos de liberación –agrega– no estamos pensando en establecer patrones desde la homosexualidad, más bien apuntamos a crear conciencia de que la sexualidad no posee fronteras, no tiene límites" (74).

Abordajes no psicoanalíticos a la sexualidad en los estudios latinoamericanos

La sexología o ciencia de lo sexual aparece a fines del siglo XIX y se desarrolla simultáneamente con la criminología. La sexología y la criminología comparten ciertos presupuestos básicos como, por ejemplo, la teoría de la herencia-degeneración, que fuera también un núcleo temático del realismo literario. Las obras de Richard von Kraff-Ebing, Albert Moll y Havelock Ellis se interesaron por la descripción de las conductas sexuales humanas, por la nosografía y las diferentes prácticas de la sexualidad. Estas disciplinas –que fueron constitutivas al momento de establecer sistemas de control, tanto jurídicos como policiales– tendrían, más que el psicoanálisis, un impacto temprano en las ciencias sociales y más recientemente en los estudios literarios. Como ejemplo, cabe citar aquí las investigaciones de Jorge Salessi, quien en su libro *Médicos maleantes y maricas: higiene, criminología y homosexualidad en Argentina 1870-1914* (1995) explora la literatura de fines del siglo XIX y principios del XX a partir de referencias médicas, particularmente psiquiátricas, de los higienistas argentinos y su rol en los debates acerca de la prostitución, de las cuestiones de género y, fundamentalmente, de las relaciones entre nacionalismo y sexualidad.

Estas disciplinas ligadas a la higiene, al control de la sexualidad, la psiquiatrización y criminalización de las disidencias sexuales están en la base del realismo y naturalismo literario, en tanto forman parte de un movimiento iniciado en el campo jurídico y científico interesado en explorar el dominio privado, con sus múltiples determinaciones en la vida pública, a fin de discernir lo normal, lo patológico o desviado y lo criminal, en una sociedad moderna en la que se percibía una declinación de la función paterna. Los historiadores y sociólogos han investigado, especialmente a partir de 1980, múltiples archivos. Lo mismo hicieron, especialmente a partir de los noventa, los críticos de la literatura al revisar el canon latinoamericano, desde las literaturas prehispánicas, pasando por la literatura colonial y llegando a la producción contemporánea. Como ha observado muy atentamente Sueann Caulfield en su ensayo "The History of Gender in the Historiography of Latin America", el incremento en las investigaciones actuales sobre el género –con la multiplicación de aproximaciones teóricas y metodológicas– se apoya en una etapa anterior de trabajos ligados al estudio de la situación de la mujer en la historia latinoamericana.

Más tarde, los estudios sobre el género permitieron ampliar la investigación hacia aspectos que no sólo involucraban a las mujeres, sino a la construcción social de la masculinidad y la feminidad. Si bien la producción académica sobre género es –según Caulfield– bastante reciente en América Latina, es importante señalar que hay un corpus considerable desde los años setenta, especialmente proveniente de Brasil y México, como también lo atestigua la bibliografía que Daniel Balderston y Donna J. Guy incluyen al final de su libro *Sex and Sexuality in Latin America* (1997). Aunque estas investigaciones de Brasil y México tienden más a basarse en bibliografía europea, especialmente de origen francés y particularmente en Foucault, muchas de ellas, como anota Caulfield, "are good illustrations of the different placement of topics and issues that would certainly undergo more explicit gender analysis–and the works might well include "gender" in the titles–if published in the United Status" (450).

Muchos estudios –sea en historia, sociología, antropología, o en lo que hoy conocemos como estudios culturales– reflejan, además, un cambio en las perspectivas que prevalecían en los años setenta. Los investigadores estadounidenses sobre América Latina se interesaban predominantemente en la recolección de datos y luego, a partir de esta base empírica que incorporaban a sus agendas teóricas de turno, intentaban algunas generalizaciones sobre la región. Los investigadores latinoamericanos, por su parte, no veían a América Latina como homogénea, como un campo coherente. Esta situación cambiaría más tarde, a fines de los setenta y en la década de los ochenta, debido a los exilios provocados por las dictaduras y persecuciones políticas en la región y la reubicación de muchos investigadores latinoamericanos en la academia de Estados Unidos. Obviamente, las distancias también se acortarán debido al mayor intercambio producido por encuentros, congresos, seminarios y, fundamentalmente, por las tecnologías comunicativas.

A estos desplazamientos geográficos e institucionales se sumarán algunos cambios provocados por el fin de la guerra fría y la derrota de las agendas de izquierda en gran parte del subcontinente. Se pasará así de las "grandes teorías" o narrativas maestras tan al uso de los años sesenta y setenta, a estudios más micropolíticos en los que la sexualidad será un aspecto de considerable peso. En estos estudios el foco, como hemos dicho, será, en primer lugar, el estudio de las mujeres en la escena social y luego, ya para los ochenta, el eje serán los estudios de género y, por esa vía, la entrada al estudio de las disidencias sexuales de todo tipo. Así, tal como observa Caulfield, "concepts such as "capitalist patriarchy" for understanding the exploitation of women's labor, both domestic and extradomestic, or "marianismo" for explaining women's political power as an extension of her venerated position in the tradicional Iberian home, seem overly ridig and ahistorical" (459).

Muy pronto, algunos investigadores de disciplinas diversas y, por ende, los críticos literarios comenzarán a debatir temas que ya preanuncian la teoría *queer*, como los detallados por Borim y Reis, a saber,

> AIDS metaphors, homophobia, blind readings of the canon, social history of sexual violence, dangers of representing sexualities, homosocial relations, strategies of liberation, gay and lesbian discourses, rape, pornography, authoritarian discourses on myths around sexualities, traditional gender typification, non-traditional symbolic manifestations, patriarchy in modern packaging, family and marriage representations, national identities implying sexuality, poetics of sexuality, and the history and genesis of gay movements. (xxx-xxxi)

entre otros, todos ellos tendientes a "reshap[ing] the social-sexual order" (Caulfield 457) y a promover la lucha por los derechos de las minorías sexuales en su búsqueda de ciudadanía completa, especialmente en los países llamados del tercer mundo, siempre debatiéndose entre la producción de nuevas lacras y desigualdades sociales, y la adopción de modelos para una posible modernización y adecuada industrialización.

El psicoanálisis y la sexualidad: algunos temas y conceptos claves

Como pudo observarse en el apartado anterior donde hemos hecho rápida referencia a estudios sobre la sexualidad desde enfoques no psicoanalíticos, cuyo impacto, sin duda, se puede observar particularmente en disciplinas no literarias, es importante ahora volver a nuestra afirmación introductoria respecto al rol central, teórico, que el psicoanálisis tiene, especialmente para los estudios culturales y singularmente para la crítica literaria. Tanto los estudios subalternos como los poscoloniales –con autores de la talla de Spivak, Babbha, Laclau, Žižek, Copjec, Grüner– han recurrido, en general desde un marxismo crítico, no sólo al pensamiento de Derrida y otros deconstruccionistas, sino fundamentalmente al arsenal conceptual freudo-lacaniano para promover debates teóricos y efectos políticos precisos en el campo literario y cultural.

En lo que sigue apenas intentaremos –a riesgo de imprecisiones– un recorrido apresurado por algunos de los temas y conceptos psicoanalíticos que más han convocado la atención de los investigadores, tanto en Estados Unidos como en América Latina.

Realizado gracias a la conspiración de sus hijos varones, el mito del asesinato del protopadre de la horda salvaje –que, tomándolo de otros autores, Freud promueve en *Tótem y tabú* (1913)– ha merecido múltiples lecturas y críticas despiadadas por parte de los antropólogos y los estudiosos de las religiones. Sin embargo, el mito freudiano se sostiene en la potencia de sus provocaciones críticas a cualquier teoría de la cultura. Para Freud el complejo de Edipo daba cuenta de la represión de dos deseos, del incesto y del asesinato del padre, por eso le resultaba inevitable universalizar dicho complejo en una teoría que pudiera explicar el origen de toda cultura y de toda religión monoteísta. Freud escribe también *Tótem y tabú* en un momento muy importante de desarrollo del movimiento psicoanalítico, atravesado también él por cuestiones ligadas a la legitimación de liderazgos y exclusiones.

Freud plantea que el protopadre de la horda tiene acceso a todas las mujeres y por lo tanto sus hijos se rebelan y lo asesinan en un intento de acceder al goce paterno. Después del asesinato, después de celebrar el banquete totémico en el que se comen al padre, los hijos se arrepienten, se sienten culpables y renuncian a las mujeres del padre. Se instaura así la exogamia, como respuesta a la prohibición del incesto, y la prohibición de matar al tótem, es decir, al sucesor y representante del padre. Obviamente, el protopadre regresa —como en *Hamlet*— en forma espectral como superyó. Con este texto, Freud intenta extender el psicoanálisis a fin de habilitarlo para incursionar en otras disciplinas y, particularmente, para dar un valor universal a su doctrina como teoría capaz de explicar las dos prohibiciones fundamentales de la cultura humana. Así el complejo de Edipo se tornaba en un complejo universal para explicar el origen de toda cultura y de toda religión. La horda salvaje se convertía a partir del asesinato del protopadre en un clan y las mujeres de dicho clan quedaban prohibidas para los hombres del mismo, que debían escogerlas en otro, haciendo de ese modo circular a las mujeres como objetos de intercambio.

Aunque Freud asimiló el salvaje al niño y mantuvo una teoría en cierto modo evolucionista de la cultura, siempre se negó a asimilar lo primitivo a lo inferior —oponiéndose a la idea de la misma antropología evolucionista de la cual había partido, que creía en la superioridad civilizatoria de ciertas culturas y de ciertas razas sobre otras— de igual modo se opuso a sostener la sexualidad infantil como un estadio inferior a la supuesta madurez genital del adulto. Tanto el totemismo como la sexualidad infantil son formas que sobreviven en las religiones monoteístas y en la sexualidad adulta, respectivamente. Demás está decir que para Freud la fábula de su horda primitiva no había existido en la realidad —como tampoco había existido aquella otra igualmente famosa de la seducción del niño por el adulto— pero era necesario suponerla como hipótesis para explicar desarrollos posteriores en la ontogénesis-filogénesis de la cultura y de la historia sexual del sujeto. Freud intenta, por esta vía, dar una explicación del nacimiento de la ley como prohibición y del imperativo moral de la cultura.

De más está decir que esta fábula, que esta ficción freudiana tuvo un impacto enorme tanto en la literatura latinoamericana como en los estudios críticos —literarios, sociales, jurídicos y políticos— que de alguna manera intentaban captar el pasaje de la barbarie a la civilización, de lo feudal a lo moderno. Especialmente con la figura del caudillo en la novela anterior y posterior a las novelas de dictador que proliferaron durante el conocido *boom* narrativo, la fábula freudiana se presta a múltiples especulaciones sobre el poder y el patriarcado, la constitución de la masculinidad y la feminidad, la legitimación de la ley en una sociedad clasista, la penalización de los desvíos a la norma (crimen) y a los protocolos del género sexual.

Desarrollos posteriores, especialmente a partir y dentro del feminismo, retomarán muchas de estas cuestiones promovidas por el mito freudiano de la horda y el asesinato del padre. Si *Cien años de soledad* puede leerse como la escenificación de muchos de los temas freudianos de *Tótem y tabú*, los trabajos más recientes comienzan a cuestionar, en primer lugar, algunos aspectos como el rol de las mujeres en la conspiración que lleva al asesinato del padre y, por esa vía –en segundo lugar– como magníficamente lo ha planteado Juliet Flower MacCannell en su *The Regime of the Brother: After the Patriarchy*, el lugar del pseudopadre que ocupa el lugar vacante del protopadre en la organización democrática basada en la igualdad, la libertad y la fraternidad, es decir, en la ley igualitaria y la prohibición del incesto. El planteo se hace problemático, no tanto por la tan discutida elaboración freudiana de la sexualidad femenina, basada en la concepción freudiana de la existencia de una sola libido que es esencialmente masculina –lo que no excluye la bisexualidad– sino además por el hecho de que la "cabeza" del poder de estas sociedades se asienta en la figura de la razón o de la conciencia "masculina" –la que parece ceder a ciertos abusos machistas o, en última instancia, se plantea como una determinación fálica. Más allá de que una mujer –como Doña Bárbara– pueda ocupar ese lugar, la pregunta por "the value of woman in modernity, after patriarchy" (MacCannell 1), por el valor de la mujer en una condición postedípica, resurge en toda su virulencia.

Jean Copjec, refiriéndose a la tesis de MacCannell y retomando el planteo de *Psicología de las masas y análisis del yo* de Freud, nos permite entender, por ejemplo, el motivo de la exclusión de la sexualidad en los grupos artificiales, como por ejemplo, lo que antes Carlos Sánchez mencionaba respecto de los partidos de izquierda. Escribe Copjec en su luminoso ensayo: "¿El líder puede amarnos realmente":

> En efecto el argumento de Freud es que los grupos artificiales no dependen sólo de la exclusión del amor sensual, sino también de la exclusión de las mujeres, ya sea de manera explícita, como en el caso del Ejército y la Iglesia, o implícita, como en el orden fraternal, o régimen de los hermanos, que cobró existencia en la última mitad del siglo XVIII, junto con la emergencia de los Estados-nación y el racismo moderno.
>
> (*El sexo* 69)

El hecho de que Freud haya dejado sin explorar las cuestiones relativas a las relaciones primitivas con la madre, tiene muchísimas consecuencias en una teoría de la sexualidad. Por ejemplo, la cuestión reaparece en *Un amor que no se atrevió a decir su nombre. La lucha de las lesbianas y su relación con los movimientos homosexual y feminista en América Latina* (2000) de Norma Mogrovejo, en la que el *Lietmotiv* parece ser la dificultad que tienen las mujeres no para rebelarse, constituir alianzas y conspiraciones, sino para mantener y sostener organizaciones –muchas veces conformadas a partir de patrones jurídicos impuestos por el sistema patriarcal– lo cual revierte el planteo sobre el debate de la sexualidad femenina. Y, como nos advierte el mismo Carlos Sánchez, esta problemática no sólo afecta a las organizaciones de mujeres, sino a cualquier otra cuya consistencia no se base en una hegemonía masculinista; así, refiriéndose a la organización de homosexuales en Chile y marcando la diferencia con las estructuras partidistas del sistema democrático patriarcal, Sánchez enfatiza: "nosotros no estamos tras la conquista de este poder, que hoy día es hegemónico. Cuando no se hace el develamiento de lo que hay tras ese poder, tras ese simbólico de poder, entonces te haces cómplice del sistema patriarcal, no se le está cuestionando y si llegas a conquistar este poder serás el mismo tirano que derrocaste" (Cottet 190).

El psicoanálisis, por su parte, con todos los residuos burgueses e iluministas que se le puedan señalar –especialmente a la figura de Freud– al establecer una teoría de las pulsiones, desbarata, si puede decirse así, toda posibilidad de fijar una normativa en cuanto a la sexualidad, y por eso, al disolver la oposición normal/patológico, se separa de aquellas disciplinas que, de alguna manera, se arrogan el derecho de legislar sobre el deseo humano y, como en la *ego psychology*, promover la adaptación del yo al *statu quo*. Si bien el psicoanálisis se define como una práctica clínica, terapéutica, su propia consistencia teórica lo separa de aquellas disciplinas basadas en una definición normativa en relación a la conducta y prácticas sexuales. Es tal vez por esta causa que la bibliografía psicoanalítica ha comenzado progresivamente a usar el término "analizante", abandonando el de "paciente". Es que el análisis no sólo tiene efectos curativos, sino también constructivos de una posición subjetiva que, habiendo atravesado la malla de los imperativos y represiones impuestos por el orden simbólico, ahora, desde su nueva posición, enfrenta el mundo y lo transforma. Por esta razón, es que el psicoanálisis abre debates en disciplinas que, como la crítica literaria, ubicadas fuera del espacio clínico, requieren no obstante de sus conceptos. Como dicen Dário Borim Jr. y Roberto Reis, "[p]erhaps Sigmund Freud was one of the first contributors to the scrutiny of texts from a sexual perspective" (xix).

Obviamente, la productividad psicoanalítica en la lectura de textos ha respondido a los avatares mismos del movimiento psicoanalítico, especialmente a partir de la ruptura de Freud con Carl Gustav Jung. Jung, siempre influenciado e interesado en el espiritismo, había encontrado en la teoría freudiana ciertas confirmaciones para su propia perspectiva e intentó por ello convencer a Freud –obviamente sin conseguirlo– de que desexualizara su doctrina y que renunciara a su universalismo. El antisemitismo de Jung, sumado a su postulación de un inconsciente colectivo –ya no definido por la sexualidad, sino concebido sustancialmente como un archivo ahistórico de arquetipos (casi cósmicos) que preexisten al sujeto– lo impulsan a formular una serie de tipos psicológicos y a sostener un relativismo cultural, basado en las diferencias raciales y en la superioridad de unas razas y/o culturas sobre otras. Esto lo acercó muchísimo al nazismo y por eso sus discípulos se vieron constantemente obligados a defender al maestro y sus doctrinas. Pero este relativismo culturalista, favorecido por una concepción desexualizada de la libido y un inconsciente ahistórico y esencialista, es también el que le dio gran prensa en la academia estadounidense, especialmente entre los antropólogos. De ahí que, como vimos antes, Copjec, criticando la teorización butleriana del *gender*, pudiera hablar de una corriente neojunguiana en la academia estadounidense actual.

El contacto de la doctrina junguiana con la antropología, la historia de las religiones y la mitología comparada se prolonga en la crítica literaria, que además de Jung incorporó a otros pensadores, como Mircea Eliade, Rene Guénon y Paul Ricoeur. Estos abordajes a la literatura no se dejan incitar por las propias desgarraduras textuales causadas por el devenir deseante y pulsional; por el contrario, buscan sus confirmaciones en repertorios de símbolos exteriores a la textualidad misma –concebida como práctica significante y *del* significante– y plantean sus interpretaciones como demostración de la manifestación o hierofanías, es decir, revelaciones de lo oculto o lo sagrado. De ahí que esta crítica literaria opere con un psicoanálisis cuyos planos serían lo superficial y lo latente, siendo en este último donde residiría la verdad del sentido que, en la mayoría de los casos, resulta ser siempre el mismo del símbolo, inalterable, sin importar la variable contextual. No resulta casual que esta versión del psicoanálisis, que esta versión derivada de Jung, tuviera en Argentina, por lo menos, un desarrollo y un poder enorme en la universidad de la última dictadura (1977-83).

El analista de la corriente freudiana, en cambio, no puede recurrir a ninguna doctrina (científica o moral) –menos aún a un repertorio de símbolos– que oriente el proceso terapéutico (o la lectura textual) y haga del mismo un proceso de adaptación de los sujetos a la sociedad moderna industrial, como en general ocurre con la psicología y otras terapéuticas similares. El inconsciente freudiano es el sitio de la sexualidad y su emergencia es, como ha enseñado Lacan, siempre sorpresiva e inacabada, abriendo más que clausurando la pregunta por el sentido. El psicoanálisis no mide, no hace encuestas, no busca constantes y variantes de la conducta sexual humana, no puede ampararse y/o basarse en un saber (el saber inconsciente es real, es decir, es imposible, es lo "otro" del conocimiento, si puede decirse así). Menos aún puede recurrir a un diccionario de símbolos o a arquetipos ahistóricos y esencialistas.

El analista es siempre, para el analizante, un sujeto supuesto saber –no un gurú o un sabio capaz de proveer el mejor consejo o de legislar sobre el bien del sujeto. El proceso analítico es una exploración sobre la selva del fantasma del sujeto en búsqueda de un fantasma fundamental– que lo defiende del goce y que, no habiendo posibilidad de modificar, genera no obstante una destitución subjetiva del analizante, es decir, un cambio en su posición subjetiva respecto a la forma en que él mismo se posicionaba inconscientemente frente al objeto *a* causa de su deseo. No olvidemos que, como lo sintetiza Joan Copjec, "[j]ouissance is an unsupportable support, unbearable to the subject who defends against it through the production of a fundamental fantasy" (*Imagine* 7). Los "conceptos" de transferencia y de fantasma juegan aquí un rol fundamental. El psicoanálisis se propone como un cuestionamiento constante sobre el deseo humano en su particularidad, en su permanente cuestionamiento de la ley y en su forma de negociación con la dimensión social de la cultura. De ahí que no pueda formar parte de ninguna psicología ni engrosar la larga lista de psicoterapias adaptativas. Lo problemático aquí, como ha ocurrido siempre con el psicoanálisis, es su relación con lo institucional. El mismo Roland Barthes nos advertía, en *El placer del texto*, que "[l]a teoría del texto postula el goce pero tiene poco porvenir institucional en tanto funda en su cumplimiento exacto, su asunción, una práctica (la del escritor) y no una ciencia, un método, una investigación, una pedagogía" (77). Nuevamente, podemos entender por qué la teorización radical en América Latina no ha surgido de los claustros universitarios, no ha venido de la producción académica, sino que la han hecho siempre los escritores. Es en ellos –en Sor Juana, en Borges, en Lezama, en Pizarnik, en Perlongher, en Eltit– donde debemos leer la producción de teoría.

SEXUALIDAD Y REVOLUCIÓN: EL FREUDO-MARXISMO

Que la sexualidad o la construcción de una teoría de la sexualidad hayan sido la base y preocupación principal del psicoanálisis, que Freud haya admitido con otros investigadores anteriores que la sexualidad estaba en el origen de muchos síntomas neuróticos, no significa que estemos ante un pansexualismo, justamente porque esa teoría –como el mismo Freud lo planteó en 1920– no intenta explicarlo todo por la sexualidad y menos aún entendiéndola como limitada a lo genital. En América Latina en general y particularmente en algunos países como Argentina, Brasil y México, iniciado el siglo XX, el psicoanálisis fue un aliado indispensable de la crítica literaria y cultural que, además, siempre intentó reunir la doctrina freudiana con el marxismo. El impacto del psicoanálisis, además, fue muy importante entre los mismos escritores latinoamericanos quienes, intentando explicarse múltiples cuestiones políticas por medio de la lucha de clases, también vieron la productividad de apelar, sea por medio de una lectura directa de Freud o por ecos de la vulgata psicoanalítica, al espectro de temas culturales que tenían siempre como núcleo una problemática sexual. Baste recordar que, acusado de ser una práctica clasista, fundamentalmente centrada en cuestiones sexuales de la clase burguesa, el psicoanálisis no tuvo siempre una buena relación con el concepto de clase social.

En efecto, el concepto de clase fue, desde temprano, una dimensión que produjo enormes disidencias en los círculos freudianos, primero, y psicoanalíticos, después. Wilhelm Reich fue el primero en intentar un acercamiento al marxismo y, a pesar de haber enfurecido a Freud y haber sido expulsado de la Asociación Psicoanalítica Internacional, hoy es reconocido como el padre del freudomarxismo. Reich estuvo sumamente preocupado por el fascismo, y fue –a diferencia de Jung– un oponente lúcido del nazismo, al que desde muy temprano reconoció como una amenaza en muchos sentidos pero, sobre todo, una peligrosa amenaza para el psicoanálisis mismo. Su libro *La psicología de masas del fascismo*, publicado en 1933, es ya un clásico; allí sostiene que más allá de las causas políticas o económicas, el fascismo surge por una insatisfacción sexual de las masas. Reich, pues, va a sostener la tesis del origen social de las enfermedades nerviosas.

Reich fue por un tiempo miembro del partido comunista, visitó la Unión Soviética y trabajó arduamente enfocándose en la clase obrera. Para él, el psicoanálisis, sin base marxista, no era más que una técnica de adaptación de los sujetos al capitalismo burgués. Su tarea de crítica "negativa" del freudismo también iba aparejada a su crítica a la versión bolchevique que veía en el psicoanálisis un idealismo. Reich trata de enfatizar el carácter "biológico" del psicoanálisis, demostrando que se trata de una ciencia "natural" que explora la dimensión psíquica, especialmente en relación a la sexualidad. Demás está decir que no tuvo buena recepción –y por razones diversas– en ninguno de los dos frentes, ni en el psicoanalítico ni en el soviético. Más allá de sus aciertos y desaciertos, su impronta fue definitiva en la necesidad de acoplar psicoanálisis y marxismo, de poner en paralelo la lucha sexual y la lucha de clase, y por eso su espectro, si puede decirse así, flota sobre muchos trabajos críticos latinoamericanos, especialmente a partir de los años sesenta y setenta. Sirvan de ejemplo los textos de León Rozitchner y los problemas promovidos en Argentina y otros países por el grupo Plataforma, nucleado alrededor de Marie "Mimí" Langer, una figura de izquierda emblemática.[12] En la misma línea de una crítica política basada en el psicoanálisis y el marxismo, se puede mencionar a Slavoj Žižek, que incluso vivió una temporada en Buenos Aires. Žižek ha iniciado lo que podríamos denominar una "politización" de algunos conceptos lacanianos y, en ese sentido, su aproximación psicoanalítica admite también resonancias importantes provenientes de la perspectiva marxista.

Cierta insatisfacción intelectual con el análisis sociocultural a partir de la lucha de clases, llevó a muchos investigadores a explorar conceptos psicoanalíticos tales como los tres registros lacanianos (simbólico, real, imaginario), el deseo y sobre todo el objeto *a* (más como causa del deseo que como objeto del deseo), el otro y, fundamentalmente, el enigmático concepto de pulsión. Como tal, el psicoanálisis se inserta en una discusión ética muy incisiva respecto a la diferencia entre el bien social y el bien del sujeto en el encuadre de toda organización humana requerida de cierto contrato/control social.

El psicoanálisis suele a veces sostener una perspectiva ética y política que no se aviene con la urgencia rebelde o revolucionaria de los militantes marxistas. Copjec, en su hermoso ensayo "Mayo del '68, el mes de las emociones" revisa las admoniciones de Lacan a los estudiantes parisinos de aquel entonces. La escucha psicoanalítica es siempre molesta porque puede descubrir que allí donde parecería haber un deseo de transformar el mundo, puede camuflarse un acatamiento sordo a los reclamos del otro, del amo que se quisiera subvertir o bien, simplemente, un expediente para cambiar de amo; como ya vimos en el caso de Carlos Sánchez, podría darse el caso de triunfar en la revolución y tener que asumir un poder que obliga a comportarse tan o más dictatorialmente que los amos vencidos.

En este sentido, el psicoanálisis no siempre tuvo una buena recepción entre quienes intentaban un análisis de los aparatos discursivos o de las instituciones. Michel Foucault va a discutir la tesis represiva según la cual, en las sociedades occidentales y partir del siglo XVII, el poder habría operado por reprimir todo lo relacionado con el sexo. En cambio, él propone que el sexo estuvo siempre explorado, incitado y hasta compulsado a ponerse en palabras (confesión, asociación libre), ya que se buscaba en el sexo la verdad del sujeto. Por eso, modificando la teoría del poder que había sido concebida como una imposición de la ley y de las instituciones, y concibiéndolo ahora dentro de un modelo de lucha, con tácticas y estrategias de transgresión, resistencia y defensa, Foucault piensa al sexo dentro de un dispositivo (discursivo y político) de sexualidad que captura los cuerpos y los atraviesa molecularmente en su materialidad, en sus placeres. Propone, pues, una microfísica del poder que permite ver las relaciones de fuerza, ver el poder como los desplazamientos energéticos que atraviesan los cuerpos y las prácticas corporales molecularmente.

Hay, pues, en nuestra sociedad moderna una voluntad de saber sobre el sexo y de las relaciones de poder (institucionales o no) que hacen del sexo un dominio de conocimiento. En este sentido, Foucault detalla cuatro dispositivos de saber/poder relacionados con la sexualidad: la histerización del cuerpo de la mujer; la pedagogía sexual en la vida infantil, el control de las conductas procreadoras y, finalmente, la psiquiatrización de la perversión y sus placeres. En todas ellas lo que opera no es la represión o el ocultamiento de la sexualidad, según Foucault, sino justamente lo contrario, la producción y la visibilización de la sexualidad y sus placeres en todas sus prácticas. Así, aunque sin rechazar completamente la tesis represiva, Foucault va a subrayar el carácter paradójico del psicoanálisis como tal, situándolo en parte en ese aparato de represión —de larga duración— que ha impuesto "hablar" o "hacer hablar" sobre la sexualidad a los efectos del control social y a la vez el hecho de que la doctrina psicoanalítica brinda los conceptos fundamentales para demoler esos aparatos de control e impugnar cualquier normatividad sobre el deseo.

Dentro del campo literario latinoamericano es interesante subrayar que los estudios sobre el impacto de la sexualidad, la teoría psicoanalítica y el marxismo en la literatura y la crítica literaria y cultural latinoamericana –desde una perspectiva más antropológica, es decir, relacionados especialmente con el patriarcado, el incesto, el mestizaje y los sistemas de parentesco, con la figura del padre o del caudillo– se producen más tempranamente que la ensayística sobre los mismos temas literarios latinoamericanos provenientes de la academia estadounidense. Podría atribuirse esto, si no a la temprana recepción del psicoanálisis en América Latina, a la influencia de Jean Paul Sartre durante los cincuenta y sesenta, cuya obra está, en estos tiempos de dispersión teórica, reclamando una urgente nueva visita. Inversamente, los estudios literarios estadounidenses van a tener una anterioridad en temas relacionados con el feminismo y la cuestión de género sexual respecto a los ensayos producidos en América Latina sobre esos temas, que son más recientes.

Relaciones peligrosas: psicoanálisis y feminismo[13]

El feminismo va a tener un enorme impacto en los estudios académicos, no sólo en los estudios literarios. El movimiento fue progresivamente impactando las disciplinas y produciendo un enorme e interesante cuerpo de doctrina, primero en los Estados Unidos y más tarde en Latinoamérica y el resto del mundo. Indudablemente, el feminismo va a tener varias etapas históricas con bases teóricas y objetivos diversos en cada una de ellas. A riesgo de esquematizar su presentación, resulta importante señalar algunos aspectos que a un estudiante de hoy le pueden parecer, paradojalmente, ahistóricos y hasta universales, cuando fueron en realidad conquistas teóricas y políticas bastante recientes y muy concretas.

Como ocurre con el psicoanálisis, hay también una vulgata del feminismo, una serie de eslóganes –lo personal es político– que si bien popularizan sus metas, lo reducen en su propuesta. Sin embargo, después de varios años de esplendor en la academia estadounidense, algunos parámetros –que en Latinoamérica de algún modo se balbucearon como resultado de la convergencia de marxismo y psicoanálisis– hoy resultan indiscutibles. Así, por ejemplo –a diferencia de lo que ocurría en los años sesenta– ya nadie discute hoy que toda interpretación (de un texto o del mundo) *es* política, que leer *es* una militancia a favor o en contra del cambio social. No se lee para juzgar, reprochar, censurar, sino para evaluar o provocar un cambio. Tampoco se cuestiona ya el hecho de que la mujer *constituye* el emblema de toda subalternidad y que siempre resultó marginada en la representación textual y, en muchos casos, aunque no siempre, en el acceso a la escritura.

Más tardíamente, con la instalación de los estudios gay y lésbicos, el feminismo comienza una discusión más profunda sobre la sexualidad en general y la sexualidad femenina en particular. Desde muy temprano la crítica literaria interrogó a la literatura sobre cómo se representaba a las mujeres, cómo aparecían las relaciones entre los géneros en los textos y progresivamente se fue llegando a dejar emerger las preguntas más básicas, pero más teóricas: ¿cómo se define la diferencia sexual?, ¿qué es ser un hombre o una mujer? La crítica literaria feminista, ahora requerida de una teoría sobre la sexualidad, se propuso no sólo estudiar la forma en que las mujeres aparecían representadas, sino también hasta qué punto su ausencia o su silencio constituían igualmente un factor político, y no sólo en textos escritos por hombres, sino también en aquéllos escritos por las mismas mujeres, feministas o no.

Históricamente, se han reconocido tres etapas del pensamiento feminista. La primera, en Inglaterra y Estados Unidos primordialmente, desde 1848 a 1960. Es la etapa del movimiento de las mujeres, en la que se lucha por el reconocimiento de la mujer y contra la opresión masculina/machista/patriarcal. Su objetivo se circunscribe, pues, a resistir el patriarcado. La segunda fase va desde 1960 a la década del ochenta, durante el período de la guerra en Vietnam, la guerra fría, el surgimiento de movimientos de insurgencia anticolonialista en América Latina y África, la revolución cubana y la revolución nicaragüense, la represión de las diferencias (políticas, sexuales) por parte del Estado militarizado y dictatorial en muchos países de América Latina, como en Chile a partir de la caída de Salvador Allende en 1973 o en la Argentina y Uruguay a fines de esa misma década. En los Estados Unidos posmacarthistas comienza a plantearse la cuestión del género y de la política del género, a la vez que emerge una crítica feminista más orgánica, ejercida con autoconciencia de género. Es el momento en que se procede a su institucionalización universitaria, en que se discute la política de liberación femenina, ya no como inversión de la situación patriarcal (en las que cambiarían los personajes, pero no el sistema). Lentamente, a la urgencia de contar con una teoría que pueda responder por el ser de la mujer y por la diferencia sexual, se irán sumando, en décadas posteriores, los debates sobre los componentes de clase social, de raza, de disidencia sexual.

Se produce en esta segunda etapa del feminismo lo que podríamos denominar la "primera lectura de Freud". El psicoanálisis se les presenta como reforzando el patriarcado y marginando a la mujer como histérica e incluso como feminista. Esta confusión surge, sin duda, de pensar el falo como pene, o viceversa. La envidia del pene llevaría a la mujer a sustituir su falta con un hijo, de modo que la "maternidad" encubriría su deseo de ser hombre. De ahí que las mujeres asimilarían al feminismo las metas masculinas: independencia, competencia con los hombres y con las otras mujeres. Esto se agravó con la cuestión del superyó. Según el freudismo, la mujer no tendría superyó, es decir, no desarrollaría una conciencia moral. Las discusiones sobre la doctrina freudiana fueron virulentas en varias disciplinas y en el campo académico. Sin embargo, con la traducción de ciertos textos europeos que reflejaban una exploración más profunda del psicoanálisis, se inicia la tercera etapa, marcada por la lectura —como hemos ya detallado al principio de este ensayo— de Michel Foucault y de Jacques Lacan, lo que trae aparejado lo que designaríamos aquí como una "segunda lectura de Freud". En esta etapa se parte, de algún modo, de la evidencia del psicoanálisis como un *corpus* teórico indispensable al feminismo. Se comienza a apreciar que Freud no describe la naturaleza humana de la mujer como un universal, sino como emergente de una cultura particular. Freud nunca definió qué es femenino o masculino; sostiene a lo sumo que son conceptos fundacionales de la teoría psicoanalítica, axiomas que no se pueden dilucidar. Masculino y femenino son, además, términos asimétricos. Para Freud, como ya hemos mencionado, hay sólo una libido, que es masculina, organizada por el falo (que —hay que insistir todavía en esto— no es el pene, sino un símbolo, un significante que rige tanto a los hombres como a las mujeres). El desarrollo psíquico de la niña es, en el proceso del complejo edípico, igual al del varón, pero luego la niña diverge. La feminidad para Freud es misteriosa, es el "continente negro". Al final de su vida Freud se pregunta: ¿qué quiere la mujer? —no usa el plural "mujeres". Freud lo dice explícitamente en 1933, en *Nuevas conferencias introductorias al psicoanálisis*. "El psicoanálisis no trata de describir qué es una mujer (tarea que difícilmente podría realizar) sino que indaga cómo llega a ser, cómo se desarrolla una mujer a partir de un niño con una disposición bisexual". Tanto en Freud como en Lacan, sin embargo, la mujer no queda fuera del lenguaje.[14]

En esta segunda lectura también comienza a enfatizarse la teoría sexual infantil de Freud, la idea de una inicial disposición bisexual. El feminismo aborda en consecuencia y discute el complejo de Edipo que, como hemos visto, en Freud significa la entrada en lo simbólico de la cultura, la entrada en el género sexual tal como lo define "esa" cultura particular, en su caso la cultura capitalista burguesa. Habría, según esto, una identificación con el género tal como lo define la cultura, pero dicha identidad o identificación no representaría siempre los deseos sexuales de ese sujeto –o sea, el género sexual puede no corresponderse con la anatomía del sujeto. El niño y la niña están obligados a identificarse con uno de los dos modelos disponibles y aceptar las consecuencias de esa identificación. Como sabemos, la anatomía apenas representa la diferencia genital, pero no radica allí la diferencia sexual. Nunca hay identificación completa con el género, siempre hay un resto que no entra en el modelo, que permanece inconsciente. Ese "resto" inconsciente es lo que resiste a la cultura, lo real que no entra en el orden simbólico. Los binarismos discursivos del tipo pasivo/activo, loca/chongo, *top/bottom, butch/femme,* son el resultado de estos entrecruzamientos imaginarios y las posiciones/orientaciones sexuales en una cultura determinada.

Lacan relaciona la pregunta "¿qué quiere la mujer?" con la histeria, y dice que esa pregunta es la misma en el caso de una histérica y un histérico. El maestro francés ya no piensa en términos de *identidades o identificaciones,* sino en términos de *posición:* hay posición masculina y posición femenina (definida por el orden simbólico y a nivel estructural) y tanto un hombre como una mujer (biológicos) pueden ocupar cualquiera de esas posiciones.

La elaboración lacaniana sobre la sexualidad femenina no se dio de una sola vez, sino que fue modificándose y profundizándose a lo largo de su enseñanza. En 1972-73 Lacan planea que existe un goce femenino que va "más allá del falo", del goce fálico. Este goce femenino es un goce infinito, como el éxtasis místico. Las mujeres lo experimentan, pero no dicen nada de él. Aquí es donde plantea una frase controversial: "La mujer no existe, no hay LA mujer". El acento no está puesto en "mujer", sino en el artículo "la". El artículo "la" se refiere a lo universal, diferente del indeterminado "una", que indica lo particular. Lacan plantea que "las mujeres no se prestan a la generalización [universalizante], ni tampoco a la generalización falocéntrica" (1975, *Conferencia en Ginebra sobre el síntoma*), por eso va a borrar también el artículo LA.

Las consecuencias epistemológicas, éticas y (por ende) políticas de esta afirmación son cruciales y deben todavía ser recorridas minuciosamente en el campo de los estudios crítico-literarios latinoamericanos. En esto se ve claramente que Lacan no somete a las mujeres al orden falocéntrico; por eso la acusación del feminismo estadounidense hacia Lacan no se sostiene (Fink 98). La masculinidad, en cambio, es una función universal fundada en la excepción fálica (el falo castrado), la mujer es un no-universal que no admite ninguna excepción. La mujer "no-toda" es. La mujer es como la verdad, nunca es toda. Así como no hay "todas" las mujeres, es imposible decir "toda" la verdad. Los efectos culturales (jurídicos o no) de esta última parte del pensamiento lacaniano esperan todavía trabajos críticos más detallados y casi no ha tenido ningún impacto en el feminismo estadounidense que, en términos generales, salvo algunas excepciones, ha malinterpretado a Lacan. Pocos intelectuales como Bruce Fink, Slavoj Žižek y Joan Copjec han sacado partido de estos postulados lacanianos. LA mujer no existe (La mujer es "no-toda", ese más allá de lo simbólico), pero sí existen laS mujerES.

Algunas feministas creen que Lacan proporciona conceptos para una mejor descripción del patriarcado y para un más profundo cuestionamiento de la identidad sexual; en cambio, otras piensan que Lacan, al plantear el orden simbólico como organizado por la función fálica, reinstala el patriarcado y lo convierte en algo transhistórico. Me parece que aquí hay que entender que el orden simbólico en Lacan es fálico, tanto para el patriarcado *como para el matriarcado*. La pregunta que hay que hacerse es si es posible una cultura, un contrato social, una organización social humana sin función fálica, es decir, sin ley, sin lenguaje. En este sentido, la acusación de misógino atribuida a Lacan puede ser consistente para Lacan como hombre, pero no en lo teórico de su postulación.

El psicoanálisis en Estados Unidos y en América Latina:
de las publicaciones, de las traducciones y del impacto académico, cultural y político

Para entender el progresivo impacto de la problemática de la sexualidad en las ciencias sociales en general y particularmente en el campo de la crítica literaria, es importante comentar la forma en que el psicoanálisis llega a América Latina y a los Estados Unidos, produciendo debates y desplazamientos multidisciplinarios que hoy, sin duda, afectan la enseñanza y la investigación literaria. Como observaremos, este impacto del psicoanálisis, su posición doctrinal y cultural estratégica, además de producir efectos académicos diferenciales en Latinoamérica y los Estados Unidos, muestra la diversidad de las agendas académicas, políticas e institucionales que subyacen a las investigaciones culturales.

Las *Obras completas* de Freud, en la traducción de Luis López-Ballesteros, revisada por el mismo Freud, circulan desde muy temprano en América Latina, aunque sus textos ya eran comentados por varios investigadores que habían tenido acceso a la versión alemana original o bien directamente a enseñanzas de Freud. La edición castellana en diecisiete volúmenes publicada por la Biblioteca Nueva de Madrid entre 1922 y 1934 circula desde esos años, hasta que, entre 1951 y 1956 la editorial argentina Santiago Rueda –con algunos agregados de Ludovico Rosenthal– publica la famosa edición en tres volúmenes en papel biblia, que es la que prácticamente circula hasta que la editorial Amorrortu publica su nueva traducción revisada en veinticuatro volúmenes entre 1972 y 1985. Esta última publicación intenta eliminar las confusiones teórico-metodológicas producidas por algunos desajustes de la traducción de López Ballesteros, especialmente la traducción de algunos conceptos fundamentales, como por ejemplo *Trieb*. Traducir, por ejemplo, el término pulsión (*Trieb*) como instinto (*Instinkt*) había dado lugar a enormes confusiones teóricas.

Basta dar una mirada a todos los escritos sobre el mestizaje y la mezcla racial, especialmente en México y Perú, para ver en el fondo de todos esos debates la cuestión de la sexualidad y la temprana influencia freudiana. Tanto Octavio Paz en *El laberinto de la soledad* (1950) como Samuel Ramos, Michael Maccoby y sobre todo Santiago Ramírez en su "Psicoanálisis del mestizaje" –por nombrar tan solo unos ejemplos– han recurrido a ideas freudianas para dar cuenta del carácter nacional del mexicano; Roger Bartra ha reunido en una colección de ensayos titulada *Anatomía del mexicano* (2002) trabajos de estos escritores e investigadores en los que se puede ver el impacto del psicoanálisis respecto no sólo del mestizaje, sino también de ciertas conductas machistas, homofóbicas, patriarcales y hasta homoeróticas, así como también el campo amplio y discutido del marianismo, el tabú de la virginidad y otros aspectos ligados a la sexualidad femenina como, por ejemplo, el ensayo "La sexualidad de la mexicana" (1974) de Juana Armanda Alegría.

La devoción hacia Freud –nos dice Mariano Plotkin en su *Freud in the Pampas*– es un fenómeno tan argentino que, en cierto modo, permite hablar de una "cultura" psicoanalítica argentina que sobrepasa los límites de la profesión y se extiende a la vida cotidiana. Y agrega que "[w]hereas in other countries, particularly in the United States, enthusiasm for Freud has receded and even given way to an anti-Freudian backlash among the intelligentsia, in Argentina Freud's Works are still gospel" (Plotkin x). Como parte de la cultura médica, las teorías de Freud pueden rastrearse en Argentina desde 1910; más tarde irá definiendo su autonomía como campo profesional hasta definir a Buenos Aires como "a world capital of psychoanalysis" (7). Sin embargo, según Plotkin, no hubo en Argentina, en las décadas del diez y del veinte, el mismo entusiasmo por Freud que hubo, por ejemplo, inicialmente en Brasil y Perú (8). Es por ello que el psicoanálisis argentino constituye un ejemplo bastante paradigmático en la medida en que más tarde "[it] has had a deep impact on the rest of Latin America and on Spain" (1). Profesionales de Uruguay, Brasil y hasta México hicieron su entrenamiento y formación bajo los auspicios de Asociación Psicoanalítica Argentina (APA), fundada en 1942.

Obviamente, como en muchos otros lugares, incluido los Estados Unidos, el psicoanálisis argentino, aunque no exclusivamente, tuvo siempre conexiones muy estrechas con la comunidad judía. No es, por lo tanto, casual, que muchos psicoanalistas –emulando los primeros intentos de Enrique Pichon Rivière, tan ligado al Instituto Di Tella, a la bohemia y al movimiento de neovanguardia en las artes de los años sesenta– buscaron confluencias entre el psicoanálisis y el marxismo. Las relaciones entre el existencialimo, el sartrismo, el psicoanálisis y el marxismo en Argentina (desde Pichón Rivière, José Bleger y Oscar Masotta hasta Beatriz Sarlo y León Rozitchner), al igual que en otros países latinoamericanos, van a tener sus momentos turbulentos. Especialmente, las tensiones se localizan –como hemos ya comentado más arriba– con énfasis más agudo entre el psicoanálisis y la izquierda política, latinoamericana o no, en general muy conservadora –preferiría decir muy "jesuítica"[15]– en relación a la sexualidad. Así, si nos seguimos ateniendo al caso argentino, comprobamos que revistas paradigmáticas como *Los Libros, Punto de Vista, Crisis* así como tempranas contribuciones de algunos investigadores –Josefina Ludmer, Beatriz Sarlo, Noé Jitrik, Graciela Maturo, Nicolás Rosa, León Rozichner– dan cuenta de la urticancia política de esos debates en el campo cultural y en el ámbito académico. Los dos libros sobre Gabriel García Márquez, ambos aparecidos en 1972, uno de Josefina Ludmer (*Cien años de soledad: una interpretación*) y el otro de Graciela Maturo (*Claves simbólicas de García Márquez*) ejemplifican en el campo literario las apropiaciones académicas del psicoanálisis desde la izquierda y la derecha políticas, desde el constructivismo y el esencialismo, respectivamente.

Los Escritos de Lacan se publicaron en Francia en 1966, pero su influencia ya se había hecho sentir en los círculos psicoanalíticos de Buenos Aires, especialmente a través de Oscar Masotta, quien contaba con más de cuatrocientos estudiantes. En 1974 Masotta funda la Escuela Freudiana de Buenos Aires, la primera institución lacaniana en el mundo hispano; en 1975 se instala en Barcelona y hace conocer a Lacan en los círculos psicoanalíticos y lingüístico-semióticos de España.

La traducción parcial al inglés de algunos *Escritos* de Lacan la realiza Alan Sheridan en 1977, pero el verdadero impacto académico de estos textos es un poco posterior. La publicación en inglés de la versión completa de los *Escritos* es del año 2006. En cambio, ya en 1975 Tomás Segovia había publicado su traducción al español de algunos *Escritos* y en 1984 hace su edición en dos volúmenes. La lectura de Lacan se realiza en la academia estadounidense a partir de sus trabajos más relacionados con la lingüística; en efecto, se lee a Lacan en un momento de euforia con el estructuralismo lingüístico, de ahí que el título de la publicación más temprana *–The Language of the Self. Speech and language in Psychoanalysis–* con comentarios de Anthony Wilden, realizada en 1968 por The Johns Hopkins University Press y con múltiples ediciones posteriores –muestra bien claramente el tipo de interés (psicolingüístico, conductista, estructuralista o comunicacional– para denominarlo de alguna manera) que animaba estas primeras incursiones en la enseñanza del maestro francés.

Sin duda, la visita de Lacan a Johns Hopkins University en 1966 tiene mucho que ver con el interés despertado en Estados Unidos por sus planteos lingüísticos y psicoanalíticos en relación con el discurso del otro y el orden simbólico. En cierto modo, la enseñanza de Lacan y su aproximación al psicoanálisis en aquellos años –con sus replanteos a partir de Saussure y con un léxico lingüístico aparentemente más alejado del vocabulario freudiano, mucho más apegado a la sexualidad y especialmente a la sexualidad infantil– parecía reabrir la puerta de la academia estadounidense a nuevas incursiones en el psicoanálisis sin toparse con la clínica y sobre todo evitando toda referencia a la sexualidad; lo lingüístico-semiótico parecía abrir la posibilidad de desarrollos teóricos novedosos en el campo de las disciplinas humanísticas y culturales. Lacan debió haberles parecido a estos académicos estadounidenses un candidato ideal para agregar a la lista de la tradición local, antropológica y culturalista. Sin duda, el movimiento de la enseñanza del maestro francés los defraudaría en los años posteriores y de ahí, probablemente, el enorme lapso que hay entre las primeras traducciones y la reciente de sus *Escritos*.

La publicación de los *Seminarios* de Lacan, que no sigue el orden cronológico en que dichos seminarios fueron dictados –y por lo tanto generaron diversos debates en cuanto a la genealogía y al desarrollo de ciertos conceptos y, en suma, de su enseñanza– comienza en 1974 con la publicación en francés del *Seminario 11: Los cuatro conceptos fundamentales del psicoanálisis*. Muchos de estos seminarios se irán publicando en Francia durante los años setenta y ochenta, a veces con la publicación casi simultánea en castellano, debido a las frecuentes visitas de Jacques-Alain Miller a Argentina y Venezuela. Incluso adicionando el Brasil, la influencia del psicoanálisis freudiano en América Latina se establece muy tempranamente. El debate entre las diversas escuelas (freudiana, kleiniana, junguiana, lacaniana) interseca en la región –como hemos ya mencionado– con los desarrollos del marxismo y ambos establecen el horizonte de reflexión política, con derivaciones múltiples (académicas o no), según la contingencia y la coyuntura sociocultural e histórica de cada país.

En lengua inglesa, estos seminarios van a comenzar a publicarse en la segunda mitad de los ochenta y con mayor asiduidad en los noventa, especialmente a fines de esa década. Al principio de su introducción a *Lacan, Politics, Aesthetics*, Richard Feldstein constata:

> [b]y the end of the 1980s the first phase in the reception of Lacan's work by the English-speaking audience drew to a close. This stage presented numerous introductions to Lacan's writing that both defined basic concepts like the big Other, *petit objet a*, desire, and *jouissance*, and contextualized them in relation to each other. Because most of Lacan's seminars have not yet been translated for the Anglo-American audience and since his concepts do no easily lend themselves to intellectual comprehension, other texts will no doubt surface to redefine basic terminology and founding principles. Nonetheless, in the 1990s, we have entered into a second phase in the transmission of Lacan's work. In this stage, some writers continue to develop basic concepts that have proved confusing, while others concern themselves with the cultural connotation of Lacanian analysis. (*xi*, bastardilla del autor)

En esta nueva etapa, se produce lo que me gustaría denominar una "politización" de los conceptos lacanianos, es decir, un diálogo entre el psicoanálisis lacaniano y otras disciplinas o problemáticas, en las que su enseñanza se muestra fecunda, tanto en Argentina, por ejemplo, con los debates jurídicos[16] –muy ligados al período de la dictadura y la posdictadura e iniciados por investigadores como Marta Gerez Ambertín– o los trabajos críticos de Eduardo Grünner sobre el multiculturalismo, como en Estados Unidos, con los aportes de Juliet Flower MacCannel y su iluminante *The Regime of the Brother* (1991), o los sutiles análisis de Joan Copjec y Renata Salecl, para mencionar algunos. Todos ellos se suman al impulso dado por Salvoj Žižek, quien desde *Looking Awry: An Introduction to Jacques Lacan Through Popular Culture* (1991) se ha empeñado no sólo en facilitar algunos conceptos de Lacan al gran público, sino también en trabajar en profundidad la teoría cultural desde las enseñanzas del maestro francés. Es en esta etapa en que realmente aparece el impacto teórico del psicoanálisis en la academia en relación a la sexualidad en la literatura y el cine.

ESTUDIOS LATINOAMERICANOS Y EL REGISTRO DE LA SEXUALIDAD: LA EDAD DE LA SOSPECHA

La producción crítica en el campo de los estudios literarios latinoamericanos con acento en la sexualidad se ha incrementado en la academia estadounidense en los últimos años, debido al interés que han promovido, primero, el feminismo; luego, desde fines de los ochenta, los estudios gay y lésbicos (atenidos a la homosexualidad) y, mucho más recientemente, los estudios basados en lo que se conoce como *queer theory* (donde se amplía el foco para abarcar los múltiples aspectos teóricos, institucionales, jurídicos o disciplinarios derivados de la diferencia sexual, el género y otras disidencias sexuales, es decir, una agenda de temas no necesariamente ligada a la homosexualidad).

Muy influida por la teoría posestructuralista, especialmente por los tempranos trabajos de Guy Hocquenghem y Gayle Rubin, la teoría *queer* toma de aquélla el impulso no tanto de descifrar el sentido del texto, sino de determinar la forma en que ese texto *hace* sentido. Evocando a Bajtín, la teoría *queer* se plantea explorar la forma que el deseo toma en la heteroglosia textual. Desde la publicación en 1985 de *Between Men: English Literature and*

Male Homosocial Desire de Eve Kosofsky Sedgwick, los estudios *queer* han investigado las formas que adquiere la homosocialidad y sus sutiles pasajes al homoerotismo y la homosexualidad aunque, como hemos dicho más arriba, lo *queer* va más allá de la homosexualidad. El ya famoso *Gender Trouble*, publicado por Judith Butler en 1990 –integrando ideas de Foucault, Wittig, Kristeva, Hélène Cixous y Irigiray, es una referencia ineludible en la discusión del género y del sexo como producto de estrategias preformativas diversas que a la vez desestabilizan las concepciones asumidas, dominantes, sobre la sexualidad. Estos trabajos, obviamente, ya no están tan interesados –como fue el caso de los tempranos estudios gay y lésbicos– en el tópico de la identidad. Como se aprecia, por ejemplo, en el libro de David William Foster, *Sexual Textualities. Essays on Queer/ing Latin American Writing* (1997), cuestiones relacionadas con el travestismo y el transexualismo, la pornografía masculina y femenina, los íconos culturales, la crisis de la masculinidad, la representación del cuerpo, van a disparar la pesquisa crítica más allá de la literatura y la revisión del canon.

Sin embargo, estos trabajos –que también incluyen estudios sobre cultura popular y mediática especialmente cine y todavía muy escasamente televisión–, tienen una textura muy híbrida, en el sentido de que se desarrollan en un campo de fuerzas muy tensionado entre quienes tratan de mantener cierta consistencia del campo literario[17] y aquellos que, con una cuestionable idea de interdisciplina, parecen abarcar o intervenir en diversos campos disciplinarios, a veces muy eclécticamente.

Uno de los problemas más difíciles de resolver en los estudios de posgrado de la academia estadounidense, por lo menos en relación a la literatura, yace en cierta aversión hacia la teoría concebida en términos de abstracción pura. En este sentido, hay una divergencia crucial con la forma en que se lee y se discute *teóricamente* en los Estados Unidos, por un lado, y en Europa y América Latina, por el otro. En muy contadas excepciones se encuentra en los estudios críticos latinoamericanistas en Estados Unidos trabajos orientados a la producción de teoría o de hipótesis teóricas fuertes. Resulta paradójico e irónico, además, que muchos de estos trabajos que enfocan el tema de la identidad latino/americana cedan a las exigencias del mercado editorial y publiquen en inglés, sin favorecer el desarrollo del español, en un país donde esta lengua avanza inexorablemente. En general, la mayor parte de ellos parece partir de algunos trabajos o modas consagradas en la academia estadounidense y proceder a reproducir esos cuestionamientos en su campo específico latinoamericanista. Adrianne Rich, Teresa de Lauretis, Judith Butler, por dar apenas unos pocos nombres, son más citadas que autores incluso más provocativos provenientes de América Latina. El reconocimiento reciente de Perlongher es bastante sintomático en este sentido.

Los estudios críticos sobre la literatura y cultura latinoamericana, en todo caso, se limitan a establecer, en relación a las sexualidades, algunas diferencias evidentes con las sexualidades más hegemónicas o internacionales. En la mayor parte de los casos, estos estudios no admiten ni siquiera la categoría de interpretación y menos aún de construcción, en el sentido técnico que ambos términos tienen en el psicoanálisis. No hay que ir muy lejos ni comprometerse dando nombres precisos para comprobar que en general la producción ligada a la sexualidad está todavía anclada en aquello que, en los setenta, se denominaba el *comentario* de textos. La falta de una producción teórica y de crítica teórica, a diferencia de lo que ocurría en América Latina a fines de los setenta y en la década de los ochenta, especialmente en centros metropolitanos (México, Buenos Aires), cuando lo político se centraba en el desmenuzamiento teórico y en las consecuencias derivadas de las afiliaciones a diversos discursos circulantes, se ha desplazado ahora, en Estados Unidos, a un discurso constatativo que, más allá de su prestigio y hasta de su elegancia académica, no hace más que poner en términos de las teorías más consagradas el bagaje de datos que la pesquisa del crítico ha sabido reunir.

Si como ya planteaban Dário Borim Jr. y Roberto Reis en su introducción a *Bodies and Biases. Sexualities in Hispanic Cultures and Literaturas* (un volumen especial de *Hispanic Issues* publicado en 1996) el campo de las sexualidades proviene, promueve y determina "the Age of Suspicion", esta sospecha se ha tornado productiva en muchos sentidos y a la vez se ha convertido en un obstáculo epistemológico. En efecto, la sospecha fue productiva en el sentido de promover cuestiones que estaban reprimidas en los estudios literarios y, consecuentemente, llevaron a revisitar el canon, reconstruirlo y reevaluarlo. La consistencia de "lo literario" no escapó a estas revisiones. Así fue como se releyeron autores canónicos, se descubrieron, discutieron y reevaluaron autores y textos marginados, silenciados por largos períodos, se leyeron a contrapelo muchos textos aparentemente "decentes" o al menos no tan visiblemente ligados a sexualidades no conformistas. Se publicaron antologías, especialmente en el campo gay y lésbico y sobre todo a partir del impacto del SIDA, que incluyeron muchos autores y textos latinoamericanos y que a su vez incorporan materiales nunca antes "sospechados" de sensibilidad homoerótica u homosexual, donde se enfatizan ciertos procedimientos retóricos que estarían dando cuenta de formas eufemísticas de referirse a los avatares del deseo (casi no hay ningún trabajo que intente ir más allá de "leer" ciertos desvíos sexuales y trate de esforzarse en investigar el deseo y esa dimensión más radical que Freud denominó "la pulsión sexual").

Sin embargo, como hicimos mención, la sospecha también funcionó como obstáculo epistemológico. Después de una etapa de reacomodación del canon, frente a cierto agotamiento en el armado de los nuevos repertorios de autores y textos, los estudiosos comenzaron a dialogar con los distintos tópicos y discursos que también circulaban por la academia estadounidense. Muchos ensayos asumen una "interdisciplinariedad" muy cuestionable,19 en tanto incorporan—a veces con sutileza—procedimientos, tácticas y estrategias investigativas de múltiples aproximaciones como, por ejemplo, los estudios poscoloniales, los estudios subalternos, lo posmoderno y los estudios culturales. Es cierto, como escribe Nelly Richard, que "[l]os estudios de género se ocupan de reconstruir los marcos disciplinarios de los campos de estudios tradicionales (historia, antropología, literatura, filosofía, etc.), acusando el modo en que la manipulación de la diferencia sexual a favor de los masculino-hegemónico influye sobre los trazados del pensamiento que ordenan saberes y disciplinas" (98). Sin embargo, esto ha rematado en muchos casos en un verdadero pastiche discursivo. En un mismo ensayo, sin realmente detectarse alguna tesis fuerte, sin interesarse por la producción de nuevas preguntas, se pueden aislar párrafos que mezclan cuestiones de historia, antropología, sexología, a veces psicoanálisis en versiones acríticas, sociología, semiótica y muchas otras disciplinas.

Hay todavía resistencia a interrogar la sexualidad desde un campo teórico preciso. Más que un interés por discutir –como se puede leer en Žižek o Copjec– los postulados más controversiales del lacanismo en el campo literario y cultural, a fin de promover nuevas cuestiones *teóricas*, los estudios literarios latinoamericanistas en Estados Unidos se conforman en general con partir de alguna definición de género (*gender*) y acopiar materiales que apenas *constatan* alguna tesis de índole política o cultural relacionada con algún aspecto puntual y/o contextual como, por ejemplo, la cuestionable modernidad y postmodernidad, la cuestionable globalización de América Latina.

En este sentido, parecen anclados en una etapa en que, como describe Caulfield para la investigación histórica, los estudiosos están más interesados en iluminar ciertos eventos y procesos, que en detenerse en "commonalities in theoretical or analytical approaches" (490). Obviamente, este anclaje funciona más como un obstáculo epistemológico que, probablemente, tenga todavía mucho que ver con el estatus institucional de los estudios hispánicos en Estados Unidos. Lo cierto es que la pulsión epistemológica de estos trabajos no parece ir más allá del acopio de datos o de relacionar textos y documentos, y menos aún interesarse en profundizar radicalmente ciertas cuestiones de sexualidad.

Tal vez esto se deba a que muchos de los investigadores que firman estos trabajos son académicos que han llegado a Estados Unidos desde América Latina, debido a exilios y diásporas que nunca faltan y que, debido a la enorme carga de preguntas promovidas por la derrota ideológica y política de ciertas agendas de izquierda que traían consigo, comenzaron —después de adaptarse a las enormes diferencias del sistema educacional y del currículo entre Estados Unidos y América Latina— un debate en inglés a fin de promover ciertas agendas más plurales respecto a su objeto de estudio. Sin embargo, bastaría acercarse a cualquier "reader", de los muchos que se han publicado en los últimos años, como el voluminoso *The Latin American Cultural Studies Reader*, editado en 2004 por Ana del Sarto, Alicia Ríos y Abril Trigo, para corroborar muchos de los señalamientos que he enumerado anteriormente y ver hasta qué punto la sexualidad sigue todavía excluida de los estudios culturales latinoamericanos o, al menos, sólo es admitida en sus formas menos virulentas. Esto resulta más sorprendente si se considera que, para los editores, "the cultural can be conceptualized as a historical overdetermined field of struggle for the symbolic and performative production, reproduction, and contestation of social reality and political hegemony, through which collective identities evolve" (4). Por eso resulta asombroso que no haya ni siquiera un ensayo sobre alguna forma contestataria de la sexualidad y la forma en que esa transgresión impacta políticamente sobre la cultura, en sus niveles más íntimos. Todavía se nota allí cierta renuencia a involucrar la sexualidad en términos de política libidinal. Cuando se lo hace, se recurre al concepto de "gender" y, casi siempre, en formas muy "decentes" que, a pesar de la enorme controversia que promueve ese concepto, no parecen indicar, a veces erróneamente, más que mujer y hombre o, a lo sumo, cierta aceptación muy ortopédica de lo masculino y lo femenino. Lo más que puede encontrarse allí es alguna referencia muy general a la crisis de la identidad masculina o la inestabilidad de la identidad femenina, y casi siempre de una manera no problematizada en lo teórico. Cuestiones ligadas a la errancia del deseo por los arrabales de la ley o cuestiones más provocativas sobre la repetición y la pulsión están totalmente ausentes. En algunos de los trabajos incluidos en este volumen —firmados por prominentes investigadores— se puede observar esa necesidad de estar al día con las corrientes académicas en boga. Mediante saltos, a veces demasiado abruptos, de lo micro a lo macropolítico, parece exorcisarse la falta de una práctica teórica efectiva. Así, muchos ensayos —que rescatan datos y documentos interesantes de empolvados archivos y los entrelazan en su discurso haciendo gala (como los viejos filólogos del hispanismo) de erudición– no pueden dejar de abordar lo étnico-racial, el género sexual y la clase social; sin embargo, lo hacen desde marcos teóricos no explicitados, completamente asumidos y por ende no criticados. Casi lo mismo podría detectarse en otras publicaciones en cuanto a no debatir cuestiones de riesgo –de riesgo teórico que, como sabemos, es siempre riesgo político.

A manera de conclusión se podría decir que, como ocurre en la vida, la sexualidad siempre aparece en la academia como una materia pendiente. Todavía queda mucho por desarrollar, especialmente los ajustes teóricos con el psicoanálisis y el marxismo. Sin duda la literatura y la crítica literaria entrarán en el debate global sobre el rol de las humanidades en el marco de la universidad corporativa. Tal vez la época que se avecina no corresponda tanto al descubrimiento y acumulación de nuevos archivos otrora marginados, sino a una discusión más global sobre los objetivos de los estudios crítico-literarios, su rol en la academia y sus estrategias frente a los desarrollos producidos en América Latina, especialmente en relación al impacto que las sexualidades están ya teniendo y sin duda van a tener en el diseño de nuevas agendas sociopolíticas.

Notas

[1] Es imposible, en los límites de este ensayo, desarrollar la cuestión del sujeto en el psicoanálisis. Por un lado, el psicoanálisis –que no es una psicología ni se reduce a una simple terapéutica– ha provocado discusiones filosóficas muy complicadas respecto a la conceptualización del saber y del conocimiento y Lacan mismo tiene múltiples discusiones sobre la ciencia y la posición del psicoanálisis con respecto a ella y a la religión. El "sujeto" del que habla Lacan –que no es el "yo" de la "ego psychology"– y su conceptualización, que no fue dada de una sola vez sino que se registra todo a lo largo de la enseñanza del maestro francés, constituye una arquitectura conceptual muy compleja que sería imposible detallar aquí sin pecar de inconsistencia. El sujeto del psicoanálisis está, pues, ligado a múltiples elaboraciones doctrinarias: a la división conciente/ inconsciente, los tres registros (real, simbólico e imaginario), la diferencia entre necesidad/ demanda/deseo/goce, a la represión original y secundaria, a las estructuras clínicas (neurosis [histeria, fobia y obsesión], perversión, psicosis), a la teoría del significante, a la diferencia sexual, función fálica y el goce fálico; a la estructura de la masculinidad y la feminidad, a la problemática del otro y de la ley, a la fantasía y el atravesamiento del fantasma fundamental, a los cuatro discursos (discurso del amo, de la universidad, de la histérica y del analista), a la emergencia de la verdad en el error, a la problemática de la interpretación, y sobre todo, a la concepción lacaniana de la Cosa y la sublimación. Para una introducción a todos estos conceptos conviene cotejar las ocho conferencias de Jacques-Alain Miller agrupadas en *Recorrido de Lacan* (1986), el libro de Bruce Fink, el traductor oficial al inglés de los *Escritos* lacanianos, titulado *The Lacanian Subject* (1995) y –aunque con algunas reservas– el libro de Eduardo Pérez Peña, *Lacan, el bárbaro. Desarrollo y estructura de la teoría psicoanalítica en Lacan* (2005), especialmente para apreciar las conexiones de Lacan con la filosofía y las ciencias formales (matemáticas, física). Asimismo, se han publicado exhaustivos diccionarios que pueden ser de suma utilidad para quienes intenten introducirse al psicoanálisis, sus protagonistas, sus conceptos, sus debates, su historia. Baste mencionar al menos dos: el ya tradicional *Diccionario de psicoanálisis* de Jean Laplanche y Jean-Bertrand Pontalis y el más reciente de Élizabeth Roudinesco y Michel Plon.

[2] Para un ejemplo breve sobre el psicoanálisis y las ciencias formales, especialmente en la física y la teoría del caos, véase Žižek 76-82.

[3] Durante la preparación de ese ensayo, hemos cotejado *PMLA*, todos sus números desde su aparición en 1884. Asimismo, hemos examinado la *Revista Iberoamericana*, que se publica en Estados Unidos desde la década del treinta, y *Chasqui*, que apareció en 1972. Tenemos planteado

un largo ensayo que describirá la forma en que América Latina es representada en *PMLA*, y particularmente los avatares de la sexualidad en las revistas mencionadas, más el cotejo con algunas otras publicaciones líderes de América Latina.

4 Resulta interesante estar alerta a las estrategias discursivas utilizadas en trabajos enteramente dedicados a discutir cuestiones sobre la mujer y las minorías subalternas, muchos de ellos provenientes de intelectuales progresistas y sobre todo de izquierda, para detectar la forma en que eluden (a veces temerosamente aluden) a la sexualidad. En este ensayo daremos unos pocos ejemplos, pero el lector podrá cotejar por sí mismo muchos otros materiales en los que se puede ver la forma en que opera la renegación [*Verleugnung*] de la sexualidad y del psicoanálisis en los estudios académicos. En algunos casos, estos ensayos –más allá de sus méritos investigativos– parecen todavía responder *obedientemente* a algún amo cuando repudian la sexualidad bajo la famosa fórmula de la perversión que Octave Mannoni nos enseñó a reconocer: "ya lo sé, pero aún así..."; es decir, "ya sé que la sexualidad y el psicoanálisis tienen mucho que decir, pero aún así no creo que sea relevante para mi investigación".

5 El discurso lacaniano –con sus paradojas, sus barroquismos, sus innumerables referencias filosóficas, científicas y literarias– no es fácil de desbrozar. Sus planteos sobre la diferencia sexual y la feminidad, especialmente tal como los presentará en el *Seminario XX Aún*, remiten a tantos aspectos de su teoría que sería vano, trivial y hasta reduccionista pretender aquí dar cuenta de su sofisticado abordaje. Para una comprensión general de los planteos lacanianos sobre estos temas, remitimos al lector interesado a la bibliografía mencionada en nota 1. Asimismo, para una presentación introductoria sobre estas cuestiones puntuales sobre La Mujer y la diferencia sexual, conviene remitirse al capítulo 8 de *The Lacanian Subject* de Bruce Fink, quien además detalla –como muchas veces también hace Joan Copjec– las interpretaciones inadecuadas que la recepción del pensamiento lacaniano ha tenido y todavía tiene en la academia estadounidense.

6 Aunque sin circunscribirme enteramente a la pulsión, pero ensayando una lectura atenida a la deriva libidinal, he intentado una lectura del *Diario* del Che Guevara en Bolivia, en mi *Teatralidad y experiencia política en América Latina* (117-76).

7 Para un acercamiento conciso a los debates entre el psicoanálisis freudo-lacaniano y la "Ego Psychology" véanse Bruck; Helman.

8 Para una mayor comprensión de este término náhuatl, véase Mignolo.

9 Con sólo detenerse en el capítulo "La pareja eterna del criminal y la santa" (111-81), uno puede tener una idea de cómo Sartre, además de usar un lenguaje provocativo y directo, anticipa la agenda de los estudios gay y lésbicos y de los estudios *queer*.

10 Si bien Epps ha publicado un ensayo estupendo sobre Perlongher titulado "La ética de la promiscuidad", yo me refiero aquí a lo que planteara en una charla con el mismo título dada en la Universidad de California, Santa Bárbara, el 18 de mayo de 2006.

11 Algunas anotaciones interesantes pueden encontrarse en Rapisardi & Mondarelli. También hay datos interesantes en algunos trabajos de Juan José Sebreli y Jorge Salessi.

12 Psicoanalista marxista y feminista, nacida en Viena y finalmente exiliada en España, Uruguay y Argentina; durante la última presidencia de Juan Domingo Perón fue amenazada por un escuadrón de la muerte y obligada a salir nuevamente al exilio, esta vez a México, donde inmediatamente formó parte de la Brigada México-Nicaragua. Después de un intento de involucrar a Fidel Castro en el psicoanálisis, regresó a Buenos Aires, donde murió en 1987.

13 En relación al feminismo habría mucho que decir aquí. Sin embargo, preferimos no extendernos, en el entendimiento de que este libro ya incluye un ensayo específico sobre el tema.

14 Nuevamente, resulta imposible en este ensayo dar cuenta de las múltiples facetas teóricas del debate actual sobre la mujer y lo femenino. Remitimos a la bibliografía introductoria detallada en nota 1.

15 He desarrollado este punto en mi libro *Teatralidad y experiencia política en América Latina (1957-1977)*, especialmente en un extenso capítulo sobre los escritos de Ignacio de Loyola y el Che Guevara.

[16] En Estados Unidos comienza a haber también una revisión del derecho a partir del lacanismo. Véase Caudill.

[17] El ensayo de Adams constituye un síntoma de cierto malestar en los estudios literarios, especialmente respecto al nivel críptico alcanzado por los discursos críticos en la academia, en relación a los objetivos pedagógicos a los que supuestamente deberían servir a nivel de grado y posgrado.

[18] Convendría volver a leer y discutir el *Curso de filosofía para científicos* (1967) de Louis Althusser y sus severos cuestionamientos a la interdisplinariedad.

Bibliografía

Adams, Charles S. "The Real Small World(s)". *PMLA* 115/2 (2000): 161-5.

Balderston, Daniel & Donna J. Guy. "Introduction". *Sex and Sexuality in Latin America*. Nueva York: New York UP, 1997. 1-6.

Barthes, Roland. *El placer del texto*. Buenos Aires: Siglo XXI, 1974.

Bartra, Roger. *Anatomía del mexicano*. Barcelona: Plaza y Janés, 2002.

Belsey, Catherine & Jane Moore, eds. "Introduction: The Story So Far". *The Feminist Reader. Essays in Gender and the Politics of Literary Criticism*. Malden: Blackwell, 1997. 1-15.

Bergmann, Emilie L. & Paul Julian Smith, eds. *Entiendes?: Queer Readings, Hispanic Writings*. Durham: Duke UP, 1995.

Borim, Dário & Roberto Reis. "Introduction: The Age of Suspicion: Mapping Sexualities in Hispanic Literary and Cultural Texts". *Bodies and Biases. Sexualities in Hispanic Cultures and Literature*. David W. Foster & Roberto Reis, eds. *Hispanic Issues* 13 (1996): xiii-xxxii.

Bruck, Carlos. "Ego Psychology, Freud and Lacan: A Tale of Two Cities". *Clinical Studies: International Journal of Psychoanalysis* 4/1 (1998): 75-81.

Butler, Judith. *Gender Trouble: Feminism and the Subversion of Identity*. Nueva York: Routledge, 1990.

_____. *Bodies that Matter: On the Discursive Limits of "Sex"*. Nueva York: Routledge, 1993.

Caudill, David S. *Lacan and the Subject of Law. Towards a Psychoanalytic Critical Legal Theory*. Atlantic Highlands: Humanities Press, 1997.

Caulfield, Sueann. "The History of Gender in the Historiography of Latin America". *Hispanic American Historical Review* 81 (2001): 449-490.

Chávez-Silverman, Susana & Librada Hernández, eds. *Reading and Writing the Ambiente: Queer Sexualities in Latino, Latin American, and Spanish Culture*. Madison: U of Wisconsin P, 2000.

Copjec, Joan. *Imagine There's No Woman. Ethics and Sublimation*. Cambridge: MIT Press, 2002.

_____. "Mayo del '68, el mes de las emociones". *El sexo y la eutanasia de la razón. Ensayos sobre el amor y la diferencia*. Buenos Aires: Paidós, 2006. 95-132.

Cottet, Cristián. *Carlos Sánchez: la razón de estar gay*. Santiago: Mosquito, 2005.

Del Sarto, Ana, Alicia Ríos, & Abril Trigo. *The Latin American Cultural Studies Reader*. Durham: Duke UP, 2004.

Epps, Brad. "La ética de la promiscuidad: reflexiones en torno a Néstor Perlongher". *Iberoamericana* 5/18 (2005): 145-164.

Feldstein, Richard & Willy Apollon, eds. *Lacan, Politics, Aesthetics*. Nueva York: State U of New York P, 1996.

Fink, Bruce. *The Lacanian Subject. Between Language and Jouissance*. Princeton: Princeton UP, 1995.

Foster, David William. *Sexual Textualities: Essays on Queer/ing Latin American Writing*. Austin: U of Texas P, 1997.

_____ & Emmanuel Nelson. *Latin American Writers on Gay and Lesbian Themes: a Bio-critical Sourcebook*. Westport: Greenwood, 1994.

Geirola, Gustavo. *Teatralidad y experiencia política en América Latina*. Irvine: Gestos, 2000.

Gerez Ambertín, Marta, comp. *Culpa, responsabilidad y castigo en el discurso jurídico y psicoanalítico*. 2 v. Buenos Aires: Letra Viva, 2004.

Helman, Jorge M. "Legacies". *Clinical Studies: International Journal of Psychoanalysis* 3/2 (1997): 77-80.

Lacan, Jacques. *Seminario XI. Los cuatro conceptos fundamentales del psicoanálisis*. Buenos Aires: Paidós, 1987.

Laclau, Ernesto. "Joan Copjec y las aventuras de lo Real". Joan Copjec. *El sexo y la eutanasia de la razón*. Buenos Aires: Paidós, 2006. 9-17.

Laplanche, Jean & J. B. Pontalis. *Diccionario de psicoanálisis*. Barcelona: Paidós, 1996.

MacCannell, Juliet Flower. *The Regime of the Brother. After the Patriarchy*. Londres: Routledge, 1991.

Mannoni, Octave. "Ya lo sé, pero aún así...". *La otra escena. Claves de lo imaginario*. Buenos Aires: Amorrortu, 1979. 9-27.

Masotta, Oscar. *Lecturas de psicoanálisis. Freud, Lacan*. Buenos Aires: Paidós, 1992.

Mignolo, Walter. "Introduction: From Cross-Genealogies and Subaltern Knowledges to *Nepantla*". *Nepantla. Views from South* 1/1 (2000): 1-8.

Miller, Jacques-Alain. *Recorrido de Lacan. Ocho conferencias*. Buenos Aires: Manantial, 1986.

Mogrovejo, Norma. *Un amor que no se atrevió a decir su nombre. La lucha de las lesbianas y su relación con los movimientos homosexual y feminista en América Latina*. México: Plaza y Valdés, 2000.

Molloy, Sylvia & Robert Mckee Irwin, eds. *Hispanisms and Homosexualities*. Durham: Duke UP, 1998.

Nakjavani, Erik. "The Poetics of Lacan's Psychoanalytic Theorization". *Clinical Studies: International Journal of Psychoanalysis* 5/2 (2000): 1-25.

Pérez Peña, Eduardo. *Lacan, el bárbaro. Desarrollo y estructura de la teoría psicoanalítica en Lacan*. Buenos Aires: Biblos, 2005.

Perlongher, Néstor. *El negocio del deseo. Prostitución masculina en San Pablo*. Buenos Aires: Paidós, 1999.

_____ *Papeles insumisos*. Buenos Aires: Santiago Arcos, 2004.

Plotkin, Mariano Ben. *Freud in the Pampas. The Emergence and Development of a Psychonalytic Culture in Argentina*. Stanford: Stanford UP, 2001.

Rabinovich, Diana. *El concepto de objeto en la teoría psicoanalítica I*. Buenos Aires: Manantial, 1990.

Rapisardi, Flavio & Alejandro Mondarelli. *Fiestas, baños y exilios. Los gays porteños en la última dictadura*. Buenos Aires: Sudamericana, 2001.

Richard, Nelly. "Género". *Términos críticos de sociología de la cultura*. Carlos Altamirano, ed. Buenos Aires: Paidós, 2002. 95-101.

Roudinesco, Elisabeth & Michel Plon. *Diccionario de psicoanálisis*. Buenos Aires: Paidós, 1998.

Salecl, Renata. *The Spoils of Freedom: Psychoanalysis and Feminism after the Fall of Socialism (Feminism for Today)*. Londres: Routledge, 1994.

──── & Slavoj Žižek, eds. *Gaze and Voice as Love Objects*. Durham: Duke UP, 1996.

Salessi, Jorge H. *Médicos maleantes y maricas: higiene, criminología y homosexualidad en Argentina 1870-1914*. Rosario: Beatriz Viterbo, 1995.

Sartre, Jean Paul. *San Genet, comediante y mártir*. Buenos Aires: Losada, 2003.

Schifter, Jacobo. *Amor de machos*. San José, Costa Rica: ILPES, 1998.

──── *Public Sex in a Latin Society*. Nueva York: The Haworth Hispanic/Latino Press, 1999.

──── & Johnny Madrigal. *The Sexual Construction of Latino Youth. Implications for the Spread of HIV/AIDS*. Nueva York: Haworth Hispanic/Latino Press, 2000.

Varney, Susan. "On Keeping Sex Alive". *Clinical Studies: International Journal of Psychoanalysis* 5/2 (2000): 41-2.

Vidal, Hernán. *Crítica literaria como defensa de los derechos humanos: cuestión teórica*. Newark: J. de la Cuesta, 1994.

Žižek, Slavoj. *Mirando al sesgo. Una introducción a Jacques Lacan a través de la cultura popular*. Buenos Aires: Paidós, 2004.

¿Metáfora o catacresis?: mestizaje y retórica de la descolonización

JAVIER SANJINÉS C.
University of Michigan

Día histórico para Bolivia, el 2 de julio de 2006 tuvo lugar el referéndum que eligió a los doscientos cincuenta y cinco ciudadanos que, reunidos en asamblea constituyente, podrían darle al país la estructura de un nuevo Estado plurinacional e intercultural. El referéndum fue también histórico por otros dos motivos: por una parte, porque por primera vez, desde el retorno del país al cauce de la democracia, en octubre de 1982, y superada la larga etapa de los regímenes militares autoritarios, la población pudo escoger a quienes hoy la representan en la redacción de la nueva constitución política del Estado; por otra parte, porque se enmendó el hecho de que los sucesivos gobiernos neoliberales fueron incapaces de interpretar las aspiraciones del pueblo. Sucede que, como en 1990, cuando se hizo la "Marcha por el territorio y la dignidad", iniciada en las tierras bajas del Oriente boliviano, los indígenas vuelven hoy a exigir un territorio propio que puedan administrar autónomamente.

Semanas antes de este histórico 2 de julio, aparecieron en La Paz unos enormes afiches propagandísticos que mostraban múltiples rostros de hombres y mujeres pertenecientes a las diferentes etnias que pueblan el territorio patrio. Los afiches ubicaban estos rostros bajo el lema: "Evo soy yo", aludiendo a la capacidad aglutinante e integradora de Evo Morales, el actual presidente de la república y líder indígena del Movimiento al Socialismo (MAS). Como es de conocimiento público, Morales llegó al poder democráticamente elegido por una mayoría de votos realmente sin precedentes, superando ampliamente la "democracia pactada" de los partidos políticos. Venidos a menos debido a los pobres resultados en los comicios electorales, los partidos tradicionales terminaron por experimentar la crisis de estos pactos para acceder al poder.

La reacción ante esos afiches propagandísticos no se dejó esperar. En efecto, a los pocos días apareció en la prensa el comentario de José Gramunt, el conocido sacerdote jesuita, que observaba en el lema "Evo soy yo" un sesgo autoritario, comparable al despótico "l' État c'est moi" de Luis XIV. Para este prestigioso columnista, Evo reproducía el absolutismo de antaño; se apartaba de la racionalidad discursiva y asentaba su soberanía identificándose con sus gobernados bajo un poder indivisible que les negaba a éstos la independencia, el juicio propio, dando así la impresión de ser la encarnación más clara de un dictador plebiscitario. En otras palabras, el traslado de Evo a la representación absolutista del Estado, una lectura metafórica del afiche, permitía interpretar la presencia política de Evo Morales como la de un soberano que suspende el criterio de la formación discursiva de la voluntad, fundada en la deliberación racional. Así, dicha lectura reforzaba el criterio de las élites tradicionalmente conservadoras de que el nuevo Estado boliviano se aproximaba al autoritarismo. Por decirlo de otro modo, Evo habría puesto en marcha un Estado de excepción que adopta medidas arbitrarias que no hacen justicia a la legitimidad con la que este líder sindical llegó al poder. En otras palabras, la ilegalidad de los actos de Evo estaría hoy desconociendo el fundamento de su legitimidad, asentado en el voto popular.

Al leer este comentario periodístico, sospeché inmediatamente que el afiche podía dar lugar a una lectura retórica diferente que posiblemente contradijese y polemizase con esta lectura declaradamente pesimista de la situación nacional.

¿METÁFORA O CATACRESIS?: EL MODELO RETÓRICO

Si aceptamos que el comportamiento humano está necesariamente involucrado en un continuo dinámico de producción de significaciones que relacionan los hechos concretos que tienen lugar en la vida cotidiana con abstracciones mayores, como son las políticas de Estado que orientan los proyectos de desarrollo y de perfeccionamiento social, estaremos entonces en condiciones de comprender el rol que juegan las metáforas y otras figuras retóricas, verdaderas mediaciones o "tipificaciones intermedias" (Vidal, "Cultura" 54-99; Lukács) que orientan el actuar humano, fijando, condensando, a veces magnificando tendenciosamente, su sentido social. Por ello, en este circuito, en este tránsito, que va de la experiencia microcósmica de la vida cotidiana, a los ejemplos macrocósmicos y totalizadores de las nociones de Estado, cultura nacional o hegemonía social, resulta crucial el análisis de la retórica como categoría mediadora entre lo abstracto y lo concreto. Señalemos, entonces, que el desplazamiento de la retórica es relevante al análisis que aquí emprendemos (Laclau 95-7).

Al reflexionar sobre el origen de los desplazamientos retóricos, Quintiliano introdujo, en su *Institutio oratoria*, una interesante diferencia entre "metáfora" y "catacresis" (35-6). Para este orador romano, la catacresis (*abusio*, o abuso) correspondía a un estado primitivo de la sociedad donde la subjetividad, el "yo", era todavía inestable y estaba en vías de constituirse. En este estado bárbaro, primitivo, había más cosas por ser nombradas que palabras disponibles, de modo que era necesario prestarse palabras para emplearlas en más de un sentido, desviándolas así de su sentido literal. Enfatizamos acá, siguiendo las reflexiones de Patricia Parker en torno a la obra de Quintiliano, el hecho de que eran la falta, la carencia, la necesidad, las situaciones de urgencia lo que distinguió a la catacresis de la metáfora. No deja por ello de sorprender que esta diferencia básica entre metáfora y catacresis se hubiese confundido en los escritos de Cicerón (155), quedando olvidada, enterrada, la diferencia fundamental entre la transferencia de un término literal a otro, estable y constituido, como sucede en la lectura metafórica, y la lectura catacrésica, donde la transferencia es a un término inestable y por constituirse, hecho que, visto hoy a partir del afiche propagandístico que nos ocupa, correspondería a la representación de algo mutable, todavía incierto, en vías de constitución. En otras palabras, hay una notable diferencia entre leer el afiche como la construcción de una comunidad todavía amorfa, inestable, y hacerlo como el desplazamiento a un Estado constituido, sea éste democrático o autoritario. En otras palabras, la lectura catacrésica de "Evo soy yo" extiende el sentido del nombre para abrir el vacío de un "yo" inestable que está en construcción: el pueblo.

A continuación, presentamos dos influyentes lecturas que relacionan al pueblo con la catacresis. La primera corresponde a la lectura deconstructivista de la conocida intelectual feminista Gayatri Spivak; la segunda, a la visión del sujeto popular que, desde un punto de vista diferente, ofrece el historiador subalternista Ranajit Guha.

En uno de sus más influyentes ensayos, conocido de todos los que se dedican al tema de los estudios culturales, Spivak afirma que el sujeto subalterno no puede hablar porque no logra apartarse del pensamiento elitista en el momento mismo de la representación. Así, negado su acceso a la autorrepresentación, la subalternidad, que se desliza por debajo de la barra de la significación, produce la catacresis de la élite, y desanda la cultura dominante y sus formas de conocimiento, incluyendo la retórica que embellece y ornamenta el discurso. Para Spivak, la catacresis es la estrategia que la subalternidad emplea a fin de desarmar el nivel simbólico en el que se asienta la cultura dominante; a fin de socavar los cimientos de la metáfora patriarcal (el Nombre del Padre). Pero, una vez producida la deconstrucción: ¿qué sustituiría el desmoronamiento de lo simbólico, de lo metafórico (leyes, códigos, gramáticas, manuales de buena conducta, etc.), tropos que hoy han perdido su vieja prestancia?

Spivak, quien desanda rigurosamente la autoridad paterna, la *patria potestas*, no nos permite ver en su análisis de la catacresis la posibilidad de reorganizar lo social, menos aún de recomponer el poder. Sin embargo, varias preguntas surgen a raíz del hecho de que la catacresis se siente más cómoda con el procedimiento de la sinécdoque (la parte por el todo) que con el desplazamiento totalizador de la metáfora, como lo mostró M. Fontanier en su *Manuel clasique pour l'étude des tropes*. Efectivamente, ¿podrá la catacresis originar un nuevo proceso de significación? ¿Estaría esta significación relacionada con lo popular? De ser así, ¿qué resultados tendría el verla partir de la pobreza (*inopiae*), alejada del entretenimiento que produce la metáfora (*delectationis*)? Creo que la relación de la catacresis con la sinécdoque –"potencia" que no sólo desgasta la *potestas* sino que la sustituye por algo que está en construcción– está hoy en el trabajo teórico de historiadores y de filósofos sociales como Antonio Negri, Ernesto Laclau, Ranajit Guha, Franz Hinckelammert y Enrique Dussel. Veamos, también brevemente, el caso de Guha.

Si, para Spivak, lo subalterno no es precisamente "el pueblo", negándose ella a aceptar la totalización sugerida por la cópula gramsciana "pueblo-nación", nos parece que la lectura catacrésica de "Evo soy yo" se aproxima más a la noción de "pueblo" desarrollada por Guha. Al igual que Antonio Gramsci, en quien lo subalterno es un eufemismo para la clase obrera y campesina, Ranajit Guha incluye en lo subalterno no sólo a estos sectores, sino también a los sectores medios que no están marcados en términos de clase. De este modo, Guha identifica lo subalterno y lo popular de una manera mucho más inclusiva, donde la catacresis cumpliría un rol diferente que no se reduciría al "desgaste", como concibe el deconstructivismo de Spivak. En este sentido, Guha es uno de los propulsores de lo subalterno como "sujeto popular".

En resumen, habría que decir que los estudios subalternos se dan en tensión entre el proyecto deconstructivista de la nación y la articulación de los nuevos proyectos o formas de agencia colectiva, tanto política como social. De esta manera, existen dos posibles lecturas de la catacresis: una, la de Spivak, en apoyo de los movimientos sociales a nivel supra e infra nacional; la otra, la de Guha, en apoyo de un nuevo bloque popular potencialmente hegemónico, es decir, una articulación ideológica que, en Bolivia, invoca hoy en día las categorías tanto de "pueblo" como de "patria", a fin de desandar la categoría homogeneizadora de "Estado-nación". Así, los estudios subalternos pueden contribuir a la construcción de una nueva hegemonía "desde abajo". Es lo que Guha llama "políticas del pueblo", en las cuales la catacresis cumpliría un rol diferente del que le asigna Spivak. Dicho esto, concentrémonos en el examen de la metáfora y de la catacresis.

Metáfora y catacresis son "tipificaciones" que orientan el actuar humano de diferente manera: ambas están ubicadas en una narrativa temporal que se mueve de la "pobreza" al "embellecimiento", de una situación de necesidad y de carencia a otra signada por el "buen gusto" y el "entretenimiento". Y esta ubicación temporal también marca las diferencias entre lo que significa representar la "comunidad" arcaica o la "sociedad" constituida en un Estado moderno, como el "L'État c'est moi" del despotismo ilustrado francés. Si la metáfora es una traslación razonada y consensuada, la catacresis es "algo más desesperado", proveniente de la rudeza (*rustia*) campesina, que no traslada sentidos por gusto, sino por necesidad (Parker 61-3). De ahí que la metáfora sea el recurso comúnmente empleado por poetas y letrados, mientras que la catacresis, afincada en lo popular, se asocie más con la subalternidad, con la condición humana de los pobres, de los salvajes, de los "faltos de idioma", a quienes el ingreso a la lengua paterna (lo simbólico) les ha sido vedado, y el territorio en el que habitan, sustraído.

De la catacresis a la metáfora; de la comunidad rural a la estructura citadina; de la tradición a la modernidad, la narrativa temporal que presenta la retórica se mueve de la "pobreza" léxica a la embellecida "plusvalía" del discurso; de las limitaciones materiales, al placentero goce del texto. Influenciada por el desarrollo histórico implantado por las retóricas de Quintiliano y de Cicerón, la metáfora se regodea en el proceso estético eurocéntrico que desdeña el hecho de que éste se inició como catacresis, como una transferencia originada en la insuficiencia de los términos propios. Pero esta carencia fue suplida, con el paso del tiempo, por el modo de producción de significaciones que superó la pobreza de los comienzos. Hay que resaltar aquí ese hecho, es decir, el "después", el "post", que esta historia narrativa no pudo dejar de glorificar, y que quedó confirmada en el siglo XVIII, en *Les tropes* (1729, I: 57) de Dumarsais, y, posteriormente, en el *Commentaire raisonné* (1818, I: 57) de Fontanier, es decir, en la etapa moderna que absorbió por completo la catacresis, que la escondió hasta el punto en que dejaron ya de percibirse las diferencias entre ambas, de manera tal que la metáfora, producto refinado de este proceso retórico, terminó ocultando la pobreza inicial del lenguaje, su origen campechano, rústico, siendo el tropo dominante de la modernidad, y reinando por sobre todo otro lenguaje figurativo ("Elle regne en quelque sorte sur toutes les autres figures", I: 75).

Debemos ahora preguntarnos: ¿qué es precisamente lo que esta distinción entre metáfora y catacresis, fundamentalmente el ocultamiento de la segunda, significa para nuestro propósito de ubicar y diferenciar las contrapuestas lecturas de la realidad boliviana?

Puesto que las metáforas son tropos literarios que condensan y orientan el actuar cotidiano; puesto que ellas representan con mayor idoneidad el ingreso en la modernidad rectilínea, gobernada por el desarrollo y el "embellecimiento" de nuestras vidas, podría decirse que también van conectadas al proceso de la "nación cívica" (Mayorga & Molina). Entendemos por "nación cívica" aquella que, fundada en el concepto de ciudadanía, sigue el modelo francés del Estado-nación. En su aplicación al caso boliviano, este Estado-nación tuvo enormes tropiezos durante todo el siglo pasado. Sin embargo, se puede decir que el proyecto más claro de construcción de un Estado nacional nació de la revolución democrático-burguesa de 1952. Este Estado-nación tuvo dos fases: la primera, el capitalismo de Estado que, desde 1952 hasta 1985, se encargó de la organización de la "cultura nacional", entendida ésta como la suma de proyectos que el Estado puso en marcha para homogeneizar una nación fragmentada en múltiples etnias, pobremente articulada en su territorio y en sus regiones (Vidal, "Cultura"). Para conseguir este propósito, el Estado propagó el nacionalismo mestizo bajo la forma de una metáfora corporal que se remonta a la pedagogía liberal inaugurada a principios del siglo XX (Sanjinés). La segunda fase del Estado, que corre de 1985 a 2005, tiene que ver con las reformas neoliberales que produjeron el desplazamiento del nacionalismo mestizo hacia una "gobernabilidad democrática" que aspiró a suplir las deficiencias del nacionalismo y del capitalismo de Estado. Propondremos que este desplazamiento no significó la sustitución del nacionalismo mestizo, sino su ampliación metonímica hacia la concepción postmoderna de lo que en Bolivia se ha denominado "lo pluri-multi", es decir, la articulación de lo plurinacional con lo multilingüe. En su momento, tocaremos el desplazamiento mestizo hacia la concepción de "burguesías cholas". Este desplazamiento no sustituyó el mestizaje, sino que lo amplió y lo adaptó a las necesidades propias, condicionadas por el mercado y la globalización. Hubo aquí una visión totalizadora de la realidad que, de manera parecida al modo como operó el nacionalismo mestizo, osciló entre lo particular concreto y lo universal abstracto, mediado por el mestizaje como metáfora social, y que observó con preocupación las miradas fragmentadoras –estas miradas parecen retornar a la catacresis– de los movimientos indígenas. Podría incluso afirmarse que la mirada "pluri-multi" de la realidad, que desplazó, desterritorializó, pero no sustituyó la propuesta del nacionalismo mestizo. Fue una interesante postura crítica de la modernidad que evadió ahondar en las profundas grietas sociales y económicas no superadas por la revolución nacional. En este sentido, evitó la polémica con la "colonialidad del poder", que la mirada descolonizadora, construida desde la óptica de los movimientos sociales, propone hoy en día.

En contra del modelo de la "nación cívica", dominado por la representación metafórica del mestizaje, y su desplazamiento metonímico hacia el multiculturalismo neoliberal, los movimientos sociales del presente cuestionan los "universales" sobre los cuales se construyó la nación. De este modo, los movimientos actuales se apoyan en una visión mucho más organicista de la nación, promovida por el indianismo descolonizador. Este modelo organicista replantea hoy el debate respecto a la validez del Estado-nación, cuestionándolo como comunidad política y jurídica capaz de llevar a cabo la inclusión étnica y la integración social. La crítica de este Estado-nación, de su carácter excluyente –en términos sociales, políticos e ideológicos–, de su naturaleza lineal y teleológica –en términos históricos– y de su propuesta homogeneizante –en términos culturales–, ha dado lugar a la formulación de un nuevo pacto entre los pueblos indígenas y el Estado. Éste es uno de los temas centrales de la agenda de la asamblea constituyente, cuya importancia enfatizamos a continuación.

La asamblea constituyente se da hoy en medio de hondas transformaciones sociales. Su importancia crece en la medida en que las instituciones políticas tradicionales van perdiendo el poder de convocatoria. Presenciamos, pues, la crisis del poder "constituido" por el liberalismo de antaño. Esta crisis tiene un prolongado transfondo histórico, derivado, en parte, de la matriz colonial no superada que hizo que Bolivia viviese, desde su independencia, una situación permanente de "colonialismo interno". Debido a ello, la superación de las dictaduras militares del pasado reciente, la misma apertura democrática, y el período neoliberal surgido en 1985, pueden ser leídos como piezas de un poder jurídico y político constituido que ya no puede satisfacer las sucesivas demandas planteadas por una sociedad compleja y abigarrada.

En estas circunstancias, la asamblea constituyente tiene la opción inédita de construir un nuevo Estado, capaz no sólo de introducir reformas profundas en el orden constitucional instituido, sino también de abrirse al carácter plurinacional e intercultural de la Bolivia que hoy ha rebasado su caracterización en los términos homogéneos de la nación-Estado. En tal sentido, la asamblea constituyente intenta superar el orden constituido, pretendiendo que un nuevo Estado emerja desde las raíces profundas de las sociedades autóctonas que interactúan con la modernidad. Este nuevo Estado tendría la posibilidad de instaurar un régimen indígena transversal que vendría acompañado de su correspondiente control social. Esta propuesta choca, naturalmente, con el temor colectivo de la oposición de los partidos políticos y de los sectores medios que, invocando el orden constituido, teme que el MAS de Evo Morales avasalle la asamblea.

Es en esta tensión entre lo constituyente y lo constituido que es posible esa lectura retórica conflictuada del eslogan "Evo soy yo". Si la lectura metafórico-simbólica, cuya posibilidad extrema sería la del mantenimiento del vigente Estado-nación, mira con creciente recelo el autoritarismo de Evo, la lectura opuesta, sinecdóquico-catacrésica, pretende superar la mirada totalizadora del Estado-nación, suplantándola por la construcción de un nuevo Estado que sea capaz de representar las partes olvidadas y marginadas por el carácter homogenizador del Estado-nación constituido.

Como era de esperar, las acaloradas discusiones que se están dando en las deliberaciones de la asamblea son prueba de que no presenciamos una discusión razonada bajo los lineamientos de la moderna "acción comunicativa", donde los argumentos mejor expuestos y razonados, o "embellecidos" por la retórica letrada, son los que guían el desarrollo de las sesiones, sino que enfrentamos el choque de propuestas contrastantes. Parecería que en las sesiones de la asamblea constituyente resurge la catacresis con la violenta intromisión de los "abusos" léxicos que entorpecen el diálogo razonado. Este violento resurgir de lo ruin que puede ser el lenguaje, y la posibilidad de que subvierta todo el modelo modernizador del Estado, es el lado oscuro, grotesco, que escapa el dominio de la metáfora con el *abusio* de la catecresis, especie de retorno lingüístico de lo reprimido, el *unheimlich* de aquéllos que no estaban muertos (Parker 73), sino acallados, acorralados por la retórica montada por el estamento dominante.

De una manera u otra, y reconociendo la enorme dificultad que el país tiene para construir consensos ciudadanos, es importante hablar hoy de Bolivia por varias razones: en primer lugar, porque la presencia de sus movimientos sociales ha modificado los estudios sobre la política que parten de las estructuras de los partidos políticos clásicos, monolíticos y verticales. La gran votación obtenida por el MAS en las urnas electorales responde a la naturaleza plural de este movimiento, en cuyo interior conviven muchas opiniones políticas que no son fijas, hecho que dinamiza sus estructuras y sus liderazgos. En segundo lugar, porque la victoria del MAS es también una muestra de que los movimientos sociales van más allá de las propuestas subalternistas que se limitan a "dar la vuelta" o a "poner de cabeza" el sistema vigente, incluyendo las representaciones metafórico-simbólicas. En efecto, en el MAS se expresa una voluntad política de poder que, a raíz de la crisis de la gobernabilidad del orden constituido, busca cambiar al Estado.

Éste no puede ser concebido en los términos del Estado-nación totalizador y homogéneo. Hablar de un Estado plurinacional e intercultural implica reconocer que las reglas de juego del orden social han cambiado profundamente, lo cual, como veremos a continuación, va conectado a la necesidad de repensar el estudio de la cultura.

Pensamos que la cultura ha adoptado un carácter múltiple y circular. Esta circularidad de las historias locales de los pueblos marginados, o problemáticamente articulados a la modernidad, disipa la armonía lineal del tiempo histórico que era una de las metáforas constitutivas del Estado-nación. Nos parece que en el actual estado de cosas, no hay certidumbre de que, fundada en la categoría de la totalidad, la linealidad temporal que ha consagrado al Estado-nación se mantenga como *regulatio* universal.

Así las cosas, la noción de "cultura nacional" tiene un pobre valor normativo. Frente al carácter teleológico de la cultura nacional, que muda el caos en orden y progreso, podemos concebir la presencia de pueblos no contemporáneos que viven tiempos diferentes y que siguen interactuando, en acción y en reacción, con otras presencias del caos que no pueden ser integradas a orden temporal alguno. Por ello, pueblos que viven tiempos diferentes expresan "fines" divergentes en relación con la norma temporal que todo el mundo acepta. En este sentido, y en lo que concierne a "nuestro" tiempo, cada año, cada día, cada minuto, pueden ser un siglo o una eternidad. Ello se expresa bellamente compendiado en esa máxima árabe que reza: "Que vivas mil años, y que cada año tenga cincuenta mil días".

Otro aspecto crítico de las culturas nacionales es que emplean retóricas tradicionales que siguen siendo monolingües y unilaterales. Ellas son incapaces de concebir las difracciones de nuestros tiempos; tampoco registran las vertiginosas atracciones de las lenguas "no oficiales" que han quedado relegadas al olvido por el sistema de la lengua dominante. Los cambios de este sistema se fundan en el ejercicio diacrónico de períodos que quedan delimitados por el carácter lineal del tiempo histórico que hemos mencionado. Por ello, y en oposición a la lengua dominante que orienta el derrotero de la cultura nacional, podría hoy en día postularse la necesidad de concebir las lenguas como "huellas" que van más allá de la dimensión absoluta del tiempo, asomándose a esos tiempos difractados que las humanidades hoy en día multiplican entre sí, conflictuando el conocimiento de lo dado.

Pensamos que la noción de "huella" puede también relacionarse con el carácter primitivo de la catacresis. Sólo si nos ubicamos en el dominio de la necesidad léxica que el pueblo tiene de apropiarse del nombre propio perteneciente a un sistema de representación ajeno –el Estado construido por las élites–, seremos capaces de comprender que estamos en el momento de la "potencia", es decir, de poder reconstruir lo social a partir de la multiplicidad no jerarquizada de multiples lenguajes. En este sentido, los llamados mestizajes culturales –tengamos muy en cuenta que hay que diferenciar los mestizajes culturales del mestizaje forjado por las élites para justificar su discurso del poder– que dan sentido a nuestro mundo afectan no sólo la diversidad de tiempos que viven unas comunidades respecto de otras, sino el intercambio de sus lenguas, tanto escritas como orales. Más allá de la lengua como sistema, lo imaginario de las humanidades y de las ciencias sociales podría inspirar lenguajes que representarían mejor la infinita variedad de nuestras relaciones. Si la lengua fue el crisol de la unidad buscada por el Estado-nación, la multiplicidad de lenguajes podría ser el campo abierto por las nuevas relaciones interculturales.

Afirmamos, pues, que el nuevo movimiento retórico requiere de una nueva aproximación metodológica que, alejándose de la noción de cultura nacional, sirva para la interpretación de la actual cultura política, donde los movimientos sociales han adquirido enorme poder. Recuperando la poética de Vico –anterior a la dialéctica hegeliana y en clara oposición al racionalismo cartesiano–, veamos, pues, la función que se le podría dar a la retórica en este cometido.

Al pensar un método que no esté sujeto ni al historicismo hegeliano, ni al racionalismo cartesiano que gobernó la mayor parte de la modernidad, encontramos que el de Vico (Vico; White) sería útil porque se distancia resueltamente de la categoría de la totalidad. Apartándose del criterio que dominó el estudio de la cultura desde el siglo XIX, para el cual no había diferencia entre las ciencias de la naturaleza y las de la vida humana, el estudio actual de la cultura política debería entenderse como una nueva manera de relacionar a los seres humanos con los mundos sociales, a través de los usos de los diferentes lenguajes, tanto orales como escritos. A diferencia del racionalismo cartesiano que dividió el conocimiento humano apartando al cuerpo de la mente, se trata ahora de pensar una cultura política que reúna el cuerpo y la mente a través del uso del lenguaje.

Reflexionamos, pues, sobre una lógica poética que pone en funcionamiento la circularidad de los tropos literarios, particularmente la catacresis, por ser no sólo el origen primitivo de la metáfora, sino también por estar ligada al carácter destructivo de la sinécdoque. Así, me imagino un movimiento circular de tropos literarios que se inicia con la metáfora, luego procede a estudiar la metonimia, la cual queda neutralizada por la sinécdoque, que, ligada a la catacresis, constituye el origen de una nueva construcción metafórica.

Si la cultura nacional puso el énfasis unilineal y teleológico de la historia en la construcción metafórico-simbólica de la nación, de sus representaciones homogeneizantes de la familia nacional, o del cuerpo de la nación, nos parece que es ya hora de pensar en una nueva lógica poética que recupere lo heterogéneo, lo poco común; que tenga la capacidad de volver a nombrar, de reasignar las funciones de los tropos literarios, a fin de que éstos puedan dar cuenta del carácter desterritorializador, heterogéneo, de la realidad.

Al abandonar el dominio de las totalizaciones abstractas, la cultura política tendría que reconstruir el sentido de lo social, como Vico hizo en su *Ciencia nueva*, a partir del movimiento de los tropos literarios. En efecto, nos parece que se trata de construir una dinámica interna que no sólo contemple el carácter progresivo, evolutivo del tiempo histórico occidental, sino que también observe la recurrencia cíclica de lo primitivo, de lo amorfo. De esta manera, remarcamos la importancia de la circularidad de los tropos que nos lleva de la metáfora a la metonimia, y de ésta a la sinécdoque. A su vez, la sinécdoque, ligada a la catacresis, constituye el principio de una nueva construcción de significados. Esta circularidad rompe con el carácter teleológico de la cultura nacional. Dicha teleología marcaba el paso de la barbarie a la civilización de un modo rectilíneo. Hoy se trata de superar este paradigma civilizatorio que impregnó de certezas el imaginario de nuestras naciones. Hablamos, pues, de una circularidad recurrente donde el caos y la barbarie están contenidos en el concepto de civilización, del mismo modo como la propia civilización está impregnada de barbarie. Se trata, pues, de introducir en la cultura política una mirada atávica. Recordemos que este atavismo (Said), que está presente en Vico, no puede desligar la embellecida metáfora de su origen primitivo, inculto, plebeyo. Este origen es la catacresis.

En resumen, es el movimiento de la lógica poética aquí descrito que marca el rumbo del presente ensayo. A continuación, reflexionaremos sobre la propuesta cultural de la modernidad mestiza que, en Bolivia, marca la transición del viejo orden oligárquico-liberal al régimen democrático-burgués forjado por la revolución de 1952. Luego, nos concentraremos en su desplazamiento metonímico hacia la postmodernidad chola, asentada durante el período neoliberal iniciado en 1985. Por último, concluiremos con la mirada descolonizadora de los movimientos sociales del presente. Como lo afirmamos en las páginas introductorias de este ensayo, dicha mirada está ligada al retorno de la catacresis arcaica que se desentiende de la lectura homogeneizante del Estado-nación e introduce la construcción política de "el pueblo". En este sentido, "Evo soy yo" no sería la traslación del líder al "yo" estable del Estado, sino a algo diferente, inestable, que está en contrucción: las nociones de "patria" y de "pueblo". Esta sustitución da lugar a otra figura particular dentro del arsenal de la retórica clásica: la sinécdoque, la parte que representa al todo. Así, como veremos más tarde, la sinécdoque, relacionada con la catacresis, no es un agregado más a la taxonomía de figuras retóricas, sino una función ideológica diferente de la metáfora y de la metonimia (Laclau 97).

LA MODERNIDAD MESTIZA

El lector ha escuchado seguramente hablar del "proyecto de la modernidad", que, según el filósofo político alemán Jürgen Habermas, famoso por sus trabajos en torno a la "esfera pública" y a la "teoría de la acción comunicativa", sirve para mostrar la génesis de los Estados nacionales. Sin embargo, la modernidad es un acontecimiento histórico más vasto que pretende someter la vida toda al control del hombre, bajo la guía segura del conocimiento. Logocéntrica en el pleno sentido de la palabra, la modernidad secularizó el mundo a partir del momento en que ubicó al hombre como principio ordenador de todas las cosas. Con el pensamiento de Descartes, en el siglo XVII, Dios dejó de ser un referente personal, capaz de hablarle a la comunidad humana, y el universo se transformó en un principio frío y mecánico, posible de conocerse exclusivamente mediante el ejercicio febril de la razón. Por ello, el racionalismo no es otra cosa que la capacidad humana para descifrar las leyes de la naturaleza y colocarlas al servicio de la razón humana. Esta rehabilitación del hombre, que durante el medioevo había fijado el conocimiento en manos de la revelación divina, vino acompasada con la idea del dominio de la naturaleza mediante la ciencia y la técnica, cuyo profeta fue sir Francis Bacon. A través del racionalismo cartesiano y del empirismo baconiano, el papel de la razón científico-técnica fue acceder a todos los secretos de la naturaleza y obligarla a obedecer los imperativos humanos de control y de vigilancia que reforzaban los principios del centrismo ocular con el que se observaban todos los fenómenos existentes.

Santiago Castro-Gómez ha visto bien que cuando hablamos de modernidad, nos referimos también a la instancia central del Estado, que es, en realidad, pieza fundamental de este centrismo ocular –se ve con el ojo mental de la razón– que controla el mundo natural y social (Jay). El Estado es entendido como la esfera en la cual todos los intereses encontrados de la sociedad pueden llegar a un lugar "céntrico" que dirime las diferencias, que las cohesiona y les da un cauce positivo, una dirección. Por ello, el Estado es la pieza fundamental de la modernidad que pone en marcha el proyecto de la cultura nacional.

Castro-Gómez puntualiza que el Estado tiene que ver no sólo con la reestructuración de la economía de acuerdo con las exigencias del capitalismo, sino también con la redefinición de la legitimidad política y con la identificación del carácter y los valores peculiares de la nación (287). Es precisamente sobre la base de toda esta información que se va formulando la cultura nacional.

Pues bien, la organización de la cultura nacional conlleva el fenómeno denominado "invención del otro", es decir, los dispositivos del saber/poder a partir de los cuales se construyen las representaciones metafóricas y simbólicas de la identidad. Se trata de un procedimiento de inclusiones y de exclusiones en el que se vieron involucradas las sociedades occidentales a partir del siglo XVI, y en el que tiene un peso decisivo la noción de "raza", como ha explicado Aníbal Quijano ("El fracaso..."). Repasemos este tema, para luego continuar más detalladamente con la construcción metafórica del Estado nacional.

Fue un problema central para toda América Latina que los Estados independientes emergiesen de sociedades coloniales que dejaron su impronta en todos ellos. De este modo, en América Latina el Estado estuvo, y está hasta hoy, marcado por una situación colonial que Quijano llama "colonialidad del poder", es decir, un patrón de conocimiento fundado en la noción de raza que permea toda la vida política y social de nuestros pueblos. La idea de raza, como bien puede imaginar el lector, estuvo ahí para impedir que durante tres siglos de colonialismo y dos de vida independiente bajo estructuras sociales que no han dejado de seguir siendo coloniales, la mayoría indígena fuese plenamente ciudadana, con igualdad de derechos ante la ley; impidió también que esta población tuviese algún lugar en la producción y en la gestión de la política y de la cosa pública, es decir, del Estado. Esta masa humana, esta plebe, logró que sus derechos fueran reconocidos gracias a presiones y a reformas violentas que sólo consiguieron su objetivo de manera parcial. Puede por ello afirmarse que en ningún país de América Latina existe un Estado-nación moderno que haya consolidado los derechos ciudadanos y fundado una democracia asentada en una igualdad real ante la ley. Quijano afirma, con justa razón, que si en América Latina el Estado fuera efectivamente un moderno Estado-nación, los movimientos indígenas del presente no tendrían razón de ser ("El fracaso..." 66).

La idea de raza en la que se asienta este patrón de dominación es también la demostración evidente de que el Estado en América Latina no llegó a ser plenamente nacional. Y no pudo serlo porque respondió a este patrón de poder del que habla Quijano. Se trata de un poder que no tuvo precedentes históricos en ninguna otra parte, constituyendo un nuevo sistema de dominación social que se organizó en torno a la idea de raza como producto mental de la conquista y de la colonización. Fundada no sólo en las nociones de superioridad y de inferioridad, esta categoría, a partir de la cual fueron apareciendo otros sistemas de control que iremos mencionando, y que hacen de nuestra modernidad un tema muy conflictivo, emergió a fines del siglo XV y se estableció a comienzos del XVI como la primera categoría real de la modernidad. Al surgir del violento encuentro con el conquistador, la idea de raza sirvió para forjar una supuesta diferencia biológica que hizo del indio un ser diferente, desigual por naturaleza, limitado mentalmente para poder construir producciones histórico-culturales de índole superior.

Si la idea de raza crea la dominación social, ella también está relacionada con otro sistema de control: la producción de mercaderías para el mercado mundial. Quijano puntualiza que, en lo que respecta a la explotación social, el caso de América Latina fue *sui generis* porque todas las formas de explotación laboral –esclavitud, servidumbre, pequeña producción mercantil– fueron organizadas en un único sistema de mercaderías para el mercado mundial. Ni la esclavitud, ni las otras formas de explotación humana fueron una prolongación de antelados sistemas de producción europeos; de este modo, el de América Latina fue deliberadamente construido para participar del mercado mundial. Inclusive los sistemas típicos de las sociedades andinas, como la mita, fueron readaptados para que sirvieran eficientemente a dicho mercado.

Consecuencia de la dominación social y de la explotación económica, ambas asentadas en la idea de raza, fue la honda paradoja de que Europa no pudiese construir su "yo" moderno, su identidad, sin identificar y dominar al "otro" americano. Por ello, resulta imposible imaginar a España y a la Europa Occidental sin América. Pero así como Europa y América se produjeron recíprocamente, así también Europa reforzó su control y consolidó su patrón de poder. En efecto, la Europa del siglo XVII asentó su identidad con la aplicación de la igualdad social, hecho que no pudo ser universal porque, al desplazar al resto del mundo, afirmó la igualdad en la existencia de desiguales.

¿Por qué fue tan importante para la modernidad europea la idea de igualdad social? Porque, a partir de ella, Europa logró hacer efectiva la idea de la libertad individual, y, junto a ella, la idea de la ciudadanía. Así, la igualdad social afianzó la democracia. Y, puesto que esa igualdad le fue negada a América, es obvio que tampoco se dieron los otros pilares de la democracia: la libertad individual y la ciudadanía. De este modo, en América Latina la ciudadanía fue una abstracción montada sobre una igualdad de desiguales que, a lo largo de los siglos XIX y XX, dio lugar a prácticas disciplinarias que no hicieron otra cosa que reforzar las diferencias. Santiago Castro-Gómez toca tres de estas prácticas que los ciudadanos latinoamericanos –los criollo-mestizos, ubicados en la cúspide de la estratificación social– pusieron en práctica durante el siglo XIX: las constituciones, los manuales de urbanidad y las gramáticas de la lengua (289). El tema de la lengua nos parece particularmente afín al asunto que aquí concierne, fundamentalmente a la cuestión de las figuras retóricas que dan cohesión a la construcción nacional.

Dijimos ya que la identidad, la subjetividad, se construye siempre en relación al "otro", con quien no se dialoga, y a quien tampoco se invita al festín de lo nacional. Designados por derecho propio a ser quienes abordasen el tema de la identidad, los sectores dominantes, que impusieron las reglas de juego, definieron y condicionaron el actuar de los dominados, quienes se convirtieron en el "problema" que la nación debía resolver. Influenciada por el cientificismo de la época, la escritura, en cuya legitimidad descansó el control del poder, como lo expresa Beatriz González Stephan al referirse al trabajo teórico del crítico uruguayo Ángel Rama, resultó ser el medio idóneo para analizar y polemizar en torno a este asunto.

Los ensayos fundacionales, los romances de la segunda mitad del siglo XIX, las gramáticas, como la de Andrés Bello, el propio periodismo, fueron todos ellos prueba de que, durante el siglo XIX, la legitimidad de los sectores dominantes descansó en la lengua escrita, en el orden simbólico que apartó con estudiado desdén la oralidad de la lengua materna. Puede entonces comprenderse por qué la metáfora culta apartó a la catacresis, el origen, bárbaro, primitivo, de su ser. Desdeñando las lenguas locales, la magia y los ritos, las "sencillas alegorías" de las culturas ancestrales, y negándose a aceptar la "contemporaneidad no-contemporánea" (Harootunian) de las culturas indígenas, escribir fue un ejercicio que, en el siglo XIX, respondió a la necesidad de ordenar e instaurar el logocentrismo de la "civilización". En el criterio de Beatriz González Stephan y de Santiago Castro-Gómez, escribir anticipaba la utopía social, teleológica y rectilínea de la historia modernizadora de las élites locales. Negándole toda posibilidad a la oralidad de las lenguas maternas, la palabra escrita construyó artificialmente leyes e identidades nacionales, diseñó programas modernizadores, organizó la comprensión del mundo en términos de inclusiones y de exclusiones. Por eso el proyecto fundacional de la nación, que en la zona andina fue débil e insuficiente durante el siglo XIX, se llevó a cabo mediante instituciones legitimadas por la letra (escuelas, ateneos, normales superiores) y discursos hegemónicos (mapas, gramáticas, constituciones, manuales) que reglamentaron la conducta de los actores sociales, establecieron fronteras entre lo bárbaro y lo culto y transmitieron la certeza de existir dentro o fuera de los límites definidos por esa legalidad escrituraria.

Pues bien, la formación de la ciudadanía, un espejismo de los sectores dominantes, sólo fue posible dentro del marco de esa "ciudad letrada" (Rama) que, apartándose del tiempo y del espacio encantados, operó dentro de la legalidad definida por la constitución y por la pedagogía de los opresores. La función de las constituciones y de las pedagogías nacionales fue precisamente inventar la ciudadanía, es decir, crear un campo de identidades homogéneas que viabilizasen el proyecto de la modernidad. Surge de este modo el tema del mestizaje como discurso del poder. Veámoslo primero en términos generales para, seguidamente, estudiar su presencia en el contexto de la modernidad boliviana.

En América Latina, el discurso del mestizaje tuvo un sostenido interés en construir la figura del indio como un objeto de deseo ambivalente. Como concepto, el mestizaje se desarrolló alrededor y en contra de la comunidad indígena. Estas comunidades fueron el sustrato material que siempre excedió la construcción del discurso oficial de "lo indio". Elementos materiales que pudieron haber servido para urdir la retórica urgente y necesaria de la indianidad, y no exclusivamente la imaginada construcción metafórica y simbólica de los sectores dominantes, el indio y su comunidad fueron transfigurados en un orden que homogeneizó la diversidad y reificó la dinámica múltiple de las comunidades etnoculturales. El antropólogo mexicano Guillermo Bonfil Batalla (1996) ha aclarado el hecho de que el indio no existió antes de la conquista del nuevo mundo, siendo entonces, como Joshua Lund también anota a propósito del trabajo de Judith Friedlander, un "otro" deleznable, construido siempre en relación a una amplia gama de apropiaciones y disociaciones económicas y políticas. En este sentido, "indio" vino a ser una formación discursiva al servicio de un vasto conjunto de propósitos ideológicos. Por ello, la construcción social y retórica de "lo indio", del "otro", fue para el discurso mestizo un componente fundamental de su sistema de representación.

Tanto en México como en los Andes, el mestizaje se sostuvo en un imaginario racial que coincidió con el "indigenismo". En efecto, Alan Knight ha explorado exitosamente el hecho de que las teorías del mestizaje y del indigenismo formaron una poderosa asociación al servicio de la construcción nacional. Una construcción abstracta del indio, habría que añadir, porque lo ensalzó en teoría, al propio tiempo en que lo excluyó en la práctica. Si, por una parte, el mestizaje exaltó la figura del indio en su afán de mostrar la construcción excelsa de la nación, el indigenismo, por otra parte, interpeló al indio como sujeto alienado, reificado por el sector dominante. Juntos, mestizaje e indigenismo trabajaron al servicio de la hegemonía criollo-mestiza, ayudando a construir una metáfora idealizada del cuerpo indio que, por supuesto, estuviese controlada por la voluntad mestiza. Veamos, pues, cómo se dio en Bolivia esta construcción metafórica de lo nacional.

A comienzos del siglo XX, siguiendo la oposición entre civilización y barbarie, la élites bolivianas se apropiaron del "sueño liberal" que, gracias al progreso histórico, las conduciría hacia la modernidad; de igual modo, la igualdad ante la ley les dio la ciudadanía y la facultad de ejercitar los derechos políticos. La plena convicción en el progreso encaminó a la sociedad, atrasada en lo económico, hacia la obtención de la prosperidad futura, medida por el tiempo histórico secularizado que le prohibía a la plebe inculta el derecho de participar del mismo momento histórico que regía la conducta de la ciudadanía ilustrada (Fabian). Sin embargo, y a pesar de este sueño común, los liberales tuvieron desacuerdos que dieron lugar a las polémicas intra-elitistas. Bradford Burns afirma que en América Latina, dichos desacuerdos se plasmaron en dos proyectos marcadamente opuestos, aunque ambos estuvieron influenciados por el eurocentrismo: uno, "cívico", volcado al exterior, que favorecía la modernización anglo-francesa; el otro, "orgánico", orientado hacia la cultura local, que tenía un sesgo vitalista endógeno, aprendido del romanticismo alemán que daba primacía al nacionalismo étnico. Como dijimos, se trataba de una lucha en el seno de la clase dominante que observaba a Bolivia bajo diferentes perspectivas, ambas dominadas por el pensamiento europeo.

Como sucedió con gran parte del pensamiento liberal latinoamericano, la intelectualidad boliviana concibió sus ideologías sobre raza y nación echando mano de teorías europeas en boga que, luego, combinó con conocimientos surgidos de la observación empírica de las culturas locales. Así, el discurso mestizo sobre lo indígena, fundamentalmente el de Franz Tamayo –figura de primerísimo orden en la construcción de la modernidad boliviana, aunque poco conocida fuera del país– se apartó del darwinismo social, dominante en ese momento, para construir la metáfora corporal de la nación. Esta metáfora, totalizadora en el pleno sentido de la palabra, fundió la energía vital de la raza indígena con la inteligencia de la raza mestiza. Por su importancia para estas reflexiones en torno al rol que las metáforas y los símbolos tienen en la organización social, particularmente en la construcción letrada, culta, de lo nacional, nos permitimos a continuación hacer hincapié en el ensayo fundacional de Tamayo.

En su *Creación de la pedagogía nacional*, Tamayo ubicó la moral y la vitalidad bolivianas en la regia constitución física de su población indígena: era la musculatura indígena lo que hacía que el indio fuera el "depositario de la energía nacional". Pero esta gran "voluntad" moral y física no iba acompañada del intelecto. En consecuencia, Tamayo construyó su metáfora recurriendo a la inteligencia mestiza. Pero sólo la fortaleza física del indio pudo infundir en la inteligencia mestiza pasión y determinación. El mestizo ideal de Tamayo era, pues, la síntesis de la voluntad indígena y de la inteligencia mestiza. Este ideal de hombre necesitaba una guía y un control rigurosos porque, así como los cuerpos acumulaban grasa en exceso cuando eran sedentarios, así también los mestizos tendrían a sobre imaginar en vez de razonar. La función de la pedagogía nacional fue controlar esos excesos, esas acumulaciones grasas, para que no pusiesen en peligro el proyecto de la construcción nacional. En tal sentido, el cholaje subalterno, la materia grasa del cuerpo social, debía ser eliminado. Mestizo ideal, por tanto, no era el cholo, quien fue borrado del imaginario social dominante. Tamayo construyó así la interesante imagen corporal del boliviano ideal, capaz de introducir en la sociedad los cambios necesarios que lograrían construir la nación. Este ser ideal tenía la complexión física del indio, pero la mente educada del mestizo, sobre quien recaía la función de dirigir el proyecto de la construcción nacional (Sanjinés).

La relación entre el intelecto y la voluntad que hizo Tamayo en su ensayo fundacional fue sorprendentemente similar a la que Arthur Schopenhauer llevó a cabo en *El mundo como voluntad y representación* (1818). En otras palabras, las reflexiones visuales de Tamayo sobre la voluntad y la inteligencia provinieron de un modelo exógeno a la cultura aymara, tomando Tamayo prestado el régimen escópico que Schopenhauer desarrolló en un momento en que la ciencia óptica europea estaba cambiando del perspectivismo cartesiano, que observaba el mundo sólo con el "ojo mental" de la razón, a un modelo de observación que ponía énfasis en lo anatómico y en la separación perceptual de los sentidos (Crary). Pues bien, esta visualización corporal fue muy importante no sólo para el grupo de estetas bolivianos que siguió el voluntarismo de Tamayo, sino también para los intelectuales, particularmente los seguidores del pensamiento de Alcides Arguedas, quien, como veremos a continuación, le negó al indio la posibilidad de participar en la construcción nacional. De un modo u otro, sea afirmándolo o negándolo, el pensamiento de Tamayo fue fundamental para la elaboración del discurso estético sobre lo autóctono como expresión irracionalista y voluntarista de la nación.

La metáfora corporal tamayana de la construcción nacional estuvo sometida, durante las primeras décadas del siglo XX, al predominio del darwinismo social, discurso dominante de las élites oligárquico-liberales. En efecto, las diferencias entre el vitalismo irracionalista de Tamayo y el darwinismo social de Alcides Arguedas son claras. Para Arguedas –*Pueblo enfermo* (1909)– la construcción del "otro" fue diferente: el indio no era un ser enérgico y vital, sino triste y abyecto. Sin embargo, en algo coinciden Tamayo y Arguedas: para ambos letrados, forjadores del imaginario nacional, el temor al "exceso social" los revela emparentados. En este sentido, el "exceso social" puede ser interpretado como un desborde del significado que debe ser observado y disciplinado. Por ello, no fue circunstancial ni gratuito que Alcides Arguedas se impregnara de las ideas de Gustave Le Bon, quien se aferraba a la creencia de que la lengua –el instrumento de dominación de las élites, sin el cual es imposible contruir metáforas nacionales– debía serle negada a la plebe, a fin de que ésta no la ejercitase equivocadamente con el uso irracional de su mente bárbara. En contra de Saussure, quien descubrió que en el lenguaje no existen términos positivos, sólo diferencias, Le Bon, a quien Arguedas siguió por intermedio de los escritos de Octavio Bunge, asoció a la plebe con la perversión del "verdadero significado" de las palabras, que, al dejar la cadena de las asociaciones lógicas, tornaba la comunicación en algo incomprensible. Así, para la élite oligárquico-liberal, las masas indígenas no razonaban o razonaban mal –era comúnmente aceptado referirse a cholos y a indígenas bajo los términos de "yerra y acertarás"– de tal modo que lo inconexo, lo que para Le Bon era el amontonamiento de connotaciones puramente asociativas, les sirvió a los letrados bolivianos para diferenciar lo culto –el proceso de argumentación lógica– de la incultura indígena, cuyo *modus operandi* era el reverso negativo de la racionalidad. De ahí que la plebe indígena, exceso social que debía ser controlado, se acercaba a lo patológico. Sin consistencia propia, sujeta a las más bajas pulsiones instintivas, la masa se asemejaba a los interdictos, a quienes se les negaba la capacidad de ejercitar el derecho a la tierra y a la lengua, temas que conviene que tengamos en mente porque sobre ellos volveremos más tarde.

El mestizaje ideal, metáfora construida por Tamayo, dio lugar, en las décadas de 1930 y 1940, a una nueva visión de lo social –podría denominársela, siguiendo a Walter Benjamin: "etapa politizadora de lo estético"– que radicalizándose aún más por la influencia del pensamiento de los peruanos Víctor Raúl Haya de la Torre y José Carlos Mariátegui, inauguró en Bolivia el proyecto nacional-popular. El impacto de las ideas revolucionarias gestadas en el Perú tuvo su repercusión en los ensayos nacionalistas y revolucionarios de figuras tales como Gustavo Navarro, mejor conocido bajo el seudónimo de Tristán Marof, y de Carlos Montenegro, ideólogo del nacionalismo revolucionario.

Gestor intelectual de la revolución de 1952, junto con su cuñado Augusto Céspedes, el escritor boliviano más conocido después de la guerra del Chaco (1932-1935), Montenegro fue importante para el proceso "politizador de lo estético" porque superó la mirada de la oligarquía liberal que, con el "aura" distante de su "monumentalismo espiritualista", mantuvo apartada a la plebe. En efecto, Montenegro fue uno de los primeros letrados –Montenegro formó parte de la contraélite revolucionaria, fundamentalmente criollo-mestiza, de esos años– en transformar el concepto de plebe, en aproximar la masa al concepto de "pueblo", y en superar, de este modo, la mirada peyorativa de la multitud como un exceso social. En este sentido, "pueblo" fue, en la pluma de Montenegro, la comunidad de individuos unidos mentalmente con el propósito de construir un proyecto común. Dicho proyecto fue el Estado nacionalista que creó su frontera interna apartando la "nación" de la "anti-nación" oligárquico-liberal. Revisemos aquí un par de características de este proyecto estatal, ambas relevantes al tema de la construcción nacional.

A partir de 1952, el "nacionalismo revolucionario", nombre bajo el cual se construyó el populismo en Bolivia, ocupó el "centro" del poder estatal y se volvió, como ha visto Luis H. Antezana, el lugar ideológico privilegiado. Ahora bien, este eje "nacionalista revolucionario" osciló, como un puente tendido entre dos extremos: la "nación" y la "revolución". Si la presión de las fuertes demandas populares le dio a la revolución su contenido popular, esta inclinación "nacional-popular" viró luego a la derecha, a partir de la segunda mitad de la década de 1950. De este modo, el populismo boliviano se dio en un espacio de fluctuaciones y de transformaciones en el cual las demandas populares fueron absorbidas por el Estado. Y esta dimensión estatal, corporativista, se relacionó con la dimensión ideológica del grupo culturalmente dominante –el sector mestizo– que controló los derechos de los grupos étnicos, a los cuales retuvo bajo su tutela. Cabe aquí enfatizar el hecho de que el "nacionalismo revolucionario" llevó la impronta de su origen intelectual en la metáfora corporal de Tamayo, es decir, en el discurso reformista que se opuso al darwinismo social de la oligarquía liberal. En este sentido, el "nacionalismo revolucionario" apeló a la unidad nacional, a través de la metáfora tamayana que propuso un matrimonio productivo entre las razas, antes que el conflicto y la transformación. Podría incluso afirmarse que el "nacionalismo revolucionario" fue una ilusión de comunidad al interior de una nación fragmentada.

Al dominar el campo ideológico durante más de tres décadas, el "nacionalismo revolucionario" respondió a la concentración real del poder en el sector mestizo dominante. De ahí que se puede hablar de este nacionalismo como un "nacionalismo mestizo", en el sentido que Charles Hale le da a la presencia en América Latina de un sujeto político homogéneo, imbuido de derechos ciudadanos, encargado de guiar el camino del desarrollo social que hipotéticamente traería los frutos de la modernidad. Sin embargo, las metas trazadas por la élite mestiza permanecieron incumplidas, tornándose problemático su carácter burgués, sobre todo por la incapacidad para lograr el desarrollo sustitutivo de importaciones y la construcción de una auténtica burguesía industrial. De este modo, no habiendo podido construir un proyecto nacional sólido, el nacionalismo mestizo tuvo que ceder el paso a dos posibles alternativas, ambas críticas de la modernidad: por una parte, una propuesta postmoderna que, sin abandonar el paradigma del mestizaje, lo modificó con la visión pluricultural y multilingüe que analizaremos de inmediato; por otra parte, una respuesta descolonizadora mucho más radical que, hoy en día, opera desde la heterogeneidad de aquellos "pueblos sin historia" que durante siglos vivieron alejados del sentido pleno de la modernidad ciudadana.

POSMODERNIDAD CHOLA Y ECLIPSE DEL MESTIZAJE OFICIAL

Hemos presentado la modernidad como un proyecto orientado hacia el control racional de la vida humana, teniendo en cuenta, como Castro-Gómez lo ha anotado, una serie de prácticas como la institucionalización de las ciencias sociales, la organización capitalista de la economía, la expansión colonial de Europa y la configuración jurídico-territorial de los Estados nacionales. Hemos también visto, siguiendo a Quijano, que la idea de raza fue la primera categoría real de la modernidad, en torno a la cual se construyeron las nociones de identidad y de Estado-nación.

En el caso boliviano, la modernidad estuvo íntimamente ligada a la construcción del mestizaje como metáfora corporal a partir de la cual se ejerció el control social. Modificada, reinterpretada, por el movimiento de contra-élites previo a la revolución de 1952, la metáfora dio lugar al "nacionalismo mestizo" que fue la expresión identitaria de los logros y de las limitaciones de la modernidad en Bolivia. De este modo, podemos decir que la modernidad fue un "proyecto mestizo" porque fue este sector social el que ejerció, una vez derrotada la oligarquía liberal, el control político a partir del Estado-nación.

Pues bien, y siguiendo nuevamente a Castro-Gómez, podemos preguntarnos: ¿a qué nos referimos cuando hablamos del "final" del proyecto de la modernidad? Podríamos responder de la siguiente forma: la modernidad deja de ser un proyecto válido cuando lo social es configurado por instancias culturales que escapan el control del Estado nacional. Dicho de otro modo: el proyecto de la modernidad entra en crisis cuando el Estado nacional pierde la capacidad de organizar la vida social y material de las personas. Podemos hablar entonces de la posmodernidad. En efecto, mientras la modernidad tuvo como propósito desatar las relaciones sociales de sus contextos tradicionales, invisibilizar las comunidades de origen, y reatarlas a los ámbitos ciudadanos controlados por el Estado, la posmodernidad, globalizadora y multicultural, desató nuevamente las relaciones sociales de los contextos nacionales, y las volvió a atar a los ámbitos posmodernos, "desterritorializados", que dejaron de ser controlados por el Estado y por cualquier otra instancia en particular.

Perdido el logocentrismo de la modernidad, su carácter ocular-céntrico, apareció la "gobernabilidad" de un Estado debilitado, achicado, como expresión política del neoliberalismo triunfante. De este modo, tanto el neoliberalismo, como la sujeción a lo que Emmanuel Wallerstein ha llamado "sistema-mundo" no se efectuó más mediante el control ejercitado sobre el tiempo y sobre el cuerpo humano, a través del proceso metafórico de producción simbólica, sino mediante el proceso desterritorializador –lo llamo metonímico– del "poder libidinal" de la posmodernidad (Castro-Gómez 298), que dejó en la pluralidad de los individuos la capacidad de construir reflexivamente su propia subjetividad, sin necesidad de oponerse al sistema. Por el contrario, este poder libidinal –en el caso boliviano, lo estudiaremos desde la construcción de las "burguesías cholas"– permitió que fuera el propio sistema (el mercado, la globalización) el que generara los recursos para la construcción diferencial del nuevo "yo". Puesto que para la posmodernidad quedaron superadas las oposiciones binarias (primero/tercer mundo; opresores/oprimidos; tradición/modernidad) y su interés dependió de la capacidad para funcionar en este espacio intermedio, ambiguo, entre la "alta" cultura y la cultura popular, aplicable a cualquier estilo de vida que uno eligiese, a cualquier proyecto de autoinvención que uno tuviese, siempre hubo una oferta en el mercado o un "sistema experto" que garantizase su confiabilidad. Antes que reprimir las diferencias, como hizo el mestizaje homogenizador, el poder libidinal de la posmodernidad las estimuló.

Ahora bien, en el momento en que la acumulación de capital ya no demandó la supervisión sino la producción de diferencias, pareció también necesario cambiar el vínculo estructural entre la cultura y los dispositivos del poder. Como dijimos antes, no fue propiamente un cambio del paradigma de la modernidad, sino su desplazamiento, su desterritorialización hacia un espacio ambiguo, capaz de fijar nuevas identidades. Quizás se pudo hablar acá de una nueva manera de encontrar acomodo en el sistema neoliberal constituido. La posmodernidad se ubicó entre diferentes posiciones discursivas que, sin negar la modernidad, la "negociaron" con las rupturas y cambios que introdujo la movilidad social. En efecto, no desapareció lo que hemos llamado la "modernidad mestiza", sino que se transformó en un "significante flotante" (Laclau 163-97) que excedió la categoría de la totalidad. De igual modo, quedaron invalidadas las "esencias puras" no contaminadas por la mezcla, por las así llamadas "hibrideces". De ello se dedujo el hecho de que no existían ni lenguas "puras", ni pueblos "originarios" que no hubiesen sido modificados por el colonialismo. Nueva manera de articular las oposiciones entre lo moderno y lo tradicional; nueva forma de definir las relaciones entre las vanguardias intelectuales y las clases populares, la posmodernidad rehuyó "lo nacional", construido a partir de metáforas y de símbolos estáticos, prefiriendo reemplazarlo con el desplazamiento de elementos diversos y heterogéneos. Ello le dio a la posmodernidad su carácter transitorio, aplicable a procesos de cambio social, presta a ceder el paso a otras formas de representación en la medida en que ellas se iban sucediendo. En este proceso de mutación, de cambio, la noción de posmodernidad corrió el peligro de provocar una especie de "sublimación" de lo social que, paradójicamente, terminó reforzando el inmovilismo social, cultural y económico.

En Bolivia, se ha dado una cantidad nada despreciable de publicaciones en favor o en contra de la posmodernidad, refiriéndose la mayoría de ellas a la fuerza urbana que presentan las fiestas patronales, entre otras formas de cultura popular aparecidas en los "tiempos híbridos" en que nos toca vivir. De estos análisis, que frecuentemente hipotecan su potencial crítico a la mercantilización banal y fetichizante de los objetos de estudio escogidos, resalta, sin embargo, el análisis penetrante de uno de los investigadores que mejor conocen la actual situación nacional: se trata de los estudios de Carlos Toranzo en torno a temas tan sugerentes como lo "pluri-multi" o como la presencia de las así bautizadas "burguesías cholas".

Toranzo había comprendido bien, a principios de la década pasada, que hablar inteligentemente de una cultura posmoderna significaba tener en cuenta que el fácil repudio de la globalización era tan incorrecto como corrupta su celebración irreflexiva. En efecto, la importancia de los trabajos de Toranzo radicó en la revisión de los discursos de la izquierda en la que él había militado intelectualmente, viéndolos ahora críticamente y alejándose de ellos en tanto que "macrorrelatos" de lo social. Esta revisión crítica de su propio acervo intelectual, le permitió a Toranzo confrontar los "macrorrelatos" de la modernidad con las narraciones descentradas de "lo local". De este modo, veremos a continuación cómo, al tocar el tema de las "burguesías cholas", Toranzo desplazó al mestizo, al sujeto de la cultura moderna, por la construcción de un nuevo sujeto colectivo: lo cholo. En este proceso, nos parece que Toranzo no eliminó el sujeto de la modernidad, sino que lo resemiotizó, dándole un cariz muy distinto de los modelos existentes del activismo revolucionario. En realidad, lo cholo vino a ser un nuevo elemento de la cultura democrática que, sin negar la cultura nacional organizada por la modernidad, buscó el diálogo productivo, no el enfrentamiento, a fin de lograr la útil y necesaria reconceptualización de la sociedad. Veamos, pues, éste y otros aspectos de cómo Toranzo generó una narrativa "local" que "desterritorializó" el mestizaje como relato de la modernidad.

Una de las características de la así llamada "sensibilidad posmoderna" en América Latina, particularmente en países donde el neoliberalismo se dio mediante el terrorismo de Estado, fue la elaboración de un discurso barroco, lleno de silencios y de opacidades, de metaforizaciones y de empleo de íconos culturales provenientes de la tradición europea para expresar un temple de ánimo básicamente nihilista (Vidal, "Tres..."). Nada de esto se dio en las reflexiones de Toranzo en torno a la realidad boliviana. Para el economista y politólogo boliviano, formado en la tradición marxista, la posmodernidad no era sinónimo de escepticismo, sino de revaloración de lo étnico y de lo cultural, hecho que Toranzo llamó lo "pluri-multi". En otras palabras, este cientista social optó por la crítica constructiva del modelo homogéneo creado por el "nacionalismo revolucionario", inclinado a la construcción del ideal mestizo de la nación boliviana.

Al afirmar que Bolivia no podía ser entendida desde lo homogéneo, ni debía aferrarse a un falso ideal, Toranzo se prestó de la sociología política de René Zavaleta Mercado, uno de sus antecedentes intelectuales, la noción de "abigarramiento", hecho que sirvió para darle un giro interesante a su argumento, y construir así la idea de Bolivia como una "cultura *ch'enko*" ("A manera..." 18), que en quechua significa "lío" o "enredo". De este modo, estudiar Bolivia significaba remitirse a una heterogeneidad más vasta, entrecruzada, contrapuesta, contradictoria, que complicaba todo intento lineal por comprender los fenómenos sociopolíticos y culturales. Y la época neoliberal en la que Toranzo escribía estos análisis, era, según él, una combinación histórica de vericuetos políticos, étnicos, sociales y culturales, que simplemente no podía percibirse desde la óptica de la revolución nacional. Bolivia no era ya ni la pureza indígena del *ayllu* o de la comunidad originaria, ni el sueño idealista de su señorialismo criollo; tampoco era la cristalización del mestizaje homogeneizador que pretendió implantar el "nacionalismo revolucionario". Por el contrario, Bolivia era, en el criterio de Toranzo, un auténtico barullo creativo, dinámico, un *ch'enko* sociocultural, producto concreto de las heterogeneidades que se cruzaban y se influenciaban. El país no podía ser más leído bajo los códigos de la modernidad que enfrentaba a proletarios contra burgueses.

Para la lectura posmoderna del Estado boliviano, éste no había tenido la capacidad de construir una auténtica democracia representativa. La revolución nacional había cumplido su tarea modernizadora con pobres resultados en lo económico, aunque, en lo social, había pulverizado a la oligarquía minero-terrateniente. Era entonces momento de indagar, sin ideologías preconcebidas, y con los pies sobre la tierra, qué derecha había superado al viejo poder oligárquico. En el análisis de Toranzo, la revolución nacional no pudo construir una burguesía industrial emprendedora. Algo de clase capitalista generó, naturalmente, de manera tal que una burguesía limitada fue la criatura de la revolución. Ella tampoco pudo crear un moderno sistema de partidos. En este sentido, el único fue el Movimiento Nacionalista Revolucionario (MNR), habiendo tenido mucha mayor importancia las mediaciones sindicales que la presencia de los otros partidos opositores. En este proceso, donde el Estado absorbió a la sociedad civil, se fue construyendo un "bloque señorial burgués" que, para Toranzo, no pasó de comercial y financiero a industrial. De esta manera, la lógica revolucionaria no pudo dejar de ser "señorial", hecho que bien pudo haber Toranzo desmenuzado desde la noción del "colonialismo interno", prefiriendo hacerlo desde una visión posmoderna que conflictuó este señorialismo con la presencia de la informalidad. La propuesta analítica de Toranzo se parece bastante a la que Hernando de Soto hiciera para la realidad del Perú. Ambos miraron "con buenos ojos" las propuestas neoliberales que, en Bolivia, se dieron desde 1985, cuando el MNR volvió al poder.

¿Qué fue la informalidad? ¿Por qué la mirada postmoderna se apartó del carácter subalterno y descolonizador de la informalidad? El análisis posmoderno le negó a la informalidad toda posibilidad de articularse desde "lo popular". Así, en el análisis de Toranzo, la informalidad no tuvo "entraña estatal" (Toranzo & Arrieta 45) porque el migrante no buscaba ni pretendía el asistencialismo del Estado. La lógica de la informalidad era privatizadora porque constituía la respuesta que en los hechos la sociedad civil daba a las falencias del Estado. Como código político, ideológico y cultural, no respondía ni al populismo, ni al ideal de lo mestizo; era algo nuevo, *sui generis*, impensable desde la teoría; era el producto de lo que tampoco había sido deseado por el "nacionalismo revolucionario": la informalidad había gestado la burguesía chola.

Nueva derecha "de piel morena", esta burguesía chola fue algo que la sociología no previó porque dejó olvidado el análisis de cómo las labores de la intermediación de productos, la comercialización de mercancías en el mercado interno, el contrabando, y, muy en particular, la actividad del transporte, tanto de bienes fungibles como de pasajeros, había dado lugar al nacimiento de nuevos empresarios. El análisis sociológico tradicional los definió simplemente como cholos, dejando de ver en ellos la presencia de un grupo distinto del señorial dominante. Las diferencias étnicas, culturales, impedían ver que el dinero era el factor que las igualaba –hecho que Toranzo no consideró como un poderoso factor de la colonialidad– y que a los cholos no les era posible acceder al bloque dominante.

La presencia de esta burguesía chola produjo un cambio cultural interesante. Visto desde la retórica, se podría decir que Bolivia vivió con el neoliberalismo de las décadas pasadas un desplazamiento de lo mestizo hacia lo cholo. No aceptado ni reconocido por el señorialismo burgués, este desplazamiento metonímico produjo dos movimientos: "desterritorializador" el primero, porque no solamente cobijó a los cholos que acumularon capital, sino a un amplio sector de pequeños comerciantes, de transportistas sin capital, de contrabandistas y de artesanos. El segundo movimiento fue "reterritorializador" porque incorporó a todo este cholaje bajo una "nueva derecha burguesa" cuya reproducción ampliada estuvo dirigida hacia el crecimiento interno de la economía boliviana. Este doble movimiento aseguró el tránsito del cholaje, de lo étnico a la adquisición del estatuto de lo burgués, sin la necesidad de que los cholos se identificasen con los "señores" de la burguesía dominante. Es la sorpresa de este desplazamiento que le deparó a la sociología boliviana la emergencia de la burguesía chola. Pero la construcción retórica remató en un nuevo proceso metafórico-simbólico: la celebración de fiestas patronales, sobre todo las de Urcupiña y del Gran Poder, que le dieron a esta burguesía chola su gran visibilidad. De este modo, hablar de burguesía chola no significó referirse exclusivamente a una fracción de la clase capitalista, sino a un núcleo humano que combinó muchas actividades y que poseyó diversos códigos para definir su identidad. Tras la mezcla abigarrada de datos económicos, étnicos, culturales, que rebasaban el apelativo de "burgués", se tejió la historia de la heterogeneidad, el rasgo más apropiado para definir este desplazamiento metonímico de lo mestizo a lo cholo. De igual manera, la categoría "clase social", empleada linealmente, tampoco sirvió para retratar un fenómeno tan rico como el que Toranzo describía.

Pueden entonces apreciarse las razones por las cuales el tema de lo cholo generó una ambigüedad interpretativa: no era ni grupo de poder en el sentido estricto de la palabra, ni podía definirse como "lo popular", como hubiera sido deseado por la izquierda intelectual. Ambigua y escurridiza, la burguesía chola respondió, en el análisis postmoderno, a un complejo proceso retórico que, negando su posible articulación "popular" bajo procedimientos catacrésicos y sinecdóquicos, "desterritorializó" la metáfora del mestizaje con su desplazamiento metonímico hacia lo cholo, para luego "reterritorializarla" en una concepción laxa de "burguesía", produciendo con las fiestas patronales nuevos símbolos representativos de su éxito social y económico.

Si "lo popular" no fue, en el esquema de Toranzo, lo que articuló el surgimiento del fenómeno cholo, ¿qué fue, entonces, lo que dio cohesión a este laxo segmento social? Dos fueron las posibles respuestas que Toranzo le dio al problema: por una parte, la compenetración del cholaje con las ventajas del libre mercado y con el surgimiento de los medios de comunicación como instrumentos de interpelación ideológica. En efecto, la radio y la televisión condujeron a importantes empresarios de tez morena a articular las diversas fracciones de la burguesía chola. Pero Toranzo pareció darle una importancia aún mayor al MNR neoliberal que Gonzalo Sánchez de Lozada organizó como instrumento político de la nueva derecha, superando así el uso clientelar y prebendalista del viejo Estado, representado por el MNR populista, constructor de la revolución. En un tono casi celebratorio del "gonismo" como instrumento ideóneo de la nueva derecha, Toranzo terminó dándole primacía a lo burgués por encima de lo cholo, grupo étnico que cumplía una función importante, pero adjetiva al final de cuentas. Era lo burgués que terminaba interpelando a ese vasto sector cholo que se había incorporado a la nueva derecha.

Finalmente, éstas, que, en nuestro criterio, fueron las observaciones más interesantes que dio la reflexión postmoderna en Bolivia, no rompieron con el paradigma de la modernidad, sino que lo tornaron más complejo con el desplazamiento étnico y cultural de lo cholo. Sin embargo, la visibilidad que Toranzo le dio a lo cholo ha terminado aferrándose nuevamente a la "mirada mestiza" ("Visibilizar") que hoy renace sin argumentos que sean de mayor interés; así, interpretamos esta mirada –especie de regresión ocular-céntrica– como una reacción defensiva en contra del activismo cultural indígena que, por su parte, no evita los enfrentamientos con los sectores mestizos, y que, al rechazar la propuesta festiva de lo cholo, dirige su actuar político hacia la consolidación del poder, creando, además, demandas que ponen en evidencia que la Bolivia del presente plantea las dos lógicas contrastantes que vimos al principio de este ensayo: nos referimos, por una parte, a la lógica homogeneizadora, centrada en la necesidad de mantener la unidad del Estado-nación, de evitar el desmoronamiento del sistema institucional; por otra parte, está la lógica descolonizadora que, como dijimos antes, se empeña en transportar al presente las "ruinas" de un conflicto pasado no zanjado ni superado, que insiste tercamente en que Bolivia está inscrita en la modernidad de una manera "diferencial", con particularidades concretas que no dejan que la nación supere plenamente el hecho colonial (Grüner).

DESCOLONIZACIÓN INDIA Y CONFLICTO CULTURAL

Eduardo Grüner ha observado que resulta incómodo cuestionar la idea de Estado-nación. Por molesto que ello sea, nos vemos obligados a hacerlo porque, como concluyéramos en nuestro repaso de la modernidad y de la posmodernidad, y, específicamente, en el modo en que ambas se plasmaron en Bolivia, resulta claro que el moderno Estado-nación fue una maquinaria generadora de otredades, como ha señalado Castro-Gómez, que debieran ser disciplinadas. De este modo, los Estados modernos se dieron en el marco de lo que Walter Mignolo ha denominado, aprovechando los trabajos de Wallerstein, como "sistema-mundo moderno/colonial". Pudimos apreciar, en nuestro análisis de la modernidad que la "colonialidad del poder", fundada en la idea de raza, fue el dispositivo que hizo que el colonizado apareciese como lo que debió ser disciplinado, dando lugar a Estados nacionales poscoloniales que se asentaron en la igualdad abstracta de la ley, nacida de la desigualdad concreta de sus habitantes.

Puesto que la ciudadanía no es, hasta el día de hoy, más que la postiza igualdad jurídico-política de personas que son desiguales en todos los otros órdenes, en todas las otras esferas de la existencia social, parece que la tarea de la teoría crítica de la sociedad sería la de resaltar las razones por las cuales aparecen las "diferencias" en tiempos de globalización neoliberal. En el caso boliviano, podemos hablar de tres acontecimientos que durante las últimas décadas prepararon lo que se ha venido a llamar la "descolonización". El primero es la aparición de un poderoso movimiento indígena; el segundo, la "relocalización" del movimiento obrero; el tercero, la lucha en contra de la privatización neoliberal de los recursos básicos, hecho que dio lugar a la acumulación de demandas sociales insatisfechas.

Ligado previamente al Estado nacionalista de 1952, y sujeto al "Pacto Militar-Campesino" impuesto por los gobiernos militares de la década de los sesenta, el movimiento indígena generó, en la década de 1970, dos corrientes políticas críticas: el katarismo y el indianismo. Al postular la complementariedad de la conciencia de clase marxista con la conciencia étnica aymara, el katarismo buscó una revolución más integradora que la producida en 1952. Por ello, y a pesar de su postura política radical, estuvo predispuesto a combatir el sistema desde "adentro", estableciendo, como en los hechos lo hizo, alianzas estratégicas con el sector obrero.

A diferencia del katarismo, el indianismo, más allegado al tema de la descolonización, se propuso combatir el sistema político desde "afuera". Al darle menor énfasis a las alianzas con otros sectores sociales, incluyendo los partidos políticos de las clases medias progresistas, el Indianismo hizo prevalecer la memoria de las insurrecciones indígenas por sobre la memoria del sometimiento a la revolución mestiza de 1952 (Hylton & Thomson).

Con el neoliberalismo triunfante, el segundo acontecimiento que explica la dinámica de los nuevos movimientos sociales fue la "relocalización" del movimiento obrero. Implantada en 1985, la Nueva Política Económica (NPE) liberal, liderada por el empresariado privado y por el papel rector del mercado en la asignación de recursos, olvidó peligrosamente el clamor de los sectores más necesitados de la sociedad. De ahí que la falta de legitimidad social del sistema también ahondó la crisis de motivación sociocultural. Si, por un lado, la presencia del neoliberalismo permitió comprender los errores en los que había incurrido el capitalismo de Estado que le antecedió, no por ello el neoliberalismo logró generar una visión alternativa, capacitada para interpelar coherentemente el todo social.

Finalmente, el tercer aspecto, fundamental para el análisis de la posible rearticulación de la cultura desde los movimientos sociales del presente, fue la dinámica de las demandas sociales. De esta breve referencia a la etapa neoliberal, se ha podido observar que la presencia de un Estado privatizador, achicado y debilitado, da pie a que exploremos más a fondo las razones por la cuales el tema de las demandas sociales tuvo tanta importancia.

El aparato gubernamental neoliberal debió enfrentar una creciente acumulación de demandas que no pudo satisfacer "diferencialmente" (Laclau 103-22), hecho que dio lugar al apartamiento crítico de la población. Se creó, pues, una verdadera cadena de demandas insatisfechas que no eran exclusivamente económicas o salariales, sino que también respondían a la necesidad de satisfacer demandas étnicas y raciales que no se habían resuelto satisfactoriamente en la etapa corporativista de la revolución nacional. De este modo, si el "nacionalismo mestizo" no fue ya suficientemente representativo durante el período neoliberal, tuvo que ser compensado con la propuesta posmoderna de la cultura pluri-multi, surgida en un momento de crisis del Estado-nación. En cambio, la propuesta descolonizadora anclará en el análisis del "conflicto cultural" no resuelto entre la modernidad y la colonialidad, aplicable también a la crisis actual del Estado-nación, o, mejor dicho, del Estado territorial. Veamos, en primer lugar, este conflicto de una manera general, para luego observar cómo se presenta en el caso de la asamblea constituyente que tiene hoy lugar en Bolivia, y a la cual nos referimos en la primera parte de este ensayo. El choque entre las lógicas del Estado modernizador y de la descolonización promovida por la *communitas* arcaica nos permitirá, además, redondear nuestras observaciones en torno a la metáfora y a la catacresis.

Para pensadores radicales que, en el pasado, tuvieron que adaptar el pensamiento europeo de la modernidad a la realidad de aquellas sociedades periféricas que no habían logrado un avance socioeconómico equivalente, el choque entre las costumbres endógenas y las pautas civilizatorias exógenas produjo un gran conflicto cultural. De igual manera, en América Latina aparecieron, a lo largo del siglo XX, distintas variantes de una "izquierda nacional" que, al modo pionero de José Carlos Mariátegui –el gran marxólogo peruano, renovador del pensamiento andino– intentaron articular la lucha de clases –concepto por definición eurocéntrico, ligado a la primera fase de la revolución industrial de mediados del siglo XIX, y caracterizado por una afirmación cada vez mayor de la producción en masa regulada únicamente por la capacidad del capital para producir sin compensar con salarios adecuados– con los intentos por lograr la "liberación nacional", concepto éste de carácter eminentemente local, propio de sociedades dependientes y sojuzgadas.

Las ambivalencias que produjo el conflicto cultural entre lo universal y lo local se renuevan hoy en día con los intentos llevados a cabo por estudiosos que, desde el punto de vista de las geopolíticas de conocimiento, encuentran también conflictiva la aplicación generalizada de conceptos surgidos de la modernidad europea (ciudadanía, democracia, justicia, igualdad ante la ley), cuando ellos terminan siendo tergiversados por el peso de una herencia cultural que no abandona a las sociedades periféricas hasta el día de hoy. De ahí surge, precisamente, la necesidad descolonizadora que tanta polémica suscita hoy en día, y que la posible articulación de un "pensamiento de frontera" puede aquilatar en su justa medida.

Nos parece que el desajuste de los conceptos "universales" forjados por la modernidad se dio en los propios pensadores radicales europeos, quienes también encontraron conflictiva la aplicación de "universales" a sus realidades locales, a veces no sólo renuentes sino incapacitadas de seguir el ritmo arrollador de la civilización modernizadora. El propio Marx, analista crítico de la modernidad, particularmente de su fase destinada a la acumulación primitiva de capital y a la construcción del Estado moderno, encontró problemática la idea de una modernidad rectilínea y teleológica. En efecto, su obra registra la ambigüedad de la época en que le tocó vivir, entre, por una parte, la consolidación del capitalismo europeo y de los grandes Estados nacionales, además de la forzosa construcción de la estructura jurídico-política que sostendría el mercado tendencialmente mundial, y, por otra parte, la situación incierta de esas "masas" que irrumpían por primera vez en la vida política, y cuya lógica, fragmentada, porque venía del despojamiento y de la destrucción de las viejas clases campesinas y de los pequeños propietarios rurales, así como de varias formas de economía y de vida comunales, se resistía a ser absorbida por las nuevas relaciones de producción.

Aunque Marx ligó la "cuestión nacional" a la construcción de los Estados nacionales modernos y eligió dar prioridad a la cuestión social, poniéndola bajo la lógica homogeneizadora de la lucha de clases, no por ello dejó de ocuparse de esos otros aspectos que podríamos llamar culturales o antropológicos, y que la mismísima tradición romántica se empeñó en destacar con las diferencias que introdujo entre los conceptos de cultura y de civilización, relacionando la primera con la *communitas* campesina, y la segunda con el progreso y con la modernización industrial.

En contra de la simplificación esquemática de su pensamiento, que sólo se ocupa del pensador moderno, el de Marx se desplegó con ambivalente hondura en las secciones de los *Grundrisse* dedicadas al estudio de las formaciones económico-sociales precapitalistas. Es en esas secciones que Marx explicó el peso absolutamente decisivo que tiene, para la formación de la subjetividad individual y colectiva, el sentimiento de la propiedad común de la tierra y de la lengua materna en las sociedades arcaicas. Gracias a este sentimiento, el individuo puede, como propietario de su tradición colectiva y comunitaria, volverse posteriormente sujeto de pleno derecho, es decir, ciudadano. De este modo, y como Marx lo expuso, se dio, en la mismísima modernidad, la anterioridad de la lógica comunitaria, de la *communitas*, respecto del individuo inserto en la estructura societal.

"Tierra y lengua": es sobre este fondo "arcaico", sobre esta "ruina" del pasado, que se forjó la subjetividad. En base a ellos se levantaron las diferentes formas jurídicas de la organización de la sociedad. Pues bien, si transportamos este conocimiento a la sociedad boliviana, es claro que los presupuestos de la tierra y de la lengua les fueron negados a las poblaciones dominadas por las élites mestizo-criollas que organizaron el ideario de la nación boliviana. En efecto, la tierra y la lengua –la *communitas*, el principio ontológicamente previo a la construcción del sujeto moderno– fueron, en nuestra construcción nacional, enajenadas por la emergencia de un sistema institucional débil, poco acusioso de la situación local, que, pretendiendo generalizar irreflexivamente el principio individualista de la propiedad privada, disolvió la comunidad indígena, negándose a mantenerla, como hizo, con mayor prudencia y conocimiento práctico, la corona española.

Hoy en día, y a pesar de las modificaciones producidas por la interacción con la modernidad, se mantiene de todos modos el conflicto cultural. Atrapado entre lógicas contrastantes, entre la *communitas* arcaica y la estructura institucional moderna, entre la democracia representativa y la democracia popular de índole participativa, el concepto de "lo nacional" ya no puede revestir, como lo pensaba el "nacionalismo mestizo", el modo clásico de una centralizada unidad política, cultural y territorial, sino el de complejas transversalidades que no dejan de cuestionar la presencia conceptual homogeneizadora de la nación y del Estado, incluyendo su sentido jurídico. Se trata de una mirada crítica que, desde la izquierda, busca imaginar de qué nuevas formas la categoría de nación podría ser repensada.

El nuevo concepto de nación tendrá que contemplar el hecho de que, a la inversa de como piensa Benedict Anderson en su influyente libro *Imagined Communities*, la existencia jurídico-política de las naciones modernas no es previa al sistema-mundo, sino que, por el contrario, resulta ser un efecto de su construcción. Esta existencia jurídico-política deberá también admitir que hay otra existencia, previa a la modernidad, que, de manera parecida a como reflexionara Marx en los *Grundrisse*, vivió el hecho colonial en su propio cuerpo y subjetividad. En el tironeo entre los intereses propios como "clase nacional", y los intereses prestados como clase intermediaria, las élites bolivianas también fueron ciegas ante dicha situación, prefiriendo exaltar una alteridad sumisa y domesticada. Hoy en día, es en el éxito de este disimulo donde hay que buscar la matriz inconsciente del multiculturalismo y de la hibridez cultural.

Está de más afirmar que este choque entre "estructura" y "comunidad" obliga a nombrar otra vez, a asignar nuevos significados, es decir, a volver a identificar la complejidad de lo social. Y esta necesidad pasa hoy por la definición de sus rasgos diferenciales respecto de otras "identidades" que se niegan a ser reducidas a un nacionalismo forjado "desde arriba". Por el contrario, lo que ahora importa es restituir la percepción, no de la falta de unidad, sino de la conflictividad cultural, sometida a relaciones de poder, tanto en su dimensión visual como discursiva. Hablamos aquí de una cultura, cuya eficacia objetiva, fundamentalmente política, deberá también pasar por otros campos del saber humano, uno de los cuales es el de la retórica.

Por ello, vueltos a la retórica, veamos el tema de la asamblea constituyente que dio inicio a este ensayo. ¿Cómo se la lee hoy en Bolivia? Unos la conciben como la institución que todavía estaría normada bajo las reglas del Estado de derecho; como la institución que tendría por función modificar las normas constitucionales que regulan el Estado-nación existente. Pues bien, si fuera ésta la lectura apropiada, entonces la asamblea, como la metáfora, representaría la transferencia, la *traslatio* de nuevas disposiciones normativas a un armazón jurídico que regula la vida del Estado-nación ya existente, estable e inamovible. La asamblea vendría a renovar la vida, a mejorar, a "decorar" (*ad ornatum*), en los términos empleados por Quintiliano, el "poder constituido" del Estado nacional. Para esta lectura metafórica, apropiada a la representación política democrático-liberal, la transferencia de nuevas normas no debería alterar el "espacio ocupado, habitado" por el Estado constituido –Dumarsais habla de la transferencia narrativa a un *demeure empruntée*–; se trataría, pues, de una transferencia de contenidos, controlada y cuidadosamente monitoreada, cuya función no sería la de alterar el sentido original del Estado, sino mejorarlo, embellecerlo. Este traspaso de sentidos expresaría, como verdadera y exitosa metáfora, el trabajo de legisladores y de constitucionalistas capaces de darle a la nueva norma el "progreso lingüístico" propio del conocimiento docto, del conocimiento letrado. Sería, en última instancia, el producto de un grupo de demócratas selectos que, reeditando el "arielismo" de Rodó, ahora vista con nuevo ropaje el viejo armazón del Estado.

Ligada, sin embargo, al concepto de la representación política, es decir, a la mediación de las individualidades doctas y letradas que, en democracia, deliberan el destino de la nación, la metáfora obstaculiza, con su procedimiento totalizador, la representación de una sociedad que no se define por la presencia de demócratas selectos, sino por el surgimiento de subjetividades colectivas que, como en el procedimiento de la sinécdoque –donde las partes construyen el todo– llevan a cabo una lectura opuesta de la realidad. Dicho de otro modo: las reglas del Estado de derecho –o mejor, la emancipación del "ciudadano como individuo" y la garantía constitucional de la libertad económica privada (que en el fondo son lo mismo)– se hallan en cuanto tales establecidas para negar la irresistible emergencia de la necesidad de gestión colectiva de la producción social.

Así como Marx vio cómo la modernidad y la civilización impedían la integración orgánica de la vida campesina, dejando peligrosamente insatisfechas las demandas de "tierra y lengua", observamos hoy que la supremacía de la ley, general y abstracta, amparada en el "poder constituido" del Estado, impide la irresistible, aunque caótica, emergencia de procesos productivos e institucionales autónomos producidos por esas subjetividades colectivas que son los movimientos sociales. Una lectura descolonizadora del poder no puede dejar de percibir este otro lado de la realidad, marcado por el procedimiento retórico de la catacresis. En otras palabras, los innumerables sinsentidos sobre los que se apoya la constitución material del Estado liberal democrático parecen haber estallado, no pudiendo ocultar el hecho de que el mestizaje modernizador es una máquina programada para la producción de desigualdad. De este modo, parecería que hoy en día la lectura descolonizadora, catacrésica, no tiene otra alternativa que invertir el punto de vista mestizo y admitir de una vez por todas que las "ruinas" del pasado, lo que no fue integrado a la estructura social, se construye independientemente del Estado de derecho; que lo social se contruye a partir de desigualdades que buscan espontáneamente su realización en lo colectivo.

¿Cómo afrontar el problema constitucional a partir del "vuelco de la metáfora"? ¿Cómo vincular la cuestión de lo político a esta nueva potencia productiva que se expresa retóricamente en la catacresis? Aunque nos disguste afrontar el asunto, no queda otra alternativa que la de problematizar la relación entre las subjetividades colectivas y la representación política. Nos encontramos entonces en el ámbito de la asamblea como "poder constituyente", tema analizado por Antonio Negri.

Es en calidad de "constituyente" que la asamblea da lugar a su doble lectura: si se la considera como representación del Estado, se llega obligatoriamente a la lectura metafórica que sostiene la necesidad de fortalecerlo como término figurativo, buscando incluso la solución apropiada a cualquier tipo de contradicciones que pudieran suscitarse al "interior" del propio Estado, y respetando con igual celo tanto su lógica institucionalizadora, como el modo de producción que lo sustenta. Recordemos que incluso las luchas obreras del pasado respetaban esta lógica. Eran luchas en el "interior" y "contra" el modo de producción. Hoy en día esa dialéctica ha estallado porque la lucha se sitúa en el "exterior" del modo de producción y contra él. Reconstruir brevemente este fracaso institucional nos ayudará a explicar por qué la lectura metafórica de lo social resulta hoy cuestionada, hecho que da lugar a que terminemos buscando en la catacresis la opción descolonizadora.

No es ninguna novedad afirmar que, en Bolivia, vivimos la crisis de la representación política. El Estado democrático liberal ya no funciona, a tal punto que la corrupción afecta a todos sus principios y a todos sus órganos: al correcto funcionamiento de los poderes, a las reglas de representación, a la eficiencia y a la legitimidad administrativas.

Por otra parte, nuestro populismo no logró establecer un Estado de bienestar comparable al de otros países de la región, particularmente Chile (Sunkel). Por ello, las propuestas neoestructuralistas, que contemplan la posibilidad de restaurarlo, adaptándolo a los beneficios obtenidos del neoliberalismo, son dudosamente aplicables a realidades como la boliviana, donde el sistema político-institucional, fundado sobre el acuerdo entre la burguesía nacional y la clase obrera industrial, jamás se dio.

Si el Estado de bienestar y el Estado neoliberal fracasaron en Bolivia, ¿cómo podrá la asamblea constituyente sellar un nuevo compromiso institucional? Estos fracasos ayudan a entender por qué sería necesario redefinir el concepto de pueblo, mediante la afirmación de la particularidad, es decir, bajo el procedimiento retórico de la sinécdoque que da primacía a la parte en la representación del todo. De este modo, es la fracción oprimida la que, siendo constitucionalmente reconocida y teniendo reintegrados sus derechos autónomos sobre la tierra y el territorio, estaría llamada a iniciar el proceso de reproducción de la sociedad en su conjunto. La posibilidad de que ello suceda está todavía por verse. Lo interesante, sin embargo, es que, bajo esta segunda opción, la lectura metafórica de la construcción social cede el paso a la catacresis, a la audaz e inesperada transferencia a un grupo humano indócil, analfabeto, que no puede ser eliminado porque no reemplaza nada, ni ocupa el lugar de nadie; los que "no se lavan", los que no se quitan la ropa porque están desnudos ("toute nue es sans déguisement", dice Dumarsais) ingresan en la historia sin previo anuncio.

Especie de retorno de lo reprimido, los marginados dan lugar a la catacresis. Para esta lectura de la realidad, la asamblea constituyente no es una nueva forma de constitución: no es ni francesa, ni estadounidense, y, quizás, ni siquiera boliviana. Se trata de una asamblea constituyente que "llega antes que el Estado", hecho que sólo puede percibirse a partir de la mirada descolonizadora que observa la asamblea desde el "exterior" del Estado-nación.

Percepción catacrésica y sinecdóquica de la realidad, la mirada descolonizadora observa la patria como un cuadro de múltiples colores, compuesto de pequeños pedazos que, como las partes del todo en construcción, responden a las tendencias culturales, regionales, étnicas y clasistas del país. En palabras del propio vicepresidente de la república, esta mirada descentrada se fija en cómo "esa diversidad y diferencia de múltiples mosaicos y de muchos tamaños crea una figura cohesionada que a la vista, al tacto, al sentimiento y en la vida cotidina genere la sensación y la vivencia de unidad" (García Linera). Superado el disciplinamiento óptico de la modernidad –el centrismo ocular mestizo del Estado-nación– el reto de la mirada descentrada radica en "ordenar los colores, los retazos de mosaicos regionales, étnicos y clasistas para armar un gran escenario compacto, coherente, lógico". Ése es, precisamente, el reto de la asamblea constituyente.

Mirada de "composición", no de "homogeneización" del país, la que requiere la asamblea reivindica la "patria", no el Estado-nación. El todo se explica por las partes. En efecto, "la patria es un todo coherente que se forma en pequeños retazos relativamente autónomos, pero que, en conjunto, dan un cuadro coherente".

¿Estaríamos hablando de una nueva visión de país? Posiblemente sí, entendiendo, sin embargo, que no se trata de echar por tierra la "forma" institucional, sino de problematizarla. En tal sentido, Evo Morales habla de "refundar" Bolivia desde las raíces indígenas –los "pueblos originarias" (sic)– que vendrían antes de la construcción del Estado, de igual manera como la catacresis es la antesala de la metáfora. Esta mirada descentrada, que enfurece a quienes se mantienen dentro de la lógica del Estado-nación, tiende a un cierto amorfismo porque somete al agente homogeneizador, principalmente al político, a fuerzas heterogéneas –los movimientos sociales– que hacen estallar su integridad. Podríamos referirnos a la búsqueda de lo "originario" como un deseo libidinal que traspasa la superficie engañosamente tranquila y embellecida, tanto de la representación figurativa, como de la discursiva. Puesto que la catacresis no es la negación de la retórica, la naturaleza informe de los movimientos sociales tampoco es la negación de la vida institucional, sino su transgresión. Parecida a la anamorfosis lacaniana, donde la forma pura siempre encuentra la perturbadora oposición de su otro, los movimientos sociales serían precisamente ese otro que interfiere en lo simbólico –el Estado-nación– con la presencia, en el nivel imaginario, del pueblo y de la construcción popular. Así, el campo visual es hoy un terreno en disputa donde la "mirada de composición" impide el triunfo de la forma homogeneizadora del país. Por ello, y aunque parezca extraño, también se podría afirmar que la asamblea constituyente está ahí para ver que la forma del Estado-nación se complemente con la voluntad contraria del anamorfismo que la niega.

Presentada la contradicción irresuelta entre la forma y la naturaleza informe de los movimientos sociales, llegamos al corazón del problema, de donde todo nace y hacia donde todo converge: la crisis del Estado moderno, productor de desigualdades, término figurativo construido sobre la base de inclusiones abstractas y de exclusiones concretas.

Pero hoy, la asamblea constituyente tiene la posibilidad de construir, desde el exterior del Estado, una máquina en que la democracia directa, nacida en la cotidianidad, organice la comunicación, la interactividad de los ciudadanos –una "interculturalidad" forjada horizontalmente– produciendo subjetividades cada vez más libres y complejas. ¿Metáfora o catacresis?: ésa es la cuestión. Es el dilema de la asamblea constituyente. Un dilema retórico fundado en un acontecimiento real: la "no contemporaneidad de lo contemporáneo"; la imposibilidad de que la realidad sea comprendida sólo desde el progreso lineal de la modernidad. Es la realidad del pueblo oprimido, de lo arcaico que, al venir desde las ruinas del pasado, y encontrándose con el neoliberalismo en el camino, comienza a manifestarse como verdadero sujeto histórico. Bolivia es un ejemplo de que el acontecimiento, la inactualidad de lo colonial, lo que no ha sido aún resuelto, surge como el *angelus novus*, de improviso.

BIBLIOGRAFÍA

Anderson, Benedict. *Imagined Communities: Reflection on the Origin and Spread of Nationalism*. Londres: Verso, 1983.

Antezana, Luis H. "Sistema y procesos ideológicos en Bolivia (1935-1979)". *Bolivia, hoy*. René Zavaleta Mercado, comp. México: Siglo XXI, 1983. 60-84.

Arguedas, Alcides. *Pueblo enfermo* [1909] 3a. ed. Santiago: Ercilla, 1937.

Benjamin, Walter. "The Work of Art in the Age of Mechanical Reproduction". *Illuminations*. Hannah Arendt, ed. NuevaYork: Harcourt, Brace & World, Inc., 1986. 217-52.

Bonfil-Batalla, Guillermo. *Mexico Profundo: Reclaiming a Civilization*. Philip A. Dennis, trad. Austin: U of Texas P, 1996.

Burns, Bradford. *Cultures in Conflict: The Implication of Modernization in XIXth-Century Latin America*. Los Angeles: U of California P, 1979.

Castro-Gómez, Santiago. "Ciencias sociales, violencia epistémica y el problema de la 'invención del otro'". *Modernidades coloniales*. Saurabh Dube, Ishita Banerjee Dube & Walter Mignolo, eds. México: El Colegio de México, 2004. 285-303.

Cicero. *De oratore*. H. Rackham, trad. Cambridge: Harvard UP, 1942.

Crary, Jonathan. "Modernizing Vision". *Vision and Visuality. Discussions in Contemporary Culture*. Hal Foster, ed. Seattle: Bay Press, 1998. 29-49.

Dumarsais, César Chesneau. *Les tropes de Dumarsais, avec un commentaire raisonné par M. Fontanier* [1729]. Gérard Genette, ed. 2 vols. Ginebra: Slatkine, 1967.

Fabian, Johannes. *Time and the Other. How Anthropology Makes its Object*. Nueva York: Columbia UP, 1983.

García Linera, Álvaro. "Vamos a corregir las señales erradas". Entrevista con Carlos Morales Peña, 2007.

González Stephan, Beatriz. "Modernización y disciplinamiento. La formación del ciudadano: espacio público y privado". *Esplendores y miserias del siglo XIX. Cultura y sociedad en América Latina*. B. González Stephan, J. Lasarte, G. Montaldo, M.J. Daroqui, comp. Caracas: Monte Ávila, 1995. 431-55.

Grüner, Eduardo. "Recuerdo de un futuro (en ruinas). La nación como no-espacio en la ideología de la globalización". *Pensar a contracorriente*. Fernando Martínez Geredia, comp. La Habana: Ciencias Sociales, 2005. 218-49.

Guha, Ranajit. *Elementary Aspects of Peasant Insurgency in Colonial India*. Delhi: Oxford UP, 1983.

Habermas, Jürgen. *The Theory of Communicative Action. Volume One. Reason and Rationalization of Society*. Thomas McCarthy, ed. Boston: Beacon Press, 1984.

Hale, Charles R. "Identidades politizadas, derechos culturales y las nuevas formas de gobierno en la época neoliberal". *Memorias del mestizaje. Cultura política en Centroamérica de 1920 al presente*. D. Euraque, J. Gould & C. Hale, eds. Guatemala: CIRMA, 2004. 19-51.

Harootunian, Harry. "Some Thoughts on Compatibility and the Space-Time Problem". *boundary 2* 32/2 (2005): 23-52.

Hylton, Forrest y Sinclair Thomson. "The Chequered Rainbow". *New Left Review* 35 (Sept-Oct 2005): 41-64.

Jay, Martin. "Scopic Regimes of Modernity". *Vision and Visuality*. Hal Foster, ed. Seattle: Bay Press, 1988. 3-44.

Knight, Alan. "Racism, Revolution and *Indigenismo*: Mexico, 1910-1940". *The Idea of Race in Latin America, 1870-1940*. Austin: U of Texas P, 1990. 71-113.

Laclau, Ernesto. *La razón populista*. Buenos Aires: FCE, 2005.

Le Bon, Gustave. *The Crowd* [1895]. Londres: Transactions, 1995. (Publicado originalmente como *La Psychologie des foules*.)

Lukács, Georg. *Prolegómenos a una estética marxista*. México: Grijalbo, 1965.

Lund, Joshua. *The Impure Imagination. Toward a Critical Hybridity in Latin American Writing*. Minneapolis: U of Minnesota P, 2006.

Mayorga, Fernando & Ramiro Molina B. *La Asamblea Constituyente y las representaciones sociales de nación/naciones*. La Paz: UCAC, 2005.

Mignolo, Walter. "'Un paradigma 'otro': colonialidad global, pensamiento fronterizo y cosmopolitismo crítico". *Historias locales/diseños globales.Colonialidad, conocimientos subalternos y pensamiento fronterizo*. Madrid: Akal, 2003. 19-60.

Mariátegui, José Carlos. *Siete ensayos de interpretación de la realidad peruana* [1928]. Caracas: Ayacucho, 1979.

Marx, Karl. *Elementos fundamentales de la crítica de la economía política (Grundrisse)*. "Formas que preceden a la producción capitalista". Buenos Aires: Siglo XXI, 1971. I: 435-79.

Montenegro, Carlos. *Nacionalismo y colonaje* [1943]. La Paz: Juventud, 1994.

Navarro, Gustavo. *Justicia del Inca* [1926]. Buenos Aires: Claridad, 1935.

Negri, Antonio. "De la transición al poder constituyente" y "República constituyente". *Las verdades nómadas & General Intellect, poder constituyente, comunismo*. Félix Guattari & Antonio Negri. Madrid: Akal, 1999. 152-75.

Parker, Patricia. "Metaphor and Catachresis". *The Ends of Rhetoric. History, Theory, Practice*. J. Bender & D. E. Wellbery, eds. Stanford: Stanford UP, 1990. 60-73.

Quijano, Aníbal. "Colonialidad del poder y clasificación social". *Journal of World-Systems Research* VI/2 (Summer/Fall 2000): 342-86.

_____. "El fracaso del moderno Estado-nación". *La Otra América en debate*. Irene León, ed. Quito: Aportes del I Foro Social Américas, 2006. 165-72.

Quintilian. *Institutio oratoria*. H. Rackham, trad. Cambridge: Harvard UP, 1935.

Rama, Ángel. *The Lettered City*. John Charles Chasteen, trad. & ed. Durham: Duke UP, 1996.

Said, Edward. *Reflections on Exile and Other Essays*. Cambridge: Harvard UP, 2002.

Sanjinés, Javier. *El espejismo del mestizaje*. La Paz: PIEB/IFEA/Embajada de Francia, 2005.

Schopenhauer, Arthur. *The World as Will and Representation* [1818]. E. F. J. Payne, trad. 2 vols. Nueva York: Dover, 1966.

Spivak, Gayatri. "Can the Subaltern Speak?" *Marxism and the Interpretation of Culture*. Cary Nelson & Lawrence Grossberg, eds. Urbana: U of Illinois P, 1988. 271-313.

Sunkel, Osvaldo. *Development from Within. Toward a Neostructuralist Approach for Latin America*. Boulder: Lynne Rienner, 1993.

Tamayo, Franz. *Creación de la pedagogía nacional* [1910]. 3a ed. La Paz: Biblioteca del Sesquicentenario de la República, 1975.

Toranzo, Carlos. "A manera de prólogo: burguesía chola y señorialismo conflictuado". Fernando Mayorga; *La política del silencio*. La Paz: ILDIS-UMSS, 1991. 13-29.

_____ "Visibilizar lo mestizo". *La Razón* (1 de julio de 2006). Edición nacional: A4.

Toranzo, Carlos & Mario Arrieta. *Nueva derecha y desproletarización en Bolivia*. La Paz: UNITAS-ILDIS, 1989.

Vico, Giambattista. *The New Science* [1744]. Thomas G. Bergin & Max. A. Fisch, trads. Ithaca: Cornell UP, 1968.

Vidal, Hernán. "Cultura nacional y teatro chileno profesional reciente". *Teatro chileno de la crisis institucional: 1973-1980*. H. Vidal, M. de la Cruz Hurtado & C. Ochsenius, eds. Santiago: CENECA, 1982. 54-99.

_____ *Tres argumentaciones postmodernistas en Chile*. Santiago: Mosquito, 1998.

Wallerstein, Immanuel. "Dependence in an Interdependent World: The Limited Possibilities of Transformation Within the Capitalist World-Economy". *The Capitalist World Economy*. Cambridge: Cambridge UP, 1979. 149-65.

White, Hayden. *Tropics of Discourse. Essays in Cultural Criticism*. Baltimore: The Johns Hopkins UP, 1978.

Un paradigma para los estudios culturales sobre derechos humanos económicos, sociales y culturales

Hernán Vidal
University of Minnesota

Dadas las consecuencias de las dictaduras de la doctrina de la seguridad nacional, los estudios culturales sobre la situación de los derechos humanos en Latinoamérica se concentraron preferentemente en los derechos fundamentales: el derecho a la vida y a la integridad física y psicológica de las personas. La restauración de la democracia no implica necesariamente que el uso real o potencial de las metodologías de la "guerra sucia" que llevaron a la comisión de atrocidades haya sido abandonado por las organizaciones castrenses. Por tanto, la preocupación académica por los derechos fundamentales no puede abandonarse. No obstante, los efectos de la llamada "globalización" demandan una expansión del radio de acción de estos estudios culturales como para hacer énfasis en los derechos económicos, sociales y culturales proclamados por las Naciones Unidas. Se ha comprobado que la violación sistémica de estos derechos precipita disturbios sociales de tal magnitud como para amenazar el respeto de los derechos humanos más fundamentales.

De acuerdo con la formación intelectual y la voluntad del investigador, es indudable que la selección y alineamiento de teoría analítica e interpretativa para esta expansión están abiertos a innumerables variaciones y no pueden ser sino arbitrarios. No obstante, el asunto entre manos para todo investigador es identificar, dentro de un inmenso cúmulo de posibilidades, un reducido número de conceptos que permitan una operativa hermenéutica, analítica e interpretativa de sucesos históricos que involucran la promoción o violación de derechos económicos, sociales y culturales. A pesar de su arbitrariedad, en última instancia cualquier paradigma diseñado para estos estudios demostrará su eficacia en la manera como aporta conocimiento nuevo al respecto. Considero beneficioso promover un diálogo continuo para acumular paradigmas posibles de problematización de este tipo de asuntos y definir campos de producción simbólica en que estos paradigmas tengan una aplicación de relevancia para las humanidades.

Los argumentos que presento a continuación aspiran a contribuir a ese diálogo y están organizados sobre el eje centro/periferia característico del análisis del sistema mundial en lo referente a la historia económica y social de las civilizaciones (Knox & Agnew). De acuerdo con esto, las relaciones capitalistas internacionales son concebidas como una estructura en que los componentes tienen una ubicación, una función y una jerarquía que responden a un principio ordenador de la totalidad de los elementos. Este principio ordenador es la producción, apropiación, drenaje, transferencia e inversión de plusvalía en y desde la periferia según la política económica impuesta por las instituciones rectoras del centro. Los disturbios sociales resultantes de la escasez así creada en la periferia requieren de un aparato geopolítico de administración de la violencia necesaria para mantener la integridad global del sistema.

Las tensiones y conflictos permanentes que caracterizan la relación centro/periferia llaman la atención sobre el significado ambivalente de los Estados nacionales tanto del centro como de la periferia en cuanto instituciones intermediarias entre los dos polos. Por una parte el Estado debe afirmar su soberanía en la protección del bienestar de la comunidad nacional que representa. Pero a la vez el Estado no tiene otra alternativa que negociar las condiciones de integración de la comunidad periférica al sistema mundial convirtiéndose, por tanto, en agencia que contribuye a la creación de la escasez material y espiritual que afecta a sectores importantes de la población nacional. La historia contemporánea exhibe múltiples instancias en que el Estado ha sacrificado su soberanía y el bienestar de la comunidad nacional que representa para mantener o renegociar la integración al sistema capitalista mundial según estrechos intereses oligárquicos internos en alianza con oligarquías externas. Por esta razón, dentro del análisis del sistema mundial debe considerarse la noción de dependencia. Ella indica que una nación es dependiente en la medida en que la dinámica de los cambios económicos, sociales, políticos e ideológicos no responde a necesidades autónoma y soberanamente definidas sino a las imposiciones de potencias extranjeras, mediadas por intereses nacionales afines, que la han integrado a su esfera de influencia económica, diplomática y militar.

Dadas estas premisas, el diseño de mi exposición intenta relevar los grados de confrontación, contemporización y negociación de acuerdos entre las instituciones e ideologías implementadoras de la política económica del centro y aquellas que representan los intereses de los Estados nacionales periféricos. En este sentido hago énfasis en el dato empírico entregado por los efectos de la "globalización" del capitalismo. Con el término "dato empírico" me refiero a la generación de agentes políticos de existencia real en la transacción de las relaciones internacionales. Con esto busco evitar el error de situar los estudios culturales exclusivamente en el plano teórico, lo cual puede marcarlos, de algún modo, como una especie de ciencia-ficción. Para ello echo mano de una muy pequeña selección de la extensísima bibliografía polémica sobre los efectos del Fondo Monetario Internacional (FMI), del Banco Mundial (BM) y de la Organización Mundial de Comercio (OMC) en los sistemas socio-económicos nacionales. Además, con el propósito de llevar el dato entregado por esta selección bibliográfica a un nivel de abstracción más generalizadora, lo he instalado en el cuadro más amplio del concepto "sociedad mundial del riesgo", según lo exponen Niklas Luhmann y Ulrich Beck.

Como ejemplo de una respuesta real a la política globalizadora del neoliberalismo, desde la perspectiva de los intereses nacionales latinoamericanos recurro a la teoría económica neoestructuralista. Los antecedentes del neoestructuralismo están en la teoría de la dependencia surgida de las teorizaciones de la Comisión Económica para América Latina (CEPAL) en la década de 1950 y pulida desde múltiples perspectivas políticas en los años sesenta. Frente a la exaltación neoliberal del crecimiento económico como único valor en sí, más allá de sus consecuencias sociales, el neoestructuralismo reintroduce la noción humanista de desarrollo económico como instrumento para la justicia social, la "equidad" social. Con un realismo que reconoce la hegemonía mundial inamovible del neoliberalismo en la actualidad, en medio de las cortapisas macroeconómicas neoliberales, el neoestructuralismo intenta crear estrategias de dirección de las economías nacionales para una mayor justicia social de acuerdo con la idiosincrasia de las culturas locales. De esta manera, la polarización centro/periferia queda también situada en un marco geopolítico en que lo internacional aparece como espacio abierto a todo tipo de turbulencias aceleradas de cambio económico-social mientras en los espacios periféricos hay quienes intentan proteger los intereses de las mayorías con un ritmo temporal de cambio más pausado, en que dentro de las comunidades nacionales pueda darse algún diálogo consensual que permita tomar decisiones de desarrollo socio-económico más humanas.

El contraste entre las directivas económicas neoliberales del centro y una reacción defensiva como la neoestructuralista pone en relieve la inserción de un factor ético humanista en las tensiones y conflictos entre los polos centro/periferia. Este factor ético es de máxima importancia para una hermenéutica de la cultura fundamentada en los derechos humanos y debe recibir atención especial. Para esto he echado mano de las elucubraciones de Hans Jonas y Edmond N. Cahn. Jonas es quien ha propuesto los fundamentos de mayor importancia para la elaboración de una ética adecuada para la intensísima cientifización y tecnologización de las relaciones productivas y sociales contemporáneas. Los argumentos de Jonas tienen una particular afinidad con los de Luhmann y Beck. Por su parte, Cahn provee fundamentos simples y efectivos para la evaluación y el juicio ético de procesos sociales cuya enorme complejidad quizás tienda a paralizar el entendimiento y la voluntad de acción reivindicativa de las personas.

Además de estos factores éticos, a través de mis argumentos mantendré presente el factor hermenéutico que rige este trabajo citando, en lugares apropiados, la *Carta de derechos y deberes económicos de los Estados* (CDDEE) proclamada por las Naciones Unidas en 1974. Como se sabe, esta carta fue uno de los primeros intentos de redimensionar los derechos económicos, sociales y culturales proclamados en 1948 y 1966 para hacer frente a los efectos socialmente dislocadores de la "globalización". En su preámbulo la CDDEE afirma "la urgente necesidad de establecer normas obligatorias que rijan en forma sistemática y universal las relaciones económicas entre los Estados" y de "crear un nuevo sistema de relaciones económicas internacionales basado en la equidad, la igualdad soberana y la interdependencia de los países desarrollados y los países en desarrollo".

Por último, respondiendo a las constantes indicaciones hechas en la literatura en cuanto a la importancia de las idiosincrasias nacionales en la asunción de los términos de la globalización, intento delimitar las llamadas "narrativas de identidad nacional" como campo operatorio de una hermenéutica cultural que haga énfasis en los derechos económicos, sociales y culturales. Como demostración de un ejercicio interpretativo de esta naturaleza he elegido el Informe del Programa de las Naciones Unidas para el Desarrollo (PNUD) del año 2002 sobre Chile. Como ejemplo para la demostración de un ejercicio interpretativo, Chile es un caso óptimo por la condensación de fuertes tendencias contradictorias: la política económica neoliberal fue impuesta en Chile por una cruenta dictadura militar condenada internacionalmente por la comisión de serias violaciones de los derechos humanos más fundamentales; el éxito relativo de este modelo económico y los condicionamientos del proceso de redemocratización interno y del sistema capitalista global obligaron a la Concertación de Partidos por la Democracia que ha gobernado desde 1990 a continuar las políticas fundamentales del neoliberalismo introduciendo, sin embargo, elementos de justicia social asociados con el neoestructuralismo; a la vez estos gobiernos se han abocado a la pacificación nacional con una política de desmovilización de la sociedad civil, amordazándola en una especie de tabú que ha impedido la discusión franca y amplia del sentido de las violaciones de derechos humanos para la identidad y la convivencia nacional. El mismo Informe PNUD del año 2002 asume esa política de tabú y, al hacerlo, pone en evidencia los efectos en la psiquis colectiva chilena de una demanda de justicia frustrada.

La globalización: nuevo ciclo de dependencia

Las dictaduras militares de la doctrina de la seguridad nacional no sólo fueron parte del desarrollo y resolución final de la guerra fría en Latinoamérica. Se ha hecho claro que, en última instancia, su función principal fue la inauguración de un nuevo ciclo de dependencia. Esta vez la función de centro la han asumido los más grandes conglomerados transnacionales (CT), especialmente los financieros. Antiguos países centrales, como Estados Unidos y los de Europa, han quedado desplazados a la calidad de subcentros implementadores de los designios geopolíticos de los CT. Por tanto, es preciso tener una imagen de la organización y funcionamiento de los CT.

Los CT han sido descritos (Knox & Agnew; Gilpin; Dicken) como empresas propietarias de subsidiarias simultáneamente en varios países, que administran sus recursos financieros, tecnológicos, personal administrativo y política productiva según estrategias centralizadas en un cuartel general ubicado en un país capitalista avanzado. Algunos de estos CT sólo producen modelos o esquemas de procedimientos técnicos abstractos que no se traducen en productos materiales y que venden a otros CT para la aplicación a la manufactura, la comunicación, el mercadeo o las finanzas. Otras sólo cuentan con un centro de diseño avanzado y un conjunto de marcas de gran prestigio mundial cuya producción manufacturera es subcontratada con otros CT. En general, los CT movilizan capitales de origen desconocido o de difícil identificación y hacen pactos entre sí para actuar conjuntamente en ciertos segmentos productivos. Por ello es que no puede decirse que pertenezcan a la economía de un país específico. En la actualidad se afirma que los sectores más dinámicos de las economías nacionales pertenecen a un proceso transnacional de acumulación de capital que limita la capacidad de planificación estatal del desarrollo social de los países (Reich).

Las subsidiarias hacen inversiones directas en actividades agrícolas, mineras, manufactureras y de servicios en países que incentivan estas inversiones ofreciendo una fuerza de trabajo barata, educada y dócil, un buen soporte infraestructural (edificios e instalaciones apropiadas, carreteras, sistemas de comunicación y transporte, puertos, aeropuertos), fuentes de energéticos y códigos legales que expediten la contratación y despido de trabajadores, la circulación de mercancías y capitales y la repatriación de ganancias. Los CT buscan situarse en un país o región a plazo relativamente largo y de manera oligopólica. Crean redes de producción, mercadeo y distribución de los productos que colocan en el mercado mundial intentando mantener un monopolio lo más prolongado posible. A la vez controlan los precios de los bienes y servicios abastecidos y prestados por empresas locales. Estas redes "integran verticalmente" dentro de los CT las diferentes etapas productivas —el financiamiento, la investigación científica y el desarrollo de las tecnologías necesarias para crear una línea de productos, el control de los minerales e insumos químicos indispensables para la investigación y la producción, la distribución, las técnicas de mercadeo y propaganda comercial. Dentro de la redes controladas por los CT el producto de cada uno de estos segmentos es considerado mercancía que las subsidiarias negocian entre sí dentro de circuitos internos, según criterios confidenciales y secretos que les permiten transferir las mercancías con los mejores precios y ventajas posibles, evitando o reduciendo el pago de impuestos a los Estados nacionales o neutralizando las políticas estatales que puedan retener ganancias dentro del país en beneficio de su desarrollo.

2. Todo Estado tiene el derecho de:
b) Reglamentar y supervisar las actividades de empresas transnacionales que operen dentro de su jurisdicción nacional y adoptar las medidas para asegurarse de que esas actividades se ajusten a sus leyes, reglamentos y disposiciones y estén de acuerdo con sus políticas económicas y sociales.
Las empresas transnacionales no intervendrán en los asuntos internos del Estado a que acudan. Todo Estado deberá, teniendo en cuenta plenamente sus derechos soberanos, cooperar con otros Estados en el ejercicio del derecho a que se refiere este inciso; (CDDEE, Capítulo II, Artículo 2)

Para la discusión posterior es conveniente resaltar y tener en cuenta la importancia del secreto en la administración de las redes internas de los conglomerados transnacionales.

Desde comienzos de la década de 1970 y a través de la década de 1980 el capitalismo transnacional entró en crisis, una de cuyas facetas fue la gran alza de los precios del petróleo por la Organización de Países Exportadores de Petróleo (OPEP), la presión de la banca internacional en los países del tercer mundo para colocar la superabundancia de moneda dura acumulada por la OPEP y el enorme endeudamiento resultante para los países del tercer mundo. Ya de tiempo antes estaba la crisis de la productividad mundial que había crecido sólo en un 2,5 %, es decir, cincuenta por ciento menos que el promedio anual logrado desde fines de la segunda guerra mundial. En 1980 la tasa de ganancias en las economías capitalistas avanzadas había tenido un decrecimiento general de un 17% a un 11% mientras que en el área de manufacturas habían descendido de un 25% a un 12%. A todo esto la emergencia de Europa y Japón como potencias económicas amenazó seriamente la hegemonía de Estados Unidos sobre el sistema mundial. Por esta razón, de hecho Estados Unidos abrogó el acuerdo de Bretton Woods, que él mismo había impuesto para dominar y estabilizar las relaciones económicas internacionales desde el fin de la segunda guerra mundial (Brecher & Costello).

Bretton Woods había seguido el modelo estabilizador creado en Estados Unidos por la administración del presidente Franklin D. Roosevelt en cuanto a la intervención del Estado para dinamizar las economías nacionales en épocas de estagnación y asegurar la paz social. Según teorías económicas de John Maynard Keynes, el Estado debía intervenir ante la posibilidad de una recesión económica y un aumento importante del desempleo aumentando el gasto fiscal, aun con gastos estatales deficitarios, reduciendo los impuestos y los intereses bancarios. Se consideraba que la situación ideal era obtener el índice más alto posible de empleo, seguridad de trabajo, seguro social, salarios altos y subsidios para que los trabajadores pudieran consumir masivamente los productos de la industria nacional. Con el propósito simultáneo de controlar los movimientos de trabajadores y mejorar su calidad de vida, el Estado promovió la formación de sindicatos y gremios como interlocutores legítimos en lo político y lo económico. Mediante leyes especiales para regular las relaciones entre sindicatos, gremios y empresas, el Estado se convirtió en el principal árbitro de las relaciones entre las clases (Reich). Se designó como "Estado benefactor" *(Welfare State)* este conjunto de políticas estatales.

En términos generales, este modelo de desarrollo socio-económico presidido por el Estado fue seguido en Latinoamérica a partir de la década de 1940 para iniciar la industrialización sustitutiva de la importación.

Bretton Woods creó el Fondo Monetario Internacional (FMI) para fijar una tasa de cambio constante entre las diferentes monedas reconocidas por el acuerdo. Además creó el Banco Mundial (BM) para promover la reconstrucción de posguerra y el desarrollo económico en todas partes del mundo, en lo que primaría la conveniencia de los CT estadounidenses. El General Agreement on Tariffs and Trade (GATT) promovió un comercio internacional estable y creciente mediante tratados multilaterales entre países que se reconocían entre sí como "naciones más favorecidas". Según esto, Estados Unidos, la economía motora del sistema mundial, selectivamente acordaba reducir las tarifas de intercambio en áreas de su interés, a la vez que en otras levantaba barreras contra la importación para proteger su industria.

La abrogación del acuerdo de Bretton Woods resultó de la presión de los CT para elevar la tasa de ganancias reduciendo los costos de producción. Estos costos prohibitivos se debían a los altos salarios de la fuerza de trabajo en los países capitalistas avanzados y en vías de industrialización, y el poder político y las concesiones legales de protección del trabajo y del empleo logradas por los sindicatos y los gremios. La influencia y el poder político de los sindicatos y gremios debían ser desmantelados. A partir de la década de 1970 los CT se reestructuraron manteniendo en los países capitalistas avanzados sólo la administración central de las subsidiarias, los segmentos de producción de tecnología más sofisticada y necesitada de mayor seguridad. Los segmentos estandarizados de producción fueron dispersados hacia países y regiones que ofrecieran la fuerza laboral más barata y competente posible, con la mejor ubicación geográfica para el acceso a los mercados mundiales y con los gobiernos más cooperadores para estabilizar y proteger las inversiones a largo plazo. Esta dispersión fue posible por el bajo costo del transporte de grandes volúmenes de carga a larga distancia, la sofisticación alcanzada por la comunicación electrónica, los grandes avances en la producción de programas de computación para la administración y diseño de procesos industriales y el desarrollo de mercados mundiales de capital que permiten la rápida transferencia de todo tipo de instrumentos financieros.

Con la intensificación de la crisis económica mundial de los años setenta, los grandes CT presionaron a Estados Unidos y al resto del Grupo de las Siete Naciones capitalistas más avanzadas (G-7) para reformar la función del GATT, del FMI y del BM. El FMI dejó de estabilizar el intercambio monetario internacional para convertirse en interventor durante las grandes crisis de insolvencia de los países ante las enormes deudas internacionales causadas por el crédito fácil en "petrodólares" y por los altos costos del petróleo. Junto con la concesión de préstamos de emergencia, el FMI forzó a los países morosos a terminar con las políticas sociales del Estado benefactor, con la industria nacional protegida por barreras arancelarias y a abrir las economías al comercio de importación-exportación. El GATT, a través del BM, se transformó en una especie de gobierno supranacional que imponía a los Estados nacionales directivas sobre protección ecológica, salubridad, seguridad y leyes laborales, planificación industrial, clausura de plantas y regimentación de la propiedad de las subsidiarias de CT (Woods). Más tarde el GATT fue reemplazado por la Organización Mundial de Comercio (OMC), entidad de gobierno supranacional y autoritaria que limita fuertemente la soberanía de las naciones (Brecher & Costello). Sus directivas económicas son obligatorias para los países miembros, aunque, de hecho, las naciones del G-7 frecuentemente rehusan aplicarlas a sí mismas. Cualquier gobierno o empresa puede solicitar que los tribunales secretos de la OMC suspendan y eliminen las leyes nacionales de comercio contrarias a esas directivas bajo pena de grandes sanciones decididas secretamente, sin posibilidad de contraargumentación y sin la presencia de observadores.

Artículo 1
Todo Estado tiene el derecho soberano e inalienable de elegir su sistema económico, así como su sistema político, social y cultural de acuerdo con la voluntad de su pueblo, sin ingerencia, coacción ni amenazas externas de ninguna clase.
Artículo 2
2. Todo Estado tiene derecho de:
a) Reglamentar y ejercer autoridad sobre las inversiones extranjeras dentro de su jurisdicción nacional con arreglo a sus leyes y reglamentos y de conformidad con sus objetivos y prioridades nacionales. Ningún Estado deberá ser obligado a otorgar un tratamiento preferencial a la inversión extranjera;
Artículo 10
Todos los Estados son jurídicamente iguales y, como miembros iguales de la comunidad internacional, tienen el derecho de participar plena y efectivamente en el proceso internacional de adopción de decisiones para la solución de problemas económicos, financieros y monetarios internacionales, *inter alia*, por medio de las organizaciones internacionales apropiadas, de conformidad con sus normas actuales o futuras, y el de compartir equitativamente los beneficios que de ello se deriven. (CDDEE, Capítulo II)

Hay una afinidad entre el autoritarismo del GATT y de la OMC con el de las dictaduras de la doctrina de la seguridad nacional. Es un hecho reconocido que las burocracias del FMI y del BM evitan discutir los programas de "restructuración" que imponen junto con los liderato políticos y sociales que representan a una nación (Woods 65-83). La enorme concentración del poder en los altos mandos militares y en las tecnoburocracias permitió que esas dictaduras impusieran a muy corto plazo las "reestructuraciones" macroeconómicas neoliberales: reorientar las economías hacia la exportación, desregular los mercados financieros para facilitar la circulación de capitales y las inversiones extranjeras, reducir las tarifas aduaneras, reajustar el valor de la moneda nacional para una relación más cercana con el mercado internacional, reducir drásticamente las costosas burocracias estatales, reformar la legislación laboral para asegurar una mano de obra barata y dispensable de acuerdo con las necesidades de las empresas, evitar el endeudamiento fiscal reduciendo los subsidios fiscales en la educación y la seguridad social, privatizar las empresas estatales por su supuesta ineficiencia y balance deficitario, especialmente los servicios de utilidad pública como electricidad, gas, comunicaciones, transporte público, educación, salubridad. Se llamó "Consenso de Washington" a este conjunto de imposiciones.

En todos los países en que se las ha aplicado, estas "reestructuraciones" han resultado en fuertes recesiones de la economía, destrucción de la base industrial, caída general de los niveles de salarios, altas tasas de desempleo, seria limitación del gasto en servicios públicos y seguros de salubridad, desempleo y jubilaciones. Se ha dicho que estas "reestructuraciones" han exacerbado los serios disturbios y desestabilizaciones sociales que, por el contrario, debían solucionar.

Como lo demuestra el caso de Chile, idealmente la implementación de la segunda etapa de las "reestructuraciones" neoliberales quedaría a cargo de gobiernos democráticos que reemplazarían a las dictaduras. Esta segunda etapa sería una tarea de largo plazo –se reorientarían las culturas nacionales para crear condiciones ideológicas facilitadoras de la penetración económica de las empresas transnacionales; se adecuaría valóricamente a las élites políticas y empresariales y a la fuerza laboral locales para adaptar las economías nacionales a las nuevas reglas de competición internacional a sabiendas de que esto implicaría un fuerte descenso de la calidad de vida.

La apertura a la economía global quitó énfasis a los valores nacionalistas de tendencia autárquica que predominaban en las economías administradas por el Estado benefactor. Desde la base de la sociedad se promovería la convicción de que la única vía de egreso del subdesarrollo y de la pobreza está en dar la bienvenida, adoptar y absorber en la identidad nacional las prácticas e innovaciones científicas, tecnológicas y financieras provenientes del exterior y adaptarse a ellas mediante un proceso consciente de hibridación. Este proceso ha sido descrito con el neologismo "glocalización" (palabra híbrida de globalización y localismo) y se fundamenta en valores de tolerancia que inducen confianza en lo extranjero y en los usos, procedimientos e ideas foráneas. Supuestamente esto genera un espíritu creciente de innovación y prosperidad en las sociedades en que los CT instalan sus subsidiarias.

En el contexto de estas transformaciones valóricas cobra pleno sentido poner en lugar prioritario la reducción de los presupuestos de seguro social y privilegiar la inversión infraestructural para atraer la inversión extranjera –la modernización de los sistemas de carreteras, transporte, comunicación, portuarios, de aeropuertos, educacionales para ofrecer una fuerza de trabajo mejor preparada, áreas residenciales atractivas para el personal de las empresas transnacionales, seguridad de las personas ante el crimen en los barrios con mayor concentración de la riqueza.

Asimismo, puede que surja un liderato político que expedite y universalice sin excepciones la recolección de impuestos para la mayor inversión infraestructural, se afiancen una burocracia y un poder judicial mínimamente corruptos, se estabilice el sistema constitucional y electoral para dar seguridades a los inversionistas extranjeros, se permita la rápida iniciación y término de pequeñas y medianas empresas según las incidencias de los mercados nacional e internacional y se convenza a los trabajadores de que es beneficioso para el bien común de la nación que la estabilidad del trabajo ya no sea ingrediente central de la "calidad de vida", que el mercado laboral sea "flexible" como para que las empresas contraten empleados con un mínimo de seguridad social y los despidan según sus necesidades coyunturales.

LA GLOBALIZACIÓN DEL RIESGO

Este es el momento en que conviene prestar atención a las consecuencias del secreto con que operan los CT, el FMI, el BM y la OMC. En cuanto a los CT, la premisa de ese secreto está en que el componente manufacturero ha perdido importancia como generador de valor agregado en la medida en que sus procedimientos pueden ser estandarizados, simplificados y rutinizados para ubicarlos en regiones de fuerza laboral barata, poco calificada. El gran valor agregado se obtiene en los enclaves de investigación y diseño avanzados dispersos por el mundo. Allí pequeños grupos de expertos de vanguardia intercambian conocimiento para dar nuevos usos a la ciencia, las matemáticas y los procedimientos técnicos, financieros y de flujos mundiales de capital ya existentes en diferentes áreas de la producción. Obviamente esta producción y comercio internacional de conocimiento requiere un máximo de secreto y seguridad.

En general, los investigadores de la actividad de los CT llaman la atención sobre la dificultad de determinar la manera con que los CT intercambian bienes y servicios internamente y entre sí, los precios que fijan, sus contratos y acuerdos para compartir ganancias y beneficios, las patentes y licencias arrendadas entre sí. Sin ninguna regulación nacional o internacional, la producción de esos expertos responde estrictamente a los intereses de sus clientes, de la propia organización y a las dinámicas e inercias de la investigación misma, inercia que permite visualizar nuevos procedimientos para ser comercializados con grandes ganancias en el futuro, pero sin considerar las consecuencias sociales que puedan tener. Así la noción de "bien común" toma un significado muy restringido, quizás contrario a la noción de "bien común" de toda una sociedad. Un nuevo uso para el petróleo o el descubrimiento de un nuevo plástico no biodegradable a corto plazo puede aumentar las ganancias de una empresa, favoreciendo a sus accionistas, pero a largo plazo puede tener un impacto ecológico del todo negativo para la reproducción de toda forma de vida. Esto es de particular importancia para regiones del tercer mundo en que los CT suelen instalar las subsidiarias productoras de las sustancias más tóxicas. Los Estados nacionales interesados en generar empleo atrayendo la inversión de los CT y a la vez del todo desinformados del funcionamiento y de la naturaleza de la manufactura de sus productos, ¿tienen la voluntad o la capacidad para proteger la sanidad de su territorio y de su ciudadanía?

En cuanto al FMI, ya son famosas las observaciones de Joseph Stiglitz, vicepresidente y economista principal del BM entre 1997-2000, premio Nobel de economía, en lo referente a las consecuencias del secreto con que se impone el "Consenso de Washington" sobre los gobiernos a los que se conceden préstamos para solucionar crisis de balanza de pago internacional.

Stiglitz nos recuerda que, al idear el FMI como instrumento de estabilización de las relaciones comerciales internacionales, John Maynard Keynes tuvo en mente que las crisis de insolvencia de un gobierno específico podían provocar grandes disturbios sociales en toda la comunidad de naciones si reducían drástica y súbitamente las importaciones desde países vecinos y lejanos. Por tanto consideró prudente que la comunidad de naciones tuviera una organización interventora que proveyera los préstamos de emergencia necesarios y la asesoría técnica para que, en acción conjunta de todos los gobiernos involucrados, el país en crisis pudiera reanudar sus pagos, normalizar su actividad económica, generar empleo, demanda comercial interna y externa y el Estado captara un volumen de impuestos adecuado para invertir en la infraestructura nacional y en servicios de bienestar público. Stiglitz muestra que desde la década de 1980 el FMI abandonó este criterio original para convertirse en agente de los intereses de la banca internacional y de la tesorería de Estados Unidos.

El FMI aplica rígidamente, en todas partes del mundo, recetas neoliberales que no consideran la situación histórica especial, la identidad cultural de cada sociedad y las consecuencias de esas recetas para la calidad de vida de sus ciudadanos. El FMI demanda la más pronta liberalización de los mercados nacionales de capital, austeridad en los gastos estatales de bienestar social, prohibe que el Estado haga gastos para dinamizar la economía, produciéndose una contracción económica que precisamente acelera y agrava aspectos de la desestabilización de las economías en crisis que supuestamente se debe solucionar –altísimo desempleo, altos intereses bancarios, desmejoramiento de la dieta de los más pobres por el término de los subsidios a los alimentos, aumento de las enfermedades por la bancarrota de los servicios de salubridad pública, reducción de las pensiones de los jubilados. Se genera así un gran riesgo político por las sublevaciones de la ciudadanía y los altísimos índices de violencia y criminalidad. Según Stiglitz, la imposición inflexible de las recetas neoliberales tiene el objeto de crear a la mayor brevedad posible un superávit en la balanza de pagos para que el país en crisis pague prontamente sus deudas a la banca internacional. De hecho, entonces, se trata de una enorme bonificación al capitalismo transnacional en que toda la ciudadanía termina pagando con sus impuestos las deudas contraídas por la empresa privada.

Stiglitz llama la atención sobre el hecho de que quienes imponen las recetas del FMI son burócratas anónimos que preparan sus informes sobre los países en cuestión después de una estadía allí de no más de tres semanas, aislados en hoteles de lujo, entrevistando a autoridades de gobierno especialmente seleccionadas, sin consultar a expertos locales, preparando luego informes formulaicos en que el nombre de un país podría ser fácilmente reemplazado por el de otro. El programa de "reajustes estructurales" impuesto por el FMI se formaliza con una carta en que se finge que es el país en crisis el que ha peticionado las condiciones que se le imponen. La carta compromete al gobierno a restringir el conocimiento de las condiciones impuestas a un número muy pequeño de autoridades y a no informar de ellas o discutirlas públicamente. Stiglitz no trepida en afirmar que se trata de una imposición arbitraria que recuerda el colonialismo de siglos anteriores.

Dos razones asocian el secretismo institucionalizado de la globalización con los conceptos de riesgo elaborados por Niklas Luhmann y Ulrich Beck. Por una parte estos conceptos ilustran teóricamente el caos social y político acarreado por los efectos de los CT, del FMI, del BM y de la OMC sobre las sociedades nacionales. Por otra, ese caos puede calibrarse en su extraordinaria dimensión si se considera un dato rara vez mencionado –legalmente el FMI y el BM son organizaciones especializadas de las Naciones Unidas. Por tanto, se involucran en una gigantesca violación del derecho internacional proclamado por las Naciones Unidas al funcionar como agentes de los intereses de empresas privadas de los países capitalistas más avanzados imponiendo políticas económicas que dañan la soberanía y los intereses de los países en desarrollo. De hecho, se trata de una privatización dolosa de un instrumento diplomático de naturaleza supranacional e intergubernamental.

Este dolo toma visos siniestros si nos atenemos al testimonio personal de John Perkins sobre el modo como el BM complementa sus propuestas de modernización infraestructural para que los países acepten sus directivas. Según Perkins, en estos proyectos intervienen directamente funcionarios de los grandes CT de construcción de redes comunicativas, camineras, de producción y distribución de energía eléctrica, complejos de edificios de utilidad pública y privada, instalaciones industriales –Bechtel, MAIN, Brown & Root, Halliburton, Stone & Webster, por ejemplo. Estos funcionarios no trepidan en falsificar datos y proyecciones de desarrollo económico para favorecer a sus compañías, beneficiar a oligarquías locales y crear deudas impagables para los países intervenidos con el propósito de hacerlos permanentemente vulnerables política y económicamente. Perkins sugiere que este dispositivo es complementado por contratistas privados que se encargan de asesinar a los líderes políticos que obstaculizan y ponen en peligro los grandes proyectos de los CT.

Artículo 32
Ningún Estado podrá emplear medidas económicas, políticas o de ninguna otra índole, ni fomentar el empleo de tales medidas con el objeto de coaccionar a otro Estado para obtener de él la subordinación del ejercicio de sus derechos soberanos.
Artículo 33
1. En ningún caso podrá interpretarse la presente Carta en un sentido que menoscabe o derogue las disposiciones de la Carta de las Naciones Unidas o de las medidas adoptadas en cumplimiento de las mismas.
2. En su interpretación y aplicación, las disposiciones de la siguiente Carta están relacionadas entre sí y cada una de ellas debe interpretarse en el contexto de las demás.
(CDDEE, Capítulo III, Responsabilidades comunes para la comunidad internacional.)

Los conceptos de Luhmann ofuscan esta relación dolosa porque proceden de una teoría de sistemas en que la organización social es representada como una especie de máquina eléctrica o electrónica en que fluyen dinámicas impersonales. En esta visión las transformaciones sociales no ocurren por la acción de seres humanos que comandan instituciones. De este modo las consecuencias de la globalización quedan naturalizadas como si fueran resultado teleológico inexorable de un ente abstracto llamado modernidad. Luhmann plantea que, de acuerdo con las tendencias modernistas a la complejidad y a la diferenciación funcional de los subsistemas que componen los sistemas sociales, los subsistemas llegan a un grado de especialización que los autonomiza y los hace indiferentes tanto en su relación entre sí como en relación al conjunto social. Por tanto, se reproducen según estímulos internos, autorreferenciales, generando nuevos subsistemas dentro de sí e induciendo a que otros subsistemas se reproduzcan del mismo modo.
Como consecuencia, la característica fundamental de los sistemas sociales de gran diferenciación funcional es la fragmentación de su unidad y la incapacidad de producir visiones unitarias. Se constituye así un policentrismo en que "de ninguna manera puede reconocerse algún sistema que se encuentre subordinado a otro, lo cual determina en definitiva que no exista un sistema funcional que acapare de manera exclusiva el centro del sistema social, a partir de la cual se observa la existencia de varios centros relativos, cada uno configurado por un sistema funcional" (Paulus 18). Sin duda esto refleja el hermetismo burocrático con que funcionan los CT, el FMI, el BM y la OMC, instituciones

que, por sobre la fragmentación de los sistemas y subsistemas indicada por Luhmann, proveen un grado importante de correlación totalizadora de sus relaciones. Paradójicamente, este grado de totalización indica que la misma fragmentación obliga a los subsistemas a buscar algún grado de complementariedad entre sí para mitigar su especialización extrema. A su vez, esos momentos de complementariedad generan nuevos entornos de operación y, por tanto, nuevas complejidades y contingencias. Estas sinergias provocan una sobrecarga de información y comunicación dentro y entre los subsistemas que rebasa su capacidad de sedimentarlas, procesarlas, dilucidar las alternativas de acción posible y tomar las decisiones correspondientes. Esto acelera un cambio social y cultural sin control y acarrea el peligro de una implosión de los subsistemas y del conjunto sistémico. Simultáneamente, entonces, a una mayor complejidad de funciones corresponde un mayor desorden por cuanto las interpretaciones posibles de la contingencia se multiplican extraordinariamente. Esto dificulta la toma de decisiones apropiadas. En términos concretos, esto implica el desahucio de toda posibilidad de que los CT puedan ser disciplinados hacia un "bien común" general, bien sea por parte de los Estados nacionales como de las organizaciones supranacionales. De aquí surge la noción de "riesgo global".

La complejidad sistémica creciente y posiblemente infinita, la aceleración constante del cambio y la multiplicación de la contingencia trae el imperativo de delimitarlas racionalmente mediante un mecanismo de decisiones que deben tomarse ante disyuntivas binarias tales como certidumbre/incertidumbre; probabilidad/improbabilidad; seguridad/inseguridad; lo deseado/lo no deseado; daños/beneficios; conformidad/arrepentimiento. Tomará tiempo comprender las consecuencias de las decisiones, aspecto que sirve a Luhmann para reforzar la noción de riesgo. No obstante, entre el momento en que se toman las decisiones y el momento en que las consecuencias se hacen evidentes puede decirse que se ha logrado certidumbre, seguridad, conformidad puesto que la imagen de la realidad inmediata ha quedado conformada y configurada. Bien sean positivas o negativas, las consecuencias no son nada más que una plataforma para nuevas complejidades sistémicas, mayor aceleramiento del cambio y mayor multiplicación de la contingencia ante las que otro ciclo de decisiones se hace imperativo, *ad infinitum*. Por tanto el riesgo es característica inherente de la diferenciación funcional de los sistemas sociales precipitada por la modernidad. El riesgo es inescapable e inexorable; es preciso que la humanidad se habitúe a los flujos y dinámicas del riesgo y busque modos de darles alguna dirección; nunca podrá controlarlos.

A diferencia del impersonalismo de Luhmann, Ulrich Beck adopta una actitud más bien existencialista. Habla de que las certidumbres características de la modernidad industrial han quedado rebasadas precisamente por la confianza que se depositara en la ciencia y la tecnología. En la utopía de la Modernidad ilustrada la aplicación de ciencia y tecnología para racionalizar la administración y transformación de la economía y la sociedad debía resultar en una creciente acumulación de conocimiento, en un progreso lineal irreversible y en el control creciente de la contingencia. Culminación de ese progreso fue el Estado benefactor que, al mediar en la lucha de clases generada por un capitalismo siempre en proceso de modernización, aseguró políticas de captación e inversión nacional de plusvalía y algún grado de redistribución para redefinir y mejorar constantemente y por consenso colectivo las nociones de "buena sociedad", "bien común", "calidad de vida" y de "ser humano ideal". No obstante, los avances en la ciencias atómicas, químicas y genéticas han generado accidentes reales o potenciales que neutralizan e invierten las certidumbres de la modernidad ilustrada al poner en peligro la supervivencia de toda la especie humana. El potencial catastrófico ha creado la sensación de vivir situaciones límite permanentes en que conviven el deseo de una mejor calidad de vida y la amenaza de una destrucción apocalíptica. La producción de bienes es, a la vez, la producción de riesgos incalculables. Según Beck, esta conciencia ambivalente marca el paso de un tipo de modernidad a otro –desde las racionalizaciones de la modernidad industrial a lo que llama modernidad reflexiva, en que hay una elucubración permanente sobre el significado de vivir siempre al borde de peligros desconocidos en lo que Beck llama sociedad mundial del riesgo.

El riesgo permanente de extinción catastrófica de la especie humana se debe a un cúmulo de razones. En primer lugar está el desconocimiento de los efectos posibles y la incapacidad de prever las consecuencias de la experimentación nuclear, química y genética. A esto se agrega la enorme inversión en ella de capital, recursos humanos y materiales que no pueden descartarse y abandonarse por el temor a riesgos indeterminables. Tras estas inversiones están múltiples intereses nacionales y transnacionales que se benefician de la producción de riesgos. Puede decirse que el riesgo en sí se convierte en una industria proliferante de grandes réditos. En la protección de estos intereses no sólo debe contarse el secreto que acompaña la autonomización de los subsistemas productivos de la que habla Luhmann. También están los contubernios de partidos políticos, sindicatos, gremios empresariales y agencias supragubernamentales para aquietar y acallar ansiedades sobre la sanidad del medio ambiente. Para este propósito echan mano de la proclamación y revisión constante de regulaciones para la protección ambiental que señalan los niveles máximos de toxicidad que permitirá la ley. La producción de regulaciones y manuales regulatorios en sí misma se agrega a la industria del riesgo. Según Beck, se trata de una farsa puesto que, a guisa de proteger la salud de la población, estas regulaciones y manuales realmente autorizan y legitiman la producción de tóxicos cuyo efecto siempre será desconocido o que tomará años conocer, efectos ante los que quizás no haya medida de reparación posible. De hecho, con otra ironía más, las regulaciones ambientales realmente legitiman la irresponsabilidad convirtiéndola en dato anónimo.

El secreto de la experimentación científico-tecnológica y de los contubernios políticos pone en jaque lo que normalmente entendemos como transacción política. Superada queda la lucha dicotómica de clases que dinamiza a las sociedades capitalistas. El riesgo universalizado concierta y estimula desordenadamente tanto alianzas como luchas interminables entre sectores capitalistas y entre sectores proletarios que, en última instancia, no consideran el bien común ni de una sociedad específica ni de la especie humana en general. Los efectos de la producción que beneficia a la industrias atómica y química pueden ser desastrosos para la agricultura, la industria procesadora de alimentos, la pesca y el turismo. Los operarios altamente calificados de industrias productoras de toxinas fácilmente pueden apoyar a la derecha más reaccionaria para proteger su empleo. En última instancia todas las clases sociales y todos los países son perjudicados por la contaminación tóxica del agua que beben, del aire que respiran y de la tierra que habitan. Peor aún, secretamente las empresas de vanguardia científico-tecnológica están provocando revoluciones en las relaciones sociales que el aparato político de las sociedades tarda en reconocer –si es que alguna vez las reconoce– como para tomar medidas de precaución que impidan revueltas sociales.

Extrañamente, en su discusión Beck casi reduce la noción de riesgo sólo a un asunto medioambiental. Sin duda hace referencias oblicuas al daño humano causado por las políticas económicas de la globalización y a que el riesgo ecológico siempre queda circunscrito a las zonas geográficas que habitan los pobres. No obstante, según lo muestra Joseph Stiglitz, el mayor daño de la globalización es causado por la agenda de las organizaciones supragubernamentales que, en última instancia, rigen y coordinan el capitalismo transnacional. A su política económica se le achacan décadas de catástrofes ecológicas y genocidio indígena en el Amazonas y los graves disturbios sociales causados por el colapso económico de México en 1995 y sus repercusiones en el resto de Latinoamérica, lo que se llamó "efecto tequila".

El factor ético, sus consecuencias políticas

Lo dicho hasta ahora más bien "describe" la geopolítica del capitalismo "globalizador" generadora de violaciones masivas de derechos humanos civiles, políticos, económicos, sociales y culturales. No expone la esencia deshumanizadora de sus efectos. Este factor deshumanizador está en la radical reducción del trabajo humano a la categoría de mercancía sujeta universalmente al consumo empresarial al menor costo posible y empleable sólo de manera intermitente. Esta concepción del trabajo de las personas amenaza uno de los fundamentos ontológicos de la especie humana –su capacidad de autotransformación en las tareas de transformación de la naturaleza y la sociedad para satisfacer necesidades materiales y espirituales históricamente condicionadas. Este atentado contra la ontología de la humanidad amenaza la totalidad de los derechos humanos y demanda la regeneración ética de toda transacción política posible, tanto nacional como internacional.

La actividad política característica de la "sociedad mundial del riesgo" relaciona rutinariamente la sociedad civil con el Estado mediante las instituciones intermediarias de la sociedad política. El Estado conecta la sociedad con los CT y las instituciones económicas supragubernamentales. Beck indica que este tipo de política ha sido cooptado por la industria del "riesgo conscientemente manufacturado". Para contrarrestarla Beck propone una acción política transnacional alternativa que llama "subpolítica". Ella está directamente relacionada con la acción del movimiento mundial de derechos humanos, según lo representan las innumerables organizaciones no gubernamentales (ONG) surgidas en las últimas décadas. Antes de discutir los términos de esta subpolítica es imperativo conocer los elementos principales de la ética propuesta por Hans Jonas para este período del desarrollo tecnológico de la modernidad. Beck reconoce la influencia de Jonas en su pensamiento.

Dicho de manera muy compacta, Jonas plantea que la tecnología ya no sólo cumple con la tarea de la construcción de la cultura como espacio humano diferenciado de la naturaleza. También ha dado a la humanidad la capacidad de autotransformarse genéticamente, quizás con el peligro de distorsionarse como especie, de alterar los procesos naturales con riesgo de destruir la biósfera y, por tanto, con la gran posibilidad de que la humanidad se destruya a sí misma. Esto exige la creación de una nueva ética para la actividad científica y la política. Ella debe superar la noción ética prevaleciente hasta hoy, en que las personas son responsables de sus propósitos, acciones y consecuencias ante sus coetáneos inmediatos. En la ética predominante hasta hoy, para gozar o cumplir con todos los derechos y obligaciones que puedan atribuirse a los seres humanos éstos deben tener el requisito de existir en el presente. Pero, por primera vez en la historia, el desarrollo científico-tecnológico contemporáneo ha traído a la humanidad la obligación de hacerse responsable del destino de generaciones futuras que todavía no existen y que quizás nunca lleguen a existir. A la vez, si se considera que la especie humana ha llegado a este punto de su evolución como resultado de sinergias desconocidas en y por la coexistencia simbiótica con otras formas de vida que también buscan sobrevivir y reproducirse, ineludiblemente la humanidad debe tomar responsabilidad del cuidado de la naturaleza para que ellas también cumplan su cometido. Por ello Jonas afirma una serie de imperativos:

> "Actúa de manera tal que los efectos de tu acción sean compatibles con la permanencia de una vida humana genuina"; o expresado negativamente: "Actúa de manera tal que los efectos de tu acción no destruyan la posibilidad futura de tal vida"; o simplemente: "No comprometas las condiciones para la continuación indefinida de la humanidad sobre la tierra"; o, nuevamente de manera positiva: "En las opciones que elijas en el presente incluye la futura completitud del Hombre entre los objetivos de tu testamento". (mi traducción, 11)

Debe reconocerse, además, que, dados los condicionamientos tecnológicos, no puede contarse con la certidumbre de ningún pronóstico científico. El futuro de la especie humana a la vez queda fuera de todo cálculo y marcado por el peligro muy probable de que la vida pueda extinguirse. Por tanto, Jonas propone que la producción de conocimiento científico y su aplicación tecnológica sea presidida por una "heurística del miedo":

> Mientras el peligro es desconocido, no sabemos qué preservar y por qué. El conocimiento de esto ocurre, contra toda lógica y método, por la percepción de lo que se debe *evitar*. Esto es lo que primero se percibe y nos enseña, por el sentimiento de rechazo que se adelanta al conocimiento, a aprehender el valor cuya antítesis tanto nos afecta. *Sabemos lo que está en peligro sólo cuando sabemos que está en peligro*. (27, énfasis en el original)

El temor, entonces, puede servir como una *educación sentimental* para la parsimonia y la precaución que limite el libertinaje nihilista de los tecnoburócratas que autorizan cualquier riesgo. A las generaciones futuras deben legárseles las condiciones necesarias y más óptimas para que cumplan con su deber de continuar la evolución de la humanidad y de toda forma de vida:

> Puesto que de todos modos habrá hombres en el futuro que no tuvieron parte en su propia existencia, llegará el momento en que tendrán el derecho de acusarnos a los que los precedimos de ser los originadores de su infortunio –si es que les hemos malogrado el mundo o la constitución humana con acciones descuidadas y evitables [...] Por tanto, a partir del *derecho* de la existencia anticipada de los sujetos del futuro, emana para nosotros hoy, como agentes causativos, un *deber* correspondiente, que nos responsabiliza ante ellos de acciones nuestras cuyo alcance efectivo se extiende en tan vastas dimensiones de tiempo, espacio y profundidad. (41)

La argumentación de Jonas carga de una urgencia ética monumental los intentos de reforma del funcionamiento secreto de los CT y de las instituciones supragubernamentales que rigen la globalización. Puede decirse que, en general, hay consenso entre quienes promueven la globalización y quienes la atacan en cuanto a que es necesario introducir un fuerte componente ético en la concepción y dirección del proceso. Sin duda de esto se trata en las demandas de que los CT se responsabilicen del efecto de sus operaciones en las sociedades en que se instalan, de que se cree un código de derecho internacional al respecto, de que se reforme la estructura y la política del FMI, del BM y de la OMC. Sin embargo, en la medida en que esas críticas y demandas se refieran solamente a lo institucional, toman un aspecto burocrático similar a las actitudes de los tecnoburócratas de esas organizaciones. Impacto humanitario mucho mayor asumirían esas críticas si se atendiera a los argumentos de Hans Jonas. Así surgiría una pregunta mucho más pertinente: ¿qué derecho tienen estos tecnoburócratas– anónimos, desconocidos, designados en sus cargos sólo por el consenso de cúpulas de poder secretas y desconocidas –a poner en peligro el desarrollo de la biósfera terrestre resultante de miles de millones de años de evolución? Puestas así las cosas, nos encontramos de cara ante lo grotescamente perverso e inhumano. La preocupación ética, entonces, abre paso a la demanda de justicia y la justicia debe traducirse en acción política correctiva. ¿De qué impulso surgirá esta acción? Edmond Cahn hace un aporte al señalarlo.

Cahn coincide con Jonas en la importancia que atribuye al temor en la construcción y mantenimiento del orden social. Según Cahn, la norma jurídica en buena parte se origina en la inseguridad anímica de los individuos ante el cambio social y su secuela de ansiedades y afecciones psicosomáticas. Todos deseamos encontrar la seguridad en un orden social estable. Obviamente, la aceleración del cambio en la etapa actual de la modernidad ha resultado en los temores apocalípticos de la "sociedad del riesgo". Tanto como Jonas, Cahn llama la atención sobre la importancia de la interioridad anímica de las personas en la construcción del sentimiento de seguridad ante el cambio.

Para reforzar la sensación de seguridad ciudadana, la autoridad echa mano del recurso ideológico de asociar la norma social que administra con la noción de "ley natural" –la norma jurídica imperante corresponde al orden de la naturaleza según lo capta y aplica la razón. Esto legitima la coerción virtual o visible con que se impone la ley. La "naturalización" de la norma jurídica hace que el sometimiento a ella se rutinice y se la acepte incuestionadamente, como automatismo característico de la cotidianeidad. Más aún, esa "naturalización" crea la ilusión de que todos participamos o debiéramos comprometernos en el mantenimiento de la seguridad colectiva. Esto permite que el aparato jurídico imponga el orden de acuerdo con procedimientos legales abstractos que se justifican con el argumento de que la ley es impersonal y aplicable a todo individuo, sin distinciones. Así queda enmascarado el hecho de que la ley es, objetivamente, manifestación de un poder social, económico y político que busca conservarse a pesar y a través de todo cambio social.

Núcleo central de los argumentos de Cahn es que, así como debe diferenciarse entre el sentimiento de seguridad subjetiva que pueda entregar un orden social y la objetividad del poder que lo sustenta, no debe confundirse la noción de justicia con la norma jurídica imperante. Esta distinción es la que potencia toda acción política reivindicativa. Por esto Cahn rehusa definir la noción de justicia y prefiere hablar de la importancia del "sentimiento de injusticia" como gatillo de la acción reivindicativa. Definir la noción de justicia entrampa al intelecto en las abstracciones que sustentan y justifican al orden establecido. Así la justicia queda alienada de los seres humanos concretos y reales. Las acciones humanas quedan convertidas en meras tipificaciones de la ley. Por el contrario, para rehumanizar el imperio de la ley debemos observar los efectos de sus normas en las vidas de seres humanos concretos y reales. Esto es lo que Cahn llama "derecho antropocéntrico".

Podemos ejemplificar esta premisa de Cahn con dos ejemplos. Primero, en las apologías de la globalización se argumenta que, en última instancia, la pérdida de trabajos en un país por la transferencia de la producción a regiones de fuerza laboral más barata redundará en una prosperidad para todo el mundo (Friedman). Cahn observaría que, en realidad, "en última instancia" tiene aspecto de abstracción imposible de comprobar. En los hechos reales más bien observamos altas tasas de desempleo, reducción de salarios, enfermedades psicosomáticas en los trabajadores desempleados, destrucción de relaciones familiares y comunitarias, desinversión en los servicios de bienestar público, deterioro de la calidad de vida y del medioambiente. Segundo, no puede sino provocar una repulsa visceral constatar que organismos de las Naciones Unidas como el FMI y el BM han sido instrumentalizados dolosamente para servir intereses contingentes de la empresa privada. Es una monstruosidad moral y lógica inaceptable que las instituciones creadas para estabilizar las relaciones internacionales sean precisamente las que las desestabilizan.

Puede decirse que consideraciones éticas como estas articulan dos modos de acción política directamente relacionadas con el movimiento mundial de derechos humanos – por una parte, la formación de una "sociedad civil mundial cosmopolita" de inspiración kantiana, especial preocupación europea, y, por otra, la política económica del neoestructuralismo latinoamericano. Se trata de estilos políticos divergentes en su concepción de las relaciones entre la sociedad civil, la sociedad política y el Estado. No obstante, para los propósitos de una hermenéutica fundamentada en los derechos humanos, se puede entender y usar sus categorías como elementos complementarios.

Ulrich Beck llama "subpolítica" a la formación de esa "sociedad civil mundial cosmopolita". El título se refiere al hecho de que en Europa la transacción política entendida como la relación de la sociedad civil con el Estado a través de la mediación de la sociedad política ha quedado cooptada por el complejo industrial y financiero productor del riesgo potencialmente catastrófico. Preocupados por temas pertinentes al futuro de la especie humana, grandes sectores de la ciudadanía no encuentran que sus preocupaciones tengan cabida dentro de la institucionalidad política nacional. Por tanto, evitan inmiscuirse en la actividad de los partidos, los sindicatos y los gremios. Desplazan su acción política hacia la formación de un enorme número de ONGs organizadas en redes transnacionales para interpelar e increpar a los Estados nacionales y a las organizaciones supragubernamentales. Mediante esas redes logran dar apoyo solidario en lo financiero, logístico y de información a ONGs similares organizadas en el tercer mundo en torno a problemas de represión política y religiosa, de discriminación genérica, racial, étnica, de daño ecológico, en defensa de la organización sindical de trabajadores y de supervivencia de los pueblos primigenios. Hacia fines de la década de 1990 las Naciones Unidas informaba de la existencia de más de ciento cincuenta mil de estas ONGs en todo el mundo.

Para Beck esta "subpolítica" es posible por el alto grado de educación ciudadana logrado en Europa a través de la modernidad y del Estado benefactor. Por ello, en esta etapa de la modernidad ha surgido un tipo de ciudadano de gran conciencia cívica, dispuesto a la acción política directa ante los problemas causados por la "sociedad del riesgo". Su conciencia política los hace impermeables a la influencia de las abstracciones rutinizadoras que sustentan el poder institucionalizado y pueden captar en la experiencia práctica inmediata de la cotidianeidad las amenazas que puedan representar los procedimientos productivos y legales imperantes, verbalizándolos como problemas políticos de trascendencia general. Esta capacidad de discernimiento y voluntad de acción directa es lo que Beck llama "individualización" y es el fundamento de lo que titula "modernidad reflexiva". Por "reflexividad" se entiende una vivencia de la modernidad en que las personas están en permanente proceso de elucubración, discusión y debate sobre los efectos inmediatos del complejo científico-tecnológico-burocrático en las relaciones humanas y en la biósfera.

Aunque en Latinoamérica se ha formado gran cantidad de ONGs integradas a esas redes transnacionales, comparativamente podría decirse que allí no se ha alcanzado una conciencia cívica de la misma extensión y profundidad que en Europa. Por tanto, se hace indispensable la función de los Estados nacionales para paliar las consecuencias dislocadoras del neoliberalismo en la manera como lo administran el FMI, el BM y la OMC. En el testimonio sobre su experiencia en el BM, Joseph Stiglitz observa que el único modo de recuperar los beneficios que pueda acarrear la globalización, con sus gigantescos volúmenes de comercio internacional, está en la reforma profunda de esas organizaciones supragubernamentales y de todo el sistema financiero mundial. Para esto no sólo es necesario terminar con el ideologismo fundamentalista intransigente con que estas organizaciones aplican las fórmulas neoliberales y terminar con el secreto con que se llevan a cabo las deliberaciones e imponen sus resoluciones. También es necesario escuchar a los Estados nacionales y sus asesores económicos, dándoles participación para formular estrategias de reajuste que eviten las catástrofes sociales causadas por el inmediatismo en la aplicación de las fórmulas neoliberales.

Stiglitz emitió estas opiniones en el 2002. En realidad, se hacen eco de los esfuerzos anteriores de economistas latinoamericanos comprometidos desde la década de 1980 en reformular una política económica de alternativa ante el neoliberalismo. Con la preocupación única de reorientar las economías latinoamericanas a la exportación de materias primas y alimentos y a la apertura de inversiones y de flujos de capitales, bajo el neoliberalismo se abandonó el concepto y el estudio del desarrollo económico como gestación de sociedades en que prevaleciera un espíritu de justicia social y equidad. Por ello esos economistas retornaron a las propuestas estructuralistas de la CEPAL de las décadas de 1950 y 1960. De ellas surgieron la noción de "crecimiento hacia dentro" asociada con la industrialización sustitutiva de la importación apoyada en el Estado benefactor para concertar un apoyo pluriclasista y la teoría de la dependencia. Bajo el nuevo rótulo de "neoestructuralismo" el estructuralismo del pasado fue reformulado de acuerdo con las nuevas circunstancias. Por una parte, las consecuencias de las "reestructuraciones" neoliberales confirmaron la validez de las premisas de la teoría de la dependencia en cuanto a la asimetría de las relaciones económicas entre centro/periferia. Durante la década de 1980, en particular, esto quedó ilustrado con el traslado masivo de excedente económico desde Latinoamérica para el pago de intereses del astronómico endeudamiento de la época. Por otra, en contra del fundamentalismo neoliberal que insiste en la eficiencia de los mecanismos de autocorrección del mercado sin considerar sus consecuencias sociales, el neoestructuralismo reafirma la validez de la intervención estatal en la orientación del mercado para el bien común de la sociedad (Kay; Sunkel; CEPAL).

El neoestructuralismo adopta una posición del todo realista al aceptar que no hay otra opción que la de someterse a los axiomas macroeconómicos neoliberales y explorar desde su interior la posibilidad de humanizar este "capitalismo salvaje" (Sunkel & Tomassini). Por ello, además de atenuarse la retórica que antes caracterizaba a la teoría de la dependencia, se reconocen tres realidades inamovibles: el motor de las economías nacionales está en la integración al mercado global y es preciso insertarse en él de manera competitiva, mediante actividades que impliquen la mayor creación posible de valor agregado dentro del territorio nacional, lo que no ocurre con la exportación exclusiva de materias primas y alimentos no elaborados o poco elaborados; la orientación de la productividad para estos efectos debe contar con la inversión extranjera; la orientación de la productividad nacional no puede transgredir las normas impuestas por el FMI, el BM y la OMC que obligan a un política macroeconómica equilibrada y prohiben la participación directa del Estado en la empresa productiva y su interferencia en los flujos del mercado de capitales bajo riesgo de severas sanciones económicas. Pero dentro de este pie forzado deben crearse las condiciones para mejorar la distribución del ingreso, difundir concepciones de la ciudadanía para consolidar los procesos redemocratizadores, adquirir mayor autonomía para la administración de la economía nacional y promover la creatividad técnica para un mejor uso y explotación de los recursos naturales, impedir el deterioro ambiental y mejorar, en general, la calidad de vida de la población.

Según estimaciones neoestructuralistas, los Estados latinoamericanos están sobrecargados por la demanda de corregir las miserias causadas por el neoliberalismo durante la década de 1980, "la década perdida"; a esto se agregan las tareas de promover una mayor productividad generadora de empleo y de recursos fiscales para atender a las nuevas demandas sociales surgidas desde esa época. Por tanto, llevar a las *empresas nacionales* a una mayor eficiencia productiva es el imperativo de mayor urgencia. Para ello el Estado debe intervenir creando "estructuras de competitividad" que impulsen a las empresas a participar en mejores condiciones en el mercado global:

> Este concepto plantea que la competitividad de una compañía obviamente refleja una administración exitosa por parte de los ejecutivos, pero también la solidez y eficiencia de la estructura productiva, la infraestructura científica y tecnológica, la naturaleza de las inversiones de capital, la existencia y calidad de servicios de apoyo (financieros, de ingeniería, diseño, transporte) y otras externalidades que favorecen tanto a la compañía como a toda la industria. (Salazar-Xirinachs 385)

La creación de esa infraestructura exterior a la empresa privada es tarea estatal. Así como el estructuralismo de las décadas de 1960 y 1970 usó la consigna "crecimiento hacia dentro", en la creación de esas "externalidades" por ingerencia estatal el neoestructuralismo usa la consigna "desarrollo desde dentro".

Con este objetivo el Estado debe diseñar políticas especiales para promover mayor eficiencia administrativa, mejor planificación estratégica y orientar al empresariado nacional en cuanto a la situación del mercado global. Puesto que las empresas nacionales no cuentan con los recursos de los CT, el Estado puede suministrar información sobre las tendencias e incidencias del mercado internacional, detectar nuevas oportunidades y selectivamente promover nuevas inserciones en él de acuerdo con la capacidad real y potencial de las industrias nacionales. La información debe ser complementada con legislación tributaria favorable a la exportación de las empresas que se impulsan, el apoyo para obtener financiamiento para la expansión de la productividad, la modernización del equipo productivo y de los equipos electrónicos de procesamiento de información, la creación de mejores modelos de administración de empresas, de control de calidad y programas de computación para una óptima concertación de estrategias, tácticas y decisiones comunes entre las empresas del sector económico que se promueve.

Es previsible que este tipo de apoyo estatal privilegie a empresarios y empresas nacionales dispuestos a dar un trato más equitativo a sus trabajadores.

Pero a la vez debe entenderse que, a diferencia del neoliberalismo, en términos humanitarios mejorar la participación nacional en el mercado global no es un fin en sí mismo. El mercado es "neutro" y "frío" ante el impacto que provoca en las comunidades nacionales y en la calidad de vida. Junto con producir "bienes", el crecimiento acelerado también produce "males" ante los que la empresa privada es renuente a responsabilizarse (Vial). La industria de la celulosa genera empleo pero también produce desechos tóxicos; el aumento del parque automotriz facilita el transporte pero produce gases contaminantes e intolerables congestiones del tránsito; la construcción residencial masiva soluciona el problema habitacional pero también genera nubes de polvo irrespirable, escombros y desechos; la exportación de madera puede destruir importantes ecosistemas. El mercado entregado a las inercias de su funcionamiento tampoco soluciona la enorme desigualdad de ingresos, de oportunidades para mejorar la situación socio-económica de las personas y la pobreza. Más bien tiende a reproducirlas, no a alterarlas.

Corresponde al Estado corregir estas desigualdades. El neoliberalismo intenta paliarlas con políticas de subsidios para la supervivencia de los más desposeídos. Sin embargo, los subsidios sólo pueden ser temporales en la medida en que las desigualdades se hacen congénitas con la política neoliberal y el Estado no puede entrar en gastos estatales deficitarios. Tampoco puede obstaculizar el crecimiento económico gravando a las empresas con mayores impuestos y produciendo desequilibrios macroeconómicos que alejen a los inversionistas extranjeros. El neoestructuralismo ha buscado solucionar las desigualdades del ingreso invirtiendo en educación de manera que las personas puedan adaptarse constantemente a la capacidad de creación de empleos de la economía y a incentivar la iniciativa individual en el mercado promoviendo préstamos para la creación de microempresas:

> Incluso aquellas políticas más pro-mercado que buscan acelerar el crecimiento, por ejemplo, deben tener una justificación desde el punto de vista de crear mejores condiciones de vida para que los pobres se incorporen al mercado de trabajo o para generar recursos que permitan aumentar los ingresos fiscales disponibles para inversiones en favor de los más pobres. Tenemos que recordar que el crecimiento no es gratis y en muchos casos tiene a lo menos costos ambientales significativos. Luego,

[el crecimiento] no es un fin último que esté por encima de todos los demás" (Vial 201-02).

GRAVITACIÓN ÉTICA DE LAS IDENTIDADES NACIONALES-FORMULACIÓN DE UNA OPERATORIA HERMENÉUTICA

El engarce entre la prevención de las consecuencias de la "sociedad mundial del riesgo", la noción de "subpolítica", las propuestas del neoestructuralismo a nivel nacional y su asunción por el Estado sólo pueden darse con la producción y predominio de un tipo de intelectual orgánico capaz de actuar en medio de estas delimitaciones geopolíticas.

¿Qué tipo de intelectual puede condensar en su acción política personal y colectiva una conciencia del riesgo universal (global) y la voluntad de acción humanizadora dentro de lo particular (nacional) para una mejor y mayor implementación de los derechos humanos económicos, sociales y políticos? ¿Qué tipo de retórica debe usar, qué poses y gestos debe adoptar para exhibirse públicamente, qué protocolos, teatralidades, pompas y boatos debe perfeccionar para proyectar imágenes de ponderación, gravedad y credibilidad en la acción de equilibrar los peligros y asedios de lo universal y la sensación de remanso de seguridad en lo particular?

Una hermenéutica cultural basada en los derechos humanos debe encontrar parámetros evaluativos en esta convergencia de lo universal y de lo particular. No obstante, en primera y última instancia este tipo de evaluación debe situarse en la particularidad de las situaciones nacionales ya que todo esfuerzo rehumanizador ante el riesgo globalizado sólo puede iniciarse con el uso del Estado por los gobiernos de turno y la iniciativa y el activismo de las sociedades civiles. La preocupación universal por las consecuencias del "riesgo globalizado" no puede sino conjugarse con los esfuerzos particularizados que pueda desarrollar el neoestructuralismo en su nueva versión del Estado benefactor para proteger a su población y desarrollar su potencial. Dar tal magnitud a la labor promotora del Estado en medio de la atmósfera de descrédito en que lo ha sumido el neoliberalismo obliga a prestar atención especial a un factor correlativo –el modo en que una colectividad concibe su identidad nacional ante el riesgo globalizado. Con ironía Robert Reich ha observado que la

> idea de un "mercado libre" exento de control legal y de las decisiones políticas que lo crean es sólo fantasía pura. El mercado no fue creado por Dios en ninguno de los primeros seis días (por lo menos no directamente), ni tampoco lo mantiene la voluntad divina. Es un artefacto humano, resultado de un conjunto de decisiones muy variadas acerca de los derechos y responsabilidades individuales: [...] No se encuentran las respuestas para este tipo de preguntas ni en el análisis ni en la lógica. Las diferentes naciones, en épocas diferentes, las han respondido de manera diferente. Las respuestas dependen de los valores que profesa una sociedad, la importancia que da a la solidaridad, a la prosperidad, a la tradición, a la religiosidad, a aspectos espirituales como estos. En las naciones modernas el gobierno es la agencia principal a través de la cual la sociedad delibera, define e implementa las normas que organizan el mercado. (186-7)

Estas consideraciones son de especial relevancia en lo que respecta al "crecimiento con equidad" propuesto por los neoestructuralistas en las sociedades latinoamericanas que pasaron por la experiencia de las dictaduras militares de la doctrina de la seguridad nacional. El neoliberalismo tiende a crear una ética individualista que entiende el progreso como el mayor consumo personal y da primacía a políticas que reduzcan las cargas tributarias y aumenten el crecimiento del mercado como valor en sí, sin condiciones éticas. Por el contrario, promover la noción de "crecimiento con equidad" obliga a generar una psicología social favorable a los comportamientos solidarios, que haga aceptables algunos sacrificios por parte de los sectores sociales más pudientes para reducir las desigualdades de poder, ingresos y oportunidades.

Generar esa psicología social requiere consenso para la acción conjunta del Estado, la sociedad civil y la sociedad política. Requiere hacer énfasis en aquellas tradiciones nacionales en que pueda sustentarse una profunda revalorización de la persona y del medio ambiente que lleve a sujetar el apetito por un consumismo conspicuo y prescindible entre los sectores de altos ingresos y llevar a todos a una austeridad que permita el ahorro, la inversión y evite el endeudamiento excesivo de los individuos. Para lograr ese consenso, en el sector público se necesitan líderes de probidad ética para proyectar a la sociedad el valor de un comportamiento de servicio público desinteresado, austero y solidario. En lo simbólico, la eficacia de este liderato se podrá medir por la manera en que impulse a la ciudadanía a "reencontrarnos con nuestra tradición histórica" de solidaridad, a "construir un sentido efectivo de identidad comunitaria", a "ampliar cada vez más el límite de la equidad posible" (Vial).

Lo descrito puede entenderse como parámetros evaluativos de la cultura. Surge ahora la cuestión de elaborar el espacio discursivo al que pueda aplicárselos. *Propongo que este espacio sean las narrativas de identidad nacional según se las discute ante las coyunturas cruciales que condiciona el riesgo globalizado.* Prefiero el término "narrativas" al de "narraciones" porque la concepción de las identidades nacionales está en flujo permanente, de acuerdo con las incidencias de la historia. El término "narrativas" es más cercano a la idea de "tentativas" de definición de "lo nacional", de acuerdo con ese flujo.

Las narrativas de identidad nacional son aquéllas dedicadas a configurar un "nosotros" colectivo diferenciado de otros "nosotros" porque lo sustenta una experiencia histórica siempre considerada como "única" en la historia moderna. A esa "experiencia única" se le da rango de "tradición" y de "memoria colectiva" que fundamenta "el ser nacional". Este se prolonga hasta el presente y hacia el futuro para definir "la buena sociedad", "el bien común", "la calidad de vida" y "el ser humano ideal". Así se formalizan maneras de vivir, roles y modelos de conducta social que deben ser imitados y preservados para la supervivencia de la nación.

La exaltación de esa "experiencia histórica única" y de esas conductas privilegiadas generan una religiosidad secular que se traduce en íconos, mitos, leyendas y utopías que cohesionan emocionalmente el sentimiento de la identidad nacional. Sobre la base de esta sacralidad surgen teatralidades colectivas, ceremonias celebratorias, efemérides, espacios, tiempos y monumentos de conmemoración reconocidos, respetados, usados y repetidos a través de las generaciones según una tradición arrastrada desde "tiempos inmemoriales".

Las diversidades étnicas, de residencia geográfica y la diferenciación de clases pueden introducir variaciones diferenciales en algún aspecto religioso, económico, moral o simbólico en estas narrativas. No obstante, en medio de estas diversidades se mantiene una matriz de la identidad nacional aceptada incondicionalmente por toda la población. Los conflictos étnicos y de clase sólo pueden darse en torno a esa matriz; el conflicto colectivo sólo puede darse si hay un núcleo común de identidad nacional-cultural. De manera espontánea, las narrativas de identidad nacional se diseminan de forma parcial, en cortos retazos, en la cotidianeidad de la familia, la amistad, la escuela, el trabajo, en las organizaciones de la comunidad cercana como los clubes de madres, clubes deportivos, asociaciones benéficas, parroquias de barrio. De manera formalizada las diseminan organizaciones burocráticas que representan los intereses del gobierno, de sectores e instituciones gubernamentales, las universidades, los partidos políticos, las grandes organizaciones sindicales y gremiales, las altas jerarquías eclesiásticas, los *lobbies*. Son narraciones formalizadas porque organizan en una larga narración los orígenes y evolución de la identidad nacional según datos históricos sistematizados, transformados y readaptados para servir los intereses económico-políticos en juego.

La versión formalizada de las narrativas de identidad nacional expresa los intereses socio-económicos y políticos dominantes y se la considera como la "cultura oficial" de un país. Versiones de perfil no claramente incoado expresan a los sectores sociales dominados, subalternos y se las considera como "cultura popular", marginal. La cultura oficial y la cultura popular mantienen un diálogo, una fricción o un conflicto permanentes. Las características de cada una de estas culturas realmente se refieren, interpelan y apostrofan a las de la cultura oponente.

Las versiones de la identidad nacional promovidas por la cultura oficial buscan enmarcar institucionalmente el comportamiento político de la población. A nivel emocional e intelectual promueven la lealtad incuestionada o crítico-reflexiva a las instituciones rectoras designadas constitucional y estatalmente por el poder hegemónico aun en medio en las actitudes más básicas y rutinarias de la vida cotidiana. Todo esto se fundamenta en dos tendencias: en la tendencia espontánea y rutinaria de las personas a confiar en la autoridad familiar y pública; en la conciencia ética espontánea de las personas y los influjos que puedan tener los aparatos de persuasión de que dispone el orden establecido.

Esa persuasión conservadora se manifiesta en especial en torno a la definición del "ser humano ideal". Este constructo coincide con la definición de ciudadanía estipulada en el *corpus* legal prevaleciente. Define los derechos y obligaciones y los modos de participación de las personas en la actividad económica, legal y política según los canales y los límites legítimos permitidos para el conflicto social. De manera reflexiva, la confianza en las instituciones se mantiene cuando parece del todo evidente a la colectividad nacional —y nadie puede negarlo— que la autoridad actúa dentro del estado de derecho. Es decir, cuando la autoridad respeta, se adhiere y se mantiene dentro de los marcos definidos por la constitución nacional, los diferentes códigos legales y el derecho internacional de derechos humanos.

En las grandes crisis nacionales el universo simbólico de las narrativas de identidad nacional se desestabiliza. En estas crisis los debates, polémicas y conflictos se manifiestan como polaridades binarias fácilmente perceptibles: balance vs. desbalance, integración vs. desintegración, conservación vs. cambio amenazador, homogeneidad vs. heterogeneidad, ortodoxia vs. heterodoxia, normalidad vs. perversión, bien vs. mal, salud vs. enfermedad, fortaleza vs. debilidad, unidad vs. fragmentación, inclusión vs. exclusión, concentración vs. dispersión, legitimidad vs. ilegitimidad, racionalidad vs. irracionalidad, responsabilidad vs. irresponsabilidad, ejemplaridad positiva vs. marginalidad negativa. Al buscar la superación de las crisis los oponentes argumentan con frases como "la necesidad de una regeneración nacional", "de un nuevo liderato nacional", "de nuevos principios de congregación nacional"; "de reformas institucionales". Obviamente, en este clima de polarizaciones esas demandas de reforma pueden llevar a una violencia colectiva que fragmenta radicalmente la imagen de la identidad nacional.

EJERCICIO EJEMPLIFICADOR:
LA IDENTIDAD NACIONAL CHILENA EN EL PROCESO DE REDEMOCRATIZACIÓN

No es difícil identificar y designar los textos utilizables en un análisis interpretativo de las narrativas de identidad nacional. Es inevitable que en las coyunturas cruciales de la historia de una colectividad nacional aparezcan comentarios para validar las diferentes posiciones coincidentes o en conflicto en cuanto al destino de una nación. La tarea del investigador está en seleccionar aquellos textos que representen con mayor rigor y legitimidad a los agentes más relevantes en ese debate.

Para este ejercicio he seleccionado el informe sobre Chile del Programa de las Naciones Unidas para el Desarrollo (PNUD) del año 2002. Se titula *Desarrollo humano en Chile. Nosotros los chilenos: un desafío cultural*. Este caso ofrece material para una práctica de los criterios evaluativos revisados hasta ahora por dos razones principales: la primera es que Chile es simultáneamente el caso más notorio de aplicación del neoliberalismo por imposición militar y el mayor éxito de las estrategias económicas neoestructuralistas a partir del período de redemocratización iniciado en 1990 (Ffrench-Davis); la segunda razón es la amplitud de este informe, pues resultó de una encuesta a miles de personas durante 2001, de diferentes estratos sociales y económicos, a lo largo de todo el país.

Dada la vastedad del tema, podrá comprenderse que este ejercicio ejemplificador sólo intente el esbozo de una manera de problematizar un material específico.

El Informe PNUD argumenta a partir de una premisa básica: si se entiende "la cultura, en términos generales, como las maneras de vivir juntos", factor fundamental para que la población chilena concrete su potencial humano, está

> tanto [en] los modos concretos en que se organiza la convivencia entre las personas como [en] las imágenes e ideas mediante las cuales la sociedad se representa las formas en que convive y quiere convivir. La cultura es pues la práctica y el imaginario de la vidas en común [...] [N]o habrá Desarrollo Humano si no existe una cultura que fortalezca las capacidades individuales y colectivas para actuar [...] el individuo logra moldear sus condiciones de vida sólo en la medida en que el conjunto de la sociedad sea capaz de generar un entorno favorable [...] el capital social se verá fortalecido sólo si las personas comparten "algo" común. Ellas establecen lazos de confianza y cooperación en la medida en que perciban que forman parte de un Nosotros. En consecuencia, la existencia de un Nosotros —como imagen y como práctica— debe considerarse un elemento crucial del Desarrollo Humano en Chile. (16-7)

Tanto esta introducción como el desarrollo de sus términos a lo largo del informe hacen énfasis en que el ser humano debe ser evaluado por su voluntad y capacidad de transformación positiva de sí mismo y de las relaciones humanas en su entorno social, promoviendo el progreso hacia "un proyecto país" concertado consensualmente. Por el contrario, las encuestas hechas por el PNUD demostraban que, en medio de las profundas transformaciones acarreadas por "las dinámicas de la globalización", "la centralidad del mercado" neoliberal, "las nuevas tecnologías" y "la individualización resultante" que permitiría una mayor responsabilidad ante la toma de decisiones sobre el destino personal, la "imagen heredada de lo chileno se ha vuelto difusa y poco creíble para la mayoría de las personas", "se ha debilitado el sentido de pertenencia a Chile". "La sociedad chilena no parece disponer hoy de una imagen de sí misma que le permita ser sujeto", padece de una "imagen conflictiva de su pasado y un diseño débil de su futuro". La "mercantilización y masificación de los bienes culturales, la transformación del sentido del trabajo, el auge del consumo, la preeminencia de las imágenes [por sobre la realidad de los hechos], la diversificación de los lenguajes y significados, y la pérdida de significación de la política" han

> diversificado los modos de vida, pero en muchos casos se trata de una diversidad disociada. La falta de vínculos entre los modos de vida genera incomunicación y dificulta así la construcción de una diversidad creativa [...] A pesar de la importancia de las políticas culturales en los últimos años, se ha prestado menos atención a aquellos procesos culturales que permitirían aumentar las capacidades de la sociedad para actuar como sujeto [...] lo que produce agobio y retracción social en las personas. (18)

Este cuadro general se traduce en lo que el informe PNUD llama "vaciamiento de una identidad colectiva" (64), revelada en la posición alienada desde la que las personas definen su sentimiento de lo nacional: "Lo chileno parece haber dejado de ser parte de las identidades obvias, porque no se habla desde ahí, sino que desde fuera, observándolo como un objeto que pertenece a otras personas y a otros tiempos" (66). Cerca de un 70% de las personas entrevistadas se identifican con dos tipologías: "El *chileno inseguro* cree que hoy es difícil decir qué es lo chileno. Frente a Chile, siente confusión y desilusión. Los cambios en el sentimiento de chilenidad de los chilenos los encuentra más bien negativos. En general, cree que es más lo que se ha perdido que lo que se ha ganado con los cambios que han sacudido a Chile en los últimos años" (70-1);

> El *chileno molesto* cree que no se puede hablar de lo chileno. Claramente no se siente parte del Chile actual. Su emoción frente a Chile es el enojo [...] Los cambios que percibe los evalúa de manera negativa. Frente a la marcha del sistema económico se siente claramente perdedor. Tiene muy baja confianza en no perder su puesto de trabajo. Toma sus decisiones en función del presente. Posee baja sociabilidad y se retrae en la familia [...] Cree que no se puede confiar en la gente. Cree que no pertenece a una comunidad moral amplia y se siente más bien aislado [...] ... cree que la gente con poder se aprovecha de él. En política es un desafecto, no está inscrito o no concurre a votar. Tiende a no identificarse con ninguna orientación política. (71)

La raíz de esta alienación está en el cambio radical que tuvo el trabajo, fuente de la dignidad que se atribuyen las personas. El neoliberalismo lo convirtió simplemente en una mercancía de valor inestable y de duración indeterminable, negociada por individuos sin ningún referente de trascendencia comunitaria. La dignidad de las personas se transformó en asunto individual, estrechamente relacionado con la ostentación que pueda entregar un consumismo fuertemente hedonizado.

Si atendiéramos a la teoría de Niklas Luhmann en cuanto a la sobreespecialización fragmentarista y creciente de los subsistemas sociales en la modernidad, especialmente en su etapa contemporánea, la desarticulación de la identidad colectiva chilena no debería causar sorpresas, podría entenderse como un hecho "natural". De hecho, el PNUD reconoce este proceso, dándole, sin embargo, un giro positivo –obliga a los individuos a tomar responsabilidad consciente y cuidadosa de las opciones que tienen en la elección de estilos de vida personal y a no refugiarse en estereotipos colectivos. Pero esta "individualización" es un fenómeno que no logra articularse constructiva y solidariamente en medio de la gran diversidad de identidades culturales generada por la política económica neoliberal. Esta desarticulación se ha manifestado como un retraimiento en que las personas se sienten alienadas de la cosa pública y se refugian en los espacios de la intimidad y de la privacidad familiar, dando a la amistad, a los sentimientos y a la religión un fuerte sentido compensatorio ante sus alienaciones. No sorprende, por tanto, el escepticismo ante la democracia mostrado por la mayoría de los entrevistados.

En el trasfondo del informe PNUD se esconde un contraste nostálgico entre el presente de la hegemonía neoliberal y lo años cuarenta, época de la política de Frente Popular que impulsó la industrialización sustitutiva de la importación. En esa época el Estado benefactor administró un "proyecto país" en que las personas encontraron un sentimiento de pertenencia comunitaria directamente relacionado con su esfuerzo individual por educarse y cumplir con un puesto de trabajo que contribuyera a la democracia y a la calidad de la vida colectiva. La movilidad social ascendente abierta por ese "proyecto país" otorgaba dignidad a las personas.

A pesar de sus éxitos en la mejora de la calidad de vida para las mayorías nacionales, comparativamente el neoestructuralismo de la Concertación de Partidos por la Democracia ha sido incapaz de postular un "proyecto país" con arraigo similar en la sociedad civil. Por ello el informe PNUD desliza un discreto reproche responsabilizando a estos gobiernos por ese sentimiento de alienación de los chilenos ante su historia: "A pesar de la importancia de las políticas culturales en los últimos años, se ha prestado menos atención a aquellos procesos culturales que permitirían aumentar las capacidades de la sociedad para actuar como sujeto [...] lo que produce agobio y retracción social en las personas" (18).

En realidad se trata de un reproche que esquiva referirse a la estrategia conscientemente aplicada por los partidos de la Concertación para desmovilizar a sus bases militantes y simpatizantes. Al asumir el gobierno, la presidencia de Patricio Aylwin contemplaba un programa de movilización nacional para obtener información y promover la voluntad de justicia que llevara a una resolución definitiva de la problemática de las violaciones de derechos humanos. No obstante, el ajusticiamiento por el Frente Patriótico Manuel Rodríguez (Autónomo) –la guerrilla comunista– de una figura icónica del régimen militar como Jaime Guzmán Errázuriz en Santiago y de torturadores identificados en provincia convenció a los dirigentes de los partidos de la Concertación de que existía un impulso de venganza en la población que debía neutralizarse. Por ello la transacción política se restringió a los acuerdos tomados por las cúpulas de los partidos sin consultar con las bases (Politzer; Escalona). A esto la Concertación agregaba la expectativa de negociar con la derecha pro dictadura el desmantelamiento de medidas institucionales "amarradas" por el régimen militar en su retirada para prolongar el autoritarismo. Por lo demás, la transición a la democracia pactada por intercesión de la administración de Ronald Reagan (Vidal) obligaba a los tecnócratas de la Concertación a definir marcos de acción conjunta con los de la derecha para continuar la política macroeconómica neoliberal.

Esta convergencia de las cúpulas partidistas de la Concertación y de la derecha ha recibido el rótulo de "política o democracia de los acuerdos, de los consensos" y su manifestación más concreta es el llamado "partido transversal". Con este título irónico se identifica a la cantidad de tecnoburócratas de toda militancia política que obtuvieron credenciales académicas avanzadas en economía y administración de empresas en Estados Unidos y Europa —durante el exilio en el caso de intelectuales de izquierda— y que sobre la base de sentidos comunes y afinidades estrictamente profesionales llegan a acuerdos "pragmáticos" en la administración del aparato estatal y de la cosa pública más allá y a pesar de toda ideología política.

Así se ha generalizado en Chile una práctica política conducida por una casta de políticos profesionales semindependientes de sus bases. Las bases son movilizadas con intensidad sólo en los períodos eleccionarios (Navia; Luna & Ruiz-Rodríguez). Podría argumentarse que se ha dado un desplazamiento de la soberanía nacional desde la sociedad civil hacia las cúpulas dirigentes de los partidos, desplazamiento frecuentemente celebrado como manifestación de una nueva madurez política alcanzada por la ciudadanía chilena.

No puede olvidarse que ese desplazamiento de la soberanía popular también fue objetivo político del régimen militar. Con las técnicas de la "guerra sucia" y la diseminación del miedo los servicios de seguridad militar sistemáticamente paralizaron o limitaron seriamente toda organización política de la sociedad civil y de la sociedad política y desconocieron la representatividad de sus dirigentes. La "politiquería" fue desprestigiada y quedó desprestigiada; la conducción política de la nación pasó a manos de la tecnocracia designada por la autoridad militar. Las fuerzas armadas asumieron el rol de garantizadoras permanentes de la institucionalidad republicana y por esto se atribuyeron la identidad de representantes más genuinos y quizás únicos de la soberanía nacional.

Considerado el intento de paralizar la sociedad civil tanto por el régimen militar como por los gobiernos democráticos, no puede extrañar que la ciudadanía chilena tenga la sensación de vivir una identidad nacional fragmentada, dudas de la existencia de "lo chileno", incapacidad de generar un "proyecto país", incapacidad de sentirse agente de su historia. Sin embargo, este informe PNUD hace sólo dos cortas referencias sustanciales al pasado inmediato que generó ese fragmentarismo:

> El déficit cultural de Chile tiene una larga historia. Quizás pueda rastrearse su origen en el antiguo temor a las diferencias. En tiempos recientes la dictadura reprimió la acción colectiva, institucionalizó ciertas fragmentaciones e impuso serias restricciones a la autodeterminación de la sociedad (23) y;

> Los estudios muestran que la pérdida de credibilidad de los relatos con sentido histórico está asociada, en algunos casos, a la percepción del período del gobierno militar (1973-1989) como fin del Chile cívico. (68)

Este cercenamiento del trasfondo histórico de ese fragmentarismo nacional es tan obvio que podría imputársele al PNUD la intención consciente de aislar esta muestra de la psicología colectiva tomada en los años 2001 y 2002 de toda genética histórica. El informe provoca la fuerte impresión de que los profundos cambios de la sociabilidad, del significado del trabajo, del consumo, de la familia, de la amistad y de la religión, de la desconfianza de la política, del escepticismo ante la democracia se deben sólo a algo del todo externo, a la "globalización". En última instancia queda la impresión de que la colectividad chilena padece una anormalidad psíquica cuyo origen traumático no queda dilucidado. En términos psiquiátricos esto configura una neurosis.

El rótulo para designar esta neurosis bien podría ser el de "tabú". Se crea un tabú cuando las autoridades sociales promueven el silencio y el olvido sobre hechos capaces de generar tal dislocación psíquica en la colectividad como para atentar seriamente contra la cohesión y la supervivencia comunitaria. Quienes representan esos hechos o agitan una conciencia sobre esos hechos son catalogados como peligros públicos, como entes nocivos y la autoridad los anatemiza. Bajo la consigna de que la democracia en vías de restauración a partir de 1990 no podía convertirse en una "democracia hemofílica", en permanente lamento y derramamiento de "lágrimas de sangre" por las violaciones de derechos humanos, para habilitar la "política de los consensos" la administración Aylwin hizo intentos fallidos de pasar una ley concediendo inmunidad a los militares que revelaran datos sobre la comisión de atrocidades; la administración Frei Ruiz-Tagle quitó toda interlocución a las organizaciones de defensa de los derechos humanos y se concentró en promover el aumento de la productividad económica; la administración Lagos, en su esfuerzo por restaurar el Estado de derecho, dio a la problemática de los derechos humanos la categoría de asunto exclusivo del poder judicial, poder supuestamente autónomo.

Al cercenar las causas históricas de ese segmento de psicología social de los años 2001-2002 sin duda el informe PNUD contribuyó al fomento del tabú histórico. Pero también la psiquiatría muestra que lo reprimido siempre retorna, como lo demuestra la misma descripción de la disfuncionalidad de la identidad nacional chilena captada en el informe. De hecho, el informe PNUD demuestra tener conciencia de este tabú, pero erradamente achaca su origen a todos los chilenos, no a las cúpulas políticas y militares que realmente lo promueven.

Esta disfuncionalidad abre importantes cuestionamientos sobre la manera en que la Concertación concibe los tres elementos ideológicos en que se fundamenta la legitimidad de los Estados modernos: los mitos de nación, ciudadanía y "lo popular". En cuanto a la relación de estos mitos entre sí, conviene prestar atención a las disquisiciones de Guillermo O'Donnell.

O'Donnell asume un antiguo tema de las ciencias políticas: el Estado capitalista es una máquina coercitiva; al articular las relaciones de las sociedades civiles de las periferias del sistema mundial en términos convenientes para la hegemonía de las oligarquías nacionales y de sus aliados transnacionales, el Estado, para legitimarse, simultáneamente debe crear una semblanza de consenso nacional pluriclasista. Esto resulta en el enmascaramiento de la coerción con que las oligarquías ejercen el poder económico y político-institucional. Ese enmascaramiento se implementa con la difusión de tres mitos estrechamente relacionados entre sí que despliegan redes de solidaridades abstractas superpuestas sobre los hechos reales, concretos y brutales de la dominación. La solidaridad fundamental la constituye el mito llamado "nación" por cuanto define ese "nosotros" históricamente "único", creado colectivamente, y que parece estar por sobre las diversidades conflictivas y antagónicas que en realidad se dirimen. Sobre la base de este "nosotros" solidario surge el mito de la "ciudadanía" que instala a los individuos como agentes sociales dotados de una supuesta igualdad de derechos, protecciones y obligaciones ante la ley. Paralelamente con los dos anteriores convive el mito de "lo popular" que designa a un "nosotros" diferente, al de los desposeídos que portan demandas de justicia que éticamente obligan al Estado. La conjunción y diseminación de estas tres temáticas es lo que permite que el Estado adquiera aspecto de entidad distanciada de la sociedad civil y garantizadora del bien común. Aunque este enmascaramiento es coercitivo, no puede descartarse el hecho de que los tres mitos configuran un espacio ideológico e institucional que permite la articulación de las luchas reivindicativas de "lo popular".

Al caracterizar a las dictaduras de la doctrina de la seguridad nacional, O'Donnell las describe como regímenes que, en general, restringieron la práctica de la "ciudadanía", desactivaron y desarticularon por la violencia la capacidad negociadora de los trabajadores, suprimieron toda apelación al mito de "lo popular" con el propósito de reestructurar el modelo de acumulación de capital desnacionalizando el aparato productivo en favor de las oligarquías transnacionalizadas. Discursivamente, la supresión de "lo popular" se dio proclamando la intención de "sanear" la sociedad con la "despolitización" del ordenamiento político y económico, entregándolo exclusivamente a los criterios de la racionalidad técnica neoliberal. A medida que el neoliberalismo arruinó a las burguesías nacionales y a las clases medias que inicialmente apoyaron a las dictaduras militares, su base de apoyo se restringió a las oligarquías transnacionalizadas. Así quedó clara la ineficiencia ideológica de estas dictaduras puesto que legítimamente ya no podían apelar a los mitos de la "nación", de la "ciudadanía" y de "lo popular" y debían sustentarse sólo con la violencia coercitiva.

De ninguna manera puede subestimarse el valor de la Concertación de Partidos por la Democracia como agente restaurador de la democracia representativa en Chile. No obstante, al continuar las políticas macroeconómicas neoliberales desmovilizando a sus bases políticas, la Concertación también se vio comprometida con el autoritarismo del régimen militar, a pesar de sus esfuerzos por una mayor inversión de corte socialdemócrata en bienestar social. De esta manera la hegemonía neoliberal ha quedado nuevamente investida con los mitos legitimadores de la "nación", de la "ciudadanía" y de "lo popular".

La manera en que la Concertación usa el mito de "lo popular" recuerda la consigna "todo para el pueblo, sin el pueblo" del despotismo ilustrado del siglo XVIII. En vez de las monarquías absolutas, en esta analogía tenemos los axiomas universales, uniformes e inamovibles de la política económica neoliberal. Armado de un gran contingente de burócratas expertos en economía y administración de empresas, un Estado en que el poder ejecutivo está dotado de un fuerte autoritarismo administra esos axiomas explotando todo espacio y oportunidad permisible para invertir en la mejora de la calidad de vida del "capital humano". En lo posible, para ello debe prescindir de la opinión de los ciudadanos pues se la juzga como propensa a las pasiones y su juicio está distorsionado por la ignorancia.

Como en el "despotismo ilustrado", el espíritu crítico de estas élites ha buscado liberar al pueblo del oscurantismo de las tradiciones, de las tradiciones de izquierda en este caso, que, dentro de la lógica neoliberal, son francamente irracionales. Una de ellas es el "populismo", que en el pasado llevaba a gastos estatales deficitarios y a grandes ciclos inflacionarios para satisfacer las demandas de aliados y clientelas políticas de los gobiernos de turno. Otra es la noción comunista de "lo nacional-popular" que arraigó tan fuertemente en la conciencia política chilena. Lo "nacional-popular" identificaba las fuerzas políticas "democráticas" según el criterio de que sus intereses fueran amenazados por el "imperialismo" y sus aliados, las oligarquías nacionales. Con su "despotismo ilustrado" la Concertación ha redefinido "lo popular" con el rótulo de "los pobres" y de "los indigentes", criterio usado con un sentido pragmático-utilitarista. De acuerdo con definiciones sociológicamente calibradas del significado de "la pobreza extrema" –las encuestas CASEM, por ejemplo–, las tecnoburocracias calculan la magnitud de la inversión estatal y las medidas macroeconómicas necesarias para disminuirla.

Se trata, por tanto, de tecnoburocracias "iluminadas", imaginariamente situadas en los bordes superiores de una brecha que los separa de un "pueblo" que, de manera fatalista, parece incapaz de generar o comprometerse con un "proyecto-país", "pueblo" que ya no parece preocuparse por su destino. Prescindiendo de este "pueblo", esta tecnoburocracia lo suplanta para crear y articular un "proyecto país" que impulse su historia.

En esa brecha imaginaria y en esa suplantación se encuentran las categorías analíticas para el estudio, la evaluación y la interpretación de las definiciones de la identidad nacional chilena manifestadas bajo la égida de la Concertación: fragmentación de la identidad nacional, neurosis colectiva, tabú, "política, democracia de los acuerdos, de los consensos", "despotismo ilustrado".

Todo indica que la noción de "política, democracia de los consensos" es el pivote de esos criterios evaluativos. No puede dejar de considerarse que en el pasado la Concertación y la oposición que apoyara al régimen militar se combatieron a muerte. Ahora deben avenirse para gobernar respetando los axiomas macroeconómicos del neoliberalismo. Para la militancia concertacionista de izquierda que sufrió tortura masiva y la ejecución ilegal y la desaparición de familiares, participar en esa "política, democracia de los consensos" implica someterse a una disciplina moral inaudita y actuar como si ese pasado realmente pudiera olvidarse o dimensionarse para acallarlo de acuerdo con la pacificación social como "bien común" superior. El impacto constante en la opinión pública del descubrimiento de nuevas evidencias de atrocidades cometidas en el pasado desmiente la posibilidad del olvido. Este disciplinamiento moral quizás sea el sostén principal de ese "despotismo ilustrado".

Podría decirse que en pos de la pacificación nacional y de la "política, democracia de los acuerdos" la dirigencia concertacionista ha debido transar restringiendo la práctica auténtica de los derechos humanos civiles y políticos para intentar el avance de los derechos económicos, sociales y culturales según las coordenadas neoestructuralistas. Se trata de un equilibrio extremadamente precario y difícil.

Pero, en la medida en que la Concertación está obligada a asumir el liderato de una democracia del todo representativa, supuestamente, sus gobiernos se ven obligados a crear y desplegar protocolos y teatralidades que exhiban a la autoridad gubernamental como si estuviera más allá de las "heridas todavía abiertas". Esas teatralidades intentan solucionar ese precario equilibrio dotando a la autoridad de una aureola de sustentadora de una democracia supuestamente genuina, proyectando máxima probidad moral y ética, de impermeabilidad a la corrupción, capacidad de "escuchar" aun los puntos de vista más discrepantes, sabiduría técnica para destilar la esencia de lo que representa el "bien común" nacional y ubicarse más allá de la contingencia de los intereses inmediatos. En una práctica política en que todos los bandos emulan o utilizan a los servicios de inteligencia militar para acumular y usar información que vulnere radicalmente el prestigio de los oponentes, en las sombras los oponentes se ven forzados a negociar treguas que pacifiquen el ambiente político. La modulación de este tipo de teatralidad y de imagen pública sin duda llegó a su expresión más óptima durante la presidencia de Ricardo Lagos. El informe PNUD 2002 fue producido en el período de su presidencia y sin duda expresa fuerte admiración por ese tipo de gestión y teatralidad política.

Estas teatralidades entramadas por los conceptos de fragmentación de la identidad nacional, neurosis colectiva, tabú, "política, democracia de los acuerdos, de los consensos", "despotismo ilustrado" pueden utilizarse como instrumentos de evaluación para determinar la pertinencia histórica de discursividades de todo tipo, de intención poética o realista, que intenten definir la nacionalidad chilena, su situación histórica y las utopías posibles para avizorar una sociedad más humana.

Resulta obvio señalar que esta modalidad de estudio de las narrativas de identidad nacional para captar las voluntades colectivas de apoyo o claudicación ante el respeto de los derechos humanos inicialmente no se prestará a la producción de estudios cortos, individuales, aislados. Establecer las categorías fundamentales para el análisis e interpretación general de las diferentes identidades nacionales latinoamericanas deberá congregar a equipos de investigación que produzcan trabajos conjuntos con propuestas iniciales, concentrándose en las diferentes áreas de la producción discursiva de cada nacionalidad. A partir de estas convergencias iniciales quizás puedan proliferar estudios más acotados.

Bibliografía

Beck, Ulrich. *Risk Society: Towards a New Modernity.* Londres: Sage, 1992.
_____ *The Reinvention of Politics. Rethinking Modernity in the Global Social Order.* Cambridge, UK: Polity Press, 1997.
_____ *World Risk Society.* Cambridge, UK: Polity Press, 1999.
Brecher, Jeremy & Tim Costello. *Global Village or Global Pillage?* Boston: South End Press, 1994.
Cahn, Edmond N. *The Sense of Injustice.* Nueva York: New York UP, 1949.
CEPAL. *Transformación productiva con equidad.* Santiago: CEPAL, 1990.
Chang, Ha-Joon. *Joseph Stiglitz and the World Bank. The Rebel Within.* Londres: Anthem Press, 2001.
Dicken, Peter. *Global Shift. The Internationalization of Economic Activity.* Nueva York: The Guilford Press, 1992.
Escalona, Camilo. *Una transición de dos caras. Crónica, crítica y autocrítica.* Santiago: LOM, 1999.
Ffrench-Davis, Ricardo. *Entre el neoliberalismo y el crecimiento con equidad: tres décadas de política económica en Chile.* Santiago: Dolmen, 1999.
Friedman, Thomas L. *The World is Flat. A Brief History of the Twenty-first Century.* Nueva York: Farrar, Straus & Giroux, 2005.

Gilpin, Robert. *The Political Economy of International Relations.* Princeton: Princeton UP, 1987.

Gwynne, Robert N. & Cristóbal Kay. *Latin America Transformed. Globalization and Modernity.* Londres: Arnold, 1999.

Jonas, Hans. *The Imperative of Responsibility. In Search of an Ethics for the Technological Age.* Chicago: U of Chicago P, 1984.

Kay, Cristóbal. "Estructuralismo y teoría de la dependencia en el período neoliberal". *Nueva Sociedad* 158 (noviembre-diciembre, 1998).

Knox, Paul & John Agnew. *The Geography of the World Economy.* Londres: Edward Arnold, 1994.

Luhmann, Niklas. *The Differentiation of Society.* Nueva York: Columbia UP, 1982.

_____ *Sociología del riesgo.* México: Triana Editores; Universidad Iberoamericana, 1998.

Luna, Juan Pablo & Leticia Ruiz-Rodríguez. "Relaciones entre estructuración ideológica y organización interna de los partidos: El caso chileno en perspectiva comparada". Trabajo presentado en el XXVI Latin American Studies Association (LASA) International Congress, 2006, San Juan, Puerto Rico, Panel 513 // POL008.

Navia, Patricio. "Parties and Coalitions in Chile: How Long Does it Take for a Stable Multi-Party Coalition to Become a Party?". Trabajo presentado en el XXVI Latin American Studies Association (LASA) International Congress, 2006, San Juan, Puerto Rico, Panel 513 // POL008.

O'Donnell, Guillermo. "Tensions in the Bureaucratic-Authoritarian State and the Question of Democracy". *The New Authoritarianism in Latin America.* David Collier, ed. Princeton: Princeton UP, 1979.

Paulus, Nelson. "Del concepto de riesgo: conceptualización del riesgo en Luhmann y Beck". *Revista Mad* 10 (mayo 2004). <http://www.revistamad.uchile.cl/10/paper07.pdf>

Perkins, John. *Confessions of an Economic Hit Man.* Nueva York: Plume, 2006.

Politzer, Patricia. *El libro de Lagos.* Santiago: Zeta, 1998.

Reich, Robert B. *The Work of Nations.* Nueva York: Vantage, 1992.

Salazar-Xinirachs, José Manuel. "The Role of the State and the Market in Economic Development". Sunkel, ed. 361-95.

Stiglitz, Joseph E. *Globalization and its Discontents.* Nueva York: W.W. Norton & Company, 2002.

Sunkel, Osvaldo. *Development from Within. Toward a Neostructuralist Approach for Latin America.* Boulder: Lynne Rienner, 1993.

_____ & Luciano Tomassini. "La crisis del sistema transnacional y el cambio en las relaciones internacionales de los países en desarrollo" [1980]. *La crisis internacional y América Latina.* Sofía Méndez V., ed. México: FCE, 1984.

Vial, Joaquín. "La estrategia de desarrollo: crecimiento con equidad". *Chile en los noventa.* Cristián Toloza & Eugenio Lahera, eds. Santiago: Presidencia de la República; Dolmén, 1998.

Vidal, Hernán, *Las capellanías castrenses durante la dictadura. Hurgando en la ética militar chilena.* Santiago: Mosquito, 2005.

www.ingramcontent.com/pod-product-compliance
Lightning Source LLC
Chambersburg PA
CBHW071356300426
44114CB00016B/2087